인문학 개념어 사전
3
문학 · 예술 · 미학

인문학 개념어 사전 3 │ **문학·예술·미학**

초판 1쇄 발행 2022년 1월 15일 **초판 2쇄 발행** 2022년 4월 30일

지은이 김승환 **펴낸이** 박성모 **펴낸곳** 소명출판 **출판등록** 제13-522호

주소 서울시 서초구 서초중앙로6길 15, 2층

전화 02-585-7840 **팩스** 02-585-7848

전자우편 somyungbooks@daum.net **홈페이지** www.somyong.co.kr

값 45,000원

ISBN 979-11-5905-654-3 04000

　　　979-11-5905-651-8 (세트)

ⓒ 김승환, 2021

인문학 개념어 사전
3

문학 · 예술 · 미학

Dictionary of the Concept of Humanities
Literature | Arts Culture | Esthetics

김승환 지음

서문

『인문학 개념어 사전Dictionary of the Concept of Humanities』은 2008년부터 2054년까지 46년간 문학, 역사, 철학, 예술, 미학, 문화, 사회, 정신, 감정, 자연, 과학, 종교의 중요한 개념을 서술하고 해석하는 기획이다. 『인문학 개념어 사전』은 여러 영역을 통섭通涉하는 한편 종단縱斷하고 횡단橫斷하지 않으면 전체를 알 수 없다는 반성에서 출발했다. 아울러 학자는 학설과 이론을 정립하는 것도 중요하고, 현장에서 실천하는 것도 의미 있지만, 근본개념과 기본용어를 정확하게 해석하는 것도 중요하다고 생각했다. 하나의 개념을 서술하면서 느낀 점은 어느 것도 쉬운 것이 없고, 아는 만큼 보이고 아는 만큼 들리며, 아는 만큼 쓸 수 있다는 것이다.

글은 한 글자 때문에 뜻이 달라지므로 정확하게 서술하는 것은 무척 어렵다. 어떤 개념을 이해하려면 그 개념의 기원과 본질을 알아야 하고, 그 개념에 내재한 맥락을 이해해야 하며, 사용되는 의미를 파악해야 한다. 한 영역을 잘 안다고 하더라도 여러 영역과의 관계를 알지 못하면 정확한 해석을 할 수 없을 뿐아니라 함축적인 설명도 할 수 없다. 하나의 개념을 서술하는 것은 무척 어려워서, 한순간도 그 개념에서 떠나지 못했다. 꿈속에서도 써야만 겨우 한 편의 글이 완성되었는데 마치 바위를 깎아서 꽃을 만드는 것 같은 심정이었다.

『인문학 개념어 사전』은 확장성 기본 텍스트[multi-basic text]이고 다양한 조합과 다각적 응용應用이 가능하도록 설계되었다. 이를 위해서 몇 가지 규칙을 지켰다. 먼저 그 개념이 생성된 기원, 본질, 어원을 서술한 다음 반드시 들어가야 할 의미와 들어가지 않아야 할 의미를 가려냈다. 그리고 각 항목을 개괄적으로 설명하면서 일관된 체제를 갖추었다. 아울러 서술의 보편성, 객관성, 함축성, 예술성, 완결성을 추구했다. 모든 개념은 서, 기, 승, 전, 결의 5단 구성이며 한국어 2,200자영어, 독일어, 라틴어, 중국어, 한자어 등 제외 분량으로 서술했다.

가능하면 원전에 근거했으며 그렇지 못할 경우 영어판본, 중국어판본과 더불어 한국어 자료와 번역본도 참조했다. 그리고 최대한 보편적으로 기술하여 영어와 중국어 등 외국어 번역이 가능하도록 설계했다. 언어만으로 표현하고자 했기 때문에 그림과 도표는 사용하지 않았다. 특히 쉽고 재미있는 설명보다 정확하고 함축적으로 설명했다. 아울러 공자孔子가 말한 술이부작述而不作의 엄격함을 지키고 칸트I. Kant가 말한 순수이성純粹理性에 따라 비판적 재인식을 거치고자 노력했다.

『인문학 개념어 사전』현재 690항목은 매우 부족한 글이다. 그리고 총 1만 개의 항목을 기술하는 것은 무모한 기획이다. 하지만 인간과 우주자연과 사회를 총체적으로 설명해 보려는 목표를 포기할 수 없다. 하얗게 밤을 지새우며 수많은 고민도 하고 한탄도 했지만, 하나의 개념을 비교적 정확하게 서술했을 때의 기쁨이란 그 무엇과도 비교할 수 없었다. 또한, 인류가 오랫동안 축적한 지식과 가치를 마주할 때 즐거웠고 다양한 인물과 역사적 사건에 담겨 있는 희망, 고통, 기쁨, 슬픔, 욕망, 공포, 통찰, 고뇌, 열정, 비애, 분노, 사랑을 읽으면서 놀랐다. 한 인간이 46년 걸린 이 작업을 머지않아서 메타인간Meta-human 또는 인공지능AI은 단 46초에 끝낼 것이다. 하지만 21세기의 인간종人間種 인간류人間類의 사유와 감정도 의미 있다고 믿는다. 간절한 소망은 시간과 공간의 끝에 인간 존재의 가치를 전하는 것이다.

멀고 또 험한 길이지만 수양하는 수도사의 심정으로 하나하나를 학습하고, 연구하고, 또 서술할 것이다. 그리하여 '나는 누구인가?, 인간은 무엇인가?, 인간의 감정과 사상은 어떤 모습인가?, 문명과 문화와 사회는 어떤 것인가?, 인간은 무엇을 생각하고 무엇을 느낄 수 있는가?, 우주는 왜 생겼는가?, 시공간은 무엇인가?, 자연의 원리는 무엇인가?, 인간의 삶은 가치 있는 것인가?' 등을 최대한 잘 설명하고자 한다. 무한한 우주와 영원한 신에 경배하면서, 학문과 예술의 극한적 구경에 영혼을 던진 스승 김윤식金允植 선생님과 자기 존재에 대하여 깊이 성찰하는 현생인류Home-Sapience-sapience에게 이 책을 헌정獻呈한다. 아울러 미래에 지구와 우주의 주인이 될 미지의 존재에게 인간의 사유를 전한다.

차례

아우라

Aura | 灵气

비평가 K는 경건한 자세로 〈모나리자^{Mona Lisa}〉 앞에 섰다. 어떻게 생각하면 대한민국 청주淸州에서 여기까지 온 것은 이 작품 〈모나리자〉를 보러 온 것일 수도 있다. K는 약간 멀리 떨어져서 전체를 감상한 후 가까이 다가가서 부분을 감상했다. 그는 마치 움베르토 에코^{U. Eco}의 소설 「장미의 이름^{The Name of the Rose}」1981에 숨겨진 암호를 찾는 것처럼, 보고 또 보았다. 그리고 에코의 해석이 아닌 K의 해석으로 새로운 암호 하나를 찾아낸다. 그리고 형언할 수 없는 감격과 충만한 기쁨을 느낀다. 사실 〈모나리자〉를 감상하는 것은 현장의 작품보다는 책으로 출판된 도판圖版이 더 낫다. 오히려 루브르박물관의 원화原畵 〈모나리자〉는 부분까지 천천히 감상하기가 쉽지 않다. 왜냐하면 〈모나리자〉 앞은 항상 복잡하기 때문이다. 그런데도 많은 사람은 K와 같이 원작을 감상하고 싶어 한다. 왜 그럴까?

실제 작품인 〈모나리자〉에는 아우라가 있기 때문이다. 때때로 작품이나 공연에 아우라가 있다거나 있어야 한다고 말하는 경우가 있다. 아우라는 독특한 품격이나 신비한 가치이고, 예술의 아우라는 다른 작품에는 없는, '그 작품이나 공연公演만의 유일하고 특별하면서 신비한 그 무엇'이다. 간혹 어떤 작품을 두고 진본인가 아닌가 하는 시비가 벌어진다. 다빈치나 피카소의 그림에 위작 시비가 있는 것은 작품 가격이 중요해서라기보다는 진본에 대한 가치, 즉 아우라의 진위를 알고 싶어 하기 때문이다. 이처럼 사람들은 '예술작품에는 진본眞本만이 가지고 있는 형언할 수 없는 특별함, 기쁨, 진실, 신비함 등이 있다'라고 믿는다. 한마디로 아우라는 논리적으로 설명되지 않는 '신비한 그 무엇'이면서 다른 것에는 없는 고유한 특징이다. 따라서 아우라는 인간의 눈으로 보기 어렵고 마음이나 영적인 눈으로 보는 '신비한 인식'이다.

아우라는 그리스어aúra 숨결breath, 바람breeze이라는 뜻 또는 '독특한 그 무엇'이라는 의미이며 히브리어와 유대교 신비주의에서 온 개념이다. 우주적 본질을 함의하고 있거나 우주적 본질이 드러난 특유의 특징이라는 뜻의 아우라는 독일에 살던 유대인 발터 벤야민W. Benjamin, 1892~1940이 예술용어로 사용하면서 널리 퍼졌다. 종교에서 아우라는 신비하고, 경건하며, 엄숙한 정신이나 믿음과 관련된 신성성神聖性을 뜻한다. 반면 예술에서 아우라는 특별한 작품 또는 공연에 녹아 있는 유일성, 현장성, 일회성, 신비성 등이다. 간단히 말해서 산스크리트어 '숨을 쉬는 존재의 영혼'인 아트만atman에 비견되는 아우라는 그 존재만이 가진 고유한 정수精髓와 본질이다. 또한, 인간이나 사물이 가진 고유의 영적靈的인 것을 의미하면서 그 존재 특유의 가치를 포함한다.

벤야민이 이 용어를 창안할 수 있었던 것은 근대 자본주의 사회의 원리를 꿰뚫는 혜안이 있었기 때문이다. 벤야민은 '대량생산이 근대 자본주의 사회의 본질이고, 그 본질을 잘 나타내는 양식이 영화와 사진이라고 말하면서 복제예술이 현대사회를 정확하게 반영한다'고 단언했다. 여기서 벤야민이 강조한 것은 산업혁명을 거친 자본주의의 대량생산과 대량소비다. 대량생산은 개별적 고유성, 특질, 가치보다는 집단적 효율성, 규칙성, 획일성을 중시하므로 예술작품과 같이 일회적이고 유일한 가지를 생산하기 쉽지 않다. 그런 점에서 벤야민은 '근대에는 회화의 유일성보다는 영화와 사진의 대량생산이 의미 있다'라고 본 것이다. 아울러 '진본이나 원본과 같은 고전적인 가치는 더는 중요하지 않게 되었다'고 강조한다. 벤야민의 말처럼 영화/사진의 기술복제技術複製나 디지털의 무한복제가 현대예술에서 매우 강력한 힘을 발휘하는 것은 바로 그런 자본주의의 원리에 기인한다.

중세까지 예술은 숭배의 대상이었다. 아우라가 있었기 때문이다. 가령 레오

나르도 다 빈치Leonardo da Vinci, 1452~1519의 〈최후의 만찬〉에는 기독교적 아우라가 있고 고흐의 〈자화상〉에는 고흐의 아우라가 있다. 그런데 산업사회와 근대 자본주의의 대량생산과 상품화로 인하여 아우라가 사라져 버렸다. 기술로 복제하는 시대가 된 것이다. 그리하여 작품이 하나가 아니라 수십, 수백 개가 될 수 있는 마술적인 세상이 되었다. 이리하여 예술은 과거의 아우라를 상실하고 시장에서 거래되는 상품과 기술로 전락하고 말았다. 복제로 인하여 유일무이한 진본성이나 신비성이 사라져 버린 것이다. 이런 자본주의 시대에 진정한 가치를 찾기는 쉽지 않다. 그런데도 사람들은 진정한 가치를 찾는다. 이처럼 기술복제의 시대에 사는 문학비평가 K가 〈모나리자〉를 보고 분석하는 것은 단순한 비평이 아니라, 작품 속에 있는 신비한 진실을 보기 위함이었다.

참고문헌 Walter Benjamin, "The Work of Art in the Age of Its Technological Repro-ducibility", in *Selected Writings*, edited by Michael W. Jennings, Cambridge, MA : Belknap, 2003.

참조 근대·근대성, 기호 가치, 본질, 비평/평론, 산업혁명, 산책자 보들레르, 신뢰성, 아케이드 프로젝트, 아트만, 열린 사회, 예술, 자본주의

리얼리즘[예술]
Realism | 写实主义

어머니는 이렇게 외쳤다. '천벌을 받을 놈들, 피바다를 이룬다 해도 진실의 불꽃은 꺼지지 않는다.' 아들이 혁명운동을 하다가 붙들려 간 다음 어머니 역시 혁명의 대오에 투신하여 체포되면서 한 말이다. 이것은 고리키의 『어머니』 중의 한 대목이다. 막심 고리키$^{Maxim Gor'kii, 1868\sim1936}$의 소설 『어머니』는 1902년 자기 고향에서 실제로 있었던 표트르 자모로프$^{Piotr Zalomov}$ 모자 체포사건을 바탕으로 했다. 사회주의 리얼리즘의 전범으로 알려진 이 작품은 노동자계급의 각성과 혁명의 낙관적 미래를 그린 명작으로 알려져 있다. 러시아혁명의 과정을 다룬 이 작품은 역사의 발전이 봉건 전제군주 시대에서 부르주아를 거쳐 프롤레타리아의 시대가 되리라는 역사적 전망을 담고 있다. 이 작품이 사회주의 리얼리즘의 고전^{古典}이 된 것은 바로 이점, 역사적 전망을 담아냈기 때문이다.

리얼리즘은 존재론과 인식론의 영역으로 모든 존재가 사실적으로 존재한다는 철학의 실재론^{實在論}이다. 리얼^{real}은 실재다. 플라톤이 '겉으로 드러난 현실은 실재인 이데아^{idea}를 모방^{mimesis}한 그림자'라는 관념론의 정초를 놓았고 그의 제자 아리스토텔레스는 '현실 모방 역시 가치가 있다'는 관점을 제시했다. 반면 예술에서 리얼리즘은 철학의 실재론과 달리 상상이나 관념이 아닌 현실과 사실을 있는 그대로 재현하려는 창작원리를 말한다. 그런 이유로 창작방법론의 리얼리즘과 문예사조의 리얼리즘을 나누기도 한다. 리얼리즘의 라틴어 어원인 realis는 '물건, 실재'라는 뜻이고 비현실, 가상^{假象}, 관념, 상상과 반대되는 말이다. 그러니까 리얼리즘은 사실, 실재, 실제, 현실을 정확하게 묘사하는 창작방법론이자 표현된 결과를 의미하는 것이다. 아울러 그 표현의 결과가 개연성蓋然性이 있다는 뜻이다. 역사적으로 보면 리얼리즘은 18세기 이후 근대예술의 중요한 축을 이루고 있는 문예사조다.

회화에서 리얼리즘은 객관적 사실을 묘사한다는 의미로 출발했으며 프랑스의 화가 쿠르베Gustave Courbet, 1819~1877의 〈오르낭의 오후〉와 〈숫사슴의 격투〉에 잘 나타나 있다. 발자크, 스탕달, 플로베르 등에 의해서 개화한 문학의 리얼리즘은 현실을 있는 그대로 묘사하고 반영하려는 객관적인 태도와 총체적 세계관을 가지고 있으며 묘사와 표현을 특히 중시한다. 리얼리즘을 사실주의寫實主義로 번역하는 예도 있는데, 문예사조와 예술창작원리로서의 리얼리즘과 사실주의는 의미상 차이가 있다. 일반적으로 사실주의는 표면으로 드러난 예술의 대상을 정확하게 묘사한다는 묘사적 리얼리즘을 말한다. 한편 사실주의事實主義라고 할 때는 '대상화한 사건을 있는 그대로 묘사한다'는 의미가 있어서, 리얼리즘이나 사실주의寫實主義와는 의미상 차이가 있다.

리얼리즘은 현실의 문제를 예술이 반영하고 모순을 극복하고자 한다는 의미에서 현실주의現實主義라고 지칭되기도 한다. 이처럼 한자어로 번역했을 때의 문제점 때문에 리얼리즘으로 쓰는 것이 보통이다. 리얼리즘이라는 단어를 처음 사용한 프랑스에서는 자연과 현실을 정확하게 묘사한다는 뜻으로 이 낱말을 사용했다. 프랑스 사실주의자들은 고전주의와 낭만주의의 주관성을 거부하고 '예술이 사람들에게 감명을 주려면 시대와 역사에 대한 날카로운 인식이 필요하다'라고 믿었다. 그리하여 그들은 민중이나 서민들 또는 평범한 사람들의 평범한 모습을 묘사하려고 애썼다. 주인공의 신분이 하강하는 근대소설의 특징을 가장 잘 구현한 것이 바로 리얼리즘이다. 이런 이유에서 초기 리얼리즘이 부르주아를 주인공으로 했다는 의미에서 부르주아 리얼리즘이라고 한다. 부르주아 리얼리즘은 비판적 리얼리즘을 거쳐서 사회주의 리얼리즘Social Realism으로 진화하고 발전했다.

비판적 리얼리즘은 부르주아 사회의 문제점을 비판적으로 예술화하는 것이며, 사회주의 리얼리즘은 프롤레타리아계급 즉 빈민과 민중의 삶을 사회주의 혁명의 사상과 감정으로 표현하려는 창작방법이다. 사회주의 리얼리즘은 1907년에 발표한 고리키의『어머니』나 숄로호프의『고요한 돈 강』1925~1940을 대표작으로 꼽으며, 1934년 제1회 소비에트 작가동맹에서 공식 창작방법으로 채택되었다. 그 외에 환상적 리얼리즘, 진보적 리얼리즘, 고상한 리얼리즘 등이 있다. 문예사조에서 리얼리즘은 낭만주의의 반동으로 시작되었지만, 시기적으로 보면 낭만주의와 거의 같은 시기에 출발했다. 리얼리즘의 경향은, 다른 문예사조와 마찬가지로, 모든 예술에서 나타난다. 이 말은 리얼리즘의 방법과 리얼리즘의 묘사는 시대와 지역을 넘어서는 일반적인 것이라는 뜻이다. 한편 근대 이후의 예술을 리얼리즘과 모더니즘의 두 계보로 구분하기도 한다.

참조 계급투쟁, 낭만주의, 리얼리즘/실재론[철학], 모더니즘[예술], 모방론, 문예사조, 미메시스[아리스토텔레스], 미메시스[아우어바흐], 미메시스[플라톤], 반영론, 발자크의 배신, 사실, 사회주의 리얼리즘, 유물론, 자연주의[예술], 허구, 혁명적 낭만주의

상징
Symbol | 象征

    사람들은 거리에서 환호했다. 공포와 고통에서 벗어났기 때문이다. 멀리서 펄럭이던 오스만제국의 깃발과 초승달의 군기도 사라졌다. 그래서 이들은 초승달 모양의 크루아상^{croissant}이라는 빵을 만들었다. 이처럼 크루아상은 빈^{Wien} 사람들이 만들었다고 전해진다. 서구 기독교 연합군이 1529년 오스트리아의 수도 빈을 포위했던 이슬람 세력을 물리치고 나서 이것을 자축하기 위하여 이슬람 군기에 그려져 있는 초승달 모양의 빵을 만들었다는 것이다. 초승달은 이슬람 국가와 이슬람교도를 상징하며 '초승달=이슬람'이라는 공식을 의미한다. 이런 이유로 적십자에도 십자가 대신 초승달을 그려 넣는다. 이처럼 어떤 형상이 무엇을 추상적이고 함축적으로 대신했을 때 상징이라는 말을 쓴다. 어떠한 뜻을 나타내거나 사물을 지시하기 위해 쓰이는 부호, 그림, 문자인 기호記號와 달리 상징은 지시를 넘어서고 기록을 능가하는 표현의 미학적 특징이 있다.

    상징象徵은 추상적인 개념과 사물을 구체적으로 표현하는 것이다. 복잡한 개념을 단순하게 표시하는 의사전달의 방법이기도 하다. 가령, 서로 다른 것이 연결되려면 매개가 필요한데 이것이 상징으로 표현된다. 예를 들어 초승달과 십자가는 상징이지만 연기煙氣는 불의 상징이 아니다. 연기의 순차적 결과가 불이기 때문이다. 반면 빨강 신호등은 기호이면서 상징이다. 교통 신호체계에서 적색은 '진행할 수 없다'는 기호이면서 법규를 함축하는 상징이다. 그러므로 수학이나 공학에서는 추상적인 상징보다 구체적인 기호記號라는 개념을 사용한다. 이처럼 사실을 직접 표현하는 기호^{sign}와 달리, 상징은 그것을 매개로 하여 다른 것을 표현하는 방법으로써 인간이 가진 특별한 능력이다. 원숭이를 포함한 동식물들은 본능과 지각만 있을 뿐, 상징이라는 고도의 사유작용을 하지 못한다고 알려져 있다.

그런 점에서 카시러E. Cassirer, 1874~1945는 인간을 상징적 동물Symbolic animal로 규정하고 인류가 축적한 상징의 형식symbolic form인 문화, 예술, 종교, 신화를 통해서 인간을 이해하고 인식할 수 있다고 말했다. 또한, 카시러는 '상징적 인간관'이라는 개념을 창안하여 상징에 담겨 있는 인간의 자기인식Self-realization이야말로 진정한 계몽의 방법이며 결과라고 말했다. 그러니까 인간만이 가지고 있는 상징형식을 통해서 '인간이 어떻게 살아왔는지, 어떤 존재인지, 본질이 무엇인지 알수 있다'는 것이다. 상징을 예술의 중요한 기법과 형식으로 삼는 유파를 상징주의Symbolism라고 부른다. 다시 말하면 상징주의는 상징적인 기법을 가지고 어떤 감정이나 사상을 암시적으로 표현하려는 예술적 태도나 경향을 말한다.

역사적으로 볼 때 상징주의는 19세기 말 프랑스를 중심으로 하여 사실주의와 자연주의에 대한 반동으로 일어났다. 상징주의는 상징의 암시성을 극단적으로 추구하여 모든 산문적 의미, 사실성, 상식을 배제하려 하였다. 사상적으로 볼 때 상징주의는 이 세상 모든 것은 '아름다운 관념 세계의 희미한 그림자'라는 플라톤 사상을 바탕으로 한다. 원래 상징symbol이라는 어휘는 '함께 붙는다, 연합한다, 혹은 연결하다'의 뜻을 가진 그리스어 symbolon에서 나온 말이다. 이처럼 플라톤 시대의 그리스인들은 진실하고 아름다운 본질이 있고, 세상은 그것이 반영된 그림자이며, 그 그림자를 묘사하고 표현하는 것을 예술이라고 생각했다. 그런 점에서 신비하고 암시적인 음악이 가장 상징적이라는 관점도 있다. 예술가들은 자신이 생각하는 것을 상징적으로 표현하는 경우가 많다. 상징적 기법으로 간결하고 인상적으로 표현할 때 예술적 진실에 가까이 갈 수 있다고 보기 때문이다.

하지만 상징적 예술기법은 신비롭거나 암시적인 표현이 되므로 낯설게 보일 수도 있다. 그래서 상징이 심화되면 난해하고 관념적인 것으로 이행하기도 한다. 왜냐하면, 상징이 상징을 낳으면서 복잡한 표현이 되기 때문이다. 하지만 예술에서 상징은 미적 표현이기 때문에 매우 중요하다. 그리고 예술가 자신의 의도와는 관계없이 예술작품과 예술 행위는 언제나 상징을 포함한다. 왜냐하면, 예술가의 예술 행위는 있는 그대로를 표현하는 것이 아니라 상상의 산물이며 예술가들은 사실을 직접 묘사하기보다는 창의성을 가지고 무엇을 창조하는 존재이기 때문이다. 상징은 다른 뜻을 함축하고 있으므로 은유와 유사하지만, 포괄적이고 암시적이라는 점에서 1:1의 유추類推를 바탕으로 하는 은유와 다르다. 또한, 상징과 유사한 알레고리는 의도한 목적과[A] 표현된 결과[B]가 다른 것이고, 이미지image는 형상이나 소리가 마음에 그려지는 것이다.

참고문헌 Ernst Cassirer, *An Essay on Man*, New Haven : Yale University Press, 1944.

참조 기표·기의/소쉬르, 기호 가치, 묘사, 상상, 상징적 거세, 상징적 동물, 상징주의, 알레고리, 애매성, 역설, 예술, 이미지·이미지즘, 표현

외설
Obscenity | 猥褻

남편이 전쟁에서 하반신 장애인으로 돌아왔다. 얼마간 남편에게 헌신하던 매력적인 여인 차털레이^{콘스탄츠, 약칭 코니}는 어떤 극작가와 사랑 없는 성행위를 한 다음 또다시 산지기 멜로어와 사랑에 빠진다. 멜로어보다 더 정사를 나누고 싶어 하는 차털레이는 무척 적극적인 여성이었다. 숲속의 오두막에 말을 매어 놓고 은밀하게 나누는 정사는 무척 표피적이고 매우 선정적이다. 결국, 차털레이는 남편과 이혼하고 멜로어의 아이를 가지고 얼마 후 결혼한다. 소설가 로렌스^{D.H. Lawrence}의 『차털레이 부인의 사랑^{Lady Chatterley's Lover}』¹⁹²⁸에 나오는 장면이다. 이 작품에서 서술자는 여러 차례 성행위 장면을 묘사했는데 이로 인하여 이 작품은 외설적 묘사가 심하다는 것과 간통을 찬양했다는 등의 비난을 받게 되었다. 이로 인하여 출판사가 재판을 받게 된 것은 선정성^{煽情性}만이 아니라 하층계급의 남성과 상류계층의 여성의 사랑을 다루었기 때문이다.

사람들에게는 은밀하게 훔쳐보는 심리가 있다고 한다. 훔쳐보는 행위는 심리적 쾌감을 동반하는데 금기^{禁忌}된 것, 특히 성적인 것을 훔쳐보는 경우가 많다. 아마도 가장 강력한 본능이 성적 본능이기 때문일 것이다. 그러므로 인류예술사를 보면 성적인 것을 외설스럽게 표현한 작품이 수도 없이 많다. 이 욕망이라는 기대지평을 예술가들이 창작활동에 수용하는 것은 자연스러운 일이다. 여기서 문제가 발생한다. 즉, '창의성을 가진 예술작품인가 아니면 단순히 말초신경을 자극하는 야한 표현인가'의 문제다. 여기서 유래한 외설은, 인간의 성적 욕망을 자극하면서 예술성이 부족한 표현이다. 일반적으로 외설은 표현의 결과에 더 가깝고 음란淫亂은 표현의 내용에 더 가깝지만 비슷한 의미로 쓰인다. 원래 외설은 그리스어인 매춘부porne와 글쓰기graphos가 결합한 명사로 매춘부에 관한 글이라는 의미였다.

성性, sex은 인류의 종species을 유지하게 하는 종족보존의 수단이면서 인간이 즐기는 유희의 형식이기도 하다. 그런데 성적인 말이나 행동은 표현의 방법이나 결과에 따라서 예술이 되기도 하고 외설/음란이 되기도 한다. 사람의 나체를 표현했을 경우, 성적인 욕망을 자극하지 않고 상상력과 창의성 그리고 미적 감성을 촉발하면 에로티즘을 가진 예술로 인정하는 반면 사람의 나체를 아름답게 표현했더라도 난삽하게 표현되어 성적인 욕망을 자극하면 포르노그래피pornography로 분류되는 동시에 외설이 된다. 외설에 대한 최초 정의는 1868년에 판결한 '비도덕적 영향에 민감한 사람들을 타락시킬 우려가 있는 것'이었다. 그래서 프로이트는 인간을 욕망의 주체, 특히 성적 욕망의 주체로 설정한 바 있다.

일반적으로 외설은 창작의 의도나 창작의 결과가 성적 욕망을 자극하는 (예술) 작품이나 이야기를 포함한 각종 표현이나 공공연히 여러 사람이 보는 앞에서 외설 행위를 하는 일로 인하여 성도덕을 문란하게 만드는 행위이다. 반면 음란은 사람들의 성적 수치심을 해치고 성적 도덕이나 윤리에 반하는 것으로 규정할 수 있으며 음란물 여부는 사회 평균인의 입장과 그 시대의 건전한 통념에 따라 객관적으로 평가하는 것이 보통이다. 이처럼 사회가 성에 관한 표현을 법적으로 규정하게 된 것은 사회적 규범과 인간적 욕망의 문제가 충돌하기 때문이다. 한편 외설의 제반 특징이 있는 것을 외설성猥褻性이라고 할 수 있는데 외설성은 외설은 아니지만 외설적인 특징이 있다는 것이므로 포르노그래피처럼 직접 자극을 하지는 않는다. 오히려 외설성은 부분적으로 성적 자극의 특징이 있는 것을 의미한다.

외설은 대부분 그 시대와 사회가 가진 도덕적 기준이다. 하지만 예술작품을 포함한 여러 형태의 표현을 '국가나 사회가 성이나 표현을 규제해야 하는가'에 대해서는 논란이 있다. 일반적으로 예술가들은 그 어떤 것이라도 자유롭게 표현하고 싶어 한다. 그것은 표현의 욕망을 우선하면서 성을 통하여 인간의 본질을 보여줄 수 있다고 믿는 한편 성은 예술의 영원한 주제라고 보기 때문이다. 하지만 도덕과 윤리를 바탕으로 한 법은 사회적 질서를 우선하기 때문에 표현의 자유를 규제하려는 경향이 있다. 그래서 표현의 자유는 사회의 규범과 충돌하는 경우가 많다. 가령 국기國旗를 태우는 행위나 성적인 표현은 사회윤리와 규범 그리고 법적인 문제가 될 수 있다. 규제를 통하여 풍속을 교정하고자 하는 사회적 규범과 모든 표현은 자유의지에 맡겨야 한다는 예술론의 관점은 영원히 평행선을 달릴 것이다.

참고문헌 D. H. Lawrence, *Lady Chatterley's Lover*, Tipografia Giuntina, 1928.

참조 기대지평, 독자반응이론, 리비도, 문학, 소설, 수용미학, 예술, 윤리·윤리학, 포르노, 표현, 표현의 자유

비극

Tragedy | 悲劇

햄릿Hamlet은, 아버지를 죽이고 왕위를 찬탈한 다음 어머니 거트루드와 결혼한 숙부를 응징하고자 미친 것으로 가장한다. 아버지 유령을 만난 햄릿은 숙부 클라우디우스가 아버지를 독살했다는 것을 알게 되었기 때문이다. 하지만 연인인 오필리어의 아버지 플로니우스를 숙부로 오인하여 죽인다. 그로 인하여 오필리어는 미쳐서 죽는다. 햄릿이 오필리어의 죽음에 슬퍼하던 중 그의 오빠 레어티즈는 햄릿에게 복수의 결투를 청한다. 한편 클라우디우스의 계략과 달리 햄릿이 독검을 가지게 되어 레어티즈를 죽이고 햄릿 역시 검에 찔려 죽으면서 숙부를 죽인다. 이때 우연히 왕비 거트루드가 햄릿을 독살하려고 놓은 포도주를 마시고 죽는다. 햄릿은 죽어가면서 노르웨이의 왕 포틴브라스에게 왕위를 넘긴다. 12세기 덴마크 왕가를 배경으로 하는 이 작품은 비극의 대명사로 알려진 셰익스피어의 〈햄릿〉이다.

비극tragedy의 어원은 고대 그리스어 염소gōidia에서 기원하며 염소의 음정으로 노래하는 슬픈 이야기라는 뜻이다. 비극은 첫째, 인간에게 일어나는 비참하고 슬픈 사건이고 둘째, 비참하고 슬픈 것을 소재로 하여 죽음, 도전, 절망, 좌절, 파멸, 고통, 패배, 고난, 고뇌 등의 불행한 내용을 표현한 예술작품이다. 비극의 일반적 내용은 남녀의 이루어질 수 없는 사랑, 영웅의 비장한 일생, 가정파탄, 사회나 국가의 재앙 등 여러 제재와 주제로 나뉜다. 한편 비극의 원류인 그리스 비극에는 심각한 행위를 하는 비범한 인물이 등장한다. 고결한 인물의 비범한 행위가 이야기의 중심이다. 그는 자신의 비범한 행위로 인하여 고난을 겪고 영웅적으로 투쟁하다가 마침내 파멸에 이른다. 용감하지 않고 비범하지 않다면 생기지 않았을 파멸이기에 값진 것이고, 행위의 정의로움 때문에 관객에게 충격적 감동을 선사한다.

비극이 진행되는 동안 관객들은 자기를 대리해 주는 주인공의 영웅적인 행위에 격려를 보내지만, 운명적으로 예정된 패배로 인하여 냉혹한 현실을 인지하게 되는 것이다. 아무리 영웅이라도 패배할 수 있고, 그 패배는 관객들에게 깊은 깨우침을 준다. 이처럼 고대 비극에는 주인공의 판단 착오나 문제적 행동이 있는데 이를 통하여 관객은 인간이 결함을 가진 불완전한 존재라는 것을 깨우친다. 아리스토텔레스Aristoteles, BCE 384~BCE 322는 『시학』에서 '비극은 심각한 행위의 모방이며 연민과 두려움을 주면서 관객의 감정을 정화해 준다'라고 말했다. 심각한 행위는 인간의 이성으로 이해할 수 있는 가장 완결된 행위라는 뜻이며, 그러므로 진지하다는 뜻이다. 또한, 그는 비극작가는 인간 본성과 내면을 창조적으로 모방하여 보편적 진리를 보여주기 때문에 쓸모 있는 존재라고 규정했다.

비극 자체는 슬픔을 자아낼 뿐이지만 비극을 통하여 인간에 대하여 이해할 수 있다. 또한, 비극적 사건과 상황을 통하여 운명이라는 거대한 힘을 받아들이면서 카타르시스catharsis를 느낀 다음 마음의 평화와 정신적 각성을 얻을 수 있다. 그런 점에서 아리스토텔레스는 고결한 비극과 달리 희극은 인간의 운명을 깨닫지 못하게 하고, 표피적으로 반응하게 만드는 저급한 양식이라고 규정했다. 아리스토텔레스가 말한 비극의 카타르시스는 플라톤의 시인추방론詩人追放論에 대한 응답의 성격이 있다. 플라톤은 시, 즉 문학예술이 인간을 불안하게 만들거나 타락시킨다는 이유로 예술가들은 국가國家에서 추방되어야 한다고 보았다. 반면 아리스토텔레스는 문학예술이 인간의 감정을 배설하고 정화함으로써 오히려 감정을 조절한다고 주장했다. 이처럼 고대 그리스의 비극은 극적 아이러니dramatic irony를 통하여 신의 세계와 인간 존재를 고결하게 보여준 인류의 고전으로 꼽힌다.

비극의 전통은 르네상스에 이르러 새로운 전기를 맞게 되었다. 셰익스피어Shakespeare, 1564~1616의 〈맥베스Macbeth〉, 〈햄릿Hamlet〉, 〈리어왕King Lear〉, 〈오셀로Othello〉 등 4대 비극은 명작으로 꼽힌다. 고대 그리스의 비극이 주로 인간과 신의 문제를 다루었다면 셰익스피어 이후의 현대비극은 인간의 문제나 집단 및 민족의 갈등과 패배를 주로 다루었다. 한편 니체는 『비극의 탄생The Birth of Tragedy』1872에서 비극은 제의祭儀에서 진화한 것으로 보고 그리스 비극의 기원을 탐구했다. 그는 아폴론Apollonian적인 것과 디오니소스Dionysian적인 것으로 나누고 이 두 요소가 비극의 기원이라고 보았다. 또한, 니체는 비극을 현실의 공포와 운명에 대한 사랑을 감각적으로 표현한 양식으로 간주했다. 청淸의 대하소설 『홍루몽紅樓夢』은 주인공 가보옥賈寶玉과 사촌 누이 임대옥의 슬픈 사랑과 애틋한 이별을 묘사한 비극의 대표작이다.

참고문헌 Aristoteles, *Peotica*.

참조 르네상스, 모방론, 문학, 미적 거리, 비극의 탄생, 시인추방론, 아리스토텔레스, 아이러니·반어, 안티고네(소포클레스), 안티고네와 이즈메네, 연극·드라마, 카타르시스, 플롯, 하마르티아, 희곡, 희극/코미디

예술가

Artist | 艺术家

A는 예술작품을 창작하거나 전시나 공연 등 예술 행위를 하는 사람이다. 그는 대학에서 미술을 전공했고, 현재 전업으로 예술 활동을 하며, 다른 사람들이 그의 전문성을 높이 평가한다. A와 같은 사람 즉 예술을 전문으로 하고 전문성을 가진 사람을 예술가라고 한다. 일반적으로 예술가는 시간을 대부분 예술에 사용하고, 경제적 수입이나 가치 역시 예술에서 얻고자 하는 사람이다. 또한, 예술가는 창의성과 상상력을 가지고 작품을 창작하거나 전시와 공연을 하는 전문가를 의미한다. 이런 창작예술創作藝術과 달리 높은 수준의 완성된 경지를 목표로 하는 예술가도 있다. 그것은 장인匠人의 정신을 가지고 선생의 예술을 그대로 답습하고 계승하는 전승예술傳承藝術이다. 그런 점에서 예술은 미적인 예藝와 기능인 술術이 합쳐진 개념으로 볼 수 있다. 그리고 예술가는 문학, 미술, 음악, 연극, 무용, 사진을 포함한 여러 장르에서 창의적이거나 전승적인 예술 활동을 하는 전문가다.

Art는 무엇을 믿드는 기술, artist는 기술자라는 의미가 있다. 라틴어 어원은 ars/artis인데 무엇을 모방하거나, 바꾸거나, 만들거나, 행동하는 것을 의미했다. 따라서 서구 유럽에서의 예술art은 시각예술visual art만을 지칭하는 경우가 많지만, 동양에서는 문학, 음악, 연극, 건축 등 제반 예술을 포함하는 경우가 많다. 글을 쓰는 작가를 예술가에 포함하지 않기도 하는데 이것은 문학이 철학이나 사상을 강조하기 때문이다. 기능으로 볼 때 예술가는 창의성을 발휘하여 무엇을 창작하는 존재이며 목적으로 볼 때 예술가는 미美를 표현하는 존재다. 칸트I. Kant,

1724~1804는 『판단력비판』1790에서 인간이 무엇을 안다는 것이나 느낀다는 것은 판단判斷이고 그 미적 취향을 판단한 결과가 아름다움/미라고 정의한 바 있다. 따라서 칸트에 의하면 미는 '무목적성의 목적purposive without purpose'인 상상과 이성의 자유로운 조화이며 예술가는 창의적으로 미를 생산하는 존재다.

예술가藝術家의 본질은 창의성과 전승傳承이다. 예술가는 새로운 것을 창작하기도 하고 이미 창작된 것을 계승하기도 하는 전문가다. 그러나 근대 이전의 예술가는 독립적인 전문가로 인정받지 못했다. 예술가의 존재론에 대한 물음이 제기된 시기는 근대近代다. 근대 이전에 예술가 개념이 불분명한 이유는 예술이 다른 영역과 통합되어 있었기 때문이다. 근대에 들어 영역이 분화하고 전문화되면서 예술가의 신분이 독립적인 존재로 인식되었다. 특히 자유와 개성을 중시하는 휴머니즘과 르네상스 시대에 창의성과 허구가 강화되면서 예술가의 개성적 표현을 중시하게 되었다. 아울러 근대의 예술가에게는 상품생산자 또는 노동자의 성격이 가미되었다. 근대는 자본제 생산양식에 의해서 가치를 생산하고 유통하는 시장경제 구조다. 근대예술환경 속에서 예술가는 작품을 생산하고 전시나 공연을 하면서 그 가치를 자본으로 환산하거나 명예를 얻는다.

예술가는 자기가 생산한 예술적 사용가치use value를 다른 교환가치exchange value로 바꾸어야만 생활인으로 존재할 수 있다. 그런데 예술가가 온 힘을 다하여 예술 행위를 할 때는 돈이나 명예를 목표로 하는 것은 아니다. 하지만 일단 생산된 예술작품은 시장에서 상품으로 판매되어야 한다. 이 순간 예술은 교환가치로 변한다. 예술가의 순수함도 가격으로 환산된다. 이런 점에서 예술가는 예술작품을 생산하는 순수 예술가인 동시에 예술상품藝術商品을 생산하는 노동자라는 두 가지 성격을 가진다. 이처럼 순수한 예술창작가와 상품생산자라는 상반된 존재론의 불일치 때문에 예술가는 비극적 상황에 놓이고 예술가들은 정신적으로 고뇌하는 존재가 되는 것이다. 이러한 비극적 상황을 타개하고자 예술의 공공성公共性을 강조하는 공공예술가나 독립영화를 만드는 등의 반자본예술가가 생겼다.

　예술가를 예술적으로만 이해하는 것은 표현론表現論으로 설명할 수 있다. 모방이나 재현과 다른 표현이란 모든 사람에게는 표현의 욕망이 있는데 이 표현의 욕망을 전문적으로 수행하는 존재가 바로 예술가라는 관점이다. 표현된 예술은 다른 사람들에게 즐거움을 주거나 교훈을 준다. 표현론에 의하면 예술가는 자신의 사상과 감정을 자신의 예술관에 따라서 표현하는 즉자적 존재다. 여기서 무엇을 어떻게 표현하는가의 문제가 대두한다. 일반적으로 진선미眞善美를 다양한 매체로 표현하여 수용자들에게 감동이나 느낌을 주는 존재가 예술가다. 일반적으로 예술은 아름다움과 진실을 추구한다고 하는데, 아름다움이 고정된 것도 아니고 아름다움과 진실이 언제나 일치하는 것도 아니므로 예술가들은 자신이 생각하는 세계관과 창작방법론에 따라서 예술 활동을 할 수밖에 없다.

참조 개성, 기대지평, 낭만주의, 르네상스, 무목적의 목적, 문학, 미적 거리, 미학·예술철학, 바움가르텐의 진선미, 에이브럼즈의 삼각형이론, 예술, 예술지상주의, 재현, 존재론, 판단력비판－미(美)란 무엇인가?, 표현, 표현주의, 허구

다문화주의

Multiculturalism | 多元文化主義

'요즘 여자들이 성폭행을 많이 당하는 이유는 여자들이 점점 더 짧은 치마, 속이 들여다보이는 블라우스, 몸에 착 달라붙는 청바지 등을 입어 남자들의 욕정을 자극하기 때문이다. 이슬람 여성들이 머리에 쓰는 히잡Hijab은 남성들의 이런 욕정을 차단해주는 데 큰 구실을 한다. 호주 여성들이 모두 히잡을 쓰면 성폭행을 많이 줄일 수 있을 것이다.' 이것은 2005년 호주의 유명한 이슬람 지도자인 샤이크 모하메드가 한 말이다. 이 주장은 비록 예외적이지만, 히잡에 얽힌 일화로 문화적 차이에 대한 종교적 해석이기에 의미가 있다. 이슬람교도Muslim의 관습에는 술을 마실 수 없으며, 술을 마시면 채찍으로 40대를 맞아야 하고, 도둑질하면 오른손을 자르며, 혼외정사를 하면 돌로 때려죽이는 경우가 있다. 이것을 다른 문화권에서 이해하지 못하여 문화적 충돌이 생긴다. 그렇다면 이 문화적 차이를 어떻게 이해하면 좋을까?

이런 문화적 차이에 대한 이념적 개념이 다문화주의多文化主義이고 문화적 차이를 강조한 개념이 문화다양성文化多樣性이다. 다문화주의는 1957년 다인종 국가인 스위스에서 처음 사용되었고 1960년대 후반, 캐나다와 호주 등과 같은 다민족, 다인종, 다종교 국가에서 '인종 간의 충돌을 완화하고 평화롭게 공존해야 한다'라는 현실적인 필요에 따라서 제기되었다. 다문화주의는 단일문화를 지향하거나 자기 문화를 절대화하지 않고 다양한 문화를 존중하고 인정하려는 이념과 정책이다. 또한, 다문화주의는 여러 문화를 상호 존중한다는 점에서 문화다양성Cultural diversity과 문화복수성Cultural plurality을 뜻하는 한편 '문화적 차이를 존중하고 문화적 차별을 금지하자'라는 문화정책을 의미하기도 한다. 이 다문화주의에서 파생한 다문화사회多文化社會는 여러 문화가 복합적으로 구성된 사회다.

다문화주의나 문화다양성은 각 민족과 국가의 문화적 고유성을 유지해야 한다는 역설이 내재하고 있다. 캐나다의 다문화주의 연구자 킴리카Will Kymlicka가 말한 것과 같이 문화적 고유성固有性은 역동적이면서도 다양한 문화적 전통을 형성하는 토대다. 이처럼 고유한 단일문화가 유지되어야 다문화사회가 성립하는 것이고 다문화주의가 인정되는 것이다. 따라서 다문화주의가 단문화주의單文化主義를 인정하고 문화다양성이 문화단일성을 용인하는 모순되는 상황이 발생한다. 이 문제를 해결하는 방법은 샐러드 볼salad bowl이나 모자이크mosaic와 같이 이질적인 인종과 문화가 함께 섞여 살도록 하는 것도 있고, 용광로melting pot처럼 주류문화를 중심으로 용해하고 편입시키는 것도 있다. 그런데 문화 용광로 정책은 다문화주의 이전 단계인 문화적 동화주의Cultural Assimilationism이기 때문에 다문화주의와 다르다.

문화적 동화주의同化主義란 문화적 주류와 다수가 비주류와 소수를 주류에 종속시키거나 자신들의 생활과 감정에 동화할 것을 강요하는 이념과 정책이다. 예를 들어 동화주의는 영국인들이 인도인들을 동화시키고자 한 것이나 일본인들이 창씨개명創氏改名과 일본어 사용을 통하여 한국인을 일본문화에 동화시키고자 한 것이다. 과거 제국주의/식민주의 시대에는 주류문화나 중심문화가 사회를 지배했고 다른 문화를 공식적으로 존중하지 않았다. 하지만 사람과 자본 그리고 기술 등이 국경을 넘어서 이동할 수밖에 없는 세계화의 시대에는 다양한 인종, 다양한 종교, 다양한 문화가 섞일 수밖에 없다. 한편 다문화주의의 핵심인 상호존중과 공존은 문화적 평등을 전제로 하고 '차이는 인정하되 차별은 하지 않는다'라는 원칙을 의미한다. 그래서 생겨난 다문화주의는 자기 문화 중심주의를 버리고 다른 문화를 존중하자는 문화민주주의와 문화 평등의식을 바탕으로 하고 있다.

다문화주의는 이론적이며 정책 지향성을 가진 이념이고, 다문화사회는 다문화가 실현되는 열린 사회이며, 다문화는 여러 문화가 공존하는 문화적 현상이다. 그런 점에서 다문화주의는 문화적 보편주의이고 상대성을 인정하는 문화상대주의의 성격이 있다. 다문화주의에서 파생된 다문화가정, 다문화학교, 다문화 교실, 다문화가족, 다문화 교육, 다문화 정책 등의 용어도 사용되고 있다. 이에 대하여 다문화주의나 다문화사회는 이상일 뿐이고, 동화주의에서 완전히 벗어나지 못한 주류와 다수가 비주류와 소수를 동화시키고자 하는 담론이며, 결국 단문화주의Monoculturalism로 회귀한다는 비판이 있다. 20세기 이후, 세계화/지구화가 진행됨에 따라서 다문화주의 또는 문화다양성의 가치가 높아지고 있지만, 그 후유증도 심각하다. 그것은 다문화주의가 차별과 억압의 본질을 보지 못하도록 하는 정책이자 이론이라는 이유 때문이다.

참고문헌 Will Kymlicka, *Multicultural Citizenship; A Liberal Theory of Minority Rights*, Oxford : Oxford University Press, 1995, p.100.

참조 문명, 문화, 문화다양성, 문화상대주의, 문화생태계, 문화순혈주의, 문화제국주의, 문화충격, 민족, 민족문화, 민족주의, 열린 사회, 초민족주의

연극 · 드라마

Theatre · Drama | 剧场艺术

연극배우 P는 공연 중에 관객을 보고 이렇게 말했다. '지금 저 친구는 자기가 속고 있다는 것을 모르고 있죠? 참으로 바보 같은 사람입니다.' 이것은 연극에서만 가능한 방백傍白이다. 방백이란 관객은 들을 수 있지만, 무대의 배우들은 듣지 못하는 대사의 일종이다. 만약 P가 '저 친구'와 말을 했다면 그것은 대화對話이고, P가 혼자서 무엇을 발화했다면 그것은 독백獨白이다. 그런데 연극의 방백, 대화, 독백 등 대사는 행위와 결합하는 특징이 있다. 소설에도 대사가 있으나 그것은 실제 행위가 아니며, 오페라나 뮤지컬의 대사는 행위보다 음악을 위주로 한다. 따라서 연극의 대사와 행위는 현장성과 일회성이 결합한 연극의 특징이다. 그래서 연극을 현장에서 운동行為하는 양식으로 규정하는 것이다. 간단히 말해서 연극은 무대에서 배우가 희곡play, 戲曲의 각본에 따라서 표정, 대화, 몸짓, 동작 등으로 연기하는 공연예술이다.

서양의 연극theatre, drama은 두 가지 어원이 합성된 개념이다. 연극의 어원인 그리스어 théatron은 '보는 장소'를 의미하며 drâma는 '행위act, 연극적 장면, 유희'를 의미한다. 이처럼 연극은 극적인 행위를 보는 것이었다. 그리고 대본을 의미하는 play가 덧붙여져 연극이 되었다. 그리스 고전 연극은 BCE 5세기 전후에 완성되어 디오니소스 축제에서 공연된 기록이 있다. 그런데 고대 그리스에서는 이를 통틀어 드라마drama라고 불렀다. 반면 동양의 연극演劇은 '호랑이와 돼지가 칼을 가지고 노는 모습劇'에서 유래한 것으로 놀이라는 뜻이 강하다. 동서양 모두 연극은 행위와 유희遊戲라는 공통성을 가지고 있다. 그러므로 연극은 신에 대한 경의, 현실 모방, 놀이/유희가 결합한 예술 활동이다. 따라서 연극은 인간의 모방본능에서 유래한 것으로 볼 수 있으며 그 기원을 제의祭儀와 축제로 보는 것이 일반적이다.

아리스토텔레스Aristoteles, BCE 384~BCE 322는 『시학』에서 '비극은 태양이 일 회전하는 시간과 쉽게 기억할 수 있는 줄거리여야 하지만, 실제 사건을 재현하는 것이나 직접적인 모방은 큰 의미가 없다'라고 보았다. 그리고 '간접 모방을 할 때는 확률적 가능성을 의미하는 개연성probability이 있어야 한다'라고 주장했다. 그의 연극론은 고전주의 시대에 '한 장소에서, 하루 중에 단 하나, 완성된 것이 마지막까지 무대를 가득 차게' 하는 방법인 삼일치법칙Classical Unities으로 정리되었다. 이렇게 하여 고대의 극시劇詩가 근대의 연극演劇이 되었다. 연극의 종류에는 비극, 희극, 희비극, 소극笑劇, 팬터마임, 가극歌劇, 인형극, 무용극, 실험극, 가면극, 마당극, 탈춤, 드라마 등 여러 양식이 있다. 그 외에 시대, 지역, 민족, 형식 등에 따른 분류나 사조별 분류도 가능하다. 하지만 창의적으로 꾸며낸 허구fiction, 虛構이면서 교훈의 목적이 있거나 재미있는 유희라는 점은 유사하다.

일반적으로 연극의 3대 구성요소는 배우, 대본, 관객이라고 한다. 그 외에 공연하는 공간인 극장劇場과 공연을 주관하는 연출가演出家도 중요하다. 연극의 이야기인 대본 또는 각본이 희곡戱曲이다. 문학작품인 희곡play은 공연을 전제로 하는 각본이므로 소설과 달리 공연에 적합한 시간, 공간, 주제, 인물이 유기적으로 짜여 있어야 한다. 연극을 공연하기 위해서는 가장 먼저 극작가가 희곡을 쓴다. 그다음에 연출자가 기획하고 연출하며, 무대의 배우가 연기하면, 객석의 관객이 관람한다. 이 과정에서 연극에 필요한 음악, 미술, 각종 무대장치, 분장, 의상, 조명, 소품 등이 결합하여 다양한 요소가 한 편의 연극을 구성한다. 연극은 발단, 전개, 절정/갈등, 하강, 결말의 흐름과 같은 플롯plot에 따라 공연이 진행되는 것이 보통이다. 하지만 현대연극에는 이런 구성에 따르지 않는 연극도 있다.

한편 '이 사건은 매우 드라마틱dramatic하고 극적劇的이다'라는 발언에서 보듯이 연극의 절정과 결말은 특별한 의미로 쓰인다. 여기서 말하는 드라마Drama는 원래 연극이었는데 의미가 확장되어 사건과 플롯을 가진 일반적 공연이라는 뜻으로 쓰이거나 라디오radio와 티브이TV의 연속극을 의미하는 개념으로 바뀌었다. 물론 드라마는 전통적인 연극을 의미하는 경우가 많다. 하지만 드라마에는 이야기인 서사narrative가 있고 '그 이야기의 행위performance를 영상映像으로 보여준다'는 점에서 연극과 유사하면서 차이가 있다. 가령 멜로드라마는 서정적인 이야기를 영화나 티브이에서 영상으로 연출하여 보여주는데, 이것이 연극과 드라마의 다른 점이다. 한 마디로 드라마는 양식과 관계없이 연극적 요소를 강조한 개념임을 알 수 있다. 연극과 드라마는 배우의 연기와 연출가의 창의성 그리고 각종 무대장치와 여러 장르가 결합하여 만들어지는 종합예술이다.

참고문헌 Aristoteles, *Peotica*.

참조 개연성, 내러티브, 모방론, 문학, 미메시스, 비극, 삼일치법칙, 서사, 소설, 장르, 제4의 벽, 카타르시스, 플롯, 픽션·논픽션, 하마르티아, 허구, 희곡, 희극/코미디

포스트모더니즘

Post-modernism | 后现代主义

'차라투스트라Zarathustra는 나이가 서른이 되자, 고향과 호수를 떠나서 산으로 들어갔다. 여기서 그는 자신의 정신과 고독을 즐겼으며, 10년 동안 권태를 모르고 지냈다. 그러나 드디어 그의 마음에 변화가 일어나—어느 날 아침 동녘이 밝아올 때 일어나, 태양을 향해 이렇게 말했다. 너 위대한 천체여! 만일 네가 햇살을 비추지 않았던들, 너의 행복이란 무엇인가? 너는 십 년 동안 이곳 나의 동굴을 비추었다. 만약 나와 나의 독수리와 나의 뱀이 없었다면 너는 너의 햇살과 이 행복에도 권태를 느꼈을 것이다.' 은유와 상징으로 가득 차 있고, 기독교 문명에 대한 비판으로 점철되어 있으며, 번쩍이는 심상에 빛나는 니체의 산문 『차라투스트라는 이렇게 말했다』의 서두 한 부분이다. 그의 이런 현란한 사유는 훗날 모더니즘을 건너 포스트모더니즘의 전조前兆로 평가되는 새로운 계보를 이룬다.

포스트모더니즘 또는 후기근대주의 또는 후기현대사상은 니체를 비롯한 여러 철학을 바탕으로 1960년대 건축에서 시작했다고 알려져 있다. 포스트모더니즘은 철학, 예술, 사회학 등 여러 영역에서 다양한 개념과 다양한 의미로 쓰이는 1960년대에 생성된 현대적 이념이다. 관점에 따라서 다르지만 '포스트모더니즘은 모더니즘을 포함한 전통적 사조를 부정하고 거부한다'라는 의미도 있고 전위적 예술운동이라는 또 다른 의미도 있다. 저명한 이론가 프레데릭 제임슨F. Jameson에 의하면 근대의 근대성과 다른, 후기 근대의 후기근대성은 이른바 세계체제World system와 후기 자본주의Late Capitalism를 바탕으로 한다. 또한, 포스트모더니즘은 신자유주의와 후기산업사회의 산물로 볼 수 있다. 그런 이유로 포스트모더니즘은 후기산업사회의 세계화/지구화를 반영한 개념이지만 21세기 '포스트포스트모더니즘Post-postmodernism'과 같은 새로운 개념으로부터 비판을 받고 있다.

포스트모더니즘은 후기 근대, 탈근대, 비근대 등 여러 의미를 포함하고 있다. 그런데 모더니즘 앞에 붙은 포스트post를 어떻게 해석하느냐에 따라서 그 의미가 달라진다. Post를 '이후after'로 읽으면 근대 이후가 되고, '넘어서over'로 읽으면 탈근대가 된다. 분명한 것은 '포스트모더니즘이 근대의 모더니즘을 토대로 하거나 상대적인 개념으로 사용된다'는 점이다. 하지만 포스트모더니즘은 고도의 산업사회와 소비주의를 반영하고 비판하는 개념으로 설정된 것은 분명하다. 이 경우, '근대가 종결되었는가'의 문제가 대두하는데 포스트모더니즘의 주창자들은 '1960년대 이후 세계는 이른바 포스트모더니즘의 역사 단계에 들어섰다'고 본다. '모더니즘은 실패했다'라고 간주한 포스트 모더니스트들은 과학과 기술을 거부하고 다문화적이고 상대적이며 탈중심적인 새로운 흐름을 만들기 시작했다.

포스트모더니즘의 전 단계인 모더니즘은 데카르트와 칸트의 철학을 바탕으로 하는 근대 합리주의와 산업혁명 이후의 자본주의 생산양식을 물적 토대로 한다. 일반적으로 근대주의近代主義라는 의미의 모더니즘은 자본, 자유, 이성, 합리, 개인, 개성, 과학, 기술, 도시 등을 특징으로 하지만 비서구 사회에서는 서구적인 것으로 인식되기도 한다. 그런데 포스트모더니즘은 모더니즘의 특징인 근대의 자유, 이성, 합리성, 자본주의 등과는 다른 새로운 조류나 체제를 의미한다. 한편 예술에서는 포스트모더니즘의 특징이 사조나 경향으로 드러난다. 백남준의 비디오아트나 앤디 워홀Andy Warhol, 1928~1987의 작품을 포스트모더니즘의 예로 들 수 있다. 철학에서 포스트모더니즘은 모더니즘과 마찬가지로 니체의 디오니소스적인 감성을 중요시하면서 세계화와 과학기술의 다양한 의미를 수용하고 있다. 모더니즘과 포스트모더니즘은 리얼리즘과 대척적인 위치에 놓여 있다.

포스트모더니즘의 특징은 다양성diversity, 혼종성hybridity, 이질성heterogeneity, 다원성/복수성plurality, 상내싱relativity, 경계의 해체, 탈 장르, 주체 부정과 탈 주체, 중심 해체의 탈 중심de-centralization, 비동일성, 시공간의 압축time-space compression 등이다. 모더니즘이 순종성과 단일성을 용인했다면 포스트모더니즘은 후기구조주의의 탈중심과 해체론을 받아들여서 다양성과 이질성을 존중한다. 하지만 '포스트모더니즘은 지나치게 표피적이어서 현실을 제대로 인식하지 못하며 자본주의에 순응하는 이론일 뿐 아니라 신자유주의 이데올로기에 종속된다'라는 비판도 있다. 그리고 서구적 관점이라는 지적도 받는다. 그런 점에서 포스트모더니즘은 근대 제국주의로 인하여 생긴 상처와 그 상처를 치유하고자 하는 탈식민주의Post-colonialism와 함께 이해되어야 하고 식민지와 반식민지를 거친 민중의 시각에서 재해석되어야 한다.

참고문헌 Fredric Jameson, *Postmodernism, or, the cultural logic of late capitalism*, Durham, NC : Duke University Press, 1991.

참조 거대서사의 붕괴, 구조주의, 근대·근대성, 리얼리즘(예술), 모더니즘(예술), 문화다양성, 시뮬라시옹 시뮬라크르, 예술, 자본주의, 제국주의, 초인/위버멘쉬, 탈식민주의, 후기구조주의

풍자

Satire | 讽刺

'4천 년 동안 계속 사람을 잡아먹어 온 이곳, 이곳에서 내가 태어나고 자라왔으며 살아왔다는 것을 오늘에야 깨닫게 되었다.'[1] 이어서 형이 누이를 죽여서 누이의 살을 자기에게 먹였다고 생각한 다음, 이제 자기가 잡아먹힐 차례라고 생각한다. 이것은 루쉰魯迅의 『광인일기狂人日記』 마지막 부분이다. 서술자는 소설 앞부분에 그런 허황한 이야기를 쓴 광인의 병이 치료되었음을 밝히고 있다. 그런데 '이곳'은 루쉰의 고향 저장성 사오싱紹興이 아니고 중국이다. 작가는 중국의 식인풍습食人風習을 비판하는 한편 사람을 괴롭히는 사회구조를 풍자하고 있다. 이처럼 루쉰은 『광인일기』에서 중국과 중국인을 풍자하고 비판한 다음 중국 사회의 개혁을 주장하고 있다. 여기서 사용된 풍자는 반어, 유머, 패러디, 조소, 냉소, 과장, 유추, 비유와 같은 방법을 통하여 대상을 비판하고 조롱하면서 교정을 목적으로 하는 표현의 일종이다.

풍자의 대상은 주로 정치, 사회, 인물, 사건, 상황 등이다. 풍자는 간접적인 표현이기 때문에 대상을 조롱하고 냉소冷笑하는 경향이 있다. 풍자는 첫째, '이것은 잘못되었다'라는 가치평가를 바탕으로 둘째, '이것을 비판한다'라는 비판 정신이 발휘되며 셋째, '이것을 고쳐야 한다'라는 목적이 있는 표현이다. 풍자는 문학, 미술, 영화, 연극, 만화 등의 예술적 표현이나 일상 언어, 가십gossip, 논설 등 다양한 형태로 표현된다. 한편 『문심조룡文心雕龍』에서는 민중을 감화시키는 것

---

1   四千年来时时吃人的地方 今天才明白 我也在其中混了多年; 鲁迅,『狂人日记』.

을 풍風으로 보았다.[2] 『모시서毛詩序』에는 '풍즉풍風卽諷'이고 '풍자風刺와 풍자諷刺는 같다'라고 기술되어 있다. 이 두 책의 근거인 『시경』의 풍자는 간언諫言하는 민요를 말한다. 노래의 풍風과 비판하고 찌른다는 의미의 자刺가 결합하여 풍자諷刺가 되었다. 이렇게 볼 때 풍자는 비판을 통하여 경계警戒하는 교훈적 목적이 있음을 알 수 있다.

서양의 풍자는 라틴어 '음식으로 가득 찬 접시satura'가 어원이다. 하지만 풍자는 고대 그리스어에서 비극을 소재로 한 해학적 사튀르극satyr drama으로 거슬러 올라간다. 풍자와 가장 유사한 것은 아이러니irony다. 아이러니는 정교하게 설계된 불일치incongruity이며 의도적으로 반대로 표현하는 반어법反語法이지만 풍자와 같은 비판과 공격은 포함되어 있지 않다. 한편 알레고리allegory, 諷喩는 이것을 표현하고자 하지만[A] 실제로는 저렇게 표현하는[B] 방법이고, 풍자는 알레고리와 유사하면서 그 안에 비판과 교정의 목적이 담긴 방법이다. 단순히 모순을 드러내는 냉소sarcasm나 조소burlesque, 다른 목적이 없는 해학諧謔과 골계滑稽는 풍자와 다르다. 한편 패러디parody는 작품과 문체를 흉내 내는 것이고 익살buffoonery은 저속한 유머이며 위트wit는 냉소적이지만 적절한 표현이다.

풍자는 비판의 강도에 따라서 나뉜다. 첫째, 호레이스 풍자Horatian satire는 가벼운 풍자인데 유머, 패러디, 비유 등을 주로 사용한다. 둘째, 유베날리스 풍자Juvenalian satire는 통렬한 풍자이며 공격적 표현이다. 대체로 풍자를 만드는 작가나 작품의 서술자는 전체를 이해하고 있고, 적절한 비판을 할 수 있으며, 방향을 제시한다는 점에서 대상보다 정신적 도덕적으로 우월한 존재다. 아울러 풍자를 대하는 수용자 역시 풍자의 상황을 이해하는 현명한 존재다. 그러니까 풍자하는 작가/주체와 풍자를 대하는 수용자는 일종의 동질적 관계를 형성한다. 이처럼 동서양 모두 풍자의 내면에는 저항과 전복의 의지가 깔려 있지만, 풍자는 해

---

2   刘勰, 『文心雕龍』第二十八「风骨」; 诗总六义 风冠其首 斯乃化感之本源, 志气之符契也. 是以怊怅述情, 必始乎风; 沈吟铺辞, 莫先于骨. 故辞之待骨, 如体之树骸; 情之含风犹形之包气.

결의 방법까지 제시하지는 않는다. 그런데 풍자는 간접 비판이기 때문에 반어, 유머, 패러디, 조소, 냉소, 과장, 유추, 비유 등 여러 가지 장치들을 사용하거나 이들과 결합하는 것이 보통이다. 풍자에는 풍자소설諷刺小說, 풍자시諷刺詩, 풍자극諷刺劇 등 여러 형태가 있고 풍유諷喩, allegory나 우화寓話 등 여러 표현의 형식이 있다.

풍자는 정치와 사회적인 모순과 허위에 관련된 것이 많고 어리석음을 일깨우는 표현이 많다. 또한, 풍자는 간접적으로 비판하는 경우가 많다. 가령, 세르반테스는 『돈키호테』를 통하여 허위의식에 찬 기사계급을 비판하면서 새로운 시대적 전망을 제시했다. 한편 루쉰魯迅, 1881~1936은 『광인일기狂人日記』에서 중국의 식인풍습을 비판했고 『아큐정전阿Q正傳』에서 정신승리법을 가진 허황한 인물을 조롱했다. 이것은 1920년대 중국 사회의 모순을 비판하고 현실을 개량하고자 하는 목적이 있기 때문이다. 채만식은 「레디메이드 인생」에서 무기력한 조선인을 비판하여 세태풍자소설의 면모를 보여주었다. 이처럼 풍자는 구체적인 상황, 사건, 인물을 대상으로 하므로 리얼리즘과 연결되어 있으며 세태를 비판하는 기능이 있다. 하지만 풍자는 사회주의 리얼리즘과 같이 직접 혁명을 목표로 하거나 분노를 직접 표출하는 경우는 드물다.

참고문헌 魯迅, 『狂人日记』; 劉勰, 『文心雕龍』 第二十八 「风骨」.

참조 객관적 상관물, 교훈주의, 리얼리즘〔예술〕, 문학, 비유, 아이러니·반어, 알레고리, 역설, 유머·해학, 은유, 의경, 의상

문화

Culture | 文化

　'문화란 무엇일까?' 일반적으로 문화는 인간이 형성한 가치 있는 삶의 총체라고 할 수 있다. 그러니까 인류가 출현한 이후 수십만 년 동안 축적한 것이 바로 문화다. 그런 의미에서 문화는 인간의 창의성을 설명하는 개념이면서 인간이 동물성動物性을 넘어서 인간성人間性을 가진 고상한 존재임을 입증해 주는 근거이다. 따라서 문화는 인류가 축적한 유무형의 물질과 정신의 총체로 정의할 수 있다. 여기에는 전제가 있다. 즉 문화는 가치 있고 의미 있는 것만을 지칭한다. 한마디로 문화는 자연상태에서 벗어나 인간사회를 풍요롭고 편리하고 아름답게 만드는 것이며 사회구성원에 의해 공유, 학습, 전달되는 생활양식이다. 한편 문화는 건축, 복식, 음식 등 생활에 필요한 물질문화와 생활을 넘어서는 비물질문화로 나뉜다. 비물질문화는 다시 법, 윤리, 조직 등의 제도적 문화와 예술, 철학, 종교 등의 정신적 문화로 나뉜다.

　라틴어에서 문화cultūra는 '경작하다'라는 의미였다. 그러니까 '문화는 무엇을 경작하고 다듬어서 더 나은 형태나 방식으로 만든다'라는 뜻이다. 반면 한자문화권에서 문화는 '문文을 아는 사람이 되는 것化'이다. 그런데 글을 아는 사람은 지식과 지혜가 있고, 사회적 규범을 준수하며, 가치 있는 삶을 추구한다. 여기에서 파생한 문인文人은 문화적인 사람이라는 의미로 쓰인다. 이때의 문은 문학文學을 의미하는 것을 넘어서서 지식과 지혜를 가지고 인간이 갖추어야 할 제반 삶의 형식을 가진 것을 의미한다. 이처럼 문화는 경작耕作이라는 서구적 의미와 '글을 아는 사람이 된다'라는 한자문화권의 의미가 비슷하지만, 그 형성과정이

다르므로 일치하지는 않는다. 한편 인류학에서 문화란 인간이 축적한 기술, 예술, 관습, 양식이며 학습과 전승에 따라서 유지되는 구체적이거나 추상적인 집적물이다.

문화인류학자 타일러E. Tylor, 1832~1917는 '문화 또는 문명이란 지식, 신앙, 예술, 도덕, 법률, 관습 및 기타 사회구성원인 인간에 의해 획득된 모든 능력과 관습의 복합적 총체이다'[1]라고 규정한 바 있다. 타일러는 문화와 문명을 같은 것으로 보지만 문명이 특정한 시간과 특정한 공간에 한정되는 반면 문화는 초시간적이고 초공간적이므로 두 개념은 같다고 볼 수 없다. 한편 독일에서는 물질적인 것을 문명, 철학이나 예술적인 것을 문화로 보지만 대체로 문화라는 상위개념 아래에 물질문화와 정신문화로 나누는 것이 보통이다. 그런 점에서 문화는 인간 고유의 목적을 지닌 활동이다. 이에 대해 사회사상가 홉스T. Hobbes는 본능에 따르는 자연상태에서는 '만인에 대한 만인의 투쟁'이 벌어진다고 보았다. 홉스에 의하면 문화는 이런 자연상태를 극복하고 사회계약을 통하여 제도와 체제를 갖추는 것이다.

유네스코UNESCO는 2002년 '문화는 사회와 집단의 정신적, 물질적, 사상적 그리고 감정적 특질의 제도이며 문화는 예술과 문학을 비롯하여 생존방식, 집단적 생활의 방법, 가치체계, 전통 그리고 신앙을 포함한다'[2]고 규정했다. 일반적으로 문화는 음식, 거주, 복식, 예절, 언어, 종교, 의례, 법이나 도덕 등의 규범, 가치관과 같은 것들을 포함하는 인간사회 전반의 생활양식을 의미한다. 문화는 대략 18세기 이후 서구에서 계몽주의가 발달하고 근대 민족국가가 형성되면서

---

[1] Culture, or civilization, taken in its broad, ethnographic sense, is that complex whole which includes knowledge, belief, art, morals, law, custom, and any other capabilities and habits acquired by man as a member of society; Edward Burnett Tylor, *Primitive Culture*(1871), Cambridge University Press, 2010, p.1.

[2] The set of distinctive spiritual, material, intellectual and emotional features of society or a social group, and that it encompasses, in addition to art and literature, lifestyles, ways of living together, value systems, traditions and beliefs.

보편적으로 사용되기 시작했다. 근대적 의미에서의 문화는 문명사회와 야만 사회를 나눈 다음 '서구 문명사회 안에 우월한 문화가 존재한다'라고 보는 서구 중심주의에서 유래한다. 여기서 문화를 통한 패권주의와 제국주의라는 개념이 등장했다. 이와 대립하는 관점에서 '모든 문명과 모든 문화는 고유한 가치가 있다'라는 문화상대주의와 문화민주주의가 제기되어 있다.

문화는 인간이 가지고 있는 특수한 능력인 사고思考와 교육을 바탕으로 한 창의성과 상상력의 산물이다. 그렇게 형성된 문화는 변화하는 유기체와 같은 구조이다. 한편 문화를 유기체有機體로 보는 관점은 '문화 역시 생물과 마찬가지로 진화한다'라는 문화진화론으로 발전한다. 반면 문화를 그 자체의 구조로 보려는 관점이 있다. 이 관점은 문화를 다른 문화와 비교할 수 없는 독자적인 체계로 본다. 이러한 관점은 '사람들은 주어진 환경과 역사 속에서 서로 다른 문화를 형성했다'라는 점에서 '개별 문화는 환경에 의해서 결정된다'라는 환경결정론에서 이해되기도 한다. 모든 문화는 서로 교류하고 혼합된다는 점에서 '고유한 문화는 없다'라는 것이 정설이고 그런 점에서 '모든 문화는 끊임없이 변화한다'고 볼 수 있다. 한편 문화가 보편적이고 일반적인 것이 아니라 계급과 지배의 산물이자 도구였다는 관점도 있다.

참고문헌 Edward Burnett Tylor, *Primitive Culture*(1871), Cambridge University Press, 2010, p.1.

참조 다문화주의, 만인에 대한 만인의 투쟁, 문명, 문화다양성, 문화사회, 문화생태계, 문화순혈주의, 문화충격, 민족문화, 예술, 철학, 호모 사피엔스/현생인류

묘사

Description | 描写

묘사는 어떤 대상을 여러 가지 방법으로 재현하는 것이다. 묘사에는 대략 네 가지 방법이 있다. 그것은 첫째, 언어로 묘사하는 방법 둘째, 형상으로 묘사하는 방법 셋째, 소리로 묘사하는 방법 넷째, 동작과 운동으로 묘사하는 방법이다. 그 외에도 여러 가지 묘사의 방법이 있겠으나 묘사는 주로 문학과 미술에서 쓰는 예술적 개념이다. 묘사의 라틴어 어원은 '쓰다$^{scrib\bar{o}}$'에 접두사 dē를 붙여서 '무엇에 대하여 쓰다'였다. 이것이 인도유럽어에서 묘사^{description}가 되었으므로 처음부터 묘사는 언어적 의미였음을 알 수 있다. 이 언어적 묘사에는 모방의 의미가 들어있다. 그래서 플라톤은 모방$^{mim\bar{e}sis}$에 의한 묘사에 주목하면서, 묘사를 비극과 희극 작가가 등장인물과 대화하는 것으로 보았다. 그러므로 플라톤이 말한 미메시스^{mimesis}와 디에게시스^{diegesis}는 인물, 사건, 장면, 심리 등을 모방하는 일종의 묘사다.

한편 아리스토텔레스는 『시학』에서 '미메시스적^{mimetic} 표현은 수단^{means}, 대상^{object}, 방법$^{mode, manner}$으로 구성된다'^{1440d}라고 말하면서 묘사를 모방으로 설명하고 있다. 그러니까 묘사는 모방하여 설명하는 것만이 아니라, 모방 그 자체라는 것이다. 따라서 묘사는 '모방하거나 다시 표현한다'라는 재현과 같거나 유사한 의미다. 플라톤과 아리스토텔레스의 묘사이론에 의거하면, 라틴어 '보여주다, 전시하다$^{repraesent\bar{a}ti\bar{o}}$'가 '다시 보여주다'인 재현으로 의미가 확장된 것임을 알 수 있다. 한편 표현表現은 라틴어 expressiō에서 유래했으며 내면의 감정을 '바깥^{ex}으로 눌러서^{press} 각인^{print}시키는' 의식적 행위다. 따라서 묘사는 재현인 동시에 표현이다. 그러나 묘사는 표현expression보다 재현에 가깝다. 그런데 모방은 행위를 강조하는 개념이고 재현은 본질을 강조하는 개념이다. 따라서 묘사는 모방의 행위에 내포된 재현으로 볼 수 있다.

물론 묘사에는 객관적 재현만이 아니라 창의적 표현의 의미도 있다. 가령 내 마음의 미묘한 감정을 묘사한다고 할 때, '내 마음'이나 '인간의 내면 심리'는 주관적이기 때문에 묘사의 결과는 창의적일 수밖에 없다. 가령 '우리 집 정원에는 2m쯤 되는 사과나무가 한 그루 있는데 올해는 빨간 사과가 200여 개 달렸다'라고 한다면 장면을 재현한 객관적 묘사이다. 한편, '수줍은 듯이 얼굴을 붉히고 있는 빨간 사과 200개가 내 마음에 열린 것처럼 황홀하다'라고 한다면 마음을 표현한 주관적 묘사이다. 객관적 묘사objective description는 재현을 바탕으로 대상을 그리듯이 보여주는 묘사이고, 주관적 묘사subjective description는 표현을 바탕으로 대상을 창의적으로 보여주는 묘사이다. 이 두 묘사는 암시적suggestive이고 은유적으로 묘사될 수도 있고 직설적이고 기술적technical으로 묘사될 수도 있으며, 무엇을 설명하듯이expository 묘사될 수도 있다.

묘사는 대상을 근사하게 보여주는 것이며 형태와 심상의 두 가지로 표현된다. 하지만 묘사는 복사copy하는 것도 아니고, 전사facimile하는 것도 아니며, 복제replica하는 것도 아니다. 묘사는 목적과 의도에 맞게 재생산reproduction하는 것이다. 그러므로 형태와 심상을 묘사할 때 목적과 의도에 따라 묘사의 방법과 결과가 다르다. 대체로 묘사는 인상과 특징을 위주로 재현하는 것이 보통이다. 왜냐하면, 인상과 특징을 함축적으로 간결하게 묘사할 수도 있고, 분석적으로 자세하게 묘사할 수도 있기 때문이다. 가령 대상을 과장스럽고 재미있게 풍자하는 캐리커처caricature, 주로 선으로 이미지를 그리는 드로잉drawing, 素描, 만화, 애니메이션 등도 묘사를 위주로 하는 방법이다. 묘사는 부분묘사와 전체묘사가 있다. 그러나 묘사가 목적이자 결과가 되는 것과 단지 수단이자 과정이 되는 것은 다르다. 묘사가 수단이 되면 있는 그대로 재현하는 모사模寫가 되어 예술성을 상실한다.

묘사는 주로 감각에서 얻은 자료를 형상으로 보여주는 것이므로 묘사의 목적에 따라 묘사의 방법이 달라진다. 묘사를 중시하는 산문에서는 묘사를 통하여 이야기를 이끌어가면서 독자의 마음에 선명한 인상을 남긴다. 이를 위하여 작가는 자기만의 문체와 방법을 선택한다. 그리고 장면, 인물, 사건, 상황, 심리, 상상 등을 고려하여 대상을 묘사한다. 수사학에서 묘사는 있는 그대로 기술하는 문장과 어법이다. 수사학에서 묘사description는 설명exposition, 논증argumentation, 서술narration과 함께 4가지 수사의 방법으로 꼽힌다. 소설에서 볼 수 있는 언어적 묘사, 소묘에서 볼 수 있는 회화적 묘사 등을 포함한 모든 묘사는 묘사의 주체가, 묘사의 대상을 보거나 만진 다음, 묘사의 과정을 거쳐서 묘사의 결과를 얻는 것은 같다. 생생하고 정확한 묘사가 좋지만 때로는 모호하거나 부정확한 묘사도 필요하다.

참고문헌 Aristotle, *Retoric*.

참조 객관·객관성, 논증·추론, 문체, 미메시스, 비유, 산문, 상징, 서사, 소설, 수사, 시, 예술, 은유, 주관·주관성, 직유, 캐릭터·인물, 표현

알레고리/풍유

Allegory | 比喻

'미친 사람, 즉 광인狂人이 무엇을 의미하는 것이지요?' 학생이 이렇게 묻자 중국 문학 강사 P는 알레고리라고 답했다. 이어 노신魯迅은 『광인일기』에서 한 개인의 정신질환을 얘기하는 것 같지만 실은 반식민지가 된 중국의 병적인 상황을 알레고리로 표현했다고 부연했다. 여기서 말하는 알레고리란 이것을 표현하고자 하지만[A] 실제로는 저렇게 표현하는[B] 방법을 말한다. 하지만 여러 가지 해석이 가능하다는 것만으로는 알레고리라고 하지 않는다. 알레고리는 의도된 목적과[A] 표현된 결과의[B] 유사성을 적절하게 암시하는 표현의 방법이다. 또한, 알레고리는 은유나 직유보다 더 큰 규모로 진행되며, 분명한 목적이 있고, 비판적인 성향이 있으며, 창작이나 해석에서 상상력이 중요하다. 알레고리는 허구적으로 표현된다는 점에서 풍유諷諭와 유사한 면이 있다. 독자도 창의적인 해석을 통하여 알레고리의 창의성을 발휘할 수 있는 것이다.

그리스어 알레고리는 '다른 것allos'을 '공개적으로 말하다agoreuein'가 결합한 표현방법이다. 간단히 말하여 알레고리는 말하고자 하는 뜻을 전달하기 위해서 다른 상황이나 이야기에 빗대서 표현하는 수사의 방법이다. 따라서 알레고리로 표현된 작품이나 발화는 원래 표현하고자 했던 것을 찾아서 해석하는 것이 일반적이다. 그런 점에서 알레고리는 문학, 미술, 음악, 연극 등 모든 장르에서 자주 쓰이는 기법이다. 그런데 예술가들은 자신의 표현이 알레고리인 것을 인식하지 못하는 경우도 많다. 수사학적으로만 본다면 어떤 주제를 표현하기 위해서 다른 주제를 사용하여 암시하는 기법을 말한다. 알레고리라는 창작기법은 예술가의 관점에서는 배후背後에 숨겨둔 의미이고, 수용자의 관점에서는 상상력을 통하여 다른 것으로 해석해야 하는 텍스트다. 알레고리는 일종의 암호이기 때문에 해독이 필요하다.

예술가들은 자기가 표현하고 싶은 것을 표현하지 못하는 검열과 같은 상황에 놓일 수 있다. 이때 예술가는 자신이 의도하는 것을 반대로 표현하거나 비유적으로 표현하게 된다. 이처럼 예술가가 작품 속에 내면의 진실behind the truth을 매복해 두면, 수용자는 의식적이건 무의식적이건 숨겨진 뜻을 해석하고 작가의 본래 의도를 이해한다. 그러므로 알레고리적인 작품이나 공연은 표면구조와 심층구조가 나뉘는 이중구조로 형성된다. 독자/관람객 등의 수용자는 심층구조와 표면구조를 분리하여 해석한 다음, 유추나 상상을 통하여 작가의 의도를 재해석해야 한다. 이 과정에서 수용자들의 창의적이고 적극적인 해석이 가능하고 수용자들은 새로운 의미를 부여하기도 한다. 여기서 '예술가의 죽음과 수용자의 탄생'이라는 수용미학의 명제와 연결된다. 알레고리와 비슷한 것으로 풍자諷刺가 있다.

풍자가 세태나 사회를 비판하고 고발하는 것을 목표로 하면서 작가의 의도가 분명한 것에 반하여 알레고리는 암시적으로 표현하여 작가의 의도가 분명히 드러나지 않는 경우가 많다. 이것은 풍자가 기본적으로 비판 정신을 토대로 하는 데 반하여, 알레고리는 교훈을 상징적이면서 은유적으로 표현하기 때문이다. 실세로 이 누 기법은 명확하게 구분되지 않고 알레고리이면서 풍자인 경우가 많다. 알레고리라는 기법이 풍자를 내포하거나 풍자의 기법이 알레고리를 내포하는 것이다. 가령 채만식의 「치숙」은 일제식민지 시대 반제 항일정신을 가진 인물을 묘사한 작품으로 알레고리이면서 풍자다. 묘사의 대상인 숙부가 무척 어리석은 사람으로 쓸데없는 사회사상을 가지고 있다는 것을 풍자하면서 알레고리의 기법으로 묘사되어 있다. 이처럼 예술가는 서술자의 서술을 통하여 자신이 하고 싶은 말, 즉 반제 항일을 암시하는 알레고리 기법을 선택한다.

프레데릭 제임슨F. Jameson은 '식민지 예술가는 필연적으로 알레고리 기법을 쓰게 되며, 식민지 시대의 모든 예술작품은 다 알레고리'라고 말한 바 있다. 이 것은 거의 모든 식민지 예술가들은 반드시 해방과 독립을 어떤 형태로든지 표현한다는 뜻이다. 실제로 여러 민족의 예술작품에서 민족적 알레고리를 확인할 수 있다. 또한, 제임슨은 '제3세계에서 개인의 이야기는 필연적으로 정치화될 수밖에 없는 문화와 사회의 공적인 구조를 가졌으며, 이것이 바로 민족적 알레고리'라고 말한다. 그러니까 사적 영역private sphere인 사랑, 일, 여행, 가족, 감성, 죽음과 같은 이야기가 국가, 민족, 지배, 피지배, 사회, 정치와 같은 공적 영역 Public sphere으로 표현된다는 것이다. 이 과정에서 민족적 알레고리라는 특수한 형식의 표현방법을 전경화fore-grounding한다. 이처럼 알레고리는 식민지나 독재사회에서 검열을 피하는 우의寓意적인 양식으로 사용되는 경우가 많다.

참고문헌 Fredric Jameson, "Third-World Literature in the Era of Multinational Capitalism", *Social Text* 15, Fall 1986, p.69.

참조 감성, 내포·외연, 문학, 상징, 상징주의, 소설, 예술, 예술가, 우의심원, 의상, 은유, 주제·제재·소재, 포스트모더니즘, 표현, 풍자

문학

Literature | 文学

'사람이 얼마나 먼 길을 걸어야 / 비로소 참된 인간이 될 수 있을까 / 흰 비둘기가 얼마나 많은 바다를 날아야 / 백사장에 편히 잠들 수 있을까 / 얼마나 많은 포탄이 휩쓸고 지나가야 / 더 이상 사용되는 일이 없을까.'[1] 이것은 대중가요 가수 밥 딜런^{Bob Dylan}이 부른 〈Blowin' in the Wind〉다. [2016년 노벨상위원회는 대중가요 가수 밥 딜런^{Bob Dylan}에게 노벨문학상을 수여했다. 수상 이유는 '음악의 전통 안에서 새로운 시적 표현을 창조했다'라는 것이다. 밥 딜런의 노벨문학상 수상은 '문학이란 무엇인가'에 대한 논쟁을 불러일으켰다.] 그런데 밥 딜런의 노래에서 중요한 것은 시의 가사가 아니라 음악의 노래다. 따라서 노벨상위원회에 의하면 문학은 문자로 기록된 예술이지만 노래로 불리는 음악의 가사도 문학이다. 이 견해에 따르면 문학은 언어로 표현된 모든 글이다.

문학은 여러 가지 의미를 내포한다. 첫째, 문학이 언어로 표현되었다는 것은 글로 기록되었다는 의미와 구비문학처럼 말로 표현되었다는 두 가지 의미다. 둘째, 문학이 예술이라는 것은 문학성과 같은 미적 가치가 있는 창의적 작품이라는 뜻이다. 이 두 가지 조건에서 보면 문학작품은 은유, 상징, 리듬, 이미지, 플롯, 시점, 사건, 주제, 형식, 문체 등 여러 표현방법으로 완성된 미적 구조물이다. 그러므로 문학은 인간의 사상과 감정을 말과 글로 표현한 것이면서 미적인 가

---

[1] How many roads must a man walk down / Before you call him a man / How many seas must a white dove sail / Before she sleeps in the sand / Yes, 'n' how many times must the cannon balls fly / Before they're forever banned.

치를 가지고 있는 예술작품이라고 정의할 수 있다. 그런데 서구에서 문학[literature]의 어원은 기록된 테스트[written text]라는 의미의 라틴어 litteratura다. 그밖에도 문학에는 알파벳[alphabet], 문법[grammar], 지식[knowledge], 언어[philology]와 같은 의미도 있다. 한자문화권에서 문학文學은 학문學文이었다. 이때의 문文은 예술작품이라기보다 경전經典이나 역사歷史와 같은 글을 의미한다.

공자는 『논어』의 「선진先進」에서 '문학은 자유와 자하文學子游子夏'라고 했는데 여기서 문학은 학문學問과 지식知識을 의미한다. 이로부터 학문과 지식을 갖춘 문인文人이라는 개념이 생겼다. 이렇게 볼 때 동서양 모두 문학은 첫째, 언어로 표현한 광의의 문학과 둘째, 글로 표현되었으면서 미적 구조를 가진 협의의 문학이라는 두 가지 의미를 지니고 있다. 첫째, 광의의 문학은 언어로 표현된 가치 있는 글이라는 뜻이다. 광의의 문학에는 『성서』, 『사서오경四書五經』, 『사기史記』를 포함한 모든 언어적 표현이 포함된다. 둘째, 협의의 문학은 문학성[literariness, 文學性]을 가진 언어 예술작품에 한정된다. 이런 역사적 전통 때문에 '문학이 예술인가'에 대해서는 논란의 여지가 있다. 하지만 문학은 사실을 그대로 재현하는 것이 아니라 상상력을 통하여 허구적인 것을 창조하는 것이므로 문학도 예술의 한 영역이다.

문학의 예술성을 강조하는 개념이 문학예술[literary art]이다. 문학예술은 회화繪畵, 조소彫塑와 같은 시각예술 음악, 연극과 같은 공연예술과 함께 예술의 기본 장르다. 그런데 광의의 문학은 일상어를 포함하지만, 협의의 문학은 문학적 표현에 적합한 언어에 한정한다. 한편 '문학은 언어예술작품'이라는 것은 낭만주의 시대에 인간의 표현본능을 중시하여 생긴 개념이다. 이후 형식주의와 구조주의적 관점에서 문학은 순수한 언어적 구조물이라는 개념이 강화되었다. 따라서 문학은 독창적[originality]인 상상력[imagination]으로 어떤 의미를 표현한 미적인 구조물이다. 특히 문학은 철학이나 역사와 달리 있을 수 있는 개연성[probability]을 표현하는 허구[fiction]적 언어예술이다. 문학의 종류에는 간결하게 표현되면서 음악성을 가진 시가詩歌, 산문 형태의 이야기인 소설小說, 연극의 대본인 희곡戲曲, 작품에 대한 분석과 평가인 평론評論을 비롯하여 여러 가지 양식이 있다.

　　문학이 제도로 존재하는 이유는 인간에게는 강렬한 표현본능과 아름답고 체계적으로 표현하려는 표현목적이 있기 때문이다. 또한, 문학은 교훈의 의미를 알려주고 효용의 가치를 일깨워준다. 그리고 독자들은 문학작품을 통하여 여러 가지 감정을 느끼거나, 지식을 배우거나, 윤리 도덕을 학습한다. 한편 문학 전문가를 문인man of letter이라고 했으나 현대에는 작가writer, 作家라고 한다. 문학의 역사는 문학사文學史, 문학에 대한 평가는 문학평론文學評論, 문학을 연구하는 것은 문학연구文學研究다. 그런데 독일의 문예학Literaturwissenschaft, 文藝學에서 보듯이 문학을 '문학작품을 연구하는 학문'으로 간주하는 경우가 많다. 한편 문학이든 학문이든 의사소통과 기록을 위하여 만든 문자로 표현된다는 공통점이 있다. 따라서 민족, 국가, 인종, 시대, 종교 등에 따라서 문학의 개념이 다르다. 그 외에 '문학은 예술의 하위 범주인가 아닌가'는 논란이 있다.

참고문헌 孔子, 『論語』「先進」.

참조 리듬/운율, 문학사·예술사·문화사, 비유, 비평/평론, 상상, 상징, 소설, 수필·에세이, 스토리·이야기, 시, 시점, 연극·드라마, 예술, 은유, 이미지, 작가·독자, 텍스트, 표현, 플롯, 학문, 허구, 희곡

반영론

Reflection Theory | 反映论

나르시스 또는 나르키소스는 물에 비친 자기 모습이 너무나 아름다워서 키스하려고 했다. 그러나 그것은 아름다운 사람이 아니고 물에 비친 자기 모습이라는 것을 알고 실의에 빠져 자살했다. 그 자리에는 아름다운 꽃, 수선화가 피었다. 이로부터 나르시시즘Narcissism이라는 자기애 또는 자아도취의 개념이 생겨났고 수선화 전설은 문학의 소재로 자주 등장한다. 나르시스가 실의에 빠진 것은 물에 비친 자기, 즉 반영된 거짓 자기 때문이다. 이것을 일반적으로 '무엇이 반영되었다'라고 한다. 철학에서 반영론은 모사론模寫論이라고 하며 의식이 객관적 실재를 반영하는 인식을 의미한다. 반면 예술에서 반영론은 거울에 상이 비치듯이 예술은 사회와 현실을 반영한다는 관점이다. 여기서 말하는 거울은 인간의 의식consciousness이다. 이 거울은, 물리적인 거울과 달리 생각도 하고 상상도 하며 주관을 가진 인간이라는 이름의 거울이다.

반영론은 원래 인식론과 유물론의 한 부분인데 예술에서는 반영론을 창작방법론과 연관하여 설명한다. 인식의 거울에 비친 세계를 예술적 형식으로 표현하면 하나의 작품이나 공연으로 재탄생한다. 이 과정에서 예술가는 어떤 대상을 모방하거나 모사하게 되는데 객관적 인식과 사실적 재현을 토대로 창작활동을 하는 것이 보통이다. 그중에서 모방론模倣論은 예술가가 세계, 세상, 사회, 인간, 사건, 형상 등을 모방하여 재현하는 예술창작의 방법론이다. 이와 달리 반영론反映論은 대상이 의식이라는 거울에 반사되면서 재인식되고 재창조되어 예술성을 획득하는 방법론이다. 그러므로 현실을 있는 그대로 재현한다는 모방론과 달리 반영론은 예술가가 현실을 재인식하여 자기 방식으로 재현한다는 창작의 방법론이다. 하지만 반영론은 모방론과 같은 리얼리즘Realism 계열의 예술론이다.

산업이나 경제 등의 하부구조인 세상과 세계를 인식하는 주체가 문화, 예술, 법, 윤리, 도덕과 같은 상부구조로 반영된다는 것이 마르크스적 반영론이다. 마르크스적 반영론에서는 예술가가 현실을 반영하는 것은 단순한 묘사적描寫的 재현을 목표로 하는 것이 아니라, 역사의 전망을 표현하는 한편 부조리와 모순에 차 있는 세상을 바꾸겠다는 강력한 의지와 분명한 목표를 실천하고자 노력한다. 환경과 조건이 인간의 의식을 규정한다는 반영론은 계급의식Class consciousness 을 중요하게 생각하며 창작방법론으로 리얼리즘을 토대로 하면서 묘사의 진실성과 전형적 상황에서 전형적 인물을 창조하는 것을 목표로 한다. 이 관점에서 반영론은 예술이 사회적 효용성을 가지고 있으며 예술가는 현실에 참여하고 현실을 변혁해야 하는 능동적 주체이다. 이처럼 반영론은 '현실이 예술에서 어떻게 재현되는 것인가'의 문제로 압축된다.

헝가리의 철학자 루카치G. Lukács, 1885~1971는 문학이 사회를 기계적으로 반영하지 않고 현실을 심층적이면서 객관적으로 반영한다는 변증법적 유물론의 관점에서 반영론을 펼쳤다. 루카치에 의하면 의식이 무엇을 이해했다는 것은 외부의 객관적 세계가 의식에 반영된 결과다. 그러나 인간은 외부세계를 수동적으로 반영하는 것이 아니라 능동적이고 주체적으로 반영한다. 이 반영의 과정에서 창조적인 작용이 일어나므로 예술가는 현실을 창조적으로 재생할 수 있다. 이것을 인식론적 반영론이라고 하는데, 테리 이글턴은 이를 발전시켜 재현reproduction이라는 개념을 창안하고 예술가를 생산자로 규정했다. 가령 연극공연은 연극 대본을 재현하는 창의적인 재생산이라는 것이다. 이처럼 이글턴Terry Eagleton의 반영론은 예술적 주체인 예술가가 예술적 대상을 자기화하여 재생산한다는 이론이다.

'예술은 무에서 유를 창조하는 것이다'라는 말이 있다. 이것은 예술가의 창의성과 창조적 능력에 초점을 맞춘 해석이다. 그러나 예술가는 무에서 유를 창조하는 것이 아니라 유에서 유를 창조하는 것이다. 그 이전에 존재했던 예술의 형식과 방법 그리고 세계의 모든 대상을 모방하고 반영하면서 자기 나름대로 상상력과 창의성을 발휘하여 예술작품을 만들어 낸다. 이처럼 유에서 유를 모방, 재현, 반영, 창조하는 것이 바로 반영론이다. 그런 뜻에서 반영론을 리얼리즘 Realism이나 모사론模寫論이라고 부르는 경우가 있으나 주체적으로 반영한다는 점에서 사실을 그대로 묘사하는 것과는 다르다. 여기서 '예술가는 창조자인가 생산자인가'라는 문제가 생긴다. 예술가는 창조자이면서 생산자인 동시에 노동자이다. 하지만 예술가는 자기 스스로 창조자, 생산자, 노동자로 규정할 수 있는 능동적 주체다.

참고문헌 Georg Lukács, *History and Class Consciousness : Studies in Marxist Dialectics*, translated by Rodney Livingstone, Cambridge and Massachusetts : The MIT Press, 1999.

참조 계급의식, 계급투쟁, 리얼리즘〔예술〕, 미메시스〔아리스토텔레스〕, 미메시스〔아우어바흐〕, 미메시스〔플라톤〕, 모방론, 변증법, 사회주의 리얼리즘, 예술, 유물론, 의식, 재현, 전형적 인물과 전형적 상황, 표현

예술치료

Art Therapy | 艺术治疗

P는 연극을 보면서 흐르는 눈물을 손수건으로 닦았다. 자신도 연극배우지만 인간의 슬픔이 절실하게 드러나서 자기도 모르게 그만 눈물을 흘린 것이다. 그러자 카타르시스^{Catharsis}를 느끼면서 그때까지 가지고 있던 마음의 고통이 사라졌다. 이것은 자신을 작품에 투사하면서 생기는 현상이다. 이 순간 연극은 공연 예술로서의 일차적인 기능을 넘어서서 치료라는 의학의 기능을 하게 된다. 이런 점에 주목하여 보통 연극과는 다른 특별한 연극, 즉 마음을 치료하는 연극이 생겨났다. 문학, 미술, 음악 등에서도 심리적 치료의 효과를 내는 영역이 있고, 20세기 후반 들어 각 장르의 예술치료가 광범위하게 행해지기 시작했다. 적극적인 예술치료는 예술작품을 만들거나 공연을 한 결과를 놓고 치료자나 다른 사람과 토론하는 형식을 취하면서 자신에게 어떤 의미가 있는가를 스스로 인식하도록 한다.

예술치료는 예술로 정서적, 정신적, 사상적 치료를 하거나 감성적 행복을 느끼도록 하는 심리치료의 방법이다. 예술藝術과 치료治療라는 어휘가 합성되어 있으므로 질병의 치유라는 뜻으로 이해되기도 한다. 예술이 치료나 치유의 효과가 있는 것은 예술의 유희성 때문이다. 놀이와 즐거움이라는 예술적 유희본능을 통하여 치료의 효과를 낼 수 있는 것이다. 치료라는 점에서 의학과 관련이 있기는 하지만 예술의 효용성이 중심이기 때문에 예술의 영역으로 보아야 한다. 신체나 정신에 장애가 없더라도 더 큰 행복을 위하여 예술치료를 받기도 하지만 학습자를 질병이 있는 환자로 간주하지는 않는다. 예술가와 학습자는 동반자 관계이며 예술가와 학습자가 동시에 예술치료의 주체가 되기도 한다. 따라서 치료의 주체나 치료의 대상 사이에 차이가 없고 동등한 인격과 동등한 자격을 가진다.

예술치료의 역사는 길지만, 그 의미를 독립적으로 인식한 것은 최근의 일이다. 적극적인 의미에서의 예술치료란 치료의 목적을 가지고 체계적인 교육이 행해진 것을 의미한다. 정서적인 측면을 중요시한다는 점에서 의학보다는 정신분석학이나 심리학에 가깝다. 예술치료의 과정을 통하여 자신의 내면을 통찰하고 고민, 고통, 압박, 긴장, 잡념 등을 제거할 수 있다. 따라서 예술치료는 논리보다는 감성과 비논리를 중시한다. 즉 언어로 표현되는 이성이나 논리 이전의 본원적인 교감交感을 바탕으로 이해심을 높이며 놀이를 하는 동시에 이성적인 학습을 한다. 예술창작 그 자체에도 치유의 기능이 있다. 창의적인 예술 행위를 통하여 심리적, 정신적 평안 그리고 행복감과 즐거움을 느낄 수 있는 것이다. 가령 시를 쓰는 순간 자기감정의 정화淨化 즉 카타르시스catharsis를 느낀다거나, 연극을 통하여 고뇌를 극복하는 것 등이다.

예술 감상 또한 치유의 기능이 있다. 이것을 '치료로서의 예술art as therapy'이라고 하여 좀 더 적극적인 의미에서의 '예술치료Art Psychotherapy'와 구분한다. 정신과精神科 의사나 심리상담사도 예술을 치료로 사용하는 경우가 많다. 이것은 '예술을 통하여 정신적 안정과 감정적 행복을 느낄 수 있다'라고 보기 때문이다. 반면 예술치료에서 예술을 단지 치료의 수단이나 매체라고 보는 관점이 있다. 이두 관점은 예술창작의 과정과 창작의 결과를 상이하게 보기 때문에 생기는 이견이다. 가령 예술의 자리에 체육이나 종교를 대입하면 그 의미가 선명해진다. 이처럼 예술치료는 의학적 치료가 아닌 여러 가지의 치료방법 중의 하나라는 관점이다. 예술치료는 미술치료, 음악치료, 문학치료, 독서치료, 연극치료, 드라마치료, 무용치료 등의 하위영역이 있으며, 예술치료를 전문으로 하는 사람을 예술치료사art therapist라고 하는데 국가마다 그 자격과 교육과정이 다르다.

예술치료의 목적은 치료와 재생이다. 예술은 인간의 마음은 물론이고 신체와도 밀접한 관련이 있으며 창작이나 감상 모두 치료에 적합하다. 하지만 예술치료의 목적은 육체적 치료보다는 정신적 치료에 있는데 그것은 예술의 창의성을 통하여 자기 내면을 성찰하고 마음의 고통을 해소하는 특별한 효과가 있기 때문이다. 아울러 예술치료는 자기의 정체성을 인지하고 이를 바탕으로 주체성을 강화하는 한편 타자를 이해하는 출발점이기도 하다. 치료의 목적을 수행하는 예술의 장르 제한은 없으며 어떤 장르나 양식이라도 인지능력의 향상이나 각종 이상증세를 완화하는 효과가 있다. 특히 치매 예방이나 트라우마 극복 그리고 노화 방지에 효과가 있다고 알려져 있다. 예술치료는 인간 내면의 심리를 치료하는 집단 심리치료group psychotherapy인데 예술치료를 받을 필요가 없는 사람들에게도 자기성찰의 기쁨을 주기 때문에 유용하다.

참조 감정연금술, 문학, 연극·드라마, 예술, 예술가, 자기 정체성, 주체·주체성, 카타르시스, 트라우마

단일신화

Monomyth | 单一神话

은하공화국이 붕괴되고 은하제국이 수립되면서 은하계는 공포에 휩싸인다. 그러던 중 은하공화국 재건을 노리는 반란군이 은하제국의 비밀무기 설계도를 훔쳐 달아나자 제국군은 강력한 추격군을 보낸다. 이것은 1977년 개봉된 영화 〈스타워즈Star Wars〉 1편의 줄거리 앞부분이다. 이 작품은 지구가 속한 은하계의 은하국가가 궤멸된 다음 우주국가가 존재한다는 것을 배경으로 한 공상과학영화SF다. 그렇다면 지금으로부터 만 년 후인 12008년에 인류가 존재한다면 이 영화를 어떻게 해석할 것인가? 그들은 아마도 오래전의 고대 인류가 특별한 꿈을 꾸었다고 말하고 이 영화를 신화 같은 이야기라고 분류할 것이다. 〈스타워즈〉를 만든 조지 루커스 감독은 '이 영화는 신화학자 조셉 캠벨Joseph Campbell, 1904~1987이 쓴 『천 개의 얼굴을 가진 영웅The Hero with a Thousand Faces』1949을 읽고 많은 영향을 받았다'라고 말한 바 있다.

신화학자 캠벨은 신화는 인간의 꿈을 상징하는 것이고 꿈은 교육과 문화의 기틀이라고 단언한다. 그런데 신화라는 이름의 꿈은 세상의 생성과 우주의 운행을 포함하여 모든 이야기의 원천이다. 그러므로 신화는 과거의 이야기인 동시에 현재와 미래의 이야기이다. 또한, 신화는 환경과 상황이 만든 문화적 체계이며 의식을 통합하는 제도다. 동물과 달리 인간은 인류 공통의 경험을 무의식에 축적하여 문화유전인자로 간직하고 있고 그 원형이 전설과 신화로 드러난다. 그런데 현대의 인류는 민족 신화와 종교 신화를 넘어서 세계신화世界神話를 만들어가고 있고 그런 의식과 정신이 〈스타워즈〉와 같은 영화로 만들어지는 것이다. 캠벨이 말한 단일신화는 인류 공동의 기억이 있으므로 집단무의식이 보편적 형식과 유사한 구조로 드러난다는 주장이다. 반면 집단무의식은 민족이나 종족 등에 유전되는 집단의 공통된 정신이며 심상이다.

비교신화학으로 인간과 역사를 새롭게 해석한 캠벨은 모든 신화는 유사한 형식과 유사한 양상을 띠고 있다고 말한다. 이것을 신화의 보편성 또는 공통성이라고 한다. 『황금가지』를 쓴 프레이저와 달리 캠벨은 그 이유를 '인간이 하나의 공동체였고 인류 공통의 집단무의식과 인간 내면의 공통원소가 발현하기 때문'이라고 설명한다. 이 지점에서 캠벨은 인류는 집단무의식이라는 유전인자를 가지고 있다는 분석심리학자 칼 융C. Jung과 만난다. 융에 따르면 개인무의식과 달리 집단무의식集團無意識은 상징으로 드러나며 무의식 속에서 전승된다. 그러므로 한 민족/종족/인종의 신화, 민담, 전설, 민요 속에는 그 집단무의식의 심상이 원형archetypes으로 남아 있다. 민족을 넘어서서 온 인류가 공유하는 집단무의식도 있다. 그리고 프로메테우스, 모세, 예수, 석가를 포함한 영웅들의 신화에는 특수한 신화적 특성이 있다.

이것을 인간 개인으로 말하면 자궁子宮에서 태어나 자기를 완성하는 영웅의 길을 거쳐서 귀환하는 과정과 상응한다. 여기에는 일정한 이야기 형식이 있다. 어떤 개인이 특별한 호명을 받아 미지와 신비의 세계에서 모험을 거치고 난관을 극복한 다음 마침내 목표했던 것을 이룬다. 그리고 여러 가지의 위기를 겪은 후 원래의 자리로 돌아온다. 이것을 캠벨은 출발departure – 입사initiation – 귀환return으로 요약되는 17단계의 과정으로 나누고 그것이 천 개의 얼굴을 가진 영웅의 모습이라고 설명한다. 그 영웅은 자기를 이기고 세상의 기원인 옴파로스omphalos로 회귀하여 보편의 존재가 되는 것이다. 그러므로 캠벨이 말한 단일신화는 인류 전체가 가진 하나의 신화 구조라는 뜻이다. 그는 단일신화라고 했지만 '기본 구조만 같고 지역, 국가, 민족에 따라서 다양한 형태의 변이와 차이가 있다'라고 강조한다.

캠벨은 인간의 신화는 시간과 공간을 초월하여 반복적으로 생산되는 동시에 환경에 따라서 진화한다고 보았다. 그러므로 『신의 가면The Masks of God』에서 보듯이 신화와 종교는 은유이자 상징이고 집단의 꿈이면서 이상이다. 이 지점에서 신화는 우주적 박동을 공유하면서 공동의 영혼을 가진 인간 개인의 문제로 전환된다. 특히 인간 누구나가 영웅이므로 자기 정신 내면을 탐구하면서 '자기 신화의 길을 찾아가야 한다.follow your bliss' 또한, 캠벨은 '신화를 과학이나 역사로 해석해서는 안 된다'라고 말하면서 신화를 현실 세계로부터 꺼내서 상상과 신비의 세계로 인도하는 인류의 꿈에 비유한다. 반면 캠벨의 이론은 '지나치게 남성중심주의고, 편견에 싸인 인종주의이며, 차이를 구별하지 않는 보편주의자의 상상일 뿐 아니라 신화를 표피적으로 해석한다'라는 비판을 받기도 한다.

참고문헌 Joseph Campbell, *The Hero with a Thousand Faces*, Princeton : Princeton University Press, 1949.

참조 무의식, 문학, 민족, 상상, 상징, 신화·전설, 역사, 예술, 원형(칼 융), 은유, 집단무의식, 호명

욕망의 삼각형

Mimetic Desire | 模倣欲望

'잠도 자지 않고 책만 읽다 보니 머릿속이 푸석푸석해지는가 싶더니 결국은 이성을 잃어버리기에 이르렀다. 머릿속이 책에서 읽은 마법 같은 이야기들, 즉 고통과 전투, 도전, 상처, 사랑의 밀어들과 연애, 가능하지 않은 여러 가지 일들로 가득 찬 것이다.' 이것은 세르반테스Cervantes 작 『돈키호테』 앞부분이다. 이렇게 하여 라만차의 돈키호테는 기사의 길을 걷게 된다. 그런데 그가 모방하고 싶은 존재는 전설적인 기사 가울라의 아마디스Amadis von Gaula였다. 돈키호테는 정신이 이상해져서 '라만차La Mancha의 돈키호테'로 자칭하고 앙상한 말 로시난테를 타고 여행을 떠난다. 그는 아마디스와 같은 훌륭한 기사가 되고 싶었다. 이처럼 인간은 늘 무엇을 욕망한다. 그런데 '무엇을 가지고 싶다, 무엇을 하고 싶다, 무엇이 되고 싶다'는 것과 같은 욕망은 돈키호테가 그랬던 것처럼 대부분 다른 사람의 욕망을 모방한 것이다.

모방욕망模倣慾望 또는 욕망의 삼각형은 인간의 욕망을 설명하는 르네 지라르의 예술이론이다. 프랑스의 문학이론가 르네 지라르R. Girard에 의하면 거의 모든 욕망은 모방한 욕망이다. 지라르는 훌륭한 예술작품에는 구조적인 원리가 있을 것이라는 전제하에 근대소설에 드러나는 모방욕망을 이론화했다. 이상과 현실의 단절이 없는 서사시와 달리 부르주아 시대의 서사시인 소설에는 단절이 있다. 그러므로 주인공은 이 단절을 극복하고자 중재자/매개자를 모방하지만 사실 그것은 거짓 욕망일 뿐이다. 그런데 이상과 현실의 단절 그리고 모방과 거짓 욕망은 사용가치가 아닌 교환가치에 의해서 작동되는 자본주의적 특성과 상동성이 있다. 이 이론에서 욕망의 주체가 스스로 욕망을 달성하는 것을 '욕망의 직접화'라고 하고 타자 곧 중재자가 있어서 욕망을 모방하는 것을 '욕망의 간접화'라고 한다.

지라르에 의하면 간접화된 욕망의 경우, 욕망의 대상과 욕망의 주체 사이에는 중재자 또는 매개자^{mediator, 媒介者}가 존재한다. 욕망의 주체는 이 중재자의 중재 또는 모방을 통해서 욕망의 목표를 설정하고 욕망의 실체를 알며 욕망을 달성한다. 이렇게 욕망이 간접화될 때 주체, 대상^{목표}, 중재자가 삼각형의 구도를 형성하게 된다. 가령 돈키호테가 이상적인 방랑기사가 되고자 하는 것은 간접화된 중개자인 아마디스라는 전설적 기사를 모방한 것이다. 욕망의 간접화에는 일정한 규칙이 있다. 자기의 능력이나 재화나 방법으로 달성할 수 있는 욕망의 직접화와 달리 스스로 달성하지 못하는 경우는 욕망을 간접화하여 자기 바깥에서 어떤 모델을 찾아야 한다. 어떤 소설의 주인공처럼 되고 싶다든가, 외국의 어떤 영화배우처럼 되어야 하겠다든가, 스위스에 있는 멋진 집을 가져야 하겠다든가 등, 자기 바깥에서 모델을 설정하는 것이다.

타자를 통해서 자기를 실현하는 욕망의 간접화^{間接化} 현상이 일어난다. 간접화에는 두 가지 형태가 있다. 욕망의 주체와 중재자의 거리가 멀다면 주체는 그 욕망을 공개적으로 인정하면서 추구하게 된다. 가령, 사교계의 공주^{公主}가 되고 싶다는 것과 같은 욕망이 있다면 그 모델이 되는 중재자가 익명화되어 있으면서 먼 거리에 있으므로 욕망의 주체는 자신의 욕망을 거리낌 없이 표출할 수 있다. 공주라는 목표와 그것을 추구하는 중재자 모두 자기와는 경쟁 관계에 있지 않으므로 불편하지 않기 때문이다. 이것이 외면적 간접화다. 반면 욕망의 주체와 중재자 사이가 가까우면 욕망을 모방하였다는 것을 인정하려고 하지 않는다. 왜냐하면, 자신과 중재자는 경쟁자가 되기 때문이고 또 자신의 허영이 탄로나기 때문이다. 이 경우, 욕망의 주체는 가능하면 자신의 욕망을 숨겨야 하는데 이것이 내면적 간접화이다.

가령, A가 가진 진주목걸이 즉 상류계층을 욕망하는 C는 자신 가까이에 있는 B의 욕망을 모방함으로써 생긴 허영이라는 사실을 의식하지 못하거나 의식하더라도 부정하고 싶어 한다. 자신의 욕망이 질투나 부러움의 산물 즉 거짓 욕망이라는 것을 인정하고 싶지 않은 것이다. 이 경우 욕망의 주체와 중재자는 경쟁과 증오의 관계가 된다. 같은 욕망의 대상/목표를 욕망의 주체와 욕망의 중재자가 함께 욕망하기 때문이다. 중재자가 없는 욕망은 확인되지 않기 때문에 낭만적 거짓Romantic lie일 가능성이 크다. 지라르에 의하면 소설은 이것을 보여주는 예술적 장치이고 거의 모든 좋은 작품에는 욕망의 구조적인 틀이 있다. 지라르의 이 관점은 예술작품이 어떻게 인간의 욕망을 표현하는가에 대한 훌륭한 이론으로 정평이 있지만 지나치게 구조주의적이라는 비판을 받기도 한다.

참고문헌 Rene Girard, *Deceit, Desire and the Novel : Self and Other in Literary Structure*, Johns Hopkins Univ Press, 1965.

참조 구조주의, 모방론, 미메시스, 소설, 스토리·이야기, 신화·전설, 욕망기계, 타자, 플롯, 후기구조주의

제4의 벽

Fourth Wall | 第四面墙

갑자기 무대 한쪽에서 칼을 든 복면의 사내가 나타났다. 하지만 주인공은 등 뒤에서 조심스럽게 다가가는 복면의 사내를 인지하지 못한다. 그러자 관객석에서 '아!' 하는 나직한 탄식이 터졌다. 행복한 결말이 극적으로 반전反轉되어 비극적 결말이 될 것 같은 예감에 감성적인 여성 관객이 자기도 모르게 탄식을 뱉어낸 것이다. 관객에게는 보이지만 주인공은 모르고 있는 살인의 플롯을 연극에서는 어떻게 설명할까? 이것이 무대와 객석 사이에 분리된 벽壁이 있으며 객석客席의 관객이 보는 것과 상관없이 무대舞臺의 배우는 연기에 몰입해야 한다는 제4의 벽 이론이다. 제4의 벽 이론은 프랑스의 드니 디드로Denis Diderot, 1713~1784가 주장한 것으로 무대는 사방과 아래위가 막힌 방과 같아야 하지만 객석 쪽 벽은 보고 들을 수 있는 벽이어야 한다는 이론이다. 대부분의 무대에는 한쪽을 개방하여 관객이 볼 수 있도록 한 제4의 벽이 있다.

제4의 벽 이론은 그리스 시대의 반원형 극장amphitheater에서 유래한다. 반원형 극장은 무대와 객석을 분리하는 구조다. 근대의 극장과 같이 상자箱子형 무대는 아니지만, 상자와 비슷하다. 그리고 무대의 배우와 객석의 관객은 분리되어 있었다. 이런 고전적인 무대가 중세를 지나면서 근대의 극장구조劇場構造로 바뀌었다. 특히 르네상스 이후 신고전주의와 자연주의 그리고 리얼리즘Realism 연극에서 무대의 기능과 역할이 새롭게 정립되었다. 그중 하나가 바로 제4의 벽이다. 사실주의 연극은 연기에 몰입하는 배우와 그 연기를 관람하는 관객 사이에 있는 제4의 벽을 전제로 한다. 예술가와 수용자의 관계를 설명하는 제4의 벽은 무대와 관객 사이에 가상의invisible 벽이 있다는 것을 가정한다. 무대에서는 보이지 않는 제4의 벽이 있다면 배우들은 관객을 의식하지 않기 때문에 허구와 가상假想의 세계에서 연기하는 것이고 반대로 관객은 현실의 세계에서 관람하는 것이다.

한편 사실주의 연극의 대가 스타니슬랍스키Konstantin Stanislavski, 1863~1938는 모스크바 예술극장Moscow Art Theater을 창립했는데, 배우는 '군중 속의 고독public solitude'을 느끼면서 연기에 몰입해야 한다고 주장했다. 그는 배우가 일상생활처럼 자연스러운 연기를 해야만 관객이 실제 현실같이 느낄 수 있다고 강조했다. 그러기 위해서는 배우가 연기하는 무대와 관객기 관람하는 객석에 벽이 있어야 한다는 것이다. 이처럼 제4의 벽 유무는 무대의 배우가 연기하는 기본구조 중의 하나다. 제4의 벽은 상상의 벽이다. 그 벽 안에서 연기하는 예술가는 일종의 고립상태에 놓여 있다. 한편 러시아 형식주의 이론을 바탕으로 하는 브레히트B. Brecht, 1898~1956와 같은 현대연극 이론가들은 제4의 벽을 의도적으로 깨트려서 관객에게 이성적이고 비판적인 판단을 하도록 해야 한다고 주장했는데 그것을 소외효과alienation effect라고 한다. 소외효과란 무대로부터 관객을 소외疏外시키는 연출방법이다.

그리스의 고전 연극이나 사실주의 연극처럼 관객이 연기에 몰입하게 되면 현실을 망각한다. 그런데 브레히트에 의하면 관객이 공연에 몰입하지 않도록 하여 현실을 인식하면서 공연을 주체적으로 해석하도록 할 필요가 있다. 특히 연극의 관객은 '관객 있는 극장'의 수동적 관찰자가 아니라 '관객 없는 극장'의 능동적 참여자가 되기 위하여 비판적 각성이 필요하다. 관객이 공연에 몰입하지 않고 거리를 유지하면서 소외되어 있어야 냉철함이 유지되고 그래야만 작품의 예술성과 예술적 가치를 알 수 있다는 것이다. 그것이 제4의 벽 깨트리기다. 제4의 벽을 깨트리는 방법은 해설자의 해설, 배우가 관객에게 상황을 설명하거나 연기를 멈추고 자연인으로 돌아오는 것, 연출진으로부터 소품을 건네받는 것 등 여러 형태가 있다. 제4의 벽이 있으면 무대와 객석은 서로 간섭하거나 영향을 받지 않지만 제4의 벽이 없으면 무대와 객석은 상호 간섭 현상이 일어난다. 그러므로 제4의 벽을 허물어야만 관객이 주체적으로 연극을 보고 비판적인 관점을 가질 수 있다는 것이다.

브레히트의 이 실험은 현대연극에 큰 영향을 미쳤다. 왜냐하면, '관객은 연극에 몰입하는 것이 좋다'는 전통적인 연극관演劇觀을 바꾸었기 때문이다. 한편 소외효과는 기존의 전통적인 틀을 낯설게 했다는 점에서 낯설게하기로 간주되는 경우가 있다. TV나 연극, 영화가 그렇듯 무대는 대체로 상자箱子형 또는 박스형으로 한 면만 열려있는 구조다. 대부분 공연장이나 무대는 이런 형식으로 되어있으며 회화나 조각 등 전시예술에서도 마찬가지다. 하지만 제4의 벽은 공연할 때 걷히는 막幕과는 다르다. 대체로 연기자들은 공연 중에는 말을 하지 않는다. 그래서 공연자와 관객 사이에는 자연스럽게 투명한 제4의 벽이 형성된다. 이런 특별한 효과를 내는 제4의 벽은 연극, 영화, 드라마와 같은 공연예술만이 아니라 시각예술이나 문학에서도 가능하다. 서양의 공연예술과 달리 아시아의 공연예술은 제4의 벽이 없는 경우가 많다.

참조 감정이입, 낯설게하기, 러시아 형식주의, 르네상스, 미적 거리, 비극, 연극·드라마, 예술, 예술가, 인간소외, 장르, 희곡, 희극/코미디

혁명적 낭만주의
Revolutionary Romanticism | 革命浪漫主义

갑자기 파벨의 언행이 달라졌다. 이제 파벨은 술을 마시지 않고 죽은 아버지를 원망하지 않으며 성실하게 공장에서 일한다. 그리고 열심히 책을 읽는다. 그는 무엇을 깊이 생각했으며 언행도 달라졌다. 파벨의 이상한 행동을 걱정하던 어머니 닐로브나는 아들이 위험한 일을 하고 있다는 것을 알았다. 파벨은 러시아 사회민주노동당에 가입해서 노동절 파업을 주도하다가 체포된 후 시베리아 유형을 선고받는다. 재판 도중 아들은 감동적인 연설을 한다. 어머니는 그 연설의 내용을 적은 전단을 가지고 있다가 경찰한테 들키자 전단을 뿌리면서 저항의 목소리로 외친다. 마침내 어머니도 혁명의 길로 들어선 것이다. 이렇게 하여 닐로브나는 과격한 혁명가가 되어갔지만, 친절, 겸손, 자비, 사랑 같은 인간적 덕성을 잃지 않는다. 이 이야기는 고리키^{Maxim Gorkij, 1868~1936}의 『어머니』¹⁹⁰⁷라는 작품의 줄거리다.

이 작품에서 고리키는 사회주의 리얼리즘의 전범을 보여주었으며 사회주의 혁명의 전망을 낙관적으로 제시했다. 사회주의 문학이론에서는 리얼리즘이 현실적이기는 하지만 혁명을 위해서 낭만성^{浪漫性}이 필요하다고 본다. 이런 맥락에서 생성된 혁명적 낭만주의란 사회변혁의 낙관적 전망을 하는 낭만주의 문예사조다. 여기서 혁명이란 계급투쟁과 프롤레타리아독재 그리고 자본주의 전복 이후 국가가 소멸하고 계급이 없는, 평등하고 번영된 사회를 건설하는 것이다. 이러한 역사적 전망을 실천하는 과정에서 긍정적인 자세를 가지고 낙관적으로 세계를 변혁하는 전형적 인물이 필요하다. 가령 『어머니』에서 보는 것 같은 긍정적 인물은 혁명성과 낭만성을 동시에 구현하는 존재이자 사회주의 혁명의 전형적 인물이다. 노동자인 아들을 대신하여 혁명가로 성장하는 어머니는 자유와 인간이라는 마지막 목표를 향해 있다.

그 혁명은 차르tsar가 지배하는 전근대적 전제군주제專制君主制와 근대 산업혁명을 통하여 완성된 부르주아 지배의 자본주의를 극복하는 것이다. 그런데 최종 목표인 공산주의 사회로 나가고자 하면 프롤레타리아 계급의 독재를 거쳐야 한다. 왜냐하면, 왕족을 포함한 봉건 계급, 신흥 부르주아, 반동계층이 자기 이익을 지키고자 복고주의와 반혁명反革命의 견고한 체제를 유지하고 있기 때문이다. 이를 위해서는 부르주아와 봉건 지배계급에 저항하는 노동자 민중의 관점이 필요하다. 만약 예술가가 이런 목적의식을 가지고 있다면 현재 사회를 사실적으로 분석하고 묘사하는 한편, 혁명이 완수될 수 있도록 미래 사회를 낙관적으로 그려야 한다. 이런 이유로 허무와 퇴폐로 귀결되는 부르주아 낭만주의를 극복한 혁명적 낭만주의가 사회주의 리얼리즘과 결합하게 되는 것이다.

1932년 4월, 러시아 공산당 중앙위원회는 '문학 예술조직의 개편에 관하여'를 채택하면서 라프RAPF의 해산과 작가동맹의 창립을 결정하였으며 고리키를 회장으로 선출했다. 또한, 1934년 제1회 소비에트 작가동맹蘇聯作家同盟, SSSR에서 사회주의 리얼리즘을 창작방법론으로 공식 채택했다. 여기서 확립된 창작의 원칙은 첫째 노동자계급 세계관, 둘째 변증법적 유물론, 셋째 노동자계급의 견해를 대변하는 당파성 등이다. 작가들은 이런 창작방법론을 가지고 역사적 전망을 혁명적 낭만주의로 담아내야 한다. 이때 공식화된 혁명적 낭만주의는 구체적이면서도 객관적인 사실에 기초하고 또 수용자들의 미의식에 공감할 수 있도록 파토스pathos의 열정으로 희망찬 미래를 보여주는 창작방법이다. 또한, 무산계급無産階級 문예이론인 혁명적 낭만주의는 혁명에 대한 열정, 공산주의 사회에 대한 희망, 영웅적인 투쟁, 혁명가들의 고상한 정신, 낙관주의적 세계관을 표현하는 사회주의적 사실주의Social Realism 창작방법의 한 요소이다.

그러나 루카치^{G. Lukács, 1885~1971}를 비롯한 이론가들은 혁명적 낭만주의는 스탈린 체제의 볼셰비키 이데올로기와 낭만주의의 부자연스러운 결합이라고 비판한다. 반면 프랑스 혁명에 영향을 받아 격정적이고 전복적인 상상력을 발휘한 워즈워스^{William Wordsworth, 1770~1850}의 낭만주의 시에 혁명성이 있다고 보기도 한다. 이런 현상은 낭만주의가 개성과 미학을 중시하기 때문에 생긴 것이다. 당시 서구를 휩쓸던 고전주의와 계몽주의에 대한 반발은 진보적 기류를 형성하면서 낭만주의의 혁명성과 결합하는 계기가 되었다. 한편 낭만적 속성을 강조한 것을 혁명적 낭만성이라고 하고 민족주의 운동의 낭만성을 강조한 것을 혁명적 민족주의^{Revolutionary Nationalism}라고 한다. 반면 혁명적 민주주의는 과학적 사회주의에 이르지는 못했으나 민주주의 의식을 가지고 계급적 불평등, 착취, 압박에 대한 분노를 가진 체계적인 의식이다.

참조 계급의식, 계급투쟁, 계몽주의/계몽의 시대, 고전주의, 낭만주의, 리얼리즘(예술), 민족적 낭만주의, 민족주의, 변증법, 사회주의 리얼리즘, 유물론, 질풍노도, 혁명

다원예술

Interdisciplinary Arts | 多元艺术

'이 작품은 공예도 아니고, 조소도 아니고, 설치미술도 아니다.' P가 이렇게 말하자 K는 '이 작품은 공예이고 조소이면서 설치미술이기도 한, 새로운 양식이다'라고 반박했다. 한 작품을 가지고 왜 상반되는 평가를 하는 것일까? 그것은 예술 형식에 대한 관점의 차이 때문이다. 예술 형식이나 장르는 유기체이기 때문에 다른 생명체와 마찬가지로 생사와 소멸의 길을 걷는다. 형식/장르가 끊임없이 바뀌는 또 다른 이유는 예술 환경과 예술생태계가 변화하기 때문이다. 예술생태계에서는 어떤 장르에 소속되지 않거나 새로 태어나는 양식이 있다. 그중에서도 다원예술多元藝術은 현대사회의 다양성과 복합성이 만든 복합예술이면서 여러 장르에 걸친 실험적 양식을 의미한다. 특히 다원예술은 독립된 장르가 아니고 유동적이면서 상대적이고 또 잠정적인 양식이다. 이런 점에서 다원예술은 원리나 내용이라기보다는 예술의 방법으로 보아야 한다.

다원예술은 1976년 미국의 시카고 연합대학Chicago Consortium of Colleges에서 처음으로 개념화한 것이다. 이들이 다원예술을 Multi-art라고 쓰지 않고 Inter-disciplinary arts로 쓴 이유는 장르 융합의 상호성을 강조하기 때문이다. 다원예술은 '장르 간 장르' 또는 '간 장르Inter Genre' 즉, 장르의 중간에 놓인 새로운 형식이나 어디에도 속하지 않는 예술의 양식이다. 이런 의미에서 다원예술은 예술 장르의 변동과 변화를 포괄하는 개념일 뿐, 그 자체의 고정된 영역을 가지지는 않는다. 또한, 다원예술은 다층적이고 다양하며 다매체의 특징이 있다. 아울러 다원예술은 기존의 장르와는 다른 복합장르, 실험예술, 대안 예술, 독립예술의 개념을 포괄한다. 이처럼 새로운 변화를 추구한다는 점에서 다원예술은 아방가르드적 경향이 있다. 전위부대에서 유래한 아방가르드Avant-garde는 기존의 예술에 대한 저항과 반항으로부터 출발한다.

모든 장르는 배타성과 고유성을 가지고 있다. 따라서 자기 영역에 속하지 않는 예술형태에 대해서는 무관심하거나 배타적이다. 예술의 위계질서 속에서 새로운 예술형태는 배척과 억압을 받는다. 그러므로 예술적인 실험을 한다거나 창의적인 시도를 할 때는 어려움에 봉착한다. 이런 점을 고려하여 복합적이고 실험적인 영역을 다원예술로 지칭하고 그 창의성을 살릴 필요가 있다는 것이 예술이론가들의 견해다. 다원예술의 원리는 경계의 해체다. 고정된 경계를 가진 사고로는 창의성을 발휘하기 어렵다. 그런 점에서 다원예술은 장르를 파괴하고 장르를 넘어서자는 탈 장르의 문예운동이기도 하다. 장르의 소통, 장르의 해체, 장르의 다양화는 장르의 고정 못지않게 중요하다. 따라서 다원예술을 통하여 기존 장르에 대한 의미도 재확인할 수 있고 또 시대에 맞는 창의적 예술의 전망을 열어갈 수도 있다.

다원예술은 예술의 창조성과 실험성을 바탕으로 생성되기 때문에 신생예술의 성격이 있다. 그런데 다원적인 신생예술新生藝術에 대한 기존 장르의 견제와 억압으로 인하여 장르와 양식으로 정착하기가 쉽지 않다. 하지만 신생예술의 실험정신은 예술생태계에 활력을 불어넣고 예술지형도를 바꾸는 등 큰 영향을 미친다. 특히 실험적인 예술의 전위성前衛性과 전복성顚覆性이야말로 예술다양성을 보장해 주는 소중한 창작 정신이다. 이런 실험예술, 전위예술, 예술다양성이 보장되는 예술 환경이 바로 다원예술의 토대다. 그러므로 다원예술은 예술의 다원성, 다양성, 실험성, 전위성을 의미하는 동시에 여러 장르에 걸쳐있으면서 예술적 창의성이 발휘된 작품이라고 할 수 있다. 그런데 이런 다원성들은 고정되어 있지 않고 불변하는 것이 아니므로 제도적으로는 배척을 당하기가 쉽다. 또한, 고정된 장르를 선호하는 보수주의적 예술관으로부터 인정받지 못하는 경우가 많다.

한편 다원예술은 사회의 변화를 현장에서 포착하기 때문에 생활을 중요시한다. 삶이 연속성이라는 것을 강조하고 그 삶이 사회와 연속되어 있음을 표현하려는 것이 다원예술의 정신이기 때문이다. 이처럼 다원예술이라는 성찰적 물음을 통하여 예술의 본질을 사유할 수 있다. 나아가 예술가의 존재론적 사유도 가능하다. '예술이란 무엇인가'라는 질문 없이 예술을 하는 예술가는 예술이라는 제도의 굴레에 매인 상품생산자일 뿐이다. 예술가는 자유의 정신을 추구하는 존재이므로 일정하게 다원주의적 속성을 가지고 있다. 한국에서 다원예술은 문화산업, 예술경영, 응용예술 등과 달리 문학예술, 시각예술, 공연예술, 전통예술과 함께 기초예술基礎藝術로 분류된다. 일반적으로 다원예술은 장르 간의 소통과 탈경계를 의미하며 실험적 전위성인 아방가르드적 속성이 있다. 또한, 예술적 전통과 권위의 해체를 지향하는 저항예술의 면모도 있다.

참조 문학, 문화다양성, 문화산업(프랑크푸르트학파), 문화생태계, 아방가르드, 예술, 예술가, 장르, 포스트모더니즘

발자크의 리얼리즘

Balzac's Realism | 巴爾扎克的现实主义

발자크는 자신이 속했던 지배계급 즉, 프랑스 귀족 또는 상류계층을 배신했다. 여기서 배신했다는 뜻은 자기가 속한 계급을 실제로 배신했다기보다는 역사의 본질을 포착하고자 자신의 계급을 비판적으로 묘사했다는 뜻이다. 발자크는 몰락한 귀족계급이었고 어린 시절 부친의 타계와 가난으로 불우한 유년기와 소년기를 지냈다. 하지만 허풍이 강하고 허영심도 많았던 발자크는 자신의 귀족 신분을 과시하기 위하여 이름에 귀족을 의미하는 'de'를 붙였다. 그런데 발자크는 귀족계급을 지향했으므로 프랑스의 귀족, 즉 봉건 계급이 다시 세상의 주인이 되기를 희망했어야 한다. 그것이 계급의식階級意識이다. 하지만 발자크는 현실을 직시하고, 지배계급인 귀족의 세상은 흘러갔으며 상승하는 부르주아가 세상을 지배한다는 사실을 직시했다. 그리고 그들을 주인공으로 등장시켜 자본주의로 이행해 가는 사회의 변동양상을 적나라하게 보여주었다.

프랑스의 소설가 발자크H. de Balzac, 1799~1850는 1841년 『인간희극La Comédie humaine』 총서를 통하여 낭만주의와 사실주의의 가교를 놓았다. 발자크는 51년밖에 살지 못했다. 그리고 이탈리아에 가서 외교관으로 지내면서 소설 창작을 게을리하지 않았다. 특히 100여 편의 장편소설을 쓴 발자크는 초인적인 창작활동을 했지만 방탕한 생활로 인하여 평생 가난과 부채에 시달렸다. 그의 격정적인 인생이 반영된 발자크의 소설에는 낭만적 열정이 가득하다. 하지만 발자크는 부르주아 또는 서민들의 생활을 냉철하면서 심층적으로 표현하여 리얼리즘의 전범이라는 평가를 받게 되었다. 발자크의 리얼리즘은 일반적 리얼리즘의 성격이면서 1840년대 프랑스 사회를 박물학^{博物學}의 눈으로 담아내는 발자크 특유의 리얼리즘이다. 그는 단순한 사실 묘사를 넘어서 1848년 2월 혁명 직전 프랑스 사회의 본질을 묘파함으로써 진정한 리얼리즘/사실주의의 문을 열었다.

발자크는 인간사회도 생물의 구조와 같은 위계가 있다고 믿고 그것이 역사적 사건과 어떻게 결합하는가를 소설로 표현하고자 했다. 2천 명의 등장인물은 모두 박물학과 총체성^{totality}의 세심한 눈으로 묘사되고 사실주의적으로 기록된 사회사적 군상들이다. 다양한 현상과 수많은 인물의 형상을 보여준 그의 대표작 『인간희극』은 여러 면에서 훌륭한 작품이다. 건축물을 설계하듯이 계획적으로 작품을 썼던 발자크는 전형적 상황의 전형적 인물을 보여주는 사회주의 리얼리즘의 전조^{前兆}로 평가받는다. 당시 지배계급, 상류계층, 보수주의자, 법복귀족^{法服貴族}들은 세상이 어떻게 되리라는 것을 예측하지 못했거나, 예측했다고 하더라도 그에 저항하는 것이 일반적이었다. 발자크가 활동했던 1800년대에는 이성, 과학, 지식, 합리, 자본 등을 가진 부르주아 계급이 부르주아적 가치를 전파하고 있었다.

발자크는 부르주아를 중심인물로 하여 프랑스 사회를 풍자하면서 새로운 인물 전형을 창조했다. 이것을 보통 부르주아 리얼리즘이라고 부른다. 그러니까 부르주아 계급과 부르주아 사회를 중심으로 놓는 창작방법을 부르주아 리얼리즘이라고 하고, 고리키처럼 사회주의 건설의 전망을 담은 창작방법론을 사회주의 리얼리즘이라고 하며 일반적인 리얼리즘은 현실주의라고 한다. 발자크는 산업혁명 이후의 유럽 사회를 장악해 가는 부르주아 계급을 정직하게 묘사했던 것이고, 그의 묘사 방법은 창작방법론상 사실주의^{寫實主義} 또는 리얼리즘^{Realism} 또는 역사적 리얼리즘이다. 발자크의 리얼리즘적 가치에 의미를 둔 것은 엥겔스다. 엥겔스^{F. Engels}는 발자크가 구시대의 귀족계급에 대한 연민과 상승하는 부르주아^{rising bourgeoisie}[1]를 자연스럽게 포착했다고 분석했다. 엥겔스는 사실을 정확하게 묘사하는 졸라^{E. Zola}보다, 그리고 그런 졸라들^{Zolas}보다 작가의 의도를 제거하고 사실을 자연스럽게 묘사한 발자크가 더 중요하다고 강조했다.

엥겔스에 의하면 발자크는 구시대 봉건귀족 계급의 만가Elegy를 부른 것이다. 이 말은 중세부터 지배계급이었던 귀족계급은 더 이상 역사의 주인이 아니라는 것이다. 한편 헝가리의 비평가 게오르그 루카치Georg Lukács, 1885~1971는 『역사소설론The Historical Novel』에서 월터 스코트와 발자크는 상류 지배계급에 대한 향수와 비판적 태도 즉 적대적 태도 때문에 상승하는 부르주아 계급을 정확하고 사실적으로 묘사할 수 있었다고 해석했다. 발자크는 귀족이지만 부르주아가 세상을 장악하는 것을 간파한 것이다. 그리고 자신의 신분 또는 계급의 한계를 잘 알고 있었다. 루카치에 의하면 소설이 역사적 의미를 획득한 것은 사람들이 프랑스 혁명과 나폴레옹 전쟁과 같은 사건을 겪고 인간과 사회의 변화를 반영하면서 가능해졌기 때문이다. 이것을 루카치는 역사적 리얼리즘Historical Realism이라고 하고 발전하는 역사적 상황 속에 놓인 전형적이고 보편적인 인물형을 포착하는 소설 창작의 방법이라고 말한다.

참고문헌 Marx and Engels, *Marx-Engels Correspondence 1888*, "Engels to Margaret Harkness In London"(April, 1888), Moscow, 1953, p.165; Georg Lukács, *The Historical Novel*, translated by Hannah Mitchell and Stanley Mitchell, University of Nebraska Press, 1983.

참조 계급의식, 나폴레옹, 리얼리즘/실재론[철학], 리얼리즘[예술], 반영론, 배경, 사실, 사회주의 리얼리즘, 소설, 역가소설, 유물론, 자연주의[예술], 전형적 인물과 전형적 상황, 프랑스대혁명

---

1   Marx and Engels, "Engels to Margaret Harkness In London"(April, 1888), *Marx-Engels Correspondence 1888*, Moscow, 1953, p.165.

낯설게하기

Defamiliarization | 间离效果

어느 봄날, 공작 안드레이는 어느 소녀의 노래를 듣고 황홀한 느낌을 받았다. 나타샤는 발랄하고 청순한 여성이었다. 삶에 대하여 부정적인 생각을 하고 있던 안드레이는 인생이 아름답다고 생각하면서 나타샤를 사랑하게 된다. 하지만 나폴레옹이 모스크바를 공격하는 전투에서 상처를 입은 안드레이는 죽는다. 그후 발랄하고 청순한 나타샤는 삶에 대한 긍정적 희망을 품은 피에르 베즈호프와 새로운 삶을 출발한다. 이 청순한 소녀 나타샤의 눈에 귀족들의 삶은 낯선 것이었다. 특히 군사회의는 전혀 생각해 본 적도 없는 이상한 모임이었다. 안드레이의 눈에 비친 나타샤가 낯선 것과 마찬가지로 나타샤의 눈에 비친 군사회의도 낯선 것이었다. 톨스토이의 장편 『전쟁과 평화』[1864~1869]의 한 부분이다. 톨스토이는 『전쟁과 평화』에서 역사와 사회에 대한 새로운 관점으로 새로운 인물들의 이야기를 보여주고 있다. 이것을 낯설게하기라고 한다.

낯설게하기는 러시아 형식주의에서 시작되었으며 '새로운 것을 창의적으로 표현한다'라는 뜻과 함께 '낯익은 것을 낯설게 만든다'라는 예술표현의 기법이다. 가령 '사랑의 불꽃'과 같은 표현은 처음에는 미적 긴장을 유발했겠지만 낯익어진 이후에는 미적 긴장을 주지 못한다. 이런 표현을 죽었다는 의미의 사은 유死隱喩라고 부르기도 한다. 이것을 약간 낯설게 표현하여 '버리고 싶은 사랑의 불꽃'이나 '이미 꺼져버린 사랑의 불꽃'이라고 하면 미적 긴장이 생긴다. 그 의미가 쉽게 이해되지 않기 때문이다. 이처럼 사람들의 보편적 지각과 다른 표현을 통하여 낯선 느낌을 주고, 그를 통하여 미적 긴장을 유발하여 감동을 선사할 수 있다. 또한, 낯설게하기는 데리다의 차연differance과도 다르다. 차연差延이 '어떤 의미가 차이가 나고 그조차 지연된다'라는 뜻인 데 반하여 낯설게하기는 일상적인 개념을 다르게 표현하여 다른 느낌을 준다는 뜻이다.

러시아 형식주의 이론가 슈클로프스키V. Shklovsky, 1893~1984는 문학을 예로 들어, 일상화되어서 낯익은 사물이나 관념을 특수화하고 낯설게 하여 새로운 느낌이 들도록 표현하는 것이 중요하다고 강조했다. 또한, 그는 산문이 일상어를 쓰는 것이 반하여 시는 특별한 언어를 쓴다는 것을 근거로 '일상 언어everyday language와 예술 언어artistic language는 다르다'라고 주장했다. 작가 특히 시인은 일상 언어가 아닌 예술 언어를 써야 하며, 그럼으로써 지각知覺의 지연이 생겨나지만 미적인 감각은 증가한다는 것이다. 이것을 독일어에서는 소외라는 의미의 verfremdung 이라고 하는데 낯설게하기는 브레히트가 말하는 소외효과와 유사한 점이 있다. 하지만 브레히트의 소외효과는 관객이 연극에 몰입하지 않고 냉정한 이성을 유지함으로써 오히려 미적 감각을 얻는다는 것이므로 소외효과와 낯설게하기는 다르다.

낯설게하기를 창안한 형식주의를 비판적으로 바라보는 시각도 있다. 형식을 주요한 핵심으로 놓는다는 측면에서, 형식주의가 표면인 형식만 강조하고 내면인 내용을 소홀히 한다고 보기 때문이다. 하지만 형식이 없이는 내용을 담아내지 못하므로 낯설게하기와 같은 형식주의의 개념은 일상생활에서도 그렇지만 특히 예술에서 큰 의미가 있다. 또한, 형식주의자들은 내용과 형식의 이분법은 존재하지 않으며 예술작품에서 내용과 형식은 변증법적으로 통합된다고 주장한다. 무엇보다도 형식주의에서는 예술을 예술답게 만들어주는 예술성까지 낯설게하기에서 찾는다. 형식주의의 낯설게하기는, 근대미학을 창시했다고 알려진 바움가르텐A.G. Baumgarten, 1714~1762의 이론과 상통한다. 바움가르텐은 미美란 감각을 완성하는 것으로 이성에 근거한 과학과 다르다고 보았다. 아울러 그는 인간의 하위능력인 감각을 자극하고 지각의 주의력을 유지하기 위하여 뜻밖의 것이나 경이로움이 필요하다고 주장했다.

　예술가들은 일상성, 단일성, 반복성을 넘어서 끊임없이 낯설게하기를 시도한다. 그 이유는 똑같은 이야기나 똑같은 사상이라도 낯설게 표현하면 새로운 것으로 보이고, 새로운 것으로 보이면 미적 또는 심리적으로 긴장하고, 그 긴장이 건강한 감동을 유발하기 때문이다. 미적 긴장은 감동과 감정이입의 원천이기 때문에 중요하다. 따라서 낯설게하기는 독자에게 감동을 주기 위해서는 낯익은 표현이 아닌 새로운 표현이 필요하다는 것이다. 이처럼 낯설게하기는 일상성이나 지루함을 극복하고자 하는 인간의 욕망을 반영한 것이기도 하고 예술가들의 창작기법이기도 하다. 하지만 낯설게하기를 통하여 추상성과 난해성難解性이 증가한다는 관점도 있다. 낯익은 표현이 아닌 새로운 표현을 하고자 하는 예술가는 기존의 방법과 달라야 하므로 특별한 표현을 해야 하는데, 그래야만 예술적 상징성, 난해성, 모호성, 애매성, 추상성이 강화된다는 것이다.

참고문헌 Viktor Shklovskij, "Art as Technique", *Literary Theory : An Anthology*, edited by Julie Rivkin and Michael Ryan, Malden : Blackwell Publishing Ltd, 1998.

참조 감동, 감정이입, 거대서사의 붕괴, 구조주의, 러시아 형식주의, 문학, 미/아름다움, 미적 거리, 애매성, 예술, 예술가, 작가·독자, 재현, 차연, 표현, 화자/서술자, 후기구조주의

거대서사의 붕괴
Collapse of the Grand Narrative | 宏伟叙事崩溃

어느 날 P가 '정치적 살해위협에 시달리는 토마스를 죽이면 안 된다'라는 법을 만들 수 있느냐고 물었다. 국회의원 K가 그런 법을 만들 수 없다고 답하자 그 이유가 무엇이냐고 물었다. K는 '사람을 죽이면 안 된다'라는 명제는 보편성이 있지만 '토마스를 죽이면 안 된다'라는 보편성이 없기 때문이라고 답했다. 여기서 말하는 보편성은 근대의 이성과 합리주의 사상이다. 이성에 근거한 보편적인 가치를 세계에 전파하고 계몽하던 근대는 발전, 전쟁, 지배, 피지배, 저항, 투쟁, 과학기술, 이성, 국민국가 등의 담론이 지배하는 거대서사의 시대였다. 그 거대서사의 밑바탕에는 자유의지, 역사의 진보, 과학적 지식, 평등 등의 보편적 역사발전의 이념이 깔려 있었다. 이것을 비판한 이론이 거대서사의 붕괴다. 리오타르가 주장한 거대서사의 붕괴는 거대한 이론, 사상, 목표는 더 이상 필요 없기 때문에 거대한 서사보다 작고 사소한 서사에 의미를 두려는 포스트모더니즘의 철학사상이다.

리오타르^{J.F. Lyotard, 1924~1998}는 6·8혁명으로부터 영향을 받은 1970년대 이후 세계는 포스트모더니즘의 단계에 들어섰으며 거대서사가 붕괴했고 미시 서사인 개인과 사소한 것들의 세상이 되었다고 단언했다. 리오타르에 의하면 근대 이후의 포스트모더니즘 시대에는 유토피아적이고, 이념적이고, 공상적이며, 휴머니즘적인 담론들이 힘을 잃은 대신 감각적이고, 사적이며, 파편적인 담론들이 힘을 얻었다. 더불어서 탈 중심, 탈경계, 탈근대와 같은 개념이나 다원적 주체와 인식의 상대성 등도 중요해졌다. 그러므로 '계급투쟁, 사회주의, 민족해방,

자본주의와 같은 근대의 역사를 통사적이고 총체적으로 이해하는 해방의 서사 emancipation narrative가 필요하다'라는 것이다. 원래 서사敍事는 '역사직인 사건을 있는 그대로 기록한다'라는 뜻이지만 거대서사에서는 이야기의 주제나 사상을 의미한다.

한편 포스트모더니즘 단계에서는 윤리와 도덕의 붕괴로 인하여 인간의 원자화the atomization of human beings가 가속되었다. 전통적 가치는 붕괴되었고, 가족제도 역시 허물어졌다. 그 결과 보편성에 기초한 보편적 가치보다는 개별성에 기초한 특수한 가치가 중요하게 인식되는 경향이 생겼다. 앞에서 본 것처럼 '사람을 죽이면 안 된다'가 중요하지 않은 것은 아니지만 '영국인 토마스를 죽이면 안 된다'가 중요하게 되었고 때로는 더 중요하다는 것이다. 물론 이것은 보편적 윤리인 '사람을 죽이면 안 된다'가 전제되지 않고서는 후자가 성립할 수 없다. 하지만 그 미세한 차이를 가리는 것은 언어게임이 될 가능성이 있다. 이에 대해서 리오타르가 말하는 포스트모더니즘은 서구의 근대문명을 비판하고 이성을 불신하는 것에서 출발하여 근대의 총체성과 전체주의의 종말을 예고한 사상이자 이론이다.

역사의 발전, 과학기술의 진보, 자유의 쟁취, 전쟁, 국가, 민족, 대항해, 죽음, 신, 투쟁 등과 같은 전통적인 서사 형식인 거대서사grand narrative or meta narrative가 포스트모더니즘 시대에 들어 해체되고 부정되며 변화하기 시작했다. 동시에 이 자리는 지극히 개인적이고 작고 또 사소한 이야기들로 대치되었다. 이것을 그는 거대서사에 반대되는 작은 이야기 또는 미시 서사micro narrative라고 하면서 비트겐슈타인이 말한 언어게임language game에 비유했다. 이 개념을 통하여 리오타르는 지극히 개인적인 이야기의 미세한 차이, 개인적 욕망과 믿음 등이 중요해졌다고 보았다. 이에 따르면 정의와 불의는 고정된 것이거나 보편적인 것이 아니고 상대적인 언어유희에 불과하다. 한 마디로 세계관 또는 총체성을 토대로하는 거대서사보다는 '개인의 감성과 같은 미시 서사가 중요하다'라는 것이다.

이것은 '개인적이고 사소한 것처럼 보이는 것이야말로 본질을 함의하고 있다' 라는 뜻이다.

또한, 보편이라는 이름의 폭력보다는 차이라는 이름의 평화가 중요하다. 이것이 바로 거대서사의 붕괴이다. 거대서사가 붕괴하고 해체된 자리에서 탈 중심, 탈영토의 포스트모더니즘이 개화했다. 리오타르는 추상적 개념화와 같은 보편성보다 개별화와 특수성에 기초한 새로운 인식과 담론이 필요하며 그것이 포스트모더니즘의 특징이라고 단언한다. 이에 대한 반대의 견해도 있다. 거대서사는 21세기에도 여전히 세계를 지배하고 있지만, 이전과는 다른 현상으로 드러난다는 것이다. 즉, 거대서사는 시간과 공간적으로 압축되었을 뿐이지 거대서사의 본질은 여전하다고 본다. 그런데 각 국가나 민족마다 사회의 발전단계가 다르므로 일률적으로 포스트모더니즘의 세상이 도래했다는 것은 틀린다. 리오타르가 말하는 거대서사의 붕괴는 문학이나 예술만이 아니라 인류사의 행정行程을 설명하는 이론 중의 하나이다.

참고문헌 Jean-François Lyotard, *The Postmodern Condition : A Report on Knowledge*, translated by Geoffrey Bennington and Brian Massumi, University of Minnesota Press, 1984.

참조 게임이론, 구조주의, 말할 수 없으면 침묵하라, 모더니즘[예술], 문학, 서사, 언어게임, 자본주의, 절대정신, 탈식민주의, 탈중심주의, 포스트모더니즘, 후기구조주의

리좀

Rhizome | 根莖

오늘은 감자를 캐는 날. 어린 K는 하얗고 둥근 감자를 캐고 싶어 일찍 일어 났다. 그리고 호미를 들고 아버지보다 앞장서 밭으로 나갔다. 감자나 고구마의 땅속줄기와 뿌리는 땅 위의 줄기와 다르다. 이런 형태를 리좀이라고 한다. 한 편 나무는 좌우대칭의 질서정연한 형태로 줄기가 배치되어 있다. 이것을 수목 구조라고 한다. 고대나 중세도 그랬지만 특히 근대사회는 수목처럼 구조화되 어 있으며 군대처럼 질서화되어 있고 피라미드처럼 체계적이다. 이 수목구조 와 반대되는 개념이 리좀 구조다. 식물학에서 말하는 리좀은 땅속에서 수평적 으로 뻗어있는 구근^{bulbs}과 덩이줄기^{tubers} 형태의 뿌리를 일컫는데 형태상으로는 땅에서 하늘로 향하지 않고 땅에서 땅속을 향하고 있다. 이 식물의 리좀에서 유 래한 사회학의 리좀은 수목^{arbolic}과 달리 계층화되거나 구조화되지 않고 중심이 없으며 모든 것이 중심인 열린 구조이다.

들뢰즈^{G. Deleuze, 1925~1995}와 가타리^{F. Guattari, 1930~1992}는 『천 개의 고원』에서 근대 사회와 이성주의를 비판하는 개념으로 리좀을 사용했다. 이성과 논리가 설계 하고 자본과 법이 실현하는 근대사회는 수목구조樹木構造와 같은 완결성을 추구 한다. 그런데 세상과 사회를 수목구조로만 이해할 수 없고 수목구조를 지향할 수도 없으므로 리좀 구조의 열린 사유가 필요하다는 것이다. 그래서 그들은 수 목구조라는 개념에 함의된 근대의 과학, 제도, 권력, 정주定住, 자본, 제국, 합리, 이성 등을 해체하는 한편 새로운 사유의 틀이 필요하다고 보고 리좀에 다원적 무질서와 예측 불가능한 우발성을 삽입했다. 이런 사유로부터 탄생한 리좀은

'망상조직과 같은 다양체'이며 여러 특징을 가진 복합체다. 한편 이들의 리좀은 노자老子나 장자莊子 등, 도가道家들의 사유와 유사한 면이 있지만 발생구조적 토대가 다르고 사상적 계보도 다르다.

리좀은 시작도 없고 끝도 없으며 사이와 중간이고 종단하면서 횡단하는 동시에 융합하면서 통섭한다. '사유의 말馬'이 창조의 역동성과 가변성을 가능케 하는 내재의 평면Plane of Immanence을 무한 질주하는 것이다. 당연히 리좀은 고정된 체계나 구조가 없고 중심이 없을 뿐만 아니라 질서도 없고 인과관계도 아니며 다층적이고 다원적이다. 또한, 리좀은 선형, 원형, 방사형, 등의 유클리드 기하학적 위계가 아니고 동형반복의 프랙탈Fractal 기하학도 아니며 연기나 안개와 같은 형상이다. 그런 점에서 리좀과 연계되는 또 다른 어휘들은 기관 없는 신체Body without Organ와 강렬도, 그리고 인터넷 노마드Internet Nomad 등이다. 리좀은 서양철학 특히 후기구조주의의 탈영토, 탈근대, 탈중심, 기관 없는 신체와 같은 담론과 함께 이해되어야 하고 들뢰즈의 철학에서 해석되어야 한다.

리좀에 내포된 '그래서' 또는 '그리고'라는 접속사가 함의하듯이 연결되는 망이 있기는 하지만 그 자체의 고정된 완결성을 부정한다. 특히 리좀은 단절이 있어도 곧 복구되는 유연성도 가지고 있다. 그래서 들뢰즈와 가타리는『천 개의 고원』에서 데칼코마니decalcomania처럼 서로 섞이고 통섭하는 이질성heterogeneity의 상호연결, 다원성multiplicity 등을 강조한다. 특히 연기나 안개처럼 인간의 사유나 조직도 자유롭다. 고정된 사유, 고정된 구조, 정형화된 방법이 아닌 불확정, 불확실, 애매모호, 자유, 열려있음, 변형 가능성 등이 바로 리좀의 특징이다. 리좀의 망상성, 다질성多質性, 불확정성, 혼돈이야말로 '무엇이 어떻다'는 것과 같은 규정을 거부하는 리좀적 사유다. 이런 사유에서 파생된 리좀은 수직적이고 정주적인 사유와 고정된 영토를 추구하지 않는다. 반대로 수평적이고 유목적인 사유와 탈영토/재영토를 통하여 새로운 관계나 존재를 지향한다.

들뢰즈와 가타리 사유의 종착점은 정신분열증을 강요하는 자본주의 근대를 탈주하고 전복하는 것이다. 고정된 영토를 끊임없이 해체하여 탈영토화하고 또다시 재영토화하면서 탈주의 비상선Line of Flight을 통과한 다음 개방적이고 유연하게 횡행한다. 이들이 『안티 오이디푸스』에서 보여준 것과 같이 자본주의 생산의 욕망은 가족구조에서 순치된 이후 사회화된다. 따라서 자본주의적 생산과 소비는 피라미드처럼 고정된 수목구조이므로 이것을 해체하고 유연하게 만들어 진정한 인간성을 회복할 필요가 있다. 이렇게 볼 때 리좀은 온갖 구조적이고 위계적이고 체계적인 것 즉, 폭력적인 것으로부터 탈주하고 날아가는 비상선을 의미하기도 한다. 유목적 사유라고 할 수도 있는 리좀은 철학, 사회학뿐만 아니라 예술에도 지대한 영향을 미쳤는데 예술의 상상력, 표현, 자유 감성 등도 리좀적 사유와 본질에서 같다.

참고문헌 Gilles Deleuze and Félix Guattari, *A Thousand Plateaus*, translated by Brian Massumi, London and New York : Continuum, 2004.

참조 감성, 기관 없는 신체, 노마디즘, 내재의 평면, 안티 오이디푸스, 열린 사회, 예술, 오이디푸스 왕, 욕망기계, 자본주의, 초원의 사상, 탈영토, 탈주의 비상선, 표현, 후기구조주의

공공예술
Public Art | 公共艺术

중국 시안西安市에는 놀라운 분수가 있다. 거대한 규모일 뿐 아니라 기하학적인 분수 공연은 무척 아름답다. 그리고 물과 인간의 관계를 잘 담아낸 예술작품이다. 저녁마다 중국 고전음악이나 서양음악은 물론이고 대중음악에 이르기까지 각종 음악에 맞추어 현란한 물의 향연이 펼쳐진다. 분수에 비치는 불빛 또한 환상적일 정도로 아름답다. 이 분수 공연이 펼쳐지는 곳은 공연장이 아니고 열린 광장이다. 한 번의 공연에 들어가는 전기와 물 등의 에너지가 상당한데도 시안시 정부는 관람자들에게 돈을 받지 않는다. 왜 그럴까? 세계적인 고도古都인 시안의 관광을 위해서일 것이고 시안 시민들의 예술적 행복을 위해서일 것이다. 이것은 '문화와 예술은 상품으로 거래되거나 교환가치로 측정되지 않아야 한다'라는 문화철학을 바탕으로 하고 있다. 이것을 공공예술이라고 한다. 공공성은 소통과 대화의 원리에 근거한다.

공공예술公共藝術은 예술의 공공성을 강조하는 예술인 동시에 공공성을 지향하는 예술운동이다. 공공예술을 마르크스주의나 좌파예술로 간주하는 경향이 있는데, 그것은 공공예술이 문화민주주의나 예술적 평등에 의미를 두기 때문에 생기는 오인이다. 원래 공공예술은 '자본주의 때문에 예술이 사유화privatization된다'라고 보고 예술의 물화物化 현상을 비판하면서 생긴 개념이다. 자본주의 시대에는 사적私的 소유를 중시하고 존중하기 때문에 공공의 소유를 꺼리는 경향이 있다. 그러니까 특수한 사람들의 특수한 공간인 미술관이나 개인 저택이 예술작품을 독점하는 것에 반대하면서 많은 사람이 감상할 수 있어야 한다는 것이다. 물론 공공장소의 조형물, 건축, 벽화, 가로등, 동상, 분수, 광장의 공연 등 공공성과 공익성을 목적으로 하는 공공예술은 과거에도 존재했다. 공공예술은 시각예술, 특히 미술을 중심으로 진행되었는데 그 이유는 미술이 공간성과 가시성이라는 특질을 가졌기 때문이다.

현대 공공예술은 영국의 존 윌렛J. Willett, 1917~2002이 『도시 속의 미술Art in a City』1967이라는 책에서 리버풀의 시각예술에 대하여 논의한 것이 시초다. 그는 도시의 조각, 분수, 벽화, 건축은 공공성이 있어야 한다고 보고 특히 시각예술은 대중들과 함께해야 하며 도시의 공익적 발전에 이바지해야 한다고 생각했다. 이것은 예술작품의 생산은 사적 영역private sphere일 수 있으나 예술작품의 향유는 공적 영역public sphere이어야 한다는 공공예술의 본질에 근거한다. 또한, 공공예술에서의 예술작품과 예술 행위는 사적 소유가 아닌 공적 공유共有를 원리로 해야 한다. 미술에서 시작한 이 관점은 문학, 음악, 무용, 연극, 영화, 사진 등으로 확대되면서 사회적, 역사적, 정치적, 문화적 소통이 가능한 공적 공간의 예술 전반을 의미하는 개념으로 진화했다.

공공예술은 예술의 공공성을 넘어서서 공공적인 목적을 가진 예술 활동이면서 그 결과인 예술작품이나 공연을 의미한다. 자본주의 예술생태환경에서 예술 대다수는 물화Fetishism로 인하여 사적 소유의 대상이 되거나 개인 예술private art로 왜곡되는 경향이 강하다. 이런 예술의 왜곡 현상을 없애고, 예술가와 향유자의 상호소통을 가능케 하며, '예술의 시장市場 실패'를 바로잡고, 예술을 통하여 사회에 공익을 제공하기 위하여 설계된 것이 바로 공공예술이다. 공공성, 일상성, 다원성, 다양성, 공익성을 가진 공공예술은 커뮤니티 아트community art의 성격도 있어서 국가나 사회가 공공예술을 의무화하는 때도 있다. 가령 건축비용의 1%를 예술작품에 할당하도록 하는 것이 공공예술 정책의 사례다. 예술가 또한 시장의 상품을 생산하는 객체가 아니라 사회에 긍정적으로 이바지하는 주체라는 점에서도 공공예술은 중요하다.

세계 많은 나라에서는 예술의 공공성을 강화하여 예술 불평등을 해소하고 문화예술의 민주주의를 이루기 위하여 공공예술 또는 예술의 공공성을 강조하고 있다. 그리고 정부가 설치하는 공공건물이나 게시판도 예술성과 공공성을 가지도록 노력한다. 하지만 공공예술은 전체주의 사회에서 선전·선동의 수단으로 악용되는 등의 문제가 있다. 또한, 공공성의 이름으로 예술가의 창의성을 박탈하거나 자율성을 제한하는 예도 없지 않다. 따라서 공공예술은 예술가의 창의성이 인정되고 자율성과 보편성이 확보되어야 빛을 발한다. 또 다른 공공예술의 문제점은 안전관리와 유지보수와 운영이 간단치 않다는 점, 예술가의 독창성과 대중들의 취향이 상충하기도 한다는 점, 낙서graffiti처럼 부정적인 예술이 난무하는 점, 전문가의 예술적 취향이 개입한다는 점, 공공예술의 기금을 관리하거나 공공예술을 운영하는 주체가 불분명한 점 등이다.

참고문헌 John Willett, *Art in a City*, Liverpool : Liverpool University Press, 2007.

참조 다원예술, 문학, 문화다양성, 문화생태계, 문화예술의 시장실패, 예술, 예술가

기운생동

Lively Spirit | 气韵生动

그림이 걸리는 순간 K는 숨이 멎는 것 같은 느낌을 받았다. 곧이어 마음에 잔잔한 여울이 흐르고 정신은 가을처럼 맑아졌다. 자신도 화가로 많은 그림을 그렸지만 이처럼 깊은 감동을 주는 작품을 남기지는 못했다. 처음에 누구의 그림인지 몰랐는데, '제백석/치바이쓰齊白石, 1860~1957'의 그림이라는 것을 아는 순간 탄식이 절로 나왔다. 경매장의 분위기가 고조되면서 비싼 가격에 낙찰된 새우 그림은 누가 보아도 걸작이었다. 여기서 관객 K가 느낀 잔잔한 여울과 맑은 정신은 무엇일까? 마음에 생기가 일고 역동적인 이것을 기운생동이라고 한다. 생명의 근원인 기氣가 규칙성을 이루게 되면 운韻을 형성하는데 그때 규칙적이고 생동감 있는 생명력이 발휘된다. 기운생동의 운은 기운氣運과 같이 움직인다는 뜻으로 조화와 질서가 있는 생명의 힘이다. 그러니까 조화와 질서가 있는 기가 '기운'이고 그 역동성이 '생동生動'이다.

한자문화권에서는 원리라는 의미의 이理와 함께 기운이라는 의미의 기氣를 바탕으로 한 미학이 발달했다. 성리학의 대가인 주자 주희朱熹는 '이는 형이상의 도道로서, 물건을 낳는 근본이요 기는 형이하의 기器로서 물건을 낳는 재료이다 理也者形而上之道也生物之本 氣也者形而下之器也生物之具也'라고 했다. 주희가 말하는 이는 추상적이고 관념적인 차원에서의 존재 원리이고 기는 숨결이나 습기를 포함한 약동하는 기운을 의미하는 것이었다. 이를 우선하느냐 기를 우선하느냐는 동양 사상의 오랜 주제였다. 기는 천지자연 본연의 힘이며 기는 도리道理를 정연하게 드러낸다는 동양의 도학관道學觀과 연결되어 있다. 이처럼 기가 있으면 운韻이 동하고 이치가 반영된다는 기운생동은, 생명이 있는 생물은 스스로 움직임이 있다는 이기 철학을 바탕으로 한다. 또한, 기운생동은 작품의 형식이나 내용을 바라보는 창작의 방법이지만 호연지기浩然之氣에서 보듯이 자연스럽게 발흥하는 기운氣運이다.

중국, 한국, 일본의 글씨와 그림은 모두 붓의 용법을 기본으로 했는데, 특히 정연한 기운과 힘찬 생동감을 중요한 것으로 여겼다. 이때의 기운氣韻은 한시의 음운音韻이나 정운情韻과 같이 깊고도 높은 울림이다. 기의 울림을 말하는 기운생동은 중국의 사혁謝赫, 490~530이 말한 용필법, 즉 붓을 다루는 법칙 중의 하나인 데 육법六法 중의 첫 번째 기법이다. 기운생동氣韻生動과 아울러서 붓에 힘이 들어 있어야 한다는 골법용필骨法用筆, 대상을 정확하게 묘사해야 한다는 응물상형應物象形, 정확하게 채색해야 한다는 수류부채隨類賦彩, 화면을 잘 구성해야 한다는 경영위치經營位置, 좋은 그림을 모사해야 한다는 전이모사傳移模寫를 육법이라 하는데 이 중 기운생동은 육법의 으뜸으로 작품이 살아 움직이는 힘이자 정신이며 사람들에게 감응력을 주는 원천이다.

한편 명明의 항목項穆은 『서법아언書法雅言』에서[1] '정신이 변화한다는 것은 곧 천기가 스스로 발하여 기운이 생동한다는 것神化者 卽天機自發 氣韻生動之謂也'이라고 말했다. 이것은 천지자연의 도리가 곧 기운생동의 근원이라고 본 해석이다. 우울하고 답답하며 정적인 것과 반대인 이 감정은 인간생존에도 필요하다. 우주 안에 존재하는 생명은 기운으로 태어나 존재하고 기운을 이용하여 어떤 일을 한다. 예술을 포함한 모든 것은 긍정적인 기운의 힘과 강렬한 생동의 결과이다. 예술에서 기운생동은 만물이 생생하게 표현되었다는 뜻과 함께 그것을 감상할 때 느끼는 역동성이라는 의미로 쓰인다. 애수나 비애, 고독이나 절망도 예술의 중요한 제재이겠지만 사람들은 아름답고, 기쁘고, 즐거우며, 힘이 있고, 강렬한 작품을

---

1   項穆, 『书法雅言』; 书统, 古今, 辨体, 形质, 品格, 资学, 规矩, 常变, 正奇, 中和, 老少, 神化, 心相, 取舍, 功序, 器用, 知识.

좋아하는 경우가 많으므로 기운생동을 중요하게 생각하는 것이다. 그런 점에서 기운생동은 예술작품의 기품氣稟과 품격 그리고 정취情趣가 생기生氣있게 약동하는 것인 동시에 감상자에게 그런 감응을 받도록 하는 힘이라고 할 수 있다.

기운의 운韻은 소리의 울림이나 마음의 운치를 말하는 것이므로 기운이 생동한다는 것은 마음에 여운이 생기발랄하게 울린다는 뜻으로 보아야 한다. 기운생동은 서구 낭만주의의 창작방법인 자유로운 감성의 분출이나 질풍노도Sturm und Drang와 유사한 면이 있다. 기운생동과 낭만주의는 힘, 생기, 생명력 등에서 공통점이 있지만, 기운생동은 이기 철학을 바탕으로 하고 조화와 균형을 추구한다는 점에서 낭만주의와 다르다. 또한, 기운생동은 서예나 회화만이 아니라 음악이나 문학 등 모든 장르에도 해당하는 미학이다. 가령 음악에서 음과 율律이 어울려 소리가 나는 것도 기운생동이며 연극의 배우가 생동감 있는 연기를 함으로써 관객들에게 생명력을 느끼게 하는 것 역시 기운생동이다. 또한, 시의 리듬이 감정을 고양하는 것 역시 기운생동이며 영화의 한 장면이 힘차고 역동적이라면 이 역시 기운생동이라고 할 수 있다.

참고문헌 项穆, 『书法雅言』.

참조 감동, 감성, 낭만주의, 리듬/운율, 문이재도, 미학·예술철학, 사단칠정, 이기론(주희), 인물성동이론, 질풍노도, 한자문화권, 형이상학, 호연지기

페미니즘

Feminism | 女性主义

철학 교수 자격을 획득하던 1929년, 시몬느 보부아르는 실존주의 철학자이자 소설가인 사르트르와 계약 결혼을 시작했다. 평생 지속한 이 관계는 결혼의 방법과 여성 주체에 관한 새로운 이정표였다. 왜냐하면, 결혼을 계약으로 생각하고 실행한 것은 새로운 방식이었기 때문이다. 시몬느 보부아르 Simone de Beauvoir 가 이런 계약 결혼을 할 수 있었던 것은 행복을 추구하는 그녀의 실존주의 철학에서 유래한다. 보부아르는 여성의 여성성은 타고난 것이 아니라 사회적으로 주어졌다면서 제2의 성을 주창했다. 오랜 시간 동안 지배자의 지위에 있던 남성이 제1의 성이고, 여성은 남성에 의해서 조작되고 훈련되며 관습화된 제2의 성이라는 것이다. 따라서 여성의 임무는 이런 질곡의 구조를 분명하게 인식하고 여성의 주체를 회복하는 것이다. 보부아르의 이런 생각과 태도는 여성해방운동과 페미니즘에 지대한 영향을 미쳤다.

인류의 역사는 유목과 정주가 교차하는 과정이었다. 현생인류가 출현하여 생존한 20만 년 중, 인류는 대략 19만 년에 걸친 유목 생활을 했다. 이 과정에서 남성이 생산과 분배의 권력을 장악하면서 가부장제가 완성되었고, 가부장제는 정치, 경제, 산업, 행정 등 모든 면에서 사회를 구성하는 틀이 되었다. 가모장제 家母長制도 있기는 하지만 대다수는 가부장제였고 근대에 들어서도 공장 중심의 생산양식 때문에 남성 중심구조는 그대로 이어졌다. 한편 기독교, 이슬람, 유교, 힌두교, 유대교 등 종교에서도 남성우선주의 또는 남성중심주의를 인정하는 태도를 보였다. 자유와 평등의 가치가 중요해지고 인권의식이 높아짐에 따라서,

인류의 절반인 여성들의 자유와 평등 그리고 인권이 신장하여야 한다는 자각이 든 것은 19세기 말이다. 특히 민주화된 사회에서 약자인 여성의 권익을 중진하려는 페미니즘운동이 광범위하게 전개되었다.

1890년경 전후부터 본격적으로 사용된 페미니즘은 여성과 남성이 동등한 존재임을 주장하는 이론이자 그 이론을 실천하는 여성해방운동이면서 여성의 관점에서 세계를 이해하는 세계관이다. 그리고 가부장제, 남성중심주의, 남성우월주의, 권위주의 등을 해체하려는 운동이기도 하다. 페미니즘은 여성존중주의, 여성해방운동, 여성의 주체적 자각, 여권신장, 여성의 정체성 확립 등의 의미를 포함한다. 일찍이 영국의 울스턴크래프트[M. Wollstonecraft, 1759~1797]는 『여성권리의 옹호』[1792]에서 최초로 여성의 권리를 개념화하면서 중산층 여성의 정치적, 경제적 자립을 주장하였다. 페미니즘운동이 활발하게 일어났던 미국에서는 베티 프리던[Betty Friedan]이 『여성다움의 신화』[1963]에서 경제적으로 안정된 여성들의 불만을 분석하여 페미니즘의 이론을 심화시켰다. 여성들의 불만이 성별 역할의 차이에서 온다는 사실을 밝힌 이 책을 계기로 제2기 페미니즘운동이 일어났다.

이후 페미니즘은 각국의 상황과 조건에 따라서 각기 다르게 진행되었는데 이것을 일반적으로 부르주아 페미니즘이라고 부른다. 부르주아 페미니즘은 가부장제와 남성중심주의의 해체 없이 사회적 평등과 여성해방이 가능하다는 관점이다. 부르주아 페미니즘의 대립 항은 마르크스주의 페미니즘이다. 마르크스주의 페미니즘은 여성을 피지배계급으로 보고, 세계의 모든 여성은 부당한 남성지배로부터 해방되어야 한다는 계급투쟁론을 바탕으로 하며 인종 문제를 중요한 각도에서 바라본다. 가령, 서구 유럽에 사는 백인 여성들이 성차별을 받고 있다고 하더라도 그들은 아프리카 남성들보다 권리가 많은 것처럼 민족과 국가의 특성 그리고 인종 문제를 고려하지 않으면 페미니즘을 올바로 이해할 수 없다는 것이다. 그 외에 인간 존재를 토대로 한 실존주의 페미니즘, 생태환경을 토대로 한 에코 페미니즘, 모든 가치와 제도를 부정하는 급진주의 페미니즘 등으로 분화했다.

20세기 후반에 적극적으로 사회를 변혁하려는 전투적 페미니스트feminist가 출현했다. 특히 유색인有色人 여성해방운동 이론인 우머니스트womanist 페미니즘이나 제국주의 페미니즘은 기존의 페미니즘이 서구의 중상류 여성들에 의해서 주도되었다는 점을 강력하게 비판했다. 그리고 이중의 식민성남성과 제국주의의 지배에 고통을 받는 비서구 국가들의 여성해방이 중요하다고 선언했다. 그 이후 페미니즘은 세계적인 차원에서 전개되었다. 페미니즘은 (약자의 관점에서) 남성에 대한 여성의 해방을 내세웠으나 중성, 양성, 무성과 같은 또 다른 성에 대해서는 간과하는 오류가 있다는 비판을 받는다. 그래서 페미니즘에서는 여성을 생물학적 섹슈얼리티sexuality와 함께 사회적 젠더gender의 관점에서 바라본다. 한편 페미니즘과 어원이 같은 여성적feminine, 여성성feminity 등은 여성적 특징을 강조한 것이기 때문에 페미니즘과는 다른 개념이다.

참고문헌 Mary Wollstonecraft, *The Vindications : The Rights of Men and The Rights of Woman*, edited by D.L. Macdonald and Kathleen Scherf, Toronto : Broadview Literary Texts, 1997.

참조 계급투쟁, 마르크스, 실존주의, 자본주의, 제국주의, 젠더, 탈식민주의, 페미니즘, 포스트모더니즘

문화권력

Culture Power | 文化权力

문화권력은 무엇일까? 그리고 문화권력이 행사되는 방식은 어떨까? '문화에는 권력이 없다'라고 생각하는 사람이 많지만, 사실은 문화와 예술에도 권력이 있고 또 다양한 방법으로 그 권력이 행사된다. 문화권력을 정의하기 위한 전제인 문화와 권력을 먼저 살펴보기로 하자. 유네스코의 정의에 의하면 '문화는 사회와 집단의 정신적, 물질적, 사상적 그리고 감정적 특질의 제도이며 문화는 예술과 문학을 비롯하여 생존방식, 집단적 생활의 방법, 가치체계, 전통 그리고 신앙을 포함한다'.[1] 간단히 말하면 인류가 축적한 긍정적인 모든 유무형의 산물이 바로 문화다. 한편 권력權力은 정치나 행정을 포함한 모든 영역에서 다른 사람을 복종시키고 지배하는 힘 또는 자기 뜻대로 움직일 수 있는 공인된 힘이다. 따라서 문화권력은 문화와 관련하여 강제하는 힘과 능력인 동시에 문화 이외의 영역에서 문화를 통하여 행사되는 권력이다.

'대부분 문화권력은 문화 영역 또는 문화제도 내에서 행사된다'라는 문화적 특징이 있다. 그리고 문화권력에는 문학권력, 예술권력, 미술권력, 연극권력, 음악권력, 건축권력, 종교권력, 문화정책권력, 문화행정권력, 문화산업권력, 문화이론권력, 문화생태권력, 문화재권력, 문화경영권력, 문화자본 등 다양한 권력이 있다. 그 문화권력을 행사하는 주체는 문화권력자文化權力者와 문화권력 집단

---

1   The set of distinctive spiritual, material, intellectual and emotional features of society or a social group, and that it encompasses, in addition to art and literature, lifestyles, ways of living together, value systems, traditions and beliefs.

이다. 문화권력자들은 문화를 지배하고 문화 약자를 억압한다. 그래서 문화를 통한 지배와 피지배의 관계가 성립되는 경우가 많고 문화예술 안에서 타자를 식민화하는 경우도 생긴다. 문화권력이 행사되는 방식은 정치나 군대와 유사하다. 그런 이유로 문화권력과 문화권력자는 비판적 의미로 사용되며 '문화에서 권력이 행사되면 안 된다'라는 정언명제를 함의하고 있다. 그렇다면 문화권력의 이론적 근거는 무엇인가?

니체^{F. Nietzsche, 1844~1900}에 의하면 모든 존재는 권력을 가지고 싶어 한다. 이것을 니체는 권력의지^{will to power}라고 표현했다. 그리고 그는 '인간은 권력/힘을 가지기 위해서 존재한다'라고 단언했다. 존재의 의지가 강한 힘으로 표출되고 그것이 사회에서 권력의지로 행사된다는 것이다. 이 관점에서 권력은 존재의 문제 즉 인간이 존재하는 이유가 된다. 한편 안토니오 그람시^{A. Gramsci, 1891~1937}는 문화적 헤게모니^{cultural hegemony}라는 개념을 창안했다. 그람시가 말하는 문화적 헤게모니는 대중과 노동계급이 구조적 모순을 보지 못하고 지배계급의 문화에 자발적으로 동의하는 것이다. 이 개념은 자본주의 사회의 '대중들은 상류계급의 지배를 받으면서도 그 지배 방식에 동의하는 아이러니에 놓여 있다'라는 뜻이다. 헤게모니를 통한 문화권력 행사는 강제나 억압이 없는 것처럼 보인다. 하지만 문화적 헤게모니는 가장 은밀하면서도 특수하게 행사되는 문화권력이다.

푸코^{M. Foucault, 1926~1984}는 지식의 차원에서 권력을 정의하면서 '지식이 권력이다^{Knowledge is power}'라고 선언했다. 푸코에 의하면 근대 이전에는 왕권, 교회, 직위, 군대와 같은 조직 등이 권력의 근원이었지만 근대 이후에는 지식이 권력의 근원이 되었다. 그리고 푸코는 대중을 권력과 정치에 예속시키는 정치적 전략^{political strategy}을 통치성^{Governmentality}이라고 명명했다. 그람시와 푸코의 권력 이론은 '자본주의와 산업사회가 새로운 권력 관계를 만들었다'라고 보는 관점이다. 특히 근대사회에서는 합리와 이성이 토대가 된 과학적 지식이 강력한 힘을 발휘한다. 그런데 이런 권력을 행사하기 위해서 즉, 상대방을 복속시키기 위해서는 폭력이나 설득을 비롯하여 여러 방법이 동원된다. 그래서 등장한 권력이 바로 지식과 문화다. 물론 전통적인 권력도 그대로 존재하지만 새로운 권력인 지식과 문화는 매우 정교하고 은밀하게 행사되므로 그 권력을 비판적으로 인식하기가 쉽지 않다.

문화 그 자체의 의미를 강조하는 문화주의文化主義에서는 '문화와 권력은 관계가 없다'라고 본다. 반면 문화도 정치나 교육과 마찬가지로 인간이 고안한 제도라고 보는 문화사회학Cultural Sociology에서는 '문화와 권력은 관계가 있다'라고 본다. 예를 들어, 1960년대 중국은 문화대혁명을 통하여 중국식 사회주의를 강화할 수 있었고, 일본 제국주의자들은 조선에 대한 식민지배의 명분으로 문화통치를 표방했는데 이것이 바로 문화를 통한 권력 행사다. 이처럼 문화가 정치나 이데올로기와 결합하면 문화 자체의 문화적 특질은 약화하고 정치와 이념에 의하여 왜곡된다. 문화가 권력의 수단으로 전락하는 것이다. 이때 문화의 본질은 왜곡되고 사람들은 문화권력에 지배당한다. 문화에도 권력이 존재하는 것은 비문화적이지만, 어떤 이유에서든지 문화권력이 있을 수 있고 그런 권력이 긍정적으로 작동된다면 반드시 나쁜 것이라고 할 수 없다.

참조 권력의지/힘에의 의지, 마키아벨리즘, 문명, 문화, 문화대혁명, 문화사회, 문화적 헤게모니, 에피스테메, 예술, 원형감옥, 제국주의

포르노

Pornography | 色情描写

스페인의 고야^{F. Goya, 1746~1828}는 〈마야부인〉¹⁸⁰²이라는 그림을 그렸는데, 벗은 마야와 벗지 않은 마야의 두 작품을 그려서 논란이 되었다. 벗은 마야는 당시의 도덕률을 넘어서는 금기 즉 포르노 또는 외설猥褻로 간주되었기 때문에 고야는 외설적인 그림을 그렸다는 비난을 피하고 위기를 모면하기 위하여 또 하나의 벗지 않은 마야를 그렸다. 이로 인하여 두 개의 〈마야부인〉은 미술사에서 중요한 작품으로 간주되고 있다. 이처럼 화가가 포르노라는 생각이 없이 그림을 그렸다고 하더라도 보는 사람이 포르노라고 인식하거나 성적 충동만을 느꼈다면 결과적으로 포르노가 된다. 따라서 포르노는 인식과 법률의 문제인 경우가 많다. 이런 이유로 예술과 포르노는 동전의 양면이거나 둘 사이에 경계가 없는 경우가 생긴다. 그런데 비너스에서 보듯이 누드화는 성적 표현이라기보다 신적인 경건함에서 시작되었다.

태초의 아담과 이브가 서로를 보았던 '벗은 몸'은 인간 존재에 대한 성찰을 가능케 하고 이들의 '벗은 몸'을 통하여 인간과 신의 세계가 재현될 수 있었다. 시간이 흐르면서 육체적 욕망이 성스러움을 대치하게 되었고, 포르노라는 개념이 생겼다. 포르노 또는 포르노그래피는 성性을 주제로 한 것으로서 예술성이나 철학이 없는 여러 형태의 성적 표현을 의미한다. 포르노는 창녀娼女에 관한 글이라는 의미의 그리스어 포르노그래포스^{pornographos}에서 유래했다. 그러나 성적인 표현이라도 전후 상황으로 볼 때 필요한 표현이거나 예술적 가치가 있다면 포르노라고 하지 않는다. 일반적으로 포르노는 선정성을 목적으로 하는 성적 표현이며, 표현된 결과가 난삽하게 보이는 성적 표현을 의미한다. 표현의 결과만을 놓고 포르노인가 예술작품인가를 판단하기 때문에 예술가의 의도와 관계없이 판정되는 경우가 많다.

가령, 화가가 나체화를 그렸다고 할 때 그 예술가가 나체裸體를 그려야 하는 목표가 분명하고, 또 나체화를 통하여 몸의 아름다움을 나타내고자 했으며, 감상하는 관객들 또한 그런 느낌을 받았다면 그것은 포르노가 아니다. 그렇다면 사람들은 왜 성적 표현을 하려 하는가? 이것은 성性이 인간의 가장 중요한 주제이며 종족種族 번식의 수단일 뿐 아니라 감성을 자극하거나 강렬한 충동을 주기 때문이다. 프로이트 심리학 이후 인간이 상상하고 느끼는 것이나 본능 중에서 가장 강렬한 것이 성충동libidinal desire임이 밝혀졌다. 대다수의 사람은 성을 가장 중요한 삶의 요소로 간주하고 그 충동성은 다른 무엇보다도 강렬하다. 이처럼 성性은 인류 공통의 주제이고 본능이기 때문에 언제 어디서나 표현의 주제와 대상이 되는 것이다. 보수적인 견해에서 포르노를 반대하는 주장도 매우 강경하다.

보수적인 사람들은 포르노가 도덕을 위반하면서 혐오감을 줄 뿐 아니라 성적 욕망을 자극하여 성폭행이나 성의 상품화를 조장한다고 주장한다. 그런데 포르노 그 자체는 예술이 될 수 없다. 왜냐하면, 포르노는 말초신경末梢神經을 자극하고 흥분과 격정을 자아내지만, 포르노를 감상한다고 해서 감동하거나 마음에 울림이 남거나 미적 가치를 가지고 있거나 하지는 않기 때문이다. 포르노는 짧은 시간 동안에 감성적 자극을 주기는 하지만 미적 긴장이나 고상한 상상력을 유발하지 못하므로 예술작품이 되기 어렵다. 하지만 많은 예술가는 포르노와 예술작품의 경계를 넘나드는 경우가 많고, 은밀한 성적 표현을 통하여 특수한 상상력을 표현하거나 미적 긴장을 유도하기도 한다. 이런 이유로 예술가들은 인간의 성을 다룰 때, 표현의 자유와 자유로운 상상력을 위하여 성적 표현을 하는 것이다. 이런 성적 표현은 도덕과 윤리의 문제가 되는 한편 법적으로 논란을 불러일으키는 경우가 많다.

하지만 일률적인 포르노의 기준은 없으며 포르노의 개념은 시대와 장소 그리고 목적에 따라서 다르다. 한편 포르노는 기존 사회에 대한 저항의 형식으로 시도되는 때가 있고, 전통과 질서를 조롱하고 풍자하는 예술표현의 기능이 있다. 또한, 포르노는 사회적인 금기를 깨고, 표현의 자유를 쟁취하고자 하거나 낯설게하기 기법과 같은 예술적 의도로 제작되는 경우가 많다. 포르노가 예술은 아닐지라도 가치가 없지는 않다. 자극적이기는 하지만 폭력적이지 않다면, 감상하는 사람에 따라서 좋은 기능을 할 수도 있기 때문이다. 포르노는 권태와 무기력을 극복하고, 성적 욕망을 활성화하며, 인간의 본성에 대한 사유思惟도 가능케 한다. 그뿐 아니라 성은 예술의 영원한 주제이고 중요한 소재이므로 표현하는 방법에 따라서 특별한 긴장을 주기도 한다. 하지만 난잡하고 저질적인 포르노는 단순히 충동과 자극을 유도함으로써 인간의 존엄성과 고상함을 훼손한다.

참조 감동, 감성, 낯설게하기, 리비도, 미학·예술철학, 섹슈얼리티, 예술, 예술가, 원본능·자아·초자아, 윤리·윤리학, 재현, 주제·제재·소재, 표현, 표현의 자유

내러티브
Narrative Method | 敍述

도스토옙스키의 『죄와 벌』 첫 문장을 약간 바꾸어 이렇게 서술할 수 있다. '7월 초순 어느 오후, 한 청년이 S 거리에서 나와 K 다리 쪽으로 걸어가고 있었지요. 청년은 집에서 나올 때 주인 여자와 마주치지 않은 것을 다행으로 여기며 천천히 걸어갔습니다.' 이것은 작중 인물인 청년의 동작을 작품 바깥에서 말로 서술하는 것이다. 이처럼 무대에서 누군가가 말로 설명한다면telling, 그것을 내러티브라고 할 수 있다. 원래 말하기는 고대 그리스의 디에게시스diegesis에서 유래한 개념으로 보여주기showing인 미메시스mimesis와 대비되는 개념이다. 디에게시스는 사건, 생각, 장면, 인물 등을 말하기telling 방식으로 표현하는 서술narrating 또는 진술narration이다. 그런데 사건의 연속인 이야기story와 그 이야기를 전개하는 방법이자 과정인 내러티브는 다르다. 이야기story가 '무엇을what 말하는가'에 해당한다면 내러티브narrative는 '이야기를 어떻게How 표현할 것인가'에 해당한다.

사전적인 의미에서 내러티브는 사건, 인물, 배경을 플롯과 줄거리 등의 서사 구조로 표현한 말과 글이다. 내러티브는 스토리/이야기나 담론談論과 유사한 개념이다. 내러티브는 '다시 계산하다'라는 뜻의 라틴어 narrare에서 유래했다. 다시 계산한다는 것은 화자/서술자가 자기의 지식이나 인식을 보태서 '다시 계산하여 말한다'라는 뜻이다. 이렇게 볼 때 내러티브는 단순한 발화가 아니라 발화의 주체가 자기만의 서술방식으로 무엇을 서술하는 것이고, 그 서술은 의미의 인과적 사슬chain of meaning이다. 그런데 내러티브는 '방법을 알고 서술한다'라는 뜻을 포함한다. 하지만 허구이든 허구가 아니든 인과적 단락으로 구성된 이야기인 문학, 그림, 노래, 드라마, 연극, 오페라, 게임, 뮤지컬, 무용은 물론이고 신문의 기사, 다큐멘터리, 편지, 수필 등 모든 글에는 내러티브적 요소가 있다. 따라서 내러티브는 일반적인 내러티브와 문학예술의 내러티브로 구분할 수 있다.

문학에서 내러티브는 이야기가 전개되는 방법과 과정이다. 한편 서사학 Narratology에서 텍스트는 '실제 작가―텍스트 안의 화자narrator―텍스트 안의 스토리story―텍스트 안의 청자narratee―실제 독자'로 구성되는데 실제 작가와 실제 독자를 제외한 텍스트 안의 구조와 표현을 내러티브라고 한다. 이처럼 내러티브는 서사적인 것들을 연결하고 구조화한 것이며 이야기에 내재한 서사의 구조다. 그 서사의 구조는 인과적으로 연결되면서 하나의 흐름을 형성한다. 따라서 내러티브가 서술의 과정이나 방법에 가깝다면 스토리는 서술의 결과나 내용에 가깝다. 그래서 문자로 표현되지 않았어도 상상이나 생각을 바탕으로 구성된 것도 내러티브다. 그러므로 언어적 내러티브와 비언어적 내러티브로 나뉜다. 하지만 비언어적 내러티브도 이야기 구조를 가진다는 점에서 언어적 내러티브로 볼 수도 있다.

내러티브의 주체는 화자/서술자narrator이고 서술하는 과정은 내래이팅narrating 이며 내러티브의 결과는 내래이션敍述, narration 즉, 이야기다. 그런데 이런 과정과 결과에는 구조와 형식 그리고 서술의 원리가 있어야 한다. 그 내러티브의 원리가 바로 담론discourse 또는 담화談話이다. 담론은 언표statement와 규칙 또는 이야기의 문법을 의미하지만 내러티브와 같은 의미로 쓰이기도 한다. 아울러 내러티브는 화자/서술자가 어떤 시각, 거리, 감정, 의식에서 어떤 사건이나 인물을 서술하는 방법이다. 그런 점에서 언설言說 또는 언술로 쓰기도 한다. 내러티브는 서술자의 시점과 거리 등 '어떤 층위에서 어떤 목소리로 서술하는가'에 따라서 달라진다. 내러티브의 목소리에 대하여 제라르 주네트G. Genette는 이야기 바깥의 삼인칭 화자가 서술하는 이종말하기heterodiegesis와 이야기 안의 인물이자 일인칭 화자가 서술하는 동종말하기homodiegesis로 나누었다.[1]

내러티브와 유사한 개념 중, 있는 것을 그대로 낭독하는 것은 읽기reading다. 그중에서 이야기를 자기화하여 재현하는 것을 내래이팅narrating이라고 한다. 한편 문학 텍스트로 쓰면 쓰기writing, dictating가 된다. 그런 점에서 내러티브는 읽기와 쓰기를 결합한 것이고 그 서술 주체와 독자/청자가 직접 만나는 것을 전제로 하는 서술방식이다. 이와 달리 이야기를 하는 스토리텔링storytelling은 '이야기를' '말하는 것' 자체를 강조하는 개념이다. 반면 내래이팅은 자기의 내면이나 심리 또는 어떤 의미를 직접 진술하는 것이다. 그러므로 내러티브를 설명, 논증, 묘사와 다른 수사적이고 예술적인 서술방법에 한정하는 관점도 있다. 한편 내러티브를 사건이나 생각 따위를 차례대로 말하거나 적는 서술敍述과 서술의 적는 행위를 포함하여 이야기를 의미하는 서사敍事의 두 가지로 보는 견해도 있다. 내러티브narrative의 서사는 서술하는 방법에 가깝고 에픽epic의 서사는 서술하는 내용에 가깝다.

참고문헌 Gérard Genette, *Narrative Discourse : An Essay in Method*, translated by Jane Lewin, Ithaca : Cornell University Press, 1980, p.245.

참조 구조주의, 내포작가/내포저자, 디에게시스, 로망스, 모방론, 보여주기와 말하기, 사건[소설], 산문, 서사, 서사시, 소설, 스토리·이야기, 캐릭터·인물, 텍스트, 플롯, 화자/서술자, 희곡

---

1   Gérard Genette, *Narrative Discourse : An Essay in Method*, translated by Jane Lewin, Ithaca : Cornell University Press, 1980, p.245; We will therefore distinguish here two types of narrative : one with the narrator absent from the story he tells……, the other with the narrator present as a character in the story he tells……. I call the first type, for obvious reasons, *heterodiegetic*, and the second type *homodiegetic*.

실존주의

Existentialism | 存在主義

오늘도 시시포스^{Sisyphus}는 밤새워 돌을 굴려 산의 정상에 올린다. 하지만 돌을 정상에 올려놓는 순간 돌은 굴러 내린다. 그는 고통과 허무의 반복일지라도 그 행위를 멈출 수 없다. 시시포스가 그런 형벌을 받게 된 것은 그의 죄 때문이다. 죄가 많은 시시포스는 자기를 저승으로 끌고 가려는 죽음의 신 타나토스를 잡아 가두었으나 결국 저승으로 끌려가 바위를 굴려 올리는 고통스러운 형벌을 받게 된 것이다. 그런데 카뮈는 소설 『시시포스의 신화』에서 시시포스를 특이하게 그렸다. 카뮈는 시시포스가 묵묵히 돌을 굴릴 뿐이지만 구체적인 상황과 현실 속에서 '존재'하는 것에 주목한 것이다. 현실에서 실제로 존재하는 것에 관한 사상인 실존주의는 인간 존재의 의미를 현실과 실존 속에서 찾고자 하는 철학과 문예의 사조다. 실존주의의 실존^{existence, 實存}은 어떤 존재가 절망, 허무, 분노를 딛고 행동으로 실천하는 부조리한 상황을 상징한다.

모든 사람은 언제나 '나는 무엇인가'라는 물음을 안고 산다. 또한, '어떻게 살아야 하는가', '삶과 죽음이란 무엇인가', '생전과 사후는 어떠한가'를 깊이 사유한다. 이런 사유에서 중요하고도 원론적인 것이 바로 존재론이다. 존재론은 '인간이 관념으로 존재하는가, 실제로 존재하는가'로 나뉘는데 실존주의는 현실^{現實}에서 실제^{實際}로 존재하는 것에 관한 생각이나 표현에 대한 철학이다. 실존주의의 핵심은 '실존이 본질보다 앞선다'라는 것이고 실존주의는 개인의 자유를 소중하게 여기며 현실의 모순을 딛고 일어서는 휴머니즘이다. 따라서 '인간이 무엇이다'라는 것과 같은 본질보다 중요한 것은 지금 여기에서 구체적으로 존재하는 현실 속의 인간이다. 휴머니즘의 성격을 가진 실존주의에서는 관념이나 이성 또는 정신보다는 지금, 여기서, 생각하고, 존재하며, 행동하는, 현장의 인간 그 자체를 중요시한다. 따라서 인간은 한계상황에 놓인 단독자임을 깊이 인식하고 주어진 상황에 따라야 한다.

실존주의에 의하면 인간은 허무하고 부조리한 세상에서 살고 있다. 이 부조리를 극복하기 위해서는 앙가주망과 같은 적극적인 행동이 필요하다. 주어진 상황situation 속에서 행동으로 참가Engagement, 앙가주망하면서 그 상황을 인식하고 극복함으로써 진정한 자유를 획득해야 한다는 것이다. 이때의 앙가주망은 자기를 통제하고 구속함으로써 자기에게 자유를 부여하는 존재론적 개념이다. 모든 인간은 현실에 참여하는 것을 통하여 존재하며 똑같은 다른 존재타자와의 관계 속에서만 유의미하다. 실존주의에 의하면 인간 존재는 어떻게 자기를 만드느냐에 달린 것이지 종교, 이성, 법, 사회 등이 규정하는 외적 조건에 달려 있지 않다. 따라서 인간은 자기가 행동하고 성취하는 존재이므로 자기의 행동을 자기 스스로 결정해야 한다. 그런데 참여라는 의미의 앙가주망이 단순한 참여를 넘어서 저항이 되는 것은 세상이 근원적으로 부조리하기 때문이다.

실존주의는 키르케고르, 포이어바흐, 니체, 하이데거, 사르트르 등의 철학을 토대로 1930년대부터 프랑스를 비롯한 서구사회에 풍미하기 시작했다. 여러 차례의 전쟁을 통하여 이성과 합리가 지배하는 근대에 대한 회의가 대두되면서 참혹한 상황에 놓은 비극적 존재에 주목했다. 특히 하이데거M. Heidegger, 1889~1976는 인간을 내던져진 존재라고 말하면서 자기 스스로 자기를 세상과 죽음에 내던짐으로써 실존하는 현존재Dasein가 되는 것이라고 설명했다. 하이데거에 의하면 인간은 (세속적) 세계 안에 존재being-in-the-world하면서 살아가는 현존재 다자인이다. 현존재 다자인은 죽음과 결연하게 대결하여 본래적 자기를 찾아야 하는 존재자다. 이처럼 어떤 시간과 어떤 공간에서 '어떤 방식으로' 또 '어떤 의미를 가지고' 실존하는 것이 바로 인간의 현존재 다자인이다. 이 개념을 발전시킨 사르트르는 불안하고 고통스러운 존재인 인간에 주목하여 1946년 '실존주의는 휴머니즘이다Existentialism is a humanism'라고 선언한 바 있다.

철학자이자 작가인 사르트르J.P. Sartre, 1905~1980는 제2차 세계대전 직후 나치 협력자라는 낙인이 찍힌 하이데거를 찾아갔고 그로부터 많은 것을 배웠다. 사르트르에 의하면 인간 존재는 신과 같은 초월자에 의하여 결정되지 않기 때문에 자기 스스로 생활하고 참여하며 고뇌하는 그 자체의 의지와 실천이 중요하다. 여기서 인간은 이성과 합리로는 설명되지 않는 모순을 발견하고 깊은 절망과 허무를 느낀다. 가령, 전쟁터에서는 적을 죽일 수밖에 없고 굶어 죽지 않기 위해서는 도둑질을 해야 한다. 이 부조리한 상황에서 자기의 존재를 던져서 현실에 참여하는 것이 필요하다. 인간은 고정되지 않은 무無를 통해서 자유를 느낄 수 있다. 그래야만 스스로 결정하고 책임지는 존재가 될 수 있는 것이다. 이처럼 존재에 대한 깊은 성찰을 통하여 실존주의가 완성되었고 실존주의는 많은 국가의 철학과 사상 그리고 문학, 음악, 미술, 연극 등의 예술에 큰 영향을 미쳤다.

참고문헌 Martin Heidegger, *Being and Time*, translated by John Macquarrie and Edward Robinson, London : SCM Press, 1962, re-translated by Joan Stambaugh, Albany : State University of New York Press, 1996.

참조 결정론, 공간, 공포와 전율의 아브라함, 내던져진 존재, 무, 문예사조, 본질, 시간, 자기기만, 자유의지, 제행무상, 존재·존재자, 존재론, 존재론적 해석학, 죽음에 이르는 병, 현존재 다자인, 휴머니즘/인문주의

황금비율
Golden Ratio | 黃金比例

흰 바탕에 붉은 태양을 상징하는 일본 국기가 올라가자 우승한 일본 운동선수 J는 가슴에 손을 얹었다. J는 눈물을 글썽이면서 욱일승천旭日昇天을 상징하는 일본 국기에 경건한 예를 올렸다. 이때 선수와 관중은 국기의 문양이나 색상을 보지만 가로 세로의 규칙성을 무의식적으로 지각할 수도 있다. 이 국기의 기하학적 비율은 신용카드의 비율과 같다. 그래서 인도네시아의 신용카드를 독일 어디서나 그대로 사용할 수 있고 크기가 같은 중국의 국기와 미국의 국기가 함께 휘날리게 된다. 명함의 크기도 세계적으로 유사하며 책이나 담뱃갑도 비슷한 크기와 비율이고 TV나 컴퓨터의 모니터도 유사한 규격이다. 왜 이런 현상이 발생하는가? 이것은 세계화에 따른 기준의 통일 즉, 표준화standardization라고 볼 수 있다. 가장 오래된 표준화가 황금비율인데 황금비율은 고대 그리스에서 유래한 미학 개념이다.

미학적 설명은, 황금비율이 이상적이기 때문에 선택된 결과로 알려져 있다. 황금비율golden ratio 또는 황금분할golden section, 黃金分割은 가장 아름다운 미적 비율이며 황금비율의 시각적 균형감이 정신의 안정감을 유발하는 것으로 알려져 있다. 예를 들어, 인간의 몸을 배꼽이 황금분할하고 있으며 손가락의 마디도 황금비율黃金比率과 유사한 비율이다. 자연의 현상에서도 황금비율을 찾아볼 수 있다. 가령 고사리의 잎이나 고둥의 돌기는 황금비율의 기하학적 완결성을 가지고 있으므로 예술가들은 이런 자연의 완결성을 모방함으로써 좋은 작품을 창작할 수 있다고 믿는다. 그러니까 인간의 미적 감각 중 규칙과 조화는 자연의 황금비율에 의해서 결정된다는 것이다. 그래서 건축이나 미술을 포함한 여러 장르에서는 분할과 비율을 중요시했다. 고대 그리스에서는 파이$^{∅, 1.6781}$가 황금분할이나 황금비율에 해당한다고 간주했다.

기하학자들은 선과 공간을 나눌 때 약 1.618 : 1이 되는 것이$^{Fibonacci Numbers}$ 가장 균형이 잡히고 조화로운 것으로 생각했다. 특히 황금비율은 유클리드$^{Euclid, BCE 365?~BCE 275?}$의 원에 대한 정의$^{3.141}$ 이래 기하학과 예술에서 주로 사용되었다. 또한, 피타고라스$^{Pythagoras, BCE 582?~BCE 497?}$는 인간과 자연이 모두 어울리는 가장 조화로운 비율은 정오각형이라고 생각했다. 이 정오각형 역시 1.618 : 1의 비율이다. 그는 '정오각형의 대각선은 황금비율을 가졌는데 다시 그 황금비율로 나누면 작은 정오각형을 만든다'라고 믿었다. 그런데 자연의 규칙을 모방한 이 규칙은 수학이나 기하학만이 아니라 회화, 조각, 건축, 공예, 음악, 일상생활에서도 많이 응용된다. 또한, 인체공학과 연결하여 기하학적 황금비율에 따르는 것이 많다. 하지만 '주식 가격의 변동을 황금비율로 분석할 수 있다'라는 등의 과장된 해석을 하고, 팔등신과 같은 아름다운 육체를 황금비율이라고 잘못 쓰기도 한다.

이집트의 피라미드가 황금비율의 수학적 계산에 따라 건설되었다는 주장이 있다. 한편 이탈리아의 파치올리$^{L. Pacioli, 1445?~1520}$는 「신성한 비례에 관하여$^{De diuina propotione}$」^{1509}에서 황금비율을 신성한 비례라고 주장했는데 르네상스 시대에는 황금비율이 중요한 미학의 규칙이었다. 레오나르도 다빈치$^{L. da Vinci, 1452~1519}$도 황금비율에 기초하여 비트루비안인$^{Vitruvian Man}$을 소묘$^{drawing, 素描}$로 표현한 바 있다. 이처럼 황금비율은 수학과 기하학을 바탕으로 한 공간분할의 규칙으로 미적 쾌감을 주는 한편 정신적 균형감을 주는 비례를 말한다. 그러므로 사람들에게 여러 형태의 기하학적 구도 중에서 가장 좋은 것을 선택하라고 하면 황금비율로 분할된 구도를 선택하는 비율이 높다. 그것은 미학적 미감, 심리적 안정감, 산술적 규칙 등이 복합적으로 작용한 결과다. 이런 황금비율의 이론은 신고전주의 미학의 기초가 되어 규칙이나 조화를 일컫기도 했다.

황금비율은 밀물과 썰물이 밀려오고 밀려가는 시간 분할과 같이 일정한 규칙성과 규범성을 가진 미적 공간분할이다. 이것은 시간분할時間分割이나 공간분할空間分割을 통하여 미적 쾌감을 얻고 정신적 안정감을 얻으려는 인간의 의식이 반영된 결과다. 한마디로 황금비율은 공간을 이상적으로 나누어 사람들에게 미적 쾌감을 주는 기하학적 비례를 말한다. 반면 인간은 불규칙한 공간분할을 통하여 쾌감을 느끼기도 하는데 이 역시 황금비율과 같은 규범적이고 규칙적인 분할을 낯설게 함으로써 얻어지는 역설의 미학으로 볼 수 있다. 그러나 미적 감각은 시대와 상황에 따라서 변하는 것이고 다른 비례 역시 미적 쾌감을 줄 수 있으므로 황금비율만을 최고의 미적 공간분할로 간주하는 것은 옳지 않다. 또한, 황금비율의 기준으로 감정을 통제하는 것은 미학의 근본원리에도 배치된다.

참고문헌 Luca Pacioli, *Divina proportione : opera a tutti glingegni perspicaci*, 1509.

참조 고전주의, 공간, 미/아름다움, 미적 거리, 미학·예술철학, 바움가르텐의 진선미, 삼일치법칙, 숭고, 시간, 신경미학, 아프로디테의 황금사과, 판단력비판―미(美)란 무엇인가?

로코코

Rococo | 洛可可

그네를 타는 여인은 중앙 하단에 배치되었다. 얼굴에 붉은 홍조를 띤 이 여인은 솟아오르면서 왼쪽 구두를 벗어 던졌다. 그러자 장미 덩굴 속에 숨어 있는 그녀의 정부情夫는 황홀한 눈빛으로 그녀의 속치마를 들여다본다. 이 장면은 은밀하면서도 역동적이고 감각적이면서 성적性的이다. 또한, 우아하면서도 음탕하다. 이 유명한 그림81cm × 64.2cm은 런던의 월리스 컬렉션Wallace Collection에 소장된 프라고나르Jean-Honoré Fragonard의 1767년 작 〈그네The Swing〉다. 이 그림은 프랑스 혁명 전야의 사회상을 보여주는 로코코미술의 대표작이다. 이 작품에는 지배계급 또는 귀족계층의 방종과 자유가 잘 드러난다. 당시 프랑스 예술은 종교와 정치를 배제하고 일상생활에서의 기쁨과 쾌락을 추구하는 풍조가 유행했다. 이런 사회상을 반영한 문예사조가 로코코다. 문예사조는 문학예술의 시대적 흐름이다.

로코코는 대략 1700년대 초에 시작되어 1770년 전후까지 존재한 문예사조로 단아하고 우아한 특징을 가졌으나 바로크의 영향이 남이 있다는 의미에서 후기바로크Late Baroque로 불리기도 한다. 하지만 로코코는 여러 면에서 바로크와는 다르다. 바로크가 반종교개혁을 반영하여 종교적인 색채를 띠고 있음에 반하여 로코코는 종교나 정치적 색채는 강하지 않다. 또한, 바로크가 장엄하고 강렬하면서 명암이 대비되는 것에 반하여 로코코는 단아하고 우아한 파스텔 색감을 가지고 있다. 그래서 아널드 하우저Arnold Hauser는 로코코를 개인의 미적 취향, 섬세함, 유머감이, 목가적 여유 등의 특징이 있다고 한 것이다. 한편 바로크 시대에는 베르사유Versailles궁전과 같이 웅장하며 크고 화려한 건축이 많지만, 로코코 시대에는 트리어^{Trier}의 선제후 궁전, 러시아 푸시킨^{Царское Село}, 차르스코에 셀로의 예카테리나 궁전^{Catherine Palace}과 같이 밝고 옅은 색감의 단아한 건축이 많다.

프랑스에서 루이 13세와 14세의 절대왕정 시대를 지나서 루이 15세^{Louis XV,} ^{1710~1774}가 즉위한 것은 1715년이다. 이 시기를 전후하여 귀족계층은 이전보다 더 많은 자유와 풍요를 누리기 시작했다. 피라미드처럼 견고한 계급구조가 붕괴하기 시작했으며 종교의 권위가 약화되기 시작했다. 또한, 계몽주의를 추구하는 부르주아 시민계급이 등장하는 한편 과학기술이 발전하고 산업혁명이 시작되었다. 특히 상승하는 부르주아의 합리주의적 현실 인식이 널리 퍼지고 있었다. 이러한 시기에 상류계층의 낙관적 세계관을 반영한 것이 바로 로코코다. 특히 후원자^{patron}인 봉건귀족들의 취향이 건축, 회화, 조각, 가구, 실내장식, 음악, 문학, 오페라에 그대로 반영되어 우아하고 유쾌하며 풍요로운 로코코가 탄생한 것이다. 그래서 궁정과 교회 중심의 성화나 제단화보다 가볍고 섬세하면서 경쾌한 풍속화와 풍경화가 많다.

로코코는 '자갈^{rocaille} 같은 예쁜 돌과 빛나는 조개^{coquilles}'를 합성한 어휘다. 로코코의 가장 큰 특징은 예쁜 가구나 실내장식을 위주로 하는 장식예술^{decorative art}이다. 로코코 시대의 귀족계층은 우아하며 가벼운 느낌의 실내장식에 큰 의미를 두었다. 실내공간에 화려하면서도 단아한 화장대, 거울, 식탁, 옷걸이, 난로 등을 배치했다. 그리고 금이나 금색으로 중후하면서 고상한 느낌을 주도록 장식했다. 회화에서도 S, C, O 자형의 부드러운 곡선 구도로 가볍고 경쾌한 느낌을 표현했다. 이것이 기본적으로 균형과 조화를 이루면서도 변화를 준 로코코 예술의 특징이다. 로코코 역시 조화와 균형을 중시했으나 바로크와 같은 좌우대칭에서 벗어나 약간의 비대칭^{asymmetry}으로 변화를 주고 있다. 이런 취향은 세련되고 섬세하면서 화려한 의상과 장신구에서도 그대로 드러난다. 우아한 성적 매력이 예술로 표현된 것은 당시 상류 지배계층의 생활상을 반영한 것이다.

음악에서 로코코의 특성은 두드러지지 않는다. 프랑스의 로코코 음악은 우아한 음색을 위주로 하였지만, 독일에서는 감각적 음색을 위주로 했다. 오페라와 미뉴에트minuet 등이 발달했으나 기본적인 음색과 곡조는 바로크의 연장으로 볼 수 있다. 문학 역시 로코코 시대의 특징은 분명하지 않다. 그래서 음악, 문학, 연극 등에서는 로코코 문예사조라기보다 로코코 시대의 음악, 로코코 시대의 문학, 로코코 시대의 연극으로 분류하는 것이 일반적이다. 한마디로 바로크와 로코코는 중세 말기의 절대왕정과 봉건귀족들의 의식 및 생활상을 반영한 문예사조다. 그러므로 바로크와 로코코의 궁정 취향과 귀족 취향은 일반 대중들의 삶과는 상당한 괴리가 있었다. 바로크와 로코코의 화려하고 우아한 예술의 이면에서 부르주아 시민과 민중들의 혁명의식이 싹트고 있었다. 로코코는 1750년 전후에 나타난 (신)고전주의로 계승되었다.

참고문헌 Arnold Hauser, *The Social History of Art* Volume 3 : Rococo, *Classicism and Romanticism*, London and New York : Alfred A. Knopf, 1959.

참조 감각, 계몽주의/계몽의 시대, 고전주의, 르네상스, 문예사조, 문학, 미/아름다움, 바로크, 예술, 종교개혁, 합리주의, 휴머니즘/인문주의

예술
Art | 艺术

톨스토이는 「예술이란 무엇인가?」에서 다음과 같이 말했다. '예술은 한 사람이 어떤 외부 기표를 통하여 다른 사람들에게 감정을 전달하고 다른 사람들도 이러한 감정에 영향을 받고 경험하는 인간 활동이다.'[1] 이처럼 톨스토이는 인간의 내적 감정이 외적 표현으로 드러난 것이 예술이라고 정의했다. 아울러 고상한 즐거움이 예술의 원리라고 말했다. 그런데 인간의 상상과 행위 때문에 표현된 것이 아니면 그것은 예술이 아니라 예술적artistic일 뿐이다. 가령 인간이 요리나 운동을 할 때도 예술적 특성이 발휘되지만, 이것은 예술이 아니다. 이렇게 볼 때 예술은 미적 가치가 있는 것이면서 인간이 상상력imagination과 창의성creativity을 가지고 허구적으로 표현한 것이거나 어떤 것을 모방하고 재현한 것이다. 간단히 말해서 예술은 인간의 창조적 능력이 만든, 미적 가치가 있는 유무형의 작품이나 그것을 위한 창작과정이다.

인간에게는 무엇을 모방하거나 표현하려는 본능이 있다. 그 표현본능은 매우 강렬하다. 그리고 인간은 멋있게 놀려고 한다. 그래서 인간은 노동 이외의 시간에 유희를 즐기는 호모루덴스Homo Ludens가 된 것이다. 예술은 원리상 첫째, 창의성과 상상력을 바탕으로 새롭게 표현한 창의예술創意藝術과 둘째, 자연과 사회를 모방하고 재현하는 모방예술模倣藝術로 나뉜다. 그리고 예술의 재현 방법상

---

1   Leo Tolstoy, "What Is Art?", translated by Alymer Maude, Crowell, 1899; Art is a human activity consisting in this, that one man consciously, by means of certain external signs, hands on to others feelings he has lived through, and that other people are infected by these feelings and also experience them.

첫째, 상상력으로 새롭게 창조한 허구적 예술과 둘째, 완성된 형태의 예술을 계승하고 재현한 전승예술傳乘藝術로 나뉜다. 동양에서 예술은 새로운 것을 심고 또 말한다는 의미의 예藝와 기능을 의미하는 술術이 합성된 개념이다. 서양에서 예술의 art는 라틴어 ars에서 기원했는데 숙련된 기술skill, technique 또는 기교craft를 의미한다. 예술이 상상과 창조를 위주로 하는 예술로 변한 것은 르네상스와 낭만주의를 거치면서 인간의 개성과 감성을 중시하면서부터다.

톨스토이가 말한 것처럼 예술은 감정 또는 감성에 근거한다. 예술은 감성에 근거한 직관이지만 감각기관에 의하여 보거나, 듣거나, 만지거나, 맛보고, 냄새 맡는 등 경험적이고 실제적인 것이 바탕이 된다. 예술은 철학이나 역사와 비교되기도 한다. 예술은 직관과 감성으로 무엇을 창의적으로 표현하는 것이고, 철학은 논리와 이성으로 진리를 추구하는 것이며, 역사는 실제 사건을 사실적으로 기록하는 것이다. 한편 예술 그 자체의 미적 가치를 중시하는 유미주의唯美主義는 '예술을 위한 예술Art for art's sake'의 성격을 가진다. 이런 낭만주의나 유미주의 예술관과 달리 현실의 재현을 위주로 하는 리얼리즘의 예술관이 있다. 계통분류학에서 문화의 하위영역이 예술이고 예술의 하위 장르에는 문학, 미술과 조각, 음악, 연극, 무용, 건축, 사진, 영화, 드라마, 만화, 서예 등 여러 형식이 있으며 학문 분류학에서 예술은 인문학에 속한다.

예술의 창작 주체는 예술가artist, 藝術家다. 예술가는 자신이 경험하고 상상한 것을 여러 예술적 매체를 통하여 창의적으로 표현한다. 그런데 표현된 결과인 예술 '작품'은 개성적이지만 보편적이어야 한다. 이점에 대해서 칸트는 『판단력비판Critique of Judgement』에서 상상과 오성/지성의 자유로운 조화가 바로 미적 가치라고 말했다. 그래서 칸트는 미적 객관주의가 아닌 주관주의의 관점을 취하면서 '아름다움은 바라보는 사람의 눈에 있다beauty is in the eye of the beholder'고 보았다. 여기서 '예술은 특수하면서 보편적이고 개성적이면서 객관적이어야 한다'라는 이율배반antimony이 성립한다. 따라서 예술은 진선미眞善美의 가치가 있고 기쁨이나 즐거움을 주는 예술도 있지만, 파괴적이고 불쾌하며 혐오스러운 예술도 있다. 그것은 파괴의 과정도 창의적일 뿐 아니라 파괴를 통하여 창조가 가능하기 때문이다. 그리고 낯설게 표현하거나, 이상하고 기이한 것도 예술의 표현방법이다.

이렇게 볼 때 예술은 모방적 표현이나 창의적인 표현으로 사람들에게 미적 자극과 감성적 긴장을 주는 유무형의 제도이며 심미적 목적과 효용적 목적이 있다. 예술생산자인 예술가가 예술 행위로 표현하는 것이 예술이고 이것을 누리는 주체가 수용자다. 그런데 예술은 생활을 모방하거나 노동의 과정에서 창작된 다음에 제도로 정착되었기 때문에 민족과 지역에 따라서 다른 양상을 보이며 시대나 시간에 따라서 다르다. 예술에는 언어를 매체로 하는 문학예술, 각종 행위를 표현하는 공연예술, 주로 공간 조형적이고 시각적인 시각예술, 그리고 이런 양식이 결합한 종합예술과 응용예술 등의 장르나 양식이 있다. 예술의 역사는 예술사藝術史, 예술에 대한 평가는 예술평론藝術評論, 예술의 본질에 대한 이론과 개념은 미학美學, 예술의 본질과 원리는 예술철학藝術哲學, 문학과 예술의 흐름은 문예사조文藝思潮라고 한다.

참고문헌 Immanuel Kant, *Critique of Judgement*, translated by James Creed Meredith, Oxford University Press, 1973.

참조 감성, 감정, 교훈주의, 낭만주의, 낯설게하기, 르네상스, 리얼리즘(예술), 모방론, 문예사조, 문화, 미메시스(아리스토텔레스), 미메시스(플라톤), 미학·예술철학, 바움가르텐의 진선미, 상상, 예술가, 예술주의/문학주의, 예술지상주의, 유미주의, 재현, 판단력비판—미(美)란 무엇인가?, 표현, 학문, 허구, 호모루덴스

문화다양성

Cultural Diversity | 文化多樣性

2010년 1월 어느 날, 티베트의 라싸^{Lhasa} 거리를 걷던 P는 티베트인들이 중국 인민복을 입고 있는 것을 의아하게 생각했다. 그 이유는 티베트인은 티베트의 전통 의상을 입어야 한다고 생각했기 때문이다. 많은 사람은 P와 같이 티베트 인들이 라마교를 믿고, 전통적인 의상을 입으며, 참파^{rtsam-pa}와 같은 특별한 음 식을 먹어야 한다고 믿는다. 왜냐하면, 티베트인들의 생활은 유구한 티베트^{Tibet} 의 역사가 남긴 문화적 가치이며 세계적으로 소중한 문화유산이기 때문이다. 또한, 티베트문화를 보존하고 보전하는 것은 개별 문화의 가치를 존중하는 것 이기 때문이다. 만약 자연생태계의 균형이 파괴되거나 먹이사슬이 붕괴되면 생태계 전체에 이상이 생긴다. 이와 마찬가지로 문화생태계에는 다양한 사람 들이 다양한 방법으로 살아가고 있으므로 문화 상호 간의 조화가 이루어지지 않는다면 문화생태계 전체에 이상이 생긴다.

문화생태계의 균형과 조화가 유지되어야 한다는 문화다양성은 1992년 케냐 의 나이로비에서 채택된 「생물다양성生物多樣性 협약」 또는 「종다양성^{Biodiversity} 협 약」과 같은 원리를 가지고 있다. 문화다양성은 첫째, 다양한 지역과 민족의 여 러 문화가 가진 제반 특질이고 둘째, 다양한 여러 문화는 존중받아야 한다는 정 신이다. 또한, 문화적 차이를 인정하자는 문화다양성은 문화민주주의文化民主主義 와 다문화주의를 바탕으로 하고 있다. 천부적으로 인간은 자기의 고유한 문화 를 유지하면서 누릴 권리가 있다. 따라서 문화다양성은 국적, 민족, 지역, 인종, 종교, 언어, 성별, 세대, 나이, 학력, 취향 등의 차이로 인하여 차별을 받지 않아야 한다는 것이다. 특히 문화다양성은 개인과 집단의 문화권리Cultural right를 신장시키자는 담론이면서 문화의 종種을 지키고자 하는 세계적인 문화 운동이다.

　문화다양성은 각 민족과 지역의 문화가 평화롭게 공존하는 한편 상호이해와 협력을 통하여 지속적인 발전Sustainable development을 도모해야 한다는 목표를 가지고 있다. 특히 성장발전과 과학기술을 축으로 하는 세계화는 자연을 수탈할 뿐 아니라 고유한 문화를 위협한다. 자본주의적 세계화가 진행될수록 보편문화 또는 세계문화로 획일화될 가능성이 있다. 그런 의미에서 문화다양성 담론은 문화환경의 건강성 유지와 아울러 세계화가 진행됨에 따라서 파생되는 문화적 갈등과 충돌을 피하려는 시대적 의미[1]도 담고 있다. 따라서 다문화주의, 문화다양성, 문화적 복수주의Cultural Pluralism, 문화적 정체성, 문화적 고유성, 문화적 전통 등은 인간에게 가장 중요하고 또 가치 있는 삶의 토대라 할 수 있다.

　UN의 교육, 과학, 문화 기구인 유네스코UNESCO는 2001년 31차 총회에서 「문화다양성선언UNESCO Universal Declaration on Cultural Diversity」을 발표했다. 그리고 유네스코의 여러 층위에서 2003, 2005, 2007, 2009년에 각각 「문화다양성선언」을 인용하였으며 세계 여러 나라가 「문화다양성선언」을 비준批准하거나 동의했다. 이 선언의 의미는 '문화는 인간의 기본 인권Human right'임을 천명했다는 점이다. 아울러 「문화다양성선언」은 첫째, 모든 문화에는 그 문화만의 고유성과 특수성이 있다는 것과 둘째, 문화의 상호인정과 상호대화intercultural dialogue가 필요하다는 것을 특별히 강조했다. 또한, 「문화다양선선언」은 문화는 인간 고유의 가치가 담긴 인류의 제도로써 반드시 보전되고 보존되어야 한다는 것을 주요 내용으로 삼고 있다. 각 국가와 민족의 고유한 문화를 지키면서 다른 문화를 존중하는 것이 문화다양성의 정신이다. 그런데 문화다양성과 다문화주의와는 반대로 문화단일성 또는 단문화주의Mono-culturalism가 지켜져야 한다는 주장도 있다.

1　UNESCO UNIVERSAL DECLARATION ON CULTURAL DIVERSITY, UNESCO, 2001.

자기 종교 중심주의나 패권주의 또는 문화적 국수주의 그리고 단문화주의와 문화적 획일성은 문화다양성을 위협한다. 그 외에도 문화다양성은 여러 면에서 비판을 받는다. 가령, '세계화의 시대에는 문화 역시 단일한 규격, 척도, 평가, 양식, 형식을 추구할 수밖에 없다'라는 것이다. 또한, 문화다양성은 다양성을 가장한 정치·경제적 독점이라는 것이며, 서구사회의 문화적 헤게모니hegemony를 위한 담론이라는 것이다. 아울러 문화다양성보다 문화적 특수성, 고유성authenticity, 차별성이 인정되기만 한다면 문화보편성文化普遍性과 문화단일성文化單一性이 더 좋다는 주장도 있다. 그러나 문화는 공업생산품과 같은 교역의 대상이 아니라는 재반론도 제기되어 있다. 이처럼 상반되는 관점은 '인류 전체가 공유하는 일반적 지구문화Geo-culture가 성립할 수 있는가'의 문제와 연결되어 있다. 문화다양성에서 가장 중요한 것은 각 민족과 지역의 문화다양성을 유지하면서 그 다양한 문화가 균형과 조화를 이루는 것이다.

참고문헌 UNESCO Universal Declaration on Cultural Diversity, UNESCO, 2001.

참조 다문화주의, 문명, 문화, 문화상대주의, 문화생태계, 문화순혈주의, 문화유전자 밈, 문화자본(부르디외), 문화적 기억, 문화적 헤게모니, 문화제국주의, 문화충격, 민족문화, 주관·주관성

문화충격

Culture Shock | 文化冲击

'나는 미국이 싫다.' 이것은 미국에서 10년을 산 프랑스인 앙제르가 귀국해서 한 첫 번째 발화다. 그런데 '싫다'라는 감정은 모문화母文化와의 충돌 때문에 생긴 것이다. 자신의 행동과 사고가 허용되지 않을 때 또는 가치관이 달라서 당황했을 때, 사람들은 상대 국가나 민족의 문화에 대해서 비판적으로 발화하는 경우가 많다. 이것을 문화갈등文化葛藤 또는 문화충격文化衝擊이라고 한다. 그 외에도 외국인에 대한 혐오감Xenophobia이나 외국인을 무조건 좋아하는 것도 문화충격의 일종으로 볼 수 있다. 문화충격은 질병은 아니지만, 문화적 차이 때문에 느끼는 불편한 감정과 정신적 불안이다. 사람은 누구나 다른 문화를 접하게 되면 신기함과 함께 낯섦을 느낀다. 그런데 자연스럽게 습득한 모문화가 표준이기 때문에 자기 문화가 파괴되는 것을 두려워하는 한편 다른 이문화異文化에 대한 이질감과 경계심을 가진다.

문화인류학자 오베르그Kalervo Oberg, 1901~1973는 1954년 8월 3일, 브라질 리우의 여성클럽The Women's Club of Rio de Janeiro에서 문화충격이라는 개념을 처음 소개했다. 이것은 그가 세계 여러 나라에서 살면서 문화적 충격과 문화적 갈등을 체험하고 연구한 결과였다. 오베르그에 의하면 대다수 사람은 내면화된 모문화母文化를 문화의 기준으로 삼고, 다른 문화를 경계하고 무시하는 등의 불안정한 태도를 보인다. 이것이 바로 문화충격인데 사람들은 어느 정도의 충격을 겪고 난 다음에 새로운 문화환경文化環境에 순응하면서 적응하게 된다. 여기서 야기되는 첫 번째 문제는 다른 문화를 접했을 때 강력한 혐오감과 적대감을 느낄 수 있다는 것이고 두 번째 문제는 누구나 일정한 정도의 문화충격을 피할 수 없다는 점이다. 그러나 이런 문화갈등과 문화충격을 통하여 새로운 것을 인식하고 수용하면서 타자를 이해하는 긍정적인 효과도 있다.

문화충격은 대략 네 단계로 구분할 수 있다. 첫째는 다른 문화를 접하고 몇 주 동안 호감을 느끼는 허니문 단계^{Honeymoon phase}, 둘째는 몇 개월간의 위기나 싫증을 느끼는 적대감의 단계^{Hostility phase}, 셋째는 그 이후 대략 일 년 정도까지 느끼는 감정인 상대 문화를 이해하고 순응하려는 조정단계^{Negotiation phase}, 넷째는 대략 6개월이나 일 년 이후에 느끼는 상대 문화와 조화하고 적응하는 적응단계^{Adjustment phase}다. 이와 달리 여행자의 단계─증오와 경멸 등 호감에서 깨어나는 단계─적대감 해소의 단계─이해와 적응단계─역 문화적응 단계로 분화되기도 한다. 사람들은 어느 한 단계에 머무는 예도 있고 이 단계를 모두 거치는 예도 있지만 다른 문화를 접하면 대체로 충격과 갈등을 느낀다. 이 과정에서 나타나는 문화충격은 피곤, 두려움, 불안, 절망, 공포, 분노, 고독, 향수병, 언어장애, 의사소통 불능 등의 증상을 보인다.

문화충격은 갑자기 낯선 문화를 접했을 때 생기는데 이때 문화적 가치관의 혼란을 느낀다. 하지만 문화충격을 통해서 새로운 문화를 이해하고 습득하는 긍정적 기능도 있어서 의도적으로 문화충격을 주기도 한다. 문화충격은 여러 가지 양상으로 전개된다. 대체로 첫째, 타문화를 거부하고 모문화로 회귀하는 경우(대략 60%) 둘째, 상대 문화에 완전히 동화되어 모문화를 바꾸는 경우(대략 10%) 셋째, 모문화와 타문화를 조화하면서 국제주의적 감각을 가지는 경우(대략 30%)로 나뉜다. 이와는 달리 역 문화충격^{Reverse culture shock}은 외국에서 살다가 모국으로 돌아왔을 때 느끼는 문화적 갈등과 충격을 말한다. 모문화와 타문화 사이에서 정신적 갈등을 느끼며 역 문화충격을 받는 사람이 상당히 많다. 또한, 상당수의 사람이 역 문화충격으로 인하여 사람을 피하거나 타인과의 소통을 거부하는 현상을 보이기도 한다. 그러나 모든 사람이 문화충격이나 역 문화충격逆文化衝擊을 받는 것은 아니다.

　문화충격은 심리는 물론이고 언행에서도 특이한 형태로 표출된다. 가령, 자기 문화권이 아닌 상대에게 공격적으로 대하거나 그와 반대로 심리적 열등감을 느끼는 경우가 많다. 문화충격은 일반적으로 스트레스로 표출되지만 심각한 경우에는 정신적 자폐증이나 정신분열 증세를 보이기도 한다. 문화충격을 극복하는 방법은 적극적인 언행, 운동, 긍정적 사고, 모임이나 조직에 가입하는 방법, 친구 만들기 등이 있다. 결국, 문화충격은 자기와 타자의 관계를 어떻게 설정하느냐의 문제이다. 가령, 다른 문화를 가진 '타자와 타문화를 인정할 것인가, 아니면 부정할 것인가, 인정한다면 어떤 관계를 맺을 것인가'와 같은 현실적이면서도 존재론적인 문제인 것이다. 이에 대한 해답은 없고 자기 스스로 자기 존재와 타자와의 관계를 설정하고 해결해야 한다는 것이 정설이다. 문화충격은 같은 문화권이나 같은 나라 안에서도 종종 일어난다.

참고문헌 K. Oberg, "Culture shock : adjustment to new cultural environments", *Practical Anthropology* 7, 1960, pp.177~182.

참조 다문화주의, 디아스포라, 문화, 문화권력, 문화다양성, 문화상대주의, 문화생태계, 문화순혈주의, 문화예술교육, 문화유전자 밈, 문화자본(부르디외), 문화적 기억, 문화제국주의, 민족문화

개념예술
Conceptual Art | 概念艺术

'변기를 거꾸로 세운 이 이상한 작품의 창작 의도는 무엇이냐?' P가 이렇게 질문하자 K는 '이 작품은 작가의 의도가 중요한 것이 아니라 작품의 개념이 중요하다'라고 답했다. 이처럼 예술작품을 대하고 '저 작품의 의도는 무엇이고, 개념concept은 무엇인가'라고 묻는 경우가 있다. 이때의 개념은 창작의 의도intention나 목적과 다른 작가의 특별한 생각과 정신을 말한다. 모든 작가는 의도를 가지고 작업을 하는 것이며 모든 작품에는 무목적일지라도 분명한 의도가 들어있다. 여기에서 유래한 개념예술은 창작의 이념을 중시하는 예술이며, 예술가가 특별한 정신과 감정을 가지고 완성한 그 작품만의 고유한 예술적 특징이다. 모든 작가는 의도적 오류를 범하든 그렇지 않든 자신만의 의도가 있지만 모든 작가가 개념이 있는 것은 아니다. 따라서 과정을 중시하는 개념예술은 특별한 생각과 정신이 있고 철학적 의미가 구현된 예술을 말한다.

일군의 현대 예술가들은 소재나 자료에 얽매이지 않고 의도를 넘어선 개념을 중요시했고 이것이 현대예술로 나가는 이정표였다. 창작의 이념과 과정을 중시하는 이 사조를 개념예술이라고 하는데, 이것이 개념예술로만 포괄되지 않기 때문에 컨셉추얼아트Conceptual art라고 하는 때도 있다. 미술에서 시작된 개념예술은 예술사적 맥락에서 이해되어야 한다. 20세기 초, 현대 화가들은 예술의 형식성이 심화하고 예술이 상품화되었다고 비판하면서 예술은 곧 개념이라는 대안을 제시하기에 이르렀다. 이들은 화랑에서 유통되는 상품으로써의 작품을 거부하는 한편 예술작품이 소유되거나 전시되는 것도 반드시 좋은 것은 아니라고 보았다. 그런 점에서 개념예술은 기존의 형식과 전통을 중시하는 장르 중심주의나 매체 중심주의에 대한 반성과 저항이 만든 용어다. 특히 전위적이고 실험적인 예술가들이 개념예술에 적극적이었다.

이들은 '미의 기준은 절대적이지 않다'라고 규정한다. 그리고 진실과 감동을 상대적이고 주관적인 것으로 간주한다. 그러므로 개념예술에서는 일반적인 예술작품을 만드는 행위가 매우 적거나 없으며, 전통적인 예술가들이 사용하는 예술의 기법이나 미적 감각도 중요하게 여기지 않는다. 또한, 개념예술에서는 기호나 문자는 물론이고 퍼포먼스, 사진, 도표, 표어, 지도, 비디오 등에 의한 표현도 포함한다. 이에 대해서 복제예술인 사진이 사물을 정확하게 재현하기 때문에 시각예술이 추상적 개념으로 이행했다는 관점도 있다. 개념예술에서는 '예술가는 개념을 부여하는 창안자'로 보기 때문에 모든 사물이 예술이 될 수 있고 모든 사람이 예술가가 될 수 있다. 따라서 개념예술은 개념concept이나 아이디어idea를 강조하여 전통적인 작품과는 다른 철학적 가치를 보여주는 예술의 방법이자 사상이다.

개념예술의 시초는 프랑스 예술가인 마르셀 뒤샹M. Duchamp, 1887~1968이 R. MUTT라고 사인만을 한 소변기를 거의 그대로 전시하고자 했던 〈샘Fountain〉로 보는 것이 일반적이다. 1917년 뉴욕에서 열린 독립예술가협회 전시회에 출품하여 거절된 이 작품의 의미는 실로 지대하다. 마르셀 뒤샹은 다다이즘과 큐비즘의 영향을 받아 대상을 재현하는 것을 부정하고 예술가의 개념 부여 즉, 정신과 의식이 예술의 본질이라는 현대예술의 개념을 완성했다. 한편 1960년대 현대 개념예술은 오브제아트와 미니멀리즘Minimalism을 계승하고 극복하면서 등장했는데 현대 개념예술은 표현된 결과보다는 제작의 과정과 제작의 개념을 더 중요하게 여긴다. 이것은 전위적 예술운동인 아방가르드의 성격과 더불어 모더니즘과 표현주의에 연결되어 있다. 한편 1990년대 다미앵 허스트D. Hirst가 주도한 '젊은 영국 예술가들Young British Artists'이라는 기획은 개념예술의 새 지평이라는 평가와 개념예술의 종말이라는 상반된 평가를 받고 있다.

개념예술에서는 완성도나 상품성을 중요하게 여기지 않고 작가 고유의 이념이나 창작의 과정을 중요하게 여긴다. 예술가는 자신만의 이론, 세계관, 생각 등으로 개념예술의 창작활동을 한다. 그러므로 개념예술은 미술품, 전시, 판매, 수상受賞보다는 과정과 개념을 중시하고 미술관이나 화랑 또는 미술 경매시장에 종속되지 않는다. 현대예술이론의 시원이라고 할 수 있는 칸트I. Kant, 1724~1804는 『판단력비판』에서 예술이란 이념을 파악하여 진리를 획득하는 정신 활동이고 미美는 상대적인 판단력이라고 말했다. 그러니까 예술은 단순한 물질적 형상이 아니라 정신과 영혼의 이념이라는 것이다. 이런 칸트의 인식상대론은 예술의 미적 인식이 다를 수 있다는 미학의 토대가 된다. (칸트미학을 토대로 하는) 뒤샹의 현대적 예술개념과 개념예술의 정신은 이후 표현주의, 추상표현주의, 초현실주의, 미니멀리즘, 미디어아트, 팝아트 등 수많은 영역에서 적극적으로 반영되었다.

참조 다다이즘, 모더니즘(예술), 미/아름다움, 미디어아트, 미학·예술철학, 아방가르드, 예술, 예술가, 예술지상주의, 초현실주의, 판단력비판—미(美)란 무엇인가?, 팝아트, 포스트모더니즘, 표현, 표현주의

시

Poetry | 诗歌

'친구는 서쪽에서 황학루를 작별하고故人西辭黃鶴樓, 안개 꽃핀 삼월에 양주로 떠난다煙花三月下揚州. 외로운 배의 먼 그림자 창공에 사라지고孤帆遠影碧空盡, 오직 하늘 끝에 흐르는 장강만 보인다惟見長江天際流.' 이 시는 한자문화권에서 가장 위대한 시인으로 꼽히는 이백李白의 「광릉으로 가는 맹호연을 송별함送孟浩然之廣陵」이다. 이 시를 읽으면 안개가 피어오르는 강과 아득히 멀어져 가는 배가 떠오른다. 그리고 일곱 글자의 음수율과 2구와 4구에 배치된 각운의 외재율과 하늘 끝에 흐르는 강에서 고조되는 내재율을 느낄 수 있다. 또한, 이 작품은 기승전결起承轉結의 잘 짜인 구조를 가진 아름다운 시다. 이처럼 시는 언어를 매체로 한 간결한 운문의 예술작품이다. 시詩는 상징, 비유, 이미지, 리듬 등 시의 특징을 가지고 있는 시poetry와 개별 시 작품인 포엠poem을 합한 운문이다. 시가詩歌는 음악적인 요소를 강조한 것이다.

시는 원래 주술적이거나 축제의 요소였다. 중세까지 시는 도덕이나 윤리와 연결되어 있었으며 사실의 기록과 분리되지 않았다. 그래서 시인 자신의 감정이 시에 드러나는데, 현대의 자유시에서는 시 텍스트에 내포된 시적 화자poetic narrator, 詩的話者가 서술하는 허구적 형식으로 바뀌었다. 가장 오래된 시는 메소포타미아문명의 『길가메시Gilgamesh』BCE 3000이고 서양 문학에서는 호머의 『일리아스』와 『오디세이아』를 원류로 간주한다. 한자문화권에서 『시경詩經』은 민요를 채집한 것인데 음악을 관장하는 악부樂府의 시가가 시의 전범이었다. 현대의 자유시는 시가에서 노래의 가歌를 분리한 것이면서 고전시가의 형식을 해체한 자유로운 시다. 소설이 인물, 배경, 플롯을 위주로 하고, 희곡이 무대 공연을 목적으로 하지만 시는 상징, 비유, 이미지, 리듬 등 시 고유의 시적 장치가 있다.

시는 개인과 집단의 주관적 감성과 생각을 함축적으로 표현한다는 점에서 시언지詩言志이고 그것을 노래로 읊는다는 점에서 가영언歌永言이다. 그래서 동양에서 말의 뜻인 시詩와 음악적 노래의 가歌를 합하여 시가詩歌라고 했다. 서양에서도 시는 절제된 운문의 언어예술작품이었다. 일찍이 아리스토텔레스는『시학』에서 사실을 함축적으로 기록한 서사시the epic, 敍事詩, 감정을 노래로 표현한 서정시the lyric, 抒情詩, 무대에서 공연되는 형식의 극시the dramatic, 劇詩로 분류했다. 이후 시에 대한 많은 정의가 있는데, 근대 이전의 시는 동서양 모두 사실과 허구를 구분하지 않았다. 그래서 시인과 시 텍스트 안의 (시적) 화자는 같은 존재였고 시는 시인이 창작한 예술작품이었다. 가령 이백의 시가 상상을 통하여 새롭게 창작한 것이기는 하지만 이백 자신의 경험과 상상에 근거하고 있으므로 이백은 실제 시인詩人인 동시에 시적 화자다.

시를 상상과 허구라고 생각한 것은 낭만주의 시대 이후부터다. 낭만주의 시인들은 시를 '스스로 분출하는 감정의 유로'로 간주했다. 그리고 허구적인 시적 화자를 설정했다. 이후 고대의 서사시는 소설, 극시는 희곡이 되었고 서정시가 현대의 시로 진화했다. 고대와 현대를 막론하고 가장 중요한 시의 요소는 함축적 언어와 음악적 리듬이다. 그래서 시의 언어인 시어詩語라는 개념이 생겼고 은유와 직유 등의 비유, 역설, 아이러니, 풍자, 직관 등 시적 어법poetic diction이 구사되며 비유, 이미지, 모호성ambiguity, 상징 등을 주로 사용한다. 또한, 시는 음악적 리듬을 중시하기 때문에 두운, 각운 등의 압운, 음보와 음수 등을 통한 박자beat, 강약과 고저, 율격meter과 같은 운율metrical rhythm의 특징이 있다. 이런 시의 규칙을 잘 지킨 시는 정형시定型詩, 정형적 구조가 아닌 시를 자유시自由詩, 이야기나 산문verse 형태의 시를 산문시散文詩라고 한다.

시는 한 줄을 행line이라고 하고 행이 이어진 단락을 연stanza, strophe이라고 한다.

이것은 동서양을 망라한 모든 지역의 시에서 똑같다. 동양에는 오언절구, 오언율시, 칠언절구, 칠언율시, 배율 등의 한시漢詩와 행行, 부賦, 가사, 시조, 하이쿠短歌 등의 정형시가 있고 서양에는 소네트sonnet, 육각운시hexameter, 오드Ode, 만가elegy 등의 정형시가 있다. 시의 형식은 그 시대의 정신과 구조를 반영한다. 특히 근대의 자유주의 사상으로 자유시가 탄생했다. 자유시는 형식과 내용의 자유로운 표현을 의미하지만, 산문시와 이야기시 등 산문 형태의 시를 포함한다. 한편 시의 내용에 따라서 연애시, 사상시思想詩, 종교시, 풍자시, 농민시, 노동시 등 많은 영역이 있고 국가와 민족마다 고유한 시의 형태와 특질이 있다. 시 또는 시가는 가장 오래된 (문학의) 장르이기 때문에 다양한 양식이 있다. 하지만 어떤 형태의 시든지 함축적 표현, 절제된 언어, 내재적인 리듬, 상징과 은유로 대표되는 시의 본질에서 벗어나지는 않는다.

참고문헌 Aristoteles, *Poetica*; 『尚書·堯典』, "記舜的話說 詩言志 歌永言 聲依永 律和聲"

참조 기승전결, 리듬·운율, 비유, 사무사, 산문, 상징, 서사시, 서정시, 스토리·이야기, 시언지 시연정, 운문, 은유, 이미지, 자유시, 장르, 한시/중국고전시, 허구, 화자/서술자

안빈낙도

Content amid Poverty │ 安贫乐道

공자는 '현명하구나 안회여, 한 대나무 소쿠리의 밥과 한 바가지 물을 마시면서 누추한 집에서 살게 되면, 사람들은 그 고통을 견디지 못하는데, 안회만은 그 즐거움을 버리지 않으니 어질구나 안회여一簞食 一瓢飲 在陋巷 人不堪其憂 回也不改其樂 賢哉 回也!'라고 말했다. 이것을 단표누항簞瓢陋巷이라고 하여 선비의 청빈하면서도 고고한 생활을 상징한다. 이처럼 공자는 수많은 제자 중에서 유독 인자顔子로 불리는 안회顔回의 명철함을 칭찬했다. 안빈낙도는 '가난해도 평안하게 도를 즐긴다'라는 의미인데, 원래 유가들의 겸양과 도덕을 상징하는 개념이었다. 그런 점에서 안빈수도安貧守道 즉, '가난하지만 도리를 지킨다'라는 뜻과 같다. 공자 이후 유가들은 특히 검소와 청빈을 수신의 덕목으로 삼았다. 한자문화권인 중국, 한국, 일본에서는 공자의 안빈낙도 사상을 중요한 인생관으로 삼았다.

또한, 공자는 '반소사음수飯蔬食飲水 거친 밥을 먹고 물을 마시고, 곡굉이침지曲肱而枕之 팔을 굽혀 베개 삼고 누워도, 낙역재기중의樂亦在其中矣 즐거움은 그 가운데 있으니, 불의이부차 기不義而富且貴 의롭지 않으면서도 부귀한 것은, 어아여부운於我如浮雲 나에게는 뜬구름 같은 것이다'라고 하여 절제하는 삶과 도덕적 자세를 권장했다. 이 자세는 부귀영화를 뜬구름으로 여기고 세속적인 삶에서 벗어난 고고한 삶이다. 또한, 안빈낙도는 청빈하고 소박한 생활을 이르는 단사표음簞食瓢飲 즉, 대나무 밥그릇의 밥과 표주박에 든 물이라는 뜻과 무위자연無爲自然을 통하여 순리와 도리에 따라 살아야 한다는 도가의 순응자연順應自然이 응축된 개념이다. 운명, 순리, 조화, 공존, 상생, 도리, 도덕 등은 그런 자연관과 천하관이 반영된 개념으로 아시아의 사유체계 중 하나이다.

　'가난하지만 도를 지키면서 즐겁게 산다'라는 고어가 안빈낙도安貧樂道, Being content amid poverty and taking pleasure in the honest and simple way다. 이 고어는 인간이 욕망을 어떻게 절제하는가와 연결되어 있어서 예술과 철학의 중요한 주제이다. 이것은 자기 분수에 만족하여 다른 데 마음을 두지 아니한다는 뜻의 안분지족安分知足, 가난하지만 도를 지킨다는 뜻의 안빈수도安貧守道와 연결되어 있다. 그런데 공자가 말한 것은 모든 사람이 안빈낙도해야 한다는 것이 아니라, 도덕군자나 위정자들이 안빈낙도해야 한다는 것이다. 따라서 안빈낙도는 군왕과 위정자들의 검소하고 엄격한 생활을 말하는 것으로서, 사회를 도학관에 의하여 교화해야 한다는 공자의 정치철학이 담긴 고사다. 원래 안분지족하고 안빈낙도하는 생활의 자세는 도가道家들의 겸양과 순리의 덕목이었다. 있는 그대로 자연의 흐름에 몸을 맡겨야 한다는 무위자연無爲自然은 안빈낙도의 생활방식을 잘 나타낸 말이다.

　문학작품의 주요한 소재였던 강호가도江湖歌道와도 관계가 있는 안빈낙도 사상은 회화, 음악, 연희 등 여러 예술의 주제이자 소재였다. 동진의 도연명은 「귀거래사」에서 안분지족하고 안빈낙도하는 생활을 담백하게 묘사한 바 있다. 그는 '부귀는 나의 소원이 아니고富貴非吾願, 신선의 나라도 기약하지 않는다帝鄕不可期, 좋은 때에 혼자 거닐고懷良辰以孤往, 때로는 지팡이 세워 놓고 김을 매기도 한다或植杖而耘耔'라고 표현하면서 가난하지만 담백한 삶을 그렸다. 그는 청빈했으나 관직에 뜻이 없었다. 그리하여 관직을 사직하고 전원으로 돌아와서 안빈낙도하는 처사의 삶을 살았다. 하지만 안빈낙도하는 자세는 당시의 혼란한 사회에서 지혜로운 삶의 방법이기도 했다. 이처럼 동양에서는 욕망을 절제하고 자연의 순리에 따르는 것을 미덕으로 여겼다. 그러나 가난하면 가난한 것을 운명으로 받아들이고 그에 순응하는 인생관을 가지고 즐겁게 산다는 것은 결코 쉬운 일이 아니다. 따라서 안빈낙도는 교육적 의미이자 생활의 교훈이었다.

한자문화권에서는 절제와 금욕 그 자체의 미덕을 추구했다. 천인합일 사상이나 천명사상天命思想에 근거하여 인간은 자연과 도리에 따라 욕망을 절제하면서 살아야 한다고 보았다. 안빈낙도에는 현실과 자연에 순응하고 조화하는 수동적인 의미가 있다. 반면 창조론創造論을 신봉한 서구에서는 인간이 신의 뜻을 거역하지 않으면서 자연을 개발하거나 다른 생물을 지배하고 수탈하는 것은 괜찮다. 그것이 바로 서구와 다른 지역의 역사가 달라진 계기 중의 하나다. 이처럼 안빈낙도, 안분지족, 강호가도, 무위자연無爲自然과 같은 사상은 현실에 안주하거나 자연의 순리만을 강조함으로써 욕망의 성취나 사회의 발전을 가로막고 과학적 분석을 어렵게 한다는 문제점이 있다. 하지만 안빈낙도는 모든 행복과 불행은 자기 자신 안에 있다는 것이며, 천지자연에 순응한다는 운명론적 세계관과 연결되어 있으므로 서구식 진화발전의 개념과는 거리가 있다.

참조 공자, 결정론, 도, 무, 무위자연, 운명론, 인심도심, 중용지도, 진화론, 창조론, 천명사상, 한자문화권, 호접지몽

문화생태계

Cultural Ecosystem | 文化生态系

미국인 찰리는 건배乾杯라고 외치는 중국인 C를 따라서 외쳤다. 그리고 단숨에 52도의 고량주白酒를 마셨다. 이어서 K도, W도, Q도 건배했는데 그때마다 찰리는 잔을 비웠다. 그래야 하는 것으로 생각한 찰리는 그날 밤 인사불성이 되어 쓰러졌다. 이런 상황에서 서구인들은 한국의 술 문화에 당황하는 경우가 많다. 잔을 주면서 술을 권할 뿐 아니라 거부할 수 없도록 하는 것은 매우 특이한 일이다. 또한, 중국, 한국, 일본에서는 밤에도 많은 사람이 거리를 활보한다. 이것은 '동양의 밤 문화'라고 할 수 있는 문화적 현상이다. 문화는 살아있는 생명체와 같은 것이고, 그 문화생명체는 밈meme과 같은 고유한 유전자를 가지고 있으며, 그 유전자는 이기적이어서 문화유전자 보존을 우선한다. 한편 문화생태계는 문화의 유기체적 성격을 강조하는 개념인 동시에 문화가 존재하는 자연적이고 사회적인 제반 조건과 환경을 말한다.

모든 유기체는 특수한 서식 환경에서만 생존한다. 모든 종species은 생존에 맞지 않는 서식 환경에서는 생존하지 못한다. 이런 생존의 현장을 생태환경 또는 생태계生態系라고 한다. 개념적으로 볼 때 생태계란 특정한 환경 안에서 사는 생물군과 그 생물들이 서식하는 복합적인 구조 및 공간을 총칭한다. 이 말은 영국의 생물학자 탠슬리Authur G. Tansley가 말한 것인데, 자연의 상태에서의 상호관계에 주목하는 개념이다. 생태계의 특징은 서로 의존하는 유기체 집단이라는 점과 하나의 독립된 체계를 이룬다는 점이다. 하나의 자연생태계自然生態系 안에 사는 유기체들은 먹이사슬을 통해 존재하는데 생태계에는 다양한 생태변화가 일어난다. 문화에도 생물과 같은 생태 현상이 있다고 보는 것이 문화생태론文化生態論이고 그 구체적인 공간과 조건은 문화생태계文化生態系이며 사회 환경과 인간생존을 문화적 측면에서 연구하는 것은 문화생태학이다.

문화생태학은 인간 생활의 제반 양상, 인간생존과 자연과의 관계, 자연과 생태가 문화에 미치는 영향 등을 다룬다. 또한, 문화생태학은 환경에 적응하는 인간의 능력을 통사적이고 공시적으로 분석하고 생존의 서식환경과 유전법칙을 연구한다. 문화생태학이 문화와 환경의 문제에 초점을 두는 데 반하여 문화생태계는 문화 그 자체의 생태구조에 초점을 둔다. 문화생태계의 이론적 원리인 문화생태학Cultural ecology은 다윈 이후 생물학의 영향을 받아서 성립된 문화진화론에서 유래했다. 이 이론에서는 문화의 진화는 문화가 환경에 적응하며 장기간에 걸쳐 단계적으로 변화해 가는 과정을 의미한다. 여기에 마르크스 유물론을 접목하여 문화에서도 발전과 쇠퇴가 있다고 가정하고 그 생장 소멸의 환경과 구조를 통사적으로 분석한다. 특히 인간이 사회적 환경에 어떻게 적응하며 학습하는가에 초점을 맞춘다.

문화생태학의 주된 관심은 집단의 긍정적 자산인 문화가 어떻게 작용하며 '그 집단의 구성원들이 어떤 행위와 양식을 취하는가'와 같은 것이다. 특히 스튜어드Julian Steward는 문화의 다선진화multi-linear evolution를 주장하면서 문화진화론과 생태학을 도입한 최초 인류학자였다. 스튜어드에 의하면 문화생태학은 문화인류학의 영역이지만 자연생태계와 마찬가지로 진화 법칙이나 자연선택설이 적용되는 영역이다. 그의 관점은 인간은 환경에 적응하는 능력이 있으며 기술, 교육, 지식 등과 같은 문화적 능력은 유전된다는 것이다. 그러므로 각 지역과 민족의 문화가 달라지고 그 문화는 문화종이라는 유전인자를 가지게 된다. 그 문화적 유전인자들이 모여서 문화생태계를 이룬다. 이렇게 볼 때 문화생태계란 '다양한 문화종Cultural species이 공존하면서 쟁투하는 현장'인 동시에 문화가 서식하는 생존의 공간이라고 할 수 있다. 하지만 자연환경의 법칙이 그대로 문화에 적용된다는 문화생태학은 문화를 환경결정론Environmental Determinism의 관점에서 이해한다는 비판을 받는다.

문화가 상호의존적이면서 완결성을 가진다는 것은 논란의 여지가 적지만 '문화에도 먹이사슬이 존재하는가, 그리고 문화에도 우열과 서열이 있는가'의 문제는 논란의 소지가 많다. 문화에는 우열과 서열이 없다. 그리고 모든 문화는 상호의존적이다. 반면 문화는 그 자체로 완결된 것이며 내재적 가치가 있어서 독자적으로 존재한다는 관점도 있다. 이렇게 볼 때 문화생태계는 진위판단의 문제라기보다는 '문화를 어떻게 보느냐'라는 문제로 환원한다. 한마디로 문화 생태계는 정치생태계나 환경생태계와 같은 개념이며 문화를 유기체로 보는 관점이다. 이런 문화 유기체론에서 개별 문화는 고유한 의미가 있으나 그 개별 문화는 상호 교류하고 서로 영향을 미치면서 총체적인 지구의 문화생태계를 형성한다는 거시적 문화생태계 이론으로 발전했다. 그런데 문화는 인간 고유의 제도라는 점에서 문화생태학은 사회학, 역사, 예술 등 여러 영역에서 이해되어야 한다.

참고문헌 Alf Hornborg, *Cultural Ecology*, Lund : Berkshire Publishing Group, 2005 ; Julian Steward, *Theory of Culture Change : The Methodology of Multilinear Evolution*, University of Illinois Press, 1972 ; 김승환, 「다문화주의와 문화다양성에서의 문화종」, 『현대문학이론연구』 33집, 2008.4, 117쪽.

참조 DNA/디옥시리보 핵산, 문명, 문화, 문화다양성, 문화사회, 문화순혈주의, 문화유전자 밈, 유전자, 이기적 유전자, 자연선택, 적자생존, 중립진화, 진화론

공산주의적 인간형

Communistic Character | 共产主义人间型

오전에는 밭을 갈고, 오후에는 낚시하고, 저녁에는 독서와 명상을 하거나 음악회에 가는 생활이 가능할까? 가능할 것이다. 하지만 쉽게 이루어지지는 않을 것이다. 사람들은 자유롭게 살면서 경제적으로 풍족한 상황에서 유희할 수 있는 세상이 되면 행복할 것으로 믿는다. 그래서 사람들은 그런 사회를 기대하면서 평화와 평등 그리고 번영을 희망하지만, 현실은 그렇지 못하다. 이에 관하여 마르크스K. Marx, 1818~1883는 사람이 돈에 얽매이지 않고, 다른 사람을 착취하지 않으면서도 욕망을 실현할 수 있다면 이상적이면서도 고결한 인간이 될 수 있다고 보았다. 이런 그의 견해는 실현 가능성 이전에 인류가 나아가야 할 유토피아적 전망으로 이해되는 경우가 많다. 노동가치와 계급투쟁을 포함하는 이 주장은 세계를 혁명의 시대로 바꾸는 신호탄이었으며 이후 인류사는 격변의 소용돌이를 지나야 했다.

공동생산을 의미하는 경제적 개념인 공산주의의 반대는 사적 소유를 바탕으로 하는 경제적 개념인 사본수의이다. 한편 정치적 개념인 민주주의의 반대는 비민주주의 즉 전체주의/독재주의/파시즘이다. 간단하게 말하면 공산주의는 생산과 분배를 토대로 한 경제적 개념이고 민주주의는 인간 주체를 평등에 근거하여 설정한 정치적 개념이다. 또한, 인간생존에 절대적으로 필요한 생산과 분배의 과정에는 노동이 있는 것이므로, 노동가치와 그 노동가치의 문제를 역사철학과 계급투쟁階級鬪爭으로 정리한 것이 공산주의 이론이다. 자본과 생산수단을 가지고 있는 자본가는 더 많은 이윤을 창출하기 위하여 노동자들에게 잉여노동surplus labor을 강요하게 된다. 반면 노동자들은 자기가 생산한 상품으로부터 소외되는 동시에 잉여가치를 착취당하게 되므로 자본가에 대하여 분노하게 된다. 이로부터 자본가와 노동자의 투쟁이 시작되는 것이다.

산업혁명 이후 과학과 기술의 발달로 인하여 대량생산의 체제가 도래했고, 생산력의 폭발적 증대는 노동과 생존의 문제를 근본적으로 변화시켰다. 이 과정에서 시민계급이자 유산계급인 부르주아bourgeois와 노동자와 농민을 중심으로 하는 무산자 계급인 프롤레타리아proletariat가 생겨났으며 봉건 지배계급은 역사의 뒤안길로 사라졌다. 이런 역사적 변혁에서 생겨난 개념이 바로 공산주의적 인간형과 공산주의자다. 공산주의적 인간형은 ① 인물 유형으로서 공산주의 이념을 현실에서 실천하려는 공산주의자, ② 공동의 이익, 공동의 목표, 공동의 위험을 공동으로 대처하려는 사회주의자이다. 모든 인간은 공산주의자의 심성을 가지고 있다. 하지만 사적 소유私的所有와 개인의 욕망과 같은 요인도 작동하기 때문에 모든 인간은 반공산주의적 심성도 가지고 있다. 그 심성의 변화는 인간의 본능과 사회적 조건에 따른다.

한마디로 공산주의적 인간은 고결한 이성을 바탕으로 자신 자신의 주체를 가지고 공동의 이익을 위하여 이상적인 생존을 하려는 인간을 말한다. 또한, 공산주의적 인간은 착취와 지배와 같은 인간 불평등을 없애고 평등하면서도 풍요로운 사회를 열망하는 적극적인 존재이면서 진정한 인간해방人間解放을 성취한 인간이다. 그런 점에서 공산주의적 인간은 루카치가 말한 문제적 인물과 유사하고 헤겔이 보편의 역사에서 말한 세계사적 개인과 연결되어 있다. 공산주의적 인간의 반대는 자본주의적 인간이다. 자본주의적 인간은 프랑스 혁명 이후 역사의 주역이 된 부르주아를 말하는 것으로, 자본의 원리에 따라서 생활하고 자본의 이념에 따라서 생각하는 인물이다. 모든 인간은 공산주의적 심성과 자본주의적 심성을 동시에 가지고 있다. 자기 자신이 어떤 인물이 될 것인가는 개인의 선택에 달려있으나, 실제로는 주어진 환경에 의해서 좌우된다.

차별과 위계는 동물의 본능일 수 있고, 인간도 동물적 욕망을 실현하려는 존재라는 점에서 모든 인간이 공산주의적 인간이 되기는 쉽지 않다. 또한, 공산주의자들이 주장하는 것처럼 가능한 만큼 일하고 필요한 만큼 소비하는 것은 이상적인 사회를 상징하는 것이다. 따라서 공산주의적 인간형은 고결한 품성을 가졌으면서 이성과 과학을 바탕으로 하면서 높은 윤리적 수준과 풍요와 평등이 이루어진 세상에서나 가능하다고 보는 것이 일반적이다. 함께 생산하고 함께 분배하며 억압과 압제로부터 해방된 이상적 사회인 동시에 계급과 국가가 없는 공산주의는 언젠가는 도달할 수 있지만 모든 인간이 고상한 인간으로서의 공산주의적 인간형이 되기는 쉽지 않다. 한편 예술작품에서 공산주의적 인간형은 지구 전체가 평등한 사회가 될 수 있다는 신념을 가지고 역사적 전망을 실천하는 전형적 인물이라고 할 수 있다.

참조 계급의식, 계급투쟁, 노동가치설, 마르크스, 문제적 개인, 사회주의 리얼리즘, 유물론, 유토피아, 이성, 인간소외, 인정투쟁, 잉여가치, 전형적 인물과 전형적 상황, 캐릭터·인물

문화순혈주의

Ideology of the Cultural Pure Blood | 文化纯血主义

곰과 호랑이가 쑥과 마늘만 먹으면서 100일간 햇빛을 보지 않으면 사람이 될 수 있었다. 이것을 지킨 곰이 여자가 되었고, 그 곰은 하늘에서 3천 명을 이끌고 세상에 내려온 환웅桓雄과 결혼하여 단군을 낳았다. 한국인들은 이 단군신화檀君神話에서 유래한 단일민족單一民族 담론을 부정하지 않는다. 오히려 단일민족이라는 것을 자랑스러워하는 한편 단일문화를 유지해야 한다고 주장하는 경향이 있다. 한국인이 단일민족이라는 것은 생물학이나 문화인류학의 근거가 없다. 그런데도 단일민족 신화를 적극적으로 부정하지 않는 것은 무슨 이유 때문인가? 첫째, 초자연적인 신화의 세계에서 유래한 것이므로 굳이 부정할 이유가 없고 둘째, 민족통일과 같은 전망을 실현하기 위해서 부정하지 않아야 하며 셋째, 문화적 우월감 또는 문화적 순혈주의를 유지하려면 단군신화를 통하여 민족적 신비성과 문화적 동질성을 증명해야 하기 때문이다.

문화는 인류가 축적한 유무형의 가치 있는 자산이고, 순혈주의純血主義는 순수한 혈통만을 선호하면서 그것을 이념으로 간주하고 다른 종족의 피가 섞인 혈통을 배척하는 배타주의다. 문화와 순혈주의가 합성된 문화순혈주의는 생물학이나 우생학에서는 과학일 수 있으나 인종이나 민족에 적용되면 인종차별과 배타주의와 같은 부정적 개념이 된다. 그러나 혈통의 계보와 순혈주의는 다르다. 어떤 종의 유전적 특징을 혈통으로 볼 수 있는 데 반하여 순혈주의는 배타적이면서 우등과 열등을 차별하는 것이기 때문이다. 이런 순혈주의는 단일성單一性으로 드러나므로 다양성과 다원성을 부정하는 속성을 지니고 있다. 따라서 문화순혈주의는 단일민족보다도 더 강력한 보수주의이면서 공격성을 내포하고 있는 개념이다. 그것은 순혈주의가 단순한 동질성만 의미하는 것이 아니라 자기 문화가 우월하다고 인식하기 때문에 생기는 현상이다.

문화적 동질성을 강력하게 유지하고자 하는 신념을 문화순혈주의文化純血主義라고 할 수 있는데 이 개념은 사전에 없다. 혼종의 문화와 상대적인 개념으로 문화순혈주의를 생각해 볼 수 있다. 간단하게 말하면 문화순혈주의는 단문화주의Mono-culturalism나 문화 단일주의보다도 더 강력하게 문화적 동질성을 추구하는 배타적 문화이념이다. 인간은 사회적인 동물인 동시에 문화적인 동물이기 때문에 문화를 통하여 자기 정체성을 확립하고 생존을 영위해 나간다. 처음 태어나서 습득한 문화를 모문화母文化라고 하고 그 외의 문화를 이문화移文化라고 한다. 모든 사람은 자기 모문화의 토대인 종족적 순혈성과 문화적 동질성을 유지하려는 경향이 강하다. 한국의 문화순혈주의를 생산하는 원리이자 토대인 단군신화는 『삼국사기』와 『삼국유사』에 근거한다. 이후 밝은 땅의 민족이라는 배달민족 신화가 이어져 왔다.

일반적인 의미에서, 민족주의는 근대에 생겨난 개념이며 민족의 이익을 우선하는 공동체 의식이다. 공동체 의식을 바탕으로 한 한국의 문화순혈주의의 전통은 일제식민지 시대에 강화되었다. 1900년대 초, 최남선崔南善을 비롯한 조선의 계몽주의자들은 일제강점에 대한 저항 주체를 형성하기 위하여 민족주의 의식을 계몽하기 시작했다. 그늘은 조선인에게, 조선은 실제의 공동체와 상상의 공동체Imagined community라고 계몽하기 시작했다. 그리고 실제의 공동체와 상상의 공동체에 민족을 대입하여 민족주의 의식을 구성했다. 간단히 말해서 민족적 정체성의 재확립과 식민저항의 주체를 위해서 한국인은 단일민족이어야 했던 것이다. 이렇게 하여 형성된 문화적 민족주의는 조선인 모두가 피지배계급이라는 계급의식과 연결되면서 배타적 민족문화인 문화순혈주의를 탄생시켰다. 조선의 문화순혈주의는 역사의 공동경험, 언어적 일체감, 지리적 운명공동체 등을 토대로 한다.

한국의 경우, 문화순혈주의는 '한국문화는 단일문화다. 한국문화는 순수해야 한다. 한국문화의 주체主體는 한국인이다. 한국문화는 우수하다'라는 것과 같은 순차順次로 이어진다. 이런 과정을 통하여 자민족중심주의를 좋은 것으로 오인한다. 이처럼 문화순혈주의는 현실을 귀납적으로 정리한 것이 아니라, 당위성과 목표를 설정해 놓고 그것을 인정하고 강화하는 집단적 인식의 산물이다. 결론적으로 문화순혈주의는 문화의 동일성, 동질성, 고유성, 배타성, 일체감을 근거로 한 문화적 신념으로써 자신의 문화가 우수하다는 우월감을 의미한다. 문화순혈주의는 문화적 다양성을 부정하고 다른 민족의 문화를 경시하는 인종차별의 근거이다. 이러한 문화순혈주의는 가능하지도 않고 옳은 것도 아니다. 그러므로 세계의 모든 국가에서는 열린 민족주의, 탈민족주의, 다문화주의, 문화다양성, 문화민주주의 등의 담론을 더 의미 있는 것으로 여긴다.

참고문헌 Benedict Ancdrson, *Imagined Communities : Reflections on the Origin and Spread of Nationalism*, London and New York : Verso, 2006.

참조 다문화주의, 문화, 문화다양성, 문화상대주의, 문화생태계, 문화제국주의, 문화충격, 민족, 민족주의, 민족문화, 상상의 공동체, 인종차별, 주체 · 주체성, 초민족주의, 타불라 라사

감정연금술
Emotional Alchemy | 感情炼金术

사람들은 '가장 기억하기 싫은 것은 무엇입니까'라는 질문을 받는다면 그 즉시 불편하고 불안한 감정이 들 것이다. 그래서 자신을 보호하려는 방어기제가 작동할 것이다. 하지만 누구든지 기억하기 싫은 어두운 감정 즉, 부정적 감정 negative emotion은 있게 마련이다. 대체로 부정적 감정은 무의식 속에 잠재되어 있든지 상흔trauma으로 내재해 있다. 문제는 부정적 감정을 은폐하거나 억누르면 그 감정이 왜곡되거나 폭발하면서 자기를 파괴할 수도 있다는 것이다. 그래서 심리학자들, 특히 심리치료사들은 부정적 감정을 해소하는 한편 나쁘고 싫은 감정을 좋은 감정과 생산적 힘으로 바꾸어야 한다고 주장한다. 자신에게 어두운 기억과 깊은 상처가 있다는 것을 솔직하게 인정하고 자연스럽게 받아들여야 한다는 것이다. 특히 인간이 불완전한 존재라는 것을 인식하면서 감사와 은혜의 마음으로 살아야 한다는 것이다.

심리치료학자인 그린스팬M. Greenspan에 의하면 인간의 핵심감정 중 슬픔, 절망, 공포, 두려움이 특히 중요한 감정이다. 이들 감정이 은폐되거나 억압되면 인간 내면의 불안과 불만을 일으킨다. 따라서 이런 부정적 감정을 솔직하게 인정하고 정면에서 응시하면서 자연스럽게 받아들임으로써 평안과 긍정으로 역전시켜야 한다. 그러니까 감정연금술emotional alchemy은 감정을 조절하여 부정을 긍정으로 바꾸는 마음의 연금술이다. 감정연금술을 주장한 그린스팬은 칼 융C.G. Jung 1875~1961의 분석심리학을 토대로 어둡고 불안한 감정을 치유해야만 긍정적인 삶을 살 수 있다고 단언한다. 실제로 그린스팬 자신이 자녀를 잃은 절망적인 상황에서도 신비한 체험을 통하여 그것을 극복했으며 자신을 대상으로 하여 심리치료와 임상시험을 행한 것으로도 유명하다. 그린스팬은 감정연금술의 일곱 단계를 제시한 바 있다.

첫째 단계는 영적인 의지의 집중, 둘째 단계는 긍정적인 태도의 계발, 셋째 단계는 감정을 느끼고 달래고 감정에 이름 짓기, 넷째 단계는 보다 넓은 세상 속에서 자신을 볼 것, 다섯째 단계는 속상하게 만드는 감정과 친구 되기, 여섯째 단계는 사회적 행동과 정신적 봉사, 일곱째 단계는 감정의 흐름에 내맡기기 등이다. 이런 과정을 통하여 감정을 조절하고 달래면서 고통에서 벗어나는 한편 자기 주체를 찾는다는 것이다. 그런데 불안하고 고통스러운 감정으로 금金을 만드는 이 방법은 조력자의 도움을 받을 수는 있지만 결국 자기 스스로 터득하고 실천해야 한다는 어려움이 있다. 뭉크E. Munch의 〈절규〉라는 작품에는 내면의 불안하고 어두운 무의식이 폭발하는 이미지가 담겨 있다. 환상적인 분위기 속에서 목 놓아 절규하는 이 그림을 보면 인간 내면의 감정과 상흔이 분출하는 것 같은 느낌을 받는다.

사람들은 무섭게 절규하고 극단적으로 절망하는 이 그림을 통하여 내면의 감정을 정화 즉, 카타르시스catharsis 할 수 있다. 인간은 불안, 고독, 절망 속에서 살아가는 존재임을 깨우치도록 하는 것이다. 이처럼 예술가들은 감정의 고향인 육체를 정직하게 응시하고 부정적 감정을 창조적인 예술작품으로 표현할 수 있어야 한다. 그런데 그런 감정이 훈련되는 곳은 가정이다. 라캉에 의하면 대다수 사람은 '아버지의 이름name-of-the-father'인 금지명령을 받아들이고 이를 통해서 사회를 익힌다. 그러므로 가정은 사회를 대리하여 감정을 조절하는 법을 가르치는 교육의 현장이다. 가정에서 감정을 조절하고 때로는 억누르도록 훈련받는다. 그러나 어둡고 고통스러운 감정은 부정적인 것만은 아니다. 감정을 잘 조절하면 긍정적인 것이 될 수 있다. 그러므로 감정연금술은 고뇌, 분노, 증오, 불안, 불만 등을 예술작품으로 표현하고 치료하는 예술치료藝術治療의 중요한 이론이다.

그린스팬의 감정연금술은 무엇을 녹여서 금을 만들듯이 어두운 감정을 밝은 감정으로, 부정적 감정을 긍정적 감정으로, 나쁜 감정을 좋은 감정으로 바꾸는 융화작용이다. 만약 부정적 감정이 어떤 계기로 촉발되게 되면 '감정의 부메랑' 이라는 회귀현상回歸現象에 의하여 큰 상처를 받는다. 이럴 때 자기파멸, 주체분열, 공격성, 파괴 충동, 정서불안, 우울증, 범죄, 정체성 상실 등의 더욱더 부정적인 방향으로 전개될 수도 있으므로 감정조절이 필요하고 그를 위해서는 감정연금술과 같은 과정이 있어야 한다. 그린스팬이 가졌던 페미니즘의 각도에서 볼 때 감정연금술에서는 남성성으로 간주되는 이성/논리가 아니라 여성성으로 간주되는 감성/감정이 더 큰 의미와 가치를 지닌다. 제목이 비슷한 『감정의 연금술』이라는 책이 있는데, 명상과 성찰을 통하여 감정을 정화하고 조절한다는 점에서 그린스팬의 관점과 유사한 면이 있다.

참고문헌 Miriam Greenspan, *Healing Through the Dark Emotions : The Wisdom of Grief, Fear, and Despair*, Boston : Massachusetts, 2004.

참조 감성, 감정·정서, 마음, 무의식, 방어기제, 아버지의 이름, 연극성 인격장애, 예술치료, 우울증 우울장애, 이성, 자기 정체성, 존재론, 주체분열, 주체·주체성, 카타르시스, 트라우마

소설
Novel | 小说

어느 날 알라딘^{Aladdin}은 처음 만난 삼촌을 따라서 산속으로 갔다. 가짜 삼촌인 마법사는 알라딘에게 동굴 속의 램프를 가져오게 시킨다. 알라딘은 현명하게 도 램프를 주지 않았다. 그러자 마법사는 화가 나서 동굴을 닫아버렸다. 다행히 반지의 도움으로 집에 돌아오고, 어머니가 램프를 닦자 램프의 요정이 나타나 서 그를 부자로 만들어주었다. 그리고 알라딘은 공주와 결혼했다. 이후 알라딘 은 마법사의 마술로 고생하지만, 다시 행복하게 산다는 이야기로 이어진다. 이 것은『천일야화^{千一夜話}』또는『아라비안나이트^{One Thousand and One Nights, Arabian Nights}』 에 나오는「알라딘의 요술 램프」다.『아라비안나이트』는 밤마다 미녀를 죽이는 페르시아 왕에 관한 이야기다. 아마도 이야기꾼인 셰에라자드^{Scheherazade}는 죽지 않기 위하여 매일 새로운 이야기를 지어냈을 것이다. 이처럼 소설은 지어낸 이 야기이면서 주로 산문으로 구성된 이야기다.

작은 이야기인 소설^{小說}은 도덕적 가치가 거의 없는 허황한 이야기라는 뜻이 다. 반면 서양소설의 어원인 Novelle는 라틴어에서 '새로운'을 의미하는 Novus 에서 파생된 것이다. 따라서 소설은 새롭게 꾸며낸 이야기라는 뜻이다. 대체로 사실이나 실제가 아닌 것을 허구^{虛構}라고 하고, 허구이면서 꾸며낸 이야기를 픽 션^{fiction}이라고 한다. 대체로 소설은 픽션 즉 허구다. 서양에서 소설^{novel}은 장편과 같이 길이가 상당한 허구적인 산문 서사^{narrative}를 지칭한다. 반면 짧고 단순한 이야기를 단편^{short story}이라고 한다. 그런데 아무리 재미있더라도 상상력을 발휘 하여 꾸며낸 허구^{fiction}가 아니면 소설이라고 하지 않는다. 왜냐하면, 사실적 이야기는 역사歷史이고 작가 또는 집단이 꾸며낸 이야기가 소설이기 때문이다. 이야기가 구성되기 위해서는 이야기 내의 단락들이 서로 유기적 관계를 이루면서 그럴듯하게 연결되어야 한다.

이야기는 필연적 인과관계因果關係와 그럴듯한 개연성probability이 있어야 한다. 그런데 서사 중 가장 긴 산문 양식인 소설은 금속활자의 발명 이후 인쇄문화로 인하여 가속화되었다. 그런 점에서 소설은 이야기의 구조를 의미하는 서사敍事, epic와 이야기의 방법을 의미하는 내러티브narrative가 각 시대와 상황에 따라서 변형되고 발전되는 이야기라고 할 수 있다. 일반적으로 이야기는 형식과 운율이 있는 운문보다는 자유로운 산문이 적합하므로 소설은 다양한 산문체로 창작된다. 이렇게 볼 때 소설의 본질은 이야기, 허구, 산문이라고 할 수 있으며 소설이란 작가가 상상력을 발휘하여 허구로 창작한 인과적인 산문체 이야기라고 정의할 수 있나. 대체로 소설은 길이에 따라서 엽편소설葉片小說, 단편소설, 중편소설, 장편소설, 대하소설大河小說로 나뉘고 주제와 내용에 따라서 다양하게 구분된다.

일반적으로 주제, 구성, 문체를 소설의 삼 요소로 일컫는다. 그리고 구성 또는 플롯plot은 인물人物·사건事件·배경背景을 통하여 이야기를 진행하는 방법이다. 대다수 소설은 어떤 상황에서 주인공을 포함한 여러 인물이 어떤 사건에 얽힌 줄거리로 짜여 있다. 한편 사건의 흐름이라고 할 수 있는 소설의 구조는 일반적으로 발단, 전개, 위기, 절정, 결말의 순서로 진행되지만 20세기 이후의 현대소설에서는 이런 구조가 해체된 작품도 많다. 한편 이야기를 서술敍述 즉 기술writer's writing하거나 진술speaker's telling할 때 여러 가지 기법이 필요하다. 가장 중요한 것은 서술자narrator가 서술하는 방법인 시점視點과 거리距離다. 시점은 일인칭 화자, 일인칭 관찰자, 삼인칭 화자, 삼인칭 관찰자로 나눌 수 있으며 작가의 창작 의도에 따라서 거리가 설정된다. 소설의 원형은 전설, 민담, 신화 등 전통적인 이야기 서사다. 이것이 발전하여 근대에 이야기, 허구, 산문과 같은 구성과 체계를 가지게 된 것이다.

서양소설의 원류인 호머Homer의 서사시는 운문이었고, 사건을 시간 순서대로 묘사했다. 운문의 서사시가 산문의 소설로 진화한 시기는 중세 말이다. 서양에서는, 서사시가 낭만적 기사의 이야기를 의미하는 로망스로 이행한 다음 근대의 소설로 발전했다. 그러므로 신화/전설−서사시−로망스−소설의 계보가 일반적이라고 할 수 있다. 그리고 세르반테스Miguel de Cervantes의 『돈키호테』가 중세 로망스와 현대소설을 이어주는 가교로 알려져 있다. 현대소설에서는 주인공의 신분이 하강하고 일상적 사건이 중심이 되었다. 그래서 이언 와트Ian Watt, 1917~1999는 산업사회와 중산층인 독서 대중의 출현rise of the reading public을 근대소설의 토대[1]로 보았다. 한편 루카치G. Lukács, 1885~1971는 고대의 서사시가 근대의 소설이 되었다고 주장하는 한편, 소설을 타락한 시대자본주의에 타락한 방법교환가치의 상품생산으로 진정한 가치를 찾는 언어예술작품으로 규정했다.

참고문헌 Ian Watt, *The Rise of the Novel : Studies in Defoe, Richardson and Fielding*(1957), University of California Press, 2001.

참조 갈등, 개연성, 내포작가/내포저자, 리얼리즘(예술), 믿을 수 있는 화자와 믿을 수 없는 화자, 배경, 문체, 사건, 산문, 서술자/화자, 소설(동양소설), 스토리·이야기, 인과율·인과법칙, 자본주의, 주제·제재·소재, 캐릭터·인물, 텍스트, 플롯, 픽션·논픽션, 허구

---

1   Ian Watt, *The Rise of the Novel : Studies in Defoe, Richardson and Fielding*(1957), University of California Press, 2001.

정경교융

Feeling and Setting Happily Blended | 情景交融

P는 이백의 시 「행로난」을 읽고 탄복했다. 자기도 모르게 긴 탄식을 내뱉으면서 '欲渡黃河氷塞川욕도황하빙색천 황하수 건너자니 얼음물이 막혀 있고, 將登太行雪滿山장등태항설만산 태항산 오르자니 온 산은 눈이로다'를 읊고 자기 마음을 그대로 표현했다고 생각했다. 이처럼 어떤 사람이 작품이나 공연을 보고서 감동했다면 그것은 감상의 주체인 자기와 감상의 대상인 작품이 교감하고 어울렸기 때문이다. 이와 같은 정경교융은 감상하는 자기 내면의 정情과 감상의 대상인 경景이 잘 어울린다는 뜻이다. 시인 또는 시적 자아의 바깥에 있는 것이 경景인데 경은 물物과 함께 세상을 구성한다. 이 경을 기술하고 표현하는 것이 서경敍景이고 정을 표현하는 것이 서정敍情이다. 시인은 자기 마음 바깥에 있는 세상 모든 것을 시의 대상으로 삼는다. 이때 시인의 감흥과 독자의 감흥은 정과 경의 교섭으로 일어난다.

대체로 마음이 움직이는 감정은 주관적이고, 감각기관이 감지하는 감각은 객관적이다. 마음이 감정을 표현하는 것을 (정을 끌어온다는 의미에서) 서정抒情이라고 한다. 서정은 마음 안에서 일어나는 희喜, 노怒, 애哀, 락樂, 애愛, 오惡, 욕欲을 포함한 온갖 감흥을 표현하는 것이다. 따라서 서경과 서정이 한시의 가장 중요한 미학이고 이 두 관계가 바로 정경교융이다. 그런데 서경抒景과 서정抒情에서 보듯이 '토로하고, 마음에서 끌어낸다'라는 서抒로 쓰는 경우가 많다. 정으로 경을 그리는 것을 이정사경以情寫景이라고 하고 경으로 정을 그리는 것을 이경사정以景寫情이라고 한다. 이 정경교융은 동양의 한시漢詩에서 마음인 정과 묘사의 대상인 경물이 완벽하게 어우러지는 것을 뜻한다. 그래야만 인간의 마음에 있는 감정이 일어나서 읽는 사람이나 보는 사람이 예술적 감동을 하고, 철학적 교훈을 얻으며, 자기를 수양할 수 있다.

이에 대해서 중국의 문학 이론가 왕국유王國維, 1877~1927는 정경이 잘 짜여야만 최고의 경지에 이른 좋은 작품이라고 말했다. 정경교융은 비단을 짤 때, 한 올 한 올이 정교하게 겹치는 것과 같다. 자기 내면의 서정과 자기 바깥의 경물이 잘 짜인 정경교직情景交織은 정경교융의 전제 조건이다. 정과 경이 어울려서 무엇이 정이고 무엇이 경인지 구분할 수 없는 것이 가장 좋겠으나 정과 경의 순서가 다르고 또 차이가 있을 수 있다. 정경의 순서는, 정을 앞세운 다음 경을 담아내는 선서정후사경先抒情後寫景 즉 선정후경과 경을 앞세운 다음 정을 담아내는 선사경후서정先寫景後抒情 즉 선경후정이 있다. 먼저 자연의 산수나 경관을 읊은 다음 자신의 생각과 정감을 표현하는 선경후정과 심사나 정감을 읊은 다음 산수나 경관을 표현하는 선정후경은 형식이 엄격한 한시 특유의 표현방법이다. 그런데 문인文人들 중에는 경만으로 정을 표현하고자 노력한 시인이 많다.

정情과 경景 중 하나에 치우치면 좋은 시가 되지 못한다. 한편 경을 보고 정을 일으키는 정수경생情隨景生, 정을 경에 투사하는 이정입경移情入景은 정과 경의 관계를 설명한 개념이다. 이것은 정 속에 경이 있고 경 속에 정이 있다는 정중경 경중정情中景 景中情의 또 다른 표현이다. 두보杜甫, 712~770의 시 「악양루에 올라」는 정경이 교융하는 가작으로 꼽힌다. 이 시에는 '오와 촉은 동남쪽에 벌어져 있고, / 하늘과 땅은 밤낮으로 수면에 떠 있다. / 가족과 벗에게는 소식이 없고, / 늙고 병든 나는 외로운 배와 같다'라는 대목이 있다. 2연인 함련은 실제 악양루라는 경물을 묘사한 실접이고 3연인 경련은 외로운 내면을 서정적으로 표현한 허접이다. 전실후허의 이 대목은 정과 경이 교직하면서 인간과 역사를 깨끗하게 담아낸 정경교융의 전범이다. 또한, 이 대목은 인식과 감상의 주체인 두보와 그 주체가 인식하는 악양루의 경관이 자연스럽게 어우러져서 주체인 정과 객체인 경이 분리되지 않는다.

　정경교융은 주체와 대상이 하나가 되는 경지를 일컫는다. 정경교융은 한시漢詩만이 아니라 다른 예술에서도 역시 높고 깊은 미학의 경지다. 여기서 정情의 대상인 경景은 주로 자연을 의미한다. 정과 경이 만나서 교융할 때 인간의 마음은 물아일체物我一體와 무아지경無我之境의 경지에 이른다. 마음의 바깥에 있는 경과 마음에 감응된 정의 교융이야말로 문학, 미술, 음악을 포함한 모든 예술의 목표라고 할 수 있다. 또한, 정경교융 물아일체情景交融 物我一體는 인간이 자연에 다가가는 것이 도道이고, 도는 미美와 낙樂을 준다는 동양미학의 정수이다. 시에서 정과 경이 교융하려면 시인이 먼저 물아일체와 무아지경을 느껴야 하고 그것을 읽는 독자도 물아일체와 무아지경을 느껴야 한다. 서구 예술론에서 정경교융과 유사한 개념은 '내용content과 형식form의 조화'인데 이것은 물아일체를 지향하는 동양의 예술관과는 다르므로 비교하기에는 무리가 있다.

참조 감동, 감정·정서, 객관적 상관물, 기승전결, 도, 무위자연, 문이재도, 물아일체, 미적 거리, 미학·예술철학, 사무사, 서정시, 수양론, 시, 시언지 시연정, 시중유화 화중유시, 우의심원, 의경, 의상, 자유시, 한시/중국고전시, 호접지몽

물아일체
Self and Other Oneness | 物我一体

어린 P는 하염없이 연두색 잎을 바라본다. 그것은 아름답고 신기하여 오래 보고 있어도 즐겁기 때문이다. 이처럼 봄의 새싹을 보면 황홀한 느낌이 들고 아무런 생각이 나지 않는다. 갑자기 나타난 K가 'P야!'라고 부르자 소스라치게 놀란다. 이것을 '넋을 잃는다'라고 한다. 이때의 넋은 영혼이나 생명을 잃었다는 것이 아니라 자기는 존재하지만, 대상 속으로 몰입하여 정신을 빼앗겼다는 뜻이다. 이것을 물物과 내가 하나가 되었다는 의미에서 물아일체라고 한다. 아물일체我物一體라고 쓰지 않고 물아일체라고 쓰는 것은 '인간이 우주 자연으로 다가가야 한다'라는 동아시아 사상의 원리 때문이다. 반면 서양에서는 플라톤 이후 끊임없이 인간의 자아, 자기, 자신, 존재, 주체를 강화했기 때문에 자기나 주체를 앞에 두고 객체를 뒤에 둔다. 가령 객주일체라고 하지 않고 주객일체主客一體라고 하는 식이다.

물아일체는 자기己己와 자기 바깥의 물物이 하나가 되는 것이며 주체와 객체, 정신과 물질이 일체가 된 상태다. 여기서 물은 대상 전체를 가리키는 것이므로, 나 이외의 모든 것이 물이다. 그렇다면 자기는 무엇이고 물은 무엇인가? 인식의 주체인 자기는 인간의 정신과 육체를 의미하며 인식의 대상인 물은 사물, 경관, 타자 등을 포함한 우주 전체를 의미한다. 따라서 물아일체는 자기와 자기 바깥의 구분이 없는 상태를 말한다. 일반적으로 물아일체를 자기가 물物속으로 들어가는 것物我一体即推己及物이라고 보는데 이와 유사한 개념으로 물심일여物心一如, 순응자연, 천인합일天人合一 등이 있다. 물아일체는 동양의 자연관, 우주관, 인간관에서 파생된 독특한 개념이고 음양이론, 심성론, 수양론 등 동양의 인식 체계를 토대로 한다. '자기를 잃어버리고 무엇에 몰두한다'라는 이 개념은 자기와 경물의 완벽한 일치를 지향한다.

한자문화권의 인간관은 창조론도 아니고 진화론도 아니다. 특히 동양인들은 예로부터 '인간은 자연의 흐름에 따르고 하늘의 명령에 복종한다'라는 천하관을 가지고 있었다. 따라서 아我는 물物로 다가가야 한다. 왜냐하면, 인간은 유한한 시공간에서 살다가 다른 것으로 변화하는 일시적인 존재이기 때문이다. 이처럼 한자문화권에서는 인위적이 아닌 자연적인 것을 존중하는 무위자연無爲自然과 하늘의 명령에 복종해야 한다는 천명사상天命思想을 특별히 존중했다. 이런 의식이 물아일체 무위자연의 근거가 되었다. 아울러 공자가 '어진 사람은 산을 좋아하고 지혜로운 사람은 물을 좋아한다仁者樂山 知者樂水'라고 한 것과 노자가 '하늘의 법은 도이고 도의 법은 자연이다天法道 道法自然'라고 한 것이 물아일체의 또 다른 이론적 근거다. 이런 생각은 세상의 '만물은 원래 하나'라는 사상에 근거하여 (표면적으로는 달리 보이지만) 차이가 없다는 일원론으로 환원한다.

유가儒家나 도가道家들은 예술이란 자연의 법에 따르는 것이라고 보았고 이것이 물아일체의 예술관을 형성했다. 인식의 주체와 인식의 대상이 분리되지 않는 것을 의미하는 물아일체는 주체의 문제로 환원한다. 따라서 인식과 지각의 주체인 인간은 우주 자연에 합일하고 조화해야 한다는 것이 바로 물아일체다. 또한, 물아일체는 인식의 주체가 소멸하고 물 그 자체만을 통하여 물의 본질을 본다는 이물관물以物觀物과 같은 심미적 관조의 경지다. 이것은 자기와 타자가 완전히 하나가 된 상태다. 한편 '주체가 인식한다'라는 점에서 역설적으로 주체의 문제로 환원한다. 간단히 말해서 물아일체는 주체 안에서 일어나는 심미적 작용을 의미하는 것으로 볼 수 있다. 하지만 물아일체는 교감이라는 상호작용이나 감정이입과 같은 정신작용이 있어야 가능하다. 이처럼 주체의 정신작용을 강조한 것이 정경교융이고 나와 타자가 혼융하는 것이 물아일체다.

마음에서 일어나는 서정抒情과 인식의 대상인 경물景物이 교직하고 융합融合한다는 '성경교융 물아일체'는 모든 예술이 추구하는 최고의 경지다. 객관적인 경물과 주관적인 마음이 하나가 된 것을 혼연일체渾然一體 망아지경忘我之境이라고 한다. 그런데 경물이 인간의 마음으로 다가올 수 없으므로 마음을 비워서 경물이 다가오도록 하는 것이 물아일체의 본질이다. 유가, 도가, 불가만이 아니라 선교仙敎와 무당巫堂 등 여러 신앙에서도 인간은 우주 자연과 합일해야 한다고 믿었으며 그런 의미의 물아일체는 예술에서만이 아니라 모든 생활에서 가장 높은 경지로 인정되었다. 또한, 동아시아인들은 음양 이론과 주역의 팔괘八卦에서 보듯이 자연과 조화를 지향했고 호접지몽胡蝶之夢에서 보듯이 현실과 비현실을 구분하지 않았다. 한마디로 천지자연과의 완벽한 조화야말로 즐거움과 아름다움을 준다고 보았다. 중국, 한국, 일본의 예술은 물아일체를 지향하면서 자연과의 조화를 매우 중요하게 여겼다.

참조 객관·객관성, 도, 도가도비상도, 무, 무위자연, 시, 예술, 음양오행, 인식론, 자아, 자아와 비아, 정경교융, 주관·주관성, 주체·주체성, 천명사상, 타자, 한자문화권, 호접지몽

카타르시스

Catharsis | 净化作用

어떤 사람 하나가 Q의 상가^{喪家}에서 슬피 울었다. 아무도 그가 누군지 몰랐지만 애절한 눈물과 애틋한 애도가 사람들을 숙연케 했다. 그런데 그 조문객은 울음을 그친 후, '타계한 분이 누구시지요'라고 물었다. 그러니까 그는 죽은 사람에 대한 애도를 한 것이 아니라 자기의 슬픔을 타인의 죽음에 투사한 것이다. 이런 행위를 통해서 내면에 억압되어 있던 아픔과 고뇌를 해소할 수 있다. 이런 카타르시스^{catharsis}는 억압되었거나 무시되었던 감정을 표출하여 해소하는 것을 말한다. 프로이트의 정신분석학에서는 인간 내면의 억압된 감정이 해소되지 않으면 무의식 속에 잠재하여 부정적으로 작용할 수 있다고 본다. 따라서 무의식 속에 잠재하는 감정인 슬픔, 공포, 연민, 고뇌, 불안, 갈등, 적대감, 불만 등을 무의식 바깥으로 표현하고 배설하고 정화해야만 한다. 이 카타르시스는 배설^{排泄}이나 정화를 넘어서 정신적 평화와 행복을 느끼는 특별한 감정이다.

그리스어 카타르시스^{κάθαρσις}는 배설, 청소, 정화 등을 의미하는 의학용어였다. 이것을 아리스토텔레스가 비극을 설명하면서 의학적 은유^{medical metaphor}로 사용한 다음부터 예술용어로도 쓰이고 있다. 아리스토텔레스는 비극을 본 관객이 느끼는 효용적 가치를 카타르시스라고 했다. 그는 『시학^{Poetica}』에서 비극^{悲劇}은 공포와 연민을 통하여 관객의 정신과 감정을 정화하는 고상한 장르라고 규정했다. 반면 희극은 가벼운 웃음만 선사할 뿐, 인간의 운명이나 철학에 대한 깊은 고뇌가 없으므로 가치가 낮다고 보았다. 또한, 그는 인간이 비극적인 공포와 연민을 통하여 극적인 카타르시스를 느낄 뿐 아니라 해방과 쾌감을 얻을 수 있다고 보았다. 예술이 인간의 감정을 불안하게 만들고 정신을 타락시킨다고 믿었던 플라톤Platon, BCE 428/427~BCE 348/347과 달리 아리스토텔레스는 예술이 감정을 조절하는 긍정적인 면이 있다는 것을 강조하기 위하여 카타르시스라는 개념을 사용했다.

플라톤은 본질 또는 진리의 세계인 이데아idea를 정확하게 기술하는 디에게시스Diegesis를 옹호하고 상상과 허구로 꾸며냈다는 의미의 미메시스Mimesis를 비판했다. 플라톤에 의해서 추방되어야 하는 존재로 지목되었던 예술가가 아리스토텔레스에 의해서 의미 있는 존재로 설정된 것이다. 그런데 예술은 바로 창조적 재현인 미메시스이고, 미메시스의 표본이 비극이다. 특히 비극의 관객은 주인공과 자신을 동일시함으로써 억압된 감정을 정화한다. 또한, 관객은 주인공의 영웅적 행위와 예정된 패배를 자신에 투사하는 한편 거역할 수 없는 운명을 받아들임으로써 세상과 화해한다. 독일의 극작가 레싱G.E. Lessing, 1729~1781은 일상생활에서 감정의 과잉이나 과소로 인하여 균형을 상실하는 경우가 많은데 이것을 조절하지 못하면 정신적 이상이 생기므로 정신적 균형을 주는 카타르시스가 필요하다고 주장했다. 감정의 과잉을 정화하여 고결한 마음으로 바꾸어주어야 한다는 것이다.

일반적인 의미에서 카타르시스는 정화淨化, purification와 배설排泄, purgation이라는 두 가지 의미로 쓰인다. 정화는 세례洗禮와 마찬가지로 더러운 것을 씻는다는 종교적 의미가 있다. 반면 배설은 생리적 의미로 쓰인다. 따라서 정화와 배설은 다르다. 정화 또는 순화는 더러운 죄를 씻고 마음과 몸을 깨끗하게 한다는 뜻이고, 배설은 생리학적 욕구가 해결되는 쾌감이다. 배설되지 못하고 정화되지 못한 감정과 고뇌가 있을 때는 더 큰 고통과 고뇌가 생겨날 수 있다. 이런 점에 주목한 심리학과 정신분석학에서는 내면의 감정을 표현하는 카타르시스를 통하여 무의식 속에 잠재해 있는 상흔trauma을 치료할 수 있다고 보았다. 가령 독서나 예술 행위를 통하여 내면을 표현하고, 그 과정에서 억압되고 무시되었던 감정이 해소되는 카타르시스가 실행된다는 것이다. 그런 점에서 예술치료와 정신분석이 카타르시스와 관계가 있다.

이처럼 심리학과 정신분석학에서는 무의식이나 의식 내면에 억압된 감정을 언어나 행동을 통하여 표출함으로써 정신의 안정, 감정의 자유, 평화와 행복을 얻는다고 본다. 특히 프로이트 심리학에서 카타르시스는 억압을 해소하는 심리치료의 방법으로 이용되었다. 또한, 칼 융C. Jung은 어둡고 불안한 감정인 슬픔, 절망, 공포, 초조, 증오, 분노 등이 해소되지 않으면 정신과 감정의 이상증세가 지속한다고 보았다. 그 이상증세는 계속하여 사람을 괴롭히기 때문에 시원하게 해소할 필요가 있다. 그것이 바로 카타르시스다. 이렇게 볼 때 카타르시스는 무시되었거나 억압된 고통스러운 내면을 표출하고 극복하게 하는 데 유용한 개념이다. 특히 심리치료에서는 카타르시스적 공격cathartic aggression과 같은 적극적인 행위를 통하여 심리 이상증세를 치료하기도 한다. 한편 카타르시스를 미적 황홀감ecstasy으로 보거나 속죄양과 같은 종교적 의식으로 보는 때도 있다.

참고문헌 Aristoteles, *Poetica*.

참조 감정·정서, 감정연금술, 디에게시스, 모방론, 무의식, 미메시스(아리스토텔레스), 비극, 아리스토텔레스, 연극·드라마, 예술치료, 의식, 트라우마, 표현, 하마르티아

대중문화이론
Critical Theory of Mass Culture | 大众文化批判理论

일본에 사는 D 씨는 '당신은 무슨 문화생활을 하고 있습니까'라는 질문에 4번 '영화'라고 답했다. 이어 '그 문화 활동을 하는 이유는 무엇입니까'라는 다음 항목의 답은 3번 '재미있고 즐거우므로'를 선택했다. 한국인이나 중국인도 마찬가지일 것이다. 일본인 D 씨가 답한 영화는 현대인들이 즐기는 문화 활동으로 대중문화의 대표적인 양식이다. 이런 개념에서 대중문화大衆文化란 대중을 대상으로 생산되고 소비되는 문화이며 대중매체를 기반으로 형성된 근대문화의 한 형태로 볼 수 있다. 그런데 이 대중문화라는 개념은 첫째, 대중들의 대중적 오락행위로써 삶을 즐겁게 하는 건전한 대중의 문화와 둘째, 대중들을 수동적이면서 표피적으로 만드는 지배와 폭력의 문화라는 두 가지 의미가 있다. 이 중 두 번째 대중문화론을 이론적으로 정초한 것은 프랑크푸르트학파와 문화이론학자들이었다.

프랑크푸르트학파Frankfurt School, 그중에서도 특히 일차원적 인간One-dimensional Man을 이야기한 마르쿠제와 도구적 이성을 이야기한 아도르노T. Adorno, 1903~1969에 의하면 대중문화는 인간의 영혼을 빼앗아 가는 자본주의의 전략이다. 특히 자본주의 시대의 대중들은 상품에 포박당해 있을 뿐 아니라 대중매체가 쏟아내는 광고에 홀려 정신까지 잃어버린 존재다. 또한, 육체와 영혼이 모두 돈의 감옥에 갇혀 있고, 소비를 통해서만 자기 존재를 확인받는 대중들은 감각적 대중문화에 조종당하는 수동적 객체일 뿐이다. 가령 앞에서 예로 든 상업영화는 근대인들의 정신을 마비시키며 영혼을 탁하게 만드는 부정적인 기능을 한다는 것이다. 아도르노는 대중문화의 특징을 표준화^{standardization}라고 정의했다. 이때의 표준화란 자본주의 대량생산을 뜻하는 동시에 물신화된 소비주의^{Consumerism}와 규격화된 문화산업을 의미한다.

대중문화는 지배계급의 가치관과 이념을 대중들이 받아들이도록 세뇌한다. 대중문화의 철학적 의미를 분석한 아도르노에 의하면 문화는 이성의 도구로 쓰이면서 동일화시키고 표준화시키는 폭력에 이용된다. 대중문화는 주체와 대상의 고유성을 무시하고 표준화된 감성, 표준화된 생각, 표준화된 행위를 강요한다. 그 결과 획일적 대중문화가 널리 퍼진다. 이런 아도르노의 비판적 생각은 프랑크푸르트학파가 공유하고 있는 사상이다. 이처럼 프랑크푸르트학파에서는 대중문화가 대중들을 사회의 권위에 순응하게 함으로써 자본주의의 모순을 용인하는 정치적 기능을 하고 있다고 비판한다. 나아가 대중문화는 대중이 즐기는 문화라기보다는 오히려 통제와 억압을 강화하는 수단일 뿐이며 대중문화 뒤에는 파시즘과 전체주의라는 어두운 그림자가 드리워 있다고 본다. 그러므로 근대의 대중문화는 지배와 피지배의 정교한 계급 관계를 상징한다.

산업혁명 이후 자본주의 사회는 문화산업^{cultural industry}을 통하여 문화예술의 대량생산과 대량소비라는 미증유의 시장체제를 완성했다. 문화를 생산과 소비라는 산업의 차원과 시장의 상품으로 보는 문화산업은, 사람들을 수동적이고 무비판적인 자본주의형 인간으로 개조시켜 버렸다. 마침내 사람들은 존재론적 고뇌와 정치적 비판의식을 잃어버리고 표피적 감각과 소비 욕망에 따르게 된다. 이들은 철저하게 억압하고 통제하는 사이비 개인주의^{pseudo-individualism}나 사이비 자유주의에서 헤어나기 어렵다. 호르크하이머^{M. Horkheimer, 1895~1973}와 함께 펴낸『계몽의 변증법^{Dialectic of Enlightenment}』에서 아도르노는 대중문화를 부정해야 할 자본주의 산업사회의 산물로 간주한다. 이들에 따르면 대중문화는 인간의 진정한 자유와 해방을 방해하는 동시에 허무주의^{Pessimism}를 조장하고 자기소외^{自己疏外}를 심화시킨다.

아도르노와 프랑크푸르트학파의 대중문화이론은 자본주의 사회의 대중문화를 보는 이론으로서, '문화산업과 대중문화가 인간을 종속시키고 마비시키며 사회변혁의 의지를 약화시킨다'라는 비판이론이다. 이 비판의 핵심은, '대중문화는 취향에 의하여 선택된 오락이 아니라 인간을 노예로 만드는 억압의 기제'라는 것이다. 실제로 근대의 대중들은 수동적인 존재가 되어 타인들과 욕망을 경쟁하는 시장의 노예가 되어 버렸다. 따라서 인간은 도구화된 이성에 대하여 비판을 하면서 자기 존재에 대하여 깊은 성찰을 해야 한다. 그리고 사회적 모순에 대한 철저한 부정을 통하여 진정한 이성과 자유를 쟁취해야 한다. 좌파 문화이론가들이 대중문화^{Popular culture}가 섹스와 폭력을 통하여 대중을 도덕적으로 타락시킨다고 본다. 이와 다르게, 신좌파 문화이론가들은 대중문화^{Mass culture}가 생산되고 유통되는 방식 그 자체가 인간의 비판적 이성을 마비시킨다고 본다.

참고문헌 Max Horkheimer and Theodor Adorno, *Dialectic of Enlightenment : Philosophical Fragments*, edited by Gunzelin Schmid Noerr, translated by Edmund Jephcott, Stanford : Stanford University Press, 2002.

참조 문화, 문화산업[프랑크푸르트학파], 문화예술의 시장실패, 문화제국주의, 변증법, 부정변증법, 욕망기계, 이성, 인간소외, 자본주의, 포퓰리즘

문화자본[부르디외]

Cultural Capital | 文化资本

J는 베토벤의 피아노 협주곡 〈황제Piano Concert, 5 Eb Kaiser〉가 흘러나오자 불편한 표정을 숨기지 않았다. 대중가요를 즐겨듣는 그에게 고전음악은 어울리지 않았다. 이것을 한 사람이 가진 문화적 아비투스habitus라고 한다. 취향인 것처럼 보이는 이것은 사실, 계급과 신분이 표면으로 드러난 현상이다. '문화적 차이가 왜 계급적 차이인가'를 생각한 것은 프랑스의 철학자 부르디외P Bourdieu, 1930~2002 다. 그래서 그는 문화를 '인간을 차별하고, 권력을 부여하며, 사람을 지배하는 자본'으로 간주했다. 문화자본이라는 어휘는 1977년 부르디외와 장 클로드 파스롱Jean-Claude Passeron이 『교육, 사회 그리고 문화의 재생산Reproduction in Education, Society and Culture』에서 처음 사용했다. 이들이 말하는 문화자본은 아비투스習性와 같이 상징적으로 드러나는 취향을 포함하여 개인 또는 집단이 가지고 있는 문화예술과 관련된 능력, 자산, 가치 등이다.

문화는 경제나 권력 못지않게 신분과 계급에 결정적 영향을 미친다. 가령 상류계층의 부모는 자녀에게 예절, 행동 양식, 습관, 아비투스, 예술 감상능력, 외국 경험, 명문 학교 졸업장, 예술작품 등을 물려주는 것을 통하여 지배계급의 신분을 상속한다. 이런 불평등을 해소하고 싶었던 부르디외는 1973년 '지배계급이 신분을 상속하는 것을 차단해야 한다'라고 주장했다. 그리고 1986년, 자본의 형태를 다음과 같이 세 가지로 구분했다. 첫째, 경제자본economic capital은 현금, 주식, 토지, 각종 소유권 등 유무형의 자산이고 둘째, 사회자본social capital은 단체 회원이나 인간관계 등 집단과 관계된 사회자산이며 셋째, 문화자본cultural capital은 지식, 기술, 교육, 예술 등 문화와 예술에 관련된 자산이다. 훗날 부르디외는 넷째, 상징자본symbolic capital을 추가했는데 상징자본은 위신, 명예, 평판, 존경, 공로, 위엄, 가치 등의 추상적 비물질이면서 그것이 합법적으로 인정되는 자본이다.

위의 네 가지 자본 중 문화자본은 문화와 예술의 해독능력, 인지능력, 미적 취향, 감상능력, 적응능력 등이다. 또한, 문화자본은 문화예술에 대한 이해력과 향유능력인 동시에 이를 바탕으로 한 문화생산능력이다. 부르디외는 문화자본을 다시 세 가지 유형으로 구분했다. 첫째, 체화된 문화자본embodied cultural capital은 유전적으로 주어진 것은 아니지만 오랜 시간을 통하여 습득된 언어, 행동, 인식의 방법, 예술 감상능력 등이며 둘째, 객관적인 문화자본objectified cultural capital은 피카소의 그림이나 베토벤의 피아노 협주곡처럼 구체적인 실체이며 셋째, 제도화된 문화자본institutional cultural capital은 사회가 인정하는 명문 학교 졸업장이나 와인 테스트 자격증 등과 같이 경제자본으로 교환 가능한 잠재적 자본이다.

문화자본론에서 문화는 계급투쟁의 현장이다. 이 문화자본은 교육을 통해서 형성된다. 가정교육, 학교 교육, 사회교육으로 특별한 교육을 받으면 자연스럽게 문화자본을 취득한 다음 상류 지배계급에 편입되는 것이다. 부르디외적 개념에서 사회적 관계들이 형성되는 영역을 장field이라고 한다. 공간적 장소를 넘어서 사회적 관계를 의미하는 장場은 인간이 처한 상황이면서 인간이 맺는 관계의 총체이다. 한편 사람들은 생활의 현장인 장에 사는 문화적 존재인 동시에 문화자본을 얻고자 쟁투를 벌이는 인정투쟁認定鬪爭의 주체이다. 문화자본의 쟁투 과정에서 차이와 구별 짓기가 행사되고 계급과 집단이 나뉜다. 그러므로 부르디외에 의하면 '교육을 통하여 공정하게 신분이 결정된다'라는 주장은 허위이다. 왜냐하면, 계급, 특히 상류 지배계급은 경제자본이나 사회자본은 물론이고 문화자본을 통해서 신분을 상속하기 때문이다.

마르크스주의 계보로 볼 수 있는 문화자본론의 핵심은 '상류 지배계급의 부당한 상속은 차단되어야 한다'라는 것이다. 하지만 문화자본론은 '신분과 계급의 상속은 그렇게 기계적이지 않다'라는 문제점이 있다. 또 다른 문제점은 '지나치게 구조주의적이며 문화의 개념을 상류계급의 문화에 한정할 뿐 아니라 교육과 문화 그리고 신분의 관계를 결정론으로 이해한다'라는 점이다. 한편 문화자본은 문화적 자본이라는 자본주의資本主義 관점에서 사용되는 경우가 많다. 자본주의의 관점에서 보면 문화도 화폐나 상품과 같은 자산 또는 자본이다. 자본주의 체계에서 문화자본은 자본의 한 종류일 뿐이며 문화산업이나 문화예술 경영을 통하여 이익을 창출하는 생산적 도구다. 물론 문화를 자본으로 보는 것은 이윤을 추구하는 자본주의 개념이기 때문에 부르디외의 문화자본론과는 거리가 있다.

참고문헌 Pierre Bourdieu and Jean Claude Passeron, *Reproduction in Education, Society and Culture*, Sage Publications, 2000.

참조 결정론, 계급투쟁, 구조주의, 독사, 문화, 문화산업(프랑크프르트학파), 문화상대주의, 문화제국주의, 상징, 상징권력, 상징자본, 상징폭력, 아비투스, 인정투쟁, 자본주의

문이재도

Moral Loaded Writing | 文以載道

어느 날 제자가 선생에게 물었다. '글을 쓰는 것이 해가 되는 것입니까?' 선생은 이렇게 답했다. '해가 된다. 무릇 생각에만 전념한다면 뜻이 거기에 매이게 되니, 어찌 천지의 광대함과 함께하겠는가?害也 凡爲文不傳意則之口於此 又安能與天地同其大' 이것은 송의 유학자 정이程頤가 한 말로, 작문해도론作文害道論이라고 하는 동양의 미학이다. 그러므로 글을 쓰는 것 즉, 작문은 해가 되는 것이므로 사람들은 함부로 글을 써서는 안 된다. 이런 사상은 '있는 것을 그대로 기술하지만 마음대로 지어내서 글을 쓰지 않는다'라는 술이부작述而不作으로 함축될 수 있다. 원래 이것은 성인의 글을 읽는 것이 중요하다는 뜻이었다. 정이의 이 말은 유학의 태두인 공자의 사상으로 거슬러 올라간다. 일찍이 공자孔子, BCE 551~BCE 479는 군자라면 수신을 위하여 소도小道를 배척해야 한다고 말했는데, 이때의 소도는 대도大道 또는 정도正道가 아닌 사사롭고 허황한 이야기다.

공자와 같은 시대에 살았던 노자는 『도덕경』에서 도가도비상도道可道非常道 즉, 진리인 도는 언어로 표현할 수만은 없고 명가명비상명名可名非常名 즉, 이름은 이름이라고 할 수 있지만, 항상 이름이 아니라고 하여 도의 깊은 이치를 강조했다. 한편 유교 철학을 확립한 순자荀子, BCE 298~BCE 238는 '사설邪說과 간언奸言을 늘어놓는 자가 많아서 세상이 어지럽다'라고 한탄했다. 사설과 간언의 반대 의미는 도리道理와 도덕道德인데 이때의 도는 금수禽獸가 아닌 인간의 올바른 언행과 깨끗한 정신을 의미한다. 이처럼 공자, 노자, 순자 모두 '문文은 올바른 도를 표현해야 한다'라고 주장했다. 여기서 유래한 문이재도文以載道는 '문은 도를 실어야 한다'

라는 문학관인 동시에 유교의 도학관道學觀이다. 따라서 문이재도는 한자문화권의 대표적인 예술론이며 창작의 원리였고 독서의 방법이었다.

유교의 태두인 공자는 사무사思無邪, 즉 '삼백 편의 시를 한마디로 말하면 거짓된 것이 없다詩三百 一言以蔽之 曰思無邪'고 했다. 한마디로 사무사는 시에 표현된 사상과 감정이 모두 깨끗하고 올바르면서 동시에 내용과 형식이 잘 어울린다는 뜻의 문질빈빈文質彬彬이다. 또한, 공자는 도학道學이 인간 만사를 관장해야 한다면서 문학을 포함한 모든 예술 역시 이 원리를 지켜야 한다고 강조했다. 공자의 예술론은 이후 2천 년 이상 동양예술의 핵심으로 절대적인 권위를 행사했다. 문이재도는 공자의 학통을 이어받은 송末의 유학자 주돈이周敦頤, 1017~1073가 『통서문사』에서 '문소이재도야文所以載道也'라고 한 것에서 유래한다. 이것은 전통적인 유가의 고문가古文家와 도학자道學者들이 신봉한 문장의 원리를 함축한 것이년서 공자의 문통文統과 도통道統을 계승한 문학관이다.

하지만 문이재도론은 무를 억제하고 문을 숭상한 송의 시대적 특징이 반영된 개념이다. 그래서 문을 도의 수단으로 인식했다는 비판을 받기도 한다. 한편 예악사상禮樂思想에서 드러나듯이 시서화악詩書畵樂을 하나로 보고 음악에서도 도를 중시했음을 알 수 있다. 이처럼 문이재도나 예악사상은 예술, 인생, 사회, 역사, 정치, 경제를 일원론으로 보는 사상이다. 그런데 문文이 도道를 실어야 한다는 문이재도는 문보다 도가 우선하는 것처럼 이해되는 경향이 있다. 하지만 문이재도, 문이관도文以貫道, 문이녕도文以明道, 도문합일道文合一, 도문일치道文一致는 문을 중요시하지 않는다는 뜻이 아니고 도와 문의 균형과 조화를 의미한다. 한편 문이재도의 문文 그 자체가 중요하다는 관점과 문장은 도를 싣는 것이 원래 목적이 아니라는 해석도 있다. 이처럼 '문이재도는 문이 더 중요하다'라는 해석이 가능한 이유는 도道가 형식을 규정하면서 예술성을 훼손하기 때문이다.

문이재도 사상은 서양예술론 중 플라톤의 시인추방론詩人追放論과 유사한 면이 있다. 플라톤은 『국가』에서 사람들은 이성과 논리를 우선해야 하므로 감성

을 자극하는 시인을 포함한 예술가들을 추방해야 한다고 말했다. 이때의 이성
과 논리는 도리와 도덕에 해당한다. 반면 아리스토텔레스는 예술의 가치를 부
분적으로 인정했다. 이 관점은 르네상스와 근대 자유주의 사상 이후 문학과 예
술의 자율성을 존중하는 쪽으로 이행했다. 이처럼 근대 이전 서양과 동양의 거
의 모든 예술론은 종교적 신성성이나 철학적 내용을 위주로 했다. 물론 플라톤
의 시인추방론이 초월적인 이데아의 진리를 말한 것이라면 도학관의 문이재도
는 현실의 진리를 말한 것이므로 차이가 있다. 하지만 문이재도는 문학이 교훈
을 주어야 한다는 교훈주의 그리고 실제적인 효용성이 있어야 한다는 효용론效
用論과 상통한다.

참고문헌 孔子, 『論語』, 「爲政篇」.

참조 공자, 교훈주의, 도, 도가도비상도, 르네상스, 문학, 미메시스〔아리스토텔레스〕, 사
무사, 술이부작, 시언지 시영언, 시인추방론, 예술, 이성, 인심도심, 천명사상, 허구

도시의 전설
Urban Legend | 現代传说

파리 오페라하우스 지하에 유령이 살고 있다. 이 유령은 기괴한 소리를 내고, 귀신처럼 이곳저곳을 돌아다니는가 하면, 오페라 극장의 여주인공을 납치하여 지하세계로 끌고 간다. 그가 사는 파리 지하에는 작은 호수도 있고 언덕도 있다. 사랑하는 사람을 지하로 납치했다가 다시 돌려보낸다는 이 이야기는 1909년 소설가 가스통이 쓴 원작을 각색한 〈오페라의 유령〉이라는 뮤지컬의 내용이다. 파리 지하에 유령이 산다는 이야기는 사람들에게 공포심을 유발하고 상상력을 자극하면서 사실처럼 소문으로 떠돈다. 이처럼 근대에 만들어진 비현실적인 이야기를 '도시의 전설', '도시의 신화', '현대의 전설'이라고 한다. 과거의 천지창조, 신들의 이야기, 영웅 서사, 모험담 등의 서사가 현대사회에서 도시를 배경으로 하는 기이하고 재미있는 이야기로 바뀌었고, 이것을 도시 전설 또는 도시의 전설이라고 한다.

이 하수도 소재 이야기는 '런던 지하에 상어가 살고 있다'라든가 '서울의 한강에 악어가 살고 있다'와 같은 민담과 유사한 서사구조를 가지고 있다. 또 다른 괴담怪談인 '학교 화장실에 귀신이 있다, 집수리 중에 시체가 나왔다, 병원 청소부가 환자를 죽인다'라는 등 근거 없이 만들어지고 떠돌아다니는 소문은 현대사회에서도 계속 생산된다. 이런 이야기는 강력한 흡인력으로 대중들을 현혹하는 경우가 많으므로 경찰에서 경고를 발동하는 일도 있었다. 이것은 인간의 호기심에서 시작되어 집단무의식에 이르기까지 인간의 생각과 언어에 대한 분석의 대상이기도 하다. 또한, 도시의 전설은 범죄가 일어나는 원인, 그 범죄를 해결하는 방법, '그런 사회적 현상을 어떻게 이해해야 하는가' 등을 다루는 사회심리학의 영역이기도 하다. 일반적으로 전설傳說은 실제 인물, 사건, 장소, 동식물 등에 특별한 의미를 부여하고 기이한 내용을 첨가한 과장된 이야기다.

'도시의 전설'은 유타대학의 영문학자 잔 해롤드 부른반드Jan Harold Brunvand가 창안한 개념이다. 반면 민속학자와 문화인류학자들은 도시라는 장소성보다 현대라는 시간성에 의미를 두기 때문에 '현대의 전설contemporary legend'로 부르는 것이 일반적이다. 한마디로 '도시의 전설/현대의 전설'은 거대하고 비밀스러운 음모론conspiracy theory과는 달리 사회에 떠돌아다니는 민속적인 이야기로, 사실인 것처럼 보이지만 사실이 아닌 꾸며낸 이야기다. 이야기 형식으로 볼 때는 민간에서 퍼지는 민담이나 약간의 사실에 허구를 보탠 설화에 가깝다. 도시의 전설은 전달자vector가 중요하다. 전달자는 '내 친구 K가 겪은 이야기인데'나 '미국 뉴욕에서 있었던 이야기인데'와 같은 익명이면서 익명이 아닌 것처럼 보이는 사실성을 부여함으로써 호기심과 상상력을 유발한다.

도시의 전설은 이야기의 진위가 확인되지 않은 채 빠르게 전파되는 속성이 있다. '어떤 집 지하에 어떤 사람이 10년 동안 갇혀 있다', '도시 지하에 금광이 있다' 등과 같이 반증가능성falsifiability이 없는 이야기는 이메일, 트위터twitter, 페이스북facebook, 인스타그램instagram 등 인터넷을 통해서 확대 재생산되거나 만화, 영화, 애니메이션, 드라마로 재현된다. 논리적이지도 않고 사실적이지도 않은 이런 도시의 전설은 지속해서 생산된다. 이런 이야기를 '도시의 전설'이라고 하는 것은, 전설은 신화와 달리 이상하지만, 사실인지 아닌지 증명할 수 없기 때문이다. 그런 점에서 『한서漢書』「예문지藝文志」에 나오는 항간의 민속적 이야기라는 뜻의 가담항어 도청도설街談巷語 道聽塗說과 유사하다. 그러니까 '도시의 전설'은 도시라는 공간에서 생산되고 유통되는 구비문학이면서 기록문학으로 정착되거나 드라마나 영화 등으로 영역이 확산될 수 있는 일종의 이야기다.

'도시의 전설' 이야기는 과장되고 변형되지만, 인물, 배경, 서사, 문체 등에서 소설과 유사한 구조가 있다. 그런데 '도시의 전설'은 공포나 괴기를 극단적으로 과장하거나 확산시킨다. 도시의 전설은 사실 확인이 되지 않는데도 계속하여 재생산되는 특징이 있다. 실제로 '어린이를 잡아서 간을 빼 먹는다'라는 이야기나 '선풍기 바람 때문에 사람이 죽었다'는 이야기는 근거가 없는 비과학적인 소문이지만 사람들에게 공포심을 유발한다. 그러므로 '도시의 전설'은 사회학에서는 사회적 현상으로 연구하며, 문학에서는 이야기 구조로 분석하는 등 복합적인 영역 중의 하나다. 또한, 도시의 전설은 '세상이 논리나 이성으로만 구성되지 않는다'라는 것을 반증하는 한편 인간에게는 감성이나 상상 그리고 신비성이나 기괴성奇怪性도 중요하다는 것을 보여주는 개념이다.

참고문헌 Jan Harold Brunvand, *Encyclopedia of Urban Legends*, Santa Barbara, California : ABC-CLIO, 2001.

참조 감성, 단일신화, 문학, 상상, 서사, 소설, 스토리·이야기, 신화·전설, 연극·드라마, 이성, 주제·제재·소재, 캐릭터·인물, 플롯

증강현실

Augmented Reality | 增强现实

그가 춤을 추자 수천 명이 운동장으로 쏟아져 나왔다. 그리고 흥겨운 리듬에 맞추어 손을 모으고 춤을 추기 시작했다. 운동장에 울려 퍼지는 큰 스피커에서 미리 녹음한 노래 반주가 들렸다. 이처럼 사람들은 가수를 따라서 녹음한 음악에 맞추어 춤을 추고 노래를 한다. 이때 거대한 전광판에서는 삼차원의 영상이 파노라마처럼 흘러갔다. 어떤 것이 사실이고 어떤 것이 가상인지 혼동이 된다. 이것을 현실과 가상이 혼합되었다는 뜻에서 혼합현실Mixed Reality, MR이라고 한다. 이와 달리 가상과 현실 중 한쪽을 기반으로 하면서 다른 한쪽과 결합하는 경우가 많다. 가상현실假想現實은 사람과 환경을 가상으로 만든 다음, 사람이 그 상황에서 실제 존재하는 것처럼 만들어 놓은 인간과 컴퓨터 사이의 상호작용이다. 그중의 하나가 가상현실Virtual Reality의 한 형식인 증강현실增强現實이다. 여기서 말하는 현실은 실재다.

가상현실과 달리 증강현실은 가상현실을 실제 현실과 혼합하고 증강한 현실이다. 현실의 질량을 증가시키고 강화했다는 의미의 증강현실은 자연과 과학의 결합을 이론적 토대로 한다. 증강현실은 축구장의 대형전광판과 음향, 수영경기의 예측 지점표시 등은 물론이고 거의 모든 컴퓨터게임, 각종 기계 조립, 고난도 수술, 행위예술, 전쟁 수행, 설치미술, 시 낭송, 길 찾기, 방송, 광학기술, 건설토목 등에 두루 이용된다. 이처럼 각종 과학기술에 의하여 현실의 감각과 인지가 증가하고 강화되는 것을 증강현실增强現實, Augmented Reality, AR이라고 한다. 1990년 보잉사에 근무하던 토마스 카우델Thomas Caudel이 창안한 증강현실은 과학기술

특히, 전자매체의 영상, 음향, 홀로그램 등 각종 과학의 발달이 가져온 혁명적인 기술이다. 증강현실은 철학적으로는 실재實在와 실제實際가 무엇인가라는 본질적 문제를 제기한다.

증강현실은 군사학에서 컴퓨터를 이용하여 영상을 또 다른 영상과 겹쳐서 응용하는 사격이나 조종으로부터 시작되었다고 보기도 한다. 증강현실이 현실과 가상의 단순한 복합이 아니라 융합된 창조라는 점에서 복합형 가상현실 시스템Hybrid VR system이라고 하는 경우가 많다. 하지만 증강현실에서 가상은 보완적일 뿐이므로 현실과 현실 환경을 위주로 한다. 이 증강현실은 시각적이거나 청각적인 강화를 통하여 실재와는 전혀 다른 체험을 가능케 하는 과학기술이지만 실재와 비실재에 대한 철학적 문제가 본질이다. 나아가 인간이 현실이나 실재라고 생각하는 것이 과연 현실이고 실재인가를 묻는다는 점에서 존재론과 인식론의 과제이기도 하다. 증강현실 이론에 크게 이바지한 아즈마R. Azuma에 의하여 확립된 아즈마 정의는 사실과 가상의 결합, 현실과의 소통, 삼차원3D이라는 세 가지 원리를 기반으로 한다.

3차원 가상은 3차원의 현실과 통합될 수 있다는 전제하에3-D virtual objects are integrated into a 3-D real environment in real time 현실reality, 가상virtuality, 미디어가 창조한 현실mediality로 분류된다. 현실과 가상의 조합은 증강된 가상, 즉 증강 가상Augmented Virtuality, 가상을 바탕으로 한 혼합가상Mixed Virtuality, 현실과 가상이 혼합된 혼합현실Mixed Reality, 그리고 증강현실 등 네 가지가 가능하다. 즉 현실은 가상에 의해서, 가상은 현실에 의해서 증강되는데 3D 특수 안경은 가상을 현실로 증강하는 좋은 예다. 이 중 증강된 현실은 증강된 가상과 대조적인 개념인데 과학기술로 인하여 감각과 인지가 증가하고 강화된 것이다. 이론적으로 이 현상은 현실과 가상의 경계가 없어진다는 것을 의미한다. 하지만 증강현실은 꿈, 환상, 공상, 망상, 허상과는 다르다. 현실이 가상과 결합하여 현실을 더욱 현실적으로 만드는 것이기 때문이다.

과학기술의 발전으로 인하여 인간이 허공의 홀로그램을 보고 대화를 한다든가 백과사전을 찾아본다든가 음악을 듣는 것이 가능해졌다. 또한, 각종 시뮬레이션simulation에서 보듯이 증강현실은 모든 분야에 획기적인 변화를 가져다주었다. 일반적으로 현실이라고 하는 실제reality는 인간이 인지하는 실제이므로 본질적 실제와는 다르다. 현실 자체가 실제가 아니라면 그것은 현실과 가상으로 나누는 것이 무의미하다. 하지만 증강현실은 환상, 환영, 환청, 상상, 공상空想 등과 같은 완전한 가상이 아니고 인간이 인지하는 현실감각을 바탕으로 한다는 특징이 있다. 그러므로 증강현실은 인간의 존재와 사물의 본질 그리고 그에 대한 인식과 인지의 문제로 환원한다. 증강현실은 과학기술만이 아니라 문화, 예술, 철학, 사회, 의학, 오락은 물론이고 윤리나 법에 이르는 인간사회 전체에 지대한 영향을 미친다.

참고문헌 Ronald T. Azuma, "A Survey of Augmented Reality", *Presence : Teleoperators and Virtual Environments 6*, August 1997, p.356.

참조 감각, 공간, 리얼리즘(예술), 리얼리즘/실재론(철학), 시간, 시뮬라시옹 시뮬라크르, 예술, 지각, 초현실주의, 호접지몽, 환상/환상성

의상

Theory of Image | 意象

중국 삼국시대 촉한의 제갈량諸葛亮, 181~234은 '내 꿈을 실현할 날이 올 것'이라면서 때를 기다렸다. 이것은 수괘需卦라고 하는 기다림의 괘다. 그러니까 제갈량은 물 건널 때를 기다린다는 의미인 '수우교 이용항需于郊 利用恒', 즉 '항심恒心을 가지고 기다린다'라는 수괘의 초구初九에 따른 것이다. 이처럼 제갈량은 어떤 일을 할 때 괘를 보았다고 전한다. 전설적인 인물 제갈량이 보았다는 괘는 우주 자연의 상징이면서 사실이 축약된 형상이므로 나름대로 과학성을 가지고 있다. 여기서 유래한 의상은 뜻과 의미의 형상이고 그 개념이 드러나는 상징적 표면이다. 괘卦의 근원은 주역이다. 『주역周易』에서는 만물과 만사를 괘효로 분류했다. 일반적으로 볼 때 뜻이 의意이며 괘가 상象이다. 주역 「계사系辭」의 본질인 의상은 철학은 물론이고 예술 및 여러 영역에 두루 영향을 미친 중요한 이론이다.

의상은 뜻이 형상으로 드러난 것이다. 그런데 뜻을 드러내는 주체가 주관적으로 형상화하지 않고 객관적으로 형상화하여 정감의 공통감각Common sense을 불러일으키게 된다. 사전적으로 보면 의상은 뜻과 상징을 합한 것이며 그에 대한 이론을 의상이론意象理論이라고 한다. 여기서 말하는 의상의 상象은 함축적인 형상을 말하는 것으로서 일종의 심상 또는 상징이다. 주역에 특별한 의미를 부여한 공자孔子는 성인은 글로 모든 것을 표현하는 것은 아니며 '괘로 진위를 드러내고 괘효사로 말을 표현한다設卦以盡情僞 繫辭焉以盡其言'고 했다. 즉, 우주 자연의 이치를 상징적으로 표현할 뿐이고 모든 것을 다 표현하지 않는다는 뜻이다. 경물景物의 상징象徵이 경물의 본질을 표현하지만, 그것은 사실 서술자의 심상이다.

그렇다면 상象은 의意와 어떤 관계인가?

의는 마음, 생각, 사상 등의 뜻을 의미한다. 그런데 언어로는 만사와 만물을 다 표현할 수 없으므로, 비유적이고 상징적으로 함축하여 표현하게 된다. 따라서 의상은 예술가의 주관과 경물의 객관이 조화하는 경지인 의경意景으로 승화한다. 여기서 주관적인 뜻이 객관적인 형상과 결합하는主觀的意和客觀的象的結合 예술의 심원한 경지가 열린다. 한편 '사물을 보고 상을 얻는다觀物取象'라는 관물주의는 철학과 예술의 기본원리 중의 하나다. 이것을 입상이진의立象以盡意라고 하는데 이때의 상은 회화적 형상이라기보다는 우의지상寓意之象 즉 진리를 비유적으로 드러낸 형상이다. 따라서 의미는 형상을 통해야 하고 형상은 언어를 통해야 한다. 결국, 형상으로부터 진의와 사상을 이해할 수 있고 언어로부터 형상을 이해할 수 있으므로 의와 상은 상호의존적이다.

예술도 그렇지만 모든 영역에서 상형, 형상, 언어, 은유, 상징 등은 매우 중요하다. 특히 문학은 글을 매체로 하므로 색채 구도를 매체로 하는 미술이나 선율 장단을 매체로 하는 음악과 달리, 형상성과 우의성이 더 복잡하다. 아울러 모든 문학작품은 형상 너머의 깊은 뜻이 표현된 결과라고 할 수 있다. 이렇게 얻은 형상은 추상적인 것이 아니고 구체적이고 본질적이다. 그러므로 그 뜻을 이해하고자 하면 숨겨진 상징이나 은밀한 비유를 해독해야 한다. 이런 이유 때문에 의상이론에서는 모든 것을 채우거나, 모든 것을 표현하거나, 직설적으로 말하게 되면 깊은 뜻을 표현할 수 없을 뿐 아니라 진정한 의미가 손상된다고 본다. 그래서 언어에 뜻을 부여하는 우의라는 방법을 쓰는 것이다. 하지만 언어는 강을 건너 피안에 도달하기 위한 방편方便이자 수단에 불과한 것이다. 그래서 '강을 건넌 다음에는 배를 버려야 한다'라는 명제가 성립하는 것이다. 배에 머물러 있으면 더 큰 의미와 본질을 보지 못하기 때문이다.

우의寓意는 '뜻을 붙인다'라는 것이다. 이때 붙이는 것이 상, 즉 형상인데 그 형상이 상징적으로 되어 있으므로 괘상卦象이 되는 것이고 그 우의가 바로 의상

意象의 방법이다. 한자문화권에서는 전통적으로 우의, 즉 상징이나 비유의 함축성을 높이 평가했다. 이처럼 뜻을 상으로 나타낼 수 있었던 것은 형상화가 가능한 한자의 특성 때문이다. 한자는 형상성이 높은 상형문자이므로 뜻을 다른 방법으로 함축하여 형상화하는 것이 쉽다. 그래서 뜻을 상으로 만들거나 상을 뜻으로 만드는 상호변환에서 의상의 방법이 고안된 것이다. 또한, 의상이론에서는 여백, 함축, 직관, 생략 등을 중요하게 여긴다. 반면 영어에서 의상은 이미지image 또는 이미저리imagery이며 의상주의意象主義는 20세기 서구의 이미지즘Imagism이다. 따라서 주역에서 기원한 의상이론과 서구의 이미지즘을 의미하는 의상주의는 다른 맥락으로 보아야 한다.

참고문헌 『周易』.

참조 비유, 상징, 알레고리, 우의심원, 은유, 의경, 이미지·이미지즘, 제유, 직관, 표현, 한자문화권

문학사 · 예술사 · 문화사
History of Literature · History of Art · History of Culture | 文学史 · 艺术史 · 文化史

'이 시간이 내가 여러분을 가르칠 수 있는 마지막 수업입니다. 알자스와 로렌 지방의 학교에서는 이제 독일어만 가르치라는 명령이 베를린에서 왔습니다.' 그리고 아멜 선생님은 프란츠에게 자리로 가서 앉으라고 말했다. '아멜 선생님은 프랑스어에 대한 여러 가지 이야기를 들려주었다. 프랑스어는 세계에서 가장 아름답고 가장 명확하며 가장 확실한 언어라고 강조하였다. 그러니 우리는 프랑스어를 끝까지 지켜서 절대 잊어버리지 말아야 한다고 했다. 엄숙한 분위기 가운데 문법 시간과 쓰기 시간, 역사 시간이 지나갔다. 성당의 큰 시계가 12시를 알리고 그와 동시에 훈련에서 돌아오는 프러시아 병사들의 나팔 소리가 요란하게 울렸다.' 이것은 알퐁스 도데^{Alphonse Daudet, 1840~1897}의 「마지막 수업^{The Last Lesson}」 중 한 장면이다. 평이하면서도 의미가 있는 명작인데, 언어 민족주의^{Linguistic Nationalism} 소설로도 정평이 있다.

프랑스와 독일 사이의 프로이센－프랑스전쟁^{Prussian–Franco War, 普佛戰爭, 1870~1871}에서 패한 프랑스는 알자스와 로렌 지방을 독일에 할양했고 독일어를 써야 했다. 이 작품에서 도데는 프랑스인은 프랑스인의 정신이 있다는 것과 프랑스 정신은 프랑스의 역사와 생활 속에서 형성된 것임을 강조하고 있다. 한편 계몽주의 사상가 이폴리트 텐^{Hippolyte Adolphe Taine, 1828~1893}은 조국 프랑스의 패배를 보고 그 원인이 프랑스인의 국민성에 있다고 진단했다. 그리하여 텐은 콩트의 실증주의와 과학주의를 기반으로 인간성을 연구하여 인간은 인종^{race}, 환경^{milieu}, 상황^{moment}의 영향을 받는다는 환경결정론^{Environmental Determinism}을 제시했다. 그리고 텐은 문학예술은 프랑스의 시대정신과 프랑스인의 민족성 속에서 해석되어야 하고 그 바탕에서 문학사가 기술되어야 한다고 주장했다. 문학사, 예술사, 문화사는 위계적이면서 유기적인 관계다.

첫째, 문학사文學史는 문학의 역사를 연대기적으로 기술하거나 사관view of history, 史觀에 의하여 기술하는 것이다. 연대기적 문학사는 작가의 생애, 작품의 생산과 유통, 비평과 논쟁, 수용의 과정, 문학적 사건, 창작기법, 동인 등 단체, 문예사조, 문학연구 등을 시간적 순서에 따라서 체계적으로 기술하는 것이다. 그러나 문학은 인간의 사상과 감정을 언어예술로 표현한 것이기 때문에 연대기적 문학사는 단순한 기술에 머물 수 있다. 그래서 역사적 관점인 사관을 가진 역사서술 방법으로 역사편찬historiography을 한다. 가령 실증주의, 변증법적 역사유물론, 민족정신, 기독교적 사명, 식민주의 등의 사관으로 문학사를 기술하는 것이다. 이를 통하여 문학의 인과관계cause and effect를 해명할 수 있고 문학의 다원적이고 복잡다기한 총체성totality을 설명할 수 있다.

둘째, 예술사藝術史는 개별 장르의 역사적 서술이 아니라 예술의 정신과 미학적 본질을 총체적으로 기술한 예술의 역사다. 예술사는 과거, 현재, 미래를 통사적으로 이해하고 그 시대와 대화하면서 예술의 내면을 기술한다. 실증주의 비평가 텐의 관점은 예술사에도 그대로 적용될 수 있다. 텐의 말처럼 예술가의 생애를 알아야 작품을 이해할 수 있고, 시대정신을 통해서 예술가의 심리를 알 수 있다. 그런데 예술가의 정신은 이미 형성된 민족적 특징, 시대적 환경, 역사적 상황의 영향을 받는다. 이것이 헤겔이 말한 시대정신Zeitgeist이다. 한 시대의 민족人種은 시대정신을 형성하고 개인은 시대정신의 영향을 받는다. 따라서 예술작품은 한 개인의 창조적 생산물인 동시에 그 시대가 생산한 사회적 생산물이다. 예술사는 문학사와 마찬가지로 연대기적 서술과 사관의 서술로 나뉜다. 대체로 한 민족과 국가의 범주에서 예술사를 기술하는 것이 보통이다.

셋째, 문화사文化史는 예술, 과학, 교육, 종교 등 문화를 총체적으로 기술하는 것이다. 또한, 문화사는 문화를 인류학과 역사의 관점에서 이해하는 것이면서 생활 속에서 문화의 정신사histoire des mentalités를 포착하는 것이다. 일반적으로 문화사는 과거, 현재, 미래를 관류하는 문화의 통사적 흐름을 기술한다. 문화사에서 중시되는 것은 특별한 개인의 문화적 특질이 아니라 보통사람들의 일상적 생활상이다. 그러므로 당대인들의 축제, 놀이, 이야기, 의식, 어법, 풍속, 권력, 이념, 계급, 정체성, 태도, 제도 등을 종합적으로 해석한다. 문화사의 시원은 스위스의 문예학자 부르크하르트Jacob Burckhardt, 1818~1897다. 그는 문화의 생명에 주목한『이탈리아 르네상스의 문화Die Cultur der Renaissance in Italien』1860에서 르네상스라는 개념을 확립하고 문화의 시대정신을 추출했다. 문화사는 문화, 예술, 철학, 사상 등 정신문화의 역사이다.

참고문헌 Jacob Burckhardt, *The Civilization of the Renaissance in Italy*(1860), translated by S. Middlemore, Penguin Classics, 1990.

참조 개성, 계몽주의/계몽의 시대, 과학주의, 르네상스, 문예사조, 문학, 문화, 시대정신, 언어 민족주의, 역사, 예술, 장르, 정신, 현재·과거·미래, 휴머니즘/인문주의

아방가르드

Avant-garde | 先锋派

'앗, 좌전방에 적의 진지가 있다.' 이렇게 나직하게 외친 그는 뒤따라오는 상관에게 이것을 보고했다. 이처럼 전선에서 전방을 탐지하고 주력부대가 전진할 수 있도록 길을 개척하는 전사戰士를 전위前衛라고 한다. 전위를 의미하는 프랑스어 아방가르드는 러시아혁명 당시의 노동자계급을 비롯한 혁명적 선두를 의미했다. 시간이 가면서 정치와 사회는 물론이고 문화와 예술 등 여러 영역에서 혁명적이고 비판적인 일군의 활동가와 그 사조를 의미하는 개념으로 확장되었다. 협의의 개념에서 전위는 정치나 사회의 변혁 운동을 의미하고 전위예술은 실험적이면서도 선구적인 예술이나 경향을 의미한다. 한마디로 아방가르드는 기존의 예술을 부정하고 혁명적인 정신으로 실험적인 예술을 지향하는 전위예술이다. 또한, 아방가르드는 고정된 실체나 사조가 아니라 늘 변화하는 미학적 경향이자 미래를 예단하는 직관적 활동이기도 하다.

실험적이고 전위적인 아방가르드 예술은 전통을 거부하고, 미적 혁신을 지향하므로 초기에는 인정을 받지 못하는 것이 보통이다. 그래서 예술의 기준norm을 해체하려는 전위예술은 전투적인 예술운동의 성격을 띤다. 하지만 모든 예술가는 전위적인 성격이 있고 모든 예술은 전위성이 있다. 왜냐하면, 예술은 현존의 관습, 법률, 체제를 넘어서 더 자유롭고 이상적인 것을 지향하기 때문이다. 실제로 아방가르드avant-garde, vanguard, front guard, advance guard 예술운동은 기존의 예술에 대한 저항과 반항으로부터 출발했다. 대체로 예술가들은 시대의 통념을 부정하고 그에 내재한 모순을 직관한 다음 이에 저항하거나 그 모순을 해결하고

자 노력한다. 왜냐하면, 예술가들은 언제나 창조적인 눈으로 자유로운 표현을 하고자 하는 존재이기 때문이다. 그러므로 예술가의 눈은 전위와 실험의 눈이며 그의 예술 행위는 전위와 전복의 결과이다.

전위예술前衛藝術이 실험적이라는 것은, 기존의 경향을 부정하고 새로운 것을 추구하는 동시에 불확실한 상태에서 새로운 것을 탐색한다는 뜻이다. 그러므로 아방가르드는 전복과 부정의 확실한 목적을 가진 문예운동이며 상징주의, 표현주의, 다다이즘, 초현실주의, 입체파 등 전위적인 제반 사조思潮를 총칭한다. 그러나 아방가르드는 고정된 유파가 아니므로 오늘의 전위는 내일의 보수가될 수 있는 형식에 대한 관점이다. 따라서 아방가르드는 혁신과 변화를 의미하고 실험적이기는 하지만 이념적 진보가 아닐 때도 있다. 일반적으로 보헤미안주의Bohemianism의 하위영역으로 간주하기도 하는 아방가르드 운동은 예술을 위한 예술art for art's sake의 미학적 경향으로 퇴화하면서 운동성을 상실했다.

대체로 아방가르드의 시원은 러시아의 화가 칸딘스키W. Kandinsky, 1866~1944로 본다. 칸딘스키는 예술을 현실, 대중, 예술가의 삼각형 모형을 제시했다. 칸딘스키에 따르면 열정과 감성을 가진 예술가는 시대로부터 외면당하는 고독한 존재다. 하지만 예술가의 직관은 시대를 앞서 미래를 예측하는 일종의 전조前兆다. 이처럼 예술가는 시대와 현실을 넘어서 영혼과 정신의 내적인 필연성에 따라서 미래를 전망하고 미적 결과물을 생산한다. 따라서 예술가는 현실에 순응하거나 전통적 미학에 갇히지 않아야 한다. 가령 마르셀 뒤샹M. Duchamp, 1887~1968이 1917년 뉴욕에서 R. MUTT라고 사인한 소변기를 거의 그대로 전시하고자 했던 개념예술이 바로 아방가르드의 대표적인 예다. 이처럼 예술가들은 예언자적 속성을 가지고 있다고 할 수 있고, 그 예술적 예언이 실험예술의 성격을 가지면서 전위예술 또는 아방가르드가 되는 한편 추상예술과 초현실주의로 양분되어 발전했다.

아방가르드는 모더니즘의 일반적인 특징으로 간주되는데 그 이유는 모더니즘과 포스트모더니즘 시대의 거의 모든 예술에는 전위적인 면이 있기 때문이다. 크게 보면 다다이즘, 초현실주의, 표현주의, 큐비즘, 미래파, 키치Kitsch 역시 전위예술 또는 아방가르드로 출발하여 완성된 문예사조로 분류된다. 따라서 모더니즘 계보의 근대의 문학, 미술, 음악, 연극, 영화, 건축, 무용 등 모든 예술 장르는 일정하게 아방가르드적 성격을 공유한다. 따라서 아방가르드주의Vanguardism는 문예사조인 동시에 어느 시대에나 존재하는 전위적 운동이자 시대를 앞서가는 문화예술의 현상이다. 그런 점에서 근현대예술은 아방가르드의 전위성 속에서 탄생하여 끊임없이 변화하고 발전했다고 볼 수 있다. 그러나 아방가르드는 그 자체의 미학적 속성이므로 사회변혁과 관계가 없다는 비판적 견해도 있다. 한편 유사한 어휘인 전위당체계론Vanguardism은 카우츠키와 레닌이 주장한 공산주의 혁명론이다.

참고문헌 Wassily Kandinsky, *Concerning the Spiritual in Art*, translated by M. T. Sadler, edited by Adrian Glew, New York : MFA Publications and London : Tate Publishing, 2001.

참조 개념예술, 다다이즘, 모더니즘〔예술〕, 문예사조, 미학·예술철학, 예술, 장르, 초현실주의, 추상표현주의, 포스트모더니즘, 표현, 표현주의

독립예술
Independent Arts | 独立艺术

P는 영화감독 W에게 이런 질문을 던졌다. '독립영화는 식민지 민중들이 조국의 독립을 위하여 싸우는 영화냐?' 그러자 W는 대학동창생 P가 무안하지 않도록 다음과 같이 설명해 주었다. 대다수의 나라에는 예술영화藝術映畵 상영관이 있다. 예술적인 영화를 상영하는 이곳은 대체로 공공기관이 직접 운영하거나 공적인 지원을 받는다. 예술영화를 만드는 감독을 포함한 제작자들은 예술영화가 상업적으로 성공할 수 없는 것을 잘 알고 있다. 또한, 예술영화나 다큐멘터리는 예술성이나 공익성이 있지만, 시장에서 상품으로 유통되기 어렵다. 그런데도, 그들은 자기 자산을 투자하고 열정과 의지를 불태우면서 예술영화를 만든다. 왜 그럴까? 이들은 자본, 시장, 제도, 체제, 주류이론과 상관없이 창의성을 발휘하고 싶은 것이다. 그래서 이들은 자본과 제도에서 독립된 독립영화 independent film, 獨立映畵를 만든다. 이들은 그래야만 진정한 예술성을 발휘할 수 있다고 주장한다.

'예술은 자본과 제도에서 자유로워야 한다'라는 정신을 가진 예술 일반을 독립예술이라고 할 수 있다. 인디밴드, 인디 무비 또는 인디라고 하는 일련의 양식도 독립예술이다. 독립예술의 반대 개념은 시장예술市場藝術 즉, 자본주의적 예술과 제도의 영향을 받는 제도예술制度藝術이다. 그러므로 시장예술/제도예술과 대립적인 독립예술이라는 개념은 예술의 종속성과 식민성을 전복하는 어휘다. 이론상 독립은 자유와 감성을 추구하지만, 저항적이거나 사회주의적 경향을 띠는 경우가 많다. 간단히 말하면, 독립예술은 자본과 제도로부터 예술의 독립을 추구하는 반자본주의 예술운동이다. 여기서 말하는 반자본주의는 '예술은 자본으로부터 독립해야 한다'라는 뜻이다. 자본으로부터의 독립이란, 독립영화의 예에서 보듯이 장르적 특성을 지키면서 자본과 제도로부터 자유로운 상태를 말한다. 따라서 독립예술은 예술의 진정성을 지키고자 하는 시대적 담론인 동시에 저항적 예술운동이다.

예술은 자유, 감성, 해방 등을 토대로 한다. 또한, 예술가들은 온갖 억압과 불편부당으로부터 독립하고 비인간적이고 비자연적인 것으로부터 해방되려는 속성이 있다. 한편 사회학자 하버마스J. Habermas는 세상을 민주적인 소통이 가능한 생활세계life world와 권력과 돈에 의하여 왜곡되는 체계system로 나누었다. 근대 자본주의가 효율성과 이성을 앞세운 결과 공공영역public sphere은 붕괴하였고 인간이 살아야 하는 생활세계는 식민화되었다. 이런 환경에서 예술은 자본에 의하여 관장되며 예술가는 시장의 상품생산자로 전락하고 있다. 이런 비인간화와 비예술화에 저항하기 위하여 일군의 이론가와 예술가들이 예술의 독립을 선언했다. 이것을 독립예술獨立藝術이라고 하는데 독립예술은 인간의 존재론적 가치와 예술의 본질, 목적, 방법과 연결된 동시에 예술가의 예술 행위 및 창작방법에 연관되어 있다.

'그 어떤 것으로부터도 억압을 받지 않는 자유로운 공간, 자유로운 제도, 자유로운 체제, 자유로운 감성을 가지겠다'라는 것이 독립예술의 원리이고 예술적 실험성과 다원성이 독립예술의 목표이다. 이 담론에서 중요한 것은 자본으로부터의 독립 그리고 지배문화로부터의 해방이다. 왜냐하면, 자본과 지배문화가 인간을 속박束縛하고 예술성을 지배하며 예술가의 창의력을 억압하는 주요 원인이기 때문이다. 따라서 독립예술은 탈장르, 탈경계, 탈근대, 탈중심의 여러 의미가 복합된 개념이며 다양성, 다원성, 창의성을 실천하자는 적극적인 개념이다. 예술가는 원래 진정한 가치를 추구하는 존재이지만 근대 자본주의 사회에서는 자본에 편입되지 않으면 시장에서 존재할 수 없고 이름을 얻기도 어렵다. 나아가 예술가는 예술의 사용가치를 부정하고 교환가치를 추구하기 때문에 자기로부터 소외당하는 자기소외自己疎外의 지경에 처하게 된다.

예술이 시장의 지배를 받게 되면 교환가치를 추구하는 자본주의 상품으로 전락한다. 그러므로 자본과 제도로부터의 독립은 예술가가 창의성을 발휘하고 인간의 가치를 지키려는 필사적인 노력이다. 하지만 독립예술 담론은 자본주의라는 틀 안에서 벌이는 비주류 소수자들의 소극적인 저항운동이라는 비판을 받는다. 즉, '세계화의 시대에 자본의 바깥은 없다'라는 명제는 문화예술에서도 그대로 적용되므로 '예술이 자본과 제도로부터 완전히 독립하는 것은 불가능하다'라는 것이다. 그러므로 '독립예술가들이 근원적인 해방과 이상세계를 위해서는 더 혁명적이고 전복적인 개념에서 인간과 예술을 포함한 전체를 새로 설계할 수 있어야 한다'라는 주장으로 발전한다. 또한, '예술은 독립이나 저항과 관계없는 미학이 중요하므로 독립예술이 함의한 이념으로 예술을 재단할 필요가 없다'라는 것이 또 다른 비판의 근거다.

참고문헌 Jürgen Habermas, *The Theory of Communicative Action*, translated by Thomas McCarthy, Cambridge : Polity, 1987.

참조 감성, 문예사조, 문화, 문화다양성, 미학·예술철학, 생활세계, 예술, 예술가, 인간소외, 자본주의, 장르, 제국주의

민족문화

National Culture | 民族文化

K가 '민족은 실재하는 것이고 나는 민족을 위해서 목숨을 바칠 수도 있다'라고 말했다. 그러자 P는 '민족은 허구이며 상상으로 만들어진 허상이다'라고 반박했다. K의 관점은 실제의 공동체Actual community이고 P의 관점은 상상의 공동체Imagined community다. 민족이 실제인가 상상인가는 간단한 문제가 아니다. 금속활자 인쇄술로 인하여 지식과 정보가 대중화되어 자기 민족의 언어로 과거를 상상하고 현실을 구성하게 되었다. 그리하여 근대 자유시민自由市民은 현재의 영토와 체제를 민족이라고 명명하고, 과거를 상상하여 신비화하는 한편 민족 영웅과 민족의 영광을 민족의 문화로 간주했다. 민족이 구성하는 민족국가는 베스트팔렌조약1648 이후 18세기와 19세기에 유럽에서 출현했다고 보는 것이 일반적이다. 독일의 예에서 보듯이 사람들은 낭만주의적 민족주의와 같은 강렬한 민족감정으로 통일된 중앙집권 국가를 만들었는데 이것이 바로 국민국가/민족국가nation state다. 그 국가와 민족의 문화가 바로 민족문화다.

국민국가/민족국가는 민족어를 바탕으로 하여 민족문화를 신성하고 경건한 것으로 인정하는 것이 보통이다. 배타적 민족문화 의식을 가진 사람은, '국기에 대한 경례'에서 보듯이, 민족을 상징하는 국기, 국가, 국화國花 등을 신성한 것으로 간주한다. 민족의 민족문화는 어떤 민족의 언어, 습관, 전통, 생활양식, 의식, 종교, 지리, 환경 등을 토대로 이루어진 그 민족만의 독특한 문화이다. 또한, 민족문화는 그 민족이 가지고 있는 문화의 총체이면서 문화유산, 민족감정, 민족의식, 민족정신을 포함한다. 같은 언어를 쓰고, 운명의 공동체로서 희로애락喜怒

哀樂을 함께 하며, 전쟁이나 역경에 공동 대처하면서 다른 민족에 대해서는 문화적 배타성을 가지기도 한다. 그런 점에서 민족문화는 문화적 동질성을 의미하는 동시에 문화순혈주의와 자민족 문화우월주의의 경향을 보이는 경우가 많다.

민족문화는 그 민족에게는 동질성, 순수성, 동일성을 부여하는 매개이지만 타민족에게는 배타성, 차별성 등의 적대감이나 경쟁의식을 가지도록 하는 원인이다. 일반적으로 민족문화는 단문화주의Mono-culturalism의 속성을 가지며 다른 문화에 대해서는 우월감을 가지고 자문화중심주의의 경향을 보인다. 민족문화를 지나치게 신봉하게 되면 자기 문화만을 유일하고 신성한 것으로 잘못 이해할 수 있고 타자의 문화를 깎아내릴 수 있다. 문화를 통한 애국심이 지나치면 국수주의와 파시즘으로 갈 가능성도 없지 않다. 그런 이유로 세계적으로는 민족문화民族文化라는 개념은 보편성을 인정받지 못한다. 한편 근대적인 의미에서 국민국가/민족국가는 베스트팔렌조약1648 이후 18세기와 19세기에 걸쳐서 유럽에서 출현했다고 보는 것이 일반적이다. 하지만 민족문화는 민족주의 시대 이전에 형성되었다.

각 민족은 민족어, 민족문화, 민족감정, 민족의식, 민족적 정체성 등을 토대로 하는 문화공동체를 이루고 민족문화를 바탕으로 국민국가/민족국가國民國家를 완성했다. 그래서 헤르더J.G. Herder, 1744~1803는 민족주의Nationalism가 그 민족문화의 정체성을 형성한다고 한 것이다. 이처럼 민족국가의 바탕이 되는 동시에 민족국가를 선도하는 민족문화民族文化는 그 민족의 언어, 정신, 사상, 감정, 관습, 전통, 역사, 지리, 정치, 환경의 산물이자 근간이며 그 민족의 삶이 총체적으로 수렴되는 문화다. 하지만 민족문화는 한 민족의 의식과 생활을 토대로 오랜 시간에 걸쳐서 형성된 주체적이고 특징적인 문화다. 이처럼 민족문화는 그 민족만의 문화적 고유성과 특수성을 의미하는 것이며, 이런 문화적 특질은 민족의 문화생산과 향유 주체들의 기질과 성정으로부터도 영향을 받는다.

민족예술民族藝術은 민족문화의 하위개념으로 작품에 그 민족의 민족성nationality

이 드러난 예술이다. 일반적으로 민족예술은 민족적 전통과 민족적 감정이 담긴 문학, 미술, 음악, 연극, 춤/무용 등 제반 예술을 의미한다. 민족예술은 민족문화와 마찬가지로 세계문화 다양성의 토대이자 실체인 동시에 배타적이고 자기중심적인 이념의 성격도 가지고 있다. 그런데 하나의 민족이 하나의 국가를 이루는 경우는 많지 않으므로 민족문화나 민족예술은 국가문화나 국가예술과는 다르다. 문화예술의 민족성은 문화다양성과 다문화주의의 토대가 되기는 하지만, 문화적 차별과 억압의 근거가 되기도 한다. 그리고 문화예술은 민족주의 이념을 생산하는 원천이면서 그 민족의 정신과 사상의 시원始原이기도 하다. 이처럼 문화를 바탕으로 민족주의를 구성하는 문화민족주의文化民族主義는 근대의 중요한 민족이론이었다.

참고문헌 *Johann Gottfried Herder on Social & Political Culture* Cambridge Studies in the History and Theory of Politics, edited by F. M. Barnard, Cambridge University Press, 2010.

참조 감정·정서, 국민국가/민족국가, 다문화주의, 문화, 문화다양성, 문화사회, 문화순혈주의, 민족주의, 민족적 낭만주의, 상상의 공동체, 정신, 지역문화, 초민족주의

에이브럼즈의 삼각형이론
Classification of Literary Theories by Abrams | 艾布拉姆斯的文学理论分类

헝클어진 머리에 타오르는 눈빛을 한 작곡가가 있었다. 그는 작곡할 때 미친 사람처럼 서성거리거나 괴로워했다. 창작의 산고는 헝클어진 머리를 더욱 헝클어지게 만든 것이다. 세계예술사에 전설적인 이름을 남긴 그는, 어린 시절 혹독한 훈련을 해야 했고, 힘든 일생을 살았지만, 열정적인 사랑도 했던 한 인물이다. 귀가 먹어 소리를 들을 수 없을 때도 〈교향곡 9번〉 등 불후의 명작을 남긴 그는 악성樂聖으로 불린다. 화가 고흐나 작가 톨스토이와는 다른 차원의 경외감을 선사하는 이 예술가는 독일 본Bonn 출신의 음악가 베토벤L. Beethoven, 1770~1827이다. 정신과 육체를 다 바친 것 같은 그의 노력은 인류예술사에 길이 빛나고 그의 작품은 영원히 연주될 것이다. 예술가가 어떻게 예술작품을 만드는가를 매우 상징적으로 보여준 베토벤은 인류가 존재하는 한 최고의 찬사를 받을 위대한 예술가다.

예술가는 내면에서 치솟는 강렬한 힘 때문에 창작한다. 주체할 수 없이 솟구치는 힘으로 예술창작에 몰입할 때 행복을 느낀다. 그러면서도 예술가는 사회의 부조리를 고발하고, 영혼의 자유를 추구하며, 자기 의지를 실천하고, 내면의 고통을 치유하는 주체적인 행위자다. 이 과정에서 발휘되는 것이 표현의 욕망이다. 인간은 누구나 자기표현의 욕망이 있으며 자기만의 방법으로 표현을 한다. 한편 예술가를 포함한 모든 사람은 자기가 어떤 존재인가를 입증해야 한다. 자기 존재를 입증하는 방법 중 가장 좋은 것이 표현expression이다. 표현 중에서 비교적 고상하고 또 유의미한 것이 예술적 표현artistic expression이다. 사상과 감정을 언어로 표현하는 문학, 선과 색채로 표현하는 미술, 선율과 장단으로 표현하는 음악, 무대에서 동작으로 표현하는 연극 등 표현의 방법은 다양하다.

하버드대학 출신으로 코넬대학의 교수였던 문학이론가 에이브럼즈^{M.H. Abrams,} ^{1912~2015}는 예술가의 창작에 관하여 독특한 설명을 한 바 있다. 그는 예술가와 작품의 관계를 표현의 욕망으로 설정했다. 즉 예술가가 내면의 표현 욕망을 여러 방법으로 실현한 것이 예술작품이라는 것이다. 참을 수도 없고 숨길 수도 없는 강렬한 표현 욕망의 결과가 예술이고 그 표현의 주체가 예술가다. 앞에서 본 것처럼 베토벤이 광기 어릴 정도로 창작에 몰두했던 것은 명예나 돈을 얻기 위해서가 아니라, 내면의 강렬한 열정을 표현하기 위한 욕망의 실현이라는 것이다. 이것은 낭만주의 작가 워즈워스가 말한 감정의 자발적 유로를 예술창작의 동기로 보는 견해다. 낭만주의 이론으로 명성을 얻은 에이브럼즈는 굉음이 나는 전쟁터에서 어떻게 의사소통하는가를 연구했으며 '문학은 세상을 반영하는 거울^{a mirror, reflecting the real world}이나 등불^{lamp}'이라고 은유적으로 표현했다.

에이브럼즈에 의하면 낭만주의 이전의 문학예술은 세상을 반영하는 거울이기 때문에 주로 모방^{模倣}을 중요시했다면 낭만주의는 작가의 내적 영혼을 비추고 세상을 밝게 하는 등불의 관점을 중요시했다. 또한, 그는 인간의 개성과 자유를 통하여 상상력이 발휘된다고 보았다. 이 낭만주의 시대에 고전주의의 규범과 질서가 낭만주의의 감성과 자아로 바뀌었다. 그래서 에이브럼즈는 작가란 낭만주의 이전과 같이 세상을 모방^{mimesis}하는 존재인 동시에 낭만주의와 같이 자신의 정신과 영혼을 세상에 비추는 등불^{lamp}과 같은 존재라고 설명했다. 여기서 유래한 '에이브럼즈의 삼각형'은 플라톤과 아리스토텔레스의 모방론을 토대로 작가, 작품, 우주^{세계}, 독자^{수용자}의 관계를 설명한 에이브럼즈의 이론이다. 삼각형 이론은 작품을 중심에 놓고, 작가 우주 독자가 삼각형으로 배열되면서 상호관계를 형성하고 있다.

독자는 작품을 보고 무엇을 느끼거나 영향을 받으며 교훈을 얻는다. 이것을 에이브럼즈는 효용론pragmatic theories으로 설명한다. 반면 작가는 내면의 열정과 욕망을 표현하는 것이므로 작가의 관점에서는 표현론expressive theories이 된다. 그런데 예술가는 무에서 유를 창조하는 것이 아니라, 사회나 세상을 보고 모방한다는 점에서 작가와 세계의 관계를 모방론mimetic theories으로 설명한다. 반면 작품work은 예술가artist, 관객/청중/독자audience, 세계universe와 관계하면서도 독립적이면서 객관적으로 존재한다. 일단 작품이 완성되면 예술작품은 작가를 떠나서 객관적으로 존재하고 수용자들의 상상력을 통하여 재해석된다. 이것이 작품이 객관적으로 존재한다는 객관론objective theories이다. 표현론, 모방론, 효용론, 객관론의 삼각형 이론은 예술과 작품의 관계를 잘 설명하기 때문에 많은 사람의 동의를 받고 있다.

참고문헌 M. H. Abrams, *The Mirror and the Lamp : Romantic Theory and the Critical Tradition*, Oxford Univ Press, 1953.

참조 고전주의, 구조주의, 낭만주의, 모방론, 문학, 미메시스〔아리스토텔레스〕, 미메시스〔플라톤〕, 예술, 예술가, 예술노동자, 표현, 표현주의, 후기구조주의

문화예술교육

Culture and Art Education | 文化艺术教育

어린 베토벤은 눈물을 흘렸다. 그것은 어린 소년이 너무나 힘든 훈련을 해야 했기 때문이다. 하지만 냉혹한 아버지는 계속해서 혹독한 훈련을 시켰다. 이처럼 어린 베토벤은 네 살 때 피아노와 비슷한 쳄발로cembalo 앞에 앉아 눈물을 흘리면서 연습을 했다. 베토벤을 모차르트와 같은 천재음악가로 만들려는 아버지의 욕심 때문이었다. 쳄발로 연습 이외에도 우울증을 앓던 어머니, 그리고 술에 취해서 어린 아들에게 가혹한 학습을 강요하는 아버지로 인하여 소년 베토벤은 힘든 어린 시절을 보냈다. 하지만 베토벤은 아버지의 희망대로 위대한 음악가가 되었고, 마침내 악성樂聖 베토벤이라는 영광스러운 이름을 얻었다. 그렇다면 베토벤 '아버지의 이 교육방식이 좋은 것인가 나쁜 것인가, 그리고 그렇게 교육해야 하는가 아니면 다른 교육방법이 필요한가?' 이 물음에 답할 수 있는 영역은 문화예술교육이다.

문화예술교육文化藝術敎育은 '문화와 예술이 교육을 통해서 학습될 수 있다'라는 전제하에 교수하고 학습하는 제반 활동이다. 문화예술교육은 문화교육과 예술교육이 복합된 명사인데 문화교육을 통하여 문화적 교양을 쌓고 문화적 정체성을 가지며 예술교육을 통하여 정서를 풍부하게 하고 창의성을 높일 수 있으므로 중요하다. 문화교육이나 예술교육은 인류가 오랫동안 유지한 교육제도였다. 고대 그리스의 플라톤 이후 '전인적 인간이 되기 위하여 예술교육이 필요하다'라고 인정되었고 19세기 계몽주의 이후 더욱 강화되었다. 20세기 후반, 유네스코UNESCO는 문화예술교육을 중요한 의제로 설정했다. 그것은 문화예술교육이 정치, 경제, 산업 등에도 긍정적인 영향을 미치고, 예술로 얻어지는 창의성을 통하여 사회발전을 촉진하며, 고상한 인간 존재를 성찰하도록 하기 때문이다. 유네스코는 문화교육보다는 예술교육에 중점을 두었지만, 예술교육을 문화교육의 하위개념으로 설정하고 있다.

유네스코의 예술교육은 춤, 음악, 영화, 시각예술 그리고 문학, 사진, 영상, 디지털 아트를 포함한 모든 영역의 예술을 효율적으로 교육하여 창의성을 신장시키는 것에 초점이 놓여 있다.[1] 그러나 가정을 포함한 모든 층위에서 총체적으로 진행하는 문화예술교육보다는 공공영역인 학교문화예술교육과 사회문화예술교육으로 구분하는 것이 일반적이다. 학교에서는 미술교육, 음악교육, 문학교육과 같은 과목뿐만 아니라 문화사를 포함하여 인류가 축적한 삶의 총체로서의 문화를 교수하고 학습한다. 학교라는 제도의 교육과정에서 이루어지는 학교문화예술교육은 국가와 사회가 목표하는 교육내용에 따라서 학습 내용을 결정한다. 반면 사회에서 이루어지는 사회문화예술교육은 문화예술의 교양과 전문성을 강화하기 위한 평생교육의 성격이 강하다. 하지만 문화예술교육은 모든 사회, 공간, 시간, 층위에서 이루어진다.

문화예술교육에서는 '문화예술의 향유가 인간의 기본권'이라는 것을 특별히 강조한다. 어떤 경우에도 인간은 문화예술을 누릴 권리가 있다는 것이다. 따라서 문화예술교육은 학습자에게 문화예술 향유능력을 길러주는 교육이다. 일반적인 문화와 문화의 하위개념인 예술에 대한 교육은 다른 교육과는 다르다. 가령 문학교육, 미술교육, 음악교육, 연극교육, 문화 문해력Cultural literacy 교육, 예술 문해력Artistic literacy 교육 등 다양한 문화예술교육이 있다. 그런데 문화의 범주와 예술의 내용 그리고 가르치고 학습하는 주체와 대상 및 과정 등이 복합되어 있

---

[1]   At the thirtieth session of the UNESCO General Conference in Paris in November 1999, the Director-General of UNESCO launched an International Appeal for the Promotion of Arts Education and Creativity at School, which started off a series of actions and program to strengthen the awareness of the important role of creativity and art disciplines in enhancing education teaching of children and teenagers.

어 개념을 정의하기가 쉽지 않다. 아울러 '문화나 예술이 생래적이거나 천부적 능력에 관한 것인가 아니면 교육으로 가능한 것인가'에 대해서도 이견異見이 있다. 그러나 '세상의 모든 것은 모방과 연습의 과정이 필요하다'라는 관점에서, '문화와 예술도 교수학습의 대상이 될 수 있다'라는 견해에는 이견이 없다.

문화예술교육은 교수자敎授者, 매개자媒介者, 학습자學習者의 삼원 체계로 짜여 있다. 가르치는 영역에 있는 사람을 교수자, 중간에서 협력하거나 매개하는 영역에 있는 사람을 매개자, 실제로 학습하는 주체를 학습자라고 한다. 문화예술교육의 성취는 학습자에 의하여 결정되지만, 학습자는 단독으로 학습하지 않기 때문에 교수자와 매개자가 필요하다. 교수자와 매개자들은 선행학습자로서 교육의 시행착오를 거치고 축적된 교수학습의 기법으로 학습자의 효율적인 학습을 가능케 하는 또 다른 주체이다. 특히 문화예술교육의 각종 교재를 개발하거나, 기술적인 면을 담당하는 매개자의 역할이 중요하다. 이런 세 층위의 문화예술교육은 실제 문화와 예술을 창조하는 영역과 향유하는 영역의 더 큰 문화생태계를 이룬다. 그런데 한 사회는 그 사회가 가지고 있는 문화적 가치를 교육하고 전파하는 것이므로 사회마다 문화예술교육의 목표와 방법은 다를 수밖에 없다.

참조 계몽주의/계몽의 시대, 모방론, 문화, 문화생태계, 문화자본(부르디외), 미메시스(아리스토텔레스), 예술, 예술가, 예술치료, 재현, 표현

헬레니즘

Hellenism | 希腊文化

위대한 정복자 알렉산더대왕은 '가장 강한 자'가 자신의 후계자라고 말하고 죽었다. 뜻밖의 죽음이었다. 강력한 페르시아를 정복한 다음 인도까지 정벌하려던 그는 부하들의 저항으로 인도에서 철수하면서 모기에 물렸고 그 때문에 33세의 젊은 나이에 타계했다. 그는 위대한 제왕이었던 부친 필리포스로부터 특별한 교육을 받았고, 아리스토텔레스에게 사사하여 학문과 예술에도 조예가 깊었으며 지략과 용기도 뛰어났다. 그는 바로 33년의 짧은 인생을 살았지만, 인류 역사에 큰 자취를 남긴 알렉산더대왕이다. 마케도니아 출신으로 알렉산드로스 3세 혹은 아랍어 이스칸데르라고 불리는 알렉산더대왕Alexander the Great, BCE 356~BCE 323은 여러 방면에 큰 영향을 끼쳤는데 그중의 하나가 헬레니즘이다. 고대의 헬레니즘은 그리스적 특징을 말하는 것이고 고대 이후의 헬레니즘은 르네상스 시대의 신고전주의로 부활하여 근대 인류 문명사에 큰 영향을 끼친 그리스풍의 문예사조이자 시대정신을 의미한다.

헬레니즘은 '헬렌의 문화 즉, 그리스어로 말한다, 그리스의 문화와 예술을 안다'에서 유래했다. 그리스어 헬렌Héllēn을 어원으로 하는 '그리스화 한다Hellenize'가 훗날 헬레니즘 문명, 헬레니즘 철학, 헬레니즘 예술로 불리던 것이 헬레니즘의 기원이다. 이 말은 독일의 역사학자 요한 구스타프 드로이젠Johann Gustav Droysen, 1808~1884이 알렉산더대왕이 정복한 여러 지역에서 나타나는 그리스적인 경향을 설명하기 위하여 처음 사용했다. 프로이센 중심주의자 또는 독일주의자였던 드로이젠은 1833년 『알렉산더대왕의 역사』에서 그리스의 여러 지역에 모인 식민지배자들이 고전 그리스문화를 전파했고 그 결과 그리스문화와 동방문화가 융합한 혼합문화가 형성되었다고 보고 이것을 헬레니즘이라고 규정했다. 그즈음 헤브라이즘에 관한 관심도 높아져서 헬레니즘과 헤브라이즘을 서양문명의 기원으로 삼게 되었다.

문명사의 관점에서 보면 헬레니즘은 대략 알렉산더대왕의 서거^{BCE 323}에서부터 로마제국이 지중해 패권을 확립한 악티움 전쟁^{BCE 31}까지 꽃피운 그리스적 성향의 문명과 문화이다. 이후 로마제국이 흥기하여 그리스와 알렉산더대왕의 영토를 거의 정복하면서 헬레니즘 문명은 쇠퇴하게 되었다. 하지만 헬레니즘의 개방적이고 자유로운 정신과 감성은 그리스 로마를 포함하여 서구 유럽 전체에 하나의 전통으로 남게 된다. 그런 점에서 헬레니즘은 자유와 개방을 바탕으로 하는 세계시민 정신을 가진 여러 특질과 경향을 총체적으로 포괄한다. 이후 지중해 지역에 패권을 확립한 로마인들은 그리스의 철학과 예술을 동경하고 모방했으므로 헬레니즘의 영향 아래에 있었다고 할 수 있다. 이것을 시인 호라티우스는 '정복당한 그리스는 야만적인 승리자를 정복하고 조야한 라티움에 자신들의 예술을 전해주었다^{Graecia capta ferum victorem cepit et artes intulit agresti Latio}'라고 표현한 것이다.

헬레니즘의 문화사적 의미는 자유와 평등의 정신 그리고 다양성과 개방적 사상을 세계주의^{Cosmopolitanism} 또는 세계시민의식으로 승화시켰다는 점에 있다. 그리스와 로마의 신화에서 보듯이 헬레니즘의 특징은 다양성과 다원성을 인정하고 자유와 개방을 촉진하는 것이었다. 가령 알렉산더대왕이 페르시아 공주 록사네^{Roxana}와 결혼한 것은, 그리스나 이집트의 문화와 페르시아나 인도의 동방문화를 접목하기 위해서였다. 이렇게 하여 알렉산더대왕의 후계자로 자처했던 여러 왕국의 지배계급은 그리스적인 헬레니즘을 고수하면서도 정복지의 문화와 관습을 받아들였다. 이처럼 혼합성, 혼종성^{hybridity}, 다원성, 개방성을 가진 헬레니즘은 그리스 고전주의의 황금시대^{golden age}가 세속화되고 타락하면서 생겨났다는 견해도 있다. 반면 그리스의 측면에서 보면, 도시국가가 몰락하고 전제군주 형태가 출현함에 따라서 개인의 감성과 보편적 사상을 중시하는 경향이 대두했으며 이것이 헬레니즘을 촉진한 중요한 계기였다.

헬레니즘은 헤브라이즘Hebraism과 대비되는 것이 보통이다. 고대 히브리인들의 의식意識과 기독교 정신이 가미된 헤브라이즘은 인간 중심적인 헬레니즘과 대비되는 종교적인 개념이다. 매슈 아널드M. Arnold는 헬레니즘을 자유로운 즉흥성으로, 헤브라이즘을 경건함과 규율로 보았다. 좁은 의미에서 헬레니즘은 18~19세기에 걸친 신고전주의 문예사조를 말하는데, 철학적으로는 헤겔, 셸링, 실러의 사상과 문학적으로는 키츠, 셸리, 바이런에서 헬레니즘적인 경향이 드러난다. 이처럼 헬레니즘은 서양의 철학, 문화, 예술, 사회에 지대한 영향을 미쳤고 수많은 예술가와 철학자에게 영감을 주었다. 특히 니체는『비극의 탄생』에서 정적情的인 디오니소스와 지적인 아폴론을 헬레니즘 문화의 본질로 보고, 소크라테스와 플라톤의 논리가 이런 자유정신을 훼손했다고 분석했다. 찬란한 그리스문화의 헬레니즘은 서양뿐만 아니라 세계 여러 곳에 큰 영향을 미쳤다.

참고문헌 Johann Gustav Droysen, *Geschichte Alexanders des Grossen*, Gutenberg Etext# 23756, Project Gutenberg.

참조 감성, 감정·정서, 개성, 고전주의, 르네상스, 문명, 문예사조, 문학, 문화, 삼일치법칙, 시대정신, 예술, 정신, 철학, 쾌락주의의 역설, 헤브라이즘, 황금비율

신경미학

Neuroesthetics | 神経美学

어느 날 화랑에서 기쁜 소식을 전했다. 어떤 사람이 그림을 사겠다는 것이다. 화가인 그는 작품 몇 점을 보냈고, 자기 그림도 팔린다는 생각에 즐거워했다. 그것은 사실 형을 딱하게 여긴 동생의 배려였다. 이처럼 생전에 소품 몇 작품 을 팔았을 뿐, 동생 이외의 다른 사람에게는 단 한 작품도 팔지 못했지만, 세계 미술사에 전설적인 이름을 남긴 위대한 화가가 있다. 그 이름은 빈센트 반 고흐 V. Gogh, 1853~1890, 어렵고 힘든 일생을 살았던 기인 중의 한 사람이다. 가격을 산정 할 수조차 없이 비싼 그의 〈까마귀 나는 밀밭Wheatfield with Crows〉을 보면 사람들은 충격에 가까운 특별한 느낌을 받는다. 만약 이것을 감동이라고 한다면 이 감동 은 두 가지다. 첫째, 명작이라는 이름이 가져다주는 감동 둘째, 작품 자체의 미 적 감동이다. 그렇다면 두 번째 감동인 미적 감동은 개별적이고 특수한 것인가 아니면 보편적이고 일반적인가?

신경미학神經美學의 창안자라고 할 수 있는 세미르 제키S. Zeki는 그림을 보는 두 뇌의 신경 반응을 과학적으로 실험하고 분석했다. 그가 정립한 신경미학은 진 화생물학과 진화심리학 등 진화론과 문화인류학의 관점에서 인간의 감각과 인 지를 미학적으로 해석하는 과학적 연구방법이다. 신경미학자들의 방법론은 인 간의 뇌에 대한 자연과학적 실험과 관찰을 토대로 한다. 신경미학에서는 '예술 작품은 보편적이고 일반적이며, 그러므로 과학적 분석과 측정을 할 수 있다'라 고 말한다. 그래서 신경미학자들은 무엇을 인식하고 지각하는 두뇌의 작용과 법칙laws of the brain을 자기공명장치MRI와 같은 기계로 미적 반응을 측정할 수 있다고 주장하여 큰 논란과 반향을 불러일으켰다. 가령 〈까마귀 나는 밀밭〉의 고흐나 〈모나리자〉의 다빈치는 인간의 신경을 자극하는 장치를 작품 속에 심어 두었고, 관람자는 이 장치를 인지하면서 생리적으로 반응하고 또 미적으로 감동한다는 것이다.

간단히 말해서 신경미학은 미적 감동의 구조를 밝히려는 연구다. 신경미학에 의하면 예술가들은 본능적으로 신경미학의 능력이 있다. 그러므로 예술가들은 뇌의 잠재력과 역량을 직관적으로 탐구하고 본질을 표현하는 존재다. 예술가는 신경을 자극하는 작품을 만들거나 예술 행위를 하는데 감상자에게도 이와 유사한 신경계의 반사작용 능력이 있다. 그런데 예술가는 창작과정에서 과학적 분석을 생략한다. 하지만 예술가들이 직관과 감성으로 미적인 작품을 창작하면 신경미학자들은 그렇게 창작된 작품의 미학적 구조를 과학적으로 분석한다. 신경미학에서 명작名作이란, 뇌 신경을 강렬하게 자극하는 요소가 있는 작품이다. 따라서 화가를 포함한 작가, 공연자 등 모든 예술가의 창의성이란 인간의 인지능력을 정확하게 읽는 분석력과 그것을 함축적으로 표현할 수 있는 과학적 능력이다.

신경미학 연구자들에 따르면 여러 작가의 각기 다른 작품이 지속해서 생산되는 것은 예술가의 창조적 변이creative variability 때문이다. 미적 신경은 계속해서 새로운 것을 인식하고 새로운 작품을 창조한다. 그 창조가 변화된 형태로 예술 작품에 표현된다. 이렇게 볼 때 예술창작은 인간 내면을 추상화하는 창조적 생산이면서 내면의 감정을 외면화하는 '창조적 도피art has been a creative refuge'이기도 하다. 세미르 제키는 작품과 신경의 반응이 일치constancy한다는 것과 인지능력의 한계 때문에 만화나 데생처럼 단순하게 추상화abstraction한다는 것을 주장했다. 또한, 신경과학자 라마찬드란V.S. Ramachandran은 미적인 자극은 피크시프트Peak Shift Principle, 분리isolation, 집합화grouping, 대비contrast, 문제해결perpetual problem solving, 생성의 관점generic viewpoint, 시각적 은유visual metaphors, 대칭symmetry 등이 실행되는 과학적 반응을 유도한다고 주장한다. 그러니까 작품과 신경과학은 대응될 수 있는 것이다.

경험미학Empirical Esthetics의 하위영역인 신경미학은 인간의 인지능력에 관한 경험주의 철학과 맥이 닿아 있다. 그러나 신경미학은 인간의 감성이나 감각을 보편적인 것으로 전제해야만 가능하고 그렇더라도 일부에만 해당할 뿐 모든 예술작품에 일률적으로 적용되지 않는다는 등의 비판을 받고 있다. 또한, 고도의 정신작용인 예술을 과학으로 분석한다는 것이 불가능하다는 원론적인 비판도 받고 있다. 한마디로 '신비하고 종합적인 미적 경험이 신경과학으로 설명되고 분석될 수 있다'라는 신경미학자들의 주장은 중대한 오류에 빠져 있다는 것이다. 그 외에 컴퓨터나 예술 기계art machine가 만든 것을 예술작품이라고 할 수 있는가의 문제도 발생한다. 하지만 비판자들은 신경미학이 예술의 과학적 이해에 도움이 되며 창작과 수용에 부분적으로 이바지할 수 있다는 것까지 부정하지는 않는다.

참고문헌 Semir Zeki, "Artistic Creative and the Brain", *Science' Compass, Science* Vol 293, July 2001, p.52; Semir Zeki, *Inner Vision*, Oxford University Press, 2000.

참조 경험론/경험주의, 미/아름다움, 미적 거리, 미학·예술철학, 바움가르텐의 진선미, 숭고, 아우라, 예술, 진화심리학, 판단력비판—미(美)란 무엇인가?, 표현

무릉도원

Peach Garden in Mu Lung | 世外桃源 武陵桃源

어느 날 어부는 복숭아 꽃잎이 떠내려오는 것을 보았다. 이상한 생각이 들어 개천을 거슬러 올라갔더니 어떤 동굴에 이르렀다. 굴속의 별천지에는 복사꽃이 환하게 피어 있고 농부들은 평화롭게 밭을 갈고 있는 것이 아닌가? 이들의 옷이나 생활은 예전과 같았고 순박하고 진실하게 사는 모습은 완전한 별천지였다. 어부는 농부에게 어떻게 이런 별천지에서 살게 되었느냐고 물었더니, 자기들은 진秦나라 사람들인데 난리를 피해서 이곳에 들어와 살게 되었다고 답했다. 얼마간 별천지에서 머물다가 돌아온 어부는 이것이 사실인지 아닌지 알 수가 없었다. 그래서 고을 태수에게 고하고 다시 찾아보았으나 찾을 수가 없었다. 이것은 동진東晉 시대 도연명陶淵明, 365~427의 「도화원기」에 나오는 무릉도원 이야기다. 이 작품이 묘사하고 있는 무릉도원에서는 사람들이 요순시절의 고법古法을 지키면서 검소하고 평화롭게 산다.

도연명은 「도화원기」에서 무릉도원의 광경을 이렇게 묘사했다. '토지는 평평하고 넓은 집들은 정연하며 기름진 논밭과 아름다운 연못이 있고 뽕나무와 대나무가 우거져 있었다. 사방으로 길이 나 있고 닭과 개 우는 소리가 들렸다. 이 마을에서 오가면서 농사를 짓는 남녀의 옷차림은 다른 고장 사람들과 같았으며 노인이나 어린이나 모두 즐겁고 행복한 것처럼 보였다土地平曠 屋舍儼然 有良田美池桑竹之屬 阡陌交通 鷄犬相聞 其中往來種作男女衣著 悉如外人 黃髮垂髫 竝怡然自樂' 그 어부는 세상으로 귀환한 후, 무릉 태수에 이 사실을 고하여 사람을 시켜 찾도록 했으나 찾지 못했다. 도연명은 「도화원기」와 상호텍스트를 이루는 「도화원시」를 썼다. 이 두 작품에 묘사된 무릉도원은 정치적으로는 민주주의, 경제적으로는 공산주의, 제도적으로는 무정부주의에 가깝다. 이렇게 볼 때 무릉도원은 화려한 낙원이 아니고 풍족하지만 검소하고 평화롭게 사는 인간 세상을 의미한다.

무릉도원은 사람들이 생각하는 것과 같이 천국이나 극락이 아니다. 그저 현실에서도 있을 수 있는 소박하고 자연스러운 공간이다. 그런 점에서 도연명의 무릉도원은 노자老子의 소국과민小國寡民 사상에 기초하여 자연주의적 유토피아를 묘사한 설화로 보아야 한다. 이 설화는 수많은 예술작품의 모태가 되었으며 기이한 이야기를 소재로 하는 전기소설傳奇小說의 원조가 되었다. 도연명이 무릉도원을 꿈꾸었던 것은 그의 은둔사상 및 노자의 무위자연과 관계가 있다. 노자는 사람들이 지식을 가지고 제도라는 틀에서 살기 때문에 원래의 자연상태를 잃어버렸다고 비판했다. 이 글을 읽으면 도연명이 무위자연, 소국과민, 우민화愚民化 등 노장사상에 영향을 받은 것을 알 수 있다. 아울러 그가 살았던 동진東晉 시대에는 전란이 많고 고난도 많아서 이상적인 사회를 동경하고 희망하는 경향이 있었다.

도연명의 은일사상隱逸思想은 말직 관리를 지내던 41세에 고향으로 돌아가서 조용히 살겠다고 다짐하며 쓴 「귀거래사歸去來辭」에도 나타나 있다. 「도화원기」의 무릉도원은 현실의 고통을 가상의 희망으로 역전시키는 상상의 공간인 것이다. 그 후 수많은 시인 묵객은 무릉도원을 작품의 소재와 주제로 삼았는데 그 중 왕안석의 「도원행」과 한유의 〈도원도〉가 널리 알려져 있다. 개혁파였던 왕안석의 「도원행」은 도연명의 「도화원시」에 화답한 형식이며, 당송팔대가의 한 사람인 한유의 〈도원도桃園圖〉는 복숭아 꽃밭 같은 이상향을 묘사했다. 한유는 무릉도원을 '글도 좋고 그림도 묘하여 지극한 경지인데文工畵妙各臻極 딴 세상을 황홀하게 이곳으로 옮겨왔구나畢境恍惚移於斯'라고 찬탄했다. 한편 조선의 안견은 안평대군安平大君, 1418~1453의 꿈을 그렸는데, 이것이 일본 천리대학天理大學에 있는 〈몽유도원도夢遊桃園圖〉다. 이처럼 한자문화권의 무릉도원은 이상적 사회이자 가상의 공동체다.

한편 『이데올로기와 유토피아』에서 칼 만하임Karl Mannheim은 유토피아적 사상이란 오히려 현실을 냉철하게 인식하는 것임을 강조했다. 그는 또한 세속적인 유토피아 사상은 과학적 이념이 아니라 현실을 왜곡하거나 도피하려는 허위의 식虛僞意識이라고 말했다. 그렇다면 사람들은 왜 무릉도원이나 유토피아와 같은 상상의 낙원을 꿈꾸는 것인가? 그것은 사람들이 평화와 풍요를 희망하고 전쟁과 압제에서 벗어나고 싶으며 어렵고 힘든 현실을 부정하기 때문이다. 이처럼 유토피아, 천국, 낙원을 향한 희망의 꿈과 디스토피아, 고통, 불안, 가난을 싫어하는 인식이 무릉도원을 낳았다. 하지만 무릉도원은 유토피아나 디스토피아와 같은 현실비판과 현실부정보다는 그 자체의 낙원의식樂園意識이 더 강하다. 앞으로도 인류가 존재하는 한 무릉도원이나 유토피아의 꿈은 사라지지 않고 철학, 사회학, 예술의 중요한 주제로 끊임없이 재생산될 것이다.

참고문헌 Karl Mannheim, *Ideology and Utopia*, London : Routledge, 1936.

참조 디스토피아, 무위자연, 무정부주의, 상상, 상상의 공동체, 소설, 신화·전설, 유토피아, 인식론, 허위의식

질풍노도

Sturm und Drang | 狂飙突进

우울증에 걸린 청년 베르테르는 어떤 마을로 휴양을 떠난다. 거기서 아름답고 명랑한 여성 로테를 만나 그녀의 검은 눈동자를 바라보면서 운명적인 사랑에 빠진다. 감성적인 베르테르는 로테에게 사랑을 고백한다. 하지만 로테는 알베르트와 약혼한 사이였다. 어느 날 베르테르는 알베르트와 자살에 관한 논쟁을 벌인다. 그때 베르테르는 결과와 형식을 중시하고 지나치게 이성적인 알베르트가 로테와 어울리지 않는다고 생각한다. 그러나 로테는 알베르트와 결혼한다. 마지막으로 로테를 찾아간 베르테르는 사랑을 고백하지만, 그녀는 작별인사만 할 뿐이다. 절망과 실의에 빠진 베르테르는 로테를 통하여 받은 알베르트의 권총으로 자살한다. 이것은 괴테의 서간체 소설 『젊은 베르테르의 슬픔*Die Leiden des jungen Werthers*』1774의 줄거리다. 베르테르의 사랑은 '질풍노도疾風怒濤와 같다'라는 말에 어울리는 격정적 사랑이다.

질풍노도는 거세고 무섭게 소용돌이치는 낭만적 감정이다. 또한, 거칠 것이 없고, 주저하지도 않으며 다른 어떤 것도 중요하지 않은, 격정의 질주가 바로 질풍노도 또는 슈투름운트드랑Sturm und Drang, Storm and Urge, Storm and Stress이다. 원래 질풍노도는 독일 낭만주의 정신을 상징하는 개념이면서 1760년에서 1780년에 이르는 독일의 문예운동을 의미한다. 초기 질풍노도 운동은 루소와 셰익스피어의 영향을 받아 자연적 개성을 존중하는 사상에서 출발했다. 근대 초기에 자유와 개성을 추구하는 운동이 일어났고 이것이 질풍노도의 토대가 되었다. 질풍노도를 처음 쓴 것은 극작가 푸리드리히 클링거F. Klinger, 1752~1831다. 그는 미국혁명의 영향을 받아서 『질풍노도』[1776]라는 희곡을 썼고 이것이 질풍노도라는 개념으로 정착되었다. 한편 질풍노도와 같은 낭만적 격정은 독일 민족주의 운동의 토대가 되었다.

독일의 낭만주의 작가들은 프랑스의 신고전주의가 지나치게 형식적이고 규범적이라고 비판하면서 감성적인 인간 그 자체에 주목했다. 또한, 계몽주의를 통하여 구현된 합리주의, 경험주의, 보편주의는 인간을 억압한다고 간주하고 개인의 주체와 인간의 내면이 중요하다고 강조했다. 그들은 사람들의 내면에 격정, 열망, 고뇌, 절망, 분노, 애수, 좌절, 희망, 동경과 같은 감정이 있다고 보면서 그런 요소를 작품 속에 담아냈다. 그뿐 아니라 인간에게는 무엇을 그리워하거나 먼 곳으로 떠나고 싶은 동경憧憬, 극도의 절망 속에서 흘리는 눈물, 죽고 싶은 생각, 일탈하고 싶은 본능, 나락에 떨어지고 싶은 퇴폐적 감성, 파괴의 충동 등의 극단적 감정이 있다. 이런 감정은 모든 인간이 가지고 있는 심성 중의 하나로 낭만주의적 격정과 연관이 있다. 질풍노도가 감정들이 격렬하게 드러나는 청소년기의 감상적 성향을 의미한다는 점에서 질풍노도를 자아완성의 통과 예식으로 보기도 한다.

당시 낭만주의 작가들은 인간의 개성을 중시하는 한편 삼일치법칙을 비롯한 전통적 규범을 파괴했다. 또한, 강렬한 감정의 분출과 역동적이고 공격적인 것처럼 보이는 격정, 열정, 반항, 야망 등을 통하여 인간을 해석하고자 했으며 기이한 것을 추구하고 천재天才를 숭배했다. 한편 질풍노도 운동을 주도한 괴테는 헤르더Johann Gottfried von Herder, 1744~1803의 민족주의 이념과 낭만주의 정신에 영향을 받아 독일적인 감성을 격정과 동경으로 표현했다. 이런 경향을 잘 표현한 작품으로는, 격정적이지만 이루어질 수 없는 사랑 그리고 절망 끝의 자살을 그린 소설『젊은 베르테르의 슬픔』과 상류계층의 갈등을 그린 실러의 희곡『군도Die Räuber』1781를 꼽을 수 있다. 독일 고전주의와 낭만주의를 잇는『군도』는 보헤미아 숲에서 의적義賊을 꿈꾸는 형과 아버지의 재산과 권력을 물려받은 동생의 갈등을 그리고 있다. 실러는 이 작품을 통하여 사회와 종교를 비판하고 자유로운 영혼을 그리면서 인간의 낭만적 심성을 질풍노도로 묘사했다.

질풍노도 운동은 독일 민족주의에 뿌리를 두고 있다. 당시 독일에서는 단일한 언어를 바탕으로 게르만 민족의 신화와 민담을 재발견하는 민족운동이 일어났다. 그것은 여러 지역국가로 나누어져 있던 독일을 통일하고자 하는 민족적 열망이었다. 이 민족적 열망이 질풍노도 운동으로 드러났으며, 이런 경향은 민족적 낭만주의Nationalism Romanticism와 혁명적 낭만주의의 토대가 되었다. 질풍노도 운동은 독일어권은 물론이고 서구 낭만주의 운동에 큰 영향을 미쳤으며 감성과 낭만을 중시하는 '질풍노도의 미학'을 형성한다. 이처럼 합리주의와 계몽주의에 대한 반동인 질풍노도의 낭만주의 운동은 조화, 균형, 규율, 규범, 이성 등의 고전적 형식, 종교적 경건주의敬虔主義, 삼일치법칙 등을 부정했고 파괴를 통한 건설을 지향했다. 한편 음악에서는 불규칙한 멜로디로 격정을 표현한 하이든과 모차르트의 단조작품들이 있다.

참고문헌 H.B. Garland, "Storm and Stress Sturm und Drang", *The Germanic Review : Literature, Culture, Theory 28*(3), pp.212~213

참조 감성, 감정·정서, 개성, 계몽주의/계몽의 시대, 고전주의, 기운생동, 낭만주의, 리얼리즘(예술), 문예사조, 민족, 민족적 낭만주의, 삼일치법칙, 언어 민족주의, 유희충동, 혁명적 낭만주의

사무사
Nothing Vicious Thought | 思无邪

'꾸루 꾸루 물수리새, 모래섬에 있구나. 정숙한 요조숙녀, 군자의 좋은 짝이 구나關關雎鳩 在河之洲 窈窕淑女 君子好逑' 이것은 『시경』의 첫 번째 시 「관저關雎」에 나온다. 이 시에서 숙녀와 군자는 서로 대비되는 남녀관계를 상징한다. 이로부터 요조 숙녀는 품위가 있으며 현명하고 정숙한 여성을 의미하는 개념이 되었다. 이 시 에서 보듯이 군자인 남성은 이런 여성을 찾고자 전전반측輾轉反側, 곧 이리저리 잠 못 이루고 언제 만날까 기다리면서 애를 태운다. 사계절을 형상화한 이 시에 는 요조숙녀가 네 번 나온다. 이것은 요조숙녀가 시의 핵심어라는 의미이고 남 녀의 연정은 그 어떤 것보다 아름답고 강렬하다는 뜻이다. 읽기에 따라서 사랑 을 노래한 남녀상열지사男女相悅之詞인 것 같지만 인간의 본성을 품격 있는 서정으 로 담아냈기 때문에 『시경』의 첫 번째 시로 실린 것이다. 그러니까 이 시는 깨 끗한 풍격 때문에 권두에 실린 것이다.

유교의 오경 중 하나인 『시경詩經, Book of Odes』은 공자가 춘추시대까지 전해 오 는 시를 선별하여 편찬한 시집이다. 편찬자로서의 공자孔子, BCE 551~BCE 479는 인 간의 심성을 교화한다는 교육적 목적으로 책을 엮으면서 한마디로 사무사思無邪 로 압축했다. 이 사무사라는 말은 『시경詩經』의 송頌 가운데 경지십駉之什에 나오 는 '사무사 사마사조思無邪, 思馬斯徂'인데 '다른 생각이 없이 달리니 참으로 훌륭한 말이다'라는 뜻이다. 공자는 달리는 말의 정연하고도 늠름한 풍격을 시에 비유 하여 시는 깨끗하면서 진실해야 한다고 말했다. 공자는 『논어』 「위정」에서 '시 경의 시 삼백 편을 한마디로 말하자면 바로 사무사, 즉 사악한 생각이 없는 것이다詩三百 一言以蔽之 曰 思無邪'라고 했다. 한마디로 사무사는 사악함, 사특함, 거짓, 꾸밈, 경솔함이 없는 진실하면서도 깨끗한 생각과 감정을 의미한다. 이후 시의 사무사를 넘어서 여러 가지 의미로 쓰이게 되었다.

사무사思無邪는 편찬의 원칙이면서 창작의 원리이고 공자의 철학과 사상을 상징적으로 함축한 개념이다. 또한, 사무사는 음악의 예악사상禮樂思想과 더불어 공자의 예술관을 상징한다. 공자는 시의 사무사와 가의 예악사상을 결합하여 인의예지를 실천하는 덕목으로 꼽았다. 이처럼 공자는 시를 통한 수양과 예의를 말하면서 위정자들이 백성의 소리에 귀를 기울여야 한다고 생각했다. 한마디로 시를 통해서 사람을 알고, 사회를 알며, 역사를 알 수 있다는 것이다. 훗날 주자朱子는 사무사를, '몸에 병이 없는 것과 같다'라는 뜻으로 해석하면서 시를 온유돈후溫柔敦厚로 설명한다. 또한, 주자는 시에는 사악한 마음을 가지지 않도록 하는 효용이 있다고 보면서 성誠이라는 어휘로 요약한다. 주자는『중용』을 편집한「중용장구서中庸章句序」에서 사무사를 천명에 따르는 진실한 자세로 해석했다.

『주자어류朱子語類』에서는 사무사를 착한 것으로 법으로 삼고 악을 경계하는善爲可法惡爲可戒 진실한 자세로 해석했다. 공자의 논평과 주자의 주석에 근거해보면 사무사는, 시는 사악하지 않고 깨끗하고 순정해야 한다는 문학관이다. 이것은 시 자체가 사무사한 것이며, 시를 읽는 마음이 사무사할 뿐 아니라, 시를 통하여 사무사한 마음을 가져야 한다는 뜻이다. 특히 공자와 주자는 소설이나 전기傳記를 포함한 다른 양식보다 시를 중시했는데 그것은 시를 통하여 고상하고 고결한 성정을 담아낼 수 있다고 보았기 때문이다. 이것은 부賦, 사詞, 기記, 표表 등의 산문보다 운문인 시를 으뜸으로 삼는 전통으로 이어졌다. 이후 '시 삼백 편 사무사'는 동양문학의 규준이자 전범이 되었으며 최고의 예술론일 뿐 아니라 언행의 규범이었다. 이로부터 동양의 전통적인 문학관인 순정문학純正文學과 문이재도가 정립된다.

제목만 전하는 6편 이외에 305편으로 엮어진『시경』의 내용은 매우 광범위하여 통치자의 언행, 전쟁과 사냥, 귀족계층의 부패상, 애정 및 일상 등 여러 영역에 이르러 있다. 특히 공자는 문학의 상징적이고 효용적인 면을 중요하게 생각하는 동시에 시를 통하여 인간 성정을 계몽하고 교화할 수 있다고 보았다. 아리스토텔레스의 『시학*Peotica*』과 비교되는 최고의 이론서이자 작품집인 『시경』은 중국, 한국, 일본, 베트남 등 한자문화권에 지대한 영향을 미쳤고 세계예술사에서도 중요한 이론이자 서적으로 정평이 있다. 또한, 사무사는 문학이나 예술을 넘어선 수양의 방법이자 철학적 의미로 두루 쓰인다. 현대예술의 관점에서 사무사는 지나치게 교훈적이고 효용성을 우선하며 문학의 본질과 기능을 유교적인 틀에 가두었다는 비판이 있다. 하지만 사무사는 인성을 교화하고 사회를 계몽하던 춘추전국春秋戰國 시대라는 상황과 유교 철학에서 이해되어야 한다.

참고문헌 孔子, 『論語』.

참조 감정, 격물치지, 계몽주의/계몽의 시대, 공자, 교훈주의, 문이재도, 문학, 서정시, 술이부작, 시, 시언지 시연정, 시중유화 화중유시, 아리스토텔레스, 운문, 인심도심, 장르, 중용지도, 한시/중국고전시

판단력비판 – 미美란 무엇인가?

Critique of Judgement | 判斷力批判

K는 고흐의 〈자화상Self-Portrait with Bandaged Ear〉을 보고 또 본다. 그것은 여러 편의 자화상 중, 친구 고갱과의 이별로 광기가 작동하여 귀를 자른 자기 모습을 그린 이 작품이 고뇌하는 인간을 담아낸 걸작이기 때문이다. 고흐는 여러 편의 자화상을 그렸는데 특히 귀를 자르고 붕대를 감은 모습의 자화상이 제일 유명하다. K는 왜 이 그림을 보고 쾌감을 느끼는 것인가. 예술작품의 미적 감동은 '미美 또는 아름다움이란 무엇인가'로 함축될 수 있다. 평생 고향을 떠나지 않은 칸트 Kant, 1724~1804는 『판단력비판』1790에서 인간이 무엇을 안다는 것이나 느낀다는 것은 판단判斷이라고 단정했다. 예술작품을 판단한 결과가 아름다움/미인데 그 판단은 '유쾌하다' 또는 '불쾌하다'와 같은 느낌으로 드러난다. 그런데 하나의 예술작품을 보고 각기 다른 반응을 하는 것은 개개인의 미적 취향이 다르기 때문이다.

인간의 인식에 대한 비판적 성찰을 다룬 『순수이성비판』과 윤리와 도덕과 같은 인간의 행동에 대한 사유인 『실천이성비판』을 거친 『판단력비판』은 미학 또는 예술철학에 대한 칸트식의 해석이다. 판단력비판은 칸트가 쓴 책 이름이면서 인간의 미적 판단을 비판적으로 분석한 이론이다. 초기 저작에서 칸트는 미적 감동은 감각적인 직관 그리고 이해와 연관된 생각을 통하여 일어나는 것으로 보았다. 하지만 비판철학 시기의 칸트는 미적인 것을 인지할 때는 직관이나 생각과는 다른 원리가 작동하는데 그것은 '무목적성의 목적purposiveness without purpose'인 상상과 오성의 자유로운 조화라고 말했다.[1] 따라서 미美 그 자체는 무엇을 어떻게 하고자 하는 유용성도 아니고 무엇을 의도하는 가치추구도 아니다. 이런 그의 생각은 법칙성을 추구하는 지성知性/오성悟性과 (목적을 추구하는 이성과 다른) 합목적성을 추구하는 판단력이 있다는 것에 근거한다.

무목적성의 목적이 실행되는 과정에서 인간은 새로운 방식으로 쾌감을 느끼는데, 그것이 바로 아름다움의 본질이자 미학의 원리다. 이 과정에서 도덕이 개입하는데 이성을 바탕으로 하는 도덕의 진선眞善이 취향에 관한 판단인 미美를 보장해 준다. 이처럼 미적 가치와 아름다움에 관한 판단은 이성을 바탕으로 하는 특수하고도 주관적이면서 종합적인 능력이다. 그런 점에서 칸트는 규칙을 부여하는 천재天才의 예술작품이야말로 특별한 미적 가치가 있다고 보았다. 한편 인간의 지각과 상상을 넘어서는 자연과 같은 절대적인 대상에 대해서 전율과 공포를 느끼는 동시에 기쁨과 쾌감도 느끼는 미적 감각이 숭고sublime다. 미美가 상상과 오성의 조화와 질서에서 오는 자유유희free play의 유한성이라면 숭고崇高는 상상력과 이성의 결합이고 부조화와 무질서로부터 얻어지는 무한성이다.

자연nature의 미적 의미를 특히 강조한 칸트는 아름다움에 관한 판단 원리를 네 가지로 설명한다. 첫째 무관련성disinterestedness은, 다른 무엇으로부터 간섭을 받지 않는 것이며 그 미적 판단은 내용보다는 형식에서 일어난다는 의미다. 둘째 보편성university은 미는 대상에 있는 것이 아니고 주체의 주관에 있는 것이며 지각의 자유라는 보편적 원리가 작동한다는 뜻이다. 셋째 필연성necessity은 아름다움에 대한 유쾌한 느낌은 공통감각common sense에 근거한 이성의 필연적 질서화 과정이다. 넷째 무목적성의 목적purposiveness without purpose은 미 자체는 다른 목적

---

1   Immanuel Kant, *Critique of Judgement*, translated by James Creed Meredith, Oxford University Press, 1973. § 17. "Of the Ideal of beauty"; That is, in whatever grounds of judgement an Ideal is to be found, an Idea of Reason in accordance with definite concepts must lie at its basis; which determines a priori the purpose on which the internal possibility of the object rests. An Ideal of beautiful flowers, of a beautiful piece of furniture, of a beautiful view, is inconceivable. But neither can an Ideal be represented of a beauty dependent on definite purposes, e.g. of a beautiful dwelling-house, a beautiful tree, a beautiful garden, etc.

이 없지만, 그 목적 없음이 목적이 되는 것이다. 또한, 아무런 목적이 없고 도덕적으로 문제가 없기 때문에 아름답고 즐겁고 유쾌하다. 그래서 칸트는 예술작품의 목적 없음에 의해서 자유로운 감성이 발현될 수 있다고 보았다.

한마디로 칸트는 '아름다움/미는 인간의 주관적 판단으로 결정된다'라는 것과 '미적 취향을 판단하는 네 가지 원리가 있다'라고 전제하고 진정한 아름다움을 인식하기 위해서는 순수이성을 바탕으로 비판적 인식을 해야 한다고 주장했다. 아울러 미는 개념concept과 관계하지 않는데 가령 현실의 장미는 관념의 장미라는 개념과 관계가 없다고 말했다. 그러므로 칸트에 의하면 고흐의 〈자화상〉에서 느낄 수 있는 미적 쾌감은 작품 자체에 객관적으로 존재하는 것이 아닌 인간의 주관적 판단이다. 또한, 칸트는 대상/작품에 미적 보편성이 있는 것이 아니라 아름다움을 지각하는 것이 보편적이라고 하여 '보편적이 이니지만 보편적이다'라는 이율배반二律背反, antimony의 개념을 정립했다. 바움가르텐 이후 근대미학의 성립에 결정적으로 이바지한 『판단력비판』은 미학만이 아니라, 도덕과 윤리, 인식론, 존재론을 아우르는 불후의 명작이다.

참고문헌 Immanuel Kant, *Critique of Judgement*, translated by James Creed Meredith, Oxford University Press, 1973.

참조 감동, 감성, 관념론, 교훈주의, 무목적의 목적, 미/아름다움, 미적 거리, 미학·예술철학, 미학교육(실러), 미학고기/미적 상대(실리), 바움가르덴의 진신미, 순수이성, 숭고, 신경미학, 아 프리오리/선험·후험, 예술지상주의, 유미주의, 이성, 이성론/합리주의, 인식, 인식론, 존재론, 주관·주관성, 지성·오성,초월(칸트), 타불라 라사, 황금비율

아케이드 프로젝트

Arcades Project | 拱廊街计划

1940년 9월 26일 밤, 모르핀을 맞고 한 사람이 자살했다. 당시 별 관심을 끌지 못했던 이 사건은 어느 국경 마을에서 일어났다. 유대인이었던 그는 히틀러가 장악한 유럽을 탈출하기 위해서 프랑스 국경을 넘어 미국으로 망명하던 중이었다. 극도의 불안 속에서 선택한 자살은 현실의 모순을 유토피아로 극복하려던 한 철학자가 광기에 타살당한 사건이었다. 이렇게 피레네 산간마을 포르부Port Bou에서 한 사람이 타계했지만, 그가 남긴 저작은 전설적인 명저로 남았다. 극도로 비관적 상황에서 희망의 낙관주의를 찾았던 그는 발터 벤야민W. Benjamin, 1892~1940이고 심혈을 기울여 근대사회를 연구한 것이 아케이드 작업passagenwerk이며 이것을 편집한 책이 『아케이드 프로젝트』다. 1927년 파리로 옮겨와서부터 타계한 1940년까지 쓴 『아케이드 프로젝트』는 바타이유에 의하여 원고가 전해져서 사후死後에 출간되었다.

그 책은 여러 개념을 정리하거나 사회적 상황을 나열한 형식으로 '편집되어' 있다. 또한, 이 책은 벤야민 특유의 주석과 해석 때문에 난해하다는 정평이 있는 일종의 문화비평서다. 벤야민은 이 특이한 글을 쓰면서 근대사회의 심층을 분석했다. 책의 제목이기도 한, 제2제정 시대 파리에 등장한 아케이드는 건물과 건물을 철제와 유리로 덮은 상가商街다. 아케이드에는 산업혁명으로 대량 생산된 상품들이 진열되어 있다. 하지만 아케이드에 진열된 상품들은 부르주아가 꾸는 꿈의 흔적일 뿐이므로 비판적 사유와 변증법적 성찰이 필요하다. 한편 냉철하면서도 관조적으로 파리의 아케이드를 걷는 존재가 '도시의 산책자

flaneur'다. 벤야민은 그 산책자의 시선을 통하여 현란한 자본주의 이면에 숨겨진 욕망의 복합성을 찾았으며 이를 통하여 혁명의 가능성을 보았다. 그런 의미에서 그의 사상은 포스트모더니즘 또는 현대성의 전조前兆로 간주하기도 한다.

당시 파리의 부르주아들은 인간의 욕망을 매매하는 자본주의를 역사의 진보라고 착각하고 있었다. 벤야민이 주목한 1852년부터 1870년에 이르는 프랑스 제2제정 시대의 파리는 자본주의적 도시화가 가속화되던 시기였고 왕정복고The Restoration, 王政復古에 반대하는 부르주아들의 투쟁이 강화되던 시기였다. 벤야민은 혁명의 시대가 꿈꾸던 유토피아에 주목했다. 유토피아는 근대 자본주의 사회의 모순과 파시즘의 광기에 쫓기던 벤야민의 탈출구였다. 유토피아를 꿈꾼 그의 생각은 초현실주의자인 루이 아라공Luis Aragon의 소설에 영향을 받았다고 알려져 있다. 진정한 인간해방의 유토피아를 꿈꾸는 그에게는 과거로부터 현재에 이르는 진보의 흔적과 미래의 유토피아가 중요했다. 따라서 벤야민에게 아케이드는 꿈의 잔재이면서 역사의 잠에서 깨어나는 방법이고 역사와 현실로부터 분리된 한 인간의 간절한 소망이다.

철학 교수를 포기한 벤야민은 혁명이 어떻게 예술작품에 반영되는가를 분석했다. 벤야민이 주목한 보들레르의 『악의 꽃』1857은 혁명의 시대에 창작된 시집이다. 보들레르Charles Baudelaire, 1821~1867는 시집 『악의 꽃』과 『파리의 우울』에서 관조와 통찰의 눈으로 부르주아의 파리를 담아내고 있다. 그런데 벤야민에 따르면 『악의 꽃』에 담긴 알레고리를 잘못 읽어 혁명성을 읽지 못하고 상징주의로 해석하는 것은 부르주아적 오류다. 그래서 그는 기술복제가 실현된 파리의 아케이드를 걸으면서 혁명과 희망을 찾아냈다. 이를 통하여 벤야민이 정리한 것은 '자본주의적 욕망의 역사가 끝나는 그 순간 잠에서 깬 인류가 진정한 역사의 공간으로 진입한다'라는 것이다. 그러면서 벤야민은 프롤레타리아를 잠에서 깨어나 세상을 바꾸는 역사의 주체로 간주했다. 유대교의 카발라 신비주의에서 말하는 메시아가 도래하면 희망의 새 세상이 열릴 것으로 기대한 것이다.

하지만 유토피아는 실현될 가망이 없었으며 고립된 벤야민을 구원할 혁명은 불가능했다. 극도의 절망 속에서 벤야민이 찾은 것은 혁명의 가능성이 있는 아케이드였다. 산업혁명의 대량생산을 거치면서 상실한 아우라^{aura}와 욕망의 현란한 흔적을 깊고도 높은 사유로 담아낸 이 책은 여러 면에서 의미가 있다. 그는 이 책에서 인간, 사회, 신, 역사, 예술에 관한 12개의 명제를 새로운 시각에서 사유했다. 특히 문화와 예술을 꿈의 형상으로 간주하고 예술작품에서 희미한 상징을 찾고자 했던 탁월한 직관이 돋보인다. '이 미완의 프로젝트는 큰 의미가 있지만, 원본을 정리하고 편집하는 과정에서 문제가 생겼다'라고 비판하는 학자도 있다. 하지만 필사적인 투쟁과 극단적 고통 속에서 근대사회를 분석한 이 기획은, 한 사람의 저작을 넘어서서 근대 인류의 지성사가 담긴 역작이다. 영어판 『아케이드 프로젝트』가 출간된 것은 1999년이지만 그의 심오한 사상은 지성의 샘물로 흐른다.

참고문헌 Walter Benjamin, *The Arcades Project*, edited by Rolf Tiedemann, translated by Howard Eiland and Kevin McLaughlin, New York : Belknap Press, 2002.

참조 근대·근대성, 디스토피아, 문화산업(프랑크푸르트학파), 변증법, 부정변증법, 산책자 보들레르, 아우라, 유토피아, 자본주의, 제2차 세계대전, 지성·오성, 직관, 카발라 신비주의, 파리코뮌

숭고

Sublime | 崇高

바닷가 언덕에 서 있던 K는 특이한 광경을 목도했다. 바다가 사나운 바람과 거친 파도로 기막힌 장관壯觀을 연출하고 있었다. 포효하는 파도가 자기를 삼킬 것만 같았다. 하지만 K는 공포와 불안을 넘어서 경외와 전율을 동반한 쾌감을 느꼈다. 불안하고 두려웠으나 자연미의 극치에 잠시 넋을 잃었다. 왜냐하면, 아름다움을 모방하고 표현하는 예술적인 미감이 아닌 그 자체로 아름다운 자연의 순수함에 도취하였기 때문이다. 그 순간 K는 우주 자연의 광활함과 인간의 순간성을 깨우쳤다. 바닷가의 K가 느낀 정신적 충격을 숭고崇高 또는 숭고미崇高美라고 하는데, 웅장한 산을 마주 대할 때나 피라미드와 같은 거대형상을 볼 때 또는 거룩한 자세로 죽어가는 순교자의 죽음을 볼 때도 비슷한 느낌을 받는다. 이것은 불안과 공포를 느끼면서 그 절대성에 압도당하기 때문에 생기는 현상이다. 일반적인 의미에서 숭고는 고상하고 존엄한 것이다.

숭고는 장엄, 경이, 압도, 고결, 고통, 위대, 냉혹함, 무한, 환희와 같은 특별한 충격이고 숭고미는 감성, 윤리, 도덕, 영혼 등이 고양된 정신이다. 또한, 일반적인 미가 시각, 청각, 후각, 미각, 촉각 등의 감각을 바탕으로 하는 것과 달리 숭고는 이런 감각을 넘어서는 초감각supersensible의 미감이다. 따라서 숭고/숭고미는 인간의 논리나 이성은 물론이고 상상을 초월하여 의식을 마비시키므로 모방, 계산, 측정 불가능한 절대지경, 절대감정, 절대상황을 의미한다. 또한, 고통스러운 전율과 장엄한 고요가 동시에 발현되는 숭고는 미와 추醜라는 개념으로 나누어지지 않으며 인간에게 거부할 수 없는 명령을 내리는 동시에 극도의 황홀경을 느끼게 한다. 아울러 숭고/숭고미는 비장하고 장렬한 느낌과 신비하거나 초월적인 힘을 동반한다는 점에서 섬세하고 단아한 여성적 우아미優雅美와 대립하는 남성적 미감으로 분류된다.

숭고라는 개념을 처음 사용한 사람은, 저작에 대하여 논란이 있는 그리스의 롱기누스Longinus, 217~273라고 알려져 있는데 그가 말한 숭고는 호머의 시와 성경의 창세기創世記에서 보이는 특별한 수사법을 의미한다. 롱기누스는 숭고를 인간의 영혼이 고양되어 자연스러운 기쁨을 느끼거나 영감을 받는 특별한 감각으로 보았다. 이런 그의 사상은 평범한 완결보다 비범한 오류가 낫다는 미적 개념으로 이해된다. 한편 영국의 정치가이자 사상가인 버크E. Burke, 1729~1797는 장엄하고도 고상한 느낌과 더불어 공포와 불안을 동반하는 특이한 감정을 숭고라고 불렀다. 그러니까 고통과 불안이 긴장을 유발하고 그것이 환희나 희열과 같은 절대상태가 된다는 것이다. 특히 버크는 미와 숭고를 상호배타적인 관계로 설정하면서 미가 쾌감과 기쁨인 것과 달리 숭고는 영혼의 고양이라고 보았다.

칸트는『판단력비판』1790에서 일반적인 미美가 조화, 균형, 형식, 의미, 표현, 규칙을 통한 이해 즉 판단을 바탕으로 정신적 자유유희와 쾌감을 주는 것임에 반하여 숭고는 부조화, 불균형, 탈조형, 무형식, 무의미, 불규칙, 혼돈과 혼란, 측정불가능성 등을 바탕으로 하는 상상과 이성의 자유유희와 정신적 쾌감이라고 말했다. 칸트는 수학적 숭고와 역동적 숭고로 나누고 공포와 전율을 통하여 정신의 각성에 이른다고 본 것이다. 한편 쇼펜하우어는 숭고를 다섯 단계로 분류했는데 첫째, 가장 약한 숭고로 바위에 비치는 빛 둘째, 약한 숭고로 고요하고 광활한 사막 셋째, 일반적인 숭고로 광포한 파도 넷째, 강한 숭고로 파괴적이고 강력한 지진이나 해일 다섯째, 최고의 숭고로 무한 광대한 우주를 꼽았다. 한편 리오타르J.F. Lyotard, 1924~1998는 불안 속에서 쾌감을 느끼는 숭고는 포스트모더니즘에서 재현될 것으로 예견했다.

숭고/숭고미의 가치는 낭만주의 작품에서 잘 드러난다. 워즈워드, 바이런, 블레이크, 콜리지 등은 무아지경의 황홀경을 숭고로 간주했다. 또한, 낭만주의자들은 모든 예술작품에 숭고미가 있다고 보았으며 고통과 기쁨, 공포와 경외, 혼란과 계몽이 조화하는 인간 내면의 심성을 숭고의 원천으로 보았다. 무한한 시간과 무한한 공간의 영원성을 중요하게 여겼던 낭만주의 시인들은 인간의 이성, 의식, 정신으로는 측정할 수도 없고, 이해할 수도 없는 특별한 감성인 낭만적 숭고romantic sublime에 주목했다. 동양에서는 이런 절대지경을 물아일체物我一體, 자기 망각, 무아지경이라고 하고 깊고 심원한 의경意境에서 주관과 객관이 통일될 때 심미적인 상외지상象外之象 경외지경景外之景의 경지에 이른다고 한다. 이런 동양미학의 심원深源은 공포와 전율을 통한 정신의 충격을 의미하는 숭고/숭고미와 다르다.

참고문헌 Immanuel Kant, *Critique of Judgement*, translated by James Creed Meredith, Oxford University Press, 1973.

참조 감성, 낭만적 숭고, 무한, 물아일체, 미/아름다움, 미적 거리, 미학·예술철학, 순수이성, 신경미학, 영혼, 의경, 이성, 정신, 판단력비판─미(美)란 무엇인가?, 포스트모더니즘, 황금비율

바움가르텐의 진선미

Good, Truth and Beauty by Baumgarten | 姆嘉通得真善美

은행원 P는 지난주에 산 그림을 보러 일찍 귀가했다. P는 그림을 산 것은 매우 잘한 일이었다고 생각한다. 근대 이전에는 개인이 그림을 소장하는 것은 매우 어려웠다. 그러나 산업혁명 이후 부르주아들은 경제력과 교양을 가지게 되면서 가정에 그림을 소장할 수 있었다. 이처럼 19세기 프랑스의 신흥 부르주아들은 자기 집을 예술작품으로 장식하고 싶어 했다. 그런데 예술성이 돋보이는 작품은 강렬하거나 기이奇異해서 집에 걸어두고 감상하기에는 부적합하다. 좋다고 하더라도 무엇이 어떻게 좋은지 모를 뿐 아니라 설명하기 쉽지 않았다. 그래서 그들은 예술성이 돋보이는 작품보다 자기 감성과 취향에 맞는 작품을 걸었다. 이처럼 근대 초기에 등장한 신흥 부르주아들에게는 '무엇이 좋은 작품인가'가 중요했고 그것을 판단할 수 있는 기준이 필요했다. 그 일반적 기준이 아름다움 즉 미美였다.

근대미학을 정초한 것으로 알려진 독일의 철학자 바움가르텐A.G. Baumgarten, 1714~1762은 라틴어로 쓴 『미학Aesthetica』1750에서 미/아름다움의 핵심을 진선미眞善美, good, truth and beauty로 요약했다. 바움가르텐의 진선미는 진, 선, 미가 합치된 이상적 상태가 미의 정수라는 미학 이론이다. 아리스토텔레스 시대부터 근대 이전까지의 미적 기준은 감각에 근거한 쾌快와 불쾌였다. 그런데 바움가르텐은 예술이 가진 특유한 미의 영역이 있다고 간주하고, 그것은 감각을 포함한 여러 가지의 하위인식능력과 관계가 있다고 분석했다. 그에 따르면 인간에게는 이성이나 논리와 같은 상위인식능력, 그리고 감각이나 감성과 같은 하위인식능력이 있다. 그런데 바움가르텐은, 예술은 (미적 감각을 파괴하는) 상위인식능력인 이성과 논리보다 감각, 감정, 지각, 허구, 정서와 같은 하위인식능력이 더 중요하다고 주장했다. 이 감성적 하위인식으로부터 지각되는 진선미는 '무엇이 사람들의 하위인식능력을 자극하고 감동하도록 하는가'를 물어서 귀납적으로 추출한 것이다.

18세기에는 규칙, 조화, 이성, 질서 등을 토대로 한 프랑스 신고전주의가 주류였다. 이런 상황에서 바움가르텐은 계몽주의와 합리주의에서 무시되던 감성에 의미를 부여하면서 미학이라는 개념을 정립했다. 또한, 바움가르텐은 인간의 정신을 이성, 감성, 의지로 구분하고 감성적인 영역이 미의 원천이라고 설명했다. 원래 미학이란 말은 느낌 혹은 감성을 의미하는 라틴어 aesthetica와 감각을 의미하는 아이스테시스aisthesis에서 유래한다. 그러므로 바움가르텐이 말하는 미학美學은 과학적으로 분석이 가능한 '감성적 인식의 학문aesthetica est scientia cognitionis sensitivae'이다. 이것은 감성적 하위인식인 미를 지각의 완전성으로 간주한 라이프니츠의 개념을 빌린 것인데 결국 이성적 상위인식의 영향을 받을 수밖에 없다. 이렇게 볼 때 미학은 인간의 심리와 경험이 지각하고 축적한 미적 가치를 토대로 한다.

바움가르텐은 예술은, 인간의 감각을 완성하고 인식을 개발하기 때문에 중요하다고 보았다. 특히 미는 예술에서 최고로 드러나며 예술에는 예술적 진리와 가치가 있다고 주장했다. 왜냐하면, 예술작품에는 다양성, 풍부함, 대비, 대조와 같은 예술만의 특징이 살아있기 때문이다. 바움가르텐에 의하면 느낌에 대한 지식 그리고 경이驚異와 직관直觀은 상위인식능력만큼 중요하다. 느낌을 절대적으로 중요시했던 그는 '예술가의 창작행위는 미적 느낌을 창의적으로 표현하는 것'으로 보았다. 바움가르텐이 말한 미적 감각은 라이프니츠가 정립한 원자原子가 가진 다양성 및 역동성과 유사하다. 왜냐하면, 예술에서 매우 중요한 인간의 주의력은 질서, 통일성, 규칙, 조화만으로 유지되지 않고 풍부, 다양, 변화, 대조, 대비 등이 있어야 유지된다. 따라서 예술가는 독창성을 발휘하여 다양하게 표현해야만 독자/청자/관객의 주의력을 유지하는 한편 작품의 통일성도 기하면서 감동을 줄 수 있다. 여기서 말하는 표현의 다양성은 외연적 명석함 extensive clarity을 가진 통일성 속의 다양성이다.

바움가르텐은 미학美學이라는 학문을 창시했으며 예술철학, 예술비평, 창작 방법론, 예술교육 등에 지대한 영향을 미쳤다. 그의 미학 이론은 고대 그리스의 아리스토텔레스로부터 시작된 미에 관한 이론을 체계적으로 정립했다는 의미가 있다. 반면 칸트는 미를 인식과 판단이라고 정의한 다음 바움가르텐의 미학이 자연과 예술의 미에 관한 객관적인 규칙, 준거, 원리를 제시하지 못했다고 비판했다. 칸트는 진선미眞善美라든가 감각의 완성과 같은 개념은 객관적인 것이 아니라 주관적 판단이라고 하는 한편, 미는 지각의 내면적 감각일 뿐이라고 보았다. 한편 톨스토이L. Tolstoy, 1828~1910는 '진은 도덕적 의지 때문에 획득되는 것이고, 선은 이성에 의해서 인지되는 것이며, 미는 감성에 의해서 느껴지는 것'이라고 말한 바움가르텐의 이론은 설명도 어렵고 작품 감상에도 부적합하다고 비판했다.

참고문헌 Alexander G. Baumgarten, *Aesthetica*, 1750; Leo Tolstoy, *What is Art?*, Penguin Books, 1995.

참조 감각, 감성, 미/아름다움, 미학·예술철학, 미학교육〔실러〕, 미학국가/미적 상태〔실러〕, 순수이성비판, 숭고, 신경미학, 예술, 이성, 정치와 미학, 판단력비판—미(美)란 무엇인가?, 황금비율

모리스의 사회주의 생활예술

Morris' Socialism Life Art | 廉莫里斯的社会主义生活艺术

모리스 예술상회의 노동자들은 열심히 일했다. 그들은 창의적인 예술가 모리스가 도안한 온갖 도구와 작품을 그대로 만들었다. 모리스는 노동자들에게 창의적으로 일할 것을 주문했다. 하지만 런던 교외의 모리스 예술상회, 더 정확하게는 모리스 회사Morris & Company에서는 노동자들의 창의성이 발휘되지 못했다. 이것은 모순이다. 왜냐하면, 모리스는 노동자들이 주체적으로 창의성을 발휘해야 한다고 제안한 혁명적 예술가였기 때문이다. 모리스 자신의 창의성은 살렸지만, (시장경제체제의 자본주의 환경에서) 노동자들의 창의성을 살리기는 쉽지 않았다. 산업화가 급속하게 진행되던 빅토리아 시대에 살았던 영국의 모리스William Morris, 1834~1896는 스승 러스킨J. Ruskin의 이론을 받아들여 '이상적 장인匠人, 행복한 노동자'라는 개념으로 예술운동을 한 특이한 인물이다.

모리스는 노동자들이 상품생산에 얽매이지 않고 창의력을 발휘하면서 즐거운 마음으로 노동에 종사해야 한다고 주장했다. 또한, 모리스에 의하면 채플린의 영화 〈모던타임즈〉에서 보는 것과 같이 노동자가 기계처럼 일하는 것은 노동자 자신의 불행일 뿐 아니라 사회의 불행이다. 노동으로부터 소외되지 않는 예술과 진정한 인간해방을 위한 노동을 추구하던 그는 누구보다도 다양하고 치열하게 살았다. 자본주의 생산양식과 통속적인 부르주아를 신랄하게 비판한 소설 『미지의 세계에서 온 소식News from nowhere』에서 공산주의 사회를 꿈꾸었다. 그리하여 모리스는 계관시인桂冠詩人으로 지명을 받기도 하고, 옥스퍼드대 교수로 초빙될 만큼 유명해졌고 심지어 자기가 싫어하던 부자들로부터도 존경을 받게 되었다. 한편 모리스는 자신의 이상처럼 미美를 위한 미를 비판하고 실제 생활에서 미를 추구했다. 따라서 모리스의 사회주의 생활예술은 사회주의적 사상을 토대로 생활에서 예술을 실천하는 방법이다.

모리스는 혁신적이고 창의적인 생각으로 '붉은 집Red House, 1859'을 건축하여 아름다운 집짓기 운동을 전개했고 초서Chaucer의 책을 디자인하여 세상에서 가장 아름다운 책을 만들었다. 또한, 다양한 디자인과 실내장식으로 영국 장식미술裝飾美術의 선구자가 되었으며, 자기 스스로 예술노동자를 자처하면서 생활예술로 사회를 바꾸고자 노력했다. 모리스가 생각한 생활예술生活藝術은 현실의 생활과 예술이 합치되는 예술이다. 그는 예술지상주의art for art's sake인 예술을 위한 예술, 미를 위한 미를 부정하고 일상생활 속에서 예술의 창작과 향유가 이루어져야 하고, 생활 그 자체가 예술이어야 한다고 주장했다. 특히 노동이 곧 예술이고 예술이 노동이라고 믿었던 모리스는 생활예술과 실용성을 추구했다. 모리스 자신은 사회주의자로서 노동자와 같은 지위에서 자본가들과는 다른 태도였으나, 모리스 예술상회에서 보듯이 예술상품을 만드는 대량생산의 자본주의 방식에서 벗어나지는 못했다.

시인, 디자이너, 환경운동가, 사회주의자, 중세주의자, 유토피아 이론가, 화가, 출판인, 자연주의자, 가구 제작자, 고건축 보호 운동가, 직조 공예예술가, 직물과 벽지 제작자로 명성을 날렸고 환상소설, 건축, 장식예술에 큰 영향을 미친 모리스는 인간의 자유와 해방을 중요한 목표로 설정했다. 그래서 그의 나이 40세 전후인 1870년대 초, 그때까지 가졌던 자유주의와 유미주의로부터 사회주의 혁명가로 변신했다. 또한, 실천하는 예술가였던 모리스는 '예술이 인간에게 기쁨을 선사하고 인간해방을 가능케 할 수 있다'라고 믿고 평생을 예술운동과 사회변혁 운동에 헌신한 것으로 유명하다. 한편 모리스는 엥겔스로부터 감상적인 사회주의자라는 평가를 받았으나 영국 사회주의 운동을 주도한 것만은 틀림없다. 그가 본 빅토리아 시대의 번영은 빈곤과 오염이었고 그것은 곧 문명의 무질서와 타락을 의미했다. 그래서 그는 생활 자체가 예술이어야 하며 예술이 생활이어야 한다는 사회주의적 생활예술론生活藝術論을 전개했다.

　모리스는 마르크스의 딸 엘리노어Eleanor Marx를 포함한 사회주의 혁명가들과 함께 사회주의 운동을 했고 1887년 11월 13일에 일어난 '피의 일요일' 봉기를 주도했다. 피의 일요일 봉기는 1905년 1월 러시아에서 일어난 피의 일요일 사건과 유사한 사회주의 혁명 사건이다. 이처럼 모리스는 혁명적 사회주의자였음에도 불구하고 계급투쟁이나 공산주의 혁명보다는 반제국주의와 반자본주의에 머물렀다고 비판받는다. 상류계층 출신으로 노동자계급의 혁명성을 몸으로 실천했던 모리스는 미학적이고 낭만적인 심성의 소유자이기도 했다. 그런 점에서 모리스는 감상적 사회주의자라는 비판을 받고 있고, 유미주의와 낭만주의에서 벗어나지 못했을 뿐 아니라, 환상과 유토피아를 찾아 헤맨 몽상가夢想家라는 비난도 받는다. 하지만 생활예술이라는 큰 틀에서 실용성과 미학성이라는 두 원칙을 고수했던 모리스는 세계예술사와 사회사에 큰 발자국을 남긴 전설적인 인물 중의 하나다.

참조 계급의식, 계급투쟁, 공공예술, 낭만주의, 노동가치설, 미학·예술철학, 역사적 유물론/유물사관/사적 유물론, 예술, 예술지상주의, 유물론, 유미주의, 유토피아, 인간소외, 자본주의, 제국주의, 혁명

술이부작

Pass on the Ancient Culture and not to Create | 述而不作

어느 날 공자는 이렇게 말했다. '옛것을 계승하여 기술할 뿐이고 새로운 것을 창작하지 않으며, 옛것을 믿고 좋아하는 나를 은의 대부인 노팽老彭에 비교해 본다. 묵묵히 알 뿐이며 배우는 것을 싫어하지 않으며 가르치는 것을 게을리하지 않는 것 이외에 무엇이 또 있겠는가?' 이 말은 『논어』「술이」의 서두 부분인데 성인成人 공자의 겸양과 덕망이 반어법으로 표현되어 있다. 이처럼 공자는 전통과 예절을 무엇보다도 소중하게 여겼다. 그러므로 공자孔子, BCE 551~BCE 479가 21세기의 환상소설을 본다면 '괴력난신怪力亂神'이라고 말했을 것이다. 이처럼 공자는 사실이 아닌 것을 배격하고 전통을 계승하여 정확하게 기술한다고 강조했다. 원문인 '술이부작 신이호고 절비어아노팽子曰 述而不作 信而好古 竊比於我老彭'의 앞부분을 직역하면 '기술만 할 뿐이고 창작은 하지 않는다'이다.

술이부작에서 술述은 기술, 찬술, 편찬, 서술이고 작作은 새로운 것을 지어내는 창작이다. 또한, 작作은 황당하거나 기이한 이야기를 포함하여 '없는 것을 지어낸다'라는 뜻이다. 따라서 공자가 말한 술이부작은 전해오는 사상과 문화를 존중하고 믿으며, 이것을 그대로 기술할 뿐이고 새롭게 창작하지 않아야 한다는 것을 강조하는 개념이다. 그런데 술이述而는 호고와 상응하므로 순서를 바꾸어 해석하여 '고증된 옛것을 믿고 그대로 서술하는 것'으로 볼 수 있다. 주자朱子 또한 주석에서 '술은 예로부터 전해오는 것이고 작은 지어내는 것述傳舊而已作則創始也'으로 해석한 바 있다. 공자가 강조하고자 하는 것은 시경, 악경, 예경, 서경, 주역, 춘추 등 육경을 찬술하면서 전해오는 사실을 정확하게 기록했다는 것이고 여기에 자신의 사상이나 생각을 창작하여 보태지 않았다는 뜻이다.

한편 술이부작은 '허황한 이야기를 지어내거나 정확하지 않은 것을 임의로 써서는 안 된다'라는 작문과 찬술의 엄격한 원칙이다. 공자는 역사서 『춘추』를 찬술하면서 선악善惡과 정사正邪를 냉철하고 통렬하게 비판하고 역사의 대의를 객관적으로 기술했는데, 이것을 춘추필법이라고 한다. 공자는 『춘추』에서 역사적 사실을 간략하고 정확하게 기술했다. 이처럼 공자를 비롯한 유가들은 허구나 황당한 이야기를 배격하고 있는 그대로의 사실만 정확하게 기록한다고 했기 때문에 시와 문을 중요시한 것과 달리 소설과 야담을 배격했다. 새로운 것을 창작한다면 술이작述而作이나 작이술作而述이 되는데 이것은 창작하여 지어내는 것에 의미를 둔 개념이다. 이처럼 창의적인 작作을 내세우지 않고 완성된 사상을 학습하고 답습한다는 것이 유가들의 기본 원칙이었고 이런 이유 때문에 모방론이 창작론보다 앞선 것이다.

이처럼 공자와 유가들은 소설을 소도小道로 하찮게 여겨서 대도大道 즉 도리道理와 거리가 먼 황당한 이야기로 간주했다. 술이부작은 『논어』 「팔일八佾」에 나오는 무징불신無徵不信 즉 '실증할 수 없으면 믿지 않는다'라는 것과 상통한다. 이것은 '고증할 수 있는 것만 믿는다'라는 뜻이다. 또한, 술이부작 신이호고는 극기복례위인克己复礼为仁과 삼년무개부지도三年无改父之道와 같은 복고숭상과 상통한다. 그러니까 자기 자신보다 부모를 포함한 옛사람과 옛것을 존중하고, 감정과 욕심을 이기며 예로부터 전해오는 예禮를 지키면 그것이 곧 지혜로운 것이라고 보았다. 그래서 공자는 온고지신 즉, '옛것을 익혀 새것을 아는 것을 스승으로 한다子曰 溫故知新 可以爲師矣'고 말한 것이다. 이 말이 유행했던 춘추전국시대에는 제후와 귀족들이 법을 무시하거나 중앙정부의 통제에 따르지 않기 때문에 공자는 술이부작으로 통일사상을 제창한 것이다.

이처럼 술이부작은 단순한 찬술과 작문의 원칙이 아니라 공자의 철학 특히 천명사상과 연결되어 있고 공자의 현실주의와 합리주의를 상징한다. 술이부작이 추구하는 공자의 인의예지신己義禮智信 또한 철저하게 고증하고 정확한 사실을 믿는 태도를 바탕으로 한다. 그러나 공자는 당시 권위 있는 지위가 없었기 때문에 이렇게 할 수밖에 없었다는 비판과 함께 완고한 복고주의자이며 역사 발전을 저해한다는 비난도 받는다. 또한, 공자의 이런 도학관道學觀으로 인하여 상상력이나 창의성에 제약이 있었고 소설과 같은 허구 양식의 발전을 저해했다는 평가를 받는다. 하지만 전통을 존중하여 춘추시대의 혼란을 과거의 법도로 다스리고자 했던 것이므로 무조건 비판할 수는 없다. 한편 공자 이후로 문인을 포함한 글을 쓰는 사람들이 '술이부작'을 앞세워서 자기 글이 정확하다고 주장하여 권위를 부여하는 일이 오래도록 지속되었다.

참고문헌 『論語』.

참조 공자, 격물치지, 교훈주의, 군자불기, 극기복례, 문이재도, 사단칠정, 사무사, 역사, 인심도심, 천명사상, 춘추대의, 표현

의식의 흐름

Stream of Consciousness | 意识流

'여보세요. 현수막. 미루스 시장. 나의 주 대위 전하. 오늘은 열여섯 번째. 머서 병원 모금을 위하여. 메시아가 그것을 위하여 주어졌다. 예. 헨델. 거기에 무엇이 : 볼다리. 키이스에 놓는다. 거머리처럼 그에게 달라붙는 쓸모없음. 나의 환영을 입어라. 문에서는 누구를 알고 있어야 하지.'[1] 문법도 맞지 않고 문장도 성립하지 않는 이 글은 제임스 조이스의 소설 『율리시즈*Ulysses*』1922에 나오는 주인공 리오폴드 블룸의 의식 단면이다. 여기서 독자들은 '여보세요'와 '현수막'과 '미루스 시장'을 연결할 수 없다. 왜냐하면, '여보세요'와 '현수막'은 작중 인물의 의식 속에 존재하는 파편적 심상이자 은유이기 때문이다. 이런 파편적 발화는 의식의 분출이기는 하지만 사실은 심층 내면의 무의식이 표면으로 드러난 것이다. 그러니까 조이스는 인간 의식의 표면구조와 심층구조가 다르다는 것을 전제로 심층의 단면을 묘사했다.

아일랜드 출신 소설가 제임스 조이스*James Joyce, 1882~1941*는 의식의 흐름이라는 기법으로 세계소설사에 이정표를 남겼다. 인물과 사건으로 구성된 전통적 서사구조를 파괴하고 인간 심리의 내면을 보여주었기 때문이다. 그는 뇌리/마음에 떠오르는 것들을 서술함으로써 의식과 무의식의 심리적 흐름을 포착하고 언어로 표현했다. 의식의 흐름은 첫째, 의식 내면에서 물처럼 흘러가는 생각, 심

---

[1] Hello, placard. Mirus bazaar. His excellency the lord lieutenant. Sixteenth today it is. In aid of funds for Mercer's hospital. The Messiah was first given for that. Yes. Handel. What about going out there : Ballsbridge. Drop in on Keyes. No use sticking to him like a leech. Wear out my welcome. Sure to know someone on the gate.

상, 회상, 기억, 감정 등이고 둘째, 그 의식 내면을 주로 묘사하고 기술하는 소설 창작방법이다. 그러니까 논리적 설명이나 분석이 아니고 미세한 의식 내면을 표현하기 위해서 언어 이전의 생각, 감정, 연상 등을 도입하기 시작한 것이다. 이것은 미국의 심리학자 윌리엄 제임스가 『심리학의 원리*The Principles of Psychology*』 1890에서 창안한 개념을 제임스 조이스가 실험적인 소설 창작의 기법으로 사용한 것에서 유래한다.

심리학자 윌리엄 제임스W. James는 '곰을 보고 놀라서 달아난다'가 아니라 '곰을 보고 달아났기 때문에 놀란다'라는 관점에서 인간 심리를 연구했다. 그는 의식의 흐름이라는 용어를 처음 사용하면서 의식 내면의 강江으로 이해했다. 한편 프로이트는 인간의 의식은 자유연상free association을 하는데 그것은 무엇을 의식하는 기능이라고 말했다. 가령 최면상태에서 마음에 떠오르거나 물처럼 흐르는 것이 자유연상이다. 그러니까 인간의 무의식과 잠재의식 속에는 논리로 설명되지 않는 지각과 감각이 있고, 그것들이 복잡하게 얽혀 있어서 난해하게 보이며 간헐적이고 파편적으로 연상될 수 있다는 것이다. 의식의 흐름은 의식과 무의식 속에서 자유롭게 떠오르는 자유연상을 자동기술automatic writing하는 소설 창작의 기법으로 알려져 있으나 음악, 미술, 연극 등에서도 광범위하게 사용되고 있다.

의식의 흐름을 내적 독백interior monologue의 한 형태로 보는 것이 보통이지만 엄밀히 보면 다르다. 의식의 흐름이 의식 내면의 흐름을 연상하여 자동기술自動記述하는 것이라면 내적 독백은 자기가 자기를 대상으로 대화하는 형식이다. 또한, 바깥으로 발화되는 드라마 독백dramatic monologue과 달리 자기가 자기에게 독백하는 것을 내적 독백이라고 하며, 이 내적 독백 중의 한 형식을 의식의 흐름이라고 한다. 그런데 의식의 흐름은 독백의 대상이 없으며 지향성intentionality을 가지지 않는다. 반면 의식의 흐름은 작가가 작중 인물의 마음과 심리의 내면을 포착하여 기술한 것이면서 인물이 자기에게 독백을 하는 것이므로 의식의 흐름과 내적 독백은 유사한 것으로 여겨진다. 또한, 의식의 흐름이 인칭에 관계가 없이 서술자가 작중 인물의 내면에 흐르는 자유연상을 기술하는 형식이라면, 내적 독백은 일인칭 서술자가 자기 내면의 여러 가지 지각과 감각을 자기에게 말하는 형식이다.

의식의 흐름은 근대소설의 가장 큰 특징 중의 하나다. 그것은 전근대 소설이 서사를 중심으로 하고 인물의 외면을 주로 묘사한 것에 반하여 근대소설은 과학적으로 인간 내면을 묘사하기 때문이다. 특히 의식의 흐름은 인간을 정신과 심리의 측면에서 보기 때문에 객관적으로 표현하지 못한다는 비판을 받는다. 또한, 인간 내면의 심리적인 면을 주로 드러내기 때문에 개인의 주관적 인상, 감성, 회상, 기억, 성찰, 사유와 같은 것이 소설의 주요 내용을 이룬다. 의식의 흐름 기법은 제임스 조이스를 비롯하여 사무엘 베케트, 알베르트 까뮈, 윌리엄 포크너, 엘리엇 등 수많은 작가가 구사한 바 있으며, 상징주의자들을 포함한 작가들이 이 기법을 사용하고 있다. 반면 의식의 흐름은 망상, 환상, 환영 등의 일부라는 견해가 있으며 불교에서는 이런 마음의 번뇌와 망상을 직시하고 변하지 않는 본질을 보아야 한다고 가르친다.

참고문헌 William James, *The Principles of Psychology*, Harvard University Press, 1890.

참조 감성, 객관·객관성, 기억, 내성/분트의 자기성찰, 무의식, 소설, 시점, 은유, 의식, 정신, 주관·주관성, 지향성(현상학), 표현, 프로이트, 화자/서술자

예술지상주의

Art for Art's Sake | 艺术至上主义

연극배우 P가 예술철학 교수 K에게 이렇게 물었다. '예술을 위한 예술이 가능한가요?' K는 망설이지 않고 가능하다고 답했다. K의 답은 예술지상주의에 근거하고 있다. 예술지상주의藝術至上主義는 예술을 최상의 가치로 간주하고 예술 자체를 목적으로 하는 예술적 태도와 인식의 방법이다. 또한, 예술지상주의는 '예술의 가치는 예술에 내재한다'라고 보면서 도덕이나 윤리와 거리를 두고자 하는 일종의 이념이다. 예술지상주의와 유사한 유미주의Aestheticism, 唯美主義는 아름다움을 유일한 가치로 보는 예술적 태도와 인식의 방법이고, 탐미주의眈美主義는 미에 탐닉하고 몰입하는 예술적 태도와 인식의 방법이다. 약간의 의미 차이가 있으나 예술지상주의는 탐미주의나 유미주의와 동의어로 쓰인다. 한자문화권에서는 유미주의Aestheticism를 예술지상주의로 번역하였으나 예술지상주의는 '예술을 위한 예술'로 보아야 한다.

예술지상주의는 1830년대에 프랑스의 테오필 고티에Théophile Gautier, 1811~1872와 미국의 앨런 포Edgar Allan Poe가 처음 주장한 것으로 알려져 있다. 그 외에 프랑스의 보들레르, 플로베르, 말라르메와 영국의 페이터, 와일드, 이탈리아의 단눈치오Gabriele d'Annunzio 등이 예술지상주의의 대표적 작가다. 예술지상주의는 관능적 유미주의, 괴기적 악마주의, 상징파, 고답파, 데카당스, 쾌락주의 등에 영향을 미쳤다. 이들은 모두 예술 그 자체를 최우선으로 하는 한편 모든 것을 미적인 기준에서 평가하는 태도를 보인다. 따라서 예술지상주의는 다른 목적을 일절 배제하고 '예술 이외에는 중요한 가치가 없다'라는 예술관이다. 이 이론은 칸트의 미학과 불연속이론에 근거하고 있다. 예술이 사회와 거리를 두고 예술 그 자체의 형식 미학적 측면에 집착할 경우, 예술과 사회의 거리는 멀어지거나 관계가 단절된다. 이것을 불연속이라고 한다.

예술적 불연속이란 예술과 예술을 둘러싸고 있는 환경 사이에 단절이 있다는 의미다. 그렇다고 해서 예술이 사회를 반영하지 않는 것은 아니겠지만, 사회와 예술의 단절이 심화하면 예술의 존재와 가치에 대한 회의에 봉착한다. 그 이유는 단순한 오락이나 내면적 심취만으로는 예술의 의미와 가치가 보장되지 못하기 때문이다. 또한, 예술지상주의는 사회적 효용성이나 현실적 가치와는 별도로 인간의 감성과 사상을 예술 미학에 몰입시키는 측면이 있다. 한편 예술지상주의에서는 예술작품이나 예술 행위를 예술가의 자기표현 욕망의 결과로 보기도 한다. 그러므로 예술지상주의는 사회주의 리얼리즘과는 대척적인 사리에 놓인다. 그런 점에서 예술지상주의는 생활예술을 주장한 러스킨J. Ruskin과 모리스William Morris의 비판을 받았다. 리얼리즘 계보의 예술론에서는 예술과 사회의 연속을 강조한다.

에이브럼즈M.H. Abrams에 의하면 예술가는 표현 욕망을 작품으로 표현하고자 하지만 창작과정에서는 표현 그 자체의 목적이 우선한다. 그래서 '예술에서는 재미가 가장 중요하다'라는 것과 같은 쾌락적 태도를 보인다. 이것은 상당수의 예술가가 '예술은 가치지향적이어서는 안되고 가치중립적이어야만 하며 예술 자체의 미학성만 있으면 된다'라고 보기 때문에 생기는 현상이다. 따라서 예술지상주의는 예술을 위한 예술art for art's sake을 추구하기 때문에 진리를 위한 예술art for true's sake과 선을 위한 예술art for good's sake을 그다지 중요하게 여기지 않는다. 또한, 예술지상주의는 인생을 위한 예술art for life's sake을 부정하지는 않지만, 예술을 절대화하는 태도를 보인다. 그래서 예술지상주의는 쾌락적 감각주의의 특징이 있고 현실로부터 도피하려는 경향이 있다. 이렇게 볼 때 예술지상주의는 진선미의 순서를 미진선美眞善으로 바꾼 것이다.

예술지상주의는 이념, 사상, 종교 등 일체의 비예술적인 것을 배격한다. 예술지상주의가 지나치게 탈이념적脫理念的이라는 점에서 문제를 일으키기도 한다. 가령 히틀러는 바그너의 음악이 게르만 민족의 정신을 구현한다고 보면서 정치적으로 이용했다. 고결하고 순수하다고 자부했던 바그너 자신의 음악이 바로 그 순수 때문에 이데올로기에 이용당한 것이다. 이것은 예술에서 가치평가가 배제되었을 때의 문제점을 보여주는 사례다. 이렇게 볼 때 예술지상주의는 예술의 미적 특성을 극대화한 용어인 동시에 예술의 사회적 가치를 배제한 이념 중립적 용어로 볼 수 있다. 예술지상주의의 이념은 예술의 순수성과 순수예술의 계보를 형성한다. 예술이 순수함으로써 이념적이고 비정치적임으로써 정치적인 사례는 세계예술사에서 드물지 않게 찾아볼 수 있다. 그러나 예술의 자율적 가치도 중요하기 때문에 예술지상주의는 사라지지 않을 것이다.

참조 감성, 리얼리즘[예술], 모리스의 사회주의 생활예술, 미/아름다움, 미학·예술철학, 미학교육[실러], 미학국가/미적 상태[실러], 바움가르텐의 진선미, 에이브럼즈의 삼각형 이론, 예술, 예술가, 유미주의, 판단력비판—미(美)란 무엇인가?

문제적 개인
Problematic Individual | 问题个人

'별이 빛나는 창공을 보고, 갈 수가 있고 가야만 하는 길의 지도를 읽을 수 있던 시대는 얼마나 행복했던가? 그리고 별빛이 그 길을 환하게 비춰 주던 시대는 또 얼마나 행복했던가? 이런 시대에 있어서 모든 것은 새로우면서도 친숙하며, 또 모험으로 가득 차 있으면서도 결국은 자신의 것이다. 세계는 무한하고 광대하지만 마치 자기 집에 있는 것처럼 아늑하다. 왜냐하면, 영혼 속에서 타오르는 불꽃은 창공의 별빛과 본질에서 같기 때문이다.'[1] 이 글은 헝가리의 철학자 루카치G. Lukács, 1885~1971가 쓴 『소설의 이론』1916 앞부분에 나온다. 이 글은 서구의 사상적 원류인 그리스 시대를 철학과 문학에 비유하여 해석한 것으로 유명하다. 이 책에서 루카치는 부르주아가 주도하는 타락한 자본주의 근대사회에서 '소설은 진정한 가치와 총체성을 추구하는 양식'으로 간주하면서 문제적 인물형에 주목했다.

별빛이 그 길을 환하게 비춰 주지 않는 시대에 분노하면서 그 별을 찾으려는 사람이 있다. 그 별은 영원한 진리, 신의 말씀, 변하지 않는 본질 등이다. 헝가리의 철학자 루카치는 그런 인물을 문제적 개인으로 명명했다. 루카치가 말한 문

---

1   Georg Bernhard Lukács, *Die Theorie des Romans,* Neuauflage, 1916; Happy are those ages when the starry sky is the map of all possible paths — ages whose paths are illuminated by the light of the stars. Everything in such ages is new and yet familiar, full of adventure and yet their own. The world is wide and yet it is like a home, for the fire that burns in the soul is of the same essential nature as the stars; the world and the self, the light and the fire, are sharply distinct, yet they never become permanent strangers to one another, for fire is the soul of all light and all fire clothes itself in light.

제적 개인은 자본주의 시대의 물신화를 비판하고 진정한 가치를 찾고 싶어 하는 인물이다. 그는 문제적 개인을 타락한 사회 속에서 타락한 방법으로 진정한 가치를 추구하는 인물로 명명한다. 루카치에 의하면 자본주의는 인간을 포함한 모든 것을 상품화하기 때문에 타락한 것이고 타락했기 때문에 총체성totality을 상실한 것이며, 총체성을 상실했기 때문에 불행하다. 타락한 부르주아 시대의 서사시인 근대소설이 신화, 서사시epic, 로망스romance와 다른 것은 자아와 세계의 근본적인 불화 때문이다. 그 불화 때문에 창공의 별을 잃어버렸고, 갈 길도 보이지 않으며, 인간소외가 심화하여 불행한 것이다.

부유한 유대인 가정에서 태어난 루카치는 인간의 타락에 대해서 특이한 해석을 한 바 있다. 자본주의 시대에는 인간의 영혼마저 자본에 저당 잡혀 있으며, 신을 포함한 진정한 가치가 부정되는 한편 자아와 세계는 극심한 불화不和와 갈등에 놓여 있다고 진단했다. 그의 이런 사상은 헤겔과 마르크스가 말한 유물론적 사관과 변증법적 이해를 토대로 한다. 루카치는 여러 차례 수정주의자로 비판을 받고 자기반성을 하면서 헤겔과 마르크스의 사상을 토대로 독특한 미학을 완성했다. 그의 문예이론은 반영론反映論과 리얼리즘 그리고 유물 변증법적 세계관 등에 잘 드러나며 총체성을 바탕으로 한다. 루카치의 총체성은 창공의 별빛과 인간의 내면이 어긋남이 없는 사회, 즉 세계와 개인이 불화하지 않던 황금시대인 그리스와 같은 시대의 사회와 역사다. 루카치 역시 그리스를 인류 문명의 황금시대로 보는 유럽인들의 시각을 가지고 있었고 그리스인들의 세계관을 총체성totality으로 규정하고 있었다.

루카치가 말하는 문제적 개인은 총체성totality, 總體性을 회복하고자 노력하면서 역사적 전망을 개척해 나가는 전형적 인물이다. 또한, 문제적 개인은 자아와 세계의 불화가 자본주의 물신화에 있다고 보고 인류의 유년기인 그리스 시대와 같은 총체성을 회복하고자 하는 인물이다. 하지만 그는 자유시민인 부르주아 민주주의와 프롤레타리아 사회주의를 거쳐, 모든 사람이 평등하고 국가도 없는 사회주의적 전망을 실천하는 인물이기도 하다. 그런 점에서 문제적 개인은 총체성을 지향하며 역사를 유물변증법으로 이해하는 사람이다. 이때 헤겔이 말한 것과 같이 인류는 보편의 역사를 걸어가야 하므로 예술가에게는 사회의 본질과 역사의 계기를 포착하는 것이 중요하다. 그러니까 근대는 보편의 역사를 실현하고 완성하는 이성적 자유시민으로 구성된 사회다. 그런데 (인정투쟁認定鬪爭을 거쳐 존립하는 개인이) 국가와 민족을 넘어서서 인류사의 새로운 행정을 지향하는 인물이 바로 문제적 개인이다.

마르크스주의에서 보는 예술은 자본주의에 감추어진 모순과 그 모순을 극복하려는 동적인 힘을 리얼리즘으로 담아내야 한다. 리얼리즘의 속성상 시로 자본주의의 모순을 묘사하기는 쉽지 않다. 반면 소설은, 사회의 모순을 자각한 문제적 인물을 통하여 역사적 전망을 설정할 수 있다. 이를 위하여 소설가는 역사의 내적 법칙과 발전의 향방을 포착해야 하는데 그것은 문제적 개인을 매개로 하여 주관과 객관을 통일하는 창작방법으로 실현할 수 있다. 그런 점에서 문제적 개인을 주인공으로 하는 소설은 인간의 순수한 본성을 회복하는 모험 가득한 이야기이다. 또한, 소설은 자아가 세계의 불화 속에서 자기 고향과 영혼을 찾아가는 과정 즉, 자기 정체성을 향한 내적 형식이다. 그러므로 소설은 창공에 별이 반짝이던 고향을 찾아가는 문제적 개인의 고독하면서도 외로운 여로旅路인 것이다.

참고문헌 Georg Bernhard Lukács, *Die Theorie des Romans*, Neuauflage, 1916.

참조 계급의식, 계급투쟁, 리얼리즘(예술), 마르크스, 반영론, 발자크의 배신, 변증법, 사회주의 리얼리즘, 서사시, 소설, 역사적 유물론/유물사관/사적 유물론, 유물론, 인정투쟁, 자본주의, 전형적 인물과 전형적 상황, 캐릭터·인물

산책자 보들레르

Flâneur Baudelaire | 漫游人 波德莱尔

'오늘 아침 아직 나는 황홀함에 젖는다. / 심상, 거리, 어둠에 / 놀라 영감을 깨우는 풍경이 / 그 어떤 존재도 본 적이 없는 // 잠은 기적들로 가득하도다! / 야릇한 변덕에 따라서 / 나는 이 풍경에 막혀 / 불규칙한 식물들 // 그리고, 천재적인 화가가 되어 / 내 그림을 맛본다, / 금속과 대리석과 물이 이루는 / 황홀한 단조로움을 // 무수한 계단과 아케이드의 바벨탑 / 그것은 끝없는 궁전이다. / 은은하거나 빛나는 금수반金水盤 속에 / 가득한 폭포와 분수들.' 신비하게 파리를 묘사하고 있는 서정적이면서 상징적인 이 시는 1860년 작 보들레르의 「파리인의 꿈Parisian Dream」인데 『악의 꽃』 2부에 실려 있다. 우수의 어조로 깊은 고뇌를 담은 『악의 꽃』은 도덕을 해친다는 종교적인 이유로 재판에 부쳐지기도 했다. 이처럼 시인 보들레르Charles Baudelaire, 1821~1867는 시집 『악의 꽃』과 『파리의 우울』에서 관조와 통찰의 눈으로 부르주아의 파리를 담아내고 있다.

보들레르가 이런 시를 쓰고 있던 1840년대의 파리에 이상한 사람이 나타났다. 그 이상한 사람은 산업혁명 이후 생긴 도시의 부르주아다. 산업화된 건축물과 자본주의 시장경제의 상징인 아케이드arcade를 어슬렁거리면서 다중을 응시하거나 진열장을 감상하면서 느리게 걷는 그는 익명의 산책자散策者다. 그는 숲속 오솔길이나 농촌의 과수원을 산책하는 것이 아니고, 욕망의 불이 환하게 켜져 있는 도시의 아케이드를 산책한다. 또한, 그는 산업혁명과 자본주의가 진행되는 프랑스 제정시대의 역사를 산책한다. 첫 번째 산책자는 관조적 산책자로 카페에 앉은 부르주아의 자유로운 시선을 하고 다중 속에서 고독을 즐기는 정주민이면서 유목민인 보헤미안Bohemian이다. 두 번째 산책자는 비판적 산책자로 도시의 획일성, 속도, 익명성을 냉소적으로 바라보면서 역사와 철학을 깊이 사유하는 저항적 존재이다.

산책자는 벤야민의 철학적 개념으로, 산업화된 근대도시를 탐색하는 모더니즘의 정신을 가진 사람이면서 자기와 타자의 관계를 근대적으로 정립하는 합리주의적 자아다. 프랑스어 동사 '배회하다, 산책하다'의 명사형 산책자flâneur는 프랑스 특유의 개념이기 때문에 다른 언어로 번역되기 어렵다. 왜냐하면, 1840년대는 봉건 지배계층, 부르주아, 프롤레타리아 등이 역사의 주도권을 놓고 싸우던 시기였고, 자본주의로 인하여 도시화가 급속하게 진행되던 시대였다. 이처럼 근대의 파리에 산책자가 출현할 수 있었던 것은 프랑스대혁명 이후 봉건적 신민庶民이 아니라 근대적 자유시민이 생겨났기 때문이다. 이들은 위의 작품에서 보듯이 부르주아 딜레탕트bourgeois dilettante의 무감각한 시선과 자기 나름의 심미적 감각을 가지고 과거를 회상하거나 사물, 인간, 장면을 바라본다.

구경꾼들은 자본주의가 만든 상품의 소비자일 뿐이지만 산책자는 아케이드를 걸으면서도 자신의 내면과 자기 주체를 유지하고 있었다. 근대 자본주의의 상징인 아케이드에는 현란한 상품들이 진열되어 있다. 하지만 아케이드에 진열된 상품들은 부르주아가 꾸는 꿈의 흔적일 뿐이므로 산책자의 비판적 사유가 필요하다. 그런데 보들레르가 통찰한 파리와 같은 근대의 도시는 욕망과 폭력이 지배하는 공간이며 죽음을 연상하는 어두운 이미지를 가지고 있다. 이를 통하여 보들레르는 인간의 본질을 자신의 어법으로 재현하고 분해하면서 상징적으로 포착해 냈다. 보들레르의 이 통찰과 직관에서 근대의 본질을 찾아낸 것은 벤야민W. Benjamin, 1892~1940이었다. 벤야민에 의하면 보들레르는 1848년 2월 혁명 이후 공화정이 무너지고 제2 제정이 성립되는 역사적 국면을 포착했다는 점에서 프랑스의 역사와 문화를 배회하는 산책자다.

보들레르는 부르주아와 프롤레타리아의 대립을 상징으로 처리하는 시적 화자이면서 변증법적 관찰자이다. 이처럼 자기 스스로 산책자가 된 보들레르는 시 속에서 도시를 관조함으로써 낯설게 은닉된 본질을 포착했다. 그러니까 산책자 보들레르는 도시의 초상화를 그리면서 근대의 카메라를 들고 사회와 문화를 담아내는 존재를 상징하는 개념이다. 이 도시의 산책자는 호기심으로 가득 찬 여행객의 시선이나 포획의 대상을 좇는 사냥꾼의 시선이 아닌, 파노라마를 담는 사진가의 시선을 하고 있다. 그런데 이 산책자가 서 있는 곳은 '댄디dandy'한 근대도시를 비판하는 변증법적인 공간이다. 이런 보들레르의 파리는 짐멜이 말한 것처럼 근대인이 도시의 자유를 누리고 개인과 다중이 교섭하는 공간이지만, 근대도시를 체험하는 주체라는 점에서 루소의 산책자와 다르다. 그 산책자는 근대사회를 비판하는 보들레르 자신이다.

참고문헌 Walter Benjamin, *The Writer of Modern Life : Essays on Charles Baudelaire*, edited by Michael Jennings, translated by Howard Eiland, Edmund Jephcott, Rodney Livingstone, and Harry Zohn, 2006.

참조 근대·근대성, 본질, 부정변증법, 산업혁명, 상징주의, 시, 아우라, 아케이드 프로젝트, 이미지·이미지즘, 자본주의, 존재론, 파리코뮌, 프랑스대혁명

사회주의 리얼리즘
Social Realism | 社会主义现实主义

'깨어라, 노동자의 군대, 굴레를 벗어던져라 / 정의는 분화구의 불길처럼 힘차게 타오른다 / 대지의 저주받은 땅에 새 세계를 펼칠 때 / 어떠한 낡은 쇠사슬도 우리를 막지 못해 / (후렴) 들어라 최후 결전 투쟁의 외침을 / 민중이여 해방의 깃발 아래 서자 / 역사의 참된 주인의 승리를 위하여 / 참 자유 평등 그 길로 힘차게 나가자 / 참 자유 평등 그 길로 힘차게 나가자 / 인터내셔널 깃발 아래 전진 또 전진.' 자유, 평등과 더불어 민중의 해방과 그 민중이 주인이 되어 역사에 승리한다는 것을 강조하는 이 노래는 〈인터내셔널The Internationale, L'Internationale〉이라는 합창곡이다. 이 노래는 행진곡으로도 많이 쓰인다. 이 가사는 민중의 해방 즉 프롤레타리아의 해방과 역사의 승리를 노래하고 있다. 사회주의자들은 일체감을 조장하는 이 노래를 통하여 노동자 계급의식과 사회주의 건설의 전망을 얻고자 한다.

이 노래는 1871년 파리코뮌에서 처음 등장한 이후 사회주의자, 공산주의자, 아나키스트, 혁명가들의 애창곡이 되었다. 또한, 이 노래는 1922년부터 1944년까지 소련USSR, 蘇聯의 국가였고 여러 나라의 민중가요로 불리고 있다. 21세기에도 세계 곳곳에서 이 노래는 울려 퍼진다. 노래의 정조는 경쾌하면서도 비감한데 그 이유는 혁명의 낭만성과 투쟁의 비장미가 담겨 있기 때문이다. 현재의 세상이 '저주받은 땅'이라는 것과 노동자가 세상의 주인이 된다는 것이 주 내용이며 그러므로 체제를 전복하여 자유롭고 평등한 세상을 만들자는 것이다. 이것은 원시 공산주의-고대 노예제-중세 봉건주의-근대 자본주의-사회주의/공산주의로 진보하는 역사발전을 전제로 한다. 사회주의 리얼리즘은 예술이 이런 역사발전을 추동하기 위해서 대중을 선도해야 한다는 미학 이론이자 철학 사상이다. 사회주의 리얼리즘은 소련과 중국을 비롯한 여러 사회주의 국가의 공식 창작방법이었다.

반면 부르주아의 삶과 의식을 반영하는 자본주의 리얼리즘Capitalist Realism은 그 것을 비판하는 비판적 리얼리즘으로 대치된다. 여기서 다시 프롤레타리아의 승리와 노동계급의 주체를 전망하고 또 선전 선동하는 사회주의 리얼리즘으로 이행한다. 사회주의 리얼리즘은 사회주의 이념을 실현하는 사실주의적 창작방법이다. 이 사회주의 리얼리즘은 부르주아 혁명과 프롤레타리아혁명을 동시에 수행했던 러시아의 급진적인 볼셰비키를 토대로 한다. 특히 1932년, 사회주의 이론가들은 스탈린의 지도에 따라서 예술은 정치와 사상에 복무해야 하며 예술가들은 예술을 통하여 현실을 비판하고 공산주의 사회로 가는 선두에서 선전하고 선동하면서 미래의 전망을 세계관으로 드러내야 한다고 주장했다. 그리고 그를 위해서는 구체적인 현실 반영과 당파성이라는 목적의식을 가지고 창작과 비평에 임해야 한다고 명시했다.

1932년 4월, 러시아 공산당 중앙위원회는 '문학예술조직의 개편에 관하여'를 채택하면서 라프RAPF의 해산과 작가 동맹의 창립을 결정하였고, 1934년 제1회 소비에트 작가 동맹에서 사회주의 리얼리즘을 공식 채택했다. 여기서 확립된 창작의 원칙은 첫째 노동자계급 세계관, 둘째 변증법적 유물론, 셋째 노동자계급의 처지를 대변하는 당파성 등이다. 이를 통하여 역사적 구체성을 가지고 사회주의 혁명과 사회발전을 묘사하는 한편 계급과 국가가 없는 사회를 낙관적으로 전망해야 한다는 것이다. 이 창작의 원리는 전형적 상황의 전형적 인물을 형상화한 것으로 정평이 있는 고리키의 『어머니』1907와 숄로호프의 『고요한 돈강』1925~1940을 전범으로 한다. 그런데 사회주의 리얼리즘은 첫째, 마르크스 당파성을 토대로 한 러시아의 공식적 창작방법론과 둘째, 현실주의 문예사조와 묘사의 정확성을 의미하는 창작의 태도로 나뉜다. 중국, 한국, 일본 등 동아시아에서는 이 두 개념을 혼용하여 쓰고 있는데 전자는 '사회주의자 리얼리즘'이고 후자는 '사회주의적 리얼리즘Social Realism'이다.

사회주의 리얼리즘은 현실의 정확한 재현을 넘어서 총체성의 관점에서 사회주의와 공산주의 운동을 지향하는 실천적 문예운동이다. 그러므로 레닌과 스탈린 등의 마르크스 사상에 입각한 사회주의 리얼리즘 이론가들은 제임스 조이스를 혹독하게 비판했으며 조지 오웰의 『1984년』을 금서로 지정했고 아방가르드, 표현주의, 추상예술, 개인주의 등을 퇴폐적이고 타락한 부르주아 예술로 규정했다. 반면 노동영웅, 군인, 과학자, 농민 등 긍정적 인물을 주제로 하여 사회주의 건설에 복무해야 한다고 규정했다. 이런 정치 사상적인 사회주의 리얼리즘은 예술가들의 창의성을 제한하고 자유로운 감성을 억제하는 한편 검열과 탄압의 이론적 근거가 된다. 사회주의 리얼리즘은 1990년을 전후한 고르바초프의 개혁개방 정책으로 인하여 부정되거나 폐기되었으나 21세기에도 세계 여러 나라의 예술에 영향을 미치고 있다.

참고문헌 Vaughan James, *Soviet Socialist Realism : Origins and Theory*, New York : St. Martin's Press, 1973.

참조 감성, 계급의식, 계급투쟁, 공산주의적 인간형, 낭만주의, 리얼리즘(예술), 리얼리즘/실재론(철학), 문예사조, 문제적 인물, 반영론, 예술, 예술가, 역사적 유물론/유물사관/사적 유물론, 유물론, 전형적 인물과 전형적 상황, 허구, 혁명적 낭만주의

해의반박 방약무인

Taking off Clothes and Comfortable Sitting | 解衣盤礴 旁若无人

어느 날 중국 전국시대의 송宋 원군元君이 화공을 초빙했다. 수많은 화공은 일찍 와서 정성스러운 자세와 공경하는 태도로 그림을 그리고 있었다. 그런데 어떤 화공 하나가 늦게 와서 왕에게 읍을 한 후 방으로 들어가 버리는 것이 아닌가? 방약무인한 것처럼 보였지만 송원군은 사람을 시켜 무엇을 하는가 보게 했더니 해의반박 즉, '옷을 벗고 다리를 뻗고 있다'는 것이다. 그런데 원군은 '그렇다! 이 사람이 진정한 화공이다'라고 하였다. 이것은 『장자莊子』의 「전자방田子方」에 나오는 일화다. 왜 송원군은 이처럼 자유분방하고 방약무인한 그 화공을 높이 평가했을까? 그것은 자유롭고 자연스러운 마음이 예술적 진실을 포착할 수 있기 때문일 것이다. 진리를 추구하는 사람이 형식과 의식을 중요하지 않게 생각하는 이유는, 그것이 더 자연스럽기 때문이다. 또한, 형식과 의식을 중요하게 생각하면 자유로운 개성의 발휘되지 못한다.

유가나 법가와 달리 도가들은 있는 그대로의 자연스러운 것 즉, 무위자연無爲自然을 추구했다. 자기를 버리고 자연의 길인 도와 덕에 따라 사는 것이 무위자연이다. 해의반박은 무위자연을 기반으로 하여 창작의 과정, 방법, 태도에서 부자연스러운 것이 없어야 한다는 문예관이다. 그런 점에서 해의반박은 물아일체와 상선약수上善若水에 상응한다. 도가들은 그 어떤 것과도 충돌하지 않는 물이나 바람처럼 살고 싶었다. 그러려면 마음을 비워야 한다. 마음을 비운다는 것은 속박과 억압이 없는 상태이면서 인간 본연의 감정과 개성이 자연스럽다는 뜻이다. 그러니까 장자가 통찰한 것은 마음을 비운 후에 자유로울 수 있고 그래야만 기운생동氣韻生動할 수 있다는 것이다. 이런 예술가의 광기는 흉금의 감성을 표현하는 예술창작의 한 방법일 수 있다. 「전자방」의 화공이 방약무인처럼 보인 것은 마음을 비웠기 때문이다.

서화가書畵家가 마음을 비우면 일필휘지一筆揮之나 신기의 운필을 통한 일필화一筆畵와 일필서一筆書가 가능하다. 그것은 그가 명리나 재물을 초월했다는 뜻이고, 옷으로 상징되는 형식과 제도를 벗어던졌다는 의미다. 여기서 장자가 강조한 것은 허정념담虛靜恬淡한 텅 비어 있는 고요함과 맑은 정신이다. 원래 해의반박은 서화 이론이 아니라 도의 경지를 말한 것인데, 후대의 여러 사람이 서화에 접목한 후 예술론으로 정립되었다. 이와 유사한 개념이 왕희지의 의재필선意在筆先 즉, 뜻이 붓보다 먼저 있어야 한다는 것이다. 이것은 기교, 형식, 방법보다 중요한 것이 마음이기 때문에 마음을 가볍고 자유롭고, 맑게 해야 한다는 뜻이다. 그런 지경에 이르면 자연스럽게 마음의 감흥이 생겨난다. 이것을 세속을 초월하고 개성을 존중하는 뜻에서 청의 운수평惲寿平, 1633~1690은 해의반박 방약무인이라고 정리했다.

해의반박은 불교의 해탈과 유사한 개념이면서 형식과 질서를 거부하는 삶의 자세다. 그러니까 해의반박은 자유분방하여 무엇에도 얽매이지 않을 때 창의성도 발휘되고 본성도 표현할 수 있다는 것이다. 이것을 두보는 「음중팔선가」에서 당의 서예가 장욱張旭에 비유하여, '탈모노정왕공전脫帽露頂王公前, 모자를 벗어 맨머리인 채 왕공 앞에 섰고 휘호낙지여운연揮毫落紙如雲烟, 휘두르는 붓이 종이에 닿으면 구름이나 연기와 같았다'라고 묘사한 바 있다. 그런데 해의반박은 여견대빈如見大賓을 전제로 한다. 이 말은 『논어論語』의 「안연顔淵」에 나오는데 출문여견대빈出門如見大賓 즉, '문을 나가면 귀중한 손님맞이 하듯이 하여야 한다'라는 뜻이다. 그런데 예술론에서 여견대빈은 형식과 과정을 중시하는 예술적 태도이며 귀한 손님을 맞이하는 것 같은 공손한 자세를 말한다. 예술창작에서 가장 좋은 것은 여견대빈이면서 해의반박하는 자세다. 표면적으로 상호모순인 것 같지만 높은 경지에서는 가능하다.

해의반박은 예술가들이 가지는 무념무상의 마음과 자유로운 정신이고 방약무인은 주위에 아무도 없는 것처럼 거리낌이 없는 태도이다. 무엇에 얽매이지 않은 채 자유롭게 상상하고 자유롭게 창작하면서 다른 것을 생각하지 않는 순진무구한 세계에서 진정 뛰어난 예술작품이 생산될 수 있다. 따라서 해의반박은 서구의 낭만주의 예술관과 상통한다. 낭만주의자들은 예술의 요정인 뮤즈 muse가 감성을 자극하면 그 감성이 폭발하여 샘물처럼 넘쳐나서 예술작품이 되는 것이라고 말했다. 특히 워즈워스William Wordsworth, 1770~1850는 '감정의 폭발적 유로'라는 개념으로 낭만주의 예술을 정의했는데 형식과 제도에 구애받지 않는다는 의미에서 해의반박과 유사하다. 예술가는 그 무엇으로부터 구속받지 않는 자유로운 존재라는 점에서 해의반박은 예술가의 존재를 설명하는 한편 예술창작의 방법과 태도를 의미하는 문예관이라고 할 수 있다.

참고문헌 『莊子』; 惲壽平, 『南田畫跋』, 作畫須解衣盤礴 旁若無人 然後化機在手 元氣狼藉.

참조 감성, 개성, 기운생동, 낭만주의, 무위자연, 물아일체, 사무사, 안빈낙도, 예술, 예술가, 의식, 포정해우, 표현, 호접지몽

삼일치법칙

Classical Unities | 三一律

뜻밖에 왕 테세^{Thésée}가 죽지 않고 살아 돌아왔다. 그러자 왕의 아내인 페드르는 곤경에 처했다. 왜냐하면, 남편이자 왕인 테세가 죽었다고 믿고 의붓아들 이폴리트^{Hippolyte}에게 '사랑한다'라고 말했기 때문이다. 이런 사실을 모르는 테세는 이폴리트가 페드르를 사랑했다는 음모에 속아 이폴리트를 추방하면서 바다의 신 넵튠에게 아들을 '죽여달라'고 부탁한다. 한편 페드르는 이폴리트가 사랑한 것은 자기가 아니라 아라시라는 것을 알고 질투심으로 이폴리트를 증오한다. 쫓겨난 이폴리트가 바다 괴물과 싸우다가 죽었다는 소식이 알려지자 페드르는 깊이 후회하고 독약을 마신 채 이폴리트는 잘못이 없다고 고백한 다음 거의 미쳐 버린 상태에서 죽는다. 고전주의 비극의 전형인 라신$^{Jean\ Racine,\ 1639\sim1699}$이 쓴 〈페드르^{Phèdre}〉^{1677}의 줄거리다. 이 작품은 욕망과 운명의 문제를 다룬 명작이다.

5막으로 구성된 이 작품은 전형적인 고전주의 비극의 플롯으로 정평이 있다. 왜냐하면, 사랑과 운명을 주제로 한 작품이면서 이야기 구조가 완결적이기 때문이다. 프랑스를 대표하는 고전주의 작가 중의 한 사람인 라신은 고대 그리스의 삼일치법칙에 근거하여 〈페드르〉를 비롯한 여러 명작을 남겼다. 라신이 전범으로 삼은 고대 그리스의 삼일치법칙$^{classical\ unities}$은 '행위의 일치, 공간의 일치, 시간의 일치$^{the\ unity\ of\ action,\ the\ unity\ of\ place,\ the\ unity\ of\ time}$'를 말한 연극이론이다. 이때의 행위는 하나의 사건을 의미하는 것이 아니라 여러 사건이라도 단일한 줄거리로 통일되는 것을 말한다. 하지만 라신은 이야기를 24시간에 한정하면서 단일한 줄거리를 가진다는 것은 무리라고 생각했다. 왜냐하면, 하루라는 시간이나 한 장소라는 공간보다 중요한 것은 사건과 행위의 일치 즉 구성의 일관성이기 때문이다. 삼일치법칙은 고대 그리스인들의 세계관에서 비롯되었다.

고대 그리스인들은 일정한 질서와 통일성이 있는 자연을 모방하고자 했다. 그래서 해가 뜨고 지는 자연의 신비함, 나뭇잎의 기하학적 문양, 밀려가고 밀려오는 조수潮水의 규칙성 등 자연을 모방하고 그 자연 속에 사는 인간의 삶을 재현하고 싶어 했다. 이 모방론을 바탕으로 실제의 시간 그대로 실재하는 장소에서 실재하는 행위를 사실적으로 재현하면 하나의 사건이 될 수 있다. 이것이 가장 사실적이고 진실하다는 의미의 '그럴듯함verisimilitude'이다. 하지만 그럴듯한 모방은 확률적 가능성을 의미하는 개연성probability이 있어야 한다. 한마디로 이성과 자연이라는 이름의 과학을 반영하고 있는 것이 고대 그리스의 연극이고 이에 근거한 고전주의 시대의 창작원리가 삼일치법칙이다. 이런 사상은 현실이란 이데아의 세계가 재현/모방된 것으로 보는 플라톤과 현실 역시 진리이므로 현실을 모방해야 한다는 아리스토텔레스의 모방론으로 수렴된다.

그리스 고전의 이론적 시원인 아리스토텔레스Aristoteles, BCE 384~BCE 322는 『시학』에서 '비극은 태양이 일 회전하는 시간과 쉽게 기억할 수 있는 줄거리여야 하지만 실제 사건을 동시에 실현하거나 직접적인 모방은 큰 의미가 없다'라고 보았다. 이 원리가 15세기 르네상스 시대의 고전주의Classicism와 18세기의 신고전주의New-classicism로 재생되면서 삼일치법칙으로 불리게 된 것이다. 삼일치법칙은 이탈리아와 프랑스에서 큰 영향을 발휘했으며 라신, 몰리에르, 코르네이유 등에 의해서 완성되었다. 이것을 부알로Nicolas Boileau-Despréaux, 1636~1711는 '한 장소에서, 하루 중에 단 하나, 완성된 것이 마지막까지 무대를 가득 차게' 하는 방법이라고 요약했다. 이 창작방법은 낭만주의가 대두하면서 퇴조하기 시작하여 프랑스에서는 『레미제라블』의 작가 빅토르 위고 Victor Hugo, 1802~1885, 영국에서는 셰익스피어 극작 이후에 점차 사라졌다.

시간이 지나면서 삼일치법칙은 지나치게 형식적이고 규범적이며 보편과 이성이라는 이름으로 상상력과 창의성을 억압했다는 비판을 받는다. 문예사조로서의 고전주의는 전통적인 원칙에 따른 엄격한 형식, 균형, 조화, 통일, 절도 등을 원리로 한다. 또한, 질서의 원리와 이성적 판단을 중시하고, 희극보다는 비극에 더 큰 가치를 부여하였으며, 삼일치법칙에 근거하여 창작하는 것에 의미를 두었다. 고전주의 극작가들이 그리스 고전 비극의 삼일치법칙을 준용한 것은 자연에 내재한 조화, 균형, 법칙, 질서, 통일을 기하고자 하는 이유 때문이었다. 한편 고전주의 문예사조는 데카르트로 상징되는 고전주의 철학의 합리주의와 보편성을 토대로 한다. 생각하는 이성적 존재인 인간과 기계적으로 설계된 우주를 전제로 한 고전주의 철학이 문학, 회화, 음악 등 여러 예술에 영향을 미친 것이다.

참고문헌 Aristoteles, *Poetica*.

참조 개연성, 고전주의, 낭만주의, 르네상스, 모방론, 문예사조, 미메시스〔아리스토텔레스〕, 미메시스〔플라톤〕, 비극, 상징, 소설, 연극·드라마, 제4의 벽, 카타르시스, 플롯, 하마르티아, 희곡, 희극/코미디

나르시시즘

Narcissism | 自恋

어느 날, 그는 물에 비친 자기 모습을 보았다. 아름답고 또 황홀했다. 그래서 이렇게 생각했다. 물에 비친 저 존재와 나는 어떤 관계인가? 이런 생각에 잠겼던 그는 물에 비친 존재가 바로 자신인 것을 알고 목숨을 끊는다. 미소년 나르시스가 죽은 그 자리에 아름다운 꽃 수선화水仙花가 피었다. 이 이야기의 주인공인 나르시스는 그리스어 나르키소스narcissus에서 유래한 신화 속의 인물이다. 그리스어 나르키소스는 '잠sleep 또는 무감각numbness'을 의미하기도 하는데, 신화에서 목동 나르시스는 다른 사람을 사랑하지 못하고 잠에 빠져 있는 무감각한 인물이다. 원래 나르시스가 태어날 때 '자기 자신을 모르면 오래 살 것'이라는 예언을 받았다고 한다. 그래서 물에 비친 존재를 깨어 있지 않은 영혼이라고 하는데 그 존재가 깨어나는 순간 현실의 나르시스도 다시 깨어난다는 전설이 있다.

나르시스가 자기를 보고 황홀했다는 이야기나, 자기를 사랑했기 때문에 자살했다는 이야기는 자기애自己愛를 말하는 것이면서 자기 존재 인식을 말한다. 그런데 인간이 실재계로 들어서는 것은 비극이다. 여기서 유래한 나르시시즘은 자기가 자기를 욕망하는 심리이면서 주체와 객체가 일치하는 현상이다. 한편 파스칼B. Pascal, 1623~1662이 '숨은 신'에서 '한 번 진정한 신의 모습을 본 존재에게 세상은 더는 의미가 없다'라고 말했다. 여기서 신은 자기 자신을 포함한다. 이 나르시스의 나르시시즘Narcissism은 자신의 능력이나 외모를 지나치게 자랑하는 자기중심의 성격이지만 사실은 심각한 인격장애와 편집증paranoia이다. 나르시시스트narcissist는 정상적인 자기존중을 넘어서 자기에 대한 환상을 가진다. 그런데 프로이트^{S. Freud, 1856~1939}는 나르시시즘을 성적 충동이 자기 자신에게 향한 상태로 보았다.

프로이트는 유아기에 자기와 타자를 구별하지 못하여 생기는 1차적 나르시시즘과 이후 타자와의 관계 설정에 실패하여 자기에 집착하는 2차적 나르시시즘으로 구분했다. 1차적 나르시시즘은 유아의 무조건적이고 무한정적인 자기 사랑과 집착이지만 거의 대대수는 자아를 확립하면서 이것을 극복한다. 그런데 자아 완성에 실패한 사람은 2차적 나르시시즘에 빠져서 인간관계와 사회생활에 큰 장애가 생긴다. 이 두 경우 모두 감정의 결핍이 있으며, 지나치게 이기적이고 자아도취적이면서 수치심을 모르는 등의 장애가 있다. 또한, 세계관에 불균형이 있고, 공감각을 가지지 못한 존재이면서, 오만하거나 배타적이며, 죄의식이 결여된 성격이기도 하다. 이들은 지나치게 민감하거나 자기를 과장하거나 자기에게 주목하기를 기대하는 이상심리로 분류되기도 한다. 하지만 적당한 수준의 자기사랑은 인간에게 필요하기도 하고 또 긍정적이기도 하다.

인간은 자기 혼자서는 살 수 없으며 수많은 타자와의 관계 속에서 살아야 하고 그 관계 속에서 사회와 국가와 민족이 생긴다. 그리고 서로 인정하고 인정받는 상호인정의 과정을 거쳐서 상징질서의 규율과 법에 의해서 통제당하는 존재로 사는 것이 보통이다. 그런 존재는 라캉이 말했고, 지젝이 다시 말한 것처럼 거울단계를 거쳐서 자기를 인식한 다음 사회와 타자의 호명^{呼名}을 받아서 사회라는 상징질서 속에 존재하게 된다. 라캉^{J. Lacan}의 이론으로 해석하면 나르시스가 물에 비친 자기를 본 것은 거울단계를 의미하는 것이며 거울을 보다가 죽었으므로 자아 형성에 실패한 것이다. 또한, 자기가 자기를 사랑하는 것은 이율배반이면서 모순이기 때문에, 건전한 인격 형성에도 장애가 되며 원만한 인간관계도 어렵다. 그런 점에서 나르시스는 고립된 유아독존^{唯我獨尊}의 존재라고 할 수 있다. 이것을 프로이트는 자기보존의 본능^{the instinct of self-preservation}이라고 해석한 바 있다.

나르시시즘은 건강하고 긍정적인 것과 병리적이고 부정적인 것으로 나뉜다. 긍정적 나르시시즘은 자존감을 바탕으로 자기를 신뢰하므로 자신감이나 긍정적 희망 등으로 표출되며, 부정적 나르시시즘은 다른 사람과의 관계를 원만하게 형성하지 못하는 정서적 불균형으로 표출된다. 그런 점에서 자기애적 인격장애narcissistic personality disorder인 나르시시즘은 다른 사람들이 무조건 자기를 칭찬해 주기를 기대하기 때문에, 특이하고 이기적인 병리 현상으로 여겨진다. 더구나 나르시시즘 장애는 공격적이거나 우울증으로 발전할 가능성도 있다. 한편 이런 현상은 개인만이 아니라 사회나 민족과 같은 집단에서도 발견된다. 또한, 자기 문화에 대한 이기적 사랑과 같은 문화적 나르시시즘이나, 의사가 자신감과 솔직함을 가지고 환자를 대하는 의학적 나르시시즘의 예에서 보듯이 여러 영역에서도 발견된다.

참고문헌 Sigmund Freud, *On Narcissism*, Zur Einführung des Narzißmus, 1914.

참조 거울단계, 불안장애, 신화·전설, 연극성 인격장애, 영혼, 인정투쟁, 자기 정체성, 자아, 주체·주체성, 타자, 프로이트, 호명

비극의 탄생
The Birth of Tragedy | 悲剧的诞生

제우스의 아들 디오니소스는 헤라의 저주로 인하여 죽을 처지에 놓였다. 그러자 제우스는 아들을 소아시아의 뮤즈에게 맡겼다. 한편 디오니소스는 헤라의 저주에도 불구하고 살아남아 포도주 제조의 방법을 고안하고 전파한다. 이 신화의 주인공 디오니소스는 신과 인간 사이에서 태어난 술의 신酒神이다. 로마 신화에서 바커스로 불리는 디오니소스는 축제, 도취, 음악, 광란, 자유, 무질서를 상징하는 신으로 그와 상대적인 아폴론과 대비된다. 이 신화를 예술에 적용하고 철학으로 해석한 것은 그리스 고전학자 니체였다. 니체는 고대 그리스에서 소크라테스, 플라톤, 아리스토텔레스로 이어지는 이성주의가 디오니소스적인 감성을 억제했다고 주장했다. 또한, 니체는 아폴론적인 것과 디오니소스적인 것의 결합으로 그리스인들은 비관주의Pessimism에서 벗어날 수 있었으나 디오니소스적인 것을 억제함으로써 다시 허무주의에 빠졌다고 분석했다.

젊은 나이에 파격적으로 바젤Basel 대학 교수가 된 니체의 첫 번째 저작은 디오니소스적인 것을 상조한 『비극의 탄생Die Geburt der Tragödie』1872이다. '비극의 탄생'은 니체의 저작으로 비극의 기원과 역사에 관한 책이다. 원제목은 '음악의 정신으로부터 비극의 탄생'이었다. 이 책에서 니체는 그리스의 비극tragedy이 반인반수인 염소tragos의 노래aeidein에서 탄생했음을 밝히고 이 반인반수의 운명적 고뇌가 합창곡chorus으로 표현된다고 말했다. 니체에 의하면 첫째, 디오니소스적인 것은 축제에서 보는 음악과 감성적 도취로 드러나며 둘째, 아폴론적인 것은 이상과 꿈의 조형예술로 드러난다. 그런데 비극은 아폴론적Apollonian인 것과 디오니소스적^{Dionysian}인 것이 조화와 균형을 이루면서 허무주의를 초월했으며 소포클레스의 비극에서 정점을 이룬다. 이 디오니소스적인 도취, 열정, 감성은 『차라투스트라는 이렇게 말했다』를 비롯한 니체의 여러 저작에서 중요한 개념을 형성한다.

니체는 고대 그리스의 비극은 이성적이고 몽환적이고 조형적인 아폴론과 도취적이고 감성적이고 음악적인 디오니소스가 조화하면서 건강한 미적 감성이 극대화되는 것으로 설명한다. 그리스인들은 이 비극을 통하여 허무주의를 극복하고 건강한 삶의 생명력을 얻을 수 있었다. 그러니까 비극이 인생의 허무주의와 비관주의를 초월하면서 진정한 삶의 의미를 부여했다는 것이다. 그것은 비극과 같은 예술은 윤리나 이성과 다른 근원적 본질에서 비롯되는 것이기 때문이다. 그런데 건강한 생명력과 자유로운 감성이 풍만한 그리스 비극은 소크라테스와 플라톤으로 대표되는 이성과 논리 그리고 그를 반영한 에우리피데스^{Euripides}에 의하여 나약하고 순종적인 경향으로 쇠퇴했다. 그리하여 비극이 이성과 언어 중심으로 변화하고 감성과 음악이 약화되면서 그 가치를 상실했고 이후 서구사회에서 디오니소스적인 요소는 더욱 억제되었다.

니체가 이 책에서 강조한 것은 아폴론의 이성, 권력, 주체, 논리, 남성에 대비되는 디오니소스의 감성, 예술, 객체, 자유, 여성 등이다. 인간 또한 이성과 권력을 추구하면서 감성과 예술을 억제해 왔다. 또한, 니체는 호머의 서사시가 기술하는 그리스 시대를 인류사의 황금시대인 동시에 몰락의 시작으로 보았다. 한편 건강하고, 생동감이 있으며, 자유롭고 낭만적이던 그리스 문명이 쇠퇴한 것역시 디오니소스의 주정적^{主情的} 파토스^{patos}보다 아폴론의 주지적^{主知的} 로고스^{logos}가 우세했기 때문이다. 또한, 기독교 서구사회는 축제, 음주, 가무, 신화, 어둠인 디오니소스적인 것들을 억제했다. 여기서 두 요소의 불균형이 생겼고 근대사회는 더욱 타락했으므로 약화된 디오니소스적인 것을 복원하고 강화해야한다. 왜냐하면, 예술의 발전은 아폴론적인 것과 디오니소스적인 것의 이중성과 관련이 있기 때문이다.

니체는 예술과 철학이 살아있고 강한 생명력과 자유의 힘이 풍만했던 그리스의 헬레니즘을 복원해야 한다고 생각했다. 이런 니체의 사상은 쇼펜하우어의 영향을 받아서 형성된 사상이다. 하지만 쇼펜하우어의 허무와 체념을 니체가 긍정과 의지로 역전시켜서 디오니소스적 역동성을 발견했다는 의미가 있다. 출판 직후 문헌학자로서의 능력까지 의심을 받게 된 『비극의 탄생』은 바그너 R. Wagner에게 헌정되었다. 그것은 바그너가 비극의 근원인 음악으로 아폴론적인 것과 디오니소스적인 것의 균형과 조화를 새로운 악극樂劇으로 재생했다고 보았기 때문이다. 이처럼 니체가 그리스와 바그너를 좋아하고 지지한 것에 대해서 많은 비판이 있었는데 그것은 니체가 그리스 시대를 너무 낭만적이고 피상적으로 인식했다는 점과 철학자가 음악가 바그너의 수호 역할을 했다는 이유 때문이다.

참고문헌 Friedrich Nietzsche, *The Birth of Tragedy*, translated by Douglas Smith, Oxford University Press, 2008.

참조 감성, 권력의지/힘에의 의지, 낭만주의, 니힐리즘/허무주의, 문명, 비극, 신은 죽었다, 연극·드라마, 운명애·아모르파티, 이성, 이성론/합리주의, 초인/위버멘쉬, 헬레니즘, 희곡, 희극/코미디

르네상스

Renaissance | 文艺复兴

1401년 피렌체 상인조합은 성당의 청동문제작을 공모公募했다. 기베르티와 브루넬네스가 경합한 결과 기베르티가 당선되었다. 과연 기베르티Lorenzo Ghiberti 는 미켈란젤로가 '분명히 이것은 천국의 문이다'라고 할 정도의 명작을 남겼다. 왜 피렌체 상인조합은 비싸고 귀한 청동문제작을 시도했을까? 당시 이탈리아 는 로마를 중심으로 하는 교황령, 메디치가가 통치하는 피렌체, 도시국가 베니 스, 내륙의 밀라노공국, 나폴리왕국 등 여러 개의 작은 소국가로 나누어져 있었 다. 이 소국가들은 동방과의 교역으로 상업이 발달했고, 자유시민과 부유한 상 인들이 출현했으며, 그 상인조합은 돈이 많았기 때문에 귀한 조형물을 만들 수 있었다. 대체로 이것을 르네상스의 시작이라고 본다. 르네상스는 14~16세기에 이탈리아에서 시작하여 유럽 전역으로 퍼져 각기 다른 양상으로 전개된 문예 부흥의 여러 흐름을 통칭한다.

한편 1453년 콘스탄티노플의 동로마제국이 오스만 튀르크에 의해서 멸망하 자 많은 학자와 예술가들이 이탈리아로 건너와서 여러 방면에 큰 영향을 미쳤 다. 이를 전후하여 천문학이 발달하여 창조론의 토대였던 천동설天動說의 오류 가 밝혀졌고 지구가 태양을 돈다는 지동설地動說이 지지를 받게 되었다. 그 결과 신중심의 헤브라이즘Hebraism에서 인간중심의 헬레니즘Hellenism으로 선회하기 시 작했다. 아울러 구텐베르크가 조합이 가능한 금속활자 인쇄술을 발명하여 서 적의 대량복제가 가능해졌다. 그 결과 지식과 권력을 독점하던 기사, 귀족, 성직 자들의 봉건체제가 약화된 반면 평민들의 개인주의 의식이 고양되어 르네상스 문예가 일어났다. 이전의 중세는 기독교 교리를 바탕으로 철학, 신학, 수학 등에 치중한 것과 달리 르네상스 시대에는 휴머니즘Humanism의 기류 아래 예술, 역사, 문학이 발전했다.

르네상스의 어원은 부활 또는 재생인데 프랑스에서 '다시re 태어나는nascere 고전'이라는 의미인 프랑스어로 정착되었다. 역사학자 미슐레Jules Michelet가 주목한 것은 르네상스 시대의 학자와 예술가들이 고대 그리스와 로마의 헬레니즘을 이상으로 설정하고 고대의 고전을 부흥하고자 노력했다는 점이다. 한편 고대 로마제국의 멸망476을 애도한 이탈리아인들은 게르만의 고딕 문화를 넘어서고 싶어 했다. 무역으로 부를 축적한 제노아, 밀라노, 베니스, 피렌체가 문예부흥의 중심지였는데 특히 피렌체의 메디치가는 적극적으로 예술가를 후원하여 르네상스 시대를 열었다. 이때 다빈치, 라파엘로, 미켈란젤로, 보티첼리 등 거장들이 출현했으며 새로운 르네상스 건축이 융성했고 과학과 지식이 비약적으로 발전했으며 자유와 개성을 중시하는 휴머니즘 교육이 생겨났다. 또한, 인체와 자연에 대한 과학적 이해가 깊어졌고 현재의 인생에 의미를 두는 경향이 생겨났다.

이탈리아에서 르네상스가 출발한 이유는 첫째, 흑사병이 창궐하여 현세와 인간중심의 휴머니즘 의식이 생겨났고 둘째, 십자군전쟁 이후 유입된 찬란한 이슬람 문명과 실크로드를 통해서 들어온 동양의 지식이 영향을 미쳤으며 셋째, 부유한 자치 도시늘이 문예를 후원하고 뛰어난 예술가들이 존재했기 때문이다. 이미 단테A. Dante, 1265~1321는 『신곡』에서 인간에 대한 새로운 해석을 보여준 바 있으며 페트라르카Petrarch는 창의성이 말살된 중세 암흑시대를 극복하기 위해서 인간중심이었던 고대 그리스와 로마를 재현해야 한다고 말했고 가톨릭 수사修士였던 에라스무스는 『우신예찬愚神禮讚, Encomium Moriae』1511에서 신중심주의를 비판하면서 인간의 본성을 적나라하게 묘사했다. 훗날 문화사 연구가 부르크하르트J. Burckhardt, 1818~1897는 개인주의의 발현으로 인한 인간해방과 문예부흥 그리고 합리적인 인식 및 과학의 발전을 르네상스의 특징으로 보았다.

르네상스는 14세기 이탈리아에서 시작하여 유럽 전역으로 퍼져나가 17세기까지 이어진 철학, 문화, 예술의 혁신 운동인 동시에 새로운 문예사조였다. 라틴어 문학작품이 풍미했고 새로운 의식을 가진 르네상스인[Renaissance Man]들이 출현한 르네상스 시대에 근대 휴머니즘과 인문학연구가 시작되었고, 과학기술의 발전으로 대항해 시대를 열어 1492년 아메리카 대륙을 발견했다. 또한, 르네상스는 1517년 시작된 종교개혁을 촉발했고, 국민국가의 형성과 자본주의에도 영향을 미쳤다. 그런 점에서 르네상스는 새로운 시대인 근대의 시작으로 여겨진다. 하지만 르네상스는 부르주아 계급을 중심으로 하는 계급분화의 출발점이었고, 경제적으로는 오히려 후퇴한 시기였다는 분석과 함께 중세를 연장한 것일 뿐 근대의 시작으로 볼 수 없다는 관점도 있다. 르네상스라는 어휘는 여러 나라에서 '문예가 부흥된 시기'로 쓰이기도 한다.

참고문헌 Jacob Burckhardt, *The Civilization of the Renaissance in Italy*(1860), translated by S. Middlemore, Penguin Classics, 1990.

참조 구텐베르크·금속활자, 국민국가/민족국가, 근대·근대성, 마키아벨리즘, 문예사조, 산업혁명, 역사, 유토피아, 인문학, 자본주의, 종교개혁, 지동설/태양중심설, 창조론, 패러다임, 헤브라이즘, 헬레니즘, 황금비율, 휴머니즘/인문주의

기승전결

Introduction, Development, Conversion, Conclusion | 起承转合

'위성 아침 내린 비 먼지를 적시니渭城朝雨浥輕塵, 객사는 푸르고 버들잎은 새롭다客舍青青柳色新. 그대에게 권하는 이 잔 다 비우시게勸君更盡一杯酒, 양관 서쪽을 나서면 아는 이 없으리니西出陽關無故人.' 이 작품은 성당 시대의 시인 왕유王維, 699~761의 「위성곡渭城曲」이다. 이별의 시로 유명한 칠언절구의 전범인 이 작품은 함축적이면서 물이 흐르듯 자연스러운 천고의 명작으로 알려졌다. 대체로 한시는 속기가 없이 간결하면서 담백하고 자연스러우며 기상이 높고 심원한 것을 높이 평가한다. 이 한시의 자연스러운 흐름을 강조한 개념이자 구조가 기승전결起承轉結이다. 기승전결은 한시 특유의 구성 원리인데 성당 시대 이후 근체시에서 특히 엄격하게 지켜졌다. 왕유의 「위성곡」 역시 선명한 의상意象이 기승전결의 흐름 속에서 전개되기 때문에 천고의 명작이 된 것이다.

20자인 오언절구와 28자인 칠언절구는 형식과 율격이 엄격하므로 시 전체의 유기적 완결성이 특히 중요하다. 따라서 앞에서 본 「위성곡」과 같은 기승전결의 유기적 결합이 아니면 시의 뜻은 훼손되고 풍격은 떨어진다. 또한, 한곳이라도 연결이 어색하면 시 전체의 미감이 하락할 뿐 아니라 시가 갖추어야 할 뜻도 상실한다. 기승전결은 기승전합起承轉合이나 기승전락起承轉落과 같지만, 내용을 종합한다는 '합'이나 '락'과 달리 결론을 강조한다. 그러므로 기승전결은 한시만이 아니라 다른 영역에서도 볼 수 있는 구조적 특징으로 발단, 전개, 전환, 절정/결말에 비유되는 구성 원리이면서 전체를 관류하는 흐름이다. 여기서 유래한 기승전결의 구조는 소설, 희곡, 드라마, 오페라, 교향곡 등 다른 서사 양식과 서론, 설명, 증명, 결론의 논문에서도 찾아볼 수 있다. 절구에서 기승전결은 율시에서 수함경미首頷頸尾 또는 두함경미頭頷頸尾와 같다.

기승전결의 첫째, 기구는 소재와 주제를 살려서 시상을 일으키는 담백한 구인데 예를 들면 '위성 아침 내린 비 먼지를 적시니渭城朝雨浥輕塵'에서 보듯이 시적 대상인 경물을 묘사하는 것과 같다. 둘째, 승구에서는 기구를 이어받아 시상을 전개하는데 예를 들면 '객사는 푸르고 버들잎은 새롭다客舍靑靑柳色新'에서 보듯이 고요하면서 흥이 일도록 한다. 셋째, 전구에서는 앞의 시상을 전환하면서 결구로 이어지게 하는데 예를 들면 '그대에게 권하는 이 잔을 다 마시게勸君更盡一杯酒'에서 보듯이 돈좌하여 앞의 사경과 달리 정을 표현하는 사정으로 시에 변화를 준다. 넷째, 결구에서는 심원한 의미로 결론을 맺으면서 여운과 심상을 강조하는데 예를 들면 '양관 서쪽을 나서면 아는 이 없으리니西出陽關無故人'에서 보듯이 송별의 마음을 담아 시인 내면의 감정을 함축과 절제로 표현한다.

결구는 결론에 해당하는 시인의 뜻이지만 가장 어렵고 중요한 것은 전구다. 전구의 변화는 자연스럽게 결구로 가는 과정이기도 한데 앞에서 전개한 시상을 자연스럽게 이어받아 결구로 이어야 한다. 이 흐름을 전구 이전과 이후로 나누어 선경후정先景後情 또는 전실후허前實後虛라고 하는 것이 보통이다. 그러니까 기구와 승구에서 경물을 묘사하여 자연스럽게 흥을 돋우고 부드럽게 시상을 전개한 후, 전구와 결구에서 시인의 시심을 표현하여 정을 드러내는 것이다. 이를 위하여 세 번째 전구에서 사의寫意 사경寫景 서사敍事 인증引證 등으로 시상의 변화를 주어야 한다. 이것을 돈좌頓挫라고 하는데 전구가 명사, 대명사, 수사와 같이 구체적이면 힘이 있는 실접實接이 되고 형용사나 동사와 같이 허구적이면 주관적인 허접虛接이 된다. 이후 '허접하다'에서 보듯이 허접은 진리나 사실이 아닌 '꾸며내어 하찮은 것'으로 쓰이고 있다.

기승전결에 관하여 원의 범덕기范德玑는 『시격詩格』에서 네 가지 규칙으로 설명한다. 그에 따르면 '기는 평평하게 곧아야 하고, 승은 봄바람 같은 자태여야 하며, 전은 변화가 있어야 하고, 결은 물 흐르는 듯해야 한다作詩有四法 起要平直 承要春容 轉要変化 合要淵水' 그 흐름이 물이나 바람과 같이 경쾌하면서 심원하다면 좋을 것이다. 그리고 그 흐름의 끝에 결론에 해당하는 최종 의미가 부여된다면 더 좋을 것이다. 이처럼 한시에서 가장 중요한 것은 전체의 완결성과 유기체적 생명력이다. 그러므로 어휘가 살아있고, 표현이 아름다우며, 뜻이 심오하다고 해도 전체 작품이 일이관지하지 못하면 좋은 작품이 아니다. 시의 시상을 잘 살리고 시인의 뜻에 공감하게 하는 원리가 바로 기승전결이다. 이 구성법은 시에서 만이 아니라 논문의 서론, 설명, 증명, 결론의 사단 구성이나 소설 희곡 등 산문에서도 자주 쓰인다.

참고문헌 范德璣, 『詩格』.

참조 구조주의, 기운생동, 논증·추론, 물아일체, 사무사, 서사시, 서정시, 소설, 시, 시언지 시연정, 시중유화 화중유시, 우의심원, 의상, 정경교융, 주제·제재·소재, 표현, 플롯, 한시/중국고전시

시인추방론

Rejection of Mimetic Art | 模仿艺术抛弃

'예술이란 허상의 허상, 그림자의 그림자가 아닌가? 예술은 진리의 세계에서 두 단계나 떨어져 있네.' 이어 그는 침대를 예로 들어, 선의 세계이자 이데아의 영역에 있는 침대, 목수가 만든 침대, 목수가 만든 침대를 보고 그린 침대 그림을 예로 든다. 그리고 진리인 이데아idea의 침대를 세상에 재현한 목수를 일차모방자, 목수의 침대를 모방한 예술가비극작가/시인를 이차모방자라고 칭한다. 이것은 플라톤이 스승 소크라테스의 말을 전하는 대화의 형식인 『국가The Republic』에 나오는데 훗날 시인추방론詩人追放論이라는 개념으로 정리되었다. 플라톤의 시인추방론은 시인으로 상징되는 예술가들은 진리/본질인 이데아를 추구하지 않고, 현상계의 허상을 재현하는 존재이므로 이상국가에서 추방해야 한다는 주장이다. 시인추방론은 철학의 실재론와 명목론, 예술의 모방론mimesis, 교훈주의, 효용성의 이론과 연결되어 있다.

플라톤Platon, BCE 427~BCE 347은 '동굴의 비유allegory of the cave'에서 동굴에 갇힌 죄수들이 허상을 진리라고 착각하는 오류를 우화로 보여주었다. 이 우화는 플라톤이 스승 소크라테스의 죽음을 비유한 것인데 진리/본질의 세계를 모르는 세상 사람들에 대한 비판을 담고 있다. 동굴에 갇힌 죄수가 동굴 벽의 형상을 진리로 착각하듯이 세상 사람들은 세상에 보이는 것을 진리로 여긴다. 여기서 플라톤은 형상론theory of form이라는 개념을 제시하면서 눈에 보이는 형상과 그 형상 내면의 보편적 본질을 구분한다. 가령 침대라는 진리/본질의 이데아는 현실에서 수많은 침대로 형상될 수 있다. 그런데 현상계의 침대는 일시적으로 형상된 물질이자 이데아의 침대를 잠시 재현한 허상일 뿐이다. 이 허상은 실재의 진리가 현상계에 현시된 그림자이므로 인간은 본질인 실재real를 추구해야 한다.

플라톤이 말한 것은 ① 침대의 이데아(진리/본질) ② 현상의 침대(허상/그림자) ③ 침대 그림(현상을 모방한 예술작품)에서 예술은 이데아와 두 단계 멀다는 뜻이다. 이처럼 예술가는 일차 모방된 침대를 보고 그림으로 재현한다. 그러므로 예술은 그림자의 그림자일 뿐 아니라 사람들을 감상적으로 만들고 두려움이나 공포심을 자극하며 연민과 같은 값싼 감정을 일으킨다. 그런데 인간은 이성을 통해서만 진리/본질을 알 수 있으므로 이성을 교란하고 사람을 감정과 흥분의 상태로 이끄는 이차 모방인 예술은 위험하다. 모방에서 중요한 것은 예술가가 감각에 의존하여 모방한다는 것이다. 이런 모방은 이성과 합리를 추구하며, 정신적으로 각성한 철학자가 통치하는 이상국가에서 필요가 없다. 철학자는 사람들에게 이런 사실을 알려주고 분리된 선divided line 너머의 보이지 않는 진리의 세계로 안내해야 한다.

일차 모방인 목수의 침대는 실용가치라도 있지만, 침대 그림은 진지하지 않고 가벼운 장난에 불과하다. 그러므로 시인 즉 예술가는 조화와 절제를 미덕으로 하는 이상국가에서 불온하고 위험한 존재인 것이다. 반면 진리를 추구하는 철학자는 이상국가를 이끌어가는 훌륭한 존재인 것이다. 플라톤의 예술론으로 알려진 시인추방론은 『국가The Republic』의 10권인 후기Epilogue, 595a~608b에 나오는 '모방예술에 대한 거부Rejection of Mimetic Art'를 말한다. 여기서 플라톤이 소크라테스의 목소리로 말한 것은 욕망, 열정, 감정, 고통 등을 인간 스스로 절제할 수 있어야 하는데 호머Homer의 시에서 보듯이 예술은 그런 덕목을 방해한다. 정의, 진리, 본질, 공정, 용기, 절제와 같은 덕목은 인간 내면의 이성과 일치해야 하며, 갈등과 모순이 있어서는 안 된다. 그런데 감성적인 예술은 이성과 도덕을 뒤흔들면서 인간 내면에 갈등과 모순을 유발한다.

하지만 플라톤은 예술의 위험성을 특별히 강조했다는 점에서 역설적으로 예술의 미적 효용성과 예술가의 사회적 기능을 인정한 셈이다. 위험하기 때문에 추방해야 한다는 것은 위험한 만큼 효용성이 있다는 뜻이다. 시인을 추방해야 한다는 선언에는 스승 소크라테스가 민주주의에 의해서 살해당하는 것을 보고 좌절한 후 이성과 합리성을 토대로 한 이상국가를 건설하고자 했던 플라톤의 뜻이 담겨 있다. 그래서 플라톤은 예술이 도덕, 이성, 절제, 용기, 성실과 같은 미덕을 실천하는 교훈이어야 한다고 주장한 것이다. 반면 그의 제자 아리스토텔레스는 시인추방론과 다른 이론을 발전시켜 예술가도 진리의 이데아를 직접 모방할 수 있을 뿐 아니라, 이차 모방이라도 즐거움을 주는 창조적 행위이기 때문에 가치가 있다고 보았다. 이것은 스승 플라톤이 실재계의 보편적 진리를 추구한 것과 달리 아리스토텔레스는 현상계의 개체들 속에서 보편적 진리를 발견할 수 있다고 보기 때문에 생기는 차이다.

참고문헌 *Platon's Republic*, translated by Benjamin Jowett, Project Gutenberg(e-text). http://www.gutenberg.org/ebooks/1497

참조 감성, 감정·정서, 교훈주의, 내재의 평면, 독사, 리얼리즘/실재론(철학), 리얼리즘(예술), 모방론, 미메시스(아리스토텔레스), 미메시스(플라톤), 보편논쟁, 본질, 비극, 소크라테스의 문답법, 순수이성, 아리스토텔레스, 예술, 예술가, 재현, 표현

기표 · 기의[소쉬르]
Signifiant · Signifié | 能指 · 所指

어린 Q가 사과를 가리키면서 먹고 싶다는 표시를 하자, 어머니는 '우리 애기 사과 줄까'라고 묻고 이어서 '사과?'라고 반복하여 이것을 '사과'라고 발음해야 하는 것을 가르친다. 아기는 '사과'라고 어색하게 발음하면서 문화를 익힌다. 어린 Q는 이미 껍질은 빨간색이고, 속은 하얀색이며, 즙이 있고, 단맛이 나는, 아버지 주먹만 한 크기의 '그것'을 알고 있다. 하지만 그것이 '사과'라고 발음한다는 것은 어머니에게 배워서 알게 된다. 그렇다면 왜 그것을 사과라고 하게 되었을까? 스위스의 언어학자 소쉬르[Ferdinand de Saussure, 1857~1913]는 사과라는 기표는 사람들의 약속이므로 실재 사과와는 관계가 없다고 단언했다. 이전의 전통언어학에서는 사과라는 기호와 기호가 지시[referent]하는 실재 사과가 일치하는 것으로 본 것과 달리 소쉬르는 기표와 기의는 관계가 없다고 본 것이다.

그 이론의 핵심은 사과라는 음성인 기표는 자의적으로 부여한 음성기호라는 것이고, 그 자의성을 바탕으로 약속에 따라서 언어가 작동된다는 것이다. 그런데 실재 사과라는 기의는 고정되어 있지만, '사과'라는 청각적 기표는 고정되어 있지 않다. 가령 '사과'라고 쓰든지 Apple이라고 쓸 수도 있고 중국어 핑궈[苹果]로 표기할 수도 있다. 그런데 기표는 문자와 같은 표기와 음향형태의 소리가 결합한 것이고 기의는 발화하는 사람이나 듣는 사람이 인식하는 기호의 개념이다. 이런 이유로 소쉬르는 '언어는 단어나 음성을 넘어서 사회적 소통의 맥락과 기능에 의해서 해석되어야 한다'라고 생각한 것이다. 이처럼 구조주의 언어학에서 언어는 구조와 기능으로 존재하므로 개별적인 문법요소보다 상호관계가 중요하다. 사람들이 사과를 발음할 때 '사아과'라고 길게 발음할 수도 있고 '싸과'라고 짧게 발음할 수도 있다.

발음이 시간상에서 구현되는 것을 시간의 선조성이라고 한다. 그런데 '사과'라는 기의와 기표가 결합해야 의미화가 가능하고 기표에 의미를 더하거나 빼면서 가치가 부여된다. 그러므로 '사과'는 기호, 기표, 기의, 지시 등 여러 기능이 있는데 이 중 기표와 기의는 마음의 연상 작용이다. 그러므로 소쉬르는 기표를 기호형태라고 부르고 기의를 기호 내용이라고 명명했다. 이것이 소쉬르가 주장한 기표시니피앙, signifiant, signifier와 기의시니피에, signifié, signified로 구성되는 기호의 구조다. 그런데 이 기호에는 기호 가치가 있어서 같은 '사과'라도 시장의 사과와 빌헬름 텔 아들 머리 위의 '사과'는 가치가 다르다. 또한, 송아지와 소 새끼에서 보듯이 의미 가치도 다르다. 소쉬르에 의하면 언어구조를 분석할 때, '전체와 부분의 유기적 관계를 고려해야 하며 전체는 부분의 총합보다 더 크다'라는 사실에 유의해야 한다.

사과라는 음성 발음은 관습과 제도로 정착된 전체 구성원들이 약속을 기억하고 있으므로 의미화가 가능하다. 이에 대해 소쉬르는 언어의 체계를 랑그langue, 발화 행위를 파롤parol이라고 구분한 다음 랑그가 잠재적이면서 사회적 규범을 가진 기능에 가깝다면 파롤은 실제적이면서 개인적 규범인 발화와 가깝다고 정의했다. 물론 랑그와 파롤은 동전의 양면처럼 분리되지 않는 하나의 기호sign라고 말하면서도 구조주의 언어학은 랑그를 중심으로 해야 한다고 보았다. 왜냐하면, 사람들은 구조에 따라서 언어 행위를 하는 것이므로 언어의 주체가 언어의 구조 속에 종속되기 때문이다. 또한, 소쉬르는 '나는 사과를 먹고 싶다'에서 보듯이 주어, 목적어, 서술어로 구성된 결합 관계와 '그는 사과를 먹고 싶다'에서 보듯이 단어를 대치할 수 있는 계열 관계의 구조가 있다고 보았다. 이것이 한 시점에서 정태적으로 분석하면서 구조와 기능을 중시하는 공시 언어학synchronic linguistics이다.

파리에서 구조주의 언어학을 정초한 소쉬르는 1891년 고향으로 돌아와 제네바대학에서 일반언어학이론을 완성[1907~1911]했다. 모든 언어는 보편적 구조가 있다는 그의 이론은 사후에 편찬된 『일반언어학강의[Course in General Linguistics]』[1916]에 잘 드러나 있다. 소쉬르의 구조주의는 레비스트로스에 의해서 인류학과 문화 전반으로 확산되었으며 라캉에 의해서 정신분석의 방법에 적용되었고 로만 야콥슨에 의해서 음운론과 문화이론으로 심화 발전했다. 아울러 소쉬르는 새로운 학문인 기호학 창시자로 알려져 있으며 구조주의[Structuralism]의 대표자로 문학, 예술, 철학, 사회학, 인류학, 정신분석학 등 여러 영역에 지대한 영향을 미쳤다. 이후 구조주의는 심층구조 분석으로 발전했다. 그러나 20세기 후반의 언어학자들은 (인지언어학과 변형문법에 근거하여) 구조주의 언어학이 언어의 변천을 설명하지 못한다고 비판한 바 있다.

참고문헌 Ferdinand de Saussurem, *Cours de linguistique générale*(1916), edited by C. Bally and A. Sechehaye, with the collaboration of A. Riedlinger, Lausanne and Paris : Payot; translated by W. Baskin, *Course in General Linguistics*, Glasgow : Fontana/Collins, 1977.

참조 개념, 구조주의, 기호 가치, 문화, 보편문법, 시점, 예술, 정신분석, 주체분열, 주체재분열, 차연, 철학, 학문, 후기구조주의

모방론
Theory of Imitation | 模倣

어린 K는 신문을 거꾸로 들고 무엇을 읽고 있었다. 아직 글을 모르는 아이의 이상한 행동을 본 K의 모친은 'K야, 무얼 하고 있지?' 이렇게 묻자, K는 웃으면서 '신문'이라고 말했다. 네 살 K는 무엇인지 모르면서 아버지의 신문 보는 행위를 모방한 것이다. 이처럼 인간에게는 모방본능이 있는데 첫째, 인간은 다른 동물보다 모방 성향이 강하고 둘째, 모든 사람은 모방하면서 즐거움을 느끼는 등 두 가지 원인이 중요하다. 인간은 모방을 통하여 무엇을 학습하고 모방을 바탕으로 창의성을 발휘한다. 일찍이 플라톤과 아리스토텔레스는 인간이 자연과 현실을 모방한다고 보았는데 모방의 의미에 대해서는 다른 관점을 가지고 있었다. 플라톤^{Platon, BCE 427~BCE 347}은 침대를 예로 들면서 예술가를 '침대의 이데아를 모방한 목수의 침대를 다시 모방하는 저급한 존재'로 설정했다. 여기서 유래한 모방론模倣論은 창작의 원리를 모방으로 보는 예술이론이다.

플라톤에 의하면 예술은 모방^{imitation}의 모방 또는 그림자의 그림자이며 진리로부터 두 단계 떨어진 저급한 영역이다. 이것은 '① 이데아의 침대(진리/본질), 그것을 재현한 ② 실재 침대(허상/그림자), 다시 그것을 모방한 ③ 예술작품의 침대(그림자의 그림자)'의 관계라고 할 수 있다. 그러므로 플라톤은 저급한 존재인 예술가의 저급한 행위인 예술창작은 가치가 없으므로 이상국가에서 추방해야 한다는 논지를 폈다. 더구나 예술가는 신적 광기가 있어야 모방을 할 수 있을 뿐만 아니라 감각적으로 이성을 교란하는 존재일 뿐이다. 이런 그의 인식은 첫째, 모방 또는 보여주기^{showing}라고 할 수 있는 미메시스^{mimesis}와 둘째, 재현 또는 말하기telling라고 할 수 있는 디에게시스diegesis를 포괄한다. 플라톤의 시인추방론은 이상국가를 설명하는 『국가The Republic』 10권 후기Epilogue, 595a~608b에 나오는데 '모방예술에 대한 거부Rejection of Mimetic Art'를 예술론으로 재해석한 것이다.

반면 아리스토텔레스는 스승 플라톤과 달리 인간의 모방본능과 모방의 가치를 강조했다. 플라톤은 모방을 기술적 재현으로 보았지만, 아리스토텔레스는 모방을 미적 쾌락, 창의성, 효용성, 교육의 관점에서 보고, 인간 내면의 모방이야말로 특별한 가치가 있다고 주장했다. 당시 그리스는 찬란한 예술이 꽃피던 시기였기 때문에 자연을 모방하는 예술 행위를 중요하게 여겼다. 따라서 플라톤이 자연을 모방한 그리스 예술을 부정한다는 것은 그리스 사회와 제도에 대한 일종의 부정인 셈이었다. 이런 전후 맥락을 잘 알고 있는 아리스토텔레스는 모방의 가치에 주목하고 모방을 본능인 즐거움과 창조적 행위로 보는 한편 모방을 통한 교육과 학습에 의미를 부여했다. 이 아리스토텔레스의 모방은 창조적 재현을 의미하는 미메시스mimesis인데 이것은 개별 개체의 가치를 중시한 그의 철학에 바탕을 두고 있다.

아리스토텔레스는 미메시스에는 고상한 것, 저열한 것, 고상하거나 저열한 것 등 세 가지 층위가 있다고 말했다. 스승 플라톤이 모방을 기술적 재현으로 본 것과 반대로 아리스토텔레스는 모방을, 허구fiction, 단순 재현representation, 표현expression을 넘어서는 창조적 행위로 간주했다. 그의 관점은 '모방은 즐겁고 가치 있는 창조적 행위다'로 요약할 수 있다. 그 창조적 모방능력은 철학이 추구하는 진선미와 고상한 인간 본성을 창의적으로 표현하는 능력이다. 특히 그는 비극이 '심각한 인간 행위의 모방이며 연민과 두려움을 주면서 관객의 감정을 정화시켜 준다'라고 믿었다. 예술적 모방은 개연성蓋然性 즉 가능성까지 모방하는 창의적인 행위다. 특히 아리스토텔레스는 단 일회적 사건인 역사보다 잠재적 사건이자 가능성 또는 개연성을 기반으로 하는 예술은 진리/본질을 추구하는 철학과 같은 기능이 있다고 단언했다.

스승 소크라테스의 죽음으로 현실 제도의 문제점을 인식한 플라톤이 진, 선, 미를 재현하는 것은 철학에서만 가능하다고 보았지만, 아리스토텔레스는 예술적 모방으로도 진리의 재현이 가능하다고 보았다. 또한, 예술은 카타르시스를 통하여 마음을 정화하기도 하면서 모방을 통하여 보편적 진리를 찾을 수 있다. 이 두 철학자의 모방론은 근대 리얼리즘으로 계승되었는데, 특히 아우어바흐 Erich Auerbach, 1897~1957에 의해서 새롭게 해석된 바 있다. 아우어바흐는 호머의 「오디세이Odyssey」 재현 방식과 기독교 성경의 재현 방식을 비교하면서 사회주의 리얼리즘과 현실 반영의 논리를 전개했다. 한편 상상력과 표현론을 중시하는 낭만주의자들과 상징주의자들은 개성과 창의성을 강조하면서 모방론을 비판했다. 하지만 근대 리얼리즘이 대두하면서 모방론은 다시 예술창작의 중심 이론으로 자리 잡았다.

참고문헌 Erich Auerbach, *The Representation of Reality in Western Literature*, edited by Fiftieth Anniversary translated by Willard Trask, Princeton : Princeton University Press, 2003.

참조 감정·정서, 개연성, 디에게시스, 리얼리즘(예술), 미메시스(아리스토텔레스), 미메시스(플라톤), 비극, 사회주의 리얼리즘, 상상, 상징주의, 소크라테스의 문답법, 순수이성, 시인추방론, 이데아, 재현, 카타르시스, 표현, 픽션·논픽션, 허구

상징주의

Symbolism | 象徵主義

'거리에 비 내리듯 / 내 가슴에 눈물이 흐른다. / 가슴 속 깊이 스며드는 / 시름은 무엇인가! // 대지에 지붕 위에 내리는 / 오! 비의 부드러움이여!! / 메마른 내 가슴에 / 오! 빗살의 노래여!! // 슬픔에 젖은 이 가슴에 / 까닭 모를 눈물 흐른다. / 무슨 일인가! 원한도 없는데 / 이 슬픔 까닭이 없네…… // 까닭 모를 슬픔이란 / 가장 괴로운 것 / 사랑도 미움도 아닌데 / 왜 이다지도 내 마음 괴로워!'[1] 이 시는 음유시인으로 불리는 폴 베를렌P. Verlaine, 1844~1896의 「거리에 비 내리듯」의 전문이다. 이 시를 프랑스어로 읽으면 물이 흐르는 듯한 선율과 박자가 매혹적으로 들린다. 그리고 마음 내면의 감각이 상징과 이미지로 표현되어 있음을 알 수 있다. 이것이 상징주의의 전조로 알려진 보들레르가 「상응Correspondances」에서 말한 '향기와 소리와 색채가 서로 화답하는Les parfums, les couleurs et les sons se répondent' 미적 조화다.

미의 구도자로 불리는 보들레르가 '사람은 친밀한 눈으로 자기를 지켜보는 / 상징의 숲을 가로질러 안으로 들어간다'라고 한 것은 무엇을 구체적이거나 사실적으로 표현하지 않고 암시적으로 표현한다는 뜻이다. 그런데 '상징의 숲' 자체가 상징이기 때문에 그 의미를 파악하는 것은 상상력이 필요하다. 이처럼 상

---

1   Il Pleure dans mon Coeur/ Il pleure dans mon coeur

Comme il pleut sur la ville. / Quelle est cette langueur / Qui pénètre mon coeur ? // O bruit doux de la pluie / Par terre et sur les toits! / Pour un coeur qui s'ennuie, / O le chant de la pluie ! // Il pleure sans raison / Dans ce coeur qui s'écoeure. / Quoi ! nulle trahison? / Ce deuil est sans raison. // C'est bien la pire peine / De ne savoir pourquoi, / Sans amour et sans haine, / Mon coeur a tant de peine.

징주의 작가들은 세상을 관념Idea이나 본질의 상징으로 본다. 그런데 예술가는 본질을 직접 표현할 수가 없고 상징을 통해서 우회적으로 드러낼 뿐이다. 일찍이 플라톤은 이데아Idea의 세계에 본래의 진리가 있고 그것이 희미하게 비추어 현실계로 재현된다고 보았다. 예를 들면 이데아Idea의 장미를 A, 현실의 장미를 B로 놓을 때 '장미 A=장미 B'라고 할 수 없다. 여기서 'B는 A의 상징이다'라는 개념이 도출된다. 그러므로 진리의 세계에 있는 진짜 장미를 볼 수 있으려면 섬세한 감각과 신비한 영감을 가지고 있어야 한다.

보들레르Charles Baudelaire, 1821~1867는 일찍이 『악의 꽃Les fleurs du mal』1857에서 상징주의의 표현기법을 보여준 바 있다. 특히 「상응」에서 퇴폐적인 데카당스Decadance와 관능적 표현으로 상징을 구현하면서 '자연은 하나의 신전La Nature est un temple'이라는 우주적 상상력을 발휘했다. 그런 점에서 보들레르와 앨런 포를 선구로 삼는 상징주의는 구체적, 실재적, 추상적, 암시적, 낭만적인 것을 추구한다. 이후 1886년 일군의 프랑스 예술가들은 낭만주의가 지나치게 심화하여 퇴폐한 데카당스를 반성하고, 자연주의와 사실주의의 직접적인 표현을 거부하면서 다시 상징주의를 선언하기에 이르렀다. 상징주의 시인으로 유명한 베를렌의 「무언가Romances sans paroles」1874와 말라르메의 「목신의 오후L'Après-midi d'un faune」1876에서 이미 상징적 기법을 보여준 바 있지만 장 모레아스Moréas가 『피가로Le Figaro』지에 「상징주의자 선언문Symbolist Manifesto」1886을 발표한 것을 상징주의의 출발로 간주한다.

베를렌, 랭보, 말라르메 등은 암시성과 음악성을 최대한 살린 상징주의 시들을 썼고 영국의 예이츠와 엘리엇 역시 특유의 상징적인 시를 썼다. 이런 상징주의 경향은 러시아 벨기에 등 유럽 전역으로 퍼졌고 20세기 들어 아메리카와 아시아를 포함한 세계의 문예사조로 한 시대를 풍미風靡했다. 이 상징주의는 낭만주의의 고딕 요소와 과학적이고 이지적인 고답파Parnassianism의 음악성을 차용한 점에서 예술지상주의, 정신주의, 신비주의, 이상주의 등의 성격이 있다. 또한, 이들은 은유적이고 암시적인 표현기법으로 정신, 상상, 꿈을 중요하게 여겼다.

이처럼 상징주의자들은 어떤 사실이나 대상을 직접 재현하는 것은 불가능할 뿐더러 의미도 없다고 본다. 따라서 상징주의 예술가들은 은유적으로 암시하고 상징적으로 의식을 환기할 뿐이다. 그런 이유로 상징주의는 예술을 위한 예술의 유미주의와 상통하며 암시적으로 진리를 환기하는 인상주의와 유사하다. 그런 점에서 상징주의는 쇼펜하우어가 말한 예술의 최종 안식처와 같다.

상징주의는 1860년대 전후부터 1900년대 초까지 유럽을 풍미한 문예사조로 상징적인 방법에 따라서 어떤 정조와 감정을 암시적으로 표현하려는 태도나 경향이다. 또한, 상징주의는 '객관적인 묘사에서 벗어나서 주관적인 정서를 상징적으로 표현하려 했다'라는 점에서 표상주의 또는 표현주의Expressionism의 경향이 있다. 실제로 상징주의 작가들은 인간의 내면을 감각적으로 포착하여 상징적으로 표현하고자 한다. 그런데 사람마다 내면이 다르고 또 상징체계가 다르므로 보편적인 상징이 쉽지 않다. 또한, 상징적 예술기법은 신비롭거나 암시적인 표현이 되므로 낯설게 보일 수도 있다. 실제로 상징주의는 시간이 흐르면서 주관적인 상징성이 높아졌고 초월적인 신비성 또는 지극히 개인적인 상징의 세계로 이행하는 한편 퇴폐적 경향을 보이기도 했다. 상징주의자들이 모든 것을 상징으로 보면서 지나치게 신비하거나 난해하게 표현하자 상징주의는 점차 대중과 멀어졌다.

참고문헌 Jean Moreas, Le Manifeste du Symbolisme, *Le Figaro*, 1886.

참조 감각, 감정·정서, 관념론, 문예사조, 산책자 보들레르, 상징, 상징폭력, 알레고리, 예술, 유미주의, 은유, 이미지·이미지즘, 인상주의·인상파, 표현, 표현주의

이마고/자아영상

Imago | 自我影像

'눈을 감고 편안하게 쉬세요. 그다음 어린 시절, 아주 어린 시절의 기억을 떠올려 보세요. 천천히, 천천히……. 그리고 아득히 보이는 최초 기억을 더듬어 보세요. 무엇이 보이나요? 무엇인가 최초 형상이 있지 않을까요? 무엇이라도 좋으니 희미한 그림자라도 떠올려 보세요. K, 당신이 가진 최초 기억을 떠오르는 대로 말해 보세요.' 그 말에 따라서 K는 거의 생각나지 않는 희미한 기억을 더듬어 보았다. 무엇이 어렴풋이 떠오르는 것 같았다. 이처럼 정신분석학자 P는 아주 편안하게 K가 최초 기억을 회상하도록 했다. 마치 K의 무의식이 P라는 거울에 비추어 있다고 알려주는 것 같았다. 한참이 지나서 K는 '난로를 만지려고 하는 나를 제지하는 아버지'라고 답했다. 그리고 이어 '어머니가 아버지의 말에 동의했을 때 으앙 하고 울어 버렸다'라고 회상했다. 이것은 최초 자기 영상을 떠올리는 장면이다. 정신분석에서 최초 영상은 매우 중요하다.

이마고 또는 자아영상은 정신분석학자 라캉의 용어로, 무의식이나 영혼 깊은 곳에 남아 있는 최초의 자기 이미지 또는 자기 영상이다. 이 최초 영상은 조작된 것일 수 있지만, '나는 지금 어디에 있는 무엇이다'라는 존재 인식이 특별히 중요하다. 왜냐하면, '나'라는 존재를 독립적인 주체로 인지하는 순간이기 때문이다. 이 순간의 발견이 자기를 형성하는 과정이다. 라캉이 말한 '최초 나'는 타자와 만나는 순간인데 그 거울단계^{Mirror stage}에서 어린아이는 거울을 보면서 '저 수상한 것이 바로 나'라고 자기를 인식한다. 유레카^{Eureka}의 아하^{Aha}에 해당하는 놀라운 자기발견의 거울단계가 주체를 형성하는 과정이라면 이마고는 자기발견과 자기인식의 과정을 주관적으로 기술한 개념이다. 이 시기를 거친 유아는 K와 같은 상징기호를 부여받고, 아버지의 이름이라는 법을 수용하면서 사회적 존재로 타자들과 어울려 살게 된다.

사전적인 의미에서 라틴어 이마고는 머릿속에 잠재한 이미지라는 뜻의 상像이다. 그런데 이 영상은 추상적이거나 막연하게 잠재하는 경우가 많다. 가령, 신의 존재를 구체적으로 묘사할 수 없으므로 신의 이미지Image of God를 이마고라고 하는 것과 같다. 1912년 이마고를 최초로 사용한 칼 융C.G. Jung 1875~1961은 이마고를 집단무의식과 연결하여 개인의 인격을 형성하는데 신화적 형상 또는 원형 심상이라고 말했다. 융은 인류가 공통으로 가진 무의식의 원형과 민족과 집단이 가진 무의식의 원형을 한 인간이 가진 개인무의식의 원형과 구분하면서 자기에 대한 자기의 영상을 이마고라고 명명했다. 또한, 융은 부모를 통해서 받아들이는 인류의 집단무의식이 인격을 형성하게 하는 이마고 원형Archtype이라고 보았다. 융이 말하는 이마고는 자동 형성된 콤플렉스로 무의식과 의식 중간에 놓이며 긍정적이거나 부정적으로 기능한다.

한편 프로이트는 1912년 정신분석학 응용을 위한 잡지 『이마고Imago』를 창간했는데 그 뜻은 무의식에 잠재한 콤플렉스라는 의미였다. 이 개념을 라캉이 빌려와서 자기를 인식하는 최초 이미지라는 의미로 사용했다. 라캉에 의하면 게슈탈트Gestalt의 형태심리학에서 말하는 자기에 대한 자기의 그림이 바로 이마고라는 것이다. 또한, 라캉은 1938년 어린아이가 가족 안에서 형성하는 원억압의 콤플렉스가 이마고로 자리 잡게 된다고 주장했다. 1945년 라캉은 이마고를 젖을 뗄 때의 이유離乳, weaning 콤플렉스, 거울단계의 침입intrusion 콤플렉스, 아버지에 대한 오이디푸스Oedipus 콤플렉스로 구분했다. 이처럼 가족관계 속에서 부모를 인지하고 자기 주체를 형성하는 과정에서 콤플렉스가 생기고 그 콤플렉스가 이마고를 구성한다. 그러므로 이마고는 어떤 때는 피학으로 어떤 때는 가학으로 드러나면서 인간의 불안과 억압 그리고 파괴와 부정의 원인이 된다.

가족관계 속에서 형성된 최초 이마고는 원형으로 잠재하는데 이마고는 타자를 대하는 원리이지 평생 간직하는 환상이다. 그런데 인간은 누구나 콤플렉스 이전의 행복했던 이상적 자기Ideal I, Ideal Ich를 가지고 있다. 그것은 엄마 품에 있던 어린 시절의 자기다. 앞에서 본 K가 그랬던 것과 같이 그곳은 무엇이든 자기 하고 싶은 대로 할 수 있는 곳이었고 무엇이나 얻을 수 있는 곳이었으며 처벌, 공포, 금지가 없던 유토피아다. 그래서 인간은, 유아 시절의 이마고 즉, 영상 속의 자기로 돌아가고 싶어 한다. 하지만 현재의 자기는 불안, 고뇌, 결핍, 갈등 등의 각종 정신증을 앓고 있을 뿐 아니라 현재의 자기는 언어적 기표에 종속되거나 찢긴 상태에서 주체는 분열되어 있다. 그러니까 유아 시절에 언어를 얻으면서 자기 욕망을 언어처럼 구조화된 무의식에 유폐했지만, 원형적 자아 영상인 이마고는 여전히 인간 내면에 잠재해 있다.

참고문헌 Jacques Lacan, *ECRITS*, translated by Bruce Fink, New York · London : Norton & Company, 2006.

참조 거울단계, 기표 · 기의, 까다로운 주체, 나르시시즘, 무의식, 병든 동물 인간, 상징계, 상징적 거세, 신경증, 아하현상, 욕망기계, 원형(칼 융), 이미지 · 이미지즘, 자아, 정신분석, 정신분열증, 정신증, 주이상스, 주체분열, 집단무의식

해석학적 미학

Hermeneutical Aesthetics | 解释学美学

저명한 테너 L은 흥분을 감추면서 베로나^{Verona} 원형극장에 들어섰다. 공연장에는 사람들이 가득 차 있었다. 하늘에는 별이 빛나고, 상쾌한 바람이 불어올 때 관객들이 수천 개의 촛불을 들었다. 곧이어 박수를 받으며 지휘자가 지휘대에 오르고 푸치니 작곡의 오페라 〈투란도트^{Turandot}〉가 시작되었다. 중국풍의 오페라가 3막에 이르렀을 때 유명한 아리아 〈공주는 잠 못 이루고〉를 부르는 테너의 선율이 감미로웠다. 자기도 무대에서 이 곡을 노래한 경험이 있으므로 감격은 더 컸다. 어느덧 L은 '사랑과 희망에 떨고 있는 저 별들을 보아라'라고 가수보다 먼저 흥얼거렸다. 그러면서 L은 황홀한 심정이 들었고 몸이 마비되는 것 같은 전율을 느꼈다. 이처럼 L은 2009년 7월 29일, 바로 그 시간의 그 장소에 있는 예술적 아우라^{aura}를 체험했다. 이것을 미학자 가다머의 개념으로 표현하면 예술 경험의 현재성과 동시성이다.

독일의 한스 가다머^{Hans-Georg Gadamer, 1900~2002}는 예술이라는 놀이를 통해서 철학적 진리를 해명하고자 노력한 철학자다. 그러니까 L의 오페라 관람은 L이 '오페라라는 놀이에 참여하는 것'이며 그 참여는 그 자리에 같이 있는 것^{da-bei-sein}이고 공연이라는 일회적 사건과 같이하는 것^{bei-der-sache-sein}이다. 그런데 그것은 관객의 주관적 참여가 아니라 그 작품이 스스로 드러내는 존재 의미에 참여하는 것이다. 가령 L은 테너 가수의 열창에 참여하는 것이고, 연출가의 기획에 참여하는 것이며, 작곡가 푸치니의 작곡 의도에 참여하는 것이다. 이 과정은 관객과 작품이 서로 소통하고 대화하는 미적 경험이다. 이런 인간의 소통은 일종의 언어 텍스트이므로 언어에 전승된 것들을 해석하는 작업이다. 이것을 가다머는 '현재성과 동시성이 작동하는 역사적 지평과 대화하는 것'이라고 명명했다.

아버지의 희망과 달리 철학에 심취했고, '나치 치하에서 비판적 태도를 보였다'라는 점 때문에 이차대전 후에 마부르그대학 총장에 임명된 가다머는 해석학 속에서 존재론과 미학을 연구했다. 그는 특히 예술 경험과 예술놀이를 통해서 예술 경험의 과정, 예술작품의 존재 의미, 인간의 존재가치를 해명하고자 노력했다. 이것이 스승이자 친구였던 하이데거의 영향을 받은 존재론적 해석학인데, 그의 사유는 『진리와 방법*Truth and Method*』1960에 집약되어 있다. 이 책은 산업화와 과학기술을 비판적으로 보고, 인간의 정신과학을 특수한 영역으로 설정한 명저다. 그의 철학적 해석학이 토대하고 있는 영향작용사란 현재의 예술은 과거의 역사적 맥락과 특수한 상황에서 이해되어야 한다는 분석방법이다. 이 작업을 한 가다머는 주관적이고 비과학적인 예술 경험을 과학적으로 분석하고 철학적으로 해석할 수 있다고 믿었다.

예술을 통해서 진리를 발견할 수 있다고 믿었던 가다머는 예술의 자율성에 주목했다. 또한, 예술 경험이나 예술 진리도 고유성과 독자성을 가진다고 보았으나 논리적으로 해석되어야 한다고 믿었다. 그것이 예술적 놀이와 철학적 진리의 관계를 해명하는 학문이면서 인간의 예술 경험을 통해서 진리 경험을 할 수 있는 해석학적 미학이다. 이것은 실러F. Schiller가 놀이충동play drive/유희충동을 말하면서 감성과 이성을 통합하고자 했던 관점을 계승하는 것이다. 가다머에게 예술은 놀이가 완성되는 지점이므로 놀이의 구조를 해석하는 것이 곧 진리를 이해하는 것이며 나아가 인간 존재를 규명하는 것이다. 그를 위해서는 이해–해석–이해–해석의 해석학적 순환과 현상학적 환원을 거쳐야 한다. 앞에서 본 것처럼 베로나 야외극장에서 아리아를 흥얼거리는 L의 놀이는 '자기에 대한, 그리고 자기를 위한' 주체적 놀이다. 따라서 놀이의 주관적 고유성과 독자성 그리고 현재성現在性과 동시성同時性을 해명하는 것이 가다머의 목표였다.

'아름다움은 스스로 드러나는 것'으로 간주한 가다머는 예술을 놀이[play], 상징 [symbol], 축제[festival]로 보았다. 인간은 놀이를 통해서 예술 경험을 축적하면서 무엇이 진리인지 이해하고 해석하며, 상징 해석을 통해서 단순 재현이 아닌 함축된 의미를 찾을 수 있으며, 축제를 통해서 일상에서 일탈한 공동체의 가능성을 찾을 수 있다. 그러므로 예술에 내재하는 미[美]야말로 이해와 해석의 근원이면서 진리의 본질이다. 예술과 놀이와 미학은 하나인 셈이다. 그런데 그 예술 경험은 과거의 역사적 상황이 현재에 재현되는 것이므로 인간은 역사와 대화하면서 그 지평을 열어가는 진리 찾기를 해야 한다. 이렇게 하여 미, 역사, 진리가 대화의 지평을 형성하고 인간은 그곳에서 예술적 놀이를 하게 된다. 이처럼 해석학적 미학은 상황과 맥락에 존재하는 세계 내 존재[being-in-the-world]가 해석학적 대화를 통하여 인간의 본질과 철학적 진리를 찾아가는 정신과학이다.

참고문헌 Hans-Georg Gadamer, *Truth and Method*(2nd rev. edition), translated by J. Weinsheimer and D. G. Marshall, New York : Crossroad, 2004.

참조 감성, 관념론, 기대지평, 내던져진 존재, 미/아름다움, 미학·예술철학, 미학교육[실러], 미학국가/미적 상태[실러], 바움가르텐의 진선미, 상징, 실존주의, 아우라, 예술, 유희충동, 이성, 존재론, 존재론적 해석학, 판단력비판─미(美)란 무엇인가?, 현존재 다자인

모티브 · 모티프

Motive · Motif | 动机

K는 창밖의 낙엽을 본다. 하나, 둘, 떨어지는 낙엽의 흩날리는 모양은 달랐다. 하지만 낙엽은 계속하여 떨어지고 있었다. 처음에는 하나, 둘, 떨어지다가 바람이 강해지자 더 많이 떨어지기 시작했다. 이때 그의 머리에는 〈볼레로Borelo〉의 리듬이 떠올랐다. 인상주의 작곡가 모리스 라벨Maurice Ravel, 1875~1937은 유사한 리듬과 선율을 이용하여 명작 〈볼레로〉를 남겼다. 이것을 음악에서는 반복되는 리듬이라는 의미에서 모티브motive라고 한다. 간단히 말하면 모티브는 작품의 의미나 주제를 실현하기 위하여 반복적으로 사용된 이미지, 리듬, 생각이다. 주제가 '중심 생각'인 것에 반하여 모티브는 그 주제를 실현하기 위해 반복되는 소재나 재료를 말한다. 거의 모든 예술작품에는 모티브가 있다. 반면 범죄에서는 '무슨 동기모티브에서 사람을 죽였을까?'에서 보듯이 모티브는 실제 범죄 행위가 아닌 범죄의 원인을 의미한다.

일반적으로 모티브는 ①어떤 것을 완성하기 위한 내적이고 반복적인 요인要因, ②기본 동기를 포함하여 예술작품의 중심 소재와 제재라는 두 가지 의미로 쓰인다. 모티브는 '자극하다', '촉구하다'라는 의미의 라틴어 movere가 어원으로 그 모티브가 빠지면 작품이나 사건이 구성되지 않는 핵심요소다. 사전적인 의미에서 모티브는 예술을 포함한 자연과학, 공학, 심리학에서 무엇을 만드는 근원적인 힘이나 매개이다. 또한, 모티브는 원 소재나 기본이념 등을 의미하기도 한다. 예술에서 모티브는 작품/공연에서 핵심적이고 함축적으로 반복되는 부분, 생각, 단어, 공간, 시간, 내용, 감성 등을 의미하기도 한다. 이 모티브는 한 작가나 하나의 전시, 공연에도 나타나며, 여러 작가의 작품에도 나타나고, 여러 시대나 여러 지역에 걸쳐서 나타나기도 한다. 그런 점에서 주제를 가능케 하는 제재나 소재를 모티브라고 한다.

음악에서 모티브는 연속되는 작은 단위로 핵심적인 리듬, 선율, 장단, 박자 등의 중심적인 음형을 말한다. 가령 베토벤L. Beethoven의 교향곡 5번에는 운명의 숙연함을 나타내는 선율이 여러 차례 반복된다. 베토벤은 이를 통하여 관객이 끊임없이 주제를 상기하도록 한다. 따라서 음악의 모티브는 곡 전체를 이끌어가는 단서이자 중심 악상樂想이라고 할 수 있다. 미술에서 모티브는 기본적인 형상이나 감성 등을 말하는데 예를 들어 이슬람 사원의 문양이나 문자형상이 바로 모티브다. 이슬람 사원인 모스크는 멀리서 보면 단순한 것 같지만 가까이에서 보면 유사한 문양들이 반복되고 변형됨으로써 아름다운 조화를 이루고 있다. 나른 장르에서도 모티브는 반복적이거나 중심적인 것이라는 의미로 쓰인다. 여러 번 반복된다는 의미는 단순한 단어의 반복이 아니라 정서나 심상이 반복된다는 뜻이다.

러시아의 형식주의자 토마셰프스키Boris Tomashevsky는 모티브를 플롯과 주제를 연결하는 구성요소로 간주하면서 관련 모티브, 자유 모티브, 상황 모티브, 정적 모티브로 구분했다. 반면 인류학에서는 프랑스어 모티프motif를 그대로 표기하여 영어 모티브motive와 약간 다른 의미로 쓴다. 특히 민속학자 톰슨S. Thompson은 모티프를 이야기이 최소語素이자 이야기가 전승되는 요소로 보았다. 톰슨은 이야기의 모티프를 23개로 정리하고 파괴되지 않는 기본 화소로 간주했다. 기본 화소인 모티프는 서사의 핵core이므로 모티프를 중심으로 이야기가 전개된다. 주요한 모티브는 창조, 동물, 금기, 사랑, 죽음, 전쟁, 이별, 성장, 실종, 감옥, 꿈, 집, 여행, 복수, 마법, 죽은 자, 다른 세상, 괴기, 현자와 우자愚者, 운명, 과거와 미래, 우연, 복수, 종교를 비롯하여 이향, 귀향, 모험, 도시, 매춘, 결투, 전쟁, 술, 달, 별, 불안, 공포, 갈등, 결혼, 제사, 제물, 희생양, 권력, 부자간의 대립, 칼 등이 있다. 이 기본 화소는 시대와 지역을 넘어서 보편적이지만 각 문화에 맞도록 변형되기도 한다.

강하고 동적이면서 필수적인 모티브가 있고, 약하고 정적인 모티브도 있다. 모티브와 주제±題는 다르다. 주제는 중심 생각이고 모티브는 주제를 잘 드러내기 위한 동기, 방법, 매개, 자료이다. 그러므로 모티브는 주제를 조직하는 매개이고 주제가 구성되도록 지원하고 강조하며 구조의 관계망을 형성하는 기능을 한다. 그런데 자료나 소재만 가지고 주제를 잘 표현할 수가 없으므로 그 소재의 힘을 반복적으로 사용하여 작품에 배치하는데 이것이 바로 모티브다. 그런 점에서 모티브는 주제나 소재보다는 제재題材에 가깝다. 모티브와 연관된 개념으로 동기화 또는 동기부여motivation가 있다. 동기부여는 어떤 목표를 지향하여 생각하고 행동하도록 하는 것이다. 목표나 의미라는 뜻의 동기가 주어졌다는 동기부여는 행동의 원인으로 방향성과 정도를 규정하는 힘이다. 동기는 중심적인 사상이나 주요한 원인이고 동기부여는 그 동기가 움직이는 힘이라는 점에서 차이가 있다.

참고문헌 Stith Thompson, *The Folktale*(1946). University of Berkelye Press, 1977; Ernest W. Baughman, *Type and motif-index of the folktales of England and North America*, The Hague, Mouton & Co., 1966.

참조 감성, 구조주의, 리듬/운율, 러시아 형식주의, 문학, 산문, 서사, 소설, 스토리·이야기, 예술, 이미지, 인상주의·인상파, 주제·제재·소재, 플롯

내포 · 외연
Connotation and Denotation | 內包和外延

A가 '장미가 무엇이지요'라고 물었다. 그러자 B가 '장미는 장미과薔薇科 장미속薔薇屬에 속한 관목성 꽃나무다'라고 외연적으로 답을 했고 C는 '장미는 사랑과 희망의 아름다운 꽃이다'라고 내포적으로 답을 했다. 같은 장미라는 대상 즉 개념을 놓고 다르게 표현한 개념 정의는 내포와 외연 때문에 생기는 현상이다. 대화에서 보는 전자인 외연은 장미라는 개념이 적용되는 집합集合을 객관적이고 개괄적으로 기술한 것이고 후자인 내포는 장미라는 개념이 가진 속성이나 특질을 주관적으로 기술한 것이다. 이처럼 모든 낱말에는 외연적 의미와 내포적 의미가 있는데 외연은 논리적이고 과학적이어서 개념규정이 제한적이라면 내포는 감성적이고 주관적이어서 개념규정이 무한하다. 또한, 외연이 지시적이거나 일반적 의미라면 내포는 연상되는 이미지나 관습적 사용이다.

내포는 내연內延, connotation, intention이라고 하는 이차적 정의를 말하며 그 개념의 속성이나 그로 인하여 연상되는 것을 의미한다. 특히 내포는 그 개념이 적용되는 대상이 가지고 있는 특질인데 예를 들어 '장미는 가시가 있는 다년생 관목이다'처럼 다른 것과 구분되는 속성을 표현한 것을 내포적 정의라고 한다. 그런데 이 문장은 속성에서는 내포지만 객관성에서 보면 외연이 된다. 한편 '장미는 사랑과 희망의 꽃이다' 또는 '사랑의 장미를 그대에게 드립니다'는 내포를 근거로 한 내포적 표현이다. 이처럼 내포는 속성과 특질로 정의하기 때문에 사람이나 문맥에 따라서 다르게 표현될 수도 있고 상징적이거나 함축적으로 표현될 수도 있다. 이처럼 내포는 연관된 연상association이나 그 개념이 가진 속성을 표현하기 때문에 의도intention가 개입할 수 있다. 내포는 '희망의 장미'와 같은 긍정적 내포와 '죽음의 장미'와 같은 부정적 내포로 구분한다.

외연外延, denotation, extention은 그 개념이 확장된 이차적 정의를 말하며 그 개념의 속성이 객관적이고 개괄적으로 표현되는 것을 의미한다. 외연적 정의의 예는 앞에서 본 것과 같이 '장미는 장미과 장미속에 속한 관목성 꽃나무다' 또는 '장미에는 빨강 장미, 노랑 장미, 마리안텔, 니콜, 람피온 등 여러 가지 종류가 있다'와 같은 정의다. 이처럼 외연은 일차적 정의를 말하며 그 개념이 적용되는 대상과 집합을 의미하므로 객관적이고 과학적으로 표현된다. 그러니까 외연은 '지시하고 의미하다denote'라는 뜻이다. 외연과 관련된 상위개념은 다른 개념보다 큰 외연적 개념인데, 외연이 큰 개념이 외연이 작은 개념을 포함한다. 이를테면, 책은 사전의 상위개념이고 사전은 국어사전의 상위개념이다. 따라서 외연은 기표signifier의 언어적 기의를 말하며 감정이나 문화적 특징을 제외하고 언어 그 자체로 정의하고 표현하는 것을 말한다.

기표가 가진 다른 사물이나 대상과 구별되는 속성을 근거로 정의하는 것을 내포적 정의Intentional definition라고 하고 기표가 가진 대상들 전체의 집합이고 이것을 근거로 정의하는 것을 외연적 정의Extensional definition라고 한다. 함축적 의미인 내포는 시, 예술, 광고 등 감각이나 감정과 관련된 글에 많이 쓰이고 지시적 의미인 외연은 개념설명, 객관성, 타당성이 우선하기 때문에 연설, 기록, 강의, 논문, 논술 등 논리적인 글에 많이 쓰인다. 이런 상대적인 특질 때문에 내포와 외연은 상호배타적이다. 이것을 내포가 증가하면 외연이 감소하고 외연이 증가하면 내포가 감소한다고 한다. 예를 들어 '장미는 사랑의 무지개이고 희망의 강물이다'처럼 내포의 주관성이 증가하면 '장미는 장미과 장미속에 속한 관목성의 꽃나무다'와 같은 외연의 객관성은 적어진다. 논리학이나 기호학과 달리 문학에서는 외연을 사전적 정의라고 하는데, 가령 '집은 사람이 사는 공간이다'와 같은 외연적 정의와 '집은 가족의 아름답고 따뜻한 보금자리다'와 같은 내포적 정의를 상대적으로 설정한다.

문학의 예에서 보듯이 내포는 그와 연관된 가능한 모든 것을 다양하게 표현하는 것이고, 외연은 그것이 객관적으로 의미하는 것을 정확하게 규정하는 것이다. 그런 이유 때문에 문학과 예술에서는 내포를 많이 사용하고, 과학과 기술에서는 외연을 많이 사용한다. 그런데 외연은 내포를 규정하지 못하지만, 내포는 외연을 규정한다. 예를 들어, '장미는 사랑과 희망의 꽃이다'라는 내포적 표현은 '장미는 장미과 장미속에 속한 관목성 꽃나무다'라는 외연적 서술과 배치되거나 외연을 부정하지 않지만, '장미는 하나의 류class로 장미과family 장미속genus에 속한 관목성 꽃나무다'라는 외연적 표현은 '장미는 사랑과 희망의 꽃이다'와는 관련이 없다. 이런 이유로 작가들은 내포적 표현을 많이 한다. 한편 근대 논리학에서는 개념, 즉 술어뿐만 아니라, 개체와 명제에 대해서도 술어 P_1과 술어 P_2는 명제 P_1x와 명제 P_2x의 X가 논리적으로 등치일 때 내포가 같다고 정의한다.

참고문헌 M. H. Abrams, *A Glossary of Literary Terms*(10th Edition), Wadsworth Publishing Company, 2011.

참조 감정·정서, 개념, 객관·객관성 구조주의, 귀납·연역·귀추, 기표·기의, 기호 가치, 논리·논리학, 명제, 술어논리, 정언명제, 주관·주관성, 표현

의경

Artistic Conception | 意境

어느 날, 시인 이백은 맹호연과 작별하게 되었다. 그날 맹호연은 황학루가 있는 무한武漢에서 꽃피는 춘삼월의 양주로 떠났다. 이 정경을 이백은 이렇게 표현했다. '친구는 서쪽에서 황학루를 작별하고故人西辭黃鶴樓, 안개 꽃핀 삼월에 양주로 떠난다煙花三月下揚州. 외로운 배의 먼 그림자 창공에 사라지고孤帆遠影碧空盡, 오직 하늘 끝에 흐르는 장강만 보인다惟見長江天際流.' 열두 살 연상인 맹호연을 특히 좋아했던 이백은 작별의 서운한 감정을 지울 수 없었다. 하지만 이백은 내면의 주관적 감정을 그대로 드러내지 않고 작별의 장면을 객관적으로 표현하고 자신의 감정을 담담하게 묘사했다. 만약 이백이 감정을 그대로 썼다면 이 시는 졸작이 되었을 것이고 이백 또한 시선으로 불리지 못했을 것이다. 감정을 객관적인 그림으로 그리는 것은 쉽지 않은 일이다. 원래 한시는 절제와 함축을 원칙으로 하는데 이백의 이 시는 그 원칙을 잘 지킨 가작이다.

동양예술에서는 심원한 넓이의 의상意象과 함께 심원한 깊이의 의경意境을 중요시한다. 특히 시문과 회화에서 의상과 의경이 어울려야 좋은 작품으로 인정을 받는다. 의경은 함축적인 심상이나 상상인 의상과 대비되는 개념이다. 간단히 말하면 의경은 뜻의 깊은 의미를 바탕으로 예술가의 주관과 객관이 조화하는 경지라고 할 수 있다. 또한, 의경은 '객관적 상관물을 통하여 얻는 뜻의 경지'로 볼 수 있다. 따라서 의경은 주관적으로 묘사하는 것도 아니고 객관적으로 표현하는 것도 아니다. 뜻으로만 보면 의경은 예술작품이 가진 경계 또는 범위를 말하고 그 경계와 범위는 예술가의 상상력과 창의성에서 나온다. 불교 용어였던 의경의 일반적인 정의는 예술가의 주관적인 사상과 감정이 사물의 객관적인 대상과 변증법적으로 만나서 융합하고 생성되는 정조情調, 의미, 형상이다. 의경은 산수화처럼 경계와 형상이 분명한 물경物境이나 마음의 정이 사물로 표현되는 정경情景과 비교되는 것이 보통이다.

그런데 예술가의 상상력이 근거 없이 발휘되면 환상이나 망상에 빠지기 쉽다. 따라서 예술가는 객관적 대상에 예술적 상상력을 접목하여 표현한다. 이것을 서정과 경물이 조화한다는 뜻에서 정경교융情景交融 또는 특별한 예술가의 상상력이 객관적인 경물과 만난다는 의미에서 신여물회神與物會라고 한다. 이처럼 의경은 주관과 객관의 상호작용으로 얻어지는 미적인 경지이므로 예술가나 작품마다 다르다. 따라서 좋은 예술작품은 의경이 깊고 넓고 풍부해서 다양한 상상을 가능케 한다. 또한, 의경에서 말하는 경지는 시간과 공간을 초월할 수 있으며 추상과 형상을 넘어설 수 있다. 그런데 의경은 현실과 경물에 머무르지 않고 예술가가 체득한 깊은 사유 즉 창의성과 상상력 때문에 가능하다. 감상하는 사람들 또한 의경의 경지를 느낄 수 있다는 점에서 의경은 예술가와 감상자 모두에게 해당하는 미학의 개념이다.

『24시품二十四詩品』을 쓴 사공도司空圖, 837~908는 의경을 표면적인 것보다 깊은 상외지상象外之象과 보는 것보다 넓은 경외지경景外之景의 경지라고 정의했다. 그러므로 높은 의경의 경지에 이르면 내가 존재하는 유아지경有我之境을 넘어서 내가 존재하지 않거나 대상과 혼융되는 무아지경無我之境과 물아일체物我一體로 나간다. 예를 들어서, '동쪽 울타리 아래 국화를 꺾다가採菊東籬下, 한가로이 남산을 바라본다悠然見南山'라는 도연명의 시에서 보듯이 나의 존재가 국화나 남산과 같은 경물과 하나가 되면서 내가 사라지는 지경에 이른다. 여기에서는 경계조차 보이지 않고 추상적인 것 같으면서 형상적이고 현실 같으면서 비현실인 경지가 펼쳐진다. 이것을 도가에서는 도가도비상도 또는 현지우현玄之又玄과 중현묘본의 심원한 경지로 해석한다. 이 경지에서는 생명이 율동하고 정경이 교융하면서 정신의 심원한 세계가 열린다.

동파 소식은 '문학과 회화의 의상과 의경은 같다'라는 뜻으로 시화일체詩畵一體라고 말했다. 시화일체는 시 속에 그림이 있는 시중유화와 그림 속에 시가 있는 화중유시와 유사한 개념이다. 이것은 외적 형상을 표현하는 형사形似와 예술가의 정신을 표현하는 신사神似는 문학과 미술에서 똑같다는 뜻이다. 예를 들어 앞에서 본 이백의 시에서 '외로운 배의 먼 그림자 창공에 사라지고, 오직 하늘 끝에 흐르는 장강만 보인다'라는 표현에는 의상이 깊고 높으므로, 장면이 그림처럼 그려지면서 혼연일체의 지경에 이르는 것이다. 이것을 눈에 보이는 실경實景과 눈에 보이지 않는 허경虛景이 혼융하고 승화하여 도달하는 심미하고 심원한 경지라고 한다. 그래서 의경을 허실상생虛實相生이라고 하는데 의경의 양상은 풍격, 전형, 입지, 구도, 풍골, 운미 등이 있으며 의경으로 얻어진 풍격은 청신자연淸新自然, 소슬처량蕭瑟凄凉, 웅혼개활雄渾開闊, 강개격앙慷慨激昻 등이 있다.

참고문헌 司空圖, 『二十四詩品』.

참조 감정·정서, 객관적 상관물, 기승전결, 기운생동, 도, 도가도비상도, 리듬/운율, 문학, 물아일체, 미적 거리, 미학·예술철학, 상징, 시, 시언지 시연정, 시중유화 화중유시, 은유, 의상, 정경교융, 판단력비판 – 미(美)란 무엇인가?, 표현, 한시/중국고전시

낭만적 숭고

Romantic Sublime | 浪漫的崇高

'그대는 보지 못했는가? 황하의 물이 하늘에서 내려 힘차게 흘러 바다에 닿은 후 다시 오지 못하는 것을君不見 黃河之水天上來 奔流到海不復回.' 이 글에서 황하의 물이 다시 돌아오지 않는다는 것은 무한성을 의미하는 추상적 시간개념이다. 따라서 독자는 하늘이라는 공간이 어디인지 상상해 보지만 공간의 경계가 모호하기 때문에 추상적 느낌을 받는다. 또한, 하늘에서 물이 내린다고 묘사하여 지상계와 천상계를 동시에 표현했다. 이처럼 이백李白, 701~762의 상상력이 초월의 경지에 이르러 있는 이 작품은 「장진주시將進酒辭」 첫 부분이다. 많은 이백의 시들은 이 작품과 같이 현실을 초월한 상상의 공간에서 특별한 느낌을 주기 때문에 낭만성을 가진 낭만주의 시로 평가되고 있다. 독자가 이 시를 읽고 고양된 감정 속에서 열정, 흥분, 애수를 느끼는 까닭은 파토스pathos라고 하는 감정이 작동하기 때문이다.

파토스는 논리를 의미하는 로고스logos나 윤리를 의미하는 에토스etos와 대비되는 고뇌, 격징, 충동, 성열과 같은 감정이다. 파토스는 인간이 가진 감성과 감정이 격정으로 드러나는 본능적인 것이기도 하다. 따라서 에토스가 아폴론적인 것이라면 파토스는 디오니소스적인 것이다. 파토스의 어원인 고대 그리스어 '무엇으로부터 받다paschein'가 설명하듯이 파토스는 인간이 외부의 무엇으로부터 자극을 받아서 생기는 감정을 말한다. 그런데 이 감정은 외부로부터 받은 자극이므로 상황에 따라서 다르고 또 자주 변한다. 그러므로 파토스는 과학, 철학, 윤리, 법률과 달리 예술에서 중시되는 감성이며 주관적인 감정이다. 감각적 지각과 환상적 감성이 드러나는 원천인 파토스는 인간이 가진 동물적 지각능력이라는 점에서 부정적인 것으로 폄하되기도 하지만 예술적 감성이라는 점에서 이해되어야 한다.

낭만성의 토대인 신들린 파토스는 인간이 초월적 존재와 결합하는 것으로 논리와 윤리가 부재하거나 약화된 상태를 말한다. 이때 인간은 이성과 가치를 초월하기 때문에 초현실적인 지각이 가능하며 무질서와 부조화를 이해할 수 있다. 그런데 무엇에 도취된 고양된 상태에서 관능과 감각은 초월적인 무한성을 지각한다. 이런 상태에서 이백은 '황하의 물이 하늘에서 내려온다'라는 초현실적인 표현을 한 것이다. 한편 낭만주의 시인 워즈워스^{W. Wordsworth}는 「수선화」에서 '호숫가, 나무들 아래에, / 미풍에 흔들리며 춤추고 / 은하수 위에서 끊임없이 빛나며 / 반짝이는 별들처럼 / 그들은 고즈넉한 호수를 따라 / 끝없이 이어져 있었네'라고 표현했다. 여기서 워즈워스는 은하수, 별, 호수와 같은 감성적 시어로 독자의 낭만적 상상을 환기한다. 이것은 파토스의 감정이 물처럼 흘러나오는 즉, 감정의 자발적인 유로^{spontaneous overflow of emotion}로 표현되는 낭만성의 발현이다.

군의관이었다가 훗날 시인과 극작가로 명성을 떨친 고전주의 작가 실러^{F. Schiller, 1759~1805}는 프랑스대혁명으로부터 큰 감명을 받는다. 그 감명은 단순한 감동이 아니라 환희와 전율을 동반한 숭고한 것이었고, 미래를 낙관적으로 바라보는 희망의 시선이었다. 이때 실러는 특별히 고양된 열정인 신들린 파토스^{enthousiastikon pathos}를 체험한다. 그 열정은 유희충동이 발휘된 영혼의 자유유희다. 한편 실러는 숭고의 자연적 원천으로 큰 것을 만들어내는 생각과 신들린 파토스를 구분하고 신들린 파토스를 신과 만나는 것과 같은 신비한 경지로 보았다. 이 격정과 환희의 낭만성과 장엄하고 고결한 숭고가 결합한 것을 낭만적 숭고라고 할 수 있다. 낭만적 숭고는 낭만적 감정과 정신을 위주로 하는 숭고이며 낭만주의적 시대정신이다. 따라서 낭만적 숭고는 낭만주의적 숭고와 숭고성

sublimity을 가진 낭만주의라는 두 가지 의미를 내포하고 있다.

실러의 숭고는 버크E. Burke, 1729~1797와 칸트의 숭고를 바탕으로 하고 있다. 버크는 '숭고는 공포와 안전을 동반하는 쾌감'이라고 했으며 칸트는 무한한 초월성을 인지할 수 있는 인간의 이성 능력이라고 했다. 이를 발전시킨 실러는 「인간의 미적 교육에 관한 편지」1794에서 정신을 고양하는 계기나 대상을 숭고라고 하면서 자유를 인식하는 이성을 숭고의 근거로 이해했다. 그래서 실러는 숭고를 아픔과 기쁨이 혼합된 감정이고 그로부터 전율과 환희를 동시에 느끼는 특별한 지각능력으로 보았다. 아울러 실러는 숭고의 격정인 공포, 비애, 전율과 같은 감정은 이성 때문에 숭고하다는 느낌을 받는다는 것을 근거로 격정적 숭고의 감정을 통하여 자유롭고 아름다운 인간 영혼을 찾고자 했다. 워즈워스나 이백의 낭만성이 실러의 숭고와 결합한 형태인 낭만적 숭고romantic sublime는 극단적 감정이 고양되는 순간의 신들린 파토스이며 고결한 이성이다.

참고문헌 Friedrich Von Schiller, *Letters Upon The Aesthetic Education of Man*, 1794.

참조 감동, 감성, 감정·정서, 낭만주의, 무한, 물아일체, 미/아름다움, 미학·예술철학, 미학교육[실러], 미학국가/미적 상태[실러], 민족적 낭만주의, 순수이성, 숭고, 숭고[칸트], 시대정신, 신경미학, 이성, 질풍노도, 판단력비판―미(美)란 무엇인가?, 표현, 혁명적 낭만주의, 황금비율

무목적의 목적
Purposiveness without Purpose | 无目的的合目的性

어느 날 소년 K는 이슬을 머금은 분홍장미를 하염없이 바라보고 있었다. 그
아름다움에 취해서 모든 생각이 사라져 버렸다. 영롱한 이슬 속으로 들어가면
다른 세상이 있을 것만 같았다. 그날 K는 시험을 보아야 했으므로 장미의 아름
다움을 찬탄하는 것은 사치였다. 그런데 K는 자기도 모르게 '아, 세상은 장미처
럼 아름답다!'라고 외쳤다. 아무 생각이 없는 K의 찬탄은 분홍장미가 아름답기
때문인데 그 아름답다는 판단에는 다른 의도나 목적이 없다. 또한, 이 판단은
이념이나 의지가 작동하지 않으며 단지 아름다운 것이 원인이고 결과일 뿐이
다. 그런데 K의 예에서 보듯이, 아름다움에 대한 미적 판단은 취향 판단이면서
목적이 없는 중립적 판단이지만 사람마다 다른 주관적 판단이다. 이것을 칸트
Kant, 1724~1804는 『판단력비판』1790에서 무목적의 목적이라고 정리했다.

무목적의 목적은 칸트의 미학 이론으로 '목적 없음purposelessness'이 목적이며
가치나 진위가 개입하지 않는 그 자체의 반성적 판단이다. 그렇다면 개나 고양
이도 장미를 보고서 '아름답다'라고 판단할까? 아니다. 동물은 그런 반성적 판
단을 할 수 없다. 그러니까 판단을 할 수 없는 동물이나 유아 또는 정신이상자
가 아닌 보통 인간만이 비교하여 인식하는 능력이 있고 그 판단을 근거로 아름
다움을 느낄 수 있다. 이것을 칸트는 선험적 종합판단이라고 명명했다. 다시 말
하면 현상계의 자연을 인식하는 순수이성과 자유의지를 결정하는 도덕적 실천
이성을 연결하는 것이 바로 종합적 판단력이다. 또한, 칸트는 선한 존재인 인간
의 미적 판단은 선한 도덕적 목적에 합치하는 것이며 그 자체로 진리이므로 미

적 판단에는 합목적성purposiveness이 있다고 보았다. 그 합목적성은 '왜 이런 느낌이 들까'에서 보듯이 어떤 목적에 이르도록 자연스럽게 방향이 정해진 것이다.

칸트는 목적이 개입하지 않는 상태를 무관련성disinterestedness이라고 한다. 칸트가 말한 무관련성은 주관적 판단을 하는 주체와 판단의 대상 사이에 아무런 관련이 없다는 뜻이다. 가령 장미를 바라보는 사람의 행위에는 다른 생각이 개입하지 않는다. 장미를 바라보는 그 자체가 목적이며 그 과정에 다른 생각, 이념, 감정이 개입하지 않는다. 이와 마찬가지로 예술의 예술미도 자연의 자연미처럼 자연스러워야 하고 목적이 있더라도 드러나지 않아야 한다. 이것을 미학적으로는 자율성이라고 하는데 인간의 지각 행위에 타율적인 무엇이 개입하지 않는다는 뜻이다. 그런데 미의 자율성이라고 하더라도 인식론적으로는 주체의 주관성이 작동한다. 예를 들어 시험에 떨어져 속상한 사람의 눈에 분홍장미는 전혀 아름답지 않은 것이다. 칸트는 이 주관성을 '자기의 눈the eye of the beholder'이라고 정리했다.

지각의 주체인 인간이 '무엇을 아름답다'라고 판단하는 것은 주관적이지만 인간의 공통감각common sense 때문에 서로 동의할 수 있는 보편성이 있다. 이것을 칸트는 주관적 보편성subjective universality이라고 보고 '미에 근거한 논리적 판단 aesthetically grounded logical judgement'이 가능하다고 말했다. 또한, 칸트는 '목적이 없으면서 목적이 있다'와 '미적 판단은 주관적인 동시에 객관적이다'라는 이율배반 antinomy, 二律背反과 모순contradiction으로 정리했다. 이처럼 양립할 수 없는 두 명제가 동시에 성립하면서도 오성과 상상력이 조화롭게 결합하는 정신의 자유유희free play가 가능하다. 칸트는 무목적의 목적과 같은 이율배반이 가능한 이유를 인간 이성의 무한성에서 찾는다. 따라서 이성적 자유 존재인 인간은 타율적 목적에 구속받지 않고 자율적으로 최고선을 추구할 능력이 있다. 그리고 그것이 곧 행복의 근원이다.

고전 미학에서는 '조화, 균형, 비례가 지켜지고 유쾌하면서 만족을 주는 동시에 도덕적 목적에 합치할 때 아름답다'라고 한다. 가령 분홍장미는 좌우대칭의 기하학적 균형과 조화 그리고 삼미로운 향기와 미묘한 색상은 '장미가 존재하는 도덕적 목적과 일치하기 때문에 아름답다'라는 것이다. 이것은 '조화와 균형 안에 본질과 진리가 들어있다'라는 뜻이다. 이것을 칸트는 '정신의 반성적 판단과 자유유희 때문에 쾌감이 생기고 그로 인하여 만족하거나 사랑을 하게 된다'라고 보았다. 무목적의 목적은 칸트가 『판단력비판』에서 제시한 다른 세 가지인 무관련성, 주관적 보편성, 필연성과 함께 미적 판단의 기본원리다. 플라톤의 관념론에 근거한 칸트의 미적 인식론은 무목적의 목적, 예술의 순수성과 자율성으로 정리된다. 칸트 미학은 헤겔과 마르크스에 의해서 비판을 받지만, 예술과 철학에서 매우 중요한 이론으로 인정받고 있다.

참고문헌 Immanuel Kant, *Critique of Judgement*, translated by James Creed Meredith, Oxford University Press, 1973.

참조 객관·객관성, 관념론, 낭만적 숭고, 물자체, 미/아름다움, 미적 거리, 미학·예술철학, 미학교육(실러), 바움가르텐의 진선미, 순수이성, 숭고, 신경미학, 실천이성, 이성, 자유의지, 주관·주관성, 지성·오성, 판단력비판—미(美)란 무엇인가?, 황금비율

미/아름다움

Beauty | 美

선생님 책상에 하얀 카네이션 세 송이와 빨강 카네이션 네 송이가 꽂혀 있었다. 초등학교 4학년인 P가 '정말 아름답다. 참 예쁘다'라고 찬탄했다. 그러자 K는 '저 꽃은 아름답지도 않고 예쁘지도 않다'라고 부정했다. 같은 꽃을 두고 P와 K의 미적 판단이 달라졌으므로 두 소년은 어색한 시선을 주고받게 되었다. 사려가 깊은 P는 K의 어머니가 얼마 전에 타계한 것을 알기 때문에 자신의 말을 수정하여, '그렇다. 이 카네이션은 그냥 꽃일 뿐이다'라고 선언했다. 이 대화는 '미란 무엇인가'라는 근원적인 물음을 환기한다. 미에 대한, P의 관점은 조화, 균형, 질서, 비율에 따라서 미가 결정된다는 대상의 객관적 미라면 K의 관점은 상황, 시간, 공간, 기분에 따라서 미가 결정된다는 인간의 주관적 미다. 이처럼 미적 판단은 자유 존재인 인간의 자율적인 판단과 취향에 의해서 결정된다. 물론 사람들은 객관적이고 보편적인 미가 있다고 믿는다.

미의 객관주의는 대상 그 자체에 미가 있으며 그 객관은 황금비율에서 보듯이 소화, 균형, 질서, 대칭과 같은 형식에 따라서 결정된다고 보는 관점이다. 이런 시각에서 고대 그리스의 플라톤Platon, BCE 427~BCE 347은 미는 이데아인 관념의 세계에 즉자적으로 존재한다고 보았고 아리스토텔레스는 진선眞善한 덕이 미로 드러난다고 보았다. 반면 미의 주관주의는 대상이 아닌 주체에 미가 있으며 그 주체의 미적 인식은 시간, 공간, 상황, 기분에 의해서 결정된다고 본다. 그 주관적 관점에서 칸트는 '아름다움은 바라보는 사람의 눈에 있다beauty is in the eye of the beholder'라고 말했다. 그러나 대다수가 동의하는 보편성이 가능하다는 점에서 주관적 보편성^{subjective university}이라는 개념을 제기했다. 아울러 칸트는 무목적이 목적일 때 정신의 미적 자유유희가 가능하며 '주체와 대상이 무관련일 때 미가 잘 인식된다'라고 주장했다.

미는 시각과 청각 등의 감각 그리고 사유와 성찰 등의 지각을 통해서 얻어지며 쾌감과 만족을 주는 아름다움이다. 미의 어원은 고대 그리스어 아름다움^{kallos}과 시간^{hora}이다. 가령, 나이 든 여성은 나이 든 여성의 시간에 맞는 용모가 아름답다는 것이다. 한편 미美라는 한자어는 양羊이 살찌고 큰大 것을 상징한다는 점에서 인간의 생존과 관계가 있다. 생존환경이 변화하면 미적 인식 역시 진화했고 역사와 민족에 따라서 미적 취향도 달라졌다. 그런데 미^{beauty}가 대상에 관한 것을 의미한다면 미적인 것^{aesthetic}은 인간의 감각과 지각에 관한 것을 의미한다. 하지만 미와 미적인 것은 매력, 쾌감, 만족이라는 공통성이 있으며 원론적으로 선하고 진실한 것을 지향한다. 이 과정에서 도덕이 개입하는데 이성을 바탕으로 하는 도덕의 진선眞善이 취향에 관한 판단인 미美를 보장해 준다. 이것이 결합한 진선미眞善美는 도덕적 가치판단과 연결된 개념이다.

낭만주의 시대에는 고전미를 거부하고 미를 관능과 도취, 찰나의 감각으로 보는 관점이 생겼다. 이것은 인간 내면의 감각과 감성적 조응을 중시한 것이다. 반면 포스트모더니즘에서는 미의 개념 자체를 해체하려는 시도가 있었는데 이것은 객관적이건 주관적이건 고정된 미의 기준이 없다는 것에 근거한다. 한편 유물변증법에서는 미를 계급과 관계있다고 단정하면서 실천의 과정에서 생성되는 것으로 본다. 이 관점은 미를 주체의 창조적 능력과 자유의지를 가치와 연결하여 인식하는 태도다. 이것은 플라톤과 공자孔子로 거슬러 올라가는데 미는 가치나 덕과 분리될 수 없으며 진리나 정의와 연결된다는 점에서 진선미眞善美를 하나로 이해하는 관점이다. 그런 점에서 플라톤은 미를 의미하는 칼로스^{kalos}와 선을 의미하는 아가톤^{agathon}이 합쳐진 칼로카가티아^{kalokagathia} 즉, 미와 선을 하나로 인식했다.

미의 상대적 개념은 추醜다. '미운 것'이라는 의미의 추 역시 미와 마찬가지로 객관적 추와 주관적 추로 나뉘지만, 일반적으로 추는 혐오, 불쾌, 불만을 일으킨다. 이런 미추 판단에는 가치인 도덕과 정의인 선이 개입하지만, 감성의 범주 안에 있다. 한편 감성을 넘어서는 대상에 대한 특별한 감각을 숭고sublime라고 한다. 거대한 파도를 보면서 또는 붉은 용암을 보면서 인간은 공포를 느끼지만, 안전한 곳에 있다면 특별한 쾌감과 장엄한 숭고를 느낄 것이다. 그러므로 사람들은 숭고한 것을 마주 대하면, 정신적 자유유희free play와 전율戰慄을 거쳐서 특이한 쾌감을 느낀다. 이 특별한 지각인 숭고는 미와 달리 부조화와 무질서 그리고 무한을 논리적으로 이해하는 이성의 초월적 능력이다. 이렇게 볼 때 미, 추, 숭고, 비장과 같은 인식은 객관적일 수도 있고, 주관적일 수도 있으며, 직관적일 수도 있을 뿐 아니라 진화론의 관점에서 이해할 수도 있다.

참고문헌 Immanuel Kant, *Critique of Judgement*, translated by James Creed Meredith, Oxford University Press, 1973.

참조 감성, 감정 · 정서, 객관 · 객관성, 낭만적 숭고, 무목적의 목적, 미적 거리, 미학 · 예술철학, 미학국가/미적 상태[실러], 미학교육[실러], 바움가르텐의 진선미, 순수이성, 숭고, 숭고[칸트], 신경미학, 이데아, 이성, 인식론, 정신, 주관 · 주관성, 판단력비판−미(美)란 무엇인가?, 황금비율

아프로디테의 황금사과

Golden Apple | 金苹果

아름다움을 상징하는 여신이 비너스다. 신화적 존재인 비너스는 예술작품에 자주 등장하고 일상생활에서도 자주 인용된다. 그렇다면 비너스는 어떻게 미의 여신이 되었을까? 여기에는 이런 이야기가 전한다. 전설적인 용사 아킬레스의 아버지Peleus와 어머니Thetis의 결혼식이 열렸을 때의 일이다. 처음에 제우스는 아름다운 물의 요정 테티스를 좋아하여 그들의 결혼을 꺼렸다. 그런데 테티스의 몸에서 태어난 자식이 자기 아버지보다 훌륭하게 되리라는 예언 때문에 그 결혼을 허락했다. 그런데 이 결혼 잔치에 불화의 신 에리스Eris가 초청을 받지 못했다. 이에 앙심을 품은 에리스는 흥겨운 잔치가 열리는 곳에 황금사과를 던졌다. 그 사과에는 '가장 예쁜 여성을 위하여'라고 적혀 있었다. 모두가 그 사과를 탐냈는데 그중에서도 제우스의 아내인 헤라, 지혜의 여신 아테네, 그리고 성적 매력이 넘치는 아프로디테가 경쟁하게 되었다.

이들은 제우스에게 누가 가장 예쁜지 판정을 해 달라고 청했지만, 곤란하다고 생각한 제우스는 트로이의 왕자 파리스Paris에게 이 일을 맡겼다. 지금의 터키인 트로이의 이다Ida 산에서 목욕을 한 세 여신은 파리스에게 아름다운 자태를 보여주었다. 아무리 보아도 모두 아름다워서 파리스가 고민에 빠지자 세 여신은 선물을 제안했다. 헤라는 아시아와 유럽의 왕을 제안했고, 아테네는 용기와 지혜를 제안했으며, 아프로디테는 세상에서 가장 예쁜 아내를 제안했다. 이미 결혼하여 아내가 있는 파리스는 그만, 이 세상에서 가장 아름다운 여성이라는 말에 현혹되어 황금사과를 아프로디테에게 주고 말았다. 이렇게 하여 황금사과를 얻은 그리스신화의 아프로디테는 미의 여신이 되었고 로마신화에서 미의 상징인 비너스Venus로 이름이 바뀌어 불리고 있다. 이후 아프로디테 또는 비너스는 여성적 미의 상징으로 알려졌다. 아프로디테의 황금사과는 그리스 신화에 등장하는 아프로디테가 미의 여신이 되는 과정을 그린 이야기다.

원래 파리스는 트로이의 왕 프리아모스의 아들로 태어났지만, 그가 트로이를 멸망시킬 것이라는 예언이 있어 들판에 버려졌다. 파리스는 다시 왕궁으로 돌아와 왕자가 되었지만, 목동의 생활을 더 좋아했다. 그런 파리스가 백조의 몸에서 태어나 아름다운 자태와 고운 피부를 가진 헬레네Helene를 아내로 맞이하게 된 것이다. 그런데 그 여인은 스파르타의 왕 아감메논의 동생 메넬라오스의 아내였다. 한편 황금사과를 얻어서 미의 여신으로 공인받은 아프로디테는 아들 에로스Eros와 함께 그 약속을 지켜서 헬레네가 파리스를 따라 트로이로 도망치도록 만들었다. 트로이의 사령관이자 파리스의 형인 헥토르Hector는 동생을 꾸짖었으나 이미 그리스군은 전쟁을 시작한 후였다. 이에 대한 다른 이야기가 전하는데 헤로도토스Herodotos, BCE 484?~BCE 425?의 『역사』에는 헬레네가 탄 배가 난파하여 이집트에 정박한 다음 다시 그리스로 돌아갔다고 기록했다.

그리스와 트로이가 10년간 싸운 트로이전쟁은Trojan war, BCE 1250 추정 인류 역사에서 가장 극적인 대전이었다. 호머는 전쟁의 대서사를 그린 「일리아스」와 전쟁이 끝난 뒤 귀향하는 모험을 그린 「오디세이아」를 남겼다. 이 트로이전쟁과 영웅서사시는 오랫동안 허구로 간주되다가 슐리만H. Schliemann의 트로이 유적 발굴로 역사적 사실임이 밝혀졌다. 이처럼 아프로디테의 황금사과는 역사적 사실을 신화와 연결하여 해석하면서 인간의 미에 대한 욕망을 그린 이원적 이야기 구조로 짜여 있다. 이 신화의 정수는 신과 인간의 아름다움에 관한 열망이다. 불화의 여신 에리스가 황금사과를 던진 것은 미에 대한 욕망에 불을 붙여서 자신을 초대하지 않은 것에 복수하기 위해서다. 이 신화에서 황금사과는 욕망 그 자체이거나 욕망에 불을 붙이는 매개 또는 사랑의 욕망을 불러일으키는 도화

선이다. 그래서 황금사과는 아름다움, 사랑, 욕망을 상징한다.

　그런데 이 황금사과는 제우스와 헤라의 결혼과 관계가 있다. 두 신이 결혼할 때 대지의 신 가이아^{Gaia}가 황금사과 나무를 선물했다. 그러자 제우스는 이 특별한 나무를 서쪽 끝 헤스페리데스의 과수원에 심어두고 백 개의 머리를 가진 용에게 지키게 했다. 이 과수원의 황금사과는 두 번 도둑을 맞았는데 첫 번째는 헤라클레스^{Hercules}가 하늘을 떠받치고 있는 아틀라스를 이용하여 훔친 것이다. 하지만 이 사과는 다시 그 과수원으로 돌아갔다. 그리고 두 번째 불화의 여신 에리스가 훔친 것이 바로 아프로디테의 황금사과다. 한편 성경의 「창세기」에 나오는 에덴동산의 사과는 금단의 열매인데, 아담과 이브가 이 탐스러운 과일을 먹은 이후 인간의 원죄가 시작되었다고 한다. 성경의 이 이야기 역시 사과를 신성하고 신비한 과일로 묘사했으며 인간은 황금사과에서 비롯된 욕망 때문에 타락한 것으로 단정했다.

참고문헌 Homer, *Iliad and Odyssey*.

참조 묘사, 미/아름다움, 서사시, 스토리·이야기, 신화·전설, 역사, 인간(신체), 판단력 비판─미(美)란 무엇인가?, 플롯, 황금비율

러시아 형식주의
Russian Formalism | 俄罗斯形式主义

'나는 아마도 밤에 태어난 것 같은데; 아침이 되었을 때, 이미 엄마가 혀로 핥아준 다음이었고, 나는 스스로 일어설 수 있었다. 나는 계속 무엇을 원하고 있었는데, 이 세상 모든 것은 아주 놀랍지만, 아직 나는 단순했다는 것을 기억한다.' 이것은 말의 독백이다. 말馬의 시선에서 세상과 인간을 보고, 말의 독백을 기술하거나 말의 시점으로 묘사한 이 작품은 톨스토이가 1886년에 완성한 단편 「홀스토머Xholstomer」다. '말에 관한 이야기The Story of a Horse'라고 번역된 이 작품은 매우 특이한 시점과 서술이기 때문에 신선한 충격을 주었다. 말이 보고, 말이 생각하며, 말이 말하는 이런 서사 기법은 특이하고 새로운 느낌을 준다. 이처럼 말을 통해서 인간이 보지 못하는 인간의 이야기를 했다는 점에서 미적 긴장을 유발한 낯설게하기의 대표적인 작품으로 여겨진다. 낯설게하기는 낯익은 것을 낯설게 하는 창작의 기법이다.

러시아 형식주의자 슈클로프스키V. Shklovsky, 1893~1984는 「홀스토머」에서 본 '말의 시점'과 같은 형식이야말로 예술의 핵심이며 이런 낯선 형식을 통해서 예술성이 드러난다고 보았다. '무엇을 표현하는가'보다 '어떻게 표현하는가'에 초점을 맞춘 형식주의자들은 예술보다 예술성artfulness이 중요하고, 문학작품보다 문학성literariness이 중요하며, 일상적 사실보다 문학적 사실literary facts이 중요하다고 단언했다. 그래서 그는 전기적 관점이나 이념적 관점을 배제하고 작품 자체의 형식적 특징에 주목해야 한다고 주장했다. 그들의 결론은 무엇을 말하고자 하는 내용이 형식에 녹아서 하나가 되어야 한다는 것이다. 또한, 형식주의에서 말하는 예술은 다른 표현과 달리 특수하고 고유한 예술적 장치가 있다는 것이다. 러시아 형식주의는 1914년부터 1920년대까지 러시아에서 풍미했으며 문학을 과학적으로 이해하고 분석하는 연구방법과 문예사조이다.

러시아 형식주의를 정초한 로만 야콥슨은 1914년 모스크바 언어연구회를 만들고 언어와 문학의 관계를 연구했다. 그는 시를 분석하면서 일상어와 다른 시어의 특성이 있다고 말했다. 곧이어 1916년 아이헨바움, 슈클로프스키 등이 페테르부르크에서 만든 시어 연구회 오포야즈OPOYAZ는 언어의 미학 구조와 작품의 형식에 주목했다. 그중 가장 중요한 개념이 낯설게하기defamiliarization인데, 가령 '그대에게 드린 장미'보다 '그대에게 드린 사랑의 장미'가 미적 긴장을 유발하며 '그대에게 드린 증오의 장미'가 더욱더 미적 긴장을 유발한다. '사랑' '장미' '드린다'는 일상어이지만 시의 문장 구조 속에서 일상어를 넘어 시어의 문학적 표현이 가능하다. 이와 반대로 사람들은 명료한 전달과 기록을 목표로 하는 일상어를 대하면 습관에 의하여 지적 사유와 미적 긴장이 없이 자동으로 이해한다.

러시아 형식주의자들은 언어의 일상화와 자동화를 거부하고 지각 작용을 지연시키거나 낯설게 표현하여 미적 긴장을 유발하면, 그를 통해서 미적 쾌감을 느낄 수 있다고 보았다. 이들은 낯설게하기, 은유와 상징, 리듬과 율격, 전경화foregrounding, 의성어와 의태어, 전체와 부분의 유기적 구조, 스토리와 플롯의 구별, 기호들의 관련성 등 작품에 내재한 문학 장치를 중시했다. 그래서 이들은 각종 문학 장치를 통해서 일상적 습관을 깨고 신선한 충격을 주어야 한다고 주장했다. 이처럼 러시아 형식주의는 구조주의 및 신비평과 함께 문학의 자율성과 문학성을 특별히 강조하고 문학이 심리학, 철학, 역사학, 사회학 등 사회와 연계되는 것보다 작품의 내재적 특성을 과학적으로 분석하는 연구방법이다. 러시아 형식주의는 트로츠키L. Trotski에 의해서 현실과 유리되었고 엘리트적이라는 등 통렬한 비판을 받았으며 스탈린이 집권한 이후 러시아에서 사라졌다.

1915년 전후 러시아에서 시작된 언어연구가 문학과 만나서 형식주의를 형성하고 프라하 언어학파에 영향을 미쳤다. 그리고 1941년에 로만 야콥슨이 노르웨이와 스웨덴을 거쳐 화물선을 타고 미국에 망명하면서 형식주의는 중요한 문학연구방법으로 정착되었다. 언어의 표면구조와 내면구조가 다르다는 로만 야콥슨의 이론과 소쉬르의 구조주의 언어학은 레비스트로스를 포함한 프랑스 구조주의 형성에 영향을 미쳤지만, 러시아에서 그랬던 것처럼 기계적으로 문학을 분석한다는 점과 형식을 지나치게 중요시한다는 비판을 받게 된다. 하지만 러시아 형식주의는 구조주의와 함께 문학 텍스트를 체계적으로 분석하는 한편 문학과 예술의 자율성을 신장시키는 데 공헌했다. 한편 프랑스와 미국에서 자생적으로 생겨난 신비평New-criticism은 러시아 형식주의와 프라하 언어학파의 영향을 받은 것으로 알려져 있다.

참고문헌 Viktor Shklovsky, *Literature and Cinematography*(1923), translated by Irina Masinovsky, Dalkey Archive Press, 2008.

참조 구조주의, 기표·기의, 낯설게하기, 뉴크리티시즘/신비평, 리듬/운율, 문예사조, 문학, 상징, 시점, 애매성, 예술, 은유, 텍스트, 표현, 환유, 후기구조주의

후기구조주의
Post-Structuralism | 后结构主义

그리스의 헤라클레이토스^{Heraclitus}가 이렇게 말했다. '한 강물에 발을 두 번 담글 수 없다^{You can never step in the same river twice}' 그러자 중국의 노자가 이렇게 답했다. '회오리바람은 아침을 넘기지 못하고 소나기는 하루를 넘기지 못한다^{故飄風不終} ^{朝 驟雨不終日}' 이 두 현자의 말은 '고정된 것은 없다, 모든 것은 변한다'라는 것이다. 이 두 사상가 외에도 세상과 우주의 변화를 이야기한 사람이나 학파는 수도 없이 많다. 그것은 변화는 모든 존재의 본질적인 속성이기 때문이다. 그런데 문학 예술에 한정하여 보면 이런 변화의 사상은 1960년대 프랑스를 비롯하여 서구 유럽에서 풍미한 후기구조주의 사상과 상통한다. 구조주의자인 동시에 후기구조주의자인 자크 데리다는 '기표와 기의의 고정된 관계는 없다'라고 선언하고, 그것을 인식하는 주체의 일관성도 없다고 주장했다. 구조와 중심을 해체하고 자 한 것이다.

주체와 중심에 근거하는 구조주의와 달리 후기구조주의는 탈 주체와 탈 중심에 근거한다. 후기구조주의의 post는 구조주의 다음^{after}이라는 뜻에서 후기^{後期}라는 의미와 구조주의를 극복^{over}한다는 뜻에서 탈^脫이라는 의미가 있다. 한마디로 후기구조주의/탈구조주의의 핵심은 고정된 구조와 보편법칙을 해체하려는 상대적이고 역사적인 관점이다. 분명한 것은 후기구조주의가 구조주의의 사유와 방법을 계승하면서 극복하고, 구조주의를 인정하면서 부정한다는 점이다. 후기구조주의는 1966년 자크 데리다, 롤랑 바르트, 질 들뢰즈가 참가한 미국 존스 홉킨스대학에서 열린 학회를 출발로 삼는다. 후기구조주의는 1968년의 6 · 8

혁명에서 나타난 시대정신을 반영한 개념이다. 이보다 일찍 1962년, 움베르토 에코는 열린 작품open work의 개념으로 구조의 보편규칙universal law을 비판하여 후기구조주의의 전조를 보여준 바 있다.

후기구조주의에서는 인간의 주체성이 소멸하므로 현전하는 존재 역시 소멸되며 인식의 방법도 소멸되는 것으로 본다. 그런 점에서 서구 합리주의 철학의 출발점인 '나는 생각한다, 그러므로 존재한다cogito ergo sum'는 데카르트의 전제에 따르지 않는다. 아울러 구조주의 이론가 소쉬르가 중시했던 언어의 공시성synchronic을 부정하고 통시성diachronic의 관점을 가진다. 따라서 후기구조주의에서는 고정된 지시기능이 없고, 인간의 주체성은 소멸하며, 총체성과 같은 전체주의 개념은 부정된다. 그런 점에서 후기구조주의 이론은 해체주의의 방법을 통하여 실현되는 한편 포스트모더니즘의 다양성, 다층성, 탈중심, 탈경계, 혼종성, 이질성, 다원성 등을 공유한다. 후기구조주의의 또 다른 연원은 존재의 현상에 의미를 둔 실존주의적 현상학이다. 이 두 사조는 고정된 내면의 의미나 진리를 거부하고 상대적인 현재의 현상에 주목한다.

롤랑 바르트와 미셸 푸코가 말하는 것처럼, 모든 것이 상대적이라면 이성/감성, 현존/부재, 문명/야만, 발전/정체, 선/악, 정신/육체와 같은 이항대립 역시 상대적이다. 상대적이란 말은 고정된 것은 존재하지 않는다는 뜻이다. 또 다른 후기구조주의자 라캉과 들뢰즈는 인간의 정신을 기호와 구조로 보고, 그 구조의 다원성을 기호학과 연결하여 해석한다. 특히 이들은 기호의 애매성 그리고 기의와 기표가 끊임없이 미끄러지는slide 현상에 주목한다. 이것을 데리다는 차연differance이라고 하고 의미의 사슬chain of signification이 고정되지 않는다고 단언했다. 그래서 그는 언어적 존재인 인간의 언어적 모호성에 주목하고 로고스logos 중심주의를 해체하고자 노력했다. 이처럼 20세기 중반에 등장한 후기구조주의는 구조주의를 계승한 동시에 극복한 이론이며 어떤 것에도 고정된 구조는 없으며, 모든 것은 상대적이고, 인식 주체도 불확실하며, 중심과 주변도 존재하지 않는다는 다원성 이론이다.

그런데 후기 구조주의자들은 일정한 방법에 고정되지 않고 사조를 형성하지도 않는다. 더구나 후기구조주의자라고 평가되는 푸코, 보드리야르, 크리스테바를 비롯한 이론가들 역시 자신을 후기구조주의자라고 생각하지 않았다. 왜냐하면, 그들은 '모든 것은 상대적이고 변화한다'라고 믿기 때문이다. 후기구조주의의 원리상 어떤 구조에 속하는 것은 불가능하다. 따라서 후기구조주의자들에게 텍스트에서 고정된 의미를 찾아서 저자의 의도를 해석하는 구조주의적 방법은 의미가 없다. 오히려 텍스트를 새롭게 구성하는 독자의 창의적 해석이 의미가 있다. 여기서 저자의 죽음과 독자의 탄생 그리고 '텍스트 바깥에는 아무것도 없다'라는 개념이 등장한다. 그래서 후기구조주의는 하나의 목표, 고정된 의미, 작가/예술가 중심 등을 부정하는 해체적 방법을 택한다. 그런 점에서 문학작품과 같은 문화 현상이나 사건과 같은 사회현상은 모두 열린 텍스트open text다.

참고문헌 Jacques Derrida, *Of Grammatology*, translated by Gayatri Chakravorty Spivak, Baltimore & London : Johns Hopkins University Press, 1976.

참조 거대서사의 붕괴, 구조주의, 기대지평, 기표·기의, 기호 가치, 독자반응이론, 애매성, 열린 텍스트, 이항대립, 저자의 죽음, 주이상스, 차연, 탈식민주의, 탈중심주의, 텍스트, 포스트모더니즘

내포작가/내포저자

Implied Author | 隱含作者

'그의 수기는 계속되었다.' 이것은 도스토옙스키의 「지하생활자의 수기」[1864]
마지막 문장이다. 도스토옙스키는 이 작품을 이렇게 시작했다. '나는 병든 인
간이다……. 나는 사악한 인간이다. 나는 남이 좋아할 데라곤 하나도 없는 그런
인간이다. 내 생각에 나는 간이 안 좋은 것 같다. 하지만 나는 내 병에 대해 조
금도 모를뿐더러 정확히 어디가 아픈지도 잘 모르겠다.' 이 작품에서 '그'와 '나'
는 같은 사람이다. 그런데 '나는 병든 인간이다'라고 말하는 일인칭 주인공 시
점의 서술이 마지막 문장에서는 '그의 수기는 계속되었다'라고 말하는 삼인칭
관찰자 시점의 서술로 바뀌어 있다. 그렇다면 시점을 바꾸면서 서사를 주관하
는 이 존재는 누구인가? 그는 텍스트 밖의 작가도 아니고 텍스트 안의 화자/서
술자도 아니다. 화자/서술자가 시점을 바꾸어 서술하게 하는 존재는 텍스트 안
의 내포작가다.

내포작가는 텍스트 안에서 실제 작가를 대리하면서 작가의 서사전략을 텍스
트 안에서 실현하는 가상의 존재다. 형식주의, 신비평, 구조주의에서는 작품을
중립적인 공간에 놓고 작가나 사회와 분리된 객관적인 텍스트구조에 주목했다.
그런데 작품을 텍스트에 한정하는 것은 작가의 창작 의도를 무시하는 문제점
이 생긴다. 이 문제점을 웨인 부스[Wayne C. Booth, 1921~2005]는 『허구의 서사[The Rhetoric of
Fiction]』[1961]에서 내포작가를 통해서 해결하는데, 그는 텍스트 밖의 실제 작가와 달
리 텍스트 안의 화자/서술자를 연결하는 존재를 내포작가라고 처음으로 명명
했다. 그가 보기에 작품에는 작가가 이미 내포되어 있으므로 작품은 가치중립

적일 수가 없다.[1] 그런데 내포작가도 작가이기 때문에 이야기를 직접 서술하는 서술자가 아니다. 그래서 내포작가는 다시 화자/서술자narrator를 설정하고 그를 통하여 이야기를 서술하도록 하는 것이다.

내포작가는 작가의 창작 의도에 따라서 인물, 화자, 서술의 거리, 시점, 분위기, 준거, 미적 가치 등 이야기의 문법과 텍스트의 정조text's ethos를 관장한다. 이처럼 작가는 자기를 대리하는 존재를 텍스트에 매복해 두고 내포작가를 통하여 서사를 진행한다는 것이 웨인 부스의 견해다. 그러니까 부스는 형식주의자나 구조주의자 특히 롤랑 바르트가 말한 '저자의 죽음'으로 상징되는 텍스트론과 달리 작가의 가치와 의미를 강조한 것이다. 웨인 부스의 서사구조도는 "텍스트 밖의 실제 작가-텍스트 안의 내포작가-내포작가가 설정한 화자/서술자-이야기-내포독자가 설정한 피화자/피서술자-텍스트 안의 내포독자-텍스트 밖의 실제 독자"로 짜여 있다. 이 서사구조에서는 내포화자를 허구적 서술자fictional narrator라고 하지만 작중 인물이나 작가의 제2의 자아second self로 보는 견해도 있다.

웨인 부스에 의하면 작가는 내포작가를 통해서 자기 생각과 다른 인물을 창조할 수 있고 작품마다 다른 인물을 만들 수 있다. 텍스트 밖에 존재하는 도스토옙스키와 같은 실제작가는 작품을 쓰기는 하지만 텍스트 안의 구조까지 관장할 수가 없다. 그는 텍스트 안에 존재할 수 없기 때문이다. 그런 점에서 내포작가는 '우리가 읽는 것을 의식 무의식적으로 선택하는 제2의 자아second self다. 우리는 그를 실제작가의 생각에 따라서, 문학적으로, 고안된 존재라고 추론한다. 내포작가는 그가 선택한 것의 총합이다'. 이에 대해서 서사학자 제라르 주네트Gérard Genette, 1930~2018는 『서사담론Narrative Discourse』1972에서 작가와 화자 사이에 내포작가를 설정할 필요가 없다고 말하면서 초점화focalization와 초점화자focalizer를

---

1   Wayne C. Booth, *The Rhetoric of Fiction*, Chicago : University of Chicago Press, 1961, pp.71·75.

제안했다. 초점화자는 카메라의 렌즈와 같이 이야기의 초점을 맞춘 화자인데 보는 시점과 말하는 서술을 분리한 개념이다.

한편 웨인 부스의 이론을 발전시킨 채트먼S. Chatman은 내포작가를 내포독자와 연결하여 해석하면서 독자가 작품을 읽을 때, 작가라고 느끼는 존재가 바로 내포작가라고 말한다. 간혹 독자가 소설을 읽고서 작가의 자전적 이야기라고 생각하는 것은 이런 이유 때문이다. 그래서 채트먼은 내포작가를 작중의 인물로 간주하는 한편 텍스트 안에 존재하는 추론된 작가inferred author로 본다. 그런데 내포작가는 텍스트 안에 존재하는 또 다른 가상의 내포독자implied reader와 대응되는 개념이다. 따라서 내포작가가 서술자에게 지시하여 기술/서술/진술을 하도록 하여 이야기를 만들면 그 이야기를 피서술자narratee가 수용한 다음 내포독자에게 전달된다. 채트먼 역시 텍스트의 안과 밖을 구분하지만, 작가의 창작 의도를 중요하게 여기며, 텍스트를 간접적으로 관장하는 내포작가에 상당한 의미를 둔다.

참고문헌 Wayne C. Booth, *The Rhetoric of Fiction*, Chicago : University of Chicago Press, 1961, pp.71·75 ; Seymour Chatman, *Story and Discourse*, Ithaca and London : Cornell University Press, 1978, p.151.

참조 구조주의, 기대지평, 기표·기의, 내포독자/내포청자, 뉴크리티시즘/신비평, 러시아 형식주의, 묘사, 소설, 수용미학, 스토리·이야기, 시점, 작가·독자, 저자의 죽음, 텍스트, 화자/서술자, 후기구조주의

계몽주의/계몽의 시대

Age of Enlightenment | 启蒙时代

1761년 10월 어느 날, 프랑스 남부의 툴루즈에서 한 청년이 자살했다. 그 사건을 조사한 가톨릭교회는 아버지가 아들 칼라스^{Calas}를 살해했다는 결론을 냈다. 개신교의 칼뱅 신도였던 그의 아버지는 1762년 3월, 재판을 거쳐 수레바퀴에 묶여 매를 맞고 죽었다. 곧이어 청년은 자살한 것이라는 주장이 제기되었지만, 가톨릭교회는 그것을 인정하지 않았다. 이때 볼테르^{Voltaire, 1694~1778}가 앞장서서 이 부당한 재판에 항의하는 한편 여론을 조성하여 무죄 판결을 끌어냈다. 그 사이에 볼테르는 『관용론^{Traité sur la tolérance}』을 집필하면서 '나는 당신의 의견에 찬성하지 않지만, 당신이 그렇게 말할 권리를 지키기 위해서 내 목숨을 바칠 것이다'[1]라는 명언을 남긴 것으로 알려져 있다. 하지만 이 말이 기록된 것은 에블린 홀^{Evelyn B. Hall}의 『볼테르의 친구들^{The Friends of Voltaire}』 1906이다.

칼라스 사건은 종교의 권위와 비이성적 관습이 사람들을 철저하게 속박했음을 보여주는 사례다. 볼테르의 용기는 절대왕정과 교회의 권위에 대한 도전이었다. 이로 인하여 평생의 대부분을 국외에서 살아야 했던 볼테르는 새로운 지식과 사상을 전파하는 디드로^{D. Diderot}의 『백과사전』편찬에 참여했다. 이 백과사전은 지식을 독점하고 절대 권위를 누리던 중세의 어둠을 걷어내는 밝은 빛이었다. 여기서 유래한 계몽은 '빛을 비춘다^{lumieres, enlighten}'인데 더 정확하게는 '무지와 몽매의 어둠에 밝은 철학과 이성의 빛을 비춘다'라는 뜻이다. 이런 사조

---

1   I disapprove of what you say, but I will defend to the death your right to say it.

즉, 르네상스 이후를 계몽주의 또는 계몽의 시대라고 하는데, 계몽주의는 대략 1650년부터 1800년 전후에 서구사회를 지배한 철학과 사상으로 이성을 중시한 시대정신이다. 서구 이외에서 계몽주의는 교육과 계몽을 통하여 무지몽매를 극복하려는 사회운동이었다. 많은 사상가 중, 경험을 중시한 베이컨, 이성을 중시한 데카르트, 과학을 중시한 뉴턴이 계몽주의의 아버지로 불린다.

또한, 계몽주의는 스피노자, 몽테스키외, 루소, 로크, 흄, 홉스 등 사상가들의 사상을 바탕으로 한다. 계몽의 정점은 1789년에 일어난 프랑스대혁명이다. 이때 프랑스인들은 자유, 평등, 박애, 관용의 구호 아래 절대왕정과 가톨릭교회의 권위와 오랜 관습 및 전통을 부정하고 압제에 눌려 있는 인간을 해방하고자 봉기했다. 계몽의 정신을 가장 정확하게 표현한 사람은 칸트다. 칸트는『계몽이란 무엇인가?』[1784]에서 '미몽에 놓인 인간에게 이성의 빛을 비추어 깨어나게 하는 것'이 계몽이라고 정의했다. 여기서 칸트는 신에 의지하고, 관습에 따르는 상태로부터 자기 스스로 판단하고 생각하고 책임지는 인간의 이성적 주체를 추구했다. 이처럼 계몽주의자들은 개인의 자유와 이성이 사회를 구성하는 힘이며 합리주의와 휴머니즘 정신이 사회의 원리가 되어야 한다고 주장했다. 그러므로 계몽주의는 중세 봉건제도를 비판하고 극복하는 것에서 출발하여 역사의 진보를 향한 정치 운동과 사상운동의 성격을 가지게 되었다.

계몽주의자들은 인간을 자유로운 자연인으로 간주하고 인간의 신체를 존중했다. 이런 소류는 부르주아 즉, 자유시민의 출현과 절대왕정의 해체를 의미한다. 이 계몽사상은 서구사회를 개편하는 계기였는데, 계몽을 둘러싸고 절대왕정을 고수하려는 지배계급과 이를 전복하려는 자유시민이 충돌했다. 그리하여 계몽절대주의가 출현했고, 계몽을 정치 이상으로 내세우는 계몽 군주가 공포정치를 하여 반계몽주의 기류가 형성되기도 했다. 특히 프랑스는 정치사회의 변화가 극심했던 급진적 계몽주의이고, 독일과 영국은 사상과 교양의 차원인 온건한 계몽주의였다. 자연과학과 이성을 토대로 하는 계몽주의가 사회에 영향을 미친 것이다. 한편 이 계몽의 자유정신은 1774년 미국혁명과 1789년 프랑스 대혁명에 영향을 미쳤고, 이후 민족운동과 인권운동의 토대가 되었다. 하지만 유럽인들은 '문명의 빛으로 야만의 어둠을 비춘다'라는 계몽주의 구호를 앞세워 침략과 지배의 논리를 정당화하기도 했다.

자연과학의 발달과 인권과 민주주의 개념의 등장 등 계몽주의가 인류사에 남긴 긍정적 의미가 크지만, 인간을 과학과 이성에 종속시켰다는 비판을 받는다. 그래서 훗날 프랑크푸르트학파에 의해서 계몽주의가 도구적 이성을 추동했으며 인간소외와 자연에 대한 인간의 지배를 합리화했다는 지적을 받는다. 계몽주의는 이성을 바탕으로 한다는 점에서 규범과 균형을 앞세운 고전주의와 상통하는 면이 있다. 한편 계몽주의 사상과 고전주의는 감성을 앞세운 19세기의 낭만주의를 낳는 계기가 되었다. 특히 독일의 낭만주의 작가 노발리스^{Novalis,} ^{1772~1801}는 계몽주의가 인간의 자유로운 감성을 속박하고 신성하고 경건한 가치를 없앴으며, 장엄하게 빛나는 정신을 지웠다고 비난했다. 계몽주의는 실증주의와 공리주의로 계승되었고, 여러 사조와 사상에 영향을 미쳤으며 근대사회의 토대가 된 중요한 사상이자 시대정신이다.

참고문헌 Evelyn Beatrice Hall, *The Friends of Voltaire*, Smith, Elder & Co., 1906; Immanuel Kant, *An Answer to the Question : 'What is Enlightenment?'* (1784), translated by H.B. Nisbet, Penguin Books, 2009.

참조 감성, 감정·정서, 고전주의, 공리주의, 도구적 이성, 문예사조, 시대정신, 실증주의, 이성, 이성론/합리주의, 지성·오성, 커피하우스, 프랑스대혁명, 혁명적 낭만주의, 휴머니즘/인문주의

기호 가치

Sign Value | 符号价值

'사랑하는 그대에게.' 그렇게 쓴 편지가 든 보석함에는 드비어스사의 보증서와 함께 예쁜 다이아몬드가 들어있었다. 약혼을 앞둔 Y는 황홀한 기분에 구름을 밟는 것 같았다. 오늘 받은 금강석 드비어스 15캐럿은 상상을 초월하는 크기와 가격이었다. 얼마 전 약혼한 친구 A가 '금강석-2'라는 기호를 받았지만 Y는 '금강석-15/드비어스'라는 기호를 받은 것이다. Y는 이 다이아몬드가 쓸모 없다는 것은 잘 알고 있다. 하지만 이 금강석은 Y에게 신분 상승의 보증서였고, 상류사회의 부를 누릴 열쇠이면서, 지배계급의 권력을 누리는 상징이었다. 그러니까 '금강석-15/드비어스'는 하나의 기호인 동시에 사회적 차이와 지위를 상징하는 초현실적 가치다. 이 기호는 현실과 교환되지 않는 파생의 기호 가치를 생산한다. 기호 가치는 실제가 아닌 기호에 실제 가치를 부여하는 인간의 가치체계다.

다이아몬드는 첫째, 유리를 자르는 쓸모의 사용가치 둘째, 100만 달러와 같은 가격으로 매매되는 교환가치 셋째, 연인에 대한 사랑의 징표인 상징가치 넷째, '금강석-15/드비어스'와 같은 기호 가치가 있다. 이 중 사용가치use value와 교환가치exchange value는 마르크스가 자본주의 시장경제를 분석하면서 만든 개념이다. 보드리야르J. Baudrillard, 1929~2007는 마르크스의 가치이론에 근거하지만, 마르크스와 다른 각도에서 물질과 인간의 관계를 연구하여 상징가치와 기호 가치라는 개념을 창안했다. 그는 스승 부르디외로부터 영향을 받아 상징적 교환symbolic exchange이 어떻게 이루어지는가를 분석한 다음, 기호 가치가 현대의 소비사회를 지배한다고 분석했다. 이 소비사회에서 욕망은 조작되는 것이고 그래서 실행되는 소비에는 사회적 의미가 내포되어 있다.

보르리야르의 기호 가치는 자본주의와 소비사회를 전제로 한다. 보드리야르에 의하면 이 세상은 자본이 지배하는 소비주의Consumerism의 소비사회consumer society이고 자본은 소비를 통해서 인간을 지배한다. 반면 인간은 소비를 통해서 자기 존재를 확인받는 종속적 타자인 동시에 자본의 노예다. 이 소비사회에서 사람들은 '나는 100만 달러의 D-15를 소비하는 존재'이고 너는 '1만 달러의 D-2를 소비하는 존재'라는 차이를 통해서 관계를 정립한다. 가령 'Y 나는 A 너와 다르다'라고 말하면서 기호로 신분과 계급의 차이를 입증하는 것이다. 그러므로 Y의 남자친구는 사용가치와 교환가치를 가진 다이아몬드를 산 것이라기보다 D-15라는 기호를 산 것이고, Y는 그 기호를 통해서 신분 상승의 목적을 달성한 것이다. 그런 점에서 기호 가치는 상징적 가치인 동시에 상징자본과 연결되어 있다.

보드리야르는 기호 가치에 신분의 논리가 작용한다고 말하면서 사용가치는 효용성의 논리, 교환가치는 거래의 논리, 상징적 교환은 애매성의 논리가 작용한다고 보았다. 애매성의 논리란, 앞에서 본 것과 같이 100만 달러의 다이아몬드와 100달러의 만년필을 주고받는 부등가교환의 애매성이라는 뜻이다. 이처럼 상징적 교환과 기호 가치가 통용되는 포스트모더니즘 사회에서는 전쟁, 민족, 국가, 자본과 같은 대서사가 사라지고 표피적 감각과 기호화된 초현실hyperreal로 인하여 주체와 객체가 구별되지 않는다. 또한, 이 시대에는 고정된 가치도 없으며 고정된 주체도 없고 인간 역시 하나의 기호인 시뮬라크럼simulracrum일 뿐이다. 아울러 현실과 초현실이 역전되고 재역전되며 구별되지도 않는 시뮬라크르가 현대사회를 지배한다. 이제 인간은 가상세계에 갇혀 끊임없이 변하는 시뮬라시옹에 얹혀 있고 신체와 정신도 기호로 표현되고 기호 가치로 측정되는 상황에 놓여 있다.

기호 가치를 창출하는 자본주의 사회는 인간의 열등의식과 욕망을 끊임없이 부추긴다. 그 결과 마르크스적 생산중심주의의 계급이 아니라 소비중심주의적 계급이 생기고, 그 계급적 차이가 존재의 차이로 전이된다. 자본은 허영심에 불을 질러서 필요 없는 소비를 조장함으로써 음모를 달성하는데 그 수단이 바로 기호 가치다. 이처럼 자본에 포획된 사람들에게는 실제 물질보다 자기를 상징할 기호가 필요하다. 여기서 현실과 기호의 역전현상이 벌어진다. 현실이 기호가 되고, 기호가 현실이 되며, 실재가 없는 기호 그 자체인 시뮬라크르가 세상을 조작한다. 이 소비사회에서는 기호가 문화를 생산하고 기호가 세상을 조작하며 기호가 인간을 지배한다. 이처럼 보드리야르는 자본주의의 모순과 소비사회의 허상을 비판하면서 인간의 소외를 극복할 전망을 찾아 헤맨 사상의 무정부주의자였다.

참고문헌 Jean Baudrillard, *The Consumer Society : Myths and Structures*(1970), translated by Chris Turner, SAGE publications, 2004.

참조 거대서사의 붕괴, 구조주의, 기표·기의/소쉬르, 문화, 문화자본, 상징, 상징자본, 상징폭력, 시뮬라시옹 시뮬라크르, 인간소외, 자본주의, 포스트모더니즘

휴머니즘/인문주의

Humanism | 人文主義

'그럼 잘 가시기를. 우신의 교리를 전수받은 훌륭한 입문자들이여, 박수를 쳐주시게. 또 행운을 누리시게. 그리고 축배를 드시게!' 서술자는 어리석은 신을 예찬하고 어리석은 사람을 조롱하고 풍자하고 있다. 이것은 에라스무스의 『우신예찬愚神禮讚, Encomium Moriae』1511 마지막 문장이다. 수사였던 에라스무스의 특이한 문체와 특별한 사유가 담긴 『우신예찬』은 서구 기독교 사회에 충격을 가한 책이다. 풍자와 조소로 기독교를 비판하는 이 책은 모리아라는 인물이 설교하고 대화하는 형식으로 짜여 있다. 에라스무스는 친구인 토머스 모어T. More, 1478~1535를 서술자 모리아Moriae로 설정했다. 서술자 모리아에 의하면 인간은 음란한 마음, 즉 난심亂心에 의하여 태어난 존재이다. 어리석은 여신女神인 모리아는 세상에 난삽하고 괴이한 일이 많다는 것을 풍자하면서 철학자와 신학자 그리고 중세의 기독교를 통렬하게 비판한다.

단테, 페트라르카, 보카치오, 라블레, 몽테뉴 등과 마찬가지로 고전과 교양을 중시한 에라스무스Erasmus, 1466~1536의 인간에 대한 묘사는 시대적 의미에서 해석되어야 한다. 헤브라이즘과 교부철학을 중심으로 하는 신중심사회는 르네상스를 거치면서 헬레니즘과 휴머니즘의 사조에 힘입어 인간중심사회로 이행하고 있었다. 물론 종교적 휴머니즘에서 보듯이 인간주의나 인본주의라고 하더라도 종교적 의미가 없는 것은 아니다. 하지만 르네상스 이후, '인간은 무엇인가' '인생은 무엇인가'와 같은 존재론적인 물음이 대두하면서 신과 분리된 인간 존재가 중요해졌다. 이 물음은 신이 창조한 세상인 천동설에 대한 회의와 병렬되며 코페르니쿠스적 혁명과 연결된다. 한편 유럽 인구의 30~40%가 죽은 흑사병으로 인하여 서구인들은 현세의 생존을 고민하게 되었고, 신에 대한 믿음만으로 인간이 존재할 수 없음을 인식했다.

이런 역사적 상황에서 인간을 중시하고, 인문을 부흥하며, 인간을 주인으로 하는 철학이자 사조인 휴머니즘이 잉태되었다. 간단히 말하면 휴머니즘은 르네상스 시대에 널리 퍼졌던 사조로 신이 아닌 인간을 위주로 하는 인간주의, 인본주의, 인문주의 사상이다. 또한, 휴머니즘은 신중심의 헤브라이즘으로부터 인간중심의 헬레니즘이 복원되는 것과 상통한다. 특히 고대 그리스의 고전을 부흥한 결과 철학, 문학, 수사학 등이 발달하는 한편 과학과 인간 육체에 대한 이해가 깊어졌다. 이를 토대로 하는 휴머니즘은 인간에게는 인간만의 본성이 있으며, 그 본성은 모든 인간에게 공통적이고, 인간이 세상의 주체라는 사상이다. 한편 인문주의 또는 인본주의를 의미하는 휴머니즘은 대학에서 고전의 언어학과 철학을 가르치는 후마니스타Humanista로 표시되는데 기독교 정전과 교리를 가르치는 캐노니스타Connonista 그리고 법을 가르치는 레기스타Legista와 상대적인 개념이었다. 이 후마니스타는 신학이나 법학과 다른 인간다움을 추구하며 인간을 존중하는 인문학이다.

르네상스 시대의 페트라르카F. Petrarch, 1304~1374는 로마제국의 멸망476부터 당대14세기까지를 중세 암흑시대로 명명하면서 서구 역사를 고대, 중세, 근대로 나누고 인간중심의 근대가 바로 휴머니즘의 시대라고 명명했다. 중세의 금욕과 신앙생활의 종교적인 경건성敬虔性에서 탈피하여 인간의 본능과 육체의 기능을 존중하는 휴머니즘은 문학, 철학, 수사학, 문화예술과 같은 문화적인 교양을 의미하면서 민족어와 민족문화를 중시하는 문화운동을 포괄한다. 그런 점에서 휴머니즘은 고대 그리스와 로마의 문예를 통하여 인문을 부흥한다는 뜻도 담겨 있다. 이처럼 휴머니즘에서 말하는 인간은 초월적인 신과 관계된 존재가 아니라 감성적이면서 이성적 존재인 동물이다. 따라서 인간의 본성이 자유롭게 발현되기 위해서는 인간에 대한 존중과 믿음이 전제되어야 한다. 이것이 신중심 사고에서 인간중심 시고로 전환된 계기다.

근대과학기술의 발달은 신의 은총을 멀리하고 자연의 빛으로 인간을 비추었다. 자연의 빛이란 이성, 합리, 과학, 기술, 논리, 현실, 법, 제도 등 실제적인 가치체계를 말한다. 이후 휴머니즘은 '인간 존재의 본질이 무엇이며, 그 인간이 살아가는 방식은 무엇이고, 인간의 궁극적 목표는 무엇인가'를 여러 각도에서 설명하면서 다양하게 분화했다. 당시 인문주의자들은 인간이 세상과 우주의 중심이므로 인간의 본성이 발휘되고 존중받아야 한다고 믿었다. 그러나 인간적인 것은 휴머니즘의 다양성을 의미하므로 고대에도 있었으며 서구 이외의 지역에서도 휴머니즘의 경향을 발견할 수 있다. 이와 달리 14세기부터 18세기에 이르는 광범위한 시대의 휴머니즘은 세속적이거나 과학적으로 이해되는 경우가 많다. 하지만 휴머니즘 또는 인본주의는 인간중심주의라는 점에서 동물 등 다른 존재를 고려하지 못한다는 문제점이 있다.

참고문헌 *The Praise of Folly by Desiderius Erasmus*, translated by John Wilson in 1668, Project Gutenberg.

참조 계몽주의/계몽의 시대, 르네상스, 마키아벨리즘, 문예사조, 산업혁명, 신은 죽었다, 유토피아, 이성론/합리주의, 인문학, 자본주의, 존재론, 종교개혁, 천동설, 패러다임, 헤브라이즘, 헬레니즘

의도적 오류

Intentional Fallacy | 意图谬见

'북향 하늘 그리운 마음으로 / 이슬 같은 이모는 / 포효하는 하늘 일렁이는 강물 머리에 이고 / 지난겨울, 저승길을 걸었다.' 이 시를 두고 평론가 P는 이념 적인 시라고 정의하고 '포효하는 하늘 일렁이는 강물'을 시대 상황에 비유했다. 그러자 시인 K는 전혀 그런 뜻이 아니라고 반박한 다음, 시인의 의도를 왜곡하 지 말라고 요청했다. 감성적인 시인 K는 시인의 창작 의도와 표현된 결과는 일 치해야 하며, 만약 일치하지 않는다면 그것은 표현능력이 부족한 졸작이므로 평론할 가치가 없다고 단언했다. 그러니까 시인 K는 창작 의도가 중요하다는 것이고 평론가 P는 작품 그 자체의 미적 가치가 중요하다는 것이다. P의 예에 서 보듯이 작가와 작품의 관계인 표현론表現論을 비판하는 이론이 의도적 오류 다. 간단히 말해서 의도적 오류란 예술가의 창작 의도와 표현된 결과가 일치하 지 않는 것을 말한다.

전통적인 역사주의 비평이나 전기적 비평 그리고 예술가의 감성을 중시하는 낭만주의에서는 작가와 작품을 분리하지 않는다. 이것은 작가를 우위에 두고 작가의 의도를 해석하고 감상하는 전통적인 관점이다. 의도적 오류intentional fallacy, 意圖的 誤謬는 옥스퍼드대학에서 신비평을 주도하던 윔셋W.K. Wimsatt과 비어즐리M.C. Beardsley가 1946년에 제기한 이론이다. 이들은 작품의 구조와 형태가 중요하다고 강조하는 한편 발표된 작품은 작가나 사회에서 떨어져 객관적으로 존재한다는 사실에 주목했다. 이들은 작가의 의도 그대로 작품에 표현되는 것이 아니며, 설 령 의도가 표현되었다고 하더라도 의도에 따르는 것은 오류라고 주장했다. 또한, 작가의 의도를 정확하게 알아내는 것도 불가능하다. 이들은 의도적 오류와 더불어 감정적 오류affective fallacy, 感情的誤謬도 제기했는데, 감정적 오류란 '독자들에게 영향을 미치는 감정적 효과로 작품을 평가해서는 안 된다'라는 것이다.

뉴크리티시즘/신비평의 관점에서 윔셋과 비어즐리가 주장한 것은 예를 들어, 20세기의 비평가가 타계한 호머Homer나 이백李白의 작품을 해석할 경우 작가의 의도를 알 수가 없고, 설령 안다고 하더라도 표현된 결과는 다른 의미가 있을 수 있다는 것이다. 이런 현상이 발생하는 이유는 언어에 있다. 문학의 매체인 언어는 의사소통이라는 더 본질적인 기능이 있다. 그리고 시대와 상황에 따라서 의미와 용법이 달라진다. 따라서 작가는 그 언어가 가진 모든 의미를 다 표현할 수 없다. 이런 이유로 언어예술인 문학작품에서 작가의 의도와 표현의 결과가 달라질 수 있는데, 표현된 결과가 더 객관적이며 보편적이라는 것이다. 이처럼 목적과 의도를 배제하려는 태도는 미학적으로 칸트의 무목적의 목적 Purposiveness without Purpose에서 말하는 무관련성과 주관적 보편성에 근거하고 있다.

의도적 오류는 '작가가 의도적으로 오류를 범했다'라는 것이 아니라 '작가는 의도하지 않았지만, 오류를 범할 수 있다'라는 뜻이다. 여기서 의도는 작가의 의도이고 오류는 표현의 오류다. 따라서 의도적 오류의 의미는 작가의 의도와 표현의 오류 즉, '의도와 오류intention and fallacy'라고 하는 것이 정확하다. 하지만 윔셋과 비어즐리가 처음 제안한 개념을 존중한다면 다음과 같은 의미로 사용될 수 있다. 의도적 오류는 첫째, 작가는 자신의 의도를 표현하고자 하지만 결과는 의도와 다를 수 있다는 것 둘째, 그러므로 평론가와 독자가 작가의 의도를 해석하는 것은 오류일 수 있으므로 작품에 나타난 미적 가치를 읽어야 한다는 것 셋째, 의도의 오류가 있을 수 있다는 것이지 모든 작품을 오류로 보지 않는다는 것 등을 함의한다. 이 신비평의 태도는 러시아 형식주의 및 구조주의와 맥을 같이하는 것으로 작품과 작가를 분리하고, 역사주의와 전기적 비평을 배제하는 작품 중심주의적 비평이다.

의도적 오류는 큰 논쟁을 불러일으켰다. 그것은 예술작품을 진공에 가두고 표현의 결과만을 중시하기 때문이다. 이 이론을 비판하는 사람들은 예술작품을 해석하고 감상할 때 예술가의 의도, 창작의 과정, 시대적 배경, 사회적 의미, 영향 관계, 예술가의 전기적 사실 등을 복합적으로 고려해야 한다고 주장한다. 이에 대해서 윔셋과 비어즐리는 작품 이외의 해석은 문학비평이 아니라 문화비평이나 인문학적 해석일 뿐이라고 규정했다. 아울러 그들은 문학비평은 도덕적 비평Moral Criticism이 아니라 예술적 비평Artistic Criticism이어야 한다고 강조했다. 의도적 오류는 음악, 미술 등 모든 장르에 해당할 수 있는데 특히 시에서 자주 논의된다. 작품을 하나의 텍스트로 보고 작가를 배제한 다음, 구조와 형식에 초점을 맞추는 이들의 주장은 수용미학과 포스트모더니즘에 큰 영향을 미쳤다.

참고문헌 W.K. Wimsatt, Jr., and M.C. Beardsley, "THE INTENTIONAL FALLACY(revised)", *The Verbal Icon : Studies in the Meaning of Poetry*, Lexington : University of Kentucky Press, 1954.

참조 객관적 상관물, 구조주의, 기대지평, 기표·기의, 뉴크리티시즘/신비평, 무목적의 목적, 비평/평론, 수용미학, 에이브럼즈의 삼각형이론, 작가·독자, 장르, 저자의 죽음, 차연, 텍스트, 화자/서술자

에로티즘[바타이유]
Erotism | 色情性

어느 날 마강^{馬强}은 묘를 도굴했지만, 거기에 귀중품은 없고 잘 보존된 여성의 시체만 있었다. 다시 묘를 찾아간 마강은 그 여성 시체를 강간했다. 그리고 시체를 집으로 가져와 수십 차례 강간하다가 중독이 되어 21일 후 사망하고 말았다. '마강은 부패한 시체에 대량으로 들어있던 프토마인^{ptomain}에 중독되어 사망했다'라는 기사는 2011년 허난^{河南}의 상치우^{商丘}에서 있었던 실화다. 보통사람들은 이 엽기적인 행위를 접하고 충격을 받는 동시에 의문을 품게 된다. '사람이 어떻게 그렇게 이상한 행위를 할 수 있을까?' 그런데 마강은 정신병자도 아니었고 모험가도 아니었다. 왜 이런 일이 벌어지는 것일까? 이런 문제를 사유한 철학자가 프랑스의 바타이유다. 나치 치하를 보낸 바타이유^{Georges Bataille, 1897~1962}는 인간의 두 얼굴, 즉 평범하고 이성적인 인간과 특이하고 광적인 인간의 야누스적 두 얼굴이 있다고 보았다.

문명사회에서 사람들은 인간 내면의 욕망, 폭력, 광기, 야만, 쾌락을 죄악으로 여겼다. 그래서 이성을 가지고 노동하는 것을 존중하고 탕진하고 소모를 하는 방탕한 감성을 외면했다. 억압된 욕망은 의식 내면에 잠재하면서 폭발을 준비하고 있다. 앞에서 본 것과 같이 평범한 인간인 마강이 엽기적인 행위인 시간을 한 것은 바로 그 폭력적이면서 충동적 욕망이 분출한 결과다. 그런데 시체를 강간하는 행위에는 살아 있는 육체가 버려진 시체를 모독하고 더럽히면서 자기 성적 욕망을 채운 것 이외에도 여러 의미 층위가 내재해 있다. 특히 마강의 행위는 산 자와 죽은 자의 만남이며 인간 내면의 폭력적 악마성이 드러난 것이고 죽음에 다가가는 행위다. 죽음을 상징하는 시체는 그 자체가 금기이므로 시간 屍姦은 문명사회의 금기를 위반하는 행위다. 사람들은 욕망과 광기가 발동하면 규칙을 파괴하거나 금기를 위반하고 싶어 한다.

　일반적으로 금기를 터부taboo라고 하는데 금기의 사전적인 정의는 신성하거나 속된 것 등에 대하여 접촉하거나 이야기하는 것을 금하거나 꺼리는 것이다. 근친상간과 더불어서 시체접촉은 인류 공통의 금기인데 그 금기를 깨는 것이 극단적 쾌락을 가져다줄 수 있다. 특히 색정이 발하고 성적 욕망이 절정에 이르면 그 쾌락은 죽음에 이를 정도로 크다. 바타이유에 의하면 이처럼 인간이 생각할 수 없고, 말할 수 없으며, 행할 수 없는 한계를 깨트리면서 에로티즘을 느낄 때 신성세계와 세속세계가 하나로 통일된다. 그러므로 노동과 제도의 노예가 된 인간이 자연의 동물성에 따라 성적 욕망을 해소하고 거기서 생기는 에로티즘을 통하여 자기의 주권을 회복할 수 있다는 것이다. 따라서 인간 주권의 회복을 위해서는 변태적이고 엽기적인 성적 쾌락의 에로티즘이 필요하다.

　에로티즘은 성적 본능과 성적 탐욕이다. 바타이유는 금기와 위반을 에로티즘의 원리로 보고 에로티즘을 육체적 에로티즘, 심정적 에로티즘, 신성의 에로티즘으로 나눈다. 일반적으로 에로티즘은 불결하고, 더러우며, 공포스럽고, 흉측하면서 죽음과 연결된다. 또한, 성적 욕망이 채워지는 폭발의 순간, 인간은 가사假死의 죽음 상태인 작은 죽음petite mort 또는 악마적 죽음에 이른다. 이것을 바타이유는 단순한 동물적 행위가 아니라 인간 내면의 응시이자 죽음의 오락이라고 하며 모독을 통한 잔인성이라고 한다. 고뇌와 환희가 함께 하는 작은 죽음은 자기를 해체하면서 부패하여 스러진 다음, 다른 생명의 탄생을 도와줌으로써 생명의 불꽃놀이를 반복하는 과정이다. 따라서 에로티즘은 성적인 행위와 상상이자 금기와 위반의 실행이다. 또한, 인간의 내적 체험이며 신비와 관능이고 우주적 합일을 위한 제의이며 금기와 위반을 통하여 경계를 허물고 연속성을 회복하는 일이다.

에로티즘은 비생산적 탕진인 성性 유희를 통하여 이성의 세속세계와 욕망의 신성세계를 합일하여 총체성을 회복해 주는 제의다. 에로티즘을 다룬 소설『눈 이야기』,『내 어머니』그리고 에로티즘 이론인『에로티즘』,『에로티즘의 역사』가 출간되었을 때, 외설적 묘사 또는 엽기적인 포르노와 이론이라는 비판을 받았다. 하지만 바타이유는 포르노를 쓰거나 해설한 것이 아니라 에로티즘을 통하여 자연상태의 동물성과 폭력성을 가진 인간의 본질을 역사철학적 시각에서 밝히고자 한 것이다. 그래서 바타이유는 사드Marquis de Sade를 빌어서 쾌락은 삶의 파괴에서 나온다고 단언한 다음 문명보다 야만에 주목하면서 악마적 행위를 찬양한 것이다. 그 에로티즘은 사디즘과 신적인 사랑으로 나뉘지만, 성적 관능에서 나오는 일탈의 죄악은 신비한 체험일 수 있다. 이처럼 바타이유는 에로티즘을 자연의 원리에 따라서 사는 인간의 우주적 정신이라고 명명함으로써 총체적인 인간성을 회복하려 했다.

참고문헌 Georges Bataille, *Erotism : Death and Sensuality*(1957), translated by Mary Dalwood, City Lights Books, 1986.

참조 리비도, 문명, 문화, 상상, 성악설, 아노미, 주이상스, 카르페 디엠, 쾌락주의의 역설, 포스트모더니즘, 포르노

시중유화 화중유시

Painting is Inside a Poetry and Poetry is Inside a Painting | 诗中有画 画中有诗

'동쪽 울타리 아래 국화를 꺾다가採菊東籬下, 한가로이 남산을 바라본다悠然見南山.' 이것은 도연명의 「음주飮酒」 20수 중 다섯 번째 시의 두 구다. 주체인 나의 정취와 객체인 대상의 풍경이 하나가 되면서 무아지경과 물아일체에 이르렀다는 평가를 받는 부분이다. 그다음은 '아침저녁으로 산 기운이 아름다워山氣日夕佳, 새들은 날다가 함께 돌아온다飛鳥相與還'는 한 편의 그림과 같다. 형상 이상의 상외지상象外之象과 보는 것보다 넓은 경외지경景外之景의 경지에 이르렀으므로, 이 두 구를 읽으면 무아지경에 빠진 것 같은 현상이 생긴다. 이처럼 시를 읽으면서 자기도 모르게 한 폭의 그림이 연상되는 것은 시 속에 그림이 있기 때문인데 이것을 시경詩境이 깊은 시중유화라고 한다. 이와 대비되는 화중유시는 그림 속에 시가 있다는 것으로 의경과 의상의 깊이에 관계된 개념이다.

북송의 화가 곽희郭熙, 1020?~1090?는 '그림은 소리 없는 시이고 시는 형상 없는 그림이다畵是無聲詩 詩是無形畵'라고 말하여 시를 소리, 그림을 형상으로 등식화했다. 이때의 소리는 이야기가 율격과 리듬에 맞게 표현된 것이고 형상은 이미지가 음영과 색조로 표현된 것이다. 곽희의 이론은 '군자와 문인은 산수를 사랑하면서 자기를 수양해야 한다'라는 수기치인의 예술론이다. 이것은 자기 수양에서 예술이 완성된다는 뜻이다. 한편 남송의 동파 소식蘇軾, 1037~1101은 『동파지림東坡之林』에서 당의 왕유에 대해 '마힐의 시를 보면 시 속에 그림이 있고, 마힐의 그림을 보면 그림 속에 시가 있다. 시와 그림은 원래 하나이며 자연스럽고 청신해야 한다味摩詰之詩 詩中有畵 觀摩詰之畵 畵中有詩 及詩畵本一律 天工与淸新'라고 평했다. 시중유화 화중유시는 시 속에 그림이 있고 그림 속에 시가 있다는 동양미학 이론이다. 소동파가 마힐摩詰 왕유의 시와 그림을 함축적으로 정의한 것은 왕유의 산수화 〈남전연우도藍田煙雨圖〉를 평한 것에서 기원한다.

이 그림에 상응하는 산수시山水詩 「산중山中」은 이렇다. '형계 계곡의 흰 돌이 드러나고荊溪白石出, 날씨는 차갑고 단풍잎도 성글다天寒紅葉稀. 산길에 비 온 자취 없건만山路元無雨, 비췻빛 하늘이 옷을 적신다空翠濕人衣.' 이 시를 읽는 사람은 계곡의 흰 돌과 가을 단풍잎을 선연하게 떠올릴 것이고 비가 갠 가을의 산길을 걸어가는 사람의 옷과 하늘이 조화로운 모습을 선명하게 연상할 것이다. 산수화 〈남전연우도〉에 시가 있어 화중유시라면 산수시 「산중」에는 그림이 있어 시중유화라고 할 수 있다. 그러니까 그림을 그리면서 시를 쓰고, 시를 쓰면서 그림을 그린 셈이다. 하지만 시가 그림이 되는 것은 아니고, 시의 회화적 요소 때문에 회화적인 시가 되었다는 것이다. 이처럼 시중유화 화중유시는 예술적 감흥 또는 정신적 사유가 다른 장르로 표현될 수 있는 것을 보여준다.

시불詩佛로 불리면서 남종화의 시조로 알려져 있고 음악에도 뛰어났던 왕유王維, 701~761는 중세의 전형적인 문인이었다. 그런데 당송의 문인들은 완성된 인격을 지향하면서 교양과 학식을 두루 연마했지만, 전문예술가는 아니었다. 그런데 동양의 문인은 시서화악詩書畵樂을 섭렵하고 여러 장르로 감흥과 사상을 자유자재로 표현할 수 있어야 한다. 당시 문인은 일종의 교양인이면서 모든 것을 갖춘 전인全人이었다. 그런 문인들에게 시 속에 그림이 있고, 그림 속에 시가 있는 것은 자연스러운 것이다. 이 표현을 한 소동파 역시 시문과 회화 그리고 서법과 음악을 두루 섭렵했다. 이처럼 시중유화 화중유시는 동양예술론의 형상적 특징이면서 장르적 본질을 나타낸 미학 개념이다. 특히 산수, 전원, 화조를 주제로 수묵화를 많이 그린 왕유의 작품에는 이야기적인 요소가 많아서 그의 그림을 보는 사람들은 그림 속에 뜻이 있고, 이야기가 있는 것 같은 느낌을 받는다.

시는 언지言志 즉 뜻을 이야기로 표현한 언어예술이다. 그런데 이야기가 이야기로 끝나는 것이 아니라 한 폭의 그림과 같은 이미지를 연상케 한다면 더욱 좋을 것이다. 이것이 '시 속에 그림이 있다'라는 시중유화詩中有畵다. 반면에 그림은 구도, 색채, 청각과 시각의 이미지, 음영, 농담으로 표현하는 시각예술이다. 그러므로 시중유화는 시가 그림과 같다는 것이 아니라 시에 그림의 요소가 있어서 그림을 보는 것 같다는 뜻이다. 이와 반대로 '그림 속에 시가 있는' 화중유시畵中有詩는 그림 속에 뜻과 이야기가 있다는 것이다. 따라서 화중유시는 그림이 시와 같다는 것이 아니라 그림에 시의 요소가 있어서 시를 보는 것 같다는 뜻이다. 따라서 시중유화는 시가 풍경을 사실적으로 표현한 것이 아니라 시가 표현한 풍경에 의경, 의상, 운미韻味가 무궁하다는 뜻이고, 화중유시는 그림의 정취가 사실적으로 표현된 것이 아니라 그림이 표현한 정취에 의경과 의상이 깊고 무궁하다는 뜻이다.

참고문헌 蘇軾, 『東坡之林』.

참조 기승전결, 기운생동, 리듬/운율, 사무사, 서정시, 시, 시언지 시연정, 스토리·이야기, 우의심원, 의경, 의상, 이미지·이미지즘, 장르, 재현, 표현, 한시/중국고전시

숭고[칸트]

Sublime by Kant | 崇高

드디어 K는 몽블랑이 보이는 언덕에 섰다. 마침 황혼의 해가 정상의 눈에 비쳐 신비한 광경을 연출하고 있었다. 숨이 멎을 것 같은 장엄한 몽블랑은 도도하게 서 있었다. 그때 서쪽 경사면에서 눈사태가 나서 거대한 눈 덩어리들이 무너져 내렸다. 굉음과 더불어 상상을 초월하는 눈덩이들이 쏟아지는 것을 보면서 죽음이 떠올랐다. 그 순간 K는 공포가 밀려들었지만, 멀리 떨어져 있다는 생각이 들자 안도의 마음이 들면서 형언할 수 없는 특별한 느낌이 들었다. 런던 근교에서 나고 자란 K는 이런 광경을 본 적이 없어서 정신의 극한을 체험한 것 같은 기분이었다. K는 광활한 알프스의 산들로부터 장엄한 느낌을 받았고 몽블랑에 비친 빛으로부터 신비한 영감을 받았으며, 광포한 눈사태로부터 죽음의 공포를 느꼈고, 마침내 초자연적인 숭고에 이르렀다.

로마시대의 롱기누스^{Kassios Longinos}는,[1] 훌륭한 문학작품은 위대한 발상, 강렬한 정서, 예술적 구성, 고귀한 언어로 가능하다고 보았다. 칸트^{I. Kant, 1724~1804}는 롱기누스의 숭고를 발전시켜 숭고^{Erhabenen}를 상상과 이성의 부조화에서 오는 특별한 미감으로 보았다. 칸트의『아름다움과 숭고의 느낌에 대한 고찰^{Observations on the Feeling of the Beautiful and Sublime}』1764과『판단력비판^{Critique of Judgment}』1790에 의하면 숭고에는 크기와 양에 따라서 결정되는 수학적 숭고^{mathematic sublime}와 힘과 동작에 따라서 결정되는 역동적 숭고^{dynamic sublime}가 있다. 그는 먼저 직관과 상상을 초

---

[1] 숭고를 해설한『숭고한 문체에 대하여(*Peri Hypsūs*)』는 롱기누스의 저작으로 알려졌지만 불확실하다.

월하는 수학적 숭고^{양적 숭고}를 크기와 양에 의한 절대적 감정으로 규정했다. 가령 몽블랑의 장엄한 광경은 크기 때문에 혼란과 공포가 밀려들면서 상상을 초월하는 절대적 지경에 이른다. 광활한 사막과 망망한 바다를 볼 때도 그런 느낌을 받는다. 하지만 이런 판단은 이성에 의해서 부정되는데 그 이유는 이성은 아무리 크다고 하더라도 더 큰 것이 가능하다는 것을 유추해 내기 때문이다.

역동적 숭고^{질적 숭고}는 힘에 관한 숭고인데 예를 들면 산에서 무너져 내리는 눈덩이를 볼 때 느끼는 경이다. 인간은 거대한 눈덩이가 굉음을 내면서 무너지는 것을 보면 공포와 고통을 느끼지만, 그것에서 멀리 떨어져 있어 안전하다는 것을 인지한 다음 특이한 경이와 특별한 쾌감을 느낀다. 또한, 거대한 파도, 높은 절벽, 광활한 사막, 얼음산, 피라미드 등을 보는 인간은 감각적으로 이해가 되지 않지만, 이성 즉 인간의 초감각적인 능력으로 그것을 이해한다. 그리고 혼란, 긴장, 불안, 절망, 불쾌에서 벗어나서 카타르시스^{catharsis}의 쾌감을 느끼는 것이다. 동시에 그 대상이 숭고하다는 느낌을 받는데, 이때의 숭고는 인간 이성의 탁월한 능력에 의해서 도달하는 특별한 인지작용이다. 따라서 고상하면서 거룩한 숭고는 대상에 있는 것이 아니라 마음과 이성에 내재하는 숭고성^{sublimity}이 발현된 결과다.

인간 정신의 무한성에 근거한 숭고는 미와 마찬가지로 반성적 종합판단이다. 그런데 미가 상상과 오성의 조화와 질서에서 오는 자유유희^{free play}의 유한성이라면 숭고는 상상력과 이성의 결합이고 부조화와 무질서로부터 얻어지는 무한성이다. 또한, 숭고는 감성의 한계와 이성의 무한이면서 감성적 불쾌^{displeasure}가 이성적 유쾌^{pleasure}로 바뀌는 과정이다. 아울러 칸트는 숭고의 특징을 부조화, 불균형, 탈조형, 무형식, 무의미, 불규칙, 혼돈과 혼란, 측정 불가능성으로 규정했다. 그래서 칸트는 미가 무목적의 목적이지만, 숭고는 목적에 반하는 반목적^{contrapurposive} 또는 목적없음^{purposivelessness}으로 보았다. 하지만 미와 마찬가지로 숭고는 의도가 없는 무관련성^{disinterestedness}, 개인의 주관적인 판단에 보편성이 있다는 주관적 보편성subjective universality, 그리고 그렇게 될 수밖에 없는 필연성necessity을 공유한다.

칸트의 숭고는 일반적 미를 넘어서는 특별한 미이며, 장엄과 경탄을 느끼는 고상한 숭고Noble sublime, 우울과 전율을 느끼는 공포의 숭고Terrible sublime, 평원 너머의 아득한 경이를 느끼는 장엄하고 화려한 숭고Magnificent sublime로 나눈다. 그런데 동물, 천사, 유아, 정신이상자가 아닌 이성적 인간만이 천연 숲속의 그림자를 보고 숭고의 감정을 느끼고, 붉은 꽃잎의 장미꽃을 보고, 아름다움에 대한 감정을 느낀다. 이처럼 칸트는 '이성을 가진 인간만이 초감각을 인지할 수 있고 또 숭고한 인식을 한다'라는 점에서 이성을 인간의 고유한 사유작용으로 보았다. 그런 점에서 인간은 동물과 같은 감성적 존재이지만, 이성적 존재인 동시에 자연과 다른 목적을 가진 정신적 존재이면서 고통과 아픔을 초월할 수 있는 고상한 존재이다. 그런 점에서 칸트는 고상하고 고결한 정신의 고양인 도덕적 숭고Moral sublime가 가능하다고 보았다.

참고문헌 Immanuel Kant, *Observations on the Feeling of the Beautiful and Sublime*(1764), University of California Press, 1960; Immanuel Kant, *Critique of Judgement*(1790), translated by James Creed Meredith, Oxford University Press, 1973.

참조 감성, 감정·정서, 낭만적 숭고, 무목적의 목적, 미/아름다움, 미적 거리, 미학·예술철학, 미학교육〔실러〕, 미학국가/미적 상태〔실러〕, 바움가르텐의 진선미, 순수이성, 숭고, 신경미학, 이성, 인식론, 정신, 카타르시스, 판단력비판—미(美)란 무엇인가?, 황금비율

퀴어이론

Queer Theory | 酷儿理论

어느 날 대학 동창 W가 결혼을 한다고 말했다. P는 매우 놀라지는 않았지만, 남성과 남성이 결혼한다는 소식은 특별한 것이었다. 그래서 P는 W에게 '나는 동성애자에 대하여 관대하며 동성결혼을 이해할 수 있다'라고 말했다. 동성애를 지지한다는 뜻이었다. 그러자 W는 P를 구시대적이라고 핀잔하면서 자신은 그런 동정이나 관용을 바라지 않는다고 단언했다. 어리둥절한 P에게 W는 이렇게 설명했다. 과거의 동성애자들은 이성애자들과 똑같은 인간이라는 점을 강조하고 동등한 권리를 인정해 달라고 했지만 21세기의 동성애자들은 그런 관용을 바라지 않는다. 자신이 동성애자라는 것이 전혀 부끄럽지 않고, 문제가 되지 않으므로, 당당하게 결혼을 하고 사회생활을 할 수 있다는 것이다. 21세기에 W와 같은 사람들은 주체적인 레즈비언, 게이, 양성애자, 성전환자^{LGBT} 등을 의미하는 퀴어라고 불리고 있다.

W의 이런 자세를 '퀴어적'이라고 한다. 원래 퀴어^{queer}는 '이상한' '비정상인' '기분 나쁜' '메스꺼운' '변덕스러운'이라는 의미였다. 퀴어는 그렇게 지칭되던 사람들이 자신을 '퀴어'라고 주체적으로 표현하면서 사회적 의미로 정착된 용어다. 1969년 뉴욕의 스톤월 인^{Stonewall Inn}에서 동성애자들이 경찰에 항의한 스톤월 항쟁 이후, 동성애에 대한 시각과 제도가 급속히 변했다. 하지만 초기 동성애 운동에서는 소수의 성적 취향인 동성애도 정상이라는 것과 동성애에 대한 차별금지가 주요한 내용이었다. 그런데 1980년대 후반, 이들은 자기 주체성을 확신하면서 동성애자를 지칭하던 욕설에 가까운 퀴어라는 어휘를 전유하여

'그래 우리는 퀴어다'라고 당당하게 선언했다. 이후 유럽을 비롯한 여러 지역에서 주체적 퀴어를 선인한 시람들은 '남녀만 존중하는 이성애자들에게 관용을 바라거나 동성애가 정상이라고 말할 필요가 없다'라고 주장했다.

이런 과정에서 정착된 퀴어는 성소수자와 특별한 취향을 의미하는 뜻이고 퀴어이론은 퀴어적 현상을 사회적, 문화적, 철학적으로 연구하고 성 소수자 형성과정을 분석하는 이론이다. 처음에 퀴어는 게이나 레즈비언 등 동성애자와 관계된 어휘였으나 시간이 흐르면서 양성애자, 무성애자, 성전환자 등 성 소수자들의 자기 주체성을 대변하는 개념으로 확산되었다. 그렇다면 성 소수자들도 자기 정체성이나 주체성을 강화하고자 하는 것일까? 아니다. 이들은 남성, 여성과 같은 성적 본질주의를 부정하고 해체한다. 특히 한 인간을 '남성 K' 또는 '여성 S'와 같은 폭력적 개념에 가두지 말아야 한다는 것이다. 아울러 이성애자, 동성애자와 같은 성적 취향 역시 고정된 것이 아니므로 그런 분류와 명명 또한 무의미하다.

퀴어 이론가들은 정체성이나 주체성을 추구하지 않으며 단순한 구분을 부정하면서 '동성애는 없다'라고 주장한다. 동성애란 이성애자들이 만들어 낸 허상일뿐더러 사랑의 방식을 본질주의에 가두는 오류다. 이 관점에 의하면 인간의 성적 취향과 정체성은 상황과 조건에 따라서 변화하므로 동일성을 강조하는 이성애 중심주의는 옳지 않다고 단언한다. 특히 성^{sex}과 젠더^{gender}는 본질주의에 고정된 구조이므로 해체되어야 한다. 또한, 아리스토텔레스의 분류학 개념인 본질주의에 근거하여 인간을 남성과 여성에 한정하는 것은 인간에 대한 모욕이다. 단지 사랑만 있을 뿐이다. 이처럼 퀴어 이론가들은 퀴어의 역사와 개념을 유연하고 복잡하게 이해해야 한다고 말하는 동시에 폭력적인 정체성 강요를 거부한다. 그러니까 성과 젠더가 사회적으로 구성되었다는 구성주의 이론을 이용하여 본질주의에 대항하고, 다시 구성주의를 통하여 탈정치적이며 탈중심적인 퀴어 문화를 형성하고 이론화하는 것이다.

퀴어이론을 정초한 학자 중의 한 사람인 주디 버틀러Judith Butler는 사회적으로 구성된 젠더에 앞서는 인간 존재에 대하여 주목했다. 버틀러는 '성sex과 젠더gender를 인간 존재의 근본적인 문제'로 간주한 것이다. 그래서 버틀러는 젠더수행성Gender performativity이라는 개념을 통하여 '젠더는 본질적인 것이 아니고 사고나 행동에 의해서 형성되며 일단 형성된 젠더가 고정된 형식으로 반복 수행된다'라고 분석했다. 성이 생물적 조건이라면 젠더는 사회적 강제라는 것이다. 그런데 타자의 담론인 젠더는 고정된 정체성이 아니라 예측도 불가능하고 저항도 불가능한 지배 담론의 헤게모니다. 따라서 생물학적 성은 섹스sex이고 사회적 성은 젠더gender라는 것 역시 구성된 오류다. 이처럼 퀴어이론에 의하면 고정된 본질은 없는 것이며, 정체성이라는 것도 허상이므로 성이나 젠더로 인간을 구획하는 것은 옳지 않다.

참고문헌 Judith Butler, *Gender Trouble : Feminism and the Subversion of Identity*, New and London : Routledge, 1990.

참조 동일성의 폭력〔레비나스〕, 문화적 헤게모니, 실천이성, 인정투쟁, 자기 정체성, 젠더, 젠더수행성, 주체·주체성, 타인의 얼굴, 타자, 타자윤리

구조주의

Structuralism | 结构主义

A가 '이것은 사과다'라고 말하자 B가 '이것은 과일이다'라고 말했다. 그러자 다시 A가 '이것은 빨강 사과다'라고 말했고, B는 '이것은 하나의 과일이다'라고 말했다. 그것을 보고 있던 C가 이 문장을 결합하여 '이것은 하나의 빨강 사과다'라고 정리했다. 이 문장의 기본구조는 주어^{S}와 술어^{V}인데, '사과'라는 단어는 실제 사과와 다른 기호다. '사과'는 기호이기 때문에 '여기 사과가 있다'라고 말하더라도 '지금 여기에' 실제 사과가 있는 것은 아니고 '사과'라는 단어가 있을 뿐이다. 그러니까 실제 사과를 '사과'라는 보통명사로 쓰고 읽기로 한 것일 뿐, 실제 사과와 단어 사과는 필연적인 관계가 없다. 그래서 스위스의 언어학자 소쉬르는 '사과'와 같은 단어는 인간이 임의로 약속한 기호라고 정의했다. 기호는 어떤 실체나 현상을 표현하는 형식인 동시에 의미나 정보를 전달하는 방법이다.

사과가 의미 있는 것은 다른 기호들과의 관계 때문이다. 가령 '이것은 배다, 이것은 수박이다' 그리고 '저것은 배다, 저것은 수박이다'와 같은 기호표기와 다르게 '이것은 사과다'이므로 그 차이에서 문장의 의미가 생겨난다. 이것을 기호와 기호의 관계라고 한다. 그런데 표면적으로 표현되는 파롤^{parole}의 발화 현상은 내면적인 구조인 랑그^{langue}를 바탕으로 한다. 일상생활에서 사용되는 파롤은 문법적으로 맞지 않는 경우가 많다. 소쉬르는 프로이트가 말한 무의식의 심층구조에 주목하여 발화되지 않았더라도 인간의 무의식에 존재하는 언어구조가 있다고 보았다. 이것을 발전시켜서 구조주의의 틀을 정초한 것은 문화인류학자 레비스트로스였다. 그는 소쉬르와 로만 야콥슨의 언어이론을 문화인류학에 접목했다. 그리고 신화나 타부의 심층에 인간 모두가 공유하고 있는 심층구조가 있다고 주장했다.

소쉬르Ferdinand de Saussure, 1857~1913와 레비스트로스가 말하는 구조주의는 1900년대 초 시작된 언어학의 분석방법을 부분과 전체의 구조분석에 적용한 사상이다. 이후 구조주의는 문화 현상이나 인간행동으로 드러나는 사회현상에도 일정하고 보편적인 심층구조가 있다는 구조 이론으로 발전했다. 특히 사소한 표현이라도 심층에는 일정한 구조가 있음에 주목했다. 여기서 중요한 것은 부분과 부분 그리고 부분과 전체의 관계다. 앞에서 본 '사과'라는 기호는 '배'라는 기호와의 관계 속에서 의미가 결정되는 것처럼 개별적인 것은 다른 것과의 관계에서 의미가 결정된다. 부분 또한 전체 속에서 의미가 결정되지만, 부분의 총합은 전체가 아니다. 특히 전체 안에서 부분과 부분, 부분과 전체, 그리고 전체 그 자체는 집합의 원소와 달리 유기적이다. 따라서 '사과'와 '배'의 관계는 기호와 기호의 관계이면서 과일이라는 상위 영역과 유기적인 관계 또는 상호의존적 통일체를 형성한다.

레비스트로스는 문화와 사회현상도 언어와 같이 표면구조와 심층구조로 구성되어 있다고 보았다. 그러므로 문화 현상과 사회현상을 연구할 때 인간 내면의 심층구조 또는 무의식을 알아야 한다. 사람들이 일상생활에서는 문법을 갖추어서 말을 하지 않으나 무의식의 내면에 있는 랑그는 정교한 문법구조를 갖추고 있다. 그러므로 통시적diachronic 연구보다는 현재의 구조에 주목하는 공시적synchronic 연구를 우선한다. 그래야만 일반적 보편규칙universal law을 발견할 수 있고 그것을 찾는 것이 구조주의와 문화인류학의 목적이다. 레비스트로스는 그 예로 근친상간 금지를 들었는데, 이족과 결혼동맹을 맺어 종족의 안전과 번영을 도모하기 위하여 근친결혼을 금지하게 되었다고 분석했다. 이 근친상간 타부는 세계의 모든 지역과 민족에 존재하는 것으로 볼 때, 인류의 잠재의식에는 보편적인 법칙이 있다는 것이다. 그 법칙이 가장 잘 드러나는 것이 신화myth다.

구조주의는 1900년대 소쉬르의 언어학에서 태동하여 현상학적 실존주의를 계승한 1950년대에 꽃피웠다. 언어학의 소쉬르, 문화인류학의 레비스트로스, 정신분석학의 라캉, 철학의 푸코를 구조주의 4인방으로 부르며, 문학연구의 롤랑 바르트와 해체주의의 자크 데리다도 구조주의자로 분류된다. 이처럼 언어의 구조에서 출발한 구조주의는 문화인류학, 심리학, 철학, 사회학, 문학예술 등에 지대한 영향을 미쳤다. 하지만 구조주의는 결정론과 중심의 시각으로 인간과 사회를 본다는 비판을 받았으며 몰역사적이고 지나치게 과학적이라는 비난도 받았다. 아울러 표면의 명징한 실제를 무시하고 은밀하고 모호한 내면/심층을 찾아 헤매다가 기계적인 결과로 환원한다는 지적을 받았다. 한편 구조주의 언어학이 촘스키의 변형생성문법에 비판받은 이후, 구조주의는 1970년대에 탈중심, 상대주의, 주체의 소멸, 해체주의를 표방한 후기구조주의로 계승되었다.

참고문헌 Ferdinand de Saussurem, *Cours de linguistique générale*(1916), edited by C. Bally and A. Sechehaye, with the collaboration of A. Riedlinger, Lausanne and Paris : Payot, translated by W. Baskin, *Course in General Linguistics*, Glasgow : Fontana/Collins, 1977.

참조 결정론, 결혼동맹, 구조주의, 기표·기의/소쉬르, 기호 가치, 러시아 형식주의, 무의식, 보편문법, 실존주의, 주체분열, 주체재분열, 차연, 텍스트, 프로이트, 후기구조주의

환유

Metonymy | 转喻

'귀를 빌려주세요'와 '불을 빌려주세요'의 문장 구조는 같다. 그러나 수사법의 구조는 다르다. '불을 빌려주세요'는 불을 빌려서 담배를 피우겠다는 뜻의 평범한 문장이다. 반면 '귀를 빌려주세요'는 '주의注意를 기울여 달라'는 비유적인 문장이다. 이 문장의 표면적 의미와 심층적 의미가 다르기 때문에 문장 그대로 해석할 수 없다. 그러니까 '귀'의 심층적 의미는 '주의'이므로 이 문장의 의미는 '나에게 주의를 기울여 달라'는 것이다. 따라서 '귀'와 '주의'의 관계는 환유로 설명할 수 있다. 환유換喻는 표현하고자 하는 것을 다른 것으로 바꾸어서 표현하는 비유법의 일종이다. 환유는 은유의 하위영역으로 간주되기도 하지만, 은유, 직유, 상징, 아이러니, 제유와는 다른 비유법이다. 수사학적으로 볼 때, 환유의 비유법을 쓰는 이유는 직설적인 표현을 피하고 간접적인 표현으로 본래 의미를 새롭게 표현하기 때문이다.

환유는 고대 그리스어 '다른meta 이름ónoma으로 바꾼다change'는 뜻에서 유래했다. 힌자어 환유換喻는 바꾸는 환換과 (말을) 옮기는 유喻의 합성어로 '다른 말로 옮긴다'라는 뜻이다. 이처럼 서로 다른 것의 의미를 연결하는 환유라는 말 자체도 사실은 환유다. 환유가 비유의 의미로 쓰이게 된 것은 고대 그리스의 수사법 때문이다. 고대 그리스의 수사학자 이소크라테스Isocrates는 사람들이 일상 언어로 표현하는 산문은 표현이 제한되는 것에 반하여 시희곡는 창의적인 비유로 다양한 표현이 가능하다고 보았다. 은유가 관련성이 없는 두 관념을 비유하는 것과 달리 환유는 관련이 없는 것을 연결하지 않는다. 가령, 은유인 '사랑의 장미'

에서 '사랑'과 '장미'는 직접 관련이 없다. 하지만 환유인 '귀'와 '주의'는 관련이 있고 연속적이다. 왜냐하면, 귀를 통해서 주의를 기울이기 때문이다.

가장 유명한 환유의 예는 '펜은 칼보다 강하다'가 있다. 펜은 글이나 지혜를 의미하고 칼은 힘이나 무력을 의미한다. 그런데 펜으로 글을 쓰기 때문에 글과 연관성이 있다. 이처럼 표현하고자 하는 것을 직접 표현하지 않고 조응하여 표현하는 것은, 상상의 폭을 넓히고 미적인 긴장감을 주기 위해서다. 가령 '백의의 천사가 꿈처럼 다가왔다'라는 표현을 '간호사가 꿈처럼 다가왔다'라고 하면 직접묘사의 설명이 되므로 상상을 제약한다. 이처럼 똑같은 의미지만 백의의 천사라고 표현하는 것과 간호사라고 표현하는 것은 다르다. 한편 '간호사가 주사를 놓았다'를 환유하면 '백의의 천사가 주사를 놓았다'인데 '백의의 천사'는 간호사의 상징이면서 그 자체로 은유다. 그런데 '백의의 천사'는 '백의의 천사는 간호사다'를 함의하고 있으므로 직유이기도 하다. 사실 모든 어휘는 '무엇을 바꾸어서 표현한' 환유이므로 언어적 다의성polysemy을 내포하고 있다.

은유는 어휘나 개념의 유사성similarity을 바탕으로 새로운 의미를 만들어 내는 것이고 환유는 관련성relatedness이나 연속성/인접성contiguity을 바탕으로 새로운 의미를 만들어 내는 것이다. 이처럼 환유는 바꾸는 원래 개념과 바뀐 개념 사이에 본질과 특징을 유지하고 있어야 한다. 관련성과 연속성을 바탕으로 개념과 어휘를 대체한다는 점에서 환유는 대체어법metalepsis의 성격이 있다. 환유의 예를 들면 '셰익스피어의 작품을 읽는다'를 '셰익스피어를 읽는다', '죽음이 다가온다'를 '백발이 다가온다', '주의를 기울여 달라'를 '귀를 기울여 달라'로 표현하는 것이 있고 한국 정부를 '청와대', 미국 정부를 '백악관', 러시아 정부를 '크렘린', 영국 왕실을 '버킹엄 궁'으로 표현하는 것이 있다. 또한, '리버풀이 맨체스터를 이겼다'와 같은 표현도 환유의 일종이다. 이처럼 환유는 관련이 있는 개념을 환원reduction하여 얻는 또 다른 의미다.

환유는 은유처럼 원관념과 보조관념을 연결하여 비유하는 것이 아니라, 어휘 자체를 바꿈으로써 원관념과 보조관념의 매개를 없애 버리고 직접 대치 substitution하는 수사법이다. 환유의 의미를 잘 설명한 로만 야콥슨R. Jacobson은 하나의 기표가 다른 기표로 끊임없이 환유되면서 의미가 지연되는 것으로 보았다. 야콥슨에 의하면 언어의 지연遲延인 환유는 리얼리즘의 특성이며 언어의 변환인 은유는 낭만주의와 상징주의의 특성이다. 야콥슨의 이론은 구조주의에 큰 영향을 끼쳤고 라캉의 욕망이론의 근거가 되었다. 라캉은 전치되는 욕망을 지연시키는 한편 타자의 욕망을 찾는 것을 환유로 보았다. '사실은 그림으로 그릴 수 있다'라고 말한 비트겐슈타인의 언어그림이론 역시 언어와 회화의 환유 관계를 말하는 것이다. 이처럼 환유는 문학과 수사학에만 있는 것이 아니라 회화, 음악, 연극, 영화에서도 가능하다. 초현실주의 화가 후안 미로Joan Miró는 꿈을 그림으로 환유했다.

참고문헌 *Metaphor and Metonymy in Comparison and Contrast*, edited by René Dirven and Ralf Pörings, Belin · New York : Mouton de Gruyter, 2002.

참조 개념, 구조주의, 그림이론, 기표 · 기의/소쉬르, 낭만주의, 리얼리즘〔예술〕, 문학, 본질, 비유, 상상, 상징, 상징주의, 수사, 아이러니 · 반어, 알레고리, 역설, 은유, 제유, 타자, 표현, 풍자

화자/서술자

Narrator | 叙述者

도스토옙스키의 『죄와 벌』 첫 문장은 이렇게 시작한다. '7월 초순 어느 오후, 한 청년이 S 거리에서 나와 K 다리 쪽으로 걸어가고 있었다. 청년은 집에서 나올 때 주인 여자와 마주치지 않은 것을 다행으로 여기며 천천히 걸어갔다.' 이 청년을 보고 있는 사람은 실재하지 않는 허구적 존재로 청년과 약간 떨어진 곳에 있다. 그런데 이 사람은 '다행으로 여기며'와 같이 감정적 판단을 내리기도 한다. 약간 멀리서 청년을 따라가면서 청년의 외면뿐만 아니라 내면까지 묘사하는 것이다. 그런데 '걸어가고 있었다' 또는 '걸어갔다'라고 펜으로 쓴 사람은, 작가 도스토옙스키지만 이것을 서술하는 존재는 도스토옙스키가 아니다. 이런 서술의 방법을 삼인칭 관찰자 시점/서술이라고 하는데 화자가 마음 내면을 서술하고 있으나 모든 것을 아는 것은 아니므로 삼인칭 제한적 관찰자로 볼 수 있다. 이 가상의 존재를 화자語者 또는 서술자라고 한다.

작가 도스토옙스키는 텍스트 밖에서 작품을 기획하고 펜으로 쓰며, 실재하는 존재이므로 '걸어갔다'라고 서술하는 화자/서술자와 다르다. 화자는 말하는 것을 강조하는 개념이고 서술자는 쓰는 것을 강조하는 개념이다. 그렇다면 텍스트 밖의 작가 도스토옙스키가 텍스트 안의 화자/서술자와 어떻게 소통할까? 그 것은 작가의 서사 기획을 텍스트 안에서 실현하고 화자/서술자로 하여금 서술하도록 하는 내포작가가 있으므로 가능하다. 그러니까 작가는 자신의 사상과 감정을 내포작가를 통해서 서술의 방법narrative modes인 시점, 거리, 분위기, 인물, 배경 등을 선택하고 그를 통해서 화자/서술자를 설정한다. 그 화자/서술자narrator가 역시 텍스트 안에 존재하는 독자/청자를 향해 기술/서술한 것이 바로 이야기다. 이것을 정리하면 텍스트 밖의 실제 작가-텍스트 내의 내포작가-화자/서술자-이야기-피화자/피서술자-텍스트 내의 내포독자-실제 독자가 된다.

이야기는 텍스트 밖의 실제 작가가 텍스트 안의 내포작가로 하여금 설정한 화자가 말로 말하는 서술narration이거나 서술자가 글로 쓰는 진술statement의 결과다. 그런데 화자/서술자는 실재하지 않는 허구적 존재다. 그런 점에서 화자/서술자를 허구적 서술자fictional narrator라고 하는 것이 일반적이지만 작중 인물로 보는 견해도 있다. 이에 대해서 서사이론가 웨인 부스와 채트먼은 내포작가implied author가 화자/서술자narrator를 설정하고 이 화자/서술자가 피화자/피서술자narratee에게 서술하거나 진술한다고 보았다.[1] 그러므로 이야기는 화자/서술자가 서술 또는 진술한 결과이면서 사건, 인물, 배경 등이 포함된 텍스트다. 한편 이야기를 읽는 또는, 수용하는 존재는 역시 텍스트 내에 매복된 내포독자implied reader로 이 가상의 존재가 내포작가와 대응되는 존재다.

모든 형식의 이야기 텍스트에 존재하는 화자/서술자가 서술할 때는 일정한 거리와 시점을 가진다. 그 거리와 시점은 텍스트 내의 허구적 공간에서 설정되는 것이므로 서술의 원리인 담론談論, discourse이 있어야 한다. 그 담론에 따라서 시점 등 서술의 방법narrative mode이 결정되면 화자/서술자는 그에 따라서 진술하고 서술한다. 그런데 첫째, 일인칭 서술자는 자기 스스로 서술하는 형태로 자신의 감정, 의견, 판단, 생각 등을 직접 기술하는 것이며 둘째, 삼인칭 제한적 서술자는 화자/서술자가 제삼자를 관찰하듯이 객관적으로 기술하는 것이고 셋째, 삼인칭 전지적 서술자는 서술자가 제삼자를 관찰하고 서술하지만, 시간과 공간을 초월할 수도 있고 인간의 내면까지도 서술하는 것이다. 시점은 '누가 어떻게 보고 있는가'이고 서술은 '누가 어떻게 말하고 있는가?[화자] 누가 어떻게 쓰고

---

1   Seymour Chatman, *Story and Discourse*, Ithaca and London : Cornell University Press, 1978, p.151.

있는가?[서술자]'이다. 이처럼 서사 기획에 따라서 텍스트 안에서 다중 서술도 가능하고 서술과 시점의 거리와 각도를 바꾸는 서술도 가능하다.

작가를 대리하는 존재가 내포작가이고 이 내포작가가 설정한 또 다른 존재가 화자/서술자이며 화자/서술자의 서술이 이야기다. 간단하게 말해서 화자/서술자는 텍스트 안에 존재하면서 말하고, 설명하고, 묘사하고, 진술하는 서술의 주체다. 반면 제라르 주네트는 화자/서술자가 곧 관찰자라는 이론을 부정하고 초점화자라는 개념을 설정했다. 그는 '나는 그때 한 청년이 걸어가는 것을 보았다'에 나타나는 것처럼 보는 시점과 기술하는 시간이 다르다는 것을 특별히 강조한다. 이에 근거하여 주네트는 이야기의 초점을 맞춘 서술을 초점화focalization, 과거를 회상하면서 서술하는 존재를 화자narrator, '그때의 나'를 초점화자focalizer라고 명명했다. 초점화자는 '누가 인식하는가'에 초점을 맞춘 화자이다. 한편 롤랑 바르트는 화자/서술자를 서면의 존재paper being라고 했는데 이것은 화자/서술자도 작중 인물과 같은 기능을 한다는 뜻이다.

참고문헌 Seymour Chatman, *Story and Discourse*, Ithaca and London : Cornell University Press, 1978, p.151.

참조 구조주의, 기표·기의, 내러티브, 내포작가/내포저자, 러시아 형식주의, 묘사, 미적 거리, 서사, 스토리·이야기, 시간, 시점, 작가·독자, 초점화[서사], 텍스트, 픽션·논픽션, 허구

로망스
Romance | 罗曼史

'오 아름다운 님이시여! 이 연약한 마음에 힘과 지주가 되는 님이시여! 이때야말로 그대의 포로가 된 이 기사에게 그대의 훌륭한 시선을 돌릴 때입니다. 나는 지금 큰 모험을 앞에 놓고 있습니다.' 이것은 소설 『돈키호테Don Quixote』1605의 기사 돈키호테가 사모하는 여인 둘시네아에게 사랑을 고백하는 장면이다. 과장된 어투로 모험을 이야기하는 돈키호테는 시대착오적인 인물이다. 지혜의 왕자라는 별칭으로 불리는 스페인 세르반테스의 『돈키호테』는 중세 기사를 풍자한 소설이고 로망스와 근대소설의 가교역할을 한 중요한 작품이다. 군인이었던 세르반테스Miguel de Cervantes, 1547~1616는 레판토해전에서 왼팔을 다쳤고, 알제리에서 5년간 노예 생활을 하는 등, 일생을 고통과 가난 속에서 살았다. 하지만 그가 남긴 소설 『돈키호테』는 기사도 계열의 로망스이면서 근대소설의 전조로 평가받고 있다.

사전적인 의미에서 남녀의 사랑을 말하는 로망스는 문학적으로 첫째, 로마의 말romanicus로 쓴 이야기 둘째, 이탈리아, 프랑스, 스페인, 포르투갈 등에서 지방 언어로 쓴 가볍고 재미있는 이야기라는 두 가지 의미가 있다. 특히 협의의 로망스는 프랑스 남부 지방의 환상적인 무용담, 기사담, 영웅이야기, 모험담, 연애 이야기를 감상적이고 낭만적으로 쓴 산문을 지칭한다. 로망스는 13세기에는 주로 전설, 민담, 영웅담이었고, 16세기에는 기사들의 충성과 사랑을 그렸으며, 18세기에는 마술적이고 환상적인 모험담이 주류를 이루었다. 그러므로 로망스는 주로 중세와 근대 초에 라틴어가 아닌 방언으로 표현된 감상적이고 감미로운 산문 가사이면서 운율을 가진 시가詩歌가 결합한 양식이다. 하지만 고전古典 부흥을 주창했던 르네상스 시대에는 로망스를 유치하고 진부한 이야기로 폄하했고 현대에는 감상적 만족과 행복한 결말의 로맨스 소설Romance novel로 이해한다.

사실보다는 허구와 상상이 우선하는 로망스는 흥미와 재미를 위주로 했으며 인간의 내면 심리보다는 외면적 사건에 치중했다. 그런데 로망스를 낭만적으로 이해하는 것은 비현실적이고 비사실적인 면이 강하기 때문이다. 문학사의 관점에서는 로망스 양식이 풍미한 중세에는 「롤랑의 노래Song of Roland」나 「아서왕King Arthur」처럼 대서사 형태였으나 이후 귀족과 기사들의 모험담이나 교양 있는 언행을 주로 표현했고, 현대에 들어 낭만적이고 감성적인 남녀의 사랑 이야기로 진화했다. 이런 이유 때문에 문예사조에서는 로망스와 낭만주의를 연결하기도 하지만, 서사적 개념으로 볼 때는 다소 거리가 있다. 하지만 로망스의 서정성, 감상성, 주관성, 신비함, 상상력, 동경憧憬, 환상성 등의 요소는 낭만주의와 상통하는 것은 분명하다. 근대사회에서도 로망스는 낭만적인 사랑이야기로 간주되는 경우가 많다.

로망스는 신화神話와 전설에서 보는 것과 같은 신비한 요소들이 있기는 하지만 현실을 바탕으로 약간의 초월적인 이야기를 쓴 서사적인 글이라는 뜻도 포함한다. 로망스는 인간의 욕망을 대리로 충족하는 몽상적 양식이므로 로망스의 내용은 성공, 승리, 낭만, 희망, 부귀, 영광榮光과 관계가 있으며, 로망스의 주인공은 상류계층의 고상한 인간이거나 특별한 능력이 있는 비범한 인물인 경우가 많다. 근대 리얼리즘 소설과 대비되는 로망스는 초자연적인 배경에서 특별한 인물이 특별한 사건을 겪는 이야기로 선악 대비가 비교적 선명하다. 이상을 추구하는 도덕적인 주인공이 승리와 성공이라는 결말을 향해서 나가는 로망스의 서사는 장중하고 빠르며 등장인물이 많고 시간과 공간이 넓고 큰 것이 특징이다. 한편 중세의 로망스와 달리 현대의 로망스는 장르에 불문하고 남녀 연애의 감미로운 정조情調를 의미한다. 그러므로 로망스/로맨스는 낭만적 사랑

Romantic love과 동의어로 쓰이기도 한다.

　노스럽 프라이Northrop Frye, 1912~1991는 서사의 내용이나 문학사적 차원이 아닌 로망스의 장르적 특징을 강조하면서 내성적이면서 개인적인 로망스와 외향적이면서 개인적인 소설을 구분했다. 프라이에 의하면 로망스의 인물 성격character은 형식화되어 있고 개성적individuality이며 주관성이 강하다. 그는 산문을 소설, 로망스, 고백, 해부로 나누고 대부분 장편소설은 두 가지 양식의 조합이라고 보았다. 한편 로망스는 모험, 갈등, 시련 극복, 성공이 순차적으로 전개되며 (서사구조로 볼 때) 발단－전개－결말이 분명하다. 아시아의 전기소설傳記小說이나 영웅소설이 서구의 로망스에 해당하는데 관점에 따라서 셰익스피어의 『로미오와 줄리엣』, 중국의 『홍루몽紅樓夢』과 한국의 『춘향전春香傳』도 로망스의 성격이 있다고 할 수 있다. 이처럼 '신화－서사시－로망스－근대소설'로 이어지는 서사 양식의 이행 과정은 세계의 모든 지역과 민족에서 공통적이다.

참고문헌 Northrop Frye, *Anatomy of Criticism*, New Jersey : Princeton Univ, Press, 1957.

참조 감성, 감정·정서, 낭만주의, 르네상스, 리얼리즘〔예술〕, 사건, 산문, 서사, 서사시, 소설, 스토리·이야기, 시점, 신화·전설, 장르, 캐릭터·인물, 플롯, 픽션·논픽션, 허구, 혁명적 낭만주의, 화자/서술자, 환상/환상성

원형[칼 융]

Archetype | 原型

소심하고 내성적인 P가 분석심리학자 K에게 물었다. '저도 모르는 열정과 권력 욕망으로 괴로운 때가 있는데, 왜 그런가요?' 그러자 분석심리학자 K는 '그것은 P 당신의 그림자 때문입니다. 그 그림자를 피하지 말고 직시하여 자기를 찾아야 합니다'라고 답했다. P는 내면에 자기도 모르는 또 다른 자기가 있다는 사실을 부정하고 싶었지만, 다시 이렇게 물었다. '선생님, 그렇다면 제 내면의 그림자와 외면의 저는 다른 존재인가요?' K는 '그렇지 않소. 내면의 그림자는 P 당신이 모르는 당신의 또 다른 자기 원형이오'. 이것은 숨겨진 내면의 그림자가 사실은 자기 자신의 원래 모습이라는 뜻이다. 이처럼 스위스의 분석심리학자 칼 융C.G. Jung 1875~1961은 개인의 행동, 사고, 신념, 감정 등에는 원형의 형식 또는 구조가 있다고 보았다. 그런데 그 원형은 무의식에 잠재하는 한편 집단이 공유하는 무의식이기 때문에 초시간적이고 초공간적이다.

융이 말하는 원형은 '처음' 또는 '원래arche'라는 의미와 '유형type'이 결합한 명사이므로 '원래의 유형'이라는 뜻이다. 기본형이라는 의미의 원형prototype과 다른 융의 원형archetype은 무의식에 잠재하는 구조라는 뜻에 가깝다. 융은 1912년 원시와 원초의 집단무의식인 신화적 또는 원시적 이미지primordial images, 심리를 지배하는 요소dominant, 자아의 원초적 영상인 이마고imago라고 했으며, 1919년 원형이라는 용어를 사용한 이후 원형 자체와 원형의 재현을 구분했다. 아울러 융은 생물적 본능과 심리적 원형을 연결하여 설명하는 한편 인류의 집단무의식에 잠재하는 것을 원형이라고 규정했다. 그러니까 원형인 집단의 공통 기억이 인간의 무의식에 내재하는데 예를 들면, 탄생과 죽음, 아니마와 아니무스, 천사와 악마 등은 민족과 국가를 넘어서 인류 전체가 가진 집단무의식 원형이다.

융은 스승 프로이트의 정신분석학이 모든 것을 성충동Sex drive으로 해석하는 것에 반대하여 성 이외에도 종교적 신념이나 권력의 욕망 등 다른 요인이 있다고 주장했다. 그러자 프로이트는 융의 관점이 틀린다고 지적했다. 이로 인하여 프로이트와 절연하고 정신분석학파로부터 쫓겨났다. 융은 좌절과 실의 속에서 자신의 학설을 발전시켜 마침내 인간 내면을 설명하는 분석심리학 이론체계를 완성했다. 이 중, 인간의 언행과 양식에 선험적인 구조가 있다는 원형이론은 플라톤의 이데아idea와 칸트의 형식form 등 여러 사상가의 영향을 받은 것이다. 한편 융은 프로이트의 무의식에 근거하여 이성이 주관하는 의식만이 아니라 무의식 속에 집단이 공유하는 원래의 원형이 있다고 보았다. 그리고 여러 민족의 신화를 연구하여 인류가 동질적으로 가진 충동이자 본능인 리비도libido의 다양성을 밝혀냈다.

융의 원형은 인간이 선험적으로 가진 원초적인 힘이자 근원적 핵이고 본능과 연결된 의식의 뿌리이며 보편적이고 편재적인 원리이자 구조다. 하지만 원형은 하나의 원리일 뿐 구체적으로 드러나지 않는 역동적 구조다. 융이 말한 원형 자체는 집단무의식에 내재하므로 지각될 수 없는 잠재태라면 원형의 재현은 지각할 수 있고 구체화할 수 있는 현실태다. 이것이 꿈, 신화, 종교에서 원형심상이나 원형상징으로 재현되면서 인간이 지각하는 것이다. 또한, 융은 ① 탄생, 죽음, 결혼 등의 원형적 사건, ② 아버지, 어머니, 마술사, 신, 현자, 영웅 등의 원형적 인물, ③ 대홍수, 계시, 창조, 심판 등의 원형적 모티브로 구분했다. 그런데 인간은 재현된 시각적 원형심상과 원형상징을 통해서 원형을 간접적으로 인지한다. 한편 원형상징과 대비되는 관습적 상징은 한 민족이나 집단이 공유하는 것인데 예를 들어 서양과 동양의 용에 대한 차이와 같다.

융은 여러 문화에서 동일하게 발견되는 종교와 예식, 지배와 권력의 욕망, 영융의 모험담, 통과의례, 선악 갈등 등은 인류가 공통으로 가진 집단무의식 원형이라고 보았다. 융의 원형이론은 인간이 태어날 때 의식의 백지상태인 타불라 라사tabula rasa를 부정한다. 아울러 융은 인간에게는 본능과 다른 선험적이고 선천적인 능력이 있다고 믿었다. 이처럼 인간의 의식과 행동을 설명할 때 선험적이고 선천적인 원형이 있다는 주장은 언어, 문학, 예술을 비롯한 여러 영역에서 응용되고 있다. 하지만 융의 원형론은 지나치게 신비하고 형이상학적이어서 과학과 정신분석학에 적용할 수 없다는 비판을 받는다. 융의 원형이론은 인류학자 프레이저J. Frazer, 1854~1941의 『황금가지』에서 말하는 원형과 유사하지만, 정신과 심리를 중심으로 하는 점에서 차이가 있다. 한편 예술작품에 나타난 원형의 의미를 해석하는 비평의 방법을 원형비평이라고 한다.

참고문헌 Carl Jung, *Archetypes and the Collective Unconscious*, Pantheon, 1959, p.43.

참조 감정, 기억, 무의식, 보편문법, 상징, 아니마 아니무스, 예술, 원형, 의식, 이마고/자아영상, 자아, 재현, 정신분석, 정신분열증, 진화심리학, 집단무의식, 타불라 라사

미학과 정치[랑시에르]

Politics of Esthetics | 政治美学

1974년 그는 자기 스승을 비판한 『알튀세르의 교훈』이라는 책을 펴냈다. 그는 스승 알튀세르가 사회주의자를 표방하면서 사회주의 혁명을 외면했다면서 그것은 결국 부르주아의 지배를 지지하는 것이라고 비난했다. 물론 이해가 담긴 비판이었고 지성적 논쟁을 벗어나지는 않았으나, 이 문제는 학문과 실천에 직결되어 있으므로 많은 논란을 일으켰다. 1960년 랑시에르가 고등사범학교에 입학한 후, 알튀세르와 함께 마르크스를 읽을 때까지 랑시에르는 지식인과 학자의 임무는 실천의 이론을 만드는 일이라고 생각하고 있었다. 하지만 1968년 학생과 대중들이 봉기했을 때, 청년 랑시에르는 이론과 실천의 문제를 심각하게 고민했다. 마침내 랑시에르는 알튀세르와 결별하고 이론도 중요하지만, 사회적 실천도 중요하다고 선언했다. 랑시에르가 이런 선언을 한 이유는 당시 알튀세르가 학생들의 투쟁과 거리를 두고 있었기 때문이다.

랑시에르J. Rancière가 스승을 비판한 것은 알튀세르가 평등과 진보를 말하면서 엘리트주의에서 벗어나지 못할 뿐 아니라 실천은 하지 않고 이론에 집착했기 때문이다. 그의 생각은 지식과 실천이 일치하지 않으면 그것은 허위라는 것이다. 그것은 지식인과 대중을 분할하고 분리하는 논리이면서 결과적으로 불평등을 고착시키거나 강화하는 이론이다. 알튀세르가 말하는 이론의 자율성은 현실을 정확하게 보지 못하게 하는 한편 정치를 철학에 봉합시키는 오류다. 그리하여 지식인이 현실의 모순을 외면하는 사이에 자본주의 사회의 지배자 부르주아는 자기 계급의 지배력을 강화한다. 가령 단순생산을 하는 육체노동자인 대중과 지적知的 작업을 하는 전문가인 지식인을 나누고, 부르주아와 대중의 감성을 분할하여 고착시킨 결과, 전문가의 지식이 지배의 수단으로 전락하고 말았다는 것이다.

알튀세르의 논리는 플라톤에 맥이 닿아 있다. 플라톤은 사람들의 역할을 나누고, 무지한 대중을 계몽하며, 각자의 역할에 충실한 것이 이상국가라고 믿었다. 그래서 플라톤은 실재idea를 추구하는 철인哲人을 중심으로 윤리체제an ethical regime of images를 세우고 이를 통하여 이상국가를 실현하고자 했다. 그러려면 철인哲人이 정치를 관장해야 하는데, 이것은 정치politeia가 아니라 규범과 질서를 위한 치안polizei이다. 정치가 평등의 과정이면서 실천의 놀이인 데 반하여 치안은 위계적 질서와 분할의 체제다. 이처럼 치안으로 작동되는 질서의 세계에서 예술은 그림자나 이미지의 단계에 머물 수밖에 없다. 이런 플라톤의 사상에서 실재 Idea만이 가치가 있으며 실재가 현상계에 재현된 예술은 무의미하다. 따라서 예술은 타율적heteronomy일 뿐 의미가 없다는 관점에서 시인추방론이라고 하는 예술 배제의 논리가 태동한다.

한편 아리스토텔레스는 플라톤에 의하여 추방된 예술의 가치를 인정했는데 그것은 현상계의 개별 개체를 실재하는 것으로 보기 때문이다. 그런데 예술은 이데아의 세계를 모방imitation하는 것이 아니라 진리를 재현하는 재현체제the representative regime of the arts인 미메시스mimesis다. 이 체제에서 예술은 가시적으로 인식되거나 시와 같은 형태로 존재하면서 자율성autonomy을 확보하지만, 여전히 미적 불평등에 머물러 있다. 이 미적 불평등을 극복하기 위하여 랑시에르가 주목한 것은 18세기 독일의 관념 미학자 실러다. 랑시에르는 실러F. Schiller, 1759~1805의 『미학편지』 15번에 근거하여 미적 효용성esthetics efficacy으로 감각과 인식의 관계를 새로 설계해야 한다고 주장하는 한편 진정한 인간공동체를 건설하자고 제안한다. 이 미적체제the esthetic regime of the arts의 예술은 완전한 자율성을 가지고 삶과 예술을 통합한다. 그리하여 정립된 미학과 정치는, 정치와 미학이 연결되어야 미적 효용성이 가능하다는 랑시에르의 미학적 정치 이론이다.

미학적 정치의 미적 체제에서 감성은 지성과 조화하여 총체성을 확보하고 인간의 잠재력을 계발한다. 그리고 유희충동과 자유유희를 통하여 인간은 진정한 인간이 되고 또 진정한 해방을 맛본다. 그것을 가능하게 하는 것이 바로 예술이므로 예술은 치안治安이 아니라 정치다. 특히 가장 미학적일수록 가장 정치적이다. 미적 감각에 따르는 정치는 전복과 파괴, 역설과 역전이 가능한 열린 영역이다. 또한, 논리와 인식이 지배하는 치안治安에서 감각과 감성이 지배하는 정치로 바뀌면 해방된 인간공동체가 가능하다. 이때 평등과 자유가 보장되고 예술과 삶이 일치하는 미적 공동체美學共同體가 가능하다. 이처럼 랑시에르는 이질적인 정치와 미학을 연결하여 예술의 정치적 기능을 설명하는 한편 미학적 정치의 감각적 평등에 주목하여 평등하고 진보한 사회를 꿈꾼다. 미적 공동체는 랑시에르가 실러의 미학국가론을 정치와 연결한 실천이론이다.

참고문헌 Jacques Rancière, *The Politics of Aesthetics : The Distribution of the Sensible*, edited and translated by Gabriel Rockhill, 2004.

참조 감각, 감성, 마르크스, 모방론, 미/아름다움, 미메시스〔플라톤〕, 미적 거리, 미학교육〔실러〕, 미학국가/미적상태〔실러〕, 시인추방론, 예술, 유희충동, 이성, 인식론, 지성·오성, 판단력비판─미(美)란 무엇인가?, 해석학적 미학, 호명

유희충동

Play Drive | 游戏冲动

휘영청 밝은 달 사이로 노랑 감잎이 떨어지는 가을밤, 떠들썩한 소리가 그치지 않았다. 이 시끄러운 소리에 잠을 깬 P는 화난 얼굴로 방문을 열고 '잠을 자야겠으니 그만하시라'라고 말했다. 그러자 L은 웃으면서 놀이를 해서 P가 이기면 이 시끄러운 놀이를 그만두겠다고 제안했다. 이렇게 하여 P는 '가위바위보 놀이Rock-paper-scissors'에 참가하게 되었다. 이때 독일 고전주의 시인 실러가 나타나서 어린아이같이childlike 즐거워하는 모습을 보고, '놀이하는 인간이 절대적 자유를 누리는 완성된 인간'이라고 말하고 사라졌다. 시간과 공간을 넘어서 놀이의 현장에 온 실러의 말은, 고귀하고 아름다운 본질이자 실재가 바로 유희충동에 따라서 놀이하는 인간이라는 것이다. 실러가 말하는 유희충동은 자유롭게 놀이하려는 강렬한 욕망이며, 감성인 감각충동과 이성인 형식 충동이 통합된 미적 상태다.

독일 고전주의를 대표하는 극작가이자 시인이고 예나대학의 역사철학 교수였던 실러Friedrich von Schiller, 1759~1805는 1795년『미학편지』에서 인간에게는 유희충동, 즉 놀고 싶은 욕망이 있다고 주장했다. 그가 말하는 유희충동은 인간에 내재한 본질인데, 이성과 감성으로 대표되는 인간의 본질적인 두 심성이 어떻게 만나는가를 설명하는 이론이다. 또한, 미학으로 사회를 개혁하고 미적 국가를 건설할 수 있다는 순수예술론의 정치 미학이다. 실러에 의하면 인간에게는 시간과 공간 속에서 변화하는 한시적 존재의 감각충동sense drive과 변화하지 않는 무한한 존재의 형식충동form drive이라는 두 속성이 있다. 그런데 근대에 들어 전문적 분화로 인하여 두 속성이 분리되어 인간과 예술은 심각한 손상을 입었다. 따라서 감각충동과 형식충동이 하나가 되어야 완성이 되는데, 그리스 사회에서 그 완성된 인간을 만날 수 있다.

첫째, 감각충동은 인간이 시간의 조건에 놓이고자 하는 욕망이다. 이 욕망 때문에 인간은 육체적으로 존재하는 것이며 한시적인 시간에 살면서 현상적 존재가 되는 것이다. 그래서 인간은 감각적이고 물질적인 존재이고 그 존재는 삶의 형식으로 표현된다. 둘째, 형식충동은 인간이 시간과 공간을 초월하여 절대적으로 존재하고자 하는 욕망이다. 이 욕망 때문에 인간은 무한한 시간에서 초월적 존재가 되는 것이다. 그때 이성적이면서 도덕적인 존재가 무한으로 표현된다. 두 충동은 서로 충돌하고 경쟁하면서 한 인간을 구성하는데 치우치지 않는 균형의 상태가 바람직하다. 또한, 두 충동이 변증법적으로 통합하여 유희충동, 즉 놀이의 욕망이 발현하면 진정한 아름다움인 삶의 형식living form이 가능하다. 이처럼 놀이/유희는 감성과 이성, 수동성과 능동성, 본능과 도덕, 휴식과 행동의 매개자이다.

이 두 충동이 조화하는 지점에서 인간은 완성된 인간이 되고, 자유의 존재가 되며, 무한의 유한한 실체이자, 변화하면서 변하지 않는 절대적인 존재로 합일한다. 그러니까 아폴론적 이성을 추구하는 형식충동形式衝動과 디오니소스적 감각을 추구하는 감각충동感覺衝動이 합일하여 조화를 이루는 그 지점에 유희와 놀이가 놓여 있는 것이다. 그런데 동물적 놀이를 넘어서 미적인 놀이에 이르면 인간은 도덕적이면서 창의적이고 총체적인 인간으로 변한다. 실러가 말하는 총체성은 이성과 감성이 조화를 이루면서 형식과 감각이 합일하는 전인全人의 상태다. 그때 가장 완전하고 아름답고 고상한 인간으로 승화한다. 그런데 과거에는 예술이 진선미를 포괄적으로 포함하고 있었지만, 시간이 지나면서 진眞과 선善이 다른 영역으로 분화되었다. 그러므로 예술은 미 즉, 아름다움에 한정되는 것이며 예술은 목적이 없는 아름다움이어야 하고 유희는 자율적인 예술인 것이다.

이성과 감성을 비롯한 인간의 여러 능력이 자유유희free play를 할 때, 의식은 제로⁰ 상태가 되고 초감각적 즐거움의 상태에 도달한다. 가령, 가위바위보 놀이하는 어른들에게는 놀이 이외의 어떤 목적도 없고, 이성적으로 계산하지도 않으며, 감각조차 잃어버린다. 이 유희충동이 발휘되면 인간은 솔직해지고, 독립적 존재가 된다. 동물이나 신은 이런 가상의 유희 또는 미적 놀이를 즐기지 않는다. 이처럼 플라톤이 쓸모없다고 추방한 예술의 미적 유희와 가상 상태에서 진정한 자유의 길이 열리는 것이다. 여기서 자유라는 절대이념이 가능해지는데 그것은 현실과 경험이라는 시간과 공간을 초월하기 때문이다. 이때 현실의 유한한 존재인 인간은 실재의 무한한 본질인 원래의 자기를 만날 수 있다. 그런데 실러의 유희충동은 칸트의 관념론과 미학을 계승한 것으로 지나치게 낭만적이라는 비판을 받는다.

참고문헌 Friedrich von Schiller, *Letters Upon The Aesthetic Education of Man*, translated by Reginal Snell, New York : Mineola, 2004.

참조 감각, 감성, 감정·정서, 모방론, 미학·예술철학, 미학교육[실러], 미학국가/미적 상태[실러], 시인추방론, 유미주의, 이성, 자유의지, 판단력비판—미(美)란 무엇인가?, 해석학적 미학, 호명, 호모루덴스

상징계

The Symbolic | 象徵界

'평민이 귀족의 눈을 빠지게 하였으면, 그의 눈을 뺀다. 평민이 귀족의 뼈를 부러뜨렸으면, 그의 뼈를 부러뜨린다. 귀족이 평민의 눈을 빠지게 하였거나 평민의 뼈를 부러뜨렸으면, 은 1 미나를 주어야 한다. 귀족이 평민이나 노예의 눈을 빠지게 하였거나 노예의 뼈를 부러뜨렸으면, 그의 값의 1/2을 그 주인에게 물어야 한다.' 이것은 고대 바빌로니아의 「함무라비법전」 '상해 빛 치사'의 법률조항이다. 이처럼 세상은 법으로 구성되고 법에 따라서 처벌되므로 인간은 법에 따라 살아야 한다. 그렇다면 현실의 법은 정신분석학에서 어떤 의미가 있을까? 프랑스의 정신분석학자 라캉J. Lacan, 1901~1981은 법을 상징기호로 보고 그 상징은 언어상징이며 언어상징이 곧 문화이자 사회라고 말한다. 라캉의 상징계는 상상계, 실재계와 더불어 의식의 삼단구조를 이루는 정신분석개념으로 기호로 상징되는 현실 세계다.

라캉의 상징계는 의식과 무의식의 자율적 영역이자 법과 규율의 세상이며 언어로 표현되는 세계다. 상징의 세계에서는 상징이 의식을 지배한다. 언어라는 상징기호를 얻기 직전 인간은 거울단계를 지나 주체를 형성한다. 인간은 거울단계를 지나면서 마음대로 상상하던 상상계를 넘어선다. 인간이 거울단계에 머무르면 주체 형성도 어렵다. 그래서 인간은 마음대로 상상하지 않고 구조적인 상징을 이용하는 것이다. 라캉은 이런 상징질서의 세계를 상징계로 명명했는데, 이것은 구조주의자 레비스트로스가 말한 '언어가 매개하는 문화의 질서 A language-mediated order of culture'와 유사한 개념이다. 또한, 라캉은 인간의 정신은 소쉬르의 언어학에서 말하는 상징 기표signified처럼 구조화되어 있다고 보았다. 이것은 무의식에 구조화되어 있는 욕망이 때때로 파편적이고 간헐적으로 드러나지만, 그 내면에는 언어적 질서가 있다는 뜻이다. 그래서 라캉은 인간의 무의식은 언어처럼 구조화되어 있다고 단언한 것이다.

라캉은 1953년 「로마보고Rome Report」라고 불리는 세미나부터 1962년까지 상징계를 집중적으로 연구하면서 주체가 형성되는 과정을 분석했다. 라캉은 한 인간에게 의식과 인지가 생기는 시기를 거울단계생후 6~18개월의 상상계로 명명한다. 이때 유아는 이상적 자아Ideal I로 자기 욕망을 마음대로 실현하면서 세상과 자기를 동일시한다. 그러나 사회의 법을 대리하는 무서운 아버지의 존재를 인지하고 잠시 대결의 자세를 취하다가 이내 아버지에게 복종한다. 이리하여 거세Castration와 오이디푸스 콤플렉스가 각인되는 동시에 고독한 주체가 되어 인생길을 떠난다. 그런데 독립적이고 주체적인 자기 존재가 사회구조에 편입되려면 상징을 사회에 등록하는 통과예식이 필요하다. 이 통과예식을 거치면 한 인간은 자기의 타자인 대타자Other 또는 상징계의 상징기호로 사회에 존재하게 되는 것이다.

상징계는 상징질서의 기호인 법, 규율, 규범, 윤리로 구성된 현실이다. 모든 인간은 이런 과정을 거쳐서 상징질서인 사회에서 고독하고 독립적인 주체로 살게 된다. 왜냐하면, 인간은 상징적 동물이고, 그 상징을 통해서 사회구조와 문명사회를 이룰 수 있기 때문이며, 상징이 있어야 언어가 가능하기 때문이다. 이렇게 하여 인간은 상징적 동물이면서 말하는 존재speaking being가 되는 것이다. 이 상징계는 프로이트의 쾌락원칙이 금지되고 현실원칙만이 통용되는 엄격한 공간이다. 또한, 라캉의 상징계는 욕망을 억압하고, 그 욕망을 무의식에 은폐하면서 얻은 상징기호의 상징질서가 작동하는 현실 세계다. 그런데 상상계에서 마음대로 욕망하고 상상하면서 착각하고 오인한 것과 달리 상징계에서는 욕망을 제어하면서 법과 문화에 따라 살기 때문에 정신에 심각한 불만이 생긴다. 대체로 사람들은 이 불만을 무의식에 은폐한다.

이로부터 심각한 결핍lack이 생기고 주체의 분열로 인하여 인간은 '병든 동물 sick animal'이 되는 것이다. 상징계는 언어로 인한 소외가 일어나고 인간 욕망이 억압되는 파시즘의 공간이다. 또한, 어머니 품 안에서 욕망을 마음대로 실현하던 이상적인 나ideal I는 현실 공간에서 상징기호로 존재하기 때문에 분열의 고통 속에서 살아야 한다. 그래서 인간은 병든 동물이고, 병든 동물이기 때문에 영원한 주체분열의 상태에 놓이게 된다. 기표와 기호인 언어는 상징계만 관계하는 것이 아니라 상상계와 실재계도 관계하면서 무의식 속에서 작동하다가 언어적 실수로 표현된다. 한편 상징계는 실재계의 순간이나 단면이기 때문에 간혹 환각, 트라우마trauma, 예술적 영감으로 드러나지만, 이것은 실재계와 다르다. 하지만 문화의 질서인 상징계가 상상계와 실재계를 제압히므로 대다수의 사람들은 상징계에 머물러 살게 되는 것이다.

참고문헌 *The Seminar of Jacques Lacan Book* Ⅱ, edited by Jacques-Alain Miller, translated by Sylvana Tomaselli, New York : W.W. Norton & Company, 1988.

참조 감각, 거울단계, 공감, 구조주의, 기표 · 기의/소쉬르, 대타자 · 소타자, 무의식, 병든 동물 인간, 상상계, 상징, 상징적 거세, 실재계, 아버지의 이름, 의식, 자아, 정신분석, 정신분열증, 주이상스, 주체분열, 주체재분열, 주체 · 주체성, 트라우마

상상계

The Imaginary | 想像界

어느 날 앙리 발롱은 침팬지에게 거울을 주었다. 신기하게 느낀 침팬지는 조심스럽게 거울을 받아서 이리저리 살펴보는가 하면 자기를 비추어보기도 했다. 하지만 침팬지는 거울 속의 저 이상한 것이 무엇일까를 생각하지 않는다. 그리고 침팬지는 거울에 대한 흥미를 잃어버린다. 다시 앙리 발롱은 같은 거울을 8개월 된 유아 K에게 주었다. K는 침팬지와 마찬가지로 이리저리 살펴보기도 하고 자기를 비추어보기도 했다. 거울 속의 이상한 이미지에 대해서 호기심을 가지고 보고 또 보고 만지고 또 만졌다. 거의 같은 지능과 감각을 가진 침팬지와 유아는 다른 반응을 한 것이다. 이것을 정신분석학에 도입한 사람은 라캉이다. 그는 앙리 발롱 Henri Wallon, 1879~1962의 실험을 해석하고 발전시켜서 거울단계Mirror stage로 명명하는 한편 자기와 세상을 상상하는 상상계라는 개념을 정초했다.

라캉에 의하면 6개월에서 18개월의 유아는 어렴풋이 상상한다. 상상계는 이 기간에 유아가 감각적으로 받아들인 것에 대하여 생각하고 상상하는 인식 체계다. 그는 이 기간을 상상계라고 명명했다. 라캉의 상상계는 상징계, 실재계와 더불어 의식의 삼단구조를 이루는 정신분석개념으로 감각적인 것을 상상하는 사고의 초기 단계다. 젊은 심리학자 라캉은 1936년 체코의 아름다운 온천 휴양지 마리엔바드Marienbad에서 열린 학술대회에서 상상계에 대하여 발표했다. 그리고 1953년 로마에서 상징계를 발표했고, 1963년 실재계에 대해서 발표했다. 그러니까 라캉이 처음부터 의식을 삼분한 것이 아니라 순차적으로 상상계 1936~1952, 상징계1953~1962, 실재계1963~1981를 연구하면서 발전시킨 것이다. 재미있는 점은 라캉의 정신분석이 독자적인 세미나 형식으로 진행되었고 논문이 아닌 세미나 발표문이기 때문에 특이한 문체의 글로 묶여 출간되었다는 점이다.

라캉J. Lacan, 1901~1981에 의하면 어린 아기는 의식과 감각의 수준이 낮다. 시간이 지나면서 차츰 지각능력을 갖추게 되고, 6개월 전후부터 무엇을 인식한다. 하지만 이 유아는 자기와 타자를 구분하지 못한다. 가령, 배가 고파서 울 때 어머니가 젖을 주는 것과 자신의 울음을 하나로 인지하여 나와 어머니를 구분하지 못하는 것이다. 욕망을 마음껏 표출하던 유아는 무서운 아버지를 만나 잠시 대결의 자세를 취하다가 곧 철회하고 세상의 법에 따른다. 프로이트의 오이디푸스 콤플렉스 개념으로 말하면 '아버지의 법'에 따라 규율을 학습하는 것이다. 이 시기에 거울단계를 거치게 되는데, 거울단계는 자기를 인식하고 어렴풋이 주체를 형성하는 주체 형성의 과정이다. 이때 유아는 이마고Imago라고 부르는 자기에 대한 이상적인 자아 영상에 빠진다. 하지만 그 타자가 자기라는 사실을 알아차리고 자기에 대한 주체를 형성하는 것이다.

상상하면서 만나는 '최초 나'는 내가 나의 타자와 만나는 순간인데 자기와 타자를 혼동하는 상상이 작동한다. 손과 발이 따로 움직이고, 자기 신체를 자기가 제어하지 못하는 조각난 신체의 상상계에서 유아는 자기와 타자의 관계를 마음대로 상상하는 것이다. 처음에 자기와 타자를 동일시identification하다가 타자가 자기임을 인식하는 순간, 놀라운 환희와 믿기 싫은 소외alienation 현상이 발생한다. 하지만 아직 상상계에 머물러 있는 유아는 상상적 동일시, 나르시스적 동일시, 거울 속의 자기와 동일시의 순차를 거친다. 이런 과정을 거치면서 자기와 타자를 구분하고 자기를 언어상징으로 표현하면서, 주체를 형성하는 상징계의 문을 연다. 이처럼 아무렇게나 상상하던 유아가, 자기를 사랑하는 몰입을 거쳐서 거울 속의 타자를 자기와 일치시키는 의식의 발전과정을 지나는 것이다. 그런데 이것은 결국 자기기만이고 자기에 대한 사기fraud이며 병든 동물의 소외다. 왜냐하면, 자기 자신은 오인과 착각을 거듭하는 이미지로 구성되어 있기 때문이다.

라캉이 상상想像이라는 어휘를 선택한 것은 유아가 자기에 대한 영상을 마음대로 상상한다고 보았기 때문이다. 여기서 자기를 타자로 설정할 수밖에 없는 자기로부터의 소외가 생겨난다. 이때 생기는 소외가 좌절frustration인데 이것은 단순한 이미지를 자기로 오인한 대가이다. 그 결과 상상계의 유아는 편집증paranoid에 빠지거나 나르시시즘에 빠진다. 그러나 언어와 문화가 있고 상징과 법이 관장하는 상징계로 나가면서 이런 증상은 결핍lack으로 바뀌어 무의식에 은폐된다. 이처럼 라캉 정신분석학의 첫 번째 단계인 상상계는 인간이 주체를 형성하는 중요한 시기다. 이렇게 볼 때, 거울단계를 포함하는 상상계는 자기의 고향이면서 영원한 결핍과 소외의 출발점이다. 한편 거울단계는 자기를 인식하는 과정을 말하는 것이고 상상계는 인식의 방법을 말하는 것이므로 서로 구별할 필요가 있다.

참고문헌 *The Seminar of Jacques Lacan Book* II, edited by Jacques-Alain Miller, translated by Sylvana Tomaselli, New York : W.W. Norton & Company, 1988.

참조 감각, 거울단계, 나르시시즘, 대타자·소타자, 무의식, 병든 동물 인간, 상상, 상징, 상징계, 상징적 거세, 실재계, 아버지의 이름, 의식, 이마고/자아영상, 인간소외, 인식론, 자아, 정신분석, 주이상스, 주체·주체성, 타자

안티고네와 이스메네

Antigone and Ismene | 安提戈涅和伊斯墨涅

'크레온 외삼촌은 우리 오빠 중 한 사람은 정중하게 장사지내도록 하고, 다른 한 사람은 그렇게 못하게 하지 않았니? 에테오클레스 오빠만 성대히 장례를 치러주고 불쌍하게 돌아가신 폴리네케스 오빠의 시체는 땅에 묻거나 그의 장례를 치르지 못하게 하고, 아무도 그를 위해서 우는 사람 없이, 새들의 먹이로 쪼아 먹도록 내버려 두라는 명령을 이 나라에 내렸다고 하는구나.' 테베의 궁전 밖에서 언니 안티고네는 동생 이스메네에게 이렇게 말한 다음, 오빠 폴리네케스의 장례를 치러주자고 제안한다. 하지만 이스메네는 언니의 말에 동의하지 않고 '국왕인 크레온의 명령에 복종해야 하며 여자는 남자들의 법에 따라야 한다'라고 말한다. 이것은 고대 그리스의 소포클레스^{Sophocles, BCE 496~BCE 406}가 쓴 〈안티고네〉의 한 장면이다. 〈오이디푸스왕〉, 〈콜로누스의 오이디푸스〉와 함께 테베^{Thebe} 왕국에 관한 삼부작인 이 작품은 여러 면에서 문제작으로 알려져 있다.

안티고네는 비운의 왕 오이디푸스의 동생이기도 하지만 이 작품에서는 딸로 그려져 있다. 실제로 안티고네는 오이디푸스를 오빠로 부르거나 아버지로 부를 수 있다. 안티고네의 비극적 운명은 아버지 오이디푸스로부터 시작된다. 테베의 왕 오이디푸스는 자기 아버지를 죽이고 어머니와 결혼했다는 사실을 알고서 눈을 찔러 장님이 되었을 때 두 딸은 아버지를 봉양하여 유랑의 길을 떠났다. 아테네 근처 콜로누스 숲에서 오이디푸스가 죽은 후 자매는 테베로 돌아왔다. 그런데 형제가 테베의 왕권을 다투다가 둘 다 죽고 외삼촌 크레온이 왕위를 계승한다. 새 지배자 크레온은 에테오클레스는 테베를 지키고 폴리네케스는 테베를 공격했기 때문에 폴리네케스의 장례를 엄금한 것이다. 그런데 안티고네가 신의 법에 따라서 장례를 치러주자고 하는 것과 달리 이스메네는 국가의 법에 따라야 한다고 말하면서 언니의 말에 동의하지 않는다.

안티고네형 인물의 전형인 안티고네는 삼엄한 경고가 내렸음에도 불구하고 오빠의 시체에 흙을 덮어줌으로써 간단한 예식을 치렀다. 하지만 가여운 마음이 들어 두 번째 장례예식을 치를 때 잠복한 병사들에 의해서 붙들린다. 격노한 크레온Creon은 안티고네를 지하 동굴에 가두어 죽도록 한다. 안티고네가 위험을 무릅쓰고 오빠의 장례를 치른 것은 당시 그리스인들은 합당한 장례가 있어야만 지하세계에 갔다가 망각의 강물을 마시고 다시 환생한다고 믿었기 때문이다. 그러니까 안티고네에게는 오빠의 장례를 치르지 않는 것은 신의 법 즉 자연법을 어기는 것이며, 고귀한 왕가의 신분을 지키지 못하는 것이고, 가련하게 죽은 오빠가 환생하지 못하게 하는 것이다. 따라서 라캉이 저항과 전복의 주이상스라고 분석한, 안티고네의 장례예식은 자기를 죽이고 오빠를 살리는 행위였다.

한편 이스메네가 오빠의 시체를 묻어주자는 안티고네의 제안을 거부한 것은 현실의 법 또는 실정법, 즉 국가의 법에 따른 행동이었다. 처음 언니의 제안을 받고서 망설이던 이스메네는 여성은 남성의 세계에 간여하지 않아야 한다는 것과 왕 크레온이 내린 명령을 어길 수 없다는 이유를 들어서 장례예식을 거부한다. 이처럼 이스메네는 죽은 자의 법과 신의 법보다 중요한 것은 현실의 법과 국가의 법이라고 생각한 것이다. 이스메네는 국가보다 가족을 선택한 안티고네와 다른 행동을 했지만, 안티고네가 잡혔을 때 자매의 의리를 지키고자 노력했다. 이스메네는 장례예식을 함께 거행한 것이라고 주장하면서 안티고네와 함께 죽고자 한다. 하지만 전후를 짐작한 크레온은 안티고네만 사형에 처한다. 이처럼 현실에 따르고, 국가를 존중하면서, 여성적이고 또 수동적인 이스메네는 이스메네형 인물의 전형이다.

한편 안티고네를 사랑하는 크레온의 아들 하이몬은 안티고네가 죽자, 아버지 크레온을 죽이려다가 실패하고 스스로 목숨을 끊는다. 그 소식을 들은 아내 에우리디케가 죽은 후에야 크레온은 자기가 신의 법을 어겼으며, 그로 인하여 비극과 불행에 처했다는 사실을 깨우친다. 테베의 장로들로 구성된 합창은 '지혜야말로 으뜸가는 행복. 교만한 자들의 큰소리는 언제나 큰 천벌을 받고, 늙어서 지혜를 배우게 되는 것'이라고 노래하면서 비극 〈안티고네〉가 끝난다. 비극 〈안티고네〉는 아리스토텔레스가 『시학』에서 말한 고결한 인물이 비범한 행위를 하는 것에 해당하며 공포와 연민을 자아내는 플롯이다. 이 작품은 당시 페르시아 전쟁에서 페르시아의 편에 섰던 테베를 비판하고 아테네를 칭송하는 알레고리가 깔려 있다. 그 외에도 아이스킬레스[Aeschylus], 세네카, 브레히트[B. Brecht]를 비롯한 많은 작가가 안티고네를 주제로 작품을 남겼다.

참고문헌 Sophocles, *Antigone*, BCE 441.

참조 국가주의, 르네상스, 모방론, 미메시스〔아리스토텔레스〕, 미메시스〔플라톤〕, 비극, 스토리·이야기, 시인추방론, 안티고네, 연극·드라마, 오이디푸스왕, 윤리·윤리학, 주이상스, 카타르시스, 플롯, 하데스 음부, 희곡

텍스트

Text | 文本

　'그때, 보라 그들 주변에 커다란 밝은 빛이 나타나자 그들은 그분이 멋진 마차를 타고 하늘로 올라가는 것을 보았노라. 그리하여 그들이 두려움 때문에 그분을 감히 쳐다볼 수 없을 만큼 태양처럼 눈부신, 달처럼 아름다운 그리고 무시무시한 의상을 걸치고, 밝은 영광에 둘러싸인 채, 그분이 멋진 마차에 타고 있는 것을 보았노라.' 이것은 제임스 조이스의 소설 『율리시즈』[U 12]의 한 부분이다. 이 대목은 성경이 아니라 제임스 조이스가 상상력과 창의성을 가지고 쓴 소설 『율리시즈』다. 성경 해석이 그렇듯, 난해한 이 작품을 해석하고자 할 때 구조, 의미, 전통, 콘텍스트 등 여러 가지를 분석해야 한다. 그런데 조이스는 자신의 작품은 오랜 시간에 걸쳐서 해석되리라고 단언한 바 있다. 이 이유는 텍스트를 이해하고, 분석하고, 해석하기가 쉽지 않다는 뜻이다. 따라서 해석학적 텍스트 분석이 필요하다.

　작품의 구조를 통해서 문학성을 추출하는 해석학과 달리 텍스트의 구조를 통해서 텍스트성을 추출하는 텍스트 해석학을 정초한 사람은 롤랑 바르트였다. 롤랑 바르트[Roland Barthes, 1915~1980]는 작가가 완성한 작품이 아니라 독자가 완성하는 텍스트가 중요하다고 보았다. 바르트는 텍스트성에 주목하고 『S/Z』의 '작품에서 텍스트로'에서 텍스트는 기의가 아니라 '기표의 은하[text is a galaxy of signifiers]'이므로 기표의 구성 원리를 이해하는 것이 중요하다. 그것은 문학이나 예술을 포함한 표현은 기호로 표현된 의미의 구조인 동시에 텍스트는 선행 텍스트들과 상호소통을 하면서 조합되고 재생산된 결과로 보는 관점이다. 그러니까 텍스트는 아버지나 신과 같은 작가의 창조적 산물이 아니다. 바다와 같은 텍스트들은 편집자scriptor에 의하여 새롭게 조합된 것이다. 따라서 텍스트의 구조와 원리를 이해하는 것이 독서와 감상의 즐거움이다. 이것을 작가의 죽음과 독자의 탄생이라고 한다.

독자는 텍스트가 스스로 발산하는 다양한 의미를 읽고 해석해야 하는 과제를 수행해야 한다. 그래서 바르트는 텍스트가 기호구조라는 점에 착안하여, 기표와 기의의 관계를 해명한 소쉬르의 구조주의로 텍스트를 해석해야 한다고 생각했다. 그런데 구조주의 이론으로 텍스트를 해석하고자 하면, 지나치게 완성된 구조에 얽매이게 되고 텍스트 자체의 자율성을 강조하는 오류를 범하므로 텍스트의 관계와 구조를 정확하게 파악할 수 없다. 또한, 그런 구조주의적 해석은 전통적인 작품해석과 다르지 않기 때문에 텍스트 생성 의미를 나양하게 해석하지 못한다. 그래서 바르트는 데리다의 해체적 방법, (라캉의) 언어의 미끄러짐, 크리스테바의 상호텍스트 개념을 받아들여서 텍스트구조와 의미를 분석하는 텍스트 이론을 정립했다. 롤랑 바르트의 텍스트 이론을 후기구조주의라고 하는 것은 구조주의를 바탕으로 하면서 구조를 해체하고 텍스트의 다양성과 다원성plurality을 강조하기 때문이다.

후기구조주의자에게 예술작품이나 표현결과는 작가나 생산자의 의도 그대로 읽어야 하는 것이 아니고 독자나 수용자가 주관적으로 완성해야 하는 중립적 텍스트일 뿐이다. 따라서 작가는 무에서 유를 만드는 창조자라기보다 무한한 텍스트의 바다에서 선행 텍스트를 조합하는 편집자scriptor다. 그렇다고 해서 작가의 의미나 가치가 없어지지는 않으며 작가의 의도는 여전히 중요하다. 하지만 작가의 작품을 수동적으로 읽는 기쁨pleasure보다 독자가 텍스트를 완성하는 환희jouissance가 더 크기 때문에 독자가 주체적으로 작품을 해석해야 한다. 이렇게 볼 때 바르트가 말한 텍스트는 독자의 창조적 텍스트 생성의 환희를 통해서 작품의 진정한 가치가 완성된다. 그것을 바르트는 텍스트의 열림openness 또는 열린 텍스트open text라고 하고, 그 반대를 닫힌 텍스트closed text라고 하며, 기호와 의미가 구성되는 특질을 텍스트성textuality이라고 한다.

문학작품work이 예술가가 창의적 상상을 통하여 생산한 언어예술의 결과인 것과 달리 추상적 구조물인 문학 텍스트text는 첫째, 의미의 단락이면서 상징의 언어체계이고 둘째, 독자가 독서행위 전에 존재하는 원전原典이며 셋째, 디지털 코드가 읽힐 수 있는 언어적 표현이다. 일반적으로 텍스트는 일정한 언어로 표현된 작품, 문서, 문헌, 형상, 상징 등을 말하는데 음악텍스트나 미술텍스트와 같이 예술 전반에 적용할 수 있다. 원래 텍스트는 라틴어에서 수동형인 '짜인 것textus', 더 정확하게 말하면 '짜인 직물/구조woven fabric'라는 의미다. 이것이 문학에서 언어 기호로 직조된 작품이라는 의미로 쓰이다가 예술에서 선, 색채, 행위로 표현되는 구조와 방법 그리고 과학기술에서 뜻을 전달하는 전자적 표현이라는 의미로 확장되었다. 따라서 텍스트는 직조하기 전의 실이나 원래의 기호를 일정한 의도와 목표를 가지고 구조화한 표현을 망라한다.

참고문헌 Roland Barthes, *Image/Music/Text*, translated by Stephen Heath, New York : Noonday, 1977; Roland Barthes, *S/Z*(1970), New York : Hill and Wang, 1975, p.5.

참조 구조주의, 기표·기의/소쉬르, 뉴크리티시즘/신비평, 독자의 탄생, 문학, 비평/평론, 상징, 상호텍스트, 스토리·이야기, 열린 텍스트, 작가·독자, 저자의 죽음, 정경교융, 콘텍스트/맥락, 표현, 해체주의, 후기구조주의

환상/환상성
Fantasy | 奇幻

'호레이쇼는 우리가 환상을 보았다는 거야. 우리가 그를 보았다는 것을 믿지 않고, 두 번이나 무서운 광경을 보았는데도 말이지. 그를 믿게 만들려면, 이밤에 함께 얼마 동안 지켜보아야 하지. 그래서 그 망령이 다시 온다면 말이지.'[1] 이렇게 하여 보초들이 본 망령을 햄릿이 보게 되었고, 숙부와 어머니의 부정을 듣게 되었으며, 아버지가 어떻게 죽었는지 알게 되었다. 보초와 햄릿 본 것은 환영이다. 하지만 이 환영은 우연히 배치된 것이 아니라 작가가 환상으로 묘사한 극적 장치다. 극작가 셰익스피어는 비극『햄릿』의 중요한 에피소드를 망령의 출현 즉 환상 이야기로 설정했다. 이 환상에 대해서 프로이트는 진실을 보여주는 파편으로 간주하고 무의식 또는 잠재의식과 관련하여 설명하고 있다. 프로이트를 빌어 해석하면 상상은 의식에서 형성되는 반면 환상은 무의식에서 형성되는 심리적인 현상이다.

일반적인 개념에서 환상은 현실 가능성이 없는 헛된 생각이나 공상, 즉 현실現實에 없는 것을 있는 것같이 느끼는 상념想念이다. 환상의 어원은 '빛으로 보이다'이고 그리스어는 '눈과 마음으로 보다phantázō'이며 라틴어는 상상력을 의미하

---

1   Horatio says 'tis but our fantasy,
     And will not let belief take hold of him
     Touching this dreaded sight, twice seen of us :
     Therefore I have entreated him along
     With us to watch the minutes of this night;
     That, if again this apparition come

는 판타지아phantasia다. 따라서 환상은 지각할 수 있는 가시적인 현상 또는 이미지를 말한다. 하지만 환상은 망상이나 공상과 달리 완전히 허구적인 것이 아니다. 그러니까 환상은 착각 속에서 허구적으로 구성된 것이 아니라 어떤 실체實體 또는 실재實在가 순간적으로 드러난 것이다. 현상학자 후설에 의하면 단순한 환영과 달리 환상은 사물이 연장되어 가시적으로 드러나는 제2의 존재다. 모든 존재는 시간과 공간 속에서 위치, 크기, 형태를 가지는데 제1의 존재가 현실과 실재에서 구체적으로 존재한다면 제2의 존재는 추상적으로 존재한다. 그러므로 제2의 존재인 환상이나 환영은 인과법칙에 따라서 설명되지 않는다.

정신분석학에서는 환상을 본능이 표현된 것으로 본다. 그것은 억압된 인간의 욕동慾望과 衝動은 현실에서 실현될 수 없으므로 비현실에서 환상이 분출된다는 뜻이다. 프로이트에 의하면 의식이 허용할 수 없는 것이나 고통스러운 것 또는 법이나 문화에 타당하지 않은 것은 무의식 속에 은폐된다. 이것들은 잠재의식Subconscious 즉 무의식과 의식 사이에 머무는 일도 있는데 무의식과 잠재의식의 욕망이 순간적으로 폭발하면 환상에 이른다. 이처럼 환상은 무의식이나 잠재의식에서 일그러졌거나 비합리적인 것들이 연상 작용을 통하여 언어, 심상, 선율, 장단 등 여러 형태로 현상한다. 따라서 환상은 현실과 의식에서는 지각할 수 없지만, 실체 또는 실재가 없으면 생기지 않는다. 그런 점에서 환상은 현실과 관계하는 비현실, 초현실, 초자연이다.

환상은 현실과 이성의 세계에서는 나타나지 않기 때문에 현실과 충돌한다. 가령 햄릿이 선왕의 망령을 보았다는 보초들의 말을 듣고 자기도 스스로 보았으나 사실인지 아닌지를 망설이게 되는 것이다. 이처럼 제1세계인 현실 세계와 제2세계인 비현실세계가 충돌하면 공포감, 갈등, 두려움, 경이감, 경건함을 유발한다. 제1세계인 현실에 존재하는 제1의 존재는 인간의 이성과 감각으로 인지할 수 있지만 제2세계에 존재하는 제2의 존재는 인간의 이성과 감각으로 인지할 수 없다. 하지만 환상은 제1세계와 제1존재가 현상된 것이므로 거짓으로 꾸민 것이거나 가짜라고 할 수는 없다. 헛된 생각이라는 의미의 공상이나 거짓 생각이라는 의미의 망상이 허상이라면 제1세계의 제1존재가 파편적으로 드러나는 환상은 허상처럼 보이지만 허상은 아니다. 예를 들면 베드로가 환상과 같은 하나님/하느님의 계시를 받은 것을 허상이라고 하지 않는 것과 같다.

한편 환상적 판타지fantasy는 초현실적이고 비현실적인 이야기를 의미한다. 일반적으로 판타지는 초현실적이지만 그 자체로 완결성을 가지는 동화童話나 알레고리로 표현된 우화寓話와 다르다. 『환상문학』을 쓴 토도로프T. Todorov에 의하면 판타지는 현실적인 괴기the uncanny와 초현실적인 경이the marvelous가 아니고 자연법칙밖에 모르는 사람이 초자연적 사건에 직면하여 망설임을 느끼는 서사로 보았다. 또한, 현실적이지 않은 이야기를 형상화하는 판타지는 현실과 상상을 오가는 긴장이고 존재와 비존재 사이의 고뇌다. 그러므로 환상성은 환상이 현실과 관계할 때 드러나는 환상적인 요소와 특질을 의미한다. 이와 달리 환상을 지각하는 것을 환각幻覺이라고 하는데 환각은 주로 빛과 관련된 시각적인 감각이지만 소리와 관련된 청각적인 환청을 포함한 다른 감각까지 포함한다.

참고문헌 Tzvetan Todorov, *Introduction à la littérature fantastique*(1970), translated by Richard Howard as *The Fantastic : A Structural Approach to a Literary Genre*, Cornell University Press, 1973.

참조 구조주의, 무의식, 상상, 서사, 소설, 스토리·이야기, 우의심원, 재현, 정신분석, 존재·존재자, 존재론, 초현실주의, 표현, 표현주의, 현상학적 환원, 후기구조주의

환상문학[토도로프]
The Fantastic | 奇幻作品

'어느 날 아침, 잠자던 그레고르는 뒤숭숭한 꿈자리에서 깨어나자 자신이 침대 속에서 한 마리의 흉측한 벌레로 변해 있는 것을 발견했다. 각질로 된 갑옷처럼 딱딱한 등을 밑으로 하고 위를 쳐다보며 누워있던 그가 머리를 약간 쳐들자, 볼록하게 부풀어 오른 자신의 갈색 배가 보였다.' 이것은 카프카의 소설『변신Die Verwandlung, 變身』의 첫 부분이다. 자기가 벌레로 변신한 자기를 보면서 내면의식을 묘사하고 있는 장면이다. 현실 세계에서는 일어날 수 없는 일이 생긴 것이다. 하지만 현실에 있는 여동생과 어머니의 눈에는 한 마리 벌레의 출현일 뿐이다. 이것은 존재의 변화에서 생긴 현실과 비현실의 충돌이다. 서술자는 인간의 의식을 가진 그레고르를 삼인칭 관찰자의 시점에서 묘사하고 있다. 이처럼 주인공 그레고르는 비현실의 세계에서 현실을 보아야 하는 괴기怪奇한 일이 생겼다.

『환상문학서설』을 쓴 츠베탕 토도로프는 카프카의『변신』은 초자연적이고 초현실적이지만 환상문학이 아니라고 단언했다. 그는 환상문학을 자연과 초자연이 만날 때 '불확실성이 지속duration of this uncertainty'[1]되면서 '어떻게 이해해야 할까'와 같은 망설임hesitation이 있는 양식이라고 정의했다. 간단히 말하면 환상문학은 자연적인 현실 법칙the real밖에 모르는 사람이 초자연적인 상상 법칙the imaginary을 대할 때의 망설임이 있는 이야기다. 그런데 독자는『변신』을 읽고 망

---

[1] Tzvetan Todorov, *Introduction à la littérature fantastique*(1970), translated by Richard Howard as *The Fantastic : A Structural Approach to a Literary Genre*, Cornell University Press, 1973, p.25.

설이지 않는다. 이 작품에서 다른 작중 인물들은 현실 세계에 존재하고 있으며 독자들 또한, 현실 세계에서 작품세계를 바라본다. 또한, 이 작품은 현실 세계와 다른 초현실적 사건이지만 주인공을 제외한 나머지 인물들은 이상한 일이 벌어졌다고 생각할 뿐이기 때문에 현실의 독자에게는 망설임이 없다.

토도로프T. Todorov는 환상과 관련된 양식을 넷으로 나누었는데 첫째, 환상적 괴기 둘째, 환상적 경이 셋째, 순수한 괴기 넷째, 순수한 경이다. 그중 첫째, 환상적 괴기와 둘째, 환상적 경이만 환상문학이고 순수한 괴기와 순수한 경이는 환상성은 있지만 환상문학은 아니라고 정의했다. 그에 따르면 망설임이 없는 순수한 괴기the uncanny는 이상한 배경, 이상한 인물, 이상한 사건 등 이상한 현상이 일어나지만, 현실에서 일어날 수 있으므로 망설임이 없다. 또한, 순수한 경이the marvelous는 초자연적인 법칙과 질서 속에 놓여 있지만, 초현실적인 것으로 인정되기 때문에 망설임이 없다. 반면 환상적 경이는 현실인 것 같으면서도 괴기스러워서 망설일 수밖에 없다. 따라서 토도로프에 의하면 환상적 경이는 현실인지 초현실인지 알 수 없으므로 망설일 수밖에 없다. 그러므로 환상적 경이는 환상문학에 해당한다.

환상적 괴기는 처음에는 초자연적인 것으로 보였지만 자연적인 범주에 있는 것이거나 실제로는 일어나지 않은 백일몽과 같은 것이다. 반면 환상적 경이는 불가사의不可思議하면서 초자연적인 것이다. 하지만 앞에서 본 것처럼 괴기와 경이, 동화, 우화, 신화, 전설은 환상문학이라고 할 수 없다. 동화는 초자연적이기는 하지만 독자가 초자연성을 인정하기 때문에 현실과 충돌하지 않으며 우화 역시 초자연적인 것 같지만 현실이라는 맥락 즉 콘텍스트context에서 읽어야 하므로 환상문학이 아니다. 또한, 신화와 전설은 환상문학은 아니지만, 초자연적인 것과 자연적인 것을 판별할 수 없는 환상성이 내재한다. 이 환상성은 독자가 초자연적인 것처럼 보이는 사건과 인물을 논리적으로 설명할 수 있는지 없는지 불확실하고 불명확하여 망설이는 순간에 생긴다. 이것이 대다수가 환상성을 가진 작품인 판타지[fantasy]이고 토도로프가 말한 망설임이 있는 환상문학은 매우 드물다.

토도로프의 이론은 구조주의와 후기구조주의의 텍스트이론을 바탕으로 한다. 그가 찾아낸 것은 망설임이라는 것이다. 그가 말하는 망설임의 주체는 현실의 독자가 아니고 텍스트 안의 독자다. 이것은 현실의 실제 독자가 가지는 경험과 인식이 서로 다르기 때문에 텍스트의 내포독자에 초점을 맞추었기 때문이다. 그러므로 텍스트 안에서 자연현상과 초자연현상이 배치되고 작중 현실과 작중 초현실이 충돌할 때 망설임이 일어난다. 이런 토도로프의 이론과 달리 현실적으로 이해하기 어려운 이야기 또는 자연과 초자연이 충돌하는 것을 환상문학이라고 한다. 한편 환상문학의 또 다른 이론가 로지 잭슨[Rosie Jackson]은 현실의 질서와 법칙을 전복하는 것이 환상문학의 본질이라고 보았고, 캐스런 흄[Kathryn Hume]은 현실을 핍진하게 묘사하려는 미메시스와 주어진 것을 변화시키려는 욕망을 환상문학으로 이해하고 있다.

참고문헌 Tzvetan Todorov, *Introduction à la littérature fantastique*(1970), translated by Richard Howard as *The Fantastic : A Structural Approach to a Literary Genre*, Cornell University Press, 1973.

참조 구조주의, 모방론, 묘사, 문학, 미메시스, 상상, 서사, 소설, 스토리·이야기, 신화·전설, 작가·독자, 초현실주의, 콘텍스트/맥락, 텍스트, 환상/환상성, 후기구조주의

멜랑콜리[프로이트]

Melancholy | 忧郁

P의 일기에는 이렇게 쓰여 있었다. '나는 살 가치가 없는 사람이다. 무능력하고 무기력하며 쓸모도 없다. 나의 마음은 공허하고 내 육신은 초라하다. 그러므로 이제 나는 자살을 할 수밖에 없다. 그것만이 아버지의 죄를 벗는 길이다.' 그런데 P는 생활에 아무런 문제가 없고 성품이나 언행도 모범적인 것으로 정평이 있다. 우연히 이 글을 읽은 그의 아내가 고민하다가 정신과 의사와 상담을 했다. 며칠 후, 정신과 의사는 '어린 시절에 일찍 타계한 아버지 상실의 아픔이 여전히 심각'하다는 진단을 내렸다. 이어 '어린 자신을 두고 일찍 죽은 아버지에 대한 분노가 자신에게 향하여 공격성으로 드러나고 마침내 자기 처벌이라는 결과에 이른 것'이라는 더욱더 어려운 진단을 내렸다. 또한, 어린 시절의 감당할 수 없는 상실은 P의 마음에서 멜랑콜리적 우울Melancholic depression로 발전했으며 이후에도 상실감이 가동되어 죄의식을 생산하는 것이라고 말했다.

원래 멜랑콜리와 우울憂鬱은 같은 의미였다. 그리스어 검은melan과 기질을 의미하는 담즙khole의 합성어 멜랑콜리는 흑담즙 형 기질을 말한다. 따라서 멜랑콜리는 어둡고, 음울하고, 애수에 젖는 기질로 인한 마음의 이상 상태다. 르네상스 시대에 이르러 멜랑콜리는 예술적 영감, 철학적 사색, 낭만적 감성, 창조적 능력 등과 연결되면서 의미가 달라졌다. 반면 신체의 기질에서 오는 우울은 의학에서 우울증, 우울병, 우울장애, 정동장애, 기분장애로 분화되었다. 멜랑콜리를 인간의 자아 형성과 연결한 것은 프로이트다. 프로이트는 「애도와 멜랑콜리아Mourning and Melancholia」라는 논문에서 인간의 내면 심리를 새롭게 해석했다. 프로이트는 멜랑콜리를 한 인간이 자아^{Ego}를 형성하는 과정에서 겪을 수밖에 없는 상실감이 내면에 잠재하는데 그 상실감이 (어떤 계기가 되어) 다시 작동된 것으로 설명한다.

프로이트$^{S. Freud, 1856~1939}$에 의하면 생후 몇 개월 동안 유아는, 세상과 자기를 분리하지 못한다. 점차 인지능력이 생기면서 세상과 자기는 다르고, 어머니와 내가 분리된 존재라는 것을 인식한 후, 유아는 주체^{Subject}와 대상^{Object}을 구별하게 된다. 어린 아기에게 어머니 품의 상실은 세상의 상실과 같다. 그러므로 유아는 세상의 모든 것이었고 전지전능한 절대자인 어머니를 상실한 아픔에 외로워하고 괴로워한다. 물론 이 상실은 주체를 가진 자기^{Self}를 형성하는 인간의 한 과정이다. 여기서 프로이트는 애도와 멜랑콜리를 구분하는데 첫째, 애도는 상실의 슬픔과 고통을 겪으면서 자신을 찾는 과정이며 둘째, 멜랑콜리는 상실한 대상을 잊지 못하여 불안하고 고통스러워 하는 병적 상태다.

보통 인간은 애도^{哀悼}하는 과정에서 마음이 치유되며 시간이 가면 그 상처는 아문다. 그런데 멜랑콜리처럼 상실한 것을 잊지 못하면 자아는 여전히 상실한 대상 속에 머물러 있다. '사랑하는 대상을 상실$^{lost as an object of love}$'[1] 했을 때 주체 또한 상실되며 자기부정, 자기학대, 자기 처벌의 양상을 보인다. 애도를 통하여 상처를 치유한 자아는 주체를 가진 독립적인 존재임에 반하여 상실감을 극복하지 못하여 슬픔에 갇힌 자아는 내면이 공허한 텅 빈 자아이다. 이때 주체는 자신의 초라한 모습에 또다시 절망한다. 그런데 그 멜랑콜리는 무의식 깊이 감추어져 있으므로 그 원인을 알 수가 없다. 이런 이유로 멜랑콜리는 '이유를 알 수 없는 슬픈 감정'으로 표면에 드러난다. 그래서 마음의 병적 상태가 정신적 우울과 감정적 우울로 드러나는 것이다. 억압된 리비도^{Libido}가 분출되고 유아

---

1   Sigmund Freud, "Mourning and Melancholia"(1917), translated by James Strachey, *The Standard Edition of the Complete Psychological Works of Sigmund Freud* Volume XIV, London : The Hogarth Press, 1957, p.245.

시절의 상처가 반복되면 우울증이 심화된다.

정신분석학, 예술, 철학의 개념인 멜랑콜리에 젖은 존재는 상실을 인정하지 않기 때문에 새로운 대상을 찾지 못한다. 이것은 존재의 초기 단계 즉, 원시적 자아로 퇴행한 것과 같다. 그곳에는 자기와 세상은 하나이며 상실한 어머니도 자기 마음에 살아 있다. 이런 사람은 사랑하는 사람의 죽음이나 이별이 있을 때 원시적으로 퇴행한 상실감이 재가동되어 애수, 비애, 우수의 감정이 들거나 자기를 사랑하는 나르시시즘Narcissism에 빠진다. 하지만 멜랑콜리는 인정받지 못했다는 패배감과 함께 어머니를 포함한 대상 관계의 실패에서 오는 은폐된 불행을 동반한다. 이런 감정들이 표면화되면 자기에게 분노하고 자기를 공격하게 되며 자기학대의 극단에 이르면 자살自殺을 실행한다. 이것은 자신이 상실한 것을 고통스러워하면서 죄의식을 느끼고 자기를 학대하고 미워하나가 자기를 처벌하는 경우다.

참고문헌 Sigmund Freud, "Mourning and Melancholia"(1917), translated by James Strachey, *The Standard Edition of the Complete Psychological Works of Sigmund Freud* Volume XIV, London : The Hogarth Press, 1957, pp.237~258.

참조 공포증 포비아, 나르시시즘, 마음, 멜랑콜리(프로이트), 방어기제, 병든 동물 인간, 불안장애, 신경증, 우울증 우울장애, 의식, 자아, 정신, 정신분열증, 정신증, 조울증, 편집증, 프로이트

역설

Paradox | 悖论

'[A] 다음 문장은 참이다.' '[B] 앞의 문장은 거짓이다.' 이 문장을 읽으면 어리 둥절할 수밖에 없다. 왜냐하면, A와 B는 모순 관계이므로 하나가 참이면 하나 는 거짓이기 때문이다. 그런데 이 문장은 순환적 역설 때문에 참과 거짓을 판정 할 수 없다. 일반적인 의미의 역설은 어떤 것에 반대되는 것이고, 논리학의 역 설은 특정한 경우에 모순을 일으키는 것이다. 역설의 근거인 모순contradiction, 矛盾 은 반대와 달리 어떤 것이 동시에 부정되거나 동시에 긍정되는 것이다. 원래 모 순은 논리적 대립Logical opposition이고 A와 B가 동시에 참이거나 동시에 거짓일 수 없음을 말한다. 이에 대하여 아리스토텔레스Aristoteles, BCE 384~BCE 322는 '어떤 것이 동시에 존재하며 존재하지 않는다는 것은 불가능하다'Metaphtsica, 996b 28ff고 정리 한 바 있다. 훗날 크립케Saul Kripke는 초완전성의 이론을 제기하고 구체적이고 조 건적 사실contingent fact에 근거하여 역설은 없다고 주장했다.

모순矛盾은 거짓말쟁이의 역설에 의하여 새롭게 설명되었다. '모든 크레타인 은 거짓말쟁이다'라는 거짓말쟁이의 역설에서 보듯이 동시에 참이면서 거짓인 역설이 존재한다는 것이다. 크레타인인 에피메니데스Epimenides, BCE 6C가 했다는 이 말 자체는 모순율이나 거짓말쟁이의 역설은 아니지만, 이 문장이 함의하고 있는 진리조건은 큰 의미가 있다. 크레타인인 그가 참을 말했다면 모든 크레타 인은 거짓말쟁이고, 화자도 크레타인이기 때문에 이 문장은 거짓이다. 이때 참 은 거짓이 되고, 거짓은 참이 되는 논리적 모순이 생긴다. 이와 유사하게 에우 불리데스Eubulides of Miletus는 '나는 거짓말을 하고 있다'의 참과 거짓을 판단하는 문제를 제기했다. 의미론적으로 볼 때 '거짓말하는 나는 참을 말한다'처럼 거짓과 참을 순환한다. 그래서 일견 모순율처럼 보이는 명제가 존재하는 것이다.

기독교 신약성서에 바울이 「티토에게 보낸 편지Epistle to Titus」에도 '크레타인들은 항상 거짓말을 한다Cretans are always liars'라는 말이 나온다. 한편 인도의 철학자 바트라리Bhartrhari 역시 '내가 말하는 모든 것은 거짓이다'가 모순이지만 일상 언어에서는 문제가 없다고 말했다. 또한, 이슬람 학자들은 5세기부터 거짓말쟁이의 역설을 체계적으로 논증했다. 그중에서 페르시아의 철학자인 무파달Athir al-Din Mufaddal은 '지금 내가 말하는 모든 것은 거짓이다All that I say at this moment is false'라는 문장이 모순임을 다음과 같이 논증했다. '이 문장은 참이거나 거짓을 말하는 것이다. 만약 이 문장이 참이라면 이것은 참인 동시에 거짓이다. 만약 이 문장이 참이 아니라면 이 문장 중의 하나는 참이다.' 페르시아의 철학자 알투시Nasir al-Din al-Tusi 역시 거짓말쟁이 역설을 논증했다.

'이 문장은 거짓이다'라는 명제를 예로 들면, '이 문장은 거짓이다'를 S라는 기호로 바꾸면 'S가 거짓일 때 S는 참이다(S = ~S)'가 된다. 그러므로 '이 문장이 거짓이다'는 동일률同一律인 'S는 S가 아닐 때 참이다'로 표현될 수 있다. 이 문장에서 보듯이 거짓일 때 참, 참일 때 거짓이므로 역설이 되는데 이런 자기 참조Self reference는 순환적 모순을 유발한다. 이 문제를 집합론으로 설명한 것은 러셀이다. 그는 '자신을 원소로 가지지 않는 모든 집합에 자기 자신도 원소로 포함될 수 있는가'로 바꾸어 물었다. 이 집합이 자신을 원소로 포함한다면, 집합의 정의에 따라 자신은 원소가 되지 않으면서 원소가 되어야 한다. 이런 집합론적 역설을 이발사로 비유하여 논증한 것이 의미론적 역설인 이발사의 역설이다. 이 역설을 새롭게 해석한 것은 폴란드 출신의 논리학자 타르스키Alfred Tarski, 1901~1983다.

타르스키는 대상언어object language와 메타언어meta-language를 나누고 언어 층위 사다리의 가장 밑을 대상언어로 설정했다. 위의 층위는 아래 층위를 참조해야 하는데 층위가 다르면 모순과 역설이 생기지 않는다. 가령 "'이 문장은 거짓이다'라는 분상^{대상언어}은 누군가가 이 문장을 말하는 것이므로 '이 문장은 거짓이다'라고 말한다"를 포함한다. 그런데 '① 이 문장은 거짓이다(대상언어)'는 "② '이 문장은 거짓이다'라고 말한다(메타언어)"와 다른 층위에 놓여 있다. 이처럼 타르스키는 사실에 대해 말하는 대상언어와 그 의미를 다시 말하는 메타언어는 그 층위가 다르다는 타르스키 층위^{Tarski skema}를 정립했다. 하지만 역설은 문학예술에서 미적 긴장을 유발하는 표현으로 자주 쓰인다. 가령, '찬란한 슬픔의 봄'은 '찬란'이 내포한 기쁨과 슬픔이 모순 형용된 역설이고, '님은 갔지만, 나는 님을 보내지 아니하였습니다'는 '갔지만 가지 않았다'는 모순어법의 역설적 표현이다.

참고문헌 Douglas Patterson, *Alfred Tarski : Philosophy of Language and Logic*, Palgrave Macmillan, 2012, p.262.

참조 논리·논리학, 대당사각형, 동일률·모순율·배중률, 딜레마, 말할 수 없으면 침묵하라, 메타언어·대상언어, 명제, 문학, 술어논리, 아이러니·반어, 이발사의 역설, 정언명제, 진리의미론(타르스키), 충분근거율

보여주기와 말하기

Showing and Telling | 显示和诉说

'나는 병든 인간이다……. 나는 사악한 인간이다. 나는 남이 좋아할 데라고는 전혀 없는 그런 인간이다. 내 생각에 나는 간이 안 좋은 것 같다. 하지만 나는 내 병에 대해 조금도 모를뿐더러 정확히 어디가 아픈지도 잘 모르겠다.' 이 것은 도스토예프스키의 소설 「지하생활자의 수기」[1864] 첫 부분이다. 이것은 내가 나에 관해서 이야기하는 기법인 말하기[telling]의 예다. 이처럼 말하기는 자기서술자敍述者, narrator의 생각과 느낌을 자기의 말로 표현하는 서사 기법이고 주관적인 경우가 많다. 말하기는 호소력이 있고 친근한 느낌을 주지만 서술자의 말을 그대로 '믿을 수 없는unreliable 서술'일 가능성이 있다. 하지만 생생하고 생동감 있게 묘사하고 기술한다는 특징이 있다. 말하기는 자기의 생각과 판단을 이야기하는 형식이므로 서술자가 배경, 인물, 사건 등을 직접 설명한다.

'책을 훔치는 것은 도둑질이라고 할 수 없어…… 책 도둑! ……공부하는 사람의 일인데, 어찌 도둑질이라고 할 수 있는가? 곧이어 이해하기 어려운, 가령 군자는 원래 가난한 것窃书不能算偷…… 窃书! ……读书人的事, 能算么? 接连便是难懂的话, 什么君子固穷과 같은 말을 했다.' 이것은 루쉰魯迅의 소설 「공을기孔乙己」[1919]의 한 부분이다. 여기서 서술자는 공을기가 어떻다고 자기 생각을 말하는 것이 아니라, 공을기의 말과 행동을 묘사할 뿐이다. 서술자는 외면을 묘사할 뿐 자기 생각을 기술하지 않는다. 독자는 이 보여주기showing 장면을 통해서 공을기가 어떤 인물인가를 느끼고 판단하고 분석하게 된다. 이처럼 보여주기는 서술자의 생각과 느낌을 배제하는 객관적인 서술이다. 그러므로 보여주기는 서술자의 말은 '믿을 수 있는reliable

서술'일 가능성이 크다. 이렇게 볼 때 말하기telling는 서술자가 자기 생각을 기술하는 것이고, 보여주기showing는 서술자가 자기 생각을 기술하지 않는 것이다.

'작가가 보여주기를 했다(소설)'라든가 '감독이 말하기를 했다(영화)'라는 문장은 이들이 보여주기나 말하기 기법을 선택했다는 의미일 뿐 이들은 실제로 말하거나 보여주는 주체가 아니다. 가령 '나는 병든 인간이다'라고 말하는 주체는 작가 도스토예프스키가 아니고 텍스트 안에서 발화하는 서술자다. 이 발화의 주체인 화자/서술자는 '작가가 직접 설명하지 않고 가상의 존재를 내세워 간접 제시하는 것이 좋다'는 근대 창작방법의 산물이다. 근대 이전에는 화자/서술자가 없거나, 있다고 해도 제한적인 기능만 수행했다. 그 이유는 작품만 있었고 텍스트 개념이 없었기 때문이다. 형식 구조주의에서는 작가의 작품보다 작가로부터 분리된 텍스트에 주목한다. 그리고 텍스트 안에서 이야기하는 존재인 화자/서술자가 이야기하는 방식을 보여주기와 말하기로 간주한다. 따라서 보여주기와 말하기는, 작가－텍스트[내포작가－서술자－이야기－피서술자－내포독자]－독자의 관계에서 이해되어야 한다.

소설, 영화, 드라마와 같은 허구fiction에서 작가는 자신을 대리하는 제2의 자아second self 즉, 내포작가implied author를 텍스트에 매복한 다음 그 내포작가가 화자/서술자를 선정하도록 한다. 이 화자/서술자는 이야기하는 자기만의 방식이 있는데, 서술자가 자기 말을 주관적으로 직접 설명하는 것이 말하기telling이고 서술자가 단지 이야기를 전달하는 간접 제시는 보여주기showing다. 한편 웨인 부스W. Booth는 『허구의 수사학Rhetoric of Fiction』에서 근대에 들어 보여주기를 너무 중시했다고 비판한 다음, 말하기의 기능도 그 못지않게 중요하다고 강조했다. 실제로 대부분 서사는 보여주기와 말하기를 혼용하는 경우가 많고, 보여주기와 말하기의 중간 형태인 것이 많다. 그것은 한 작품 안에서 하나의 서술방식만으로 서술하기가 쉽지 않기 때문이다. 한편 영화에서는 카메라가 어떤 장면을 그대로 재현하는 것이 보여주기이고, 그 장면을 누군가가 해설하거나 분석하는 것이 말하기다.

러보크[P. Lubbock]에 의하면 직접설명인 말하기와 간접제시인 보여주기는 디에게시스[Diegesis]와 미메시스[Mimesis]를 나눈 플라톤으로 거슬러 올라간다. 서술[narration] 또는 암송[recitation]이라는 의미의 디에게시스는 어떤 것을 직접 설명하는 것이고, 모방[imitation]이라는 의미의 미메시스는 어떤 것을 간접 재현[representation]하는 것이다. 이처럼 플라톤과 아리스토텔레스가 정초한 고대 서사이론이 근대 구조주의에서 디에게시스는 말하기, 미메시스는 보여주기로 계승되었다. 한편 보여주기와 말하기는 서술자가 서술하는 각도와 거리인 시점과 관계가 있다. 1인칭시점 특히 1인칭 주인공시점과 3인칭 작가시점일 때 말하기 서술이 용이하다. 그것은 내면과 심리를 말할 수 있으려면 모든 것을 아는 서술자여야 하기 때문이다. 반면 보여주기는 주로 관찰자시점에서 용이한데, 그것은 배경, 사건, 인물 등과 일정한 거리를 두고 객관적으로 보여줄 수 있기 때문이다.

참고문헌 Wayne C. Booth, *Rhetoric of Fiction*, The University of Chicago Press, 1961, 1983, p.159.

참조 구조주의, 내포작가/내포저자, 디에게시스, 모방론, 묘사, 미메시스[아리스토텔레스], 미메시스[플라톤], 믿을 수 있는 화자와 믿을 수 없는 화자, 서사, 서사시, 소설, 스토리·이야기, 시인추방론, 시점, 재현, 저자의 죽음, 캐릭터·인물, 텍스트, 표현, 픽션·논픽션, 화자/서술자

리얼리즘/실재론[철학]

Realism | 实在论

책상 위에 빨강 사과 하나가 놓여 있다. 철학 교수 K는 학생들에게 '사과는 무슨 색깔일까'라는 질문을 던졌다. 학생들은 당연히 '빨강'이라고 답을 했고 철학 교수 K는 '그것은 인간의 주관적 감각일 뿐이다'고 답한 다음 사과를 치운 후 '책상 위의 사과는 무슨 색깔이냐'라고 물었다. 그러자 학생들은 '사과도 없고 색깔도 없다'라고 답했는데 K는 그것은 감각에 근거한 소박한 실재론$^{Naive Realism}$ 또는 자연적 실재론$^{Natural Realism}$이며 '있다'와 '없다'는 인간의 감각으로 알 수 없다고 설명했다. K가 틀렸다고 말한 소박실재론素朴實在論은 구체적인 물질이 공간을 차지하고 있고 크기, 모양, 냄새, 색깔을 가지고 있는 그것을 실재로 보는 관점이다. 이와 달리 일반적인 실재론은 인간의 의식, 언어, 믿음과 독립된 실재와 본질이 있다는 관점이다. 실체론, 실유론, 실념론으로 불리는 실재론은 객관주의이며 실재와 그 실재를 인식하는 능력을 강조하는 개념이다.

사전적 의미에서 실재實在는 어떤 것의 본질이 실제로 존재하는 것이다. 일반적으로 실재론자들은 감각과 경험으로 실재를 인식한다. 반면 관념론자들은 어떤 것은 일시적으로 존재하는 현상이므로 그것을 감각과 경험으로 인식한다고 해서 실재하는 것은 아니라고 주장한다. 그런데 실재론과 관념론은 인식의 방법이라는 점에서 같은 인식론이고 보편적 실재를 인정하는 측면에서 대립하지 않는다. 이 문제를 거슬러 가면 플라톤의 이데아^{Idea}와 브라만의 마야^{Maya}에 닿는다. 플라톤은 형상론$^{theory of form}$에서 눈에 보이는 형상과 그 형상 내면의 보편적 실재/본질을 구분한다. 가령 사과라는 실재/본질의 이데아는 현실에서 수

천수만 개의 사과로 형상될 수 있다. 그러므로 이데아인 본질은 불변하는 실재이고 그 실재를 아는 것을 진리로 간주한다. 따라서 플라톤의 이데아는 현실에서는 관념론이지만 존재의 측면에서는 실재론이기 때문에 실재론적 이데아로 불린다.

힌두철학의 베단타학파는 세상에 존재하는 모든 것은 본질이나 실재가 아닌 일시적인 환영으로 간주한다. 환영을 의미하는 마야는 산스크리트어에서 '그것이^{ya} 아닌^{ma} 것' 즉 '그것은 실재/본질이 아니'라는 뜻이다. 실재는 보편적인 브라만이고 개별현상은 아트만이다. 한편 중세 기독교철학에서는 오랫동안 보편논쟁을 벌이면서 실재성과 명목성을 연구했다. 이때 보편론普遍論에서는 '사물에 앞서$^{ante\ res}$' 실재인 보편자가 있다고 주장했다. 반면 명목론에서는 보편적 실재는 없으며 단지 특수하고 개별적인 존재나 그 이름만 있다는 유명론唯名論을 주장했다. 보편과 명목 논쟁은 토마스 아퀴나스$^{Thomas\ Aquinas,\ 1225~1274}$에 의해서 부분적으로 해결된다. 그는 '보편은 사물 안에 형상으로 존재한다'라고 말하여 보편의 실재를 토대로 개별적 개체에도 의미를 부여했다.

근대의 과학실재론은 '어떤 것을 어떻게 과학적으로 설명할 것인가'를 물은 다음 실험과 관찰로 증명되는 것을 실재로 간주한다. 이와 유사한 계보의 상식적 실재론$^{Common\ sense\ Realism}$은 소박실재론과 과학실재론의 입장에서 감각되고 이해 가능한 그것이 바로 실재라고 주장한다. 또한, 존 로크$^{J.\ Locke}$는 어떤 것의 실재이고 본성인 제1의 성실과 주관적으로 경험하는 제2의 성질을 구분했다. 실재와 현상, 이성과 경험을 연결하여 사유한 철학자는 칸트다. 칸트는 물자체物自體, Ding an sich를 상정하고 인간의 인식은 '보이는 물$^{thing-as-it-appear}$' 즉, 현상에 대한 인식일 뿐 본질인 물자체가 아니라고 말했다. 물자체는 본질적으로 존재하는 것과 현상계에 드러난 것을 분리했다는 점에서 의미가 있지만 '물자체를 실재로 볼 수 있는가'의 문제는 해결되지 못했다. 이후 헤겔과 마르크스에 의하여 구체적인 시간과 공간의 현실성을 중시하는 유물론 사상이 대두했다.

신실재론New Realism에서 실재는 물리적인 것과 관념적인 것으로 이분화되며 실재는 의식 내부로 들어올 수 있다고 본다. 실용주의와 논리실증주의에서는 경험적 실재를 인정하고 그 경험적 실재는 현실에서 과학적 법칙으로 드러나는 것으로 간주한다. 한편 법적 실재론은 모든 관념, 도덕, 정치, 사회를 배제하고 현실과 실체에 한정한 실재론이다. 예술적 실재론은 철학적 리얼리즘과 반대이거나 다른 개념인 경우가 많은데 철학적 실재론에서 말하는 현상을 예술적으로 재현하는 것을 '실재하거나 리얼real하다'라고 한다. 그러므로 현실을 정확하게 표현한다는 묘사적 리얼리즘이나 그 기본원리를 재현한다는 반영적 리얼리즘은 철학에서 보면, 본질이 아닌 현상과 현실을 재현하는 것이다. 실재/본질인 이데아와 그 실재/본질이 현실에서 재현된다는 현상의 문제는 플라톤 이래 철학, 문학, 예술의 중요한 주제였다.

참고문헌 Immanuel Kant, *Critique of Pure Reason*, translated by and edited by Paul Guyer and Allan W. Wood, Cambridge University Press, 1997.

참조 공/수냐타, 관념론, 가능세계, 경험론/경험주의, 논리실증주의, 리얼리즘〔예술〕, 마야 환영, 물자체, 반영론, 보편논쟁, 본질, 브라만, 사실, 색즉시공, 순수이성, 아트만, 유식사상, 이데아, 이성, 인식론, 재현, 진리, 철학

쾌락원칙

Pleasure Principle | 快乐原则

P가 갑자기 떼를 썼다. P는 상점 앞에서 하늘을 나는 드론Drone을 보고 움직이지 않았다. 그러자 P의 어머니가 P를 달래면서 '엊그제도 비슷한 것을 사지 않았느냐'고 달랬다. 그러자 P는 '그것과 이것은 다르다'라고 우기면서 울음을 터뜨렸다. 행인들 보기에 민망한 P의 어머니는 할 수 없이 드론을 사주었다. P는 쾌락원칙에 따라서 즉각적인 만족을 원한 것이고 어머니는 현실원칙現實原則에 따라서 욕심을 자제하도록 달랜 것이다. 프로이트는 인간의 성격과 심리를 쾌락원칙과 현실원칙으로 나누었다. 간단히 말하면 쾌락원칙은 프로이트 심리학 용어로 '자기가 하고 싶은 대로 하는 것'이다. 자고 싶으면 자고, 먹고 싶으면 먹고, 누구를 때리고 싶으면 때리는 것이 쾌락원칙에 따른 유쾌한 심리다. 심리학자 프로이트는 인간은 기본적으로 쾌를 추구하고 불쾌를 거부하는 본능을 성적 에너지인 리비도libido와 연결하여 해석했다.

이 시절 유아는 '싫다'와 '좋다'라는 두 가지만 느끼는데 항상 '좋다'만을 선택하고 추구한다. 그린네 '좋다'는 것의 근저에는 성적 만족이 놓여 있다. 성적 만족은 원본능id인 성적 에너지 리비도가 추구하는 목표다. 그런데 프로이트는 성적 욕망을 식욕, 수면욕, 갈증해소, 권력추구, 명예 등 모든 욕망의 원천으로 간주했다. 프로이트는 『과학적 심리학을 위한 기획Project for a Scientific Psychology』1895을 비롯한 일련의 글에서 리비도의 만족을 추구하는 것을 쾌락원칙快樂原則 또는 쾌락원리라고 명명했다. 고대의 에피쿠로스도 쾌를 추구하고 불쾌를 싫어하는 인간의 성격에 대하여 논했지만, 프로이트가 근거한 것은 정신분석학의 시조인 페히너G. Fechner가 말한 쾌快의 개념이다. 페히너는 유심론의 입장에서 자극과 감각을 쾌와 연결하여 해석했다. 그러니까 프로이트는 페히너의 정신물리학을 성적 쾌감과 만족의 관계로 해석하여 쾌락원칙을 정초한 것이다.

인간은 유아기에 아버지의 법으로 상징되는 현실을 배운다. 이때 무절제한 욕망이나 즉각적이고 무조건적 만족이 아무 때나 실현될 수 없다는 것을 인식하기 시작한다. 이에 관하여 프로이트는 반대 성의 부모를 사랑하고 만족하려는 욕망의 리비도가 현실의 법에 의하여 억압되면서 의식 내면에 무의식unconsciousness을 형성한다고 설명한다. 자아 형성의 과정에서 만족과 쾌락은 중요한 역할을 한다. 만약 만족과 쾌락이 지나치면 현실에 고착fixation하게 되고, 적당한 만족과 쾌락을 얻지 못하면 과거의 상태로 퇴행regression하게 된다. 이런 경우가 아니면 대부분은 현실을 인정하고 현실을 학습하면서 현실의 법과 도덕에 따르게 된다. 이 엄혹한 현실을 학습하는 과정에서 오이디푸스 콤플렉스와 엘렉트라 콤플렉스로 발전한다.

내면화된 무의식과 콤플렉스는 사회의 현실에 적응한 대가다. 이런 과정을 거쳐서 한 인간의 자아가 형성된 이후 인간은 욕망인 원본능과 엄격한 도덕률인 초자아를 조절하면서 현실원칙Reality principle에 따라서 살아가는 것이다. 한편 은폐되고 억압된 무의식이 때때로 회귀하지만, 현실이라는 거대한 벽에 막힌다. 욕망과 현실이 충돌할 때 인간의 마음에는 고통과 혼란이 일어난다. 그래서 신경증이 생긴다는 것이 프로이트의 견해다. 그런데 성적 에너지는 자기를 보존하고자 하는 본능이다. 프로이트는 자기보존의 문제를 해결하기 위하여 말년에 이르러 쾌락원칙에 대한 새로운 해석을 시도했다. 그는 1920년에 쓴 『쾌락원칙을 넘어서Beyond the Pleasure Principle』에서 '진정한 쾌락은 긴장이 없는 상태 즉 죽음의 상태를 지향한다'라고 보았다. 그리고 전반기의 무의식 – 전의식 – 의식을 이드/원본능id – 자아ego – 초자아super ego로 삼분하여 재구성한다.

프로이트가 제시한 것은 진정한 쾌락은 고요한 상태인 죽음과 모순되지 않는다는 가설이다. 인간에게는 성적인 에로스^{eros}의 욕망과 다른 죽음 충동이자 파괴와 고요의 본능인 타나토스^{thanatos}가 작동한다. 쾌락을 추구하다가 심신이 지치고 모든 것이 귀찮아지면 시계추와 같이 반대로 작용하는 심리가 생기는 것이다. 가령 열심히 일하던 사람이 갑자기 '다 싫다. 다 귀찮다. 이제 쉬고 싶다'라고 하는 그것이 바로 긴장과 불안이 없는 고요의 상태다. 프로이트는 죽음 충동이라는 어휘를 사용하지는 않았지만, 이 책에서 역동적 리비도의 반대인 긴장과 불만이 없는 고요를 특별히 강조했다. 프로이트는 인간이 사는 목적은 죽음이라고 보고 죽음 충동은 에로스^{eros}적 삶의 욕망과 연결되는 것으로 단정했다. 긴장 없는 고요는 결국 자기보존의 현실원칙이 작동된 결과다. 그러므로 생존본능과 죽음 충동은 대립적인 것이 아니라 근원적인 삶의 방식이다.

참고문헌 Sigmund Freud, *Beyond the Pleasure Principle*, translated by C. J. M. Hubback, London, Vienna : Intl. Psycho-Analytical(1922), New York : Bartleby.com(2010).

참조 리비도, 무의식, 신경증, 안티 오이디푸스, 오이디푸스 콤플렉스, 원본능·자아·초자아, 자아, 정신분석, 정신증, 죽음 충동, 프로이트, 쾌락주의의 역설, 코나투스

무의식

Unconsciousness | 无意识

P는 소스라치게 놀라서 잠에서 깨어났다. 거실에 가서 물을 한 잔 마시면서 악몽을 더듬어 보았다. '어둡고 컴컴한 창고에서 필사적으로 도망치려 했지만 발은 제자리였다. 그러자 털 난 다리를 가진 남성이 비웃었다. 그런데 갑자기 보리밭에 놓여 있는 것이 아닌가? 그곳에서도 도망치려 했지만 발은 제자리였다.' 이튿날 정신과의사이자 친구인 Q를 찾아갔다. 간밤의 꿈 이야기를 들은 Q는 껄껄 웃으면서 '노총각으로 살지 말고 결혼을 하시게'라는 이상한 진단을 내렸다. 정신과의사는, 남성의 다리는 성적 욕망의 왜곡된 표현이고, 옥수수밭은 여성에 대한 갈구라는 해석을 덧붙였다. 그러니까 P의 의식은 성적 욕망을 억제하면서 금욕적으로 살고 싶어 하지만 마음속에는 강렬한 성적 충동으로 차 있다는 것이다. 이처럼 꿈에서는 의식과 경험이 전치轉置, 상징, 압축, 역전의 과정을 거쳐 이상하게 드러난다.

일반적으로 무의식無意識은 의식이 없는 상태나 의식이 아닌 상태를 말한다. 한편 무의식과 유사한 잠재의식Subconsciousness, 潛在意識은 의식의 아랫부분을 강조한 개념이다. 무의식이 의식이 아닌 비의식非意識이라면 잠재의식은 자각되지 않는 하의식下意識이다. 따라서 의식은 지각이 있는 상태이며 무의식과 잠재의식은 지각이 없는 상태다. 그런데 의식은 상대적이고 주관적인 개념이어서 정확하게 정의할 수 없는 것처럼 무의식과 잠재의식 역시 정확하게 정의하는 것은 불가능하다. 그런 이유로 프로이트 심리학에서 말하는 무의식에 한정하는 것이 보통이다. 무의식에 대해서는 프로이트 이전에도 힌두교, 불교, 유대교 등 종교와 라이프니츠, 헤르바르트, 레싱을 비롯한 여러 영역에서 말하고 정의한 바 있다. 프로이트 이전의 무의식은 의식의 근원이라거나[불교, 힌두교] 자각되지 않고 기억되지 않는 영역이라고 설명하는데 간단히 말하여 '의식이 아닌 것'이었다.

심리학자 프로이트는 단순히 '의식이 아닌 것'이라고 간주되던 무의식을 임상경험과 연구를 통하여 체계적으로 정리했다. 처음에 프로이트는 다윈의 진화론과 물리학에 근거하여 무의식이론을 확립했다. 프로이트[S. Freud, 1856~1939]는 인간에게는 꿈이나 말실수처럼 의식이 통제하지 못하는 부분이 있으며, 그것이 신경증과 정신증을 유발한다고 보았다. 그러므로 무의식이 병적으로 진행하지 않으려면 의식표면에 드러나야 한다. 이 과정에서 프로이트가 정의한 무의식은, 정신과 감각으로 지각되지 않고 기억되지 않으며 논리적으로 설명할 수 없는 내면의 의식과 정서다. 또한, 무의식은 억압된 감정과 잠재적인 시각이나 습관이며 생각, 자동적인 기능, 자동적인 반응, 은폐된 공포와 욕망의 근거이다. 그 은폐된 욕망은 때때로 표면으로 분출하는데 이것을 억압의 회귀라고 한다.

프로이트는 최면술, 히스테리, 자유연상의 임상시험을 한 다음 『꿈의 해석』[1900]을 비롯한 여러 논저에서 무의식을 이론화했다. 프로이트는 이들 논저에서 인간의 마음에는 의식이나 이성과 다른 무엇이 있다고 확신했다. 특히 프로이트는 성적 욕망, 본능, 충동, 동기가 법이나 문화와 같은 현실원칙에 억압되어 인간 내면에 무의식을 형성한다고 단언했다. 그러므로 마음속에 은폐된 무의식은 인간이 '아버지의 이름'으로 상상되는 사회와 문화를 학습하면서 성적 욕망을 억압한 결과다. 한편 원본능[id]과 자아[ego]의 일부분은 무의식에 속하지만 대체로 자아와 초자아[super ego]는 현실원칙現實原則에 따라 성적 충동과 파괴 본능을 제어하고 검열하는 기능을 한다. 자아와 초자아가 그런 기능을 하는 이유는 인간이 원본능[id]의 쾌락원칙에 따라서 살 수 없다는 현실원칙이 작동하기 때문이다.

프로이트에 의하면 무의식은 역동적인 힘을 가지고 의식 내면에 잠재하며, 시간과 공간이 없고, 안일과 쾌락을 추구하는 쾌락원리에 지배당한다. 따라서 무의식은 논리나 인과관계로 해석되지 않고 전치, 역전, 압축, 변형, 상징을 거쳐 왜곡되게 드러난다. 아울러 프로이트는 마음의 심리적 구조^{Psychological structure}를 무의식, 전의식^{前意識, Pre-consciousness}, 의식^{意識}으로 구분하고 이것을 빙산으로 표현했다. 이 빙산 도형에서 현실적이고 이성적인 자아를 제외한 본능과 초자아는 의식의 수면 아래 놓인다. 인간은 이성적인 존재이고 인간의 정신은 의식/이성으로 구성되어 있다는 계몽주의 사상과 배치되는 그의 무의식이론은 큰 논란을 일으켰다. 특히 인간을 존재하게 하는 힘이 성적 에너지인 리비도^{libido}라는 견해는 격렬한 비판을 받았다. 하지만 프로이트는 성충동이론과 무의식이론을 철회하지 않았다.

참고문헌 Sigmund Freud, *The Interpretation of Dreams*(the Illustrated Edition), Sterling Press, 2010,

참조 감각, 리비도, 신경증, 안티 오이디푸스, 오이디푸스 콤플렉스, 원본능·자아·초자아, 의식, 이성, 자아, 정신, 정신증, 지각, 쾌락원칙, 쾌락주의의 역설, 프로이트

안티고네[소포클레스]

Antigone | 安提戈涅

'나를 도와 시체를 들어내지 않겠니?' 죽은 오빠의 시체를 묻어주자는 언니 안티고네에게 이스메네는 이렇게 답했다. '언니, 우리가 만약 명령을 어기고 왕의 법과 권력을 손상한다면 우리는 다른 경우보다도 더 비참하게 될 거예요! 우리는 이것을 기억해야 해요. ─우리는 약한 여자예요. 그것을 잊지 말아요. 우리는 그들과 싸울 수가 없어요.' 그러자 안티고네는 '이 고귀한 죄 때문에, 나는 내가 사랑하는 그분과 함께 쉬련다. 살아 있는 사람보다 죽은 사람을 섬기는 시간이 더 길단다. 나는 저세상에서 영원히 살겠다. 그러나 그것이 너의 뜻이라면, 신들에게 축복받는 행위를 비웃는 죄를 짓거라'라고 말하면서 신의 법에 따른다고 선언했다. 이후 안티고네는 국법으로 금지된 오빠 폴리네이케스Polyneices의 시체를 찾아 장례를 지낸다. 이로 인하여 통치자이자 외삼촌인 크레온Creon에게 사형 선고를 받아서 산 채로 동굴에 갇힌 안티고네는 목을 매어 자결한다.

안티고네는 고대 그리스의 비극이면서 그 비극에 등장하는 여주인공의 이름이다. 해피엔딩으로 끝나는 에우리피데스의 〈안티고네〉가 있지만, 소포클레스의 〈안티고네〉가 더 많이 읽히고 상연된다. 헤겔G. Hegel이 인류역사상 가장 위대한 작품으로 꼽은 소포클레스의 〈안티고네〉는 그의 대표작으로 BCE 441년 디오니소스 축제 때 초연되었다. 이후 소포클레스는 〈오이디푸스왕〉과 〈클로노스의 오이디푸스〉를 써서 삼부작을 완성했는데, 이야기 순서로 보면 가장 후반부의 〈안티고네〉를 가장 먼저 발표한 셈이다. 장군이자 정치가였던 소포클레스는 다양한 주제로 123편의 작품을 썼고 그중 7편이 전한다. 또한, 그는 디오니소스 축제에서 여러 차례 우승하여 유명해졌고 고결한 운명을 다룬 비극작가로 명성이 높았다. 특히 아테네가 경제적 번영을 이루고 민주주의가 최고조에 도달했을 때, 그는 민주주의를 지지하면서도 민주주의의 오류와 도시국가의 모순을 간파했던 극작가였다.

안티고네는 쌍둥이 오빠 폴리네이케스와 에테오클레스^{Eteocles} 그리고 여동생 이스메네^{Ismene}와 함께 아버지 오이디푸스^{Oedipus}와 어머니 이오카스테^{Jocasta} 사이에서 태어났다. 그런데 아버지이자 오빠인 오이디푸스가 자기 눈을 찔러 방랑자가 되자 안티고네는 정성껏 그를 보살핀다. 그가 죽은 후, 이스메네와 함께 조국 테베로 돌아왔지만, 오빠들은 왕위 계승 문제로 전투 중에 서로 죽인다. 그리하여 왕이 된 외삼촌 크레온은 조국 테베를 공격한 폴리네이케스의 장례를 금지했다. 하지만 안티고네는 이 명령을 어기고 간략한 장례예식을 치렀다. 안티고네가 죽음을 무릅쓰고 오빠의 장례를 치른 것은 신의 법이 인간의 법보다 중요하다고 여겼기 때문이다. 이처럼 국가의 법에 따르는 크레온과 신의 법에 따르는 안티고네는 비대칭 구조로 설정되어 있으며 각기 다른 가치와 윤리를 상징한다.

희곡 〈안티고네〉는 선악이 대립하는 것도 아니고 프로타고니스트와 안타고니스트의 대립구조도 아니다. 하지만 테베의 왕 크레온은 현실, 국가, 권력, 남성을 상징하고 안티고네는 이상, 가족, 사랑, 여성을 상징하는 이항대립으로 해석하는 것이 보통이다. 비록 크레온이 독재자로 설정되어 있지만, 악인으로 묘사되지는 않는다. 이에 대해 라캉은 내적 욕망윤리가 외적 현실원칙보다 중요했다고 분석한 바 있다. 그리고 현실, 법, 국가를 전복함으로써 쾌락을 느끼는 주이상스^{Jouissance}로 설명한다. 이런 해석은 프로이트의 오이디푸스 콤플렉스를 정신분석학으로 심화시킨 것이지만 분명한 것은 주어진 운명에 순종하고 현실에 저항한 안티고네의 비극이다. 따라서 장렬하게 죽은 안티고네는 비극적 영웅, 시민적 저항, 비장미와 고결성, 사랑, 비범한 주인공의 파멸 등을 상징한다.

안티고네가 현실에서 패배한 것은 영원한 시간에 재생할 수 있는 신의 질서에 따르기 때문이다. 이것은 신의 질서가 인간의 질서를 지배한다는 뜻이면서 신국의 위엄을 상징한 것이다. 안티고네와 그 가족의 비극은 오이디푸스로부터 시작하여 그의 어머니이자 아내인 이오카스테의 자결, 그들의 아들 폴리네이케스와 에테오클레스의 살육, 안티고네의 자결, 그녀의 약혼자이자 크레온의 아들인 하이몬의 자결, 하이몬의 어머니 에우리디케스의 자결로 막을 내린다. 이렇게 되어 현실원칙에 따르고 국가를 지키는 크레온과 이스메네만이 살아남아, 파괴와 종말 이후의 건설과 창조의 기록을 남겼다. 이것은 신의 처벌과 심판이고 한 시대의 종말이며 영원한 시간에 존재하는 신국의 완성이다. 또한, 『안티고네』는 신과 인간의 조화이면서 쾌락원칙과 현실원칙이 결합한 새 시대의 창조다. 안티고네는 강인하면서도 윤리적인 인물형으로 알려져 있다.

참고문헌 Sophocles, *Antigone*, translated by Robin Bond, Christchurch, New Zealand : University of Canterbury, 2014, p.4.

참조 삼일치법칙, 비극, 비극의 탄생, 삼일치법칙, 스토리·이야기, 시간, 안티고네와 이즈메네, 연극·드라마, 오이디푸스 왕, 운명론, 주이상스, 종말론, 카타르시스, 캐릭터·인물, 쾌락원칙, 플롯, 희곡, 희극/코미디

고전주의

Classicism | 古典主義

새벽에 호텔에 들어선 P는 깜짝 놀랐다. 유리창 너머 우아한 자태로 당당하게 서 있는 건축물을 본 순간이었다. 마침 구름 위에 솟아 있는 것처럼 보였고, 황금색 조명으로 신비하기까지 했다. 잠시 생각에 젖은 P는 '저것은 아마도 파르테논Parthenon 신전일 것이다'라고 생각했다. 파르테논 신전은 아테네 시내에서 잘 보이는 아크로폴리스 언덕에 서 있으며 BCE 438년에 완성되었다. 축제의 날 아테네 시민들은 아테나 여신상을 신께 드리고 경건한 제의를 거행했다. 그 이후 여러 차례 개축했는데 세상에서 가장 아름다운 건축물 중 하나로 꼽힌다. 여기서 '아름답다'라는 미적 판단은 고전미古典美와 우아미優雅美를 가졌다는 뜻이다. 파르테논 신전은 황금 비례의 모범적인 건축이며 그 아름다움은 조화와 균형에 있다. 이 파르테논 신전을 포함한 그리스와 로마의 조각과 건축은 르네상스 시대와 그 이후의 예술에 지대한 영향을 미쳤다.

파르테논 신전처럼 전범이 될 만한 책이나 작품을 고전古典이라고 한다. 가령 정전Canon으로 알려진 공자의 『논어』나 호메로스의 『오디세이』가 바로 고전이다. 하지만 특수한 영역에 한정된 것은 고전이라고 하지 않는다. 고전은 라틴어 클라시쿠스Classicus에서 유래한 것으로서 로마의 가장 높은 시민계급이라는 뜻과 관계가 있고 일반적으로 '최상의, 최고급의, 일류의'라는 뜻으로 쓰인다. 이 '고전'에 이념이나 사상이라는 의미의 '주의主義, ism'가 합성되어 고전주의가 되었다. 일반적인 의미의 고전주의는 보편적 가치를 지니고 있어서 초시대적으로 전범이 될 만한 사상이나 예술작품을 존중하는 이념이다. 또한, 고전주의는 고전적 경향과 창작방법 그리고 그런 의식이 남긴 작품을 망라하는 사상이자 철학이다. 하지만 고전주의는 르네상스에서 19세기 말에 이르는 유럽의 역사 속에서 이해되는 것이 보통이다. 고전주의는 고대 그리스와 로마의 예술을 지향하면서 형식미, 균형미, 우아미, 완결성 등을 추구하는 17~18세기 서구 유럽의 문예사조다.

고전주의는 디오니소스보다 아폴론적인 경향에 가깝다. 철학적으로는 플라톤과 아리스토텔레스 시대의 자연철학을 재해석한 합리주의와 맥을 같이하며 역사적으로는 신항로를 개척하고 신대륙을 탐험하던 대항해 시대大航海時代, 15C~16C와 맥을 같이한다. 특히 고전주의는 1453년 동로마 비잔틴제국이 멸망한 후 고대 그리스에 관한 관심과 더불어 시작되었다. 르네상스 시대14C~17C에는 파르테논 신전과 같은 황금비례의 그리스 건축을 전범으로 했고 문학, 미술, 음악, 연극에서도 그리스 로마의 고전을 철저하게 모방했다. 당시 많은 인문주의자Humanist가 그리스, 로마, 이슬람의 고전을 탐독하고 연구했으며 고전적인 것을 적극적으로 모방했다. 그리하여 이성, 조화, 규범, 규칙, 질서, 균형, 객관, 보편, 통일, 완결, 단순, 절제의 고전주의적 특징이 발휘되었다.

고전주의는 그리스 고전주의, 로마 고전주의, 그리스-로마 고전주의그레코 로망 Greco-Roman, 르네상스 고전주의, 계몽주의 시대의 고전주의, 1800년대 중반의 신고전주의Neo-classicism 그리고 진정한 고전주의가 아니라는 뜻의 의擬/유사類似 고전주의Pseudo-classicism 등 여러 층위의 고전주의가 있다. 고전주의라는 개념은 1750년경부터 1850년경까지의 신고전주의 시대에 그리스 로마, 그리고 르네상스의 철학과 예술을 고전으로 간주하면서 쓰이기 시작했다. 그런데 그리스, 로마, 르네상스는 고전주의가 아닌 '고전의 시대'이고 신고전주의가 고전주의로 간주되는 것처럼 고전주의는 상대적인 개념이다. 고전주의 사조는 라파엘로 대표되는 아테네학파School of Athens에서 최고조에 이르렀다. 바티칸 성당의 프레스코화인 〈아테네학당School of Athens〉1510은 웅장한 고전미와 조화로운 형식미 그리고 초월적 신의 세계를 지향하는 이념이 담긴 명작이다. 신고전주의는 라신 과 몰리에르의 희곡과 모차르트의 음악으로 대표된다.

고전주의의 가장 중요한 특징은 감성에 대한 이성의 우위, 내용과 형식의 조화이다. 원래 고전주의는 중세 말의 바로크Baroque와 로코코Rococo를 이어받으면서 신중심주의에서 벗어나 인간과 자연의 본질을 추구하려는 사상이었다. 고전주의는 천상계의 신에서 지상계의 인간으로 이행하는 예술적 변화 과정의 문예사조이며 인간중심주의와 이성 중심주의의 경향을 반영하고 있다. 사회적으로는 신대륙 발견, 절대왕정의 붕괴와 왕정복고, 부르주아의 등장, 산업혁명 등이 이어지던 유럽은 변화로 혼란스러웠으므로 질서와 안정을 기대하는 심리가 고전주의로 표출된 것이다. 그런데 고전주의의 규범, 규율, 규칙 등이 감성을 제약했기 때문에 19세기 중반에 자유로운 감성과 창의성을 중시하는 낭만주의로 이행하는 결과를 낳았다. 하지만 고전을 모방하고 학습하는 것은 일반적이므로 방법이나 태도로서의 고전주의는 시대나 지역을 초월하여 언제나 존재하는 사조다.

참고문헌 Sophocles, *Antigone*, translated by Robin Bond, Christchurch, New Zealand : University of Canterbury, 2014, p.4.

참조 감성, 계몽의 시대, 낭만주의, 로코코, 르네상스, 모방론, 문예사조, 바로크, 삼일치법칙, 시대정신, 이성, 이성론/합리주의, 절대왕정·절대주의, 황금비율, 헤브라이즘, 헬레니즘, 휴머니즘/인문주의

낭만주의

Romanticism | 浪漫主義

'나는 골짜기와 언덕 위에 높이 떠도는 / 구름처럼 외로이 방황하다가 // 갑자기 모여 있는 한 무리의 / 황금빛 수선화를 보았네 // 호숫가, 나무들 아래에, / 미풍에 흔들리며 춤추는 / 은하수 위에서 끊임없이 빛나며 / 반짝이는 별들처럼 / 그들은 고요한 호수를 따라 / 끝없이 이어져 있었네.'[1] 이것은 영국의 낭만주의 시인 워즈워스의 「수선화Daffodils」 첫 부분이다. 이 시는 아름다운 서정시이지만 문예사조에서는 낭만주의 시로 분류된다. 「수선화」는 시적 자아가 자연을 새롭게 발견하는 과정을 그려내고 있다. 특히 내면의 열정을 잔잔한 서경으로 표현하여 숭고Sublime한 정신을 담아내고 있다. 이 작품에 등장하는 호수는 영국 북서부의 호수지방을 말하는데, 이곳에서 워즈워스와 바이런을 비롯한 일군의 시인들은 자연을 새롭게 인식했다. 낭만주의는 대략 1770년 전후부터 1850년 전후까지 유럽과 아메리카에 풍미했던 철학과 문예의 사조로 낭만적 감성이 표현된 시대정신이다.

낭만浪漫은 로만Roman에서 왔는 데 로맨틱Romantique, 로마네스크Romanesque, 로망스Romance와 같은 어원이다. 낭만주의에서 로만은 '라틴Latin과 반대되는 개념'이었는데, 이때의 라틴은 고전적이고 규범적인 전통을 의미한다. 따라서 라틴어로 표현된 고전적이고 규범적인 정전Canon이 아닌 로망스는 재미있는 기사담, 연애

---

[1]   I wandered lonely as a cloud / That floats on high o´er vales and hills, / When all at once I saw a crowd, / A host, of golden daffodils; / Beside the lake, beneath the trees, / Fluttering and dancing in the breeze. / Continuous as the stars that shine / And twinkle on the Milky Way, / They stretched in never-ending line / Along the margin of a bay.

담, 동화였다. 이후 '로만'은 신적, 고전적, 기계적, 산업적, 도시적인 것이 아닌 인간석, 감성적, 자연적, 목가적, 독창적 그리고 비현실적인 것을 의미하게 되었다. 이 로만에 이념을 의미하는 주의ism, 主義가 합성된 명사가 낭만주의다. 낭만주의는 첫째, 인간의 기본 심성인 낭만적인 기질과 태도 둘째, 유럽에서 시작된 낭만적 문예운동과 철학사상 등 두 가지가 있다. 문예사조에서 낭만주의는 두 번째 의미인 서구 유럽의 역사에서 이해되는 것이 보통이다. 18세기의 서구 유럽은 합리주의 철학, 계몽주의 사상, 도시화, 산업혁명 등 변화의 물결 속에 있었다.

프랑스대혁명[1789] 이후 유럽에서는 자유와 개성 그리고 각 민족의 언어와 문화에 관한 관심이 증가했다. 하지만 시대정신은 아폴론적인 것에 가까운 이성, 조화, 규범, 규칙, 질서, 균형, 객관, 보편, 통일, 완결, 단순, 절제를 미덕으로 하는 고전주의였다. 이 (신)고전주의가 인간의 자유로운 심성을 억압하자 이에 대한 반동으로 낭만주의가 출현한 것이다. 이런 역사적 배경에서 시작된 낭만주의는 감성, 열정, 격정, 혼돈, 파괴, 동경, 주관, 순진, 순수, 자아, 신비의 미적 특징이 있다. 아울러 낭만주의는 자유정신, 자연지향, 비판의식, 무한성, 독창성originality을 중시한다. 낭만주의자들은 단일적이고 보편적인 미학과 전체주의 사상에서 벗어나 자유로운 개성個性을 추구했다. 한편 데카르트와 헤겔로 대표되는 이성주의 철학과 달리 피히테와 셸링은 자아와 자연을 강조했는데 이것이 낭만주의 형성의 토대가 되었다.

1770년 전후에 일어난 질풍노도Sturm und Drang 운동은 독일 낭만주의 출현의 계기가 되었다. 또한, 민족주의가 발흥하여 민족적 개성과 감성을 적극적으로 표현하기 시작한 것도 중요한 요인이다. 한편 고전주의와 낭만주의의 가교를 놓은 괴테는 『젊은 베르테르의 슬픔』[1774]에서 격정적 사랑을 낭만적으로 표현했다. 이후 많은 독일의 예술가들은 열망, 고뇌, 절망, 분노, 애수, 좌절, 희망, 동경, 향수, 숭고와 같은 감정을 작품 속에 담아냈다. 영국 호수지방Lake District의 시인 워즈워스^{W. Wordsworth, 1770~1850}는 시를 '감정의 자발적인 유로^{spontaneous overflow of emotion}'로 보았다. 격정, 낭만, 동경, 열정과 같은 감성이 넘치면 그런 감정들이 즉흥적이고 자연스럽게 표현된다는 것이다. 또한, 워즈워스는 『서정시집^{Lyrical Ballads}』¹⁷⁹⁸을 발간하였고 「시작법」¹⁸⁰²에서 낭만주의 정신을 기술하였으며 시집 서문에서¹⁸¹⁵ '로맨틱 하프^{romantic harp}'라고 썼다.

빅토르 위고의 『레미제라블^{Les Misérables}』과 『파리의 노트르담^{Notre-Dame de Paris}』이 프랑스 낭만주의의 대표작이다. 1824년 프랑스 아카데미에서는 낭만주의를 부정적이고 비판적인 의미로 사용하고 있다. 이후 낭만주의는 과거의 전통과 합리주의적 이성에 반대하는 부정적 의미로 쓰이기 시작했다. 대체로 낭만주의는 비현실적이고 초월적이며 표현론적인 경향을 보이는 경우가 많았고 지나치게 격정적이거나 현실 도피적 경향을 보였다. 또한, 신비한 것에 대한 동경이 강하고 이상적이기 때문에 초월적이고, 현실에 배치되기 때문에 절망이 깊고 크다. 그 절망의 감성은 눈물, 한, 비탄, 냉소, 비애, 애수, 퇴폐, 파괴 등으로 드러나거나 비현실적인 환상에 이르기도 한다. 그러므로 낭만주의에는 낙관과 절망의 감정이 드러난다. 지나친 낭만적 경향은 1850년대의 후기 낭만주의에 이르러 퇴폐적이고 병적으로 변하여 사실주의와 자연주의가 출현하는 계기가 된다.

참고문헌 William Wordsworth, *Lyrical Ballads : With Pastoral and Other Poems* Vol 2, London : Printed for T.N. Longman and O. Rees, 1802.

참조 감동, 감성, 감정·정서, 개성, 고전주의, 낭만적 숭고, 로망스, 문예사조, 민족, 민족적 낭만주의, 산업혁명, 숭고, 숭고[칸트], 시대정신, 질풍노도, 표현, 혁명적 낭만주의, 휴머니즘/인문주의

자연주의[예술]
Naturalism | 自然主義

'나는 자유의지가 없이 자신들의 신경과 피에 완전히 지배당하는, 자신들의 억제할 수 없는 육체적 본능의 법칙에 따라 행동하는 사람들을 선택하였다. 테레즈와 로랑은 인간의 탈을 쓴 짐승이나 다름없다. 나는 그들이 가진 욕정, 그들의 본능이 강제하는 것 그리고 신경의 위기에서 초래되는 정신적 불균형을 통하여 이 동물들을 표현하고자 하였다.'[1] 이것은 에밀 졸라의 『테레즈 라캥 *Thérèse Raquin*』 2판[1868] 서문 중의 한 부분이다. 이어서 졸라는 인물을 묘사하거나 객관적 사실을 표현하는 것이 아니라 인간의 자연적 특질을 표현한다고 설명했다. 과연 그의 말대로 이 소설은 인간의 동물적 생물본능, 늑대와 같은 욕망, 성적 난삽함, 잔인한 인간성을 그리고 있다. 이처럼 에밀 졸라는 이성과 도덕에서 벗어난 인물 군상을 그림으로써 자연주의 문예사조를 개척하고 완성한 작가가 되었다.

자연주의는 자연自然과 이념主義, ism이 합성된 명사다. 이 자연은 루소의 자연이나 도가道家의 무위자연無爲自然을 포함하여 세상에 존재하는 제1의 자연을 말한다. 자연에 대한 사상과 주의인 자연주의는 자연의 물리법칙이 모든 것을 결정한다는 철학과 과학의 이념이다. 철학에서 자연주의는 존재의 근원을 자연으로 보는 존재론적 자연주의Ontological Naturalism와 가정, 실험, 결론의 과학적 근거

---

1   absolutely swayed by their nerves and blood, deprived of free will, impelled in every action of life, by the fatal lusts of the flesh. Therese and Laurent are human brutes, nothing more. I have sought to follow these brutes, step by step, in the secret labour of their passions, in the impulsion of their instincts, in the cerebral disorder resulting from the excessive strain on their nerves.

를 중요시하는 방법론적 자연주의Methodological Naturalism로 나뉜다. 이런 사상이 예술에 영향을 미쳐 1860년경에 자연주의 문예사조가 태동했으며 1940년까지 서구 유럽과 여러 나라에 전파되었다. 자연주의는 리얼리즘/사실주의와 마찬가지로 낭만주의가 지나치게 개성을 중시하고 주관적으로 흐른 것에 대한 반동에서 출발했다. 대표적인 자연주의 작가이자 자연주의를 완성한 사람은 프랑스의 소설가 에밀 졸라E. Zola, 1840~1902다.

졸라를 비롯한 자연주의 작가들은 사회를 적나라하게 해부하는 한편 동물적 인간성을 과학적으로 드러낸다는 목적을 가지고 작품을 썼다. 그러므로 가난, 폭력, 질병, 매춘, 불결, 부패를 소재로 삼고 환경에 지배당하는 인간 존재에 주목한다. 자연주의 작가들은 인간사회에서 벌어지는 투쟁과 인간의 동물성을 관찰하고 해부하듯이 과학적인 묘사를 한다. 자연주의는 관찰과 실험을 위주로 하는 과학적 사유라는 점에서 유물론唯物論 사상과 연결되어 있다. 고대 그리스의 유물론자 탈레스Tales는 어떤 현상과 사실을 자연적이면서 과학적으로 설명하고자 했던 자연철학자였다. 자연철학의 시대를 지나 중세를 거치면서 사람들은 과학적으로 세상을 보려고 노력했고, 뉴턴 이후 근대에 들어 자연과학적 인과법칙으로 세상을 이해하게 되었다.

자연은 실재하는 것이며 실재하는 것이 전부라는 전제를 가진 자연주의는 가설, 관찰/실험, 결과의 과학적 과정에서 얻어진 것만을 사실로 인정한다. 그러나 초자연적이거나 환상적인 것을 부정하지는 않고 괄호를 친 다음 유보한다. 또한, 자연주의 작가들은 다윈의 진화론과 여러 과학자의 유전학, 기계적 결정론, 스펜서의 적자생존 이론, 환경결정론Environmentalism, 環境決定論 그리고 베르나르의 실험의학서설을 문학에서 구현하고자 했다. 그 자연주의의 대표자인 프랑스의 에밀 졸라는 20권으로 구성된 『루공 마카르총서Les Rougon-Macquart』1871~1893에서 자연주의의 정수를 보여준 바 있으며 토머스 하디, 플로베르, 모파상의 작품도 자연주의 기법으로 분류되고 있다. 이처럼 자연주의는 객관성과 인과법칙因果法則을 가지고 대상을 과학적으로 냉철하게 분석하는 일종의 창작방법이다.

자연의 법칙과 과학적 논리를 예술과 철학에서 강조하는 것이 바로 자연주의 또는 졸라이즘Zolaism이다. 사실을 객관적으로 표현하고자 하는 사실주의자들과 달리 자연주의자들은 인간과 사회를 과학적 방법으로 분석하고 의학적 방법으로 해부하겠다는 창작 태도를 가지고 있었다. 해부란 의학에서 말하는, 특히 실험의학자 베르나르C. Bernard의 해부학적 방법을 말한다. 의학자가 동물이나 인간을 해부할 때 감정이 개입하지 않는다. 졸라는 소설 역시 그런 과학적 방법으로 써야 한다는 뜻에서 실험소설의 이론1880을 완성했고 이것을 자연주의의 이론적 근거로 본다. 자연주의는 사회와 현실에 대한 객관적 묘사라는 점에서 사실주의와 유사하지만, 자연과학의 예술적 적용이라는 특징을 보인다. 그래서 자연주의 작가들은 인간의 어둡고 부정적인 면 즉 인종주의, 폭력, 편견, 질병, 타락 등에 지나치게 집중한다는 비판을 받는다.

참고문헌 Emile Zola, *Therese Raquin*(1867), translated by Edward Vizetelly, http : // www.gutenberg.org/ebooks/6626.

참조 감정·정서, 객관·객관성, 고전주의, 과학주의, 낭만주의, 리얼리즘(예술), 묘사, 문예사조, 사실, 소설, 실험의학, 유물론, 이성, 인과율·인과법칙, 자연선택, 제2의 자연, 환상/환상성

인상주의 인상파

Impressionism | 印象派

1874년 4월, 사진작가 나다르^{Nadar, 1820~1910}의 작업실에서 특별한 전시회가 열렸다. 그 전시회는 '무명의 화가, 조각가, 판화가 협회전'이었는데 기존 화단에 대한 비판과 반항의 태도를 보였다. 이 전시회를 본 기자 르로이^{Louis Leroy}가 신문 샤리바리^{Charivari}에 〈인상, 해돋이^{Impression, Sunrise}〉라는 제목의 냉소적이고 비판적인 기사를 썼다. 르로이는 〈해돋이〉가 '태아의 상태^{Embryonic state}'에 머물렀다고 혹평하면서 '인상'을 받기는 했다고 썼다. 그가 말한 인상이란 〈해돋이〉¹⁸⁷⁴를 그림으로 볼 수 없다는 것인 동시에 '나쁜' 인상을 받았다는 것이다. 모네의 이 작품이 '인상^{印象}'으로 명명된 후, 모네를 포함한 일군의 작가들이 '인상파^{Impressionist}'로 표방하고 자신들의 회화작업을 '인상주의'로 규정하여 인상주의와 인상파^{印象派}가 유파로 성립하게 되었다.

이들이 추구한 인상^{Impression}의 어원은 라틴어 impressio인데 마음을 눌러서^{press} 각인^{print}시킨다는 뜻이다. 따라서 인상은 강렬하게 뇌와 마음에 각인된 기억이며, 인상주의는 개인의 주관적 인상을 존중하는 이념이고, 인상파는 1870년 전후에 등장하여 인상적 예술을 주도한 집단이다. 인상주의가 유파로 성립된 것은 1874년이지만 그 전조는 1863년에 나타났다. 루브르에서 거장들의 작품을 모사하던 마네^{E. Manet}가 〈풀밭 위의 식사^{The Luncheon on the Grass}〉라는 작품을 '파리 살롱전^{Salon de Paris}'에 출품했다. 여성의 누드가 문제가 되어 거부당한 이 작품의 전위성이 인상주의의 전조였다. 마네 이외에도 전통적 화풍에 따르지 않는 화가의 작품 역시 프랑스 아카데미^{Academy}로부터 거부당했다. 거부당한 작가들에 대한 대중들의 관심이 높아지자 나폴레옹 3세는 '거부당한 작품전'을 허락하여 대중들에게 공개했다.

그리하여 전통적이거나, 역사적이거나, 종교적인 주제의 작품을 주로 전시하는 '파리 살롱전'과 그와 다른 화풍이면서 아카데미에서 거부당한 작품을 주로 전시하는 '거부당한 작품전Salon of the Refused'이 열리게 되었다. 초기 인상주의를 주도한 것은 여기에 참가했던 모네C. Monet, 르누아르P. Renoir, 시슬리A. Sisley, 바질F. Bazille, 드가E. Degas 등이었는데 이들은 야외에서 풍경을 그리거나 일상생활을 주제로 작업을 했다. 이들은 태양의 광선과 빛의 변화를 생동감 있게 그리는 한편 색조와 색감을 강렬하게 표현했다. 그것은 대상을 직관적인 감각으로 인지한 다음 그 정수Essence를 통일적으로 그리는 것이 본질사실 표현에 적합하다고 믿었기 때문이다. 또한, 전통적 회화의 기법, 고전주의의 이성, 낭만주의의 감성을 거부하면서 순간적으로 포착한 인상을 담아내고자 했다.

사진이 등장하면서 사실의 재현은 의미가 반감되었다. 그리하여 회화는 흑백 사진이 담당하지 못하는 색조와 색감으로 방향을 선회할 수밖에 없었다. 이런 상황에서 인상파 화가들은 기하학적 구도나 비례보다 중요한 것은 대상의 본질이라고 보았다. 그리하여 인상파 화가들은 자연의 색조, 색의 변화, 빛의 각도, 색채의 분할, 공간적 해체, 신비한 순간, 물질과 환경의 관계, 정신적 경험의 조형성 등이 중요하다는 결론에 이르렀다. 그것이 그 사물과 대상이 가지고 있는 영속적 구조이자 본질이라는 것이다. 그 본질을 드러내는 방법으로 택한 창작방법이 바로 인상 포착 기법이었다. 또한, 미완성인 것 같은 감각적 표현에 강렬한 의미를 부여하고 전통에 저항하면서 새로운 미감을 창조했다. 그러므로 인상주의자들은 사회적인 문제에는 무관심했으며, 작가와 작품 그 자체에 몰두하는 유미주의의 경향을 보였다.

인상주의의 철학적 근거는 감각을 통한 경험 즉, 경험주의에 근거한다. 실제로 인상파 예술가들은 경험에서 얻은 색채, 색조, 색감, 질감을 인상적으로 표현했고, 물감을 혼합하지 않고 강렬한 원색을 썼으며, 짧은 붓 터치, 선과 구도의 배제, 점묘법, 흔들림, 색의 변화, 순간적 빛 등을 인상적으로 표현했다. 반항적이었지만 혁명적인 예술운동이었던 인상주의는 1886년 '거부당한 작품전'이 막을 내리면서 끝났으며 후기인상주의와 표현주의에 영향을 미쳤다. 하지만 인상주의는 고흐V. Gogh, 고갱P. Gauguin, 쇠라G. Seurat, 세잔P. Cezanne 등으로 대표되는 후기인상주의Post-impressionism와 보들레르의 상징주의Symbolism로 계승되어서 현대 예술에 큰 영향을 미쳤다. 특히 보들레르C. Baudelaire는 『악의 꽃』에서 인상을 상징으로 수렴하여 새로운 감각의 시를 썼고 드뷔시C. Debussy가 인상파 음악을 선도했다.

참고문헌 House John et al. *Monet in the 20th century*, Yale University Press, 1998.

참조 감각, 경험론/경험주의, 낭만주의, 다다이즘, 리얼리즘[예술], 모더니즘[예술], 문예사조, 본질, 상징주의, 아방가르드, 유미주의, 자연주의[예술], 재현, 초현실주의, 표현, 표현주의

초현실주의

Surrealism | 超现实主义

미술교사 P는 특이한 그림 하나를 화면에 올렸다. 그것은 살바도르 달리 Salvador Dalí, 1904~1989의 〈기억의 영원The Persistence of Memory〉1931이라는 작품이다. 이 특이한 그림을 본 학생들은 이상한 생각이 들었다. P 교사는 평소 미술을 좋아하던 Q에게 이 작품을 그대로 묘사해 보라고 말했다. 그러자 Q는, 이렇게 묘사했다. '이 그림에는 가죽처럼 휘어진 시계가 몇 개 그려져 있다. 하나는 나뭇가지에 걸려 늘어져 있고, 하나는 책상 모서리에 반이 꺾여 있으며, 또 하나는 이상한 물체에 채워져 있다. 바닷가의 모래사장처럼 보이는 곳 옆에는 산이 있고, 그 산을 배경으로 시계들은 신비하고 기이한 형태로 배치되어 있다.' Q의 설명처럼 이상한 형태 때문에 이 작품은 녹아내리는 시계Melting Clocks 또는 늘어진 시계Droopy Clocks로 불리기도 한다. 현실에서는 이런 시계가 없으므로 비현실이지만, 문예사조에서는 우주적 사실 또는 초현실이라고 한다.

초현실超現實, Sur+real은 '현실Real의 위Sur' 즉, 현실의 실재real나 구체적인 사실fact을 넘어섰다는 뜻이다. 초현실주의는 아폴리네르G. Apollinaire가 1917년에 처음 사용했는데 초자연주의를 초현실주의로 바꾼 개념이다. 초현실주의는 다다이즘Dadaism에서 발전한 20세기 초의 예술운동이자 이성과 논리 바깥의 초현실을 표현하려는 예술사조다. 당시 산업화와 도시화로 인하여 비인간화가 심각해졌고 제1차 세계대전으로 인하여 과학기술의 발전에 대한 회의가 제기되었다. 그와 더불어 합리주의에 대한 부정의 기류가 조성되었다. 따라서 진정한 인간해방은 이성과 논리로 가능하지 않다는 생각과 더불어 꿈과 무의식이야말로 인간을 이해하는 중요한 요소로 간주되었다. 초현실주의자들은 이런 전위성을 가졌기 때문에 전통적 기법을 부정하고 혁명적인 방법으로 초현실주의를 지향한 것이다.

초현실주의는 1917년 스위스에서 다다이즘을 주장한 트리스탄 차라T. Tzara, 1896~1963가 파리에 정착한 이후 새로운 전기를 맞았고 이 해에 마르셀 뒤샹Marcel Duchamp은 변기인 〈샘Fountain〉1917을 전시하여 초현실적 개념예술의 전기를 마련했다. 한편 1924년 안드레 브르통André Breton, 1896~1966은 일군의 예술가들과 함께 「초현실주의 선언」을 발표했다. 이들은 초현실超現實이 자동작용Psychic Automatism, 생각의 자유인 자유연상Free Association과 자동기술Automatic writing, 어울리지 않는 것들의 병렬Juxtaposition, 전치Depaysement, 변형Deformation, 콜라주Collage, 꿈의 재현 등으로 표현될 수 있다고 믿었다. 또한, 이들은 '인간의 상상에 자유를 부여하지 않으면 안 된다'라는 것과 '현상으로 드러난 것보다 더 의미 있는 실재'를 추구했다.

프로이트의 정신분석학과 아인슈타인의 상대성이론에 근거한 초현실주의는 자유로운 상상력으로 꿈과 잠재의식을 표현하면서 초현실적인 미를 창조하려고 했다. 이런 초현실주의의 전통부정과 전위성은 현대 모더니즘 예술의 일반적 특징이기도 하다. 특히 초현실주의자들은 '근대 합리주의 사회와 부르주아적 가치가 인간을 비인간화시켰다'라고 단정하고 현실과 이성의 모순을 직시했다. 그래서 초현실주의자들은 두 번에 걸친 세계대전에서 모순이 드러난 사회를 파괴하고 전복하고 혁명하여 인간해방을 이루어야 한다고 믿었다. 특히 초현실의 세계에 사실과 진리가 있다고 보고 초현실을 적극적으로 표현하고자 노력했다. 그런 점에서 초현실주의는 내용상 개념예술Conceptual art이고 형식상 하이퍼 리얼리즘Hyper-realism이다. 또한, 감성과 표현을 위주로 한다는 점에서 낭만주의, 인상파, 후기인상파, 표현주의, 추상표현주의, 입체파Cubism, 다다이즘과 연결된다.

이런 이유 때문에 가장 어울리지 않을 것 같은 초현실주의와 공산주의는 인간해방의 목표 아래 일시적으로 결합한다. 초현실주의자 브르통, 아라공[L. Aragon], 아르타우[A. Artaud] 등은 공산주의와 무정부주의를 옹호하면서 예술의 힘으로 사회를 혁명해야 한다고 주장했다. 그리하여 브르통과 아라공 등은 유물론唯物論과 초현실주의가 공동의 목표를 가졌다는 내용의 「초현실주의 2차 선언」[1929]을 발표했다. 하지만 자율성과 상상력을 중시하는 초현실주의와 계급해방을 목표로 하는 공산주의운동은 모순이기 때문에 결국 두 조직은 1935년에 결별한다. 이후 초현실주의자들은 런던에서 국제초현실주의전[International Surrealist Exhibition1936]을 열고 초현실주의 운동을 지속적으로 전개했다. 짧은 시간에 전개된 초현실주의는 여러 장르의 예술에 큰 영향을 미친 현대예술의 핵심이자 특징이다.

참고문헌 André Breton, *Manifesto of Surrealism*, 1924.

참조 고전주의, 낭만주의, 다다이즘, 리얼리즘[예술], 모더니즘[예술], 무정부주의, 문예사조, 아방가르드, 인상주의·인상파, 자연주의[예술], 재현, 추상표현주의, 표현, 표현주의, 프로이트

다다이즘

Dada | 达达主义

'마술과 같은 어휘—다다—언론인에게 새로운 세상의 문을 여는 것과 같은 이 단어는 우리들에게도 아주 중요하다.'[1] 이렇게 시작하는 트리스탄 차라의 「다다선언^{Dada Manifesto}」1918은 다다이즘의 정신과 이념을 담고 있는 성명서다. 다다선언의 다다는 어린아이의 중얼거림이다. 어린이가 중얼거리는 의성어^{擬聲語}는 어른의 눈으로 보면 별 의미가 없다. 하지만 역설로서의 의미가 있는데 그것은 어른들의 논리적이고 이성적인 발화^{發話}와는 다른 차원의 순수하고 감성적인 발화이기 때문이다. 이처럼 중얼거린다는 슬라브계 루마니아어 의성어 중의 하나가 다다^{dada}인데 프랑스어로 아무런 생각이 없다는 뜻이기도 하다. 실제로 다다는 독일에서 취리히로 온 후고 발^{Huge Ball}이 1916년에 '아무 생각 없이 처음 사용했다'라고 알려져 있으며 이런 말장난은 서구사회에 대한 비판과 반성의 의미를 담고 있다.

1914년 제1차 세계대전이 발발하자 많은 예술가는 중립국 스위스에 모여 자유롭게 자신들의 생각을 표현하기 시작했다. 이듬해인 1915년, 루마니아 출신의 트리스탄 차라^{T. Tzara, 1896~1963}는 '예술은 죽었다'고 선언하면서 다다이즘 운동을 선도했다. 한편 훗날 초현실주의의 기수가 된 앙드레 브르통, 폴 엘뤼아르, 루이 아라공^{L. Aragon} 역시 파리를 중심으로 다다이즘 운동을 펼치고 있었다. 다다이즘 운동의 또 다른 공간이었던 독일에서는 베를린 다다가 결성되었으며1919

---

1   The magic of a word – DADA – which for journalists has opened the door to an unforeseen world, has for us not the slightest importance.

기타 여러 나라에서도 다다이즘 운동이 시작되었다. 이들은 전쟁의 광기를 비판하면서 그 원인인 합리주의에 대하여 회의하기 시작했다. 특히 제1차 세계대전에서 드러난 비인간적 광기와 살육에 대하여 분노하고 증오하고 냉소하였으며 이를 바탕으로 저항과 전복顚覆의 의식을 표출했다. 그런 점에서 다다이즘은 과거 전통에 저항하는 20세기 초의 아방가르드 전위예술 운동의 일종이다.

다다이스트들은 자신들의 반항과 저항을 '다다'라고 명명했는데 그것은 아무 의미도 없는 상징기호로서의 다다였다. '아무 의미도 없다'라는 것이 큰 의미로 쓰이게 된 것은 앞에서 본 것처럼 1910년대 유럽의 예술 환경 때문이다. 다다이스트들은 프로이트의 정신분석학과 융의 분석심리학은 부정하지만 오토마티즘Automatism으로 알려진 자동기술의 표현기법은 인정한다. 또한, 다다이스트들은 제약을 받지 않는 직관적 표현을 중시했다. 그런 점에서 다다는 국가나 정부 등을 부정하는 무정부주의의 성격이 있고 현실 전복과 허무주의의 속성을 가졌으며 발전과 성장을 거듭하는 자본주의에 저항했다. 따라서 다다이즘은 반이성反理性, 반예술反藝術, 반문화, 반전통, 반문명 등 여러 가지의 부정과 전복을 함의한다.

취리히의 다다이스트들은 다양한 오브제object로 자유로운 표현을 시도했으며 추상시나 음향시를 기관지 『다다』에 실었고 넌센스Nonsense한 공연이나 행위예술을 통하여 무의미한 예술 행위를 했다. 또한, 이들은 다다이즘Dadaism보다는 다다Dada로 불리기를 좋아했다. 아울러 다다이스트들은 '사회가 진보한다고 믿었던 근대의 꿈은 망상妄想이다'라고 선언했다. 그뿐 아니라 이성이 설계한 근대사회가 정신이상 상태라는 것을 지적하고 그것을 정직하게 표현한 것이 바로 '다다'임을 강조했다. 나아가 '예술 그 자체도 무의미하다'라고 냉소하면서 예술을 해체하는 예술운동을 전개하는 한편 모든 권위와 제도를 조롱했다. 이들은 문학, 미술, 음악, 연극, 무용 등 여러 장르에서 의미가 없는 부조리, 익살과 장난, 비상식적 표현, 직관적 감수성 등으로 전복적 사상을 표현했다. 이런 이유로 다다이스트들은 민족주의와 국가주의를 비판하고 모든 제도를 조롱했다.

이들은 일곱 차례의 성명서Manifesto를 발표했으나 곧 소멸의 길을 걸었다. 왜 냐하면, 그들의 부정과 저항은 의미가 있지만, 그것을 통한 예술적 의미를 지속 해서 유지하기 어려웠기 때문이다. 또한, 다다이즘은 파괴와 저항을 본질로 했 기 때문에 조직이나 체계도 없었고 지나치게 자유로웠기 때문에 반목과 갈등 도 적지 않았다. 또한, 현재를 부정하면서도 미래에 대한 전망도 불투명했다. 이처럼 다다는 실험적인 문예사조의 의미는 있었으나 '부정을 위한 부정'과 '반 항을 위한 반항'을 넘어서지는 못했다. 다다 또는 다다이즘은 앙드레 브르통 André Breton, 1896~1966이 초현실주의로 선회하면서 와해되기 시작하여 1924년 종언 을 고했다. 하지만, 아주 짧은 시간 동안 존재했던 다다이즘은 위계와 질서 그 리고 전통과 이성을 부정하는 문예운동으로 현대예술에 큰 발자국을 남긴 중 요한 문예사조다. 다다이즘의 대표작은 마르셀 뒤샹의 변기를 엎어놓은 〈샘 Fountain〉1917이다.

참고문헌 Tristan Tzara, *Dada Manifesto*, March, 23, 1918.

참조 개념예술, 고전주의, 낭만주의, 리얼리즘〔예술〕, 모더니즘〔예술〕, 무의식, 무정부주 의, 문예사조, 아방가르드, 예술, 인상주의·인상파, 자연주의〔예술〕, 제1차 세계대전, 직 관, 초현실주의, 추상표현주의, 표현, 표현주의

시언지 시연정
Poetry is Meaning Poetry is Emotion | 诗言志诗缘情

'교교한 달빛은 내 침상을 비추지만明月皎皎照我床, / 별들이 서쪽으로 흐르는 밤은 아직 깊지 않네星漢西流夜未央. / 견우와 직녀는 서로 바라보고만 있는데牽牛織女遙相望, / 그대들 무슨 죄로 은하수 두고 떨어져 있나爾獨何辜限河梁.' 이 시는 조조曹操, 조식曹植과 함께 삼조로 불리던 조비曹丕의 「연가행 1」의 마지막 부분이다. 눈에 선하게 보이는 심상을 견우직녀의 전설에 빗대어 표현한 가작이다. 조조도 그렇지만 조비 역시, 정치와 전쟁으로 평생을 살면서도 서정적인 가작을 많이 남겼다. 독자들은 이 시를 읽으면서 정한과 애수의 심사를 느끼게 된다. 대체로 한시는 정과 경이 어울리는 정경교융을 추구하는데, 이 시는 은하수 별빛이 쏟아지는 밤의 의상意象을 사용하고 견우직녀의 전설을 빌려 정과 경을 비단처럼 짜고 있다. 정과 경이 잘 어울리는 수작인 조비의 이 시는 건안풍골建安風骨의 특징인 서정적 정조情調의 시연정詩緣情이 잘 드러나 있다.

위魏의 초대 황제 조비曹丕, 187~226는 '문장은 국가의 대사蓋文章經國之大業'라고 하면서도 '시와 부는 아름다워야 한다 詩賦欲麗'고 하여 미적 가치를 강조했다. 시문에 조예가 깊어 『전론典論』을 집필한 조비가 이처럼 서정적인 감성을 가질 수 있었던 것은 건안문학建安文學이라는 시대의 풍격 때문이다. 이 시대에는 한대 이후를 풍미한 전통적 사부辭賦의 격식에서 벗어나 감정을 솔직하게 표현하는 기풍이 우세했다. 특히 건안문학의 풍골인 진솔한 정과 무목적의 목적이라는 순수 미학 속에서 시연정과 같은 문학관이 대두할 수 있었다. 이 시풍을 발전시킨 서진西晉의 육기陸機, 261~303는 『문부文賦』에서 '시는 정에서 나오며 비단 같이 아름다운 것詩緣情而綺靡'으로 규정했다. 이것은 시는 정으로 율격, 사상, 내용, 감정을 표현한다는 의미다. 하지만 시는 감정 그 자체를 표현하는 것이며, 감정에서 시가 나온다는 것을 강조한다. 이 견해가 바로 정을 시의 본질로 간주하는 시연정의 문학관이다.

육기가 한漢을 풍미한 유가의 시언지와 다른 시연정을 강조한 것은 파천황의 주장이었다. 이것은 위진魏晉 시대의 인간관을 반영한 것인데 정情은 마음의 진정眞情과 실감實感이며 시연정은 '정을 진솔하게 바깥으로 드러내서 언어로 표현해야 한다'라는 뜻이다. 육기는 인간의 정이 사시四時와 만물萬物로부터 감응하여 생성하는 것으로 보면서 '시는 정을 추구한다' 또는 '시는 정에서 유래한다'라고 해석되는 시연정을 주장한 것이다. 한편 유협은 『문심조룡』 「징성徵聖」에서 '뜻은 충족되어야 하고 말은 문채가 있어야 하며志足而言文 정은 진실해야 하고 문사는 기교가 있어야 한다情信而辭巧'고 말했는데, 뜻인 지와 감정의 정이 교융해야 한다는 관점이다. 이처럼 시언지시연정은 문학창작의 원리에 관한 동양미학 이론으로, 시언지는 마음의 뜻이 시가 된다는 것이고 시연정은 마음의 감정이 시가 된다는 것이다.

시연정이 시언지와 반대되는 개념은 아니지만, 정情과 대비되는 것이 지志이므로 시의 뜻을 강조한 시언지와 비교해 볼 수 있다. 시언지詩言志에서 말하는 시는 인간의 생각, 의지, 철학, 정신 등의 사상을 표현한 것이라는 뜻이다. 시언지는 『서경書經』 우서虞書편 「순진舜典」에 나오는데 '시는 뜻을 말한 것이고, 노래는 말을 길게 읊조린 것이며, 소리는 가락에 따라야 하고, 음률은 소리와 조화해야 한다詩言志 歌永言 聲依永 律和聲'는 것에서 유래했다. 또한, 장자는 『장자莊子』에 '시로써 도를 말한다詩以道志'라고 말했고 『좌전左傳』 「양공襄公 27년」에 '시로써 뜻을 말한다詩以言志'라고 했으며 순자荀子 역시 성인의 지志를 강조했다. 공자는 『논어』 「위정」에서 '시경의 시 삼백 편을 한마디로 말하자면 바로 사무사, 즉 사악한 생각이 없는 것이다詩三百 一言以蔽之 曰 思無邪'라고 했다.

한편 공자는 『모시서毛詩序』에서 시는 정과 성을 읊는 것吟詠情性으로 규정했지만 풍속을 교화하는 득실得失도 중시했다. 여기서 유래한 유가儒家의 문학관은 '시가 흥하여 감정이 발현된다詩興感發'고 하여 사상과 감정을 포괄하는 시언지를 확립했다. 유가의 시언지 문학관인 문이재도文以載道는 시를 포함한 언어예술 전체를 가리킨다. 문이재도는 '문은 도를 실어야 한다'라는 도학관이고, 한자문화권의 대표적인 예술론이며, 창작의 원리였고, 독서의 방법이었다. 이렇게 볼 때 시언지는 정치, 도덕, 윤리 등을 우선하는 것으로 해석될 수 있으며 유가의 문이재도 사상에 의한 문학관으로 볼 수 있다. 따라서 시언지는 '문과 도가 일치해야 한다'라는 도문일치道文一致의 교훈론적 문학관으로 볼 수 있다. 이처럼 감정을 강조하는 시연정이 정립되면서 시언지는 사상을 강조하는 것으로 재정립되었다.

참고문헌 陸機, 『文賦』, 詩緣情人而賦賦.

참조 감정, 개념, 격물치지, 공자, 교훈주의, 도, 문이재도, 사무사, 서사시, 서정시, 수양론, 술이부작, 시, 시중유화 화중유시, 의식, 의경, 의상, 정경교융, 중용지도, 한시/중국 고전시, 한자문화권

은유

Metaphor | 隱喩

어느 날 Q의 책상 앞에 장미꽃 다발이 배달되었다. 함께 보낸 P의 편지에는 '밤하늘의 별과 같은 그대에게 사랑의 장미를 드립니다'라고 적혀 있었다. Q는 당황했다. 왜냐하면, '사랑한다'라는 말 대신 '사랑의 장미'라는 은유를 썼기 때문이다. 만약 P가 '깊이 사랑하는 그대에게 한 송이 장미를 드립니다'라고 했더라면 덜 당황했을 것이다. 그런데 '사랑의 장미'라는 표현은 장미가 사랑을 연상하도록 하면서 긴장과 감동의 진폭을 크게 만든다. 아울러 '밤하늘의 별'과 같은 과장된 직유를 통하여 P는 자기 사랑의 크기를 표현했다. 이 문장에서 직접 비유인 직유^{simile}는 '~와 같이/처럼'^{as, like}과 같은 구조인데 '별과 같은 그대'에서 그대를 별에 비유하는 것이다. 반면 은유는 '장미'의 속성에 '사랑'이 포함되지 않지만, 장미를 사랑으로 대치^{代置}하는 것과 같은 비유법이다. 라틴어와 그리스어에서 은유^{metaphora}는 '옮긴다^{phora}'를 두 개념의 '사이^{meta}'와 결합한 어휘다.

은유는 서로 다른 두 개념을 창의적으로 비유한다는 뜻이다. 은유를 기호로 표기하면 A=B인데 실제로는 A→B이다. A가 질적 변화를 일으켜서 원래 관계가 없는 B를 의미하기 때문이다. 아리스토텔레스는 『수사학』에서 '은유란 어떤 것에다 다른 것을 적용하는 방법'이라고 말하면서 '새로운 지식을 창조하는 기쁨을 준다'라고 말했다. 그런데 언어학의 관점에서 보면 모든 언어는 본질적으로 은유다. 왜냐하면, 언어는 늘 다른 의미를 창출하기 때문이다. 가령 추상적인 '사랑'을 구체적인 '장미'에 비유한 것은 'S는 P다'의 문장 구조로 개념으로 옮겨서 설명하는 은유다. 이런 언어적 은유와 달리 예술적 은유가 있는데, 음악은 개인의 감정을 은유한 것이며, 미술은 인간의 내면을 은유한 것이다. 또한, 말다툼이 전쟁을 의미하는 등, 일상적 행위에도 자주 은유가 사용된다. 그런 점에서 은유는 인지적cognitive 은유, 개념적 은유, 기초적 은유, 비언어적 은유, 시각적 은유 등으로 분류할 수 있다.

리처즈I.A. Richards는 '은유란 의도한 표현인 원관념tenor, subject을 보조관념vehicle, modifier에 비유하는 것'으로 보았다. 가령 '사랑의 장미'에서 '사랑'은 원관념이자 주체이고 '장미'는 보조관념이자 수식어다. 이처럼 두 개념이 상호작용相互作用할 때 원관념이 보조관념의 도움을 받아 원래의 의미가 새롭게 표현되는 은유가 성립한다. 은유는 직접 비유인 직유simile, 直喻의 상대적인 개념이다. 직유는 유사한 의미의 개념을 연결하여 비유하는 것이다. 가령, '밤하늘의 별과 같은 그대에게'에서 '그대'를 '밤하늘의 별'에 직접 비유했다. 그런데 '별과 같은 그대'는 의미 유추가 가능하므로 새로운 미적 긴장을 유발하지 못한다. 반면 은유인 '사랑의 장미'는 유추가 복잡하기 때문에 미적 긴장을 유발한다.

은유와 직유가 다른 것에 비유하는 것인데 반하여, 상징은 관계는 있지만 보이지 않는 내적 속성을 다르게 표현하는 것이다. 또한, 알레고리allegory, 諷諭가 말하고자 하는 의도를 다른 상황이나 이야기에 빗대는 것이고 은유는 다른 개념을 연결하는 것이다. 생략된 직유 즉 암유暗喻로 불리기도 하는 은유와 가장 유사한 것은 환유metonymy, 換喻다. 모든 비유의 속성인 환유는 다른 것으로 바꾸어서 표현한다는 수사법을 강조하는 개념이다. 은유가 유사성similarity을 가진 개념으로 표현하는 것이라면 환유는 연속성contiguity을 가진 개념으로 바꾸어서 표현하는 것이다. 이처럼 비유의 구조 때문에 환유는 은유로 분류되기도 한다. 수사적 표현인 은유는 다른 어휘나 개념으로 바꾸어서 표현하는 것이므로 예술가의 창의성이 발휘되면서 사람들의 지적 호기심과 상상력을 자극한다. 한편 은유는 역사적으로 개념과 의미가 변화하면서 새로운 의미를 획득하기도 한다.

죽어버린 은유라는 의미의 사은유死隱喻는 처음에는 신선했지만, 시간과 상황이 바뀌어서 더는 신선하지 않게 된 은유다. 가령, '인생은 나그넷길'처럼 더 이상 신선한 느낌을 주지 못하는 것이 사은유다. 그래서 작가들은 언제나 새로운 은유를 창조하고자 노력한다. 한편 철학에서 은유는, 진리조건을 따질 때 진리를 추론할 수 없는 특수한 어법으로 본다. 가령 '사랑의 장미'는 사실이라고 할 수 없다. 그러나 예술적 표현 그 자체의 수사법으로 본다면 거짓이라고 할 수도 없다. 참과 거짓을 판정할 수 없는 것이다. 이처럼 은유는 이중적 가치를 가지기 때문에 언어철학에서 중요한 주제다. 이에 대하여 칸트[I. Kant]는 은유에서 주관적인 결정과 객관적인 세계가 양면적으로 드러난다고 했고, 리쾨르[P. Ricœur, 1913~2005]는 『은유의 규칙』[1977]에서 창의적 능력을 갖춘 인간이 다른 두 의미를 창의적으로 결합하기 때문에 '은유는 살아 있다[Metaphor is living]'고 말했다.

참고문헌 Max Black, *Models and metaphors : Studies in language and philosophy*, Ithaca : Cornell University Press, 1962.

참조 감정, 개념, 문학, 비유, 상상, 상징, 수사, 알레고리, 역설, 예술, 의경, 이미지, 제유, 차연, 표현, 환유

모더니즘[예술]
Modernism | 現代主義

'사월은 가장 잔인한 달 / 죽은 땅에서 라일락을 키워 내고 / 추억과 욕정을 뒤섞고 / 잠든 뿌리를 봄비로 깨우지만 / 겨울은 우리를 따뜻하게 했었지. / 망각의 눈으로 대지를 덮고 / 마른 뿌리로 약간의 목숨을 남겨 주었지.'[1] 이 시의 제목은 「죽은 자의 매장」이며 이 일련의 작품을 『황무지*The Waste Land*』라고 한다. 미국계 영국인 엘리엇*T.S. Eliot, 1888~1965*은 이 시에서 '사월은 가장 잔인한 달'이라는 은유를 통하여 미적 긴장을 유도하고 있다. 엘리엇의 장시 『황무지』는 「죽은 자의 매장*The Burial of the Dead*」, 「체스 게임*A Game of Chess*」, 「불의 설교*The Fire Sermon*」, 「익사*Death by Water*」, 「천둥이 한 말*What the Thunder Said*」 등으로 구성된 모더니즘의 대표적인 시집이다. 엘리엇은 에즈라 파운드의 지원을 받아 영국에서 창간한 잡지 『기준*Criterion*』에서 433행의 장시 『황무지』*1922*를 발표했다.

이 시에서 엘리엇은 전통을 부정하는 한편 난해한 시어를 구사하면서 현대 문명을 비판하고 있다. 엘리엇은 제1차 세계대전 이후 서구사회의 혼돈을 묘사하고 신화, 전설, 종교적 우의寓意를 통하여 새로운 감각의 시를 썼다. 이것은 정신적으로 황폐해진 유럽을 문명사적인 시각으로 해석한 것이다. 이처럼 『황무지』는 현대적 감각, 난해한 상징, 역사적 은유 등 새로운 형식으로 인하여 주목

---

1   April is the cruellest month, breeding / Lilacs out of the dead land, mixing / Memory and desire, stirring / Dull roots with spring rain. / Winter kept us warm, covering / Earth in forgetful snow, feeding / A little life with dried tubers. / Summer surprised us, coming over the Starnbergersee / With a shower of rain; we stopped in the colonnade, / And went on in sunlight, into the Hofgarten, / And drank coffee, and talked for an hour.

을 받았고 그 결과 모더니즘의 대표작이라는 칭호를 얻게 되었다. T.S. 엘리엇과 에즈라 파운드로 대표되는 모더니즘은 문학을 포함하여 여러 장르에서 표현된 '당대contemporary'의 예술적 특성을 의미하는 문예사조다. 모더니즘의 어원은 라틴어 modo지금, just now인데 후기 라틴어에서는 modernus현재이고 그 의미는 '현재의 제반 특질 또는 당대의 흐름'이라는 뜻이다. 그런 점에서 일반적으로 모더니즘은 현대적인 특질과 흐름을 의미한다.

역사학에서 모더니즘은 근대近代와 현대現代에 해당한다. 근대Late modern period는 대략 17세기 이후를 말하며 산업화, 도시화, 자본주의, 자유주의, 개인주의의 특질을 가진 시대 개념이다. 반면 현대는 '지금' 또는 '당대'라는 유동적인 시간개념이다. 그러므로 역사의 시대구분에서 현대는 근대로 분류된다. 한편 철학적으로 모더니즘은 데카르트와 칸트의 철학에서 보여준 근대의 힙리주의와 니체의 전복적 사상 그리고 프로이트의 심리학이 반영된 철학이다. 모더니즘은 여러 영역의 각기 다른 의미가 있기 때문에 정의하기 쉽지 않다. 일반적으로 정의하자면, 모더니즘 또는 근대주의近代主義는 산업혁명 이후의 과학기술과 자본주의적 생활양식이 반영된 근대적 특질과 이념ism이다. 반면 모더니티Modernity 또는 근대성近代性은 현대적, 과학 기술적, 도시적인 제반 특질을 의미하므로 모더니즘과 같은 시대적 개념이 아니다.

문예사조에서 모더니즘은 1890년대 후기 낭만주의 이후부터 1960년대 포스트모더니즘이 시작되기까지 선개된 일련의 문예운동을 말한다. 의미론적으로 모더니즘Modernism은 전통적인 것과 반대인 현대적인 것, 과학적인 것, 도시적인 것, 새로운 것이라는 상대적인 개념이다. 아울러 모더니즘은 전근대적 전통과 권위에서 벗어나 개인주의적 태도를 보이는 새로운 예술의 조류를 의미하기도 한다. 이처럼 모더니즘은 서구사회의 발달과 관계가 있으므로 서구적인 것을 모더니즘으로 보는 경우도 있다. 이렇게 볼 때 모더니즘은 근대적이고 현대적인 특질인 모더니티를 가진 철학적, 사회학적, 문화 예술적 제반 현상, 특징, 성격, 내용, 형식을 포괄하는 개념이다. 그런 점에서 첫째, 광의의 모더니즘은 르네상스 이후 산업혁명과 과학기술로 변화하던 17세기부터 '지금 현재'까지 일컫는 문예사조思潮이고, 둘째, 협의의 모더니즘은 1920년대부터 1960대의 포스트모더니즘이 대두하기까지의 문예사조이다.

일반적으로 모더니즘은 고전주의, 계몽주의, 사실주의, 자연주의 등 선행하는 사조에 대한 반동과 미래지향적인 성격을 가지고 있다. 그러므로 모더니즘은 상징주의, 초현실주의, 다다이즘, 아방가르드, 이미지즘, 구조주의, 형식주의, 신비평, 인상주의, 큐비즘/입체파, 미래파, 데카당스, 표현주의 등 여러 형태의 현대적인 특징을 망라한다. 하지만 광의의 모더니즘과 협의의 모더니즘은 실험적, 파괴적, 창의적, 전위적, 현대적이라는 공통점을 가지고 있다. 그래서 당대當代의 기준으로 전위성이 있는 아방가르드 경향의 예술을 모더니즘이라고 간주한다. 그런데 이런 여러 갈래의 경향과 흐름을 모더니즘이라는 단일 개념으로 수렴하기는 어렵다. 그래서 이념을 의미하는 모더니즘이 아니라 시간개념과 미적 기준을 강조하는 모던아트Modern art라는 어휘를 쓰기도 한다.

참고문헌 T.S. Eliot, *The Waste Land*, Horace Liveright, 1922.

참조 개념, 개념예술, 구조주의, 근대·근대성, 다다이즘, 르네상스, 리얼리즘(예술), 아방가르드, 이미지·이미지즘, 인상주의·인상파, 초현실주의, 추상표현주의, 큐비즘/입체파, 포스트모더니즘, 표현주의

예술가 천재론[셀링]
Theory of Genius Artist | 艺术家天才的理论

교회에 모차르트의 〈혼 협주곡Horn Concert 1번〉이 울려 퍼졌다. 프렌치 혼의 감미로운 소리는 스테인드글라스를 투과한 빛처럼 아름다웠다. 이 작품은 잘츠부르크 궁정 오케스트라의 혼 연주자를 위하여 작곡된 것으로 전원에서 펼쳐지는 서정성을 밝고 아름다운 선율로 표현한 명작으로 알려져 있다. 그런데, 음악평론가 K는 연주를 들으면서 전혀 새로운 느낌을 받았다. 그래서 K는 들을 때마다 다른 모차르트의 음악에 다시 한번 찬탄했다. '어떻게 들을 때마다 새로운 느낌이 드는가? 정녕 모차르트 그대는 인류에게 행복을 선사한 진정한 천재!' K의 이런 상념은 비단 K만의 것은 아니다. 사람들이 모차르트의 음악을 듣는 것은 기쁘고 행복해서가 아니라, 늘 새로운 느낌을 받기 때문이다. 이렇듯 천재 예술가의 예술작품은 새로운 해석과 신선한 느낌을 무한하게 선사한다.

독일의 관념론자 셸링F. Schelling, 1775~1854은 '예술가는 천재'라고 단언했다. 이 말은 칸트도 한 바 있는데 셸링은 약간 다른 의미로 쓰고 있다. 셸링이 예술가를 천재라고 한 것은 칸트와 피히테 때문이다. 잘 알려진 것처럼 칸트는 마음을 철학의 중심으로 놓고 주체와 대상의 문제를 새롭게 보았다. 실재가 아닌 관념의 물자체를 상정함으로써 마음의 자아를 철학의 제일주제로 설정한 것이다. 이 개념을 발전시킨 피히테는 자아가 모든 것을 생성한다는 자아철학을 주장하여 근대의 주체철학을 완성했다. 셸링은 칸트의 관념론과 피히테의 자아철학을 받아들였다. 하지만 셸링은 '자연은 보이는 정신이고Nature is visible spirit, 정신은 보이지 않는 자연이다'라고 하여 정신과 자연을 같은 것으로 간주했다. 이것 때문에 셸링은 칸트와 다른 길을 걸었고 피히테와 결별하게 되었다.

1798년 예나대학의 교수가 된 셸링은 1800년에 출간한『초월론적 관념론의 체계System of Transcendental Idealism』에서 자아와 자연의 통일을 시도한다. 자신을 스피노자주의자라고 규정한 셸링은 우주의 본질인 절대자와 그 본질이 다양하게 드러나는 현상을 같은 것으로 보았다. 그런데 무한자이면서 제약을 받지 않는 절대자와 유한자이면서 제약을 받는 존재자현상은 질quality은 같고 양quantity이 다를 뿐이다. 그가 말하는 절대자는 자연, 신, 우주, 이성을 의미하는 것이고, 존재자는 '실제로는 존재하지 않는' 현상인 모든 사물을 의미한다. 그런데 자연은 무의식적이고 자아는 의식적이다. 인간의 자아가 의식적이라는 말은 자유롭게 자기를 정립한다는 뜻이며 존재하는 것은 인식할 수 있고, 인식하는 것은 존재한다는 의미다. 이렇게 셸링은 객관적 관념론의 동일철학同一哲學의 개념을 정초했다.

셸링은 동일철학의 무차별성에 근거하여 예술창조는 자유 활동인 기술Kunst과 무의식적 활동인 시Posie를 결합한 것이라고 말했다. 그런데 우주 자연은 역동적이어서 인간의 지각에 머물지 않는다. 그래서 예술가는 우주 자연의 본질을 미적 직관으로 파지한 다음 작품 속에서 조화롭게 표현해야 한다. 정신의 지적 직관Intellectual intuition과 달리 통일된 미적 직관Aesthetic intuition은 자연과 감성을 정신 속에 담고 정신적인 것을 자연적으로 포착하는 능력이다. 이 과정에서 천재인 예술가는 주체와 객체, 정신과 물질, 자아와 자연의 모순을 해소하고 자기 완전성을 가진 예술작품을 창조한다. 또한, 셸링은 천재 예술가를 우주의 본질인 절대자의 계시啓示를 포착하는 존재로 설정했다. 절대자의 계시란 유일한 실체인 자연이 자기를 반성하면서 스스로 드러내는 신의 섬광이다. 이처럼 절대정신을 가진 절대자에 대한 일치와 확신이 논리를 초월한 예술가의 미적 직관이다.

예술은 절대자인 자연/신의 무한성이 존재자인 인간/자아의 유한성에서 정지된 상태로 드러난 것이다. 이런 관점에서 예술창조는 절대자인 신의 은총이고 그 은총을 받은 존재가 바로 예술가다. 유한자인 인간이 절대자의 은총으로 예술작품을 창작했기 때문에, 예술작품은 무한성을 가진다. 그 무한성이 바로 천재 예술가가 표현한 무한한$^{ad\ infinitum}$ 생명이고 그 작품의 해석 또한 무한한 것이다. 이런 맥락에서 셸링은 지적 직관의 최고 수준에서 미적 직관이 가능하다고 보고 '미적 직관을 통하여 예술작품을 창작하는 예술가는 천재'라고 말한 것이다. 심지어 셸링은 칸트의 예술가 천재론에서 나아가 '천재는 예술에서만 가능$^{Genius\ is\ only\ possible\ in\ the\ arts}$'하다고 단언했다. 이런 그의 계시철학과 신비주의적 입장은 절대미를 추구하는 낭만주의와 연결되어 있다. 예술가 천재론은 예술가는 직관과 감성으로 창작활동을 하는 천재라는 셸링의 미학 이론이다.

참고문헌 Friedrich Wilhelm Joseph Schelling, *System of Transcendental Idealism*(1800), translated by P. Heath, Charlottesville : University Press of Virginia, 1978, p.220·222.

참조 감성, 관념론, 낭만주의, 무한, 물자체, 미/아름다움, 미학·예술철학, 미학국가/미적 상태(실러), 순수이성, 실천이성, 예술, 예술가, 유식사상, 자아, 자아와 비아, 절대정신, 직관, 판단력비판―미(美)란 무엇인가?

시점

Point of View | 观点

'나는 금년 여섯 살 난 처녀애입니다. 내 이름은 박옥희구요. 우리집 식구라 고는 세상에서 제일 예쁜 우리 어머니와 단 두 식구뿐이랍니다.' 이것은 한국의 소설가 주요섭의 「사랑 손님과 어머니」 서두 부분이다. 서술의 주체는 '나'이고 '나'가 나의 감정과 생각을 직접 이야기하고 있다. 이것을 일인칭 서술시점이 라고 한다. 간단히 말해서 시점은 화자/서술자의 서술 태도와 서술방법 그리고 서술각도와 서술거리를 의미한다. 시점을 분류하는 방식은 여러 학자의 다양 한 견해가 있는데 그중 브룩스와 워렌이 『소설의 이해*Understanding Fiction*』에서 제시 한 분류법이 가장 널리 알려져 있다. 이 책에서는 시점이 서술을 규정한다고 간 주하고 1인칭 시점을 1인칭 주인공 서술과 1인칭 관찰자 서술로, 3인칭 시점을 전지적 작가 서술과 작가-관찰자 서술로 구분했다.

첫째, 1인칭 주인공 서술first-person narration은 화자/서술자가 자신의 이야기를 서 술하거나 묘사하는 것으로, 주인공 '나'가 '나'의 이야기를 주관적으로 표현하 는 방법이다. 인물과 서술의 초점이 일치하며 독자에게 친근감을 준다. 화자/ 서술자가 직접 상대인 독자에게 말하는 것 같은 형식이기 때문에 섬세한 묘사 나 진술에 효과적이다. 둘째, 1인칭 관찰자 서술first-person-observer narration은 작품 속 의 '나'가 관찰자의 관점에서 인물이나 사건에 관해 이야기하는 방식이다. 이야 기는 '나'의 눈에 목격한 그대로 서술된다. 화자가 대상을 관찰하고 묘사하는 형식이기 때문에 1인칭 주인공 서술 시점보다 약간 더 객관적인 자세를 유지할 수 있다. 앞에서 본 주요섭의 「사랑 손님과 어머니」처럼 '나'는 관찰자이며 초점은 주인공에게 가 있어 단지 '나'의 눈에 비친 세계만이 그려진다.

셋째, (3인칭) 전지적全知的 작가 서술omniscient-author narration은 특정한 이름이나 '그', '그녀' 등의 호칭으로 표시되는데 서술자가 전체를 보고 서술하는 방식이다. 화자/서술자는 사건의 전개와 등장인물의 심리, 행동의 동기, 사상, 감정 등 모든 것을 알고 있으며 화자/서술자가 소설에 개입하여 인물이나 사건을 비평하기도 한다. 이야기와 사건은 화자/서술자가 기획하는 대로 움직이며 등장인물의 말이나 행위 역시 화자/서술자가 선택하는 것만을 이야기한다. 넷째, (3인칭) 작가-관찰자 서술author-observer narration은 '3인칭 제한적 시점'이라고도 한다. 작품 속의 특정한 이름이나 '그', '그녀'는 화자로서 이야기를 전하지만 화자/서술자는 단지 관찰자로서만 이야기를 서술하기 때문에 객관적이며 외부적 사실만을 묘사한다. 화자/서술자는 이야기 속에 있는 하나의 등장인물처럼 보인다. 3인칭 제한적 시점은 극적 효과를 얻기에 적당하며 독자가 대리 경험을 느끼게 하는 '의식의 흐름'으로 발전하였다.

시점은 서술의 거리 그리고 서술의 각도와 함께 설명될 필요가 있다. 일반적으로 시점은 대상을 보는 각도와 거리를 의미하는데, 서술敍述에 중점을 두면 화자가 되고 진술陳述에 중점을 두면 서술자가 된다. 그러므로 시점은 화자/서술자와 대상의 관계를 말하는 것인 동시에 인물을 포함한 배경 및 사건과 어떤 관계에 있느냐의 문제이다. 한편 서술의 거리는 화자/서술자와 인물을 포함한 배경이나 사건과의 공간적 거리의 문제이다. 이와 달리 서술의 각도는 인물을 포함한 배경이나 사건을 보는 서술의 각도 또는 화자/서술자의 위치에 대한 문제이다. 따라서 시점과 화자의 관계는 화자/서술자가 대상을 이해하고 설명하는 각도와 거리라고 할 수 있다. 시점은 '누가 어떤 각도와 거리에서 보는가'의 문제이지만, 전통 서사학Narratology에서는 보는 시점이 서술인 것으로 간주한다. 여기서 발생하는 문제는 보는 시점과 말하는 서술이 다를 수 있다는 것이다.

가령, '나는 십자가의 선명한 빨간색을 잊을 수 없다'라는 문장은 십자가를 보고 있던 그때의 '나'와 그때의 나를 회상하는 '나'가 다르다. 지금의 '나'가 그때의 '나'를 바라보고 있다. 그래서 제라르 주네트G. Genette는 십자가를 보고 있던 그때의 나를 초점화자라고 하고, 그 초점화자의 보는 행위를 초점화focalization라고 한다. 시점과 초점을 나눈 주네트의 이론은 서술하는 화자와 보는 초점자를 분리하여 설명하고 있다. 그것은 초점시간과 서술시간을 분리한다는 뜻이다. 이렇게 볼 때 초점화자는 화자의 화자이다. 그런데 시점과 서술이 일치한다고 하더라도 신뢰할 수 있는 화자인가 아니면 신뢰할 수 없는 화자인가의 문제가 생긴다. 대체로 3인칭 서술과 같이 객관적인 시점일 때 신뢰도가 높으며, 1인칭 주인공 서술과 같이 주관적인 시점일 때 신뢰도가 낮은 경향이 있다.

참고문헌 Cleanth Brooks and Robert Penn Warren, *Understanding Fiction*, Prentice-Hall, 1943.

참조 구조주의, 기표 · 기의, 내러티브, 내포작가/내포저자, 미적 거리, 믿을 수 있는 화자와 믿을 수 없는 화자, 산문, 서사, 소설, 스토리 · 이야기, 초점화〔서사〕, 텍스트, 플롯, 허구, 화자/서술자

객관적 상관물

Objective Correlative | 客观对应物

'셰익스피어의 〈햄릿〉은 실패한 작품이다.' 인류가 남긴 가장 훌륭한 작품 중의 하나인 〈햄릿〉이 실패작이라는 이 평가는 모더니즘의 대표적인 시인 T.S. 엘리엇이 한 말이다. 엘리엇은 어떤 이유에서 〈햄릿〉을 실패한 작품이라고 말했을까? 덴마크의 왕자 햄릿은 극단에 '살인의 플롯'을 공연하도록 만들어서 숙부가 아버지를 살해했다는 것을 알아낸다. 결국, 햄릿은 아버지의 복수를 하지만 사랑하는 오필리어도 죽고, 어머니도 죽는다. 전형적인 고대 그리스 비극의 구조를 가진 〈햄릿〉은 여러 면에서 성공한 작품으로 평가받는다. 그런데 엘리엇은 〈햄릿〉을 '확실한 예술적 실패certainly an artistic failure'로 단정했다. 엘리엇이 〈햄릿〉을 실패한 작품으로 평가한 이유는 감정이 객관화되지 못했다는 것에 근거한다. 감성적이고 섬세한 성격의 햄릿은 '약한 자여 그대 이름은 여자'[1막 2장]라고 한탄하면서 숙부와 결혼한 어머니를 원망한다.

엘리엇이 보기에 주관적 감정의 직설적 토로는 독자나 관객에게 감동을 주지 못한다. 그러므로 엘리엇은 '셰익스피어가 햄릿의 주관적 감정을 절제하고 객관화시켜서 예술적 필연성artistic inevitability을 가지도록 해야 했다'라고 생각했다. 왜냐하면, 독자/관객은 객관화된 감정, 객관화된 내용, 객관화된 구조, 객관화된 사건을 통해서 이성적으로 작품을 이해하고 감동하기 때문이다. 그런데 햄릿처럼 주관적 감정을 나열하게 되면 독자/관객의 감정이입感情移入, emotional empathy은 가능할 수 있지만, 객관적 동의는 어렵다. 이 맥락에서 나온 개념이 객관적 상관물이다. 객관적 상관물은 예술작품에서 주관적인 감정을 객관화시키는 사물, 상황, 사건을 말하며 이미지, 상징, 사건 등으로 표현된다. 이것은 작품의 내적intrinsic 구조와 자율성을 강조하는 뉴크리티시즘과 형식주의의 맥락이고 동양 미학에서는 의경意境과 유사한 면이 있다.

객관적 상관물은 알스톤W. Allston이 1840년 '예술강의 개론'에서 처음 사용했고, 엘리엇이 1919년에 쓴 평론 「햄릿과 그의 문제들」에서 구체화되었다. 엘리엇이 보기에 셰익스피어는 햄릿의 감정을 직접 기술하여 예술적으로 실패했다. 그는 이런 관점에서 '예술 형식에서 감정을 표현하는 단 하나의 방법은 객관적 상관물을 발견하는 것The only way of expressing emotion in the form of art is by finding an objective correlative'이라고 단언했다. 엘리엇은 '일상적 감정과 예술적 감정은 다르므로 예술가는 이 차이를 극복하기 위하여 객관적 상관물을 설정해야 한다'라고 보았다. 특히 말하기와 직접 묘사describing가 아닌 보여주기showing를 하여 보편적 정서와 이성에 합당한 표현을 해야 한다. 또한, 예술가는 독자/관객들이 작품에 몰입하지 않고 이성적으로 이해할 수 있도록 적당한 거리와 객관적 상관성을 유지해야 한다.

객관적 상관물의 예를 들어보면, 한국의 시인 김소월金素月의 「진달래꽃」이 있는데 이 작품은 여성 시적 화자가 이별의 정한을 객관적으로 표현한 시다. 시적 화자는 떠나는 님에게 '사뿐히 즈려 밟고 가시옵소서'라고 말한다. 시적 화자는 이별의 정한을 직설적으로 표현하지 않고, 역설을 이용하여 객관적인 상황으로 표현했다. 그래서 독자의 감정이 작품 속으로 이입되어 미적 가치를 느낄 수 있다. 그런데 시적 화자가 '아, 슬프고 괴로운 이별이여. 내 마음은 절망으로 가득하다'라는 주관적 상관물subjective correlative을 직설적으로 표현한 것이기 때문에 감동이 적다. 이처럼 주관적 표현을 하면 감정이입도 쉽지 않고 감정을 환기하거나 생성recreative하지도 못한다. 이렇게 볼 때 진달래꽃은 객관적으로 설정된 사물object이며, 이별하는 연인은 객관적으로 설정된 상황situation이고, 이별 그 자체는 객관적인 사건event이다.

예술작품에서 객관적 상관물이 필요한 것은 감정의 등가물Equivalent을 통한 감정 환기와 감정이입에 효과적이기 때문이다. 한편 「황무지」를 쓴 주지주의 시인 엘리엇의 '감정의 객관화'는 낭만주의 시인 워즈워스W. Wordsworth가 말한 '감정의 자발적인 유로spontaneous overflow of emotion'와 대비된다. 주지주의는 지성을 절대화한 이념으로 지성이 감성, 감정, 의지를 통제한다는 사조다. 주지주의主知主義는 감정을 우선하는 주정주의主情主義와 의지를 우선하는 주의주의主意主義와 달리 객관적 지성을 강조한다. 엘리엇은 플라톤과 데카르트를 포함한 합리주의 철학과 T. E. 흄의 신고전주의와 에즈라 파운드가 제기한 이미지즘의 영향을 받아 객관적 상관물 이론을 제기했다. 하지만 뉴크리티시즘의 핵심적 이론인 엘리엇의 객관적 상관물은 예술창작 과정을 이해하지 못했다는 비판과 아울러 공식적 기계주의라는 지적을 받는다.

참고문헌 T.S. Eliot, "Hamlet and His Problems", *The Sacred Wood : Essays on Poetry and Criticism*, New York : Alfred A. Knopf, 1921.

참조 감성, 감정·정서, 감정이입, 객관·객관성, 구조주의, 뉴크리티시즘/신비평, 모더니즘〔예술〕, 무목적의 목적, 문학, 물아일체, 보여주기와 말하기, 의경, 이미지·이미지즘, 이성론/합리주의, 주지주의, 지성·오성, 화자/서술자

희극/코미디

Comedy | 喜劇

디카이오폴리스^{Dikaiopolis}는 평화협정을 맺은 후 자유시장을 개설했다. 그런데, 이 평화협정은 개인 디카이오폴리스가 스파르타와 맺은 것일 뿐 그의 조국인 아테네의 뜻과는 다르다. 하지만 그는 시장을 열었는데, 처음 시장에 온 사람은 자신의 두 딸을 팔려고 하는 메가라 지방 사람이었다. 아버지는 오랜 전쟁으로 인하여 굶어 죽게 된 딸을 돼지라고 속이지만 디카이오폴리스는 이를 알면서도 두 딸을 산다. 이 이상한 시장에서 성공적으로 장사와 모임이 진행되는데, 마침내 디카이오폴리스의 편에 서서 전쟁보다 평화를 택한 아카르나이 사람들의 선택이 옳은 것으로 판명된다. 이것은 고대 그리스의 아리스토파네스^{Aristophanes, BCE 440~BCE 380}의 희극 〈아카르나이 사람들^{The Acharnians}〉의 마지막 부분이다. 이 작품이 상연된 BCE 425년은 그리스의 패권을 둘러싸고 아테네와 스파르타가 6년째 펠로폰네소스 전쟁을 하던 중이었다.

사전적인 의미에서 희극은 웃음을 유발하는 연극으로 정의되지만, 드라마, 영화, 뮤지컬, 오페라 등 공연예술을 포함한다. 희극의 라틴어 어원인 cōmoedia는 고대 그리스어 떠들썩한 잔치를 의미하는 코모스^{kômos}와 노래를 의미하는 오드^{ôidê}가 결합한 것이다. 고대 그리스에서 희극은 흥겨운 잔치에서 즐겁게 부르는 노래라는 뜻이므로 합창이나 악단이 포함된 복합예술이다. 일반적으로 코미디라고 부르는 현대의 희극은 고대 그리스의 희극과 큰 차이가 있다. 현대의 코미디는 단순히 웃음을 유발하면서 심각하지 않고 가벼운 소극^{笑劇, farce}을 의미하는 것이고, 고대 그리스의 희극은 웃음을 유발하지만 진지한 세태풍자와 비판이 담긴 연극을 의미하는 것이다. 고대 그리스에서 희극은 인간과 말의 모습을 한 음탕한 풍자Satyr와 비극tragedy을 아울러 3대 공연양식이었다. 한편 희극과 비극이 혼합된 희비극tragicomedy도 있다.

비극과 마찬가지로 고대 그리스의 디오니소스Dionysus 축제 때 공연된 희극은 종교적 제의祭儀를 대신하는 축제와 놀이였다. 특히 희극은 아테네 민주주의와 관계가 있다. 아고라Agora적 개념의 반원형 야외 공연장에서 공연되는 정치풍자 희극은 아테네 시민들의 의사결정에 영향을 미쳤다. 그런데 아테네가 몰락한 후 비극과 정치 사회적인 것을 피하여 풍자극과 희극이 발전했다. 한편 철학적 이상국가를 추구한 플라톤은 희극이 인간의 감정을 타락하게 만들고 감정조절이 되지 않은 저급한 양식으로 규정했다. 반면 아리스토텔레스는 『시학Poetica』에서 비극과 서사는 현실의 진지한 모방이며 희극과 서정은 모방이 아니리고 보았다. 또한, 남근Phallic의 성적 쾌락에 근거하는 희극은 진지하지 않고 추한 것을 가볍게 다룬 연극으로 간주했다.

희극이 행복하고 긍정적이며 가벼운 양식으로 간주되는 것은 그와 반대인 비극의 진지하고, 사색적이며, 무거운 양식과 대비되기 때문이다. 희극은 심각하지 않은 행위를 하는 평균적이거나 평균 이하 열등한 인물inferior people의 모순을 폭로한 다음 행복한 결말로 끝난다. 하지만 희극은 인간의 모순과 불완전성을 보여줌으로써 자기를 반성하게 만든다. 희극은 수준에 따라서 진지하고 지적인 고급희극high comedy과 가볍고 떠들썩한 저급희극low comedy으로 분류된다. 내용에 따라서 도덕적인 도덕극morality play, 인간의 어두운 면을 폭로하는 블랙코메디Black comedy, 상류계층의 예의범절에 대한 풍습 희극Comedy of manner, 음모와 계략을 다룬 계략 희극Intrigue comedy, 사랑 이야기를 다룬 낭만적 희극Romantic comedy 등이 있다. 희극은 웃음과 관계가 있지만 웃음을 자아내는 방식에서 아이러니Irony나 풍자Satire와 다르다.

해학諧謔이나 익살과 달리 희극은 웃음을 유발하지만, 그 안에 철학적 사색과 사회적 비판이 가미되는 것이 보통이다. 한편 비극과 함께 희극은 인간의 본능적 성향으로 간주되기도 한다. 유희본능을 가진 인간을 의미하는 호모루덴스Home Ludens에 의해서 만들어진 웃음이 바로 희극의 본질이다. 이런 인간 존재의 본질에 주목한 헤겔은 희극을 우월한 주관성을 바탕으로 자기 해소를 가능케 하는 숭고의 일종으로 보았다. 인간적인 것이 희극의 조건이라고 말한 베르그송은 희극은 인간과 관련된 웃음으로 규정하고 교차, 전도顚倒, 반복의 특징이 있다고 보았다. 한편 노드럽 후라이N. Frye는 희극이 젊은 집단Society of youth과 늙은 집단Society of old의 극적 대립의 양식으로 보았다. 이런 희극의 전통은 동서양에서 가장 중요한 연희 양식의 일종으로 거의 모든 국가와 민족에서 다양한 희극적 연희형태가 존재한다.

참고문헌 Aristoteles, *Poetica*, translated by M. Heath, London : Penguin, 1996, 1449a.

참조 감동, 감정·정서, 모방론, 미메시스(아리스토텔레스), 르네상스, 비극, 숭고, 시인추방론, 아이러니·반어, 연극·드라마, 유머·해학, 유희충동, 카타르시스, 플롯, 호모루덴스, 희곡

오이디푸스 왕

Oedipus Rex | 伊底帕斯王

오이디푸스 왕 앞에 끌려온 테이레시아스는 '당신이 찾고 있는 범인은 바로 당신'이라고 선언했다. 지혜로운 예언자 테이레시아스의 말을 듣고 오이디푸스 왕은 소스라치게 놀랐다. 그럴 리 없다고 확신하고 있는 왕은 처남 크레온 Creon이 꾸며낸 음모로 간주한다. 그러자 테이레시아스는 또다시 '당신이 당신의 재앙'이라고 말한 다음 '오늘 하루가 당신을 태어나게 하고 당신을 죽일 것이다'라는 예언을 남기고 궁전에서 쫓겨난다. 얼마 후 양치기로 숨어 살던 하인이 와서 오이디푸스 왕의 비밀을 털어놓는다. 이렇게 하여 자기가 아버지 라이오스 Laius를 죽인 범인임이 밝혀졌다. 오이디푸스 왕은 그리스신화의 인물이며 비극의 주인공이다. 프로타고니스트 protagonist 오이디푸스가 태어날 때 받은 신탁에 의하면 그가 아버지를 살해한다는 것이었다. 그래서 라이오스 왕은 아들을 죽이라고 명령했다. 하지만 아기를 불쌍하게 여긴 하인은 죽이지 않고 바구니에 살려 두었고 그 아기는 자식이 없던 폴리보스 Polybus 왕에게 입양되었다.

오이디푸스의 발은 움직이지 못하도록 묶여 있어서 부었다. 폴리보스 왕비메로페 Merope가 붙였다는 오이디푸스는 고대 그리스어 '부은 oidáō 발 poús'이라는 의미다. 이렇게 하여 코린토스 Corinth의 왕자로 자란 오이디푸스는 어느 날, 자기가 폴리보스 왕의 아들이 아니라는 소문을 들었다. 그는 델피의 수호신 아폴로 Apollo 신탁을 받아본 결과 '자신은 아버지를 죽이고 어머니와 결혼할 운명'이라는 답을 듣는다. 오이디푸스는 이 예언을 피하고자 조국을 버리고 테베 Thebe로 향한다. 오이디푸스는 세 갈래 길에서 먼저 가려고 다투다가 어떤 노인을 죽이고 말았다. 그리고 여행을 계속하여 테베로 가는 길목에 이르렀다. 그곳에는 여성의 얼굴, 독수리의 날개, 사자의 몸을 가진 스핑크스Sphinx가 지키고 있었다. 오이디푸스는 죽음을 두려워하지 않고 스핑크스가 내는 수수께끼를 물었다. 그 수수께끼는 '아침에는 네 발, 낮에는 두 발, 저녁에는 세 발로 사는 것'이었다.

오이디푸스는 '인간'이라고 답하여 테베가 스핑크스의 재앙에서 벗어나게 하고 왕으로 추대되어 선왕의 아내 이오카스테Jocaste와 결혼한다. 평화롭고 번영된 테베의 왕과 왕비 사이에서 왕자 폴리네이케스Polynices와 에테오클레스Eteocles, 공주 안티고네와 이스메네가 태어났다. 어느 해 흉년이 들고 전염병이 돌았다. 백성들은 왕에게 이 문제를 해결해 달라고 강력하게 요청했다. 왕은 처남 크레온을 보내서 신탁의 답을 알아보도록 했다. 그 답은 '선왕 라이오스를 죽인 범인이 나라를 오염시켰다'라는 것이었다. 오이디푸스는 반드시 그 범인을 잡아서 처벌하고 나라를 다시 일으켜 세우겠다고 맹세한다. 그때 코린토스에서 전령이 와서 필리포스 왕이 사망했다는 소식과 그의 아들인 오이디푸스를 왕으로 추대한다는 것을 전했다.

한편 궁전에 불려온 예언자 테이레시아스Tiresias는 머뭇거리다가 '오이디푸스 당신이 선왕이자 부친인 라이오스 왕을 죽이고, 어머니 이오카스테와 결혼한 당사자'라는 것을 폭로했다. 곧이어 코린토스에서 온 전령 또한 오이디푸스 당신은 필리포스 왕의 아들이 아니며, 자신이 '아기 오이디푸스를 필리포스 왕에게 가져다주었다'라는 사실을 고백한다. 그리고 예전의 하인이었던 양치기를 찾아서 심문한 결과, '오이디푸스는 라이오스의 아들이며 신탁의 예언을 피하고 왕의 명령에 따라서 아기를 죽여야 했으나 차마 죽이지 못했다는 사실'을 말한다. 이 말을 듣고 있던 이오카스테는 침실로 가 목을 매어 자결한다. 놀라움과 두려움에 떨던 오이디푸스는 이오카스테의 머리핀을 빼 두 눈을 찔러 세상과 결별한다. 이렇게 하여 마침내 신탁의 예언이 실현되었다. 파멸한 오이디푸스는 딸 안티고네와 이스메네의 부축을 받으며 테베를 떠나서 키타이론Cithaeron

산에서 방황하다가 죽는다.

BCE 429년 디오니소스 축제 때 초연된 〈오이디푸스 왕〉은 신화적 인물을 다룬 소포클레스의 비극이다. 반면 호머^{Homer}의 『오디세이』와 아이스킬로스^{Aeschylus}, 에우리피데스^{Euripides} 등의 〈오이디푸스〉는 약간 다른 줄거리로 전개된다. 고대 그리스 비극의 전형인 〈오이디푸스 왕〉은 인간의 운명을 다룬 명작이다. 소포클레스는 〈오이디푸스 왕〉을 포함하여 〈콜로누스의 오이디푸스〉와 〈안티고네〉를 썼는데, 이중 〈안티고네〉가 가장 먼저 창작되었다. 고귀한 신분의 비범한 인물이 행하는 심각한 행위가 이야기의 중심이다. 주인공은 의도하지 않은 실수와 비범한 행위로 인하여 고난을 겪고 운명에 저항하다가 파멸에 이른다. 관객은 파멸을 통하여 극적 연민과 공포를 통한 카타르시스를 느끼고 인간 존재에 대하여 깊은 성찰을 하게 된다. 프로이트는 윤리적인 이 이야기를 오이니푸스 콤플렉스로 분석했다.

참고문헌 Sophocles, *Oedipus rex*, BCE 441.

참조 르네상스, 모방론, 미메시스〔아리스토텔레스〕, 비극, 시인추방론, 안티고네〔소포클레스〕, 안티고네와 이스메네, 연극·드라마, 오이디푸스 콤플렉스, 운명론, 주이상스, 카타르시스, 플롯, 허구, 희곡, 희극/코미디

하마르티아

Hamartia | 哈马提亚

숙부 클로디어스^{Claudius}는 기도하고 있었다. 그때가 햄릿이 숙부를 죽일 수 있는 절호의 기회였다. 그러나 사색적 인물 햄릿은 숙부를 죽이지 못했다. 깊은 사색과 망설임이 낳은 결과였다. 햄릿은 숙부가 '아버지를 죽였다'라는 고백을 하도록 하고, '죄의 값을 인지하도록 한 다음에 죽여야 한다'라고 믿었기 때문이다. 이런 이유로 인하여 셰익스피어의 비극 『햄릿^{Hamlet}』의 햄릿은 섬세하고 심약한 인간을 상징하는 햄릿형 인물로 명명된다. 결국, 햄릿과 숙부는 서로 죽이고, 햄릿의 어머니 거트루드^{Gertrude}는 숙부가 햄릿을 죽이기 위해 놓아둔 독약을 마시고 죽는다. 이 비극에서 햄릿의 망설임은 성격의 결함을 의미하는 하마르티아의 일종이다. 아리스토텔레스는 『시학』에서 하마르티아를 체계적으로 분석하면서 '판단 착오, 실수, 죄, 과녁을 빗나감, 성격적 결함, 도덕적 책임' 등의 의미로 썼다. 하마르티아는 주인공 자신을 파멸로 이끄는 선천적 결함이다.

아리스토텔레스는 '인물의 특성^{ethos}인 하마르티아'를 플롯^{mythos}의 한 부분으로 간주했다. 아리스토텔레스에 의하면 고대 그리스 비극에서 심각한 행위를 하는 비범한 인물/영웅은 어떤 경우에도 자신의 운명을 피하지 못한다. 비극의 주인공은 비극적 결함^{tragic flaw}인 하마르티아로 인하여 파멸을 맞이하고 그를 통하여 관객은 인간이 결함을 가진 불완전한 존재라는 것을 깨우친다. 예를 들면, 고대 그리스 비극 중 소포클레스의 〈오이디푸스 왕〉에 이런 대목이 나온다. '아아, 아아, 지금 모든 것이 분명해졌다. / 오 빛이여, 내가 그대를 바라보는 것이 마지막이 되기를. / 나란 인간은 태어나선 안 되는 부모에게서 태어났고, 함께 결혼해선 / 안 되는 사람과 결혼했으며, 죽여서는 안 되는 사람을 죽였다.' 이 대목은 오이디푸스 왕이 자신의 운명적 결함을 한탄하는 하마르티아다. 이처럼 몰락에 이르는 하마르티아는 신의 기획이면서 그것을 이야기 구조로 만든 작가의 플롯이다.

하마르티아로 인하여 비극은 전기peripeteia를 맞게 되고 그 과정에서 아나고라이시스anagnorisis라고 하는 새로운 인식이 동반된다. 그러니까 하마르티아는 비극적 플롯이 전개되는 원인에 해당한다. 이처럼 하마르티아로 인하여 극의 반전turning point이 일어나고 고귀한 신분의 주인공protagonist은 몰락/파멸하게 된다. 그런데 주인공의 몰락은 규칙의 위반transgress, 오만hubris, 무지ignorance에서 온 것이다. 가령 『오이이푸스 왕』에서 왕은 자신이 범인임을 모르고 선왕을 죽인 범인을 잡아서 복수하고 나라의 재앙을 다스리겠다는 것이나, 〈안티고네〉에서 크레온이 예언자 타이레시아스의 경고를 무시하고 엄격하게 국법을 시행하고자 하는 것이 바로 오만이다. 그런데 오이디푸스 왕이나 크레온은 자기가 설정한 도덕적 기준을 실현하고자 하는 윤리적인 주인공이기도 하다.

아리스토텔레스는 『시학』 13장 「하마르티아」에서 인간의 실수에 주목했다. 고귀한 신분의 비범한 인간이 의도하지 않은 실수로 인하여 비극적 상황에 처하고 도덕을 위반한다. 이것을 보고 관객은 연민과 공포를 느낀다. 그런데 그 공포는 신과 인간의 관계를 환기하고 운명에 순종해야 하는 인간의 본질을 인식시킨다. 관객들은 주인공이 피하고자 했던 운명을 피하지 못하는 것, 그리고 운명과 대결하여 처절하게 패배하는 것을 보고 고결한 도덕적 의미를 발견하는 것이다. 이처럼 고대 그리스 비극에서 주인공은 하마르티아로 인하여 비극적 결말에 이르는 것이 보통이다. 이것이 비극적 아이러니tragic irony인데, 잘못한 것이 없지만 도덕적으로는 잘못인 비극적 아이러니의 플롯이다. 그 결과 프로타고니스트는 몰락하고 그의 몰락은 국가와 사회의 문제를 해결한다. 그래서 아리스토텔레스는 하마르티아를 도덕적 목적을 위한 플롯이라고 설명한 것이다.

관객들은 주인공이 받는 처벌의 부당성으로 인하여 연민^{pity}을 느끼고 신탁과 운명의 힘에 공포^{fear}를 느끼면서 카타르시스에 이른다. 이를 위해서는 비극적 결말에 이르는 프로타고니스트의 성격적 결함 또는 악의가 없는 실수인 하마르티아가 있어야 한다고 본 것이다. 자기 자신의 결함 때문에 큰 실패에 이르렀음을 깨우칠 때 마음이 평안해질 수 있다. 한편 기독교에서 이 개념을 받아들여, 인간의 원죄와 여러 형태의 그리스어 하마르티아를 히브리어 죄^{sin}로 번역했다. 「열왕기하」^{13:16}에 하나님의 말씀에 순종하면 '과녁에서 벗어나지 않는다'라는 의미를 하마르티아로 설명하고 있다. 그러니까 과녁에서 벗어난 하마르티아는 하나님의 은혜가 필요한 인간의 죄라는 뜻이다. 또한, 「마태복음」^{6:12}에서 '우리가 우리에게 죄지은 자를 사하여 준 것같이 우리 죄를 사하여 주옵시고'라는 대목에서 하마르티아^죄는 하나님께 진 빚을 말한다.

참고문헌 Aristoteles, *Poetica*, translated by M. Heath, London : Penguin, 1996.

참조 모방론, 미메시스(아리스토텔레스), 비극, 시인추방론, 아이러니·반어, 안티고네, 안티고네와 이스메네, 연극·드라마, 오이디푸스왕, 자아, 카타르시스, 프로타고니스트·안타고니스트, 플롯, 희곡

프로타고니스트 · 안타고니스트

Protagonist Antagonist | 主要人物 反面人物

발코니의 줄리엣은 너무나 아름다웠다. 큐피트의 화살을 맞은 로미오는 단번에 줄리엣을 사랑하게 되었다. 그리하여 정열적인 로미오와 청순한 줄리엣은 황홀한 사랑을 나누게 되었다. 하지만 로미오의 몬타규 가문과 줄리엣의 카플렛 가문은 원수였고 이로 인하여 자주 싸움이 벌어졌다. 셰익스피어의 비극 〈로미오와 줄리엣〉의 첫 장면도 두 가문의 싸움으로 시작한다. 그런데 이튿날 벌어진 싸움에서 카플렛의 조카이자 줄리엣의 사촌인 티발트Tybalt가 로미오의 친구 메르큐를 죽인다. 그러자 로미오는 결투 끝에 티발트를 죽인다. 로미오는 이로 인하여 베로나Verona에서 떠나 볼로냐로 도망쳐야 했다. 한편 로미오와 결혼을 약속한 줄리엣은 신부가 만들어준, 잠시 죽은 것으로 만들어주는 약을 먹었는데 로미오는 줄리엣이 죽은 것으로 착각하고 자결한다. 얼마 후 깨어난 줄리엣은 죽은 로미오를 보고 따라서 죽는다.

이 이야기에서 로미오는 주인공이자 프로타고니스트로 여겨지며, 티발트는 주인공의 적대자인 인타고니스트로 여겨진다. 프로타고니스트는 연극, 영화, 소설, 드라마, 뮤지컬 등 여러 장르에서 이야기를 이끌어가고 주요한 역할을 하는 중심인물이다. 반면 안타고니스트는 프로타고니스트와 대척적이고 그를 방해하는 적대적 인물이다. 프로타고니스트와 안타고니스트는 그리스 연극에서 유래한다. 아리스토텔레스의 연극이론인 『시학』에 의하면 고대 그리스의 초기 연극은 주인공을 위주로 하는 일인극이었고 일인극에서는 프로타고니스트만 존재했다. 그런데 아이스킬로스Aeschylus가 또 다른 인물을 무대에 등장시킴으로써 2인의 대비적인 역할이 가능하게 되었다. 그중 프로타고니스트와 대립적인 두 번째 인물이 안타고니스트의 역할을 맡는 것이 보통이다. 그리고 코러스Chorus가 프로타고니스트와 안타고니스트의 대화를 이어주고 극을 설명하고 분석하는 등의 기능을 한다.

프로타고니스트는 고대 그리스어에서 '첫 번째prot'와 '배우 또는 참가자agonist, participant'가 결합한 명사이며 연극에서 첫 번째로 등장하는 인물이다. 반면 안타고니스트는 '반대opponent, antí, against의 배우 또는 참가자'라는 의미로 프로타고니스트를 선명하게 만드는 보조 인물의 기능을 한다. 따라서 프로타고니스트는 이야기의 주인공이면서 주동인물이므로 독립적 개인이지만, 안타고니스트는 그 역할이 중요하다고 하더라도 프로타고니스트에 종속된 인물이고 보조적 인물이다. 이것은 선명하게 두 인물을 대비하면서 서사의 줄거리를 구성하는 이항대립의 플롯이다. 하지만 이후에 여러 인물이 등장하면서 이분법적인 인물 구도는 점차 사라졌고 다양한 인물과 복잡한 플롯으로 변화했다.

비극의 프로타고니스트는 운명에 저항하는the one who struggles 이야기의 중심인물이자 선도자다. 그는 비극적 결함tragic flaw인 하마르티아Hamartia와 자신의 오만Hubris으로 인하여 위기Crisis를 맞고 결국 패배한다. 그리하여 비극적 결말Climax에 이르는데 관객들은 이를 통하여 카타르시스를 느낀다. 한마디로 프로타고니스트는 독자와 관객이 자신을 투사하면서 몰입하는 긍정적 중심인물이다. 반면 안타고니스트는 반동인물反動人物로 불리는데 프로타고니스트와 갈등하고 대립하면서 서사를 구성하는 적대적 인물이다. 그런데 서사의 중심인물인 프로타고니스트는 엄밀한 의미에서 일반적인 주인공主人公이나 주동인물主動人物과 다르다. 또한, 프로타고니스트는 주인공/주동인물과 마찬가지로 플롯과 관계되어 있지만 그리스 비극의 명칭 그대로 프로타고니스트로 불리는 것이 타당하다.

프로타고니스트는 이야기의 전개인 플롯plot과 관계가 있다. 가령 셰익스피어는 〈로미오와 줄리엣〉에서 비극적 낭만성을 극대화하기 위하여 두 가문의 대립 구도를 설정하고 로미오를 프로타고니스트, 티발트를 안타고니스트로 대비했다. 이것은 줄리엣이 가문과 연인 사이에서 괴로워하다가 죽음에 이른다는 비극적 결말의 플롯을 위하여 줄리엣의 사촌인 티발트가 안타고니스트로 설정된 것이다. 인물을 이항대립하면 줄거리가 선명해지고 이야기 흐름이 빨라진다. 이처럼 프로타고니스트와 안타고니스트는 시인^{작가}의 플롯 설계에 따라서 결정되는 배역이고 서사의 흐름 속에서 그 존재가 선명해지는 인물이다. 그런데 〈로미오와 줄리엣〉처럼 하나의 선명한 플롯으로 짜여 있다면 하나의 프로타고니스트와 하나의 안타고니스트로 서사가 진행되지만, 하위 플롯^{Sub plot}이나 병렬플롯의 경우에는 각각의 플롯마다 프로타고니스트와 안타고니스트가 존재한다.

참고문헌 Aristoteles, *Poetica*, translated by M. Heath, London : Penguin, 1996.

참조 모방론, 미메시스[아리스토텔레스], 비극, 삼일치법칙, 서사, 소설, 시인추방론, 아이러니·반어, 안티고네, 안티고네와 이스메네, 오이디푸스왕, 이항대립, 카타르시스, 캐릭터·인물, 하마르티아, 플롯, 희곡

리듬/운율
Rhythm | 节奏

K는 바닷가에서 하염없이 파도를 보고 있었다. 파도는 밀려가고 밀려왔다. 그때마다 K도 밀려갔다가 밀려오는 것과 같은 느낌이 들었다. 마치 심장의 박동처럼 쿵쾅쿵쾅 소리에 몸과 마음이 일렁이는 것 같았다. 그것은 감정의 기복이면서 정신의 율동이었고 육체의 쾌감이었다. 바닷가에서 K가 느낀 규칙은 달이 차고 기우는 것이나, 아침에 해가 뜨고 저녁에 해가 지며, 인간이 태어났다가 죽는 것과 같은 원리다. 이런 규칙성은 주로 시간과 관계되어 있다. 그런데 청각의 규칙성과 달리 밀려가고 밀려오는 형태는 시각의 규칙성이므로 공간과 관계되어 있다. 이렇게 볼 때 청각으로 감지되는 시간의 규칙성과 시각으로 감지되는 공간의 규칙성이 리듬의 원리다. 인간이 리듬을 감지하고 미적 쾌감을 느끼는 것은 자연선택Natural selection과 미적 진화Esthetic evolution의 결과이기도 하다.

단순한 반복은 일정하므로 예측할 수 있다. 그런데 안정적이기는 하지만 변화의 역동성은 없다. 리듬은 일정한 형태pattern가 있으면서 기하학적 대칭이나 변화가 있는 음의 흐름이고, 운율은 음악적 고저 강약 또는 운韻과 율律의 변화가 있는 음의 반복이다. 리듬은 주로 음악에서 음과 휴지의 반복적 패턴A pattern of sounds and silences으로 정의된다. 일반적으로 리듬은 변화가 있는 음흠과 휴지休止로 표현되는 장단, 고저, 강약의 규칙적 흐름이다. 음의 높낮이인 음악의 선율旋律은 리듬과 어우러져서 미적인 감각을 형성한다. 여기에 음들이 일정한 법칙에 따라 조화하는 것을 화성和聲이라고 한다. 이처럼 리듬rhythm, 선율melody, 화성harmony을 음악의 삼 요소라고 하는데 선율과 화성보다 리듬이 기본적인 요소다.

신경계에서 감지하는 리듬은 박자가 일정하게 연속되는 리듬과 변화가 있는 리듬으로 나눈다. 가령 비트^{beat} 음악의 경우 '쿵 쿵 쿵 쿵'처럼 일정한 박자가 이어진다.

박자와 달리 리듬은 '쿵 쿵 짝, 쿵 쿵 짝, 쿵 짝짝'과 같이 변화와 규칙이 있다. 이런 음의 변화와 규칙인 리듬은 인간을 포함한 생물의 본능이면서 미적 쾌감과 감정적 안정을 준다. 문학, 특히 시가에서 리듬은 매우 중요한 요소다. 시가^{詩歌}는 그 명칭에서 보듯이 언어적 내용의 시^詩와 음악적 요소의 가^歌가 결합한 장르였다. 그래서 리듬이 없는 산문^{散文}과 리듬이 있는 운문^{韻文}으로 나뉜다. 운문이 가지고 있는 리듬을 운율이라고 한다. 운율^{韻律}은 소리의 여음을 의미하는 운^韻과 고저장단의 규칙성을 의미하는 율^律이 결합한 것인데 한자문화권에서 주로 쓰이는 개념이다. 그런데 운율은 시에 한정되는 음악적 특징을 말하는 것이고 절주^{節奏}는 음수의 분절을 말하는 것이다. 따라서 운율은 한자어의 음성과 음운의 특징일 뿐 아니라 한시의 미학적 원리이기 때문에 보편적 의미의 리듬과 다르다.

시에서 리듬은 외형률과 내재율로 나뉜다. 외형률은 언어의 형태와 구조인 시의 율격^{律格}이다. 가령 4·4조나 7·5조처럼 음수의 박자로 율격을 구현하거나, 한시에서 측측평평측측평^{仄仄平平仄仄平}과 같이 강약과 고저를 표현하거나, 한시의 두운^{頭韻, alliteration}, 요운^{腰韻}, 압운^{押韻}과 같이 음의 여백과 같은 것들이 외형률이다. 율격에는 음수의 박자로 구성되는 음수율^{syllabic meter}, 음수의 집합인 음보율^{foot meter} 그리고 고저율, 장단율, 강약율 등의 리듬이 있다. 서양과 동양의 고전 시가는 외형률을 중시했으나 근대 이후 자유시가 성행하면서 내재율로 변화했다. 근대 자유주의 사상이 반영된 자유시에서는 시의 음악적 요소를 내면화한 내재율이 일반적이다. 이처럼 내재율은 음이나 박자의 규칙성은 최소화하면서 내적인 리듬을 구현하는 것이다. 따라서 운율은 어느 정도의 규칙적 흐름을 유지함으로써 감정과 정신의 쾌감을 느끼도록 하는 리듬의 일종이다.

리듬은 고대 그리스어에서 '운동rhuthmós, movement의 흐름rhéō, stream'이라는 의미였다. 플라톤은 『대화Dialogue』의 「법Law」 664e에서 리듬을 '운동의 질서order of the motion'라고 규정하는 한편 하모니를 '음의 높고 낮은mixture of high and low 결합'으로 규정했다. 이때의 하모니와 리듬은 음악에 한정된 것이 아니고 자연과 사회의 모든 것을 포괄하는 개념이다. 리듬의 시간적 질서와 변화는 청각으로 표현되며 공간적 질서와 변화는 시각으로 표현된다. 가령 그림에서 소소밀밀籬籬密密이나 여백으로 강약고저를 표현하여 기운생동氣韻生動하는 것도 리듬이다. 또한, 긴 노동의 끝에 휴식과 유희가 있는 것도 리듬이다. 그래서 리듬은 자연스러운 감정이입과 동일시를 가능하게 한다. 리듬은 음악, 문학, 미술과 같은 예술만이 아니라 사회, 자연, 동식물, 감정, 사고, 동작 등 모든 영역에 존재하는 규칙 속의 변화다. 한마디로 리듬은 우주의 모든 존재와 현상에 연결된 규칙적 변화의 흐름이라고 할 수 있다.

참고문헌 Platon, *Laws VIII*.

참조 감각, 감동, 감정이입, 공간, 기운생동, 모방론, 문학, 서사시, 서정시, 시, 시간, 시인추방론, 신경미학, 자연선택, 자유시, 한시/중국고전시

서사시

Epic Poetry | 叙事诗

불화의 신 에리니스^Erinnyes는 연회에 초대받지 못하자 화가 났다. 그리하여 그녀는 연회장에 황금 사과를 던지면서 '세상에서 가장 아름다운 여인에게 준다'라고 말했다. 그러자 헤라와 아테네 그리고 아프로디테가 서로 사과를 차지하려고 싸움이 벌어졌다. 난처한 제우스는 트로이의 파리스^Paris에게 이 문제를 맡겼다. 그러자 파리스는 아프로디테^Aphrodite, 비너스가 가장 아름답다고 판정했다. 아프로디테는 약속대로 스파르타의 왕비 헬레네가 파리스를 사랑하도록 했으며 이로 인하여 스파르타 연합군과 아테네 연합군의 트로이전쟁^Trojan war이 벌어졌다. 구전口傳되어 오던 이 이야기를 기록하여 서사시로 쓴 것은 호메로스/호머^Homeros, BCE 800?~BCE 750였다. 호머의 『일리아스^Ilias』와 『오디세이아^Odysseia』는 서사시의 전범으로 평가되며 이후 서양문학에 지대한 영향을 미쳤다. 이런 형태의 서사시는 역사적 사실, 국가와 민족의 이야기, 영웅의 일생, 신화와 전설 등을 장중하게 기술한 시다.

이 작품과 같이 오랜 시간에 걸친 영웅적 이야기를 대서사大敘事 또는 서사시敘事詩라고 한다. 고대 그리스에서는 구전되고 구연口演되던 노래 가사를 서사시라고 했으나 연희적인 요소는 극시劇詩로 분화되었고 서사시는 서사를 위주로 하게 되었다. 그런데 서사시의 이야기는 광대한 공간과 오랜 시간에 걸쳐있고 묘사는 간결하고 서술은 장중하다. 또한, 서사시에는 다양한 인물들의 다양한 사건이 등장하며 총체적으로 기술되므로 문명사적 가치를 지닌다. 그런데 서사시의 서사는 역사, 전기, 실록 등에서 주로 쓰이는 사실적 서술문체를 의미하며 시는 리듬과 운율을 가진 운문을 의미한다. 간단히 말해서 서사시는 이야기체의 상시長詩이며 대체로 천지창조, 영웅의 일생, 국가의 성쇠, 전쟁, 모험과 같은 사건을 신비하고 낭만적으로 기술한 운문이다. 하지만 서사시는 시간의 차례로 짜여 있지는 않다.

'한 편의 서사시 같다'에서 서사epic, 敍事는 있는 사실을 기록한다는 의미를 넘어서서 비교적 오랜 시간에 걸쳐 진행되는 사건과 상황을 고상하고 장중하게 기술한다는 뜻이다. 그러므로 대하소설이나 서사시는 민족과 국가의 흥망, 전쟁, 한 집단의 운명 등이 주제가 되는 경우가 많고 오랜 시간에 걸친 적층문학積層文學인 경우가 많다. 또한, 서사시는 국가의 위대한 점을 부각하려는 목적으로 쓰이면서 사회적 규범이나 윤리 도덕의 기준을 제시하는 작품이 많다. 한편 실제 사실을 기록하는 사실적 서사시와 창작인 허구적 서사시가 있고 이것을 합쳐서 문학적 서사시라고 부른다. 문학적 서사시는 이야기를 위주로 한다는 점에서 이야기 시와 소설의 원형이다. 반면 짧은 서사는 서정시抒情詩, Lyric라고 할 수 있는데 서정시는 감성적이고 낭만적이며 섬세한 정조를 가진 단형의 시다.

서사시는 창작적 허구보다 사실을 다양한 각도에서 서술하고 기술하기 때문에 시점視點이나 거리와 같은 작가의 창작기법과 세계관이 비교적 적게 개입한다. 그것은 서사시가 사실을 기록하고 재현한다는 특징과 더불어서 단순한 이야기를 넘어서 진지하고 숭고한 정신을 우선하기 때문이다. 그런 점에서 서사시는 신화와 전설 그리고 설화와 관계있으며 일반적으로 특별한 인물의, 심각하고 중요한 사건을 다루고 있다. 한편 헝가리의 철학자이자 예술이론가인 루카치G. Lukacs는 고대와 중세의 서사시가 부르주아가 주인인 자본주의 시대에 소설로 이행했다고 보았다. 그는 소설과 달리 서사시는 밤하늘의 별과 같이 삶의 총체성totality of life을 가진 양식이고[1], 세상과 단절되어 있지 않으며, 초월적이

---

1   George Lukacs, *The Theory of The Novel*, translated by Anna Bostock, The Merlin Press, 1971, p.60; The epic gives form to a totality of life that is rounded from within; the novel seeks, by giving form, to uncover

고 초자연적 경험과 관계된 것으로 보았다. 한편 서사문학은 신화/전설-서사시-로망스romance-근대소설로 변화했는데 이런 현상은 모든 국가와 민족에서 비슷하다.

대체로 서사시는 구비전승口碑傳承되다가 문자로 기록되는 것이 보통이다. 구비전승되던 시절의 고대 서사시는 역사적인 사실에 관한 이야기가 많다. 고대의 서사시는 근대의 소설小說로 분화했고, 고대와 중세의 서정시는 근대의 시로 발전했으며, 고대의 극시劇詩는 근대의 희곡으로 변화했다. 한편 영웅과 같은 특별한 인물을 주인공으로 하는 영웅서사시를 서사시와 달리 분류하는 예도 있다. 역사적으로 수많은 서사시가 기록되거나 창작되었는데 대표적인 작품으로 유럽의 〈길가메쉬〉, 〈일리아스〉, 〈오디세이아〉, 〈아네이드〉 등이 있고, 인도의 〈마하바라타〉, 〈라마야나〉, 〈바가바탐〉이 있다. 헬레니즘 시대에는 소서사시小敍事詩인 에필리온Epyllion이 있었으며, 중세 서사시는 〈니벨룽겐의 노래〉 등이 있는데 대체로 강약약Dachylic의 육음보Hexameter를 기본으로 한다. 근대의 서사시는 밀턴의 〈실락원〉과 괴테의 〈파우스트〉 등이 있다.

참고문헌 George Lukacs, *The Theory of The Novel*, translated by Anna Bostock, The Merlin Press, 1971, p.60.

참조 감성, 내러티브, 로망스, 문제적 인물, 반영론, 사실, 산문, 서사, 서정시, 소설, 스토리·이야기, 시, 시점, 신화·전설, 역사, 캐릭터·인물, 픽션·논픽션, 허구, 희곡

and construct the concealed totality of life. In the epic, the sense of the *totality of life* is not alienated from the world.

성장소설/빌둥스로만

Bildungsroman | 成长小说

어린 시절부터 시를 썼던 토니오는 화려하게 문단에 등단한 다음 자기가 어린 시절을 보낸 고향을 방문했다. 그때 자기가 좋아했던 한스와 자기가 사랑했던 잉게가 다정하게 걸어가는 것을 보았다. 그는 나직한 목소리로 '나는 지금도 너희들을 사랑하고 있다'라고 속삭였다. 이처럼 토마스 만^{Thomas Mann, 1875~1955}의 「토니오 크뢰거」¹⁹⁰³의 주인공 토니오는 정신적 방황을 하다가 자기가 어떤 존재인지 깨우쳐 간다. 소년 토니오가 고민하고 성장하는 과정을 그린 「토니오 크뢰거」는 『트리스탄^{Tristan}』¹⁹⁰³에 수록되어 있다. 이 작품은 감성적인 주인공이 겪는 정신적 고뇌와 극복과정이 잘 묘사된 것으로 정평이 있다. 이처럼 성장소설^{成長小說}은 청소년 주인공의 성격^{character}이 변화하여 도덕적, 심리적, 정신적으로 완성된 성인으로 성장해 가는 과정을 그린 소설이다.

성장소설은 1819년 언어학자 칼 모르겐스턴^{Karl Morgenstern}이 강의에서 처음 사용했다. 이후 빌헬름 딜타이^{W. Dilthey}가 슐라이어마허^{F. Schleiermacher}의 전기를 성장소설로 규정하면서¹⁸⁷⁰ 개념이 정립되었다. 그리고 딜타이는 『시와 경험^{Poetry and Experience}』¹⁹⁰⁶에서 성장소설을 '개인의 삶에서 발견되는 일반적인 발전^{regular development is observed in the life of the individual}'[1]으로 설명했다. 이 두 사람이 말한 성장소설의 도덕적, 심리적, 정신적 성장은 한 개인이 사회의 규범과 가치를 이해하고 받아들이는 정신적 성숙을 말한다. 대체로 사람들은 청소년 시기에 정신적 아픔과 정체성 위기를 겪고 깊은 고뇌와 성찰 끝에 성인으로 다시 태어난다. 이 정신적 육체적 성장은 독일어 형성^{build}에서 유래했는데 형성의 내용은 교육을 통하여 교양을 쌓고 사회적 가치를 받아들인다는 뜻이다. 여기서 더 나은 방향으로 성숙하고 진보한다는 의미를 강조한 발전소설Entwicklungsroman이라는 개념이 나왔다.[1]

딜타이가 말한 성장소설은 전체주의와 국가권력의 압제에 놓인 독일의 시대 상황과 독일인의 자기발견에서 이해되어야 한다. 독일 성장소설의 효시는 예술적 감성을 발휘하면서 성숙한 인간이 되는 과정을 그린 괴테J.W. Goethe의 『빌헬름 마이스터의 수업시대』다. 괴테 이후의 성장소설은 '빌둥스로만Bildungsroman'이라는 명칭과 개념으로 여러 국가에 퍼졌다. 사회생활에서 필요한 교양과 윤리 형성을 강조한 빌둥스로만은 성장소설, 교양소설, 교육소설, 발전소설, 형성소설Novel of Fomation 등 여러 가지의 의미가 있는데 이 중 성장소설은 빌둥스로만의 대표적인 양식이다. 빌둥스로만으로 분류되는 작품은 괴테의 『젊은 베르테르의 슬픔』, 헤르만 헤세의 『데미안』, 하퍼 리의 『앵무새 죽이기』, 조앤 롤링의 『해리포터』 등이다. 서양에서 성장소설이 등장한 것은 다른 지역보다 빨리 근대적 자아와 주체가 확립되었기 때문이다.

한 인간이 주체를 형성하고, 사회적 가치체계를 수용한 다음, 사회의 구성원이 되는 것을 그린 성장소설은 플롯의 구조가 명확하다. 전개-발단-갈등-절정-결말의 플롯에서 주인공Protagonist은 어린 시절의 순진함을 극복하고 성숙한 성인이 된다. 그러므로 성장소설은 의식 내면을 기술할 수 있는 일인칭시점 또는 전지적 시점이며 과거회상으로 자기 자신의 전기傳記를 서술하는 양식이다. 이를 위하여 선택되는 성장의 플롯은 전개 과정에서 심각한 갈등과 극적 전환이 있는데, 그것은 통과예식rite of passage이나 입사식initiation에 해당한다. 대체로 성장소설은 '큰 기대Great Expectation'에 좌절하고 극복하는 패턴을 보인다. 따라서 여

---

1   Wilhelm Dilthey, *Poetry and Experience,* edited by and translated by Rudolf A. Makkreel and Frithjof Rodi, Princeton : Princeton UP, 1985, p.390; "regular development is observed in the life of the individual : each of the stages has its own intrinsic value and is at the same time the basis for a higher stage."

행, 죽음, 충돌, 가출 등의 사건이 계기가 되어 겪은 위기를 극복하는 인과적 플롯이 되는 경우가 많다. 그런 점에서 성장소설은 청소년이 '성인이 되는coming of age' 개인의 내외적 변화와 정신적 여행을 서술한 소설이다.

사회적인 차원에서 보면, 성장소설은 한 인간이 사회적 경험이 없는 순진한 단계를 넘어서 성인成人이 되어 사회에 통합되는 과정을 그린 것이다. 이것은 알튀세가 말한 것처럼 호명Interpellation에 응답하면서 사회 체계로 편입되는 과정에 해당한다. 한편 정신분석학의 관점에서 보면 라캉J. Lacan이 말한 대로, 성장소설의 주인공은 자기 주체를 발견한 다음 고독한 개인을 완성하는 과정이다. 그러므로 성장소설은 개인의 성장만이 아니라 사회의 성장을 의미하는 알레고리로 표현되는 경우가 많다. 그리고 진화와 혁명의 내러티브로 전개되기도 한다. 식민지와 반식민지의 작가는 성장소설의 주인공을 통하여 민족적 각성을 그리는 경우가 많다. 그러므로 성장소설은 단지 소설 양식을 넘어서 시대정신과 역사적 배경 그리고 각 민족적 상황에서 해석되어야 한다.

참고문헌 Wilhelm Dilthey, *Poetry and Experience*, edited by and translated by Rudolf A. Makkreel and Frithjof Rodi, Princeton : Princeton UP, 1985.

참조 감성, 거울단계, 산문, 소설, 시대정신, 시점, 알레고리, 이데올로기 국가장치, 자아, 자아와 비아, 주관·주관성, 주체·주체성, 통과예식, 플롯, 픽션·논픽션, 호명, 화자/서술자.

믿을 수 있는 화자와 믿을 수 없는 화자

Reliable Narrator and Unreliable Narrator | 可靠叙述者和不可靠叙述者

하여튼 어머니는 나더러 너무 아저씨를 귀찮게 한다고 어떤 때는 저녁 먹고 나서 나를 방안에 가두어 두고 못 나가게 하는 때도 더러 있었습니다. 그러나 조금 있다가 어머니가 바느질에 정신이 팔리어서 골몰하고 있을 때 몰래 가만히 일어나서 나오지요. 그런 때에는 어머니는 내가 문 여는 소리를 듣고서야 퍼뜩 정신을 차려서 쫓아와 나를 붙들지요. 그러나 그런 때는 어머니는 골은 아니 내시고, '이리 온 이리 와서 머리 빗고…….' 이것은 한국의 작가 주요섭의 「사랑 손님과 어머니」의 한 부분이다. 이렇게 말하는 화자는 금년 여섯 살 난 어린 소녀다. 이 작품은 어린 화자인 소녀의 순수하고 낭만적인 서술로 정평이 있다. 그런데 화자/서술자는 너무나 순진하여 독자가 그 말을 믿을 수가 없다. 왜냐하면, 표면적인 서술과 심층적인 의미가 상치되기 때문이다.

웨인 부스^{W. Booth}는 화자/서술자의 태도와 신뢰에 대하여 '믿을 수 있는 화자'와 '믿을 수 없는 화자'로 구분했다. 믿을 수 있는 화자는 그의 이야기가 타당하고 신뢰할만하여 독자에게 공감을 불러일으키는 권위 있는^{authoritative} 화자이며, 믿을 수 없는 화자는 그의 이야기가 타당하지 않고 신뢰할 수 없어 독자에게 공감을 불러일으키지 못하는 화자이다. 신뢰의 기준과 근거는 화자의 서사적 기준과 규범^{Norm}이다. 그러니까 픽션 (장르)에서는 허구적 진리^{fictive truth}인 텍스트의 문법 즉 서사담론敍事談論이 믿음의 근거가 되는 것이다. 대체로 허구^{fiction, 虛構}에서 화자의 서술이 그럴듯하고 믿을 만하면 독자는 이야기에 신뢰성을 부여하고 이야기의 흐름을 따라간다. 믿을 수 있는 화자와 믿을 수 없는 화자는 서술의 일관성, 신뢰성, 타당성, 가치 기준, 암호의 설정 등에 의해서 결정된다.

소설, 드라마, 영화, 만화 등 허구적 서사담론narrative discourse에서 실제작가는 텍스트에 자기를 대신하는 내포작가implied author를 매복하고, 그 내포작가로 하여금 화자의 태도와 서술방법을 선택하도록 한다. 또한, 내포작가가 텍스트 바깥의 실제작가의 창작의도에 따라서 서사전략을 선택하면, 텍스트 안의 내포작가는 이에 따라서 여러 서사방법을 선택한다. 그리고 이에 따라 설정된 화자가 시점, 각도, 거리 등과 함께 신뢰성reliability과 불신성unreliability의 기준을 정한 다음, 텍스트 규범에 따라서 이야기를 서술하는 것이다. 따라서 서사의 신뢰성은 사실적인 신뢰성이 아니고 허구적인 신뢰성이다. 반면 신문기사, 전기, 르포처럼 허구가 아닌 글에서는 사실성事實性과 현실적 가치가 중요하다. 따라서 비허구적 이야기/글에서는 도덕적 가치, 윤리적 기준, 현실성, 세계관 등이 신뢰성의 기준이 된다.

허구적 텍스트에서 믿을 수 있는 화자는 일반적으로 3인칭 관찰자 시점이나 전지적 시점의 형태를 취한다. 이 화자는 보고하고, 판단하고, 평가할 때 객관적objective으로 발화하기 때문이다. 반면 믿을 수 없는 화자는 내포작가가 설정한 텍스트 문법을 지키지 않으므로 일관성이 없거나 일관성이 부족하고 주관적subjective으로 이야기를 한다. 믿을 수 없는 화자의 특징은 지식의 부족, 정신적 특성, 개인적 성향, 순진함 등이다. 믿을 수 없는 화자는 텍스트의 독자/청자에게 자기가 보고하고, 판단하고, 평가할 때에 사적으로 발화/기술하는 것이다. 그런데 웨인 부스에 의하면 화자와 내포작가의 거리가 가까우면 화자는 작가/내포작가의 서사 규범norm of the work을 잘 따르기 때문에 믿을 수 있는 서술을 하게 되고, 반대로 거리가 멀고 불일치incongruity가 있어서 화자의 이야기story와 작가/내포작가의 담론discourse이 충돌하면 믿을 수 없는 서술을 하게 된다.

리얼리즘 소설이나 장편소설은 대체로 믿을 수 있는 화자가 서술한다. 그것은 객관적 사실을 전체적으로 이끌어 나가는 화자가 필요하기 때문이다. 그런데 믿을 수 없는 화자의 이야기는 작가/내포작가의 서사규범과 서술자의 서술 결과가 상치되면서 아이러니 효과Ironic effect를 낼 수 있다. 이 경우 독자는 상상하는 한편 작가/내포작가와 은밀한 소통을 하게 된다. 이런 이유 때문에 작가는 믿을 수 없는 화자를 설정하여 다양한 서사전략을 구사하는 것이다. 한편 리먼-케넌S. Rimmon-Kenan에 의하면 믿을 수 없는 서술은 화자와 사실의 모순, 화자의 잘못된 발화와 결과의 차이, 인물과 화자의 관점 불일치, 내적 모순 등의 양상을 보인다. 그는 또한 믿을 수 없는 서술의 원인을 화자의 제한된 지식narrator's limited knowledge, 화자의 사적인 개입his personal involvement, 화자의 문제적 가치 기준his problematic value-scheme 등으로 설명한다.[1]

참고문헌 Wayne C. Booth, *The Rhetoric of Fiction*, Chicago : University of Chicago Press, 1961; Shlomith Rimmon-Kenan, *Narrative Fiction : Contemporary Poetics*, London : Routledge, 1983.

참조 구조주의, 기표·기의, 내포작가/내포저자, 산문, 서사, 소설, 스토리·이야기, 시점, 아이러니·반어, 캐릭터·인물, 텍스트, 허구, 화자/서술자

---

1   Shlomith Rimmon-Kenan, *Narrative Fiction : Contemporary Poetics*, London : Routledge, 1983, p.101.

플롯

Plot | 地基/情节

'왕이 죽었다. 그리고 얼마 후에 왕비가 죽었다.' 이것은 두 가지 사건을 결합한 시간의 순차적 이야기story다. 반면, '왕이 죽었다. 그리고 그 슬픔 때문에 왕비가 죽었다'는 원인과 결과가 있는 플롯plot이다. 하지만 왕비가 죽은 이유는 비밀로 처리되다가 이야기가 발전하면서 밝혀져야만 플롯이라고 할 수 있다. 이것은 영국의 소설가 포스터E.M. Forster가 말한 스토리와 플롯의 관계인데[1] 서사학Narratology의 정설로 알려져 있다. 플롯은 '이것 때문에, 그래서and then 또는 그러므로and so, 저것이 되었다'는 서사의 인과적 구조를 말한다. 그런데 그 서사의 인과관계因果關係는 구조적 개연성probability, plausibility 즉, '그럴듯함'이 있어야 이야기로서 가치가 있다. 만약 '이것 다음에, 별로 상관이 없는, 저것이 되었다'와 같은 우연성accidentality의 이야기 구조는 플롯이 아니거나 나쁜 플롯이다.

아리스토텔레스는 『시학Poetica』에서 드라마는 시작, 중간, 결말의 이야기로 구성되어야만 관객들의 감정을 고양할 수 있다고 하면서 이런 인과적 구조를 뮈토스mythos로 명명한 바 있다. 아리스토텔레스는 〈안티고네〉를 예로 들어 관객에게 공포와 연민을 일으키려면 의도하지 않은 것 같은 인과적 뮈토스가 잘 짜여야 한

---

1   Edward Morgan Forster, *Aspects of the Novel*(1927), San Diego, New York, London, 1957, p.86; We have defined a story as a narrative of events arranged in their time-sequence. A plot is also a narrative of events, the emphasis falling on causality. "The king died and then the queen died" is a story. "The king died, and then the queen died of grief" is a plot. The time-sequence is preserved, but the sense of causality overshadows it. Or again : "The queen died, no one knew why, until it was discovered that it was through grief at the death of the king."

다고 강조했다. 뮈토스와 유사한 개념인 플롯은 소설, 드라마, 연극, 만화, 영화, 게임, 오페라 등 서사 양식에서 이야기를 구성하는 원리이자 방법이다. 그런 점에서 플롯은 이야기 구조를 관장하는 예술가의 서사전략인 동시에 이야기의 서사 문법이다. 또한, 플롯은 배경, 인물 성격, 주제, 시점 그리고 사건, 묘사, 문체 등 소설의 여러 요소와 함께 서사를 구성하는 핵심 서사 장치다. 일반적인 플롯은 발단發端 – 전개展開 – 갈등葛藤 – 절정絶頂 – 결말結末의 구조로 짜여 있다.

차례대로 진행되는 이야기가 S1 – S2 – S3 – S4의 시간 구조라면, 인과성을 강조하는 플롯은 S1 – S4 – S3 – S2의 시간 구조로 구성된다. 이처럼 플롯을 기획하는 작가는 이야기의 순차를 시간 순서로 배열하지 않고 공간 역시 제한하지 않으며 인물도 다양하게 배열하고 조합한다. 하지만 이야기 배열sequence order이 전진 구조로 짜여야만 한다. 따라서 작은 서사인 화소話素와 다른 플롯은 이야기가 진행되는 내적인 필연성을 의미한다. 그런데 필연성을 위해서 작가의 서사전략敍事戰略 또는 서사 구성 원리가 필요하다. 필연성을 가진 기본구조를 주요 플롯main plot이라고 하고 주요 플롯을 보조하는 작은 이야기를 보조 플롯sub plot이라고 한다. 한편 플롯의 플롯 또는 플롯의 개요outline를 트리트먼트treatment라고 하는데 트리트먼트는 1막, 2막, 3막과 같은 기본적인 구조로 짜여 있다.

독일의 소설가 프레이타그Gustav Freytag는 플롯을 등산에 비유하여 전개Exposition – 상승Rising action – 절정Climax – 하강Falling action – 결말Denouncement, resolution로 설명한 바 있다. 이처럼 결말에 이르는 전신의 구조가 플롯인데, 잘 짜인 플롯은 흐름이 유연하므로 호기심을 자극하는 한편 가독성이 높다. 반면 각기 다른 화소話素나 이야기가 파편적으로 배치되면 일관된 서사구조敍事構造를 형성하기가 쉽지 않고 가독성이 낮아진다. 그러므로 역사와 달리 허구인 이야기는 플롯을 통하여 미적 구조가 완성되는 것이다. 이 과정에서 작가는 상상력을 통하여 하나의 이야기를 여러 가지의 다른 플롯으로 구성할 수가 있다. 따라서 작가는 플롯을 통하여 자신의 서사전략을 실현하면서 창작의 목적과 주제를 완성할 수 있다. 이처럼 플롯은 텍스트구조에서 이야기의 방향과 목적을 향하여 전진하는 이야기 사슬[chain] 또는 사건들의 연속[Sequence of events]이다.

허구虛構인 이야기는 작가가 의도하는 목표를 가지고 정확하게 구조화되어야 한다. 의도하는 목표란 중심 사상인 주제[theme]인데, 플롯은 주제를 실현하는 중요한 구조이자 요소이다. 주제를 실현하는 과정에서 작가는 흩어져 있는 구슬을 꿰는 것과 같이 플롯의 순서와 사건을 배열하면 독자는 산의 정상에 올라가듯이 텍스트의 서사구조를 음미하게 된다. 20세기 소설에서는 일반적인 플롯이나 구조를 의도적으로 파괴하는 경우가 많다. 또한, 표면적으로는 플롯이 없는 것처럼 보이는 피카레스크도 있고 그 외에 독백이나, 묘사, 파편적 기술, 혼성모방 등 여러 가지 구성방식이 있다. 하지만 이런 여러 형태의 구성도 정교하게 기획된 플롯과 서사다. 한편 러시아 형식주의에서는 허구적 사건을 파블라[Fabula], 사건의 관점을 수제트[Syuzhet]라고 명명했다. 이 구분에서 파블라는 시간적 질서[Chronological order]를 가진 이야기에 가깝고 담론의 순차[Sequence of discourse]인 수제트는 플롯에 가깝다.

참고문헌 Edward Morgan Forster, *Aspects of the Novel*(1927), San Diego, New York, London, 1957, p.86.

참조 구조주의, 기표·기의, 내포작가/내포저자, 러시아 형식주의, 믿을 수 있는 화자와 믿을 수 없는 화자, 배경, 산문, 서사, 소설, 스토리·이야기, 시점, 인과율·인과법칙, 주제·제재·소재, 텍스트, 픽션·논픽션, 화자/서술자

기대지평

Horizons of Expectation | 期待視野

'여보세요. 현수막. 미루스 시장. 나의 주 대위 전하. 오늘은 열여섯 번째. 머서 병원 모금을 위하여. 메시아가 그것을 위하여 주어졌다. 예. 헨델. 거기에 무엇이 : 볼다리. 키이스에 놓는다. 거머리처럼 그에게 달라붙는 쓸모없음. 나의 환영을 입어라. 문에서는 누구를 알고 있어야 하지.'[1] 이 글의 독자 K는 무척 당황스러웠다. 왜냐하면, 자기가 기대하고 예상했던 소설이 아니기 때문이다. 너무나 낯설어서 '과연 이것이 소설인가'라는 의문도 들었다. 문법도 맞지 않고 문장도 틀린 이 글은 제임스 조이스의 소설 『율리시즈*Ulysses*』[1922]에 나오는 의식의 흐름 단면이다. 이것을 미적 거리와 기대지평期待地平으로 설명한 사람은 독일의 문예학자 야우스다. 야우스는 1967년 콘스탄츠대학 교수 취임강연에서 『문예학에 대한 도전으로서의 문학사』라는 제목으로 수용미학을 제창했다. 이 책에서 말하는 기대지평은 독자가 기대하면서 구성하려는 이야기이자 독자의 텍스트에 대한 한계다.

야우스Hans Robert Jauß, 1921·1997가 도전하고자 했던 것은 구조주의, 형식주의, 신비평 등 텍스트의 자율성을 강조하는 문학이론과 마르크스주의 문학이론 그리고 심리주의비평이다. 야우스는 기존의 문학이론이 작가와 작품에 치중했다고 비판하고 독자의 관점에서 문학과 문학사를 이해해야 한다고 주장했다. 그가

---

1   Hello, placard. Mirus bazaar. His excellency the lord lieutenant. Sixteenth today it is. In aid of funds for Mercer's hospital. The Messiah was first given for that. Yes. Handel. What about going out there : Ballsbridge. Drop in on Keyes. No use sticking to him like a leech. Wear out my welcome. Sure to know someone on the gate.

제창한 수용이론의 핵심개념이 가다머의 해석학적 미학, 하이데거의 존재론, 후설의 의식 지향성을 바탕으로 한 기대지평期待地平이다. 기대지평은 칼 만하임 K. Mannheim이 사회적 결과를 예상한다는 개념으로 쓴 것을 야우스가 빌린 것인데 맥락인 콘텍스트context와 유사하다. 야우스의 기대지평 이론에 의하면 인식 주체인 독자/수용자는 작품에 대한 일정한 기대감을 가지고 있다. 그런데 독자/수용자가 자신의 기대와 맞지 않는 작품을 읽었을 때 충격을 느끼고 미적 긴장을 체험한다. 그것은 과거의 기대지평과 새로운 기대지평 사이에 놓인 미적 거리의 혼란 때문에 생기는 현상이다.

기대지평은 시대와 지역 그리고 집단과 환경에 따라서 다르다. 협의의 기대지평은 독자나 작품이 가진 장르, 형식, 구조, 문학사 등에 관한 일반적인 기준이고 선행 경험과 지식의 체계다. 광의의 기대지평은 역사적이고 사회적인 경험과 지식의 총체와 맥락context을 말한다. 따라서 협의와 광의의 기대지평을 구성하는 것은 기존 작품에 대한 이해, 문화적 배경, 사회의 일반적 가치체계, 집단적이고 개인적인 경험과 지식 등이다. 주체소인主體素因 또는 연관영역으로 불리기도 하는 기대지평은 독자/수용자의 적극적이고 창의적인 독서를 강조한다. 이 수용과정에서 이상적인 독자/수용자는 작품의 의미와 가치를 재창조한다. 새로운 해석이 가능한 것은 작품에는 다양한 의미가 잠재되어 있기 때문이다. 따라서 문학사는 정태적情態的이 아닌 동태적動態的 지평변화를 상호영향사의 관점에서 기록해야 한다.

야우스는 독자/수용자의 기대지평은 작품에 대한 이해, 희망, 편견, 호응, 실망 등으로 드러난다고 하면서 일곱 개의 명제로 정리했다. 문학예술은 첫째, 역사적 객관주의나 실증주의에서 벗어나 수용미학의 관점에서 보아야 한다. 둘째, 심리주의적 해석에 빠지지 않고 객관적으로 분석해야 한다. 셋째, 기대지평과 새로운 작품의 미적 거리에서 예술성이 규정된다. 넷째, 과거의 기대지평을 재구성하여 현재와 어떤 해석의 차이가 있는지 규명해야 한다. 다섯째, 개별 작품의 역사적 위치를 연관관계 속에서 파악해야 한다. 여섯째, 기대지평은 통시적 관계만이 아니라 현재의 여러 단면인 공시적 관계 속에서 이해되어야 한다. 일곱째, 문학사는 일반 역사가 아닌 특수한 역사로 기술되어야 한다. 야우스는 이를 통해서 작품의 미적 가치인 문학성이 새롭게 발현될 수 있고 문학사를 새롭게 쓸 수 있다고 말한다.

자신의 기대지평을 가지고 있는 독자가 낯선 작품을 대하면 충격을 받는 동시에 미적 기준에 혼란이 생긴다. 가령 『율리시즈』를 읽고 기대지평이 흔들리면서 기존의 미적 기준과 새로운 미적 기준 사이에 미적 거리가 생긴다. 미적 거리esthetic distance 설정에 혼란을 느낀 독자는 지평전환地平轉換을 통해서 새로운 기대지평을 구성한다. 이처럼 텍스트의 지평과 독자의 지평이 대화하고 소통communication하는 교호작용을 거쳐서 예술적 의미와 가치가 결정된다. 이렇게 하여 작품에 대한 기내와 가치가 변한다. 잠재적 의미의 재창조는 작품이 가지고 있는 다성성多聲性 또는 다가성多價性의 열린 작품open text이기 때문에 가능하다. 그런데 새로운 작품을 대할 때 미적 가치를 느끼지 못하고 기대지평에 변화가 없다면 그 작품은 평범한 작품에 불과하다. 왜냐하면 작품에 내재한 의미가 발현되지 못하는 닫힌 텍스트closed text이기 때문이다.

참고문헌 Hans Robert Jauß, *Literaturgeschichte als Provokation der Literaturwissenschaft*, UVK Universitäts-Verlag : Konstanz, 1967.

참조 경험론/경험주의, 낯설게하기, 독자반응이론, 문학, 수용미학, 열린 텍스트, 예술, 이상적 독자, 작가·독자, 저자의 죽음, 존재론적 해석학, 지향성(현상학), 텍스트, 해석학적 미학, 현존재 다자인

미적 거리

Aesthetic Distance | 審美距离

'우리 아저씨 말이지요, 아따 저 거시키, 한참 당년에 무엇이냐 그놈의 것, 사회주의라더냐, 막걸리라더냐 그걸 하다, 징역 살고 나와서 폐병으로 시방 앓고 누워 있는 우리 오촌 고모부 그 양반……' 이것은 채만식의 단편 「치숙」의 첫 부분이다. 화자는 직접 화법으로 말하기^{telling}를 하면서 독자들을 이야기 속으로 끌어들인다. 한편 '1897년의 한가위. / 까치들이 울타리 안 감나무에 와서 아침 인사를 하기도 전에, 무색옷에 댕기꼬리를 늘인 아이들은 송편을 입에 물고 마을 길을 쏘다니며 기뻐서 날뛴다' 이것은 박경리의 장편 『토지』의 첫 부분이다. 화자는 자기 생각을 간접 화법으로 보여주기^{showing}를 하면서 독자들에게 이야기를 전개한다. 직접화법은 이야기와 독자의 거리가 가깝고 간접화법은 이야기와 독자의 거리가 멀다. 이처럼 독자인 주체와 작품인 대상 사이에는 가깝고 먼 거리가 있다.

채만식의 「치숙^{痴叔}」은 일인칭 서술시점으로 독자를 작품 속에 끌어들이기 때문에 독자와 서술의 거리가 상당히 가깝다. 그 거리가 가까우면 독자는 이야기에 몰입하면서 자기를 망각하고 현실을 잃어버린 채 이야기를 사실로 여기게 된다. 한편 박경리의 『토지^{土地}』는 관찰자 서술시점으로 마을의 풍경을 객관적으로 묘사하므로 독자와 서술의 거리가 상당히 멀다. 이때 독자는 이야기를 객관화시켜서 읽기 때문에 자기의 주관을 유지하면서 관념적으로 작품을 대한다. 이처럼 주체인 독자와 대상인 작품 사이에는 일정한 거리가 있다. 예술에서 거리^{distance}는 독자/관객 그리고 예술작품 사이에 놓인 심리적 거리^{Psychological}

distance이며 미적 거리^{Aesthetic distance}다. 따라서 미적 거리는 주체인 인간이 대상인 작품을 보고 순수한 미적 감상과 경험을 할 수 있으면서 미적 쾌감과 가치를 느낄 수 있는 최적의 거리다.

주체인 인간과 대상인 작품의 거리가 가까우면 의식이 주관화되어서 자기를 잃어버리고 작품 속으로 몰입해 버린다. 반면 그 거리가 멀면 의식이 객관화되어서 작품을 음미하지 못하고 관념적으로 대하게 된다. 그래서 미적 거리에 대한 문제가 제기되었고, 1912년 블로우^{Edward Bullough}는 미적 거리가 잘 조절된 관조적인 상태에서 미적 쾌감을 느낄 수 있다고 주장했다. 블로우는 정신적 거리^{Psychical distance}라는 용어를 썼는데 그것은 '미적 관조와 미적 전망이 일반적으로 객관적이어야 한다'[1]는 의미다. 객관적이라는 것은 주체가 대상으로부터 분리^{detachment}되어야만 독자/관객이 종교, 도덕, 정치, 사상 등 외적 영향을 받지 않은 상태에서 예술의 가치와 의미를 느낄 수 있다는 뜻이다. 따라서 작품에 몰입하지도 않고 작품에서 벗어나지도 않은 상태에서 최적의 미적 거리가 결정된다. 이것이 고요한 마음으로 작품을 보고 아름다움을 음미하는 관조觀照의 미학이다.

주관을 가진 인간이 작품을 객관적으로 대한다는 것은 일종의 아이러니다. 왜냐하면, 인간은 주관적인 감정을 가진 존재인데 객관화시켜서 관조해야 하기 때문이다. 한편 주체와 작품 사이의 미적 거리가 너무 가깝거나^{under distance} 너무 멀면^{over distance} 미적 거리 조정에 실패한 것이다. 미적 거리 조정에 실패하거나 미적 거리가 저당하지 않으면 현실에 머무르기 때문에 아름다움을 음미하지 못하거나 현실을 망각하고 허구에 몰입하는 상황에 이른다. 그러므로 최적의 미적 거리란 독자/관객은 예술작품이 허구와 상상의 산물이라는 것을 알고 감상하는 동시에 자기의 주관성을 잃지 않는 적합한 거리를 말한다. 이를 위해

---

1   Edward Bullough, "'Psychical Distance' as a Factor in Art and as an Aesthetic Principle", *British Journal of Psychology* Vol.5, 1912, p.88.

It is, for this very reason, also an aesthetic principle. The aesthetic contemplation and the aesthetic outlook have often been described as 'objective.'

서 작가/예술가는 여러 가지 예술적 장치와 기법을 사용하여 미적 거리를 조절한다. 특히 작가/예술가는 현실의 의식적 사실conscious reality과 예술의 허구적 사실fictional reality에 놓인 미적 거리를 최적화하기 위해서 여러 가지 노력을 했다.

칸트는 『판단력비판』에서 자율성이 유지되는 무목적의 목적 즉 목적 없음purposelessness과 무관련성disinterestedness이 중요하다고 강조했다. 순수한 판단이 가능한 거리에서 미적 쾌감이 최적화된다는 것이다. 그래서 칸트는 무목적성과 무관련성이 가능한 거리가 바로 미적 거리라고 보았다. 적당한 미적 거리일 때 순수한 미감을 느낄 수 있다는 것이다. 한편 러시아 형식주의에서는 낯설게하기Defamiliarization로 미적 쾌감을 느낄 수 있다고 보았고, 슈클로프스키V. Shklovsky의 이 이론을 받아들인 브레히트B. Brecht는 관객이 작품에 몰입하지 않도록 소외시켜야만 미적 쾌감이 증진되고 미적 균형Aesthetic balance이 유지된다고 보았다. 그래서 브레히트는 관객이 허구적인 연극에 너무 몰입하지 않도록 제4의 벽을 허물어 미적 거리를 유지하는 한편 관객이 현실 속에서 자기주관을 가져야 한다고 말했다.

참고문헌 Edward Bullough, "'Psychical Distance' as a Factor in Art and as an Aesthetic Principle", *British Journal of Psychology Vol.5*, 1912, p.88.

참조 낯설게하기, 러시아 형식주의, 무목적의 목적, 문학, 미/아름다움, 미학·예술철학, 보여주기와 말하기, 시점, 예술, 제4의 벽, 판단력비판—미(美)란 무엇인가?, 픽션·논픽션, 허구, 화자/서술자

수용미학

Reception Esthetics | 接受美学

'아우야, 저 별들은 마치 소가 끄는 쟁기 같지 않니?' 그러자 동생은 '형, 저 별들은 쟁기가 아니고 엄마가 쓰는 국자 같은데?'라고 말했다. 밤하늘에 수놓은 총총한 별을 바라보면서 형과 동생의 이야기가 오고 갔다. 하늘의 별자리 북두칠성을 서로 다르게 인식하는 이 현상은 왜 생기는 것일까? 인간은 무엇을 인식하고 해석하는 능력이 있다. 그런데 인식에는 이미 축적된 지식이나 경험과 같은 역사적 영향이 작용한다. 따라서 어떤 대상을 보고, 느끼고, 이해하고, 분석하고, 해석하고, 평가하는 주체의 관점에서 대상이 이해되어야 한다. 이것을 수용이론Reception theory, 受容理論이라고 한다. 수용이론은 수용자의 관점에서 수용하는 방법과 과정을 중시하는 상호소통의 이론이다. 상호소통의 수용이론을 문학예술에 적용한 미학적 관점이 콘스탄츠학파의 수용미학受容美學이다. 수용미학은 예술작품을 대하는 수용자가 이해하고 해석하는 것을 통하여 작품의 가치가 평가된다는 미학 이론이다.

1966년, 독일 콘스탄츠에 새로 설립된 내학에 교수로 부임한 볼프강 이저, 한스 야우스 등은 문학예술에 대한 새로운 이론을 정립했다. 그들의 주장은 기존의 문학이론은 작가와 작품에 치중하고 독자를 소홀히 했다는 비판에 근거하여 독자의 관점에서 문학과 문학사를 새롭게 바라보아야 한다는 것이었다. 특히 형식주의와 구조주의는 텍스트를 정태적情態的이고 절대적인 것으로 간주하는 오류를 범했으며, 마르크스주의는 반영이론에 근거하여 목적지향적 오류를 범했다. 이처럼 기존의 문학이론은 작가와 작품을 절대화하기 때문에 독자의 역할은 작가가 작품에 매복한 암호를 해독하고 수동적으로 받아들이는 것뿐이나. 그런데 바르트R. Barthes에 의하면 텍스트는 의미생성의 장소이고 텍스트를 완성하는 진정한 창조자는 (작품을 창의적이고 주체적으로 해석하는) 녹자나.

수용미학에서는 작가가 상상력을 발휘하여 허구의 작품을 창작하는 것을 예술적artistic 생산이라고 말하고, 독자가 능동적이고 적극적으로 작품을 읽고 그 의미를 완성해 나가는 것을 미적esthetic 창조라고 한다. 그러니까 작가는 생산자이기는 하지만 생산된 결과인 작품을 창조적으로 완성하는 것은 작가가 아닌 독자다. 야우스H.R. Jauß, 1921~1997는 수용자가 가진 경험과 지식을 기대지평이라고 명명했다. 기대지평을 가지고 있는 수용자는 기존의 규범과 가치를 일탈한 낯선 작품을 만났을 때 당황과 함께 미적 거리Esthetic distance를 느낀다. 그때 독자/수용자는 작품을 새롭게 해석하게 되는데 그것은 작품에 다양한 의미가 잠재되어 있기 때문이다. 수용미학은 작품을 읽고 이해하는 수용자의 미적 감수성을 중시하는 미학이기 때문에 독자의 심적, 정신적 반응을 주관적으로 해석하는 독자반응이론Reader response theory과 약간 다르다.

수용미학 창시자 중의 한 사람인 볼프강 이저W. Iser, 1926~2007는 서사적 차이Narrative gap에 주목했다. 서사적 차이는 텍스트에 나타난 것과 나타나지 않은 것의 차이를 말한다. 텍스트의 표면에 나타나지 않은 것이 있으므로 독자는 텍스트의 심층을 읽고 텍스트를 창조적으로 완성해야 한다. 하지만 이저는 텍스트를 마음대로 해석하는 것이 아니라 텍스트가 허용하는 범위 안에서 창조적인 해석이 가능하다고 말한다. 이 독서 과정이 텍스트와 수용자의 대화와 소통Communication이다. 그러니까 작품은 객관적으로 존재하는 것도 아니고 자율적인 것도 아니다. 그래서 이저는 불확정성Indeterminacy으로 텍스트에 내재한 틈gap을 메워서 완성하는 수용자의 적극적인 독서행위에 주목했다. 능동적인 수용자는 끊임없이 텍스트와 대화하고 소통하면서 작품의 의미를 찾아내고, 창의적으로 완성하며, 주관적으로 해석한다.

수용미학은 인식의 주체를 강조하고 인식의 상대성에 의미를 둔 해석학에 근거한다. 독일관념론의 해석학은 언어를 포함한 작품의 내면에 표현되지 못했거나 달리 표현된 것을 심층적으로 분석, 이해, 독해하면서 본질과 진리를 찾아야 한다는 방법론이다. 슐라이어마허와 하이데거의 해석학을 가다머^{Hans-Georg Gadamer}가 해석학적 미학으로 발전시켰고, 해석학과 의식 지향성의 현상학적 방법을 문예학에 적용한 것이 바로 수용미학이론이다. 이들은 예술성을 영향과 소통의 관점에서 바라보면서 예술 감상과 평가를 상호대화의 과정으로 규정한다. 또한, 예술작품은 결정된 결과가 아니라 수많은 요소가 매복된 암호의 다의적 텍스트이므로, 이 암호를 창의적으로 해독하여 작품을 완성할 수 있다고 주장한다. 하지만 수용미학이론은 작가와 작품의 자율성과 객관성을 깎아내렸다는 비판을 받는다.

참고문헌 Wolfgang Iser, *The Act of Reading : A Theory of Aesthetic Response*, Baltimore : Johns Hopkins University Press, 1978.

참조 관념론, 기대지평, 낯설게하기, 뉴크리티시즘/신비평, 독자반응이론, 미적 거리, 인식론, 열린 텍스트, 저자의 죽음, 존재론적 해석학, 텍스트, 해석학적 미학, 현존재 다자인, 형식주의

전형적 인물과 전형적 상황
Typical Character and Typical Circumstance | 典型人物与典型环境

문학교사 K가 '주인공 돌쇠는 충청도의 전형적 인물이다'라고 말했다. 그러자 총명한 학생 Q는 '선생님, 돌쇠는 전형적 인물이라기보다 충청도적인 인물이 아닐까요'라고 물었다. 그러자 문학교사 K는 그렇게 생각할 수 있다고 말한 다음, '전형이란 전형적 상황에 놓인 전형적 인물을 말하는 것'이라고 설명했다. 다시 Q는 전형적 인물과 유형적 인물의 차이가 무엇인지 알고 싶다고 질문한 다음 영어로는 둘 다 'typical character'가 아니냐고 반문했다. 선생은 먼저 유형을 의미하는 type을 전형으로 번역하여 이 용어가 정착되었다는 것을 알려주었다. 이것은 유형적 인물, 유형적 상황으로 번역되었을 수도 있다는 뜻이다. 그리고 전형典型은 사회주의 역사발전을 반영하는 예술 개념이면서 어떤 계급 또는 계층을 대표하는 구체적인 인물이고, 유형類型은 사회주의와 상관없이 어떤 계급 또는 계층의 평균적인 인물이라고 설명했다.

엥겔스는 헤겔의 역사철학과 마르크스 이론에 근거하여 예술작품이 사회발전을 반영한다는 반영이론을 제시한 바 있다. 전형을 처음 정초한 엥겔스F. Engels는 1887년 소설가 하크네스Margaret Harkness에게 보낸 편지에서 그녀의 소설 「도시 소녀A City Girl」가 사실적이지 못하다고 비판했다. 이어서 '리얼리즘이란 세밀한 세부묘사와 함께 전형적 상황에 놓인 전형적 인물을 정확하게 표현하는 것'[1]이라고 정의했다. 특히 「도시 소녀」는 노동자계급의 역사적 사명과 사회주의 발전 가능성을 묘사하지 못했기 때문에 전형성typicality을 확보하지 못했다고 비판했다. 따라서 작가는 자기주장을 내세우지 않으면서 시대 상황을 잘 이해하고 노동자계급의 혁명적 능동성을 묘사해야만 한다. 그것이 진정한 리얼리즘이고 리얼리즘의 위대한 승리는 사실 그 자체의 힘과 예술가의 관찰능력 및 진지함으로 달성될 수 있다.[1]

헤겔의 변증법적 역사철학을 계급 간의 갈등으로 해석한 마르크스와 엥겔스는 자본주의 사회에서 사회주의 사회로 이행하는 역사발전을 예술이 반영反映하고 선도해야 한다고 주장했다. 따라서 예술가는 공산주의적 세계관과 리얼리즘의 창작방법론에 따라 인물과 사건 그리고 배경을 묘사해야 한다. 그리고 사회주의 건설에 대한 희망과 낙관을 예술작품으로 담아내야 한다. 그러므로 예술가는 자연주의 작가 에밀 졸라E. Zola와 같이 사실 그 자체를 묘사하여 상상력을 차단해서는 안 되고, 사회주의 건설을 향한 힘찬 발걸음과 프롤레타리아 계급의 투쟁을 묘사하면서 사회주의 승리와 낙관적 미래를 그려야 한다. 그런 점에서 엥겔스는 졸라보다 사회발전을 포착한 발자크Balzac가 낫다고 평가한 다음 전형적 인물은 어떤 계급/계층의 대표적 인물이면서 개인과 사회의 관계를 반영한 인물이라고 설명했다.

엥겔스의 전형론을 발전시킨 사람은 헝가리의 철학자 루카치G. Lukács, 1885~1971다. 그는 인간과 사회의 예술적 통합artistic synthetic이 필요하다고 전제한 다음, 전형은 구체적인 인물의 특별한 행위와 열정에서 생기는 것the particular actions and passions of the specific individuals이라고 보았다. 하지만 예술가는 개인적 한계를 넘어서 사회의 전형을 포착하고 묘사해야 한다. 따라서 전형적 상황에서 사회주의적 전망을 실천하는 전형적 인물을 창조해야만 '사실의 진정한 반영authentic reflection of reality'[2]이 가능하다. 이처럼 루카치는 '외부세계는 인간 의식의 반영'이라는 레닌

---

1   Marx and Engels, Marx−Engels Correspondence 1888, "Engels to Margaret Harkness In London"(April, 1888), Moscow : 1953, p.165; https://www.marxists.org/archive/marx/works/1888/letters/88_04_15. htm; Realism, to my mind, implies, besides truth of detail, the truthful reproduction of typical characters under typical circumstances.

2   George Lukács, *The Historical Novel*, London : Merlin, 1962, p.64.

의 인식론을 그의 반영론反映論과 창작방법론에 접목했다. 이렇게 볼 때 진정한 사회주의 예술은 자연주의Naturalism처럼 사실을 있는 그대로 묘사하는 것이 아니고 사실 내면의 역사적 발전과정을 묘사하는 것이며, 공산주의 사회건설을 지향하는 전형적 상황에서 전형적 인물을 창조하는 사회주의 리얼리즘이다.

전형적 인물은 구체적이고 전형적인 상황에서 사회의 본질을 포착하고 역사발전의 법칙성을 실천해 나가는 개성적 인물이고 전형적 상황은 역사발전의 법칙성이 드러나는 특별한 국면이다. 그런데 개성적 인물의 형상화는 시대와 상황을 반영하면서 어떤 계급을 대표하는 인물을 그리는 것이다. 또한, 전형적 인물은 원형原型이라고 할 수 있는 실제 인물을 바탕으로 시대적 의미와 특질을 보편적으로 전형화typification, 典型化한 주인공이다. 또한, 전형적 인물은 개성이 살아 있으면서 노동자 계급투쟁과 같은 구체적인 역사발전을 이끌어가는 인물이다. 한편 사회주의 건설의 합법칙성을 잘 구현한 인물을 긍정적 전형 인물이라고 하는 것과 달리, 사회발전을 가로막는 구시대적 인물을 부정적 전형 인물이라고 한다. 전형적 인물과 전형적 상황은 현실을 정확하게 반영하면서 개인과 사회의 동질성homology을 담아내는 사회주의 리얼리즘 창작방법론의 핵심이다.

참고문헌 Marx and Engels, *Marx-Engels Correspondence 1888*, "Engels to Margaret Harkness In London"(April, 1888), Moscow, 1953, p.165; George Lukács, *The Historical Novel*, London : Merlin, 1962, p.64.

참조 계급의식, 계급투쟁, 레닌, 리얼리즘[예술], 마르크스, 묘사, 반영론, 배경, 변증법, 사회주의 리얼리즘, 서사, 소설, 역사적 유물론/유물사관/사적 유물론, 유물론, 캐릭터·인물, 플롯, 혁명적 낭만주의

상호텍스트

Intertext | 互文

이타카의 왕 오디세우스는 트로이전쟁에서 혁혁한 공을 세웠지만, 고향으로 돌아갈 수 없었다. 이런저런 일들도 있었고 귀향의 여정도 쉽지 않았기 때문이다. 그 사이에 왕비 페넬로페에게 구혼하는 자들이 궁전에 몰려들어 재산을 탕진하며 방자하게 군다. 10년에 걸친 고난의 항해 끝에 오디세우스는 고향으로 귀환하여 동정을 살핀다. 마침내 용기와 지혜로 방탕한 자들을 쫓아낸다. 이것은 호메로스의 『오디세이아*Odysseia*』에 나오는 이야기다. 그로부터 약 2,600년 후 아일랜드의 소설가 제임스 조이스는 『율리시즈*Ulysses*』1922에서 이 작품을 변형하여 창작했다. 전체적인 구성은 『오디세이아』를 바탕으로 하였고, 중요 등장인물인 유대인 광고사원 레오폴드 블룸, 블룸의 아내 마리온, 학생 스티븐 디달러스도 각각 『오디세이아』의 오디세우스, 페넬로페, 텔레마코스를 바탕으로 재창조했다. 이처럼 『오디세이아』와 『율리시즈』는 시간을 넘어 텍스트와 텍스트가 대화하고 있다.

후기구조주의자 크리스테바*Julia Kristeva*는 텍스트들의 상호관계를 상호텍스트라는 개념으로 설명했다. 크리스테바에 의하면 기호가 결합한 의미구조인 텍스트는 독자적이고 독립적인 것이 아니다. 그래서 모든 텍스트는 다른 텍스트와 소통하는 상호텍스트의 관계를 형성한다. 상호텍스트의 관계는 이전 텍스트에 대한 지식과 이해, 동위소*isotopie*의 존재 여부, 구조적 동질성, 작품의 내면화 등으로 연결된다. 따라서 작가가 독창적으로 무엇을 창조하는 것이 아니라 작가는 편집자*scriptor, 編輯者*나 매개자*mediator*일 뿐이며 단지 선행 텍스트들을 재현하고 결합하면서 새로운 텍스트를 생산할 뿐이다. 그러므로 텍스트의 세계는 바다와 같이 넓고 은하와 같이 크다. 이것을 크리스테바는 모자이크mosaic와 같이 다양하게 구성된 텍스트라고 말하고 텍스트의 소통 관계를 상호텍스트라고 설명하는 한편 그 텍스트 관계의 특징을 상호텍스트성intertextuality이라고 명명했다.

상호텍스트는 두 가지 이상의 텍스트가 서로 관계를 맺고 있는 현상이다. 협의의 상호텍스트는 직접인용, 언급, 표절, 번역처럼 직접 관계하는 것이고 광의의 상호텍스트는 사상, 감정, 구조, 세계관 등을 간접 관계하는 것이다. 그 외에 상호텍스트는 패스티시pastiche, 패러디, 어귀 차용, 세계관 모방 등 직간접적인 관계를 망라한다. 크리스테바는 이것을 구체적으로 드러나는 현상텍스트와 언표의 구성에 적합한 생성텍스트로 나누었다. 한편 크리스테바는 '상호텍스트는 상호주관성intersubjectivity을 바탕으로 한다'라고 보았다. 가령 제임스 조이스의 『율리시즈』를 읽는 독자는 『오디세이아』를 이은 서사시의 전통 속에서 텍스트를 공유하는 상호주관성이 작동한다. 독자에게는 상호주관성이 성립하기 때문에 선행 텍스트가 후행 텍스트에 연결되면서 텍스트의 은하 속에서 자유롭게 유영한다. 이처럼 예술작품은 이미 존재하는 실로 교직하는 것과 같다.

상호텍스트는 바흐친M. Bakhtin이 말한 대화주의Dialogism를 발전시킨 것이다. 바흐친에 의하면 텍스트는 서로 다른 이종어heteroglossia가 대화하면서 다양한 목소리를 내는 다성성polyphony을 가지고 있다. 그러므로 텍스트는 무에서 새롭게 창조된 것이 아니다. 텍스트는 이미 있는 것을 다른 것으로 변형시킨 것이다. 그러니까 작가/예술가는 선행 텍스트를 차용하거나 변형하여 작품을 생산하는 것이고 독자/수용자는 다른 텍스트를 참조하면서 작품을 완성하는 것이다. 한편 롤랑 바르트R. Barthes는 '작가의 죽음과 독자의 탄생'을 말하면서 텍스트를 독자의 창조적 재생산으로 보았다. 그러므로 독자/수용자는 은하와 같은 텍스트를 서로 연결하고 의미를 부여하는 능동적 존재이다. 따라서 독자/수용자가 텍스트를 완성하는 과정에서 상호텍스트성이 발휘된다. 그런데 텍스트의 상호영향 및 교환은 새로운 의미를 생산하기 때문에 표절이나 인용과 다르다.

상호텍스트 이론은 작가를 아버지로 설정하고, 독자를 수동적으로 받아들이는 존재로 설정했던 전통적인 이론을 해체했다. 텍스트가 상호 교직하는 방법은 대체로 두 가지다. 그것은 첫째, 같은 장르나 영역 안에서 상호텍스트를 형성하는 수평적 상호텍스트horizontal intertext와 둘째, 장르와 영역을 넘어서는 수직적 상호텍스트vertical intertext이다. 이것을 제라르 주네트G. Genette는 초텍스트transtext 또는 텍스트를 건넌다는 의미의 하이퍼텍스트hypertext로 명명했다. 그중의 하나가 세계인터넷망WWW인 하이퍼텍스트다. 한편 이합 하쎈Ihab Hassan은 '글쓰기는 표절이고 말하기는 인용이다Writing becomes plagiarism; speaking becomes quoting'[1]라고 하면서 상호텍스트의 불가피성을 강조했다. 이렇게 볼 때 포스트모더니즘의 핵심개념 중의 하나인 상호텍스트성은 저자가 완성한 자율적 테스트기 아니라 독자가 완성하는 새로운 텍스트라는 것을 전제로, 텍스트가 그물처럼 얽혀 상호 소통한다는 것을 설명하는 개념이다.

참고문헌 Julia Kristeva, *Desire in Language : A Semiotic Approach to Literature and Art*(1969), Oxford : Blackwell, 1980; Ihab Hassan, *The Right Promethean Fire : Imagination, Science, and Cultural Change*, University of Illinois Press, 1980, p.56.

참조 기대지평, 기표·기의, 독자반응이론, 문학, 수용미학, 스토리·이야기, 열린 텍스트, 예술, 작가·독자, 장르, 저자의 죽음 주체·주체성, 콘텍스트/맥락, 텍스트, 포스트모더니즘, 후기구조주의

---

1   Ihab Hassan, *The Right Promethean Fire : Imagination, Science, and Cultural Change*, University of Illinois Press, 1980, p.56.

신화 · 전설

Myth and Legend | 话和传说

'우주는 원래 달걀 같은 것에 쌓여 있는 혼돈이었다. 그로부터 18,000년이 지나 반고盤古가 잠에서 깨어 달걀 껍데기를 깨고 나왔다. 그러자 우주가 굉음을 내면서 크게 진동하여 밝은 부분은 하늘이 되고 어두운 부분은 땅이 되었다. 반고의 키가 커지면서 그가 바치고 있던 하늘과 땅의 거리가 멀어졌다. 그리고 반고의 눈물은 강이 되고 숨결은 바람이 되었다. 목소리는 천둥이 되었고 눈빛은 번개가 되었다. 반고가 기쁠 때는 하늘이 맑았고 슬플 때는 흐렸다. 반고의 눈은 해와 달이 되었고 그의 털은 풀과 나무로 변했다. 그가 눈을 뜨고 있으면 낮이었고 눈을 감으면 밤이었다. 입을 열면 봄과 여름이 되었고 입을 다물면 가을과 겨울이 되었다.' 이것은 중국의 천지창조 신화인 반고신화다. 반고신화에서는 천지가 생겨난 근원과 자연이 운행되는 이유를 설명하는데 이런 이야기를 신화라고 한다.

신화는 어떤 것을 초자연적이고 신비하게 설명하는 허구적 이야기다. 신화는 신성하다고 여겨지는 비밀스러운 이야기이기 때문에 사실이 아니라도 가치를 인정받는다. 한자어 신화神話가 '신적인 것에 관한 이야기'인 것에서 보듯이 신화는 초자연적인 세계다. 그런데 초자연적인 시간과 공간 속에서 신적인 이야기를 만든 것은 인간이다. 사람들은 지식으로 설명되지 않는 현상을 어떻게 하든 설명하고 싶어 했는데 그것을 설명하는 과정에서 초자연적인 내용과 신성성神聖性을 부여하여 신화를 만들었다. 민족, 지역, 시대에 따라서 다르기는 하지만 대체로 신화는 천지창조, 천지개벽, 건국建國 등을 주요 내용으로 하는 각종 신비하고 성스러운 사건에 관한 이야기다. 반면 그리스신화처럼 천지창조 이후에 벌어진 신들이나 신과 관계하는 인간의 이야기처럼 신화와 이야기 형태가 결합한 것도 있다.

신화는 그리스어 플롯을 갖춘 이야기인 뮈토스^{Mytos}에서 유래했다. 뮈토스가 신적인 이야기라는 의미의 신화^{Myth}가 된 것에서 보듯이 신화는 허구적 이야기에 초점이 놓여 있다. 뮈토스는 논리와 지식을 말하는 로고스^{Logos}, 감정적 충동을 의미하는 파토스^{Pathos}와 대비된다. 파토스와 달리 신화^{뮈토스}는 창작된 이후 이야기가 더해져서 완성되며 처음에는 구전^{口傳}되다가 완성된 이후 기록된다. 그 과정에서 신화의 신성성은 해당 문화의 가치와 상징이 되므로 일상생활을 규제하고 인간의 언행을 규율한다. 또한, 신화는 공동체 의식을 강화하고 문화, 사상, 가치로 작동되면서 종교적으로 변화했다. 신화는 그 내용을 인정해야만 그 가치와 규범이 작동되는 조건적인 이야기다. 한편 사실이 아닌 신화가 신성한 권위를 가지는 것에 반하여 전설은 일정한 사실에 근거하지만, 권위를 가지지는 못한다.

전설^{legend, 傳說}은 실제 인물, 사건, 장소, 동식물 등에 특별한 의미를 부여하고 기이한 내용을 첨가한 과장된 이야기다. 가령 영국의 전설 의적^{義賊} 로빈 후드^{Robin Hood}는 실제 존재했던 인물의 이야기를 더 극적으로 각색하여 전설이 완성되었다. 경이로운 이야기와 초현실적인 기적이 곁들여지는 예도 있다. 또한, 「토끼와 거북이 이야기」처럼 사건의 사실성은 약하지만, 공간에 의미를 부여하는 전설도 있다. 전설은 신화와 마찬가지로 전승되면서 변화하기도 한다. 그러나 신화와 달리 권위를 인정받지 못한다. 전설은 주로 사실을 바탕으로 하지만 유사한 이야기가 여러 민족과 지역에서 공통으로 나타나기도 한다. 전설은 신화와 마찬가지로 이야기 형태의 서사^{narrative}로 표현되는 것이 보통이며 이솝 우화처럼 사실을 넘어서는 우화^{fable}, 민간의 이야기인 민담^{folk tale}, 순진한 동심을 표현한 동화^{fairy tale}보다 사실적인 이야기다.

이것을 통틀어서 전해오는 이야기라는 뜻의 설화tale, 說話라고 한다. 그중에서 신화와 전설은 이야기라는 공통성을 가지고 있는 설화의 하위양식이다. 설화의 이야기적인 요소는 신화/전설−서사시−로망스−근대소설로 이어지거나 신화/전설−(그리스) 비극−현대연극으로 이어지는 서사적 전통을 형성한다. 그것은 신화와 전설이 사실이 아니거나 약간의 사실을 바탕으로 꾸며낸 허구적 요소가 강하기 때문이다. 신화와 전설은 허구이기 때문에 끊임없이 생산된다. 가령 20세기에도 『반지의 제왕Lord of the Rings』이나 『해리포터Harry Potter』와 같이 새로운 신화나 전설이 만들어지고 있다. 또한, 도시를 공간으로 하여 도시의 전설Urban legend이 만들어지고 있다. 그 이유는 이야기의 상호텍스트성과 호기심을 이야기로 만드는 인간의 능력 때문이다. 신화와 전설은 종교와 결합하여 절대적 권위를 가지기도 하고 지배계급의 도구로 이용되기도 한다.

참고문헌 Aristoteles, *Peotica*.

참조 내러티브, 도시의 전설, 동화·페어리 테일, 로망스, 사실, 산문, 상호텍스트, 서사, 서사시, 소설, 스토리·이야기, 장르, 텍스트, 캐릭터·인물, 플롯, 허구, 화자/서술자

아이러니 · 반어

Irony | 反讽

한국의 시인 김소월의 「진달래꽃」 중 '나 보기가 역겨워 가실 때에는 / 죽어도 아니 눈물 흘리오리다'라는 표현이 있다. 시적 화자는 사랑하는 님이 떠나서 눈물을 흘려야 하지만 눈물을 흘리지 않겠다고 말한다. 그런데 독자들은 그렇게 읽지 않는다. 독자들은 너무나 슬퍼서 눈물조차 흘릴 수 없다고 읽으면서 시인의 의도를 정확하게 해석한다. 시인은 반어적 표현을 통하여 자신이 목표한 의도를 달성하고 있다. 만약 시인이 '내가 싫어서 그대가 떠나신다면 / 많은 눈물을 흘릴 것입니다'라고 했다면 미적 긴장도 없고 감동도 적을 것이다. 아이러니는 의도적으로 반대로 표현하는 것으로 논리학, 수사학, 문학의 표현기법 중 하나다. 구조적으로 아이러니는 표면의 A와 심층의 B가 일치하지 않는 것이다. 또한, 아이러니는 실제로는 이것을 의미하는데, 이것은 반대로 표현하면서 실제를 강조하는 의도적인 수사법이다.

아이러니는 고대 그리스 연극에 등장하는 인물에서 유래했다. 주로 고대 그리스 희극에는 무지한 것으로 가상하는^{one who feigns ignorance} 에이론^{eírôn}이 등장한다. 영리한 에이론은 허풍쟁이 알라존^{alazon}을 골탕 먹이고 끝내 이긴다. 에이론이 이길 수 있는 것은 겉으로는 약한 것 같지만 실제로는 강하고 무지한 것 같지만 실제로는 지혜롭기 때문이다. 따라서 에이론은 풍자와 비판을 하는 인물형이다. 그리고 에이론의 언행은 ① 알라존과 ② 관객을 향해 있는 이중구조로 짜여 있다. 한편 고대 그리스의 아이러니는 가면을 벗고 본래의 얼굴을 드러내는 고전적 아이러니라고 한다. 아리스토텔레스는 『니코마쿠스 윤리학』에서 에

이론을 과소평가understatement 되었거나 자기비하self-deprecation로 표현된 인물로 보았다. 그리스어 에이론이 라틴어 īrōnīa가 되었다가 아이러니로 변한 것이다.

아이러니는 정교하게 설계된 불일치incongruity이며 의도적으로 반대로 표현하는 반어법反語法이다. 그러니까 작가가 목표하는 것을 성공적으로 달성하기 위하여 반대로 표현하는 언어, 행동, 상황을 의미한다. 그런데 표면과 심층의 불일치 중, 실제로 의미하는 것은 A인데 B로 은유한 것을 알레고리allegory라고 하고, 실제인 A와 표현된 B가 모순이지만 둘 다 근거가 있는 것을 역설paradox이라고 하며, 심층인 A와 표면인 B가 불일치하면서 냉소적인 것을 풍자sarcasm라고 한다. 이런 개념들과 유사한 아이러니는 '실제인 심층 A와 표현된 표면 B가 불일치하지만, 모순은 아니면서 반대'인 어법을 강조하는 것이다. 따라서 아이러니는 우연히 다르게 표현하는 것이 아니라 의도적으로 반어적 수사법을 써서 다르게 표현하는 것이다. 이 경우 독자/관객은 아이러니한 표현을 이해한다는 것을 전제한다. 아이러니는 몇 가지로 분류될 수 있다.

첫째, 언어적 아이러니verbal irony는 말로 표현된 아이러니인데 글로 표현된 것을 포함한다. 예를 들어, 절망적인 상황에서 '아주 잘 되었다!'는 표현이 언어적 아이러니다. 실제로는 절망적이지만 언어표현에서는 희망적이다. 표현하는 사람이나 듣는 사람 모두 표현과 심층이 반대라는 것을 알고 있다. 이처럼 언어적 아이러니는 작가/화자가 설정한 의도적 오류다. 둘째, 극적 아이러니dramatic irony는 극중인물은 모르는데 관객은 알고 있는 극 중 아이러니다. 예를 들어, 셰익스피어의 연극 〈로미오와 줄리엣〉을 보는 관객은 줄리엣이 잠든 것을 알지만 로미오는 줄리엣이 죽은 것으로 믿는 아이러니다. 이처럼 극적 아이러니는 극장의 상황에서 반전되는 아이러니를 의미한다. 극적이라는 점에서 연극, 영화, 오페라 등 공연예술에서 주로 쓰이지만, 문학작품이나 시각예술에서도 극적 아이러니가 있다.

셋째, 상황적 아이러니situational irony는 상황과 기대에 맞지 않는 것이다. 예를 들면 즐거워서 마신 술이 건강을 악화시켜 불행하게 되는 상황이다. 현실에서 가장 많이 일어나는 것이 상황적 아이러니다. 언어적 아이러니와 극적 아이러니가 의도적인 것에 반하여 상황적 아이러니는 의도적인 것이 아니다. 그 밖에 의도적으로 무지한 것으로 가장하지만 실제로는 지혜로운 것을 의미하는 소크라테스적 아이러니Socratic irony와 예술가가 느끼는 현실과 이상의 영원한 괴리를 의미하는 낭만적 아이러니Romantic irony가 있다. 대체로 아이러니는 표현과 심층이 반대라는 공통점이 있지만, 의도와 해석에서 독자들의 지혜를 필요로 한다. 한편 아이러니는 긴장과 당황을 유발하지만, 감동적인 경우가 많다. 이런 이유 때문에 문학예술의 아이러니는 중요한 미적 장치다. 철학에서 아이러니는 무지한 것처럼 보이면서 상대편의 무지無知를 드러나게 하는 대화의 방법이다.

참고문헌 Aristoteles, *Nicomachean Ethics*.

참조 논리·논리학, 문학, 비유, 상상, 상징, 수사, 알레고리, 역설, 예술, 예술가, 은유, 의도적 오류, 재현, 철학, 표현

바로크

Baroque | 巴洛克

소년 네로^{Nello}는 이렇게 말했다. '성당의 그 그림을 한 번만이라도 볼 수 있다면 죽어도 좋겠다.' 얼마 후 네로는 그토록 보고 싶어 했던 그림 앞에서 파트라슈라는 개와 함께 죽었다. 네로는 가난한 할아버지와 함께 살다가 할아버지가 죽은 후 마지막으로 성당에 가서 그 그림을 보고 죽은 것이다. 커서 화가가 되고자 했던 네로가 그토록 보고 싶어 했던 그림은 무엇이었을까? 그것은 벨기에의 안트베르펜^{Antwerpen} 성당에 있는 루벤스^{Peter Paul Rubens, 1577~1640}의 걸작 〈십자가에서 내려지는 그리스도^{The Descent from the Cross}〉1614다. 소설가 위다^{Maria Louise Ramé}는「플랜더스의 개^{A Dog of Flanders}」1872에서 화가 지망생인 소년少年 네로가 바로크 미술의 거장 루벤스의 그림을 보면서 죽는 장면을 애잔하게 묘사했다. 루벤스의 그림은 숭고하고 장엄하여 신에 대한 경배가 절로 일어나는 명작이다.

루벤스가 그린 십자가의 그리스도는 생동감 있게 묘사되었고, 강렬한 명암으로 표현되었으며, 특이한 색감으로 특별한 느낌을 준다. 이 작품은 바로크 미술을 대표하는 제단화祭壇畫이자 성화聖畫다. 루벤스가 그리스도를 주제로 제단화를 그린 것은 기독교의 역사 속에서 해석되어야 한다. 1517년 마르틴 루터^{Martin Luther}에 의해서 종교개혁이 시작되었다. 그러자 로마가톨릭은 1545년부터 1563년까지 트렌트공회^{Council of Trent}를 개최하여 시대에 맞도록 교리를 정리하는 한편 개혁적 방안을 제시했다. 이것이 반종교개혁^{Counter-Reformation}이다. 그리고 예술가들에게 대중들이 이해하기 쉬운 종교적 작품을 창작하도록 권장했다. 이런 반종교개혁의 영향으로 시작된 문예사조가 바로크다. 하지만 바로크 시대에는 교황권보다 왕권이 강했던 절대왕정의 시대였으며 계몽주의와 자유주의가 싹트고 있었다.

바로크는 대략 1600년부터 1750년에 걸쳐서 서구 유럽의 여러 나라에서 전개된 문예사조다. 처음 교황청이 있는 이탈리아 로마에서 시작되어 프랑스, 독일, 오스트리아, 스페인, 포르투갈, 영국, 폴란드, 러시아 등으로 퍼져나갔다. 바로크의 어원은, 스페인의 보석상들이 쓴 '가지런하지 못한 진주Barrueco'라는 어휘에서 보듯이 이상하다는 의미의 경멸적인 뜻이었다. 이상하다는 것은 묘사가 풍부하고 변화가 있는 새로운 경향이라는 뜻이다. 새롭다는 것은 인공적으로 답습한다는 매너리즘Mannerism에 비하여 창의적이라는 의미다. 그러니까 바로크는 르네상스의 전통을 계승하는 한편 반종교개혁의 기독교 사상을 반영하면서 매너리즘을 극복한 문예사조다. 바로크의 일반적인 특징은 장엄, 엄숙, 과장된 묘사, 권위적 표현, 영웅, 신성神聖, 극적인 순간 묘사, 종교의식, 생동감, 강렬한 인상 등이다.

바로크의 특징은 음악에서 잘 나타난다. 바흐Johanr, Sebastian Bach, 1685~1750, 헨델Georg Friedrich Händel, 1685~1759, 비발디Antonio Vivaldi, 1678~1741를 비롯한 바로크 음악의 거장들은 새로운 음조와 음색을 개발하여 바로크 음악이라는 독특한 사조를 형성했다. 특히 바로크 음악은 선율과 화성을 강조하는 조성법tonality, 르네상스 시대에 완성된 화성법harmony, 서로 다른 멜로디를 결합하여 음색의 다성성polyphony을 내는 대위법counterpoint을 위주로 했다. 또한, 다양한 악기가 중시되는 기악곡과 오페라의 출현, 다 악장으로 구성된 악곡, 베이스를 바탕으로 상성부와의 협주, 빛과 그림자로 비유되는 메이저Major와 마이너Minor의 이원 코드체계 등의 양상도 보인다. 한편 바로크건축은 웅장하면서 장엄하고 화려하면서도 섬세하다. 바로크건축은 파리의 베르사유궁전, 로마의 트레비Trevi 분수, 러시아 페테르부르크의 페터호프 궁전Peterhof Palace, 그리고 로마의 성베드로대성당이 대표적이다.

베드로 대성당 내부를 완성한 베르니니G.L. Bernini, 1598~1680는 회화와 조각에서 이탈리아 바로크 미술을 대표한다. 그리고 반다이크[A. Van Dyck, 1599~1641], 렘브란 트[Rembrandt, 1606~1669], 벨라스케스[D. Velazquez, 1599~1660]는 루벤스와 함께 바로크 회화를 대표한다. 이들의 작품은 강렬하게 대비되는 명암과 대각선 구도의 전범을 이루었다. 대표작은 루벤스[Peter Paul Rubens, 1577~1640]의 걸작 〈십자가에서 내려지는 그리스도[The Descent from the Cross]〉1614다. 바로크 문학은 음악이나 미술에서처럼 사조를 형성하지는 못했다. 극작가 코르네유[P. Corneille, 1606~1684]와 시인 밀턴[J. Milton, 1608~1674]을 바로크 문학으로 분류한다. 바로크는 1700년대 초중반에 우아하고 단아한 로코코[Rococo]로 계승되는데, 로코코는 바로크적 특징을 가지고 있다는 뜻에서 후기 바로크[Late Baroque]로 불리기도 한다. 바로크와 로코코는 1750년 이후 고전주의에 의해서 새로운 사조로 이행했다.

참고문헌 Arnold Hauser, *The Social History of Art* Volume 3 : Rococo, *Classicism and Romanticism*, London and New York : Alfred A. Knopf, 1959.

참조 계몽주의/계몽의 시대, 고전주의, 로코코, 르네상스, 리얼리즘[예술], 묘사, 문예사조, 숭고, 절대왕정·절대주의, 종교개혁, 휴머니즘/인문주의

이미지 · 이미지즘

Image Imagism | 图像 意象主义

'군중 속 얼굴들의 환영; 젖은 검은 가지의 꽃잎들The apparition of these faces in the crowd; Petals on a wet, black bough'1913 이 시에서 얼굴은 환영으로 묘사되었고, 검은 가지의 꽃잎에 비유되었다. '얼굴은 꽃잎'의 감각적인 표현으로 인하여 이미지가 두드러진다. 눈에 보일 것 같은 한 폭의 그림처럼 묘사한 것이다. 에즈라 파운드E. Pound, 1885~1972가 쓴 단 두 줄의 이 시는"In a Station of the Metro" 이미지와 이미지즘의 대표적인 작품이다. 그것은 이 시가 단순하고 명료한 시어를 사용하여 감각적인 이미지를 잘 표현했기 때문이다. 그리고 도시와 꽃을 선명하게 대비하여 그 효과를 극대화했다. 이 작품은 파운드가 파리의 지하철역에서 느낀 인상을 쓴 것인데 일본 하이쿠Haiku, 短歌의 영향을 받은 것으로 알려져 있다. 이미지즘은 문학, 특히 1914년부터 1930년에 걸친 영미시英美詩의 문예운동이면서 명징한 언어를 사용하여 깨끗하고 명료하게 표현한 시창작詩創作의 원리와 방법이다.

이미지는 어떤 형상이나 소리가 마음에 그려지는 것이다. 또한, 이미지는 보고, 듣고, 만지고, 냄새 맡고, 피부로 촉감을 느끼는 것이 마음에 재현된 그림mental picture이다. 그 마음의 그림은 감각으로 지각된 다음 마음에 잠재되어 있다가 재생되거나 재현된다. 하지만 그대로 재현되는 것이 아니라 그 대상이 가진 핵심적인 특징을 중심으로 재현된다. 이미지의 재현을 통해서 대상이 연결되는데 이것을 정서적 반응이라고 한다. 이미지가 재현되는 것은 인간이 대상을 주관적으로 인식하기 때문이다. 그런데 이미지는 문학의 시각적 형상이고, 표상representation은 철학적 형상이다. 가령 영롱한 종소리와 같은 청각적 이미지일

지라도 마음에서는 그림으로 재현되는 것과 같다. 대체로 이미지는 2차원의 평면형성이 많지만 3차원의 입체형상도 있다. 이미지가 만들어지는 방법은 각기 다르다. 인간은 눈과 마음으로, 카메라는 렌즈로, 거울은 유리 단면으로 이미지를 만들 수 있다.

이미지는 감각에 따라서 다섯 가지로 나누어진다. 눈에 보이는 것 같은 그림인 시각적visual 이미지, 귀로 듣는 것 같은 음악인 청각적auditory 이미지, 냄새를 맡는 것 같은 향기인 후각적olfactory 이미지, 맛보는 것 같은 미각적gustatory 이미지, 무엇을 만지는 것 같은 촉각적tactile 이미지가 있다. 그리고 정지된 이미지와 운동적kinesthetic 이미지가 있다. 한편 이미지는 인간이 주체적으로 기억한다는 점에서 인상印象과 다르다. 인상은 대상이 주체에게 각인시킨 기억인 데 반하여 이미지는 대상이 가지고 있는 객관적 특질을 주관적으로 기억한 것이다. 그래서 'A로부터 받은 인상'이라고 하고 'A가 가진 이미지'라고 한다. 인상impression은 마음을 눌러서press 각인print하는 것이고, 이미지는 유사한 것likeness을 마음에 복사copy하는 것이다. 이처럼 이미지는 마음의 그림을 그리는 것이기 때문에 대체로 서술적 표현descriptive expression으로 묘사된다.

이미지는 회화적인 개념이지만 그림의 형상인 화상畫像과는 다르고 마음에 반영된 것을 강조하는 영상映像과도 다르다. 왜냐하면, 이미지는 주관적 인식작용이기 때문이다. 또한, 이미지는 경험하지 않은 상상想像과 달리 구체적 대상에 관한 경험적 인식작용이다. 한편 이미지는 오랫동안 지속하는 정신적 이미지mental image, 스쳐 지나가는 일시적 이미지volatile image, 완전히 정지한 이미지still image 등으로 구분할 수도 있다. 한편 이미지가 언어를 포함한 여러 매체로 표현된 것을 이미저리imagery라고 한다. 가령 '젖은 검은 가지의 꽃잎들'이라는 시구를 읽고서 마음속에 언어적 이미지로 재현된 것이 이미저리다. 따라서 이미지는 심상心象, 도상圖像에 가깝고 이미저리는 의경意境, 의상意象에 가깝다. 이미지의 형상성을 중요하게 여기는 이미지스트Imagist들이 이미지즘imagism 예술운동을 펼쳤다. 특히 이미지를 강조하는 이미지즘 시인들이 아방가르드와 모더니즘을 선도했다.

이미지즘의 이론적 근거는 불연속적 세계관을 정초한 흄이다. 문학예술의 자율성과 예술의 지성적 측면을 강조한 흄^{T.E. Hulme}의 영향을 받은 에즈라 파운드는 미국과 영국을 오가면서 이미지즘운동을 전개했다. 그는 낭만주의적 표현을 절제하고 간결한 이미지와 명료한 언어로 이미지즘을 완성한 시인이다. 이미지스트들은 정확한 시어, 객관적인 응시, 구체적 사실, 명확한 표현, 자유로운 제재 선택, 대상에의 집중 등을 중시했다. 이미지즘은 정서적 교감을 객관화하기 위하여 객관적 상관물을 설정하고 감성, 감정, 의지를 통제하려는 주지주의主知主義의 경향을 보인다. 에즈라 파운드를 비롯하여 제임스 조이스^{J. Joyce}, 예이츠^{W.B. Yeats}, 엘리엇^{T.S. Eliot}, 로렌스^{D.H. Lowrence}, 힐다 두리틀^{H. Doolittle}, 에이미 로웰^{Amy Rowell} 등이 이미지즘의 대표적인 시인들이다.

참고문헌 Ezra Pound, *ABC of Reading*, New Directions Publishing Corporation, 1934.

참조 감각, 감성, 감정·정서, 객관적 상관물, 낭만주의, 마음, 모더니즘〔예술〕, 상징, 상징주의, 서정시, 시, 아방가르드, 은유, 의경, 의상, 인상주의·인상파, 재현, 주지주의, 지성·오성, 표현, 화자/서술자

표현주의

Expressionism | 表現主義

 '칸딘스키, 당신의 작품을 어떻게 이해하면 좋을까요?' 이렇게 묻는 기자에게 칸딘스키는 다음과 같은 답을 했다. '나는 사실을 재현하는 것에는 흥미가 없다. 예술, 특히 미술은 마음 깊은 곳에서 울려 나오는 영혼을 그리는 것이다. 그리고 그림은 시각적 인상만이 아니라 청각적 인상을 표현할 수 있으므로 미술과 음악이 만나는 양식이다.' 실제로 칸딘스키는 쇤베르크^Arnold Schönberg 의 음악을 듣고 감동하여 〈인상 III - 콘서트^Impression III - Concert〉1911를 그렸다. 이 그림에는 빨강, 노랑, 검정, 회색이 부조화하게 배치되어 있으며 소리를 상징으로 담아내고 있다. 표현주의의 대표자인 칸딘스키는 1911년 전위예술조직인 '청기사^Blue Rider'를 결성하는 한편 「예술의 정신적인 것에 대하여」를 썼다. 칸딘스키^Wassily Kandinsky, 1866~1944 보다 먼저 인간 내면의 소리를 그로테스크하게 담아낸 작가는 노르웨이의 뭉크^E. Munch 다.

 뭉크는 〈절규^The Scream〉1893를 비롯한 일련의 작업에서 인간의 고독과 불안을 특이한 기법으로 표현했다. 1903년 드레스덴에서 결성된 '다리^the Bridge'와 뮌헨에서 결성된 '청기사' 그룹은 뭉크의 영향을 받은 것으로 알려져 있다. 표현주의의 표현表現은 라틴어 expressiō에서 유래했는데 내면의 감정을 '바깥으로^ex' 드러내는 것이다. 본질적으로 예술은 감정의 표현이기 때문에 음악이나 연극을 포함한 모든 양식에서 공통적으로 표현을 중시한다. 하지만 문예사조에서 표현주의는 1905년 전후 독일에서 시작하여 1940년까지 서구 유럽을 풍미한 주관적 표현의 기법을 말한다. 이들은 특이한 구도와 공간, 대담한 색채, 과장되고 왜곡된 형상, 원시적 이미지, 기괴한 강렬성 등을 다양하게 표현했다. 이들의 미감은 일반적 아름다움 이외에 특이한 표현이거나 추醜함을 통하여 감정적 충격을 주는 것이었다.

표현주의는 1900년대 초에 등장했지만 1910년 체코의 예술사가인 마테젝A. Matejcek이 인상주의의 반대 개념으로 사용한 것에서 유래한다. 표현의 방법 그 자체가 핵심인 표현주의는 낭만주의를 계승했다. 낭만주의 시인 워즈워스W. Wordsworth는 시를 '감정의 자발적인 유로spontaneous overflow of emotion'라고 규정했는데 이것은 칸딘스키가 말한 내적 필연의 즉흥성Improvision과 유사한 개념이다. 표현에는 우연한 것으로 보이지만 내적 필연이 있다는 것이다. 특히 표현주의자는 특이한 구성Composition을 통하여 전통적인 구도나 색채에서 벗어나 내면의 자아를 표현하고자 노력했다. 하지만 표현주의자들은 시각적 인상을 강렬하게 그리던 인상주의Impressionism, 과학적 사실과 경험을 중시하는 실증주의Positivism, 실험의학을 접목한 자연주의Naturalism, 사실적인 묘사의 리얼리즘Realism에 대한 반동으로 형성된 사조다.

표현주의는 야수파Fauvism와 후기인상주의Post-impressionism의 기법을 수용했다. 철학적으로는『차라투스트라는 이렇게 말했다』를 비롯한 니체의 영향을 받았다. 아울러 표현주의는 아프리카 예술의 원시적 감각과 일본주의Japonism의 구도와 색감 그리고 목판화木版畵 기법을 접목했다. 특히 표현주의는 특이한 색채의 인상주의를 부정하고 내석 감정을 주관적으로 그리고자 했다. 그런데 클림트G. Klimt의 작품에서 보듯이 내면 정신을 주관적으로 그린다면 물리적 세계와 다를 수밖에 없다. 어떤 형상은 강조되거나 과장되고 어떤 형상은 축소되거나 왜곡된다. 그것은 감각적이고 감정적으로 반응하는 개인의 주관성 때문이다. 표현주의는 표현의 기법 그 자체를 중시한다는 점에서 유미주의의 속성이 있다. 또한, 표현주의는 전통을 거부한다는 점에서 아방가르드의 전위성이 있는 유파이며 근대사회를 반영한다는 점에서 모더니즘과 초현실주의와 맥락을 같이한다.

표현주의는 미술에서 시작되어 문학, 연극, 음악, 무용, 영화, 건축 등으로 퍼져나갔다. 작가 도스토예프스키, 앨런 포Edgar Allan Poe, 극작가 브레히트 등 많은 예술가가 표현주의적 작품을 창작했다. 특히 〈칼리가리 박사의 밀실The Cabinet of Dr. Caligari〉1920은 표현주의 영화의 대표작으로, 병든 세상과 부조리한 사회를 기괴하게 연출한 가작으로 꼽힌다. 이 작품은 특이한 장면과 환상적 색감으로 표현주의의 정수를 보여준 영화다. 독일 표현주의는 히틀러 치하에서 탄압당한 후 1940년을 전후하여 소멸되었다. 하지만 표현주의 작가들이 미국과 호주를 비롯한 여러 나라로 이주하면서 새로운 길을 열었다. 특히 미국의 뉴욕에서 1950년대에 일어난 추상표현주의Abstract Expressionism는 표현주의를 계승한 사조다. 잭슨 폴락J. Pollack은 인간의 정신 내면을 즉흥적이고 선禪적으로 표현하여 현대인의 내면을 담아냈다.

참고문헌 John Willett, *Expressionism*, McGraw-Hill, 1970.

참조 감각, 감정, 낭만주의, 리얼리즘(예술), 모더니즘(예술), 묘사, 문예사조, 실험의학 서설, 아방가르드, 유물론, 의식, 인상주의·인상파, 자연주의(예술), 재현, 정신, 초현실주의, 표현

미학 · 예술철학

Aesthetics · Art Philosophy | 美学 · 艺术哲学

소년 K는 어느 날 이름 모를 새가 지저귀는 소리를 들었다. 새소리는 그 어떤 악기 소리보다도 아름다웠다. 그날 밤 K는 이런 생각을 해 보았다. '새소리는 예술인가 예술이 아닌가?' 새소리는 아름답기는 하지만 예술은 아니다. 칸트I. Kant, 1724~1804는 새소리와 같은 것을 틀이 없는 자유유희free play라고 했다. 그러므로 새소리는 예술이 아니라 미적 자유유희다. K가 새의 자유유희를 아름답다고 판단한 것은 개인의 취향이다. 반면 낚시를 좋아하는 P는 새소리를 시끄럽다고 판단할 수 있다. K와 P의 취향이 다른 것처럼 아름다움은 주관적이면서 개인적이다. 물론 객관적이면서 보편적일 수도 있다. 그래서 칸트는 미/아름다움을 판단으로 본 것이다. 미적 판단의 기준은 진선미眞善美, 쾌pleasure, 만족contentment, 균형均衡, 합목적合目的, 동의agreement, 조화harmony, 효용效用, 귀중貴重 등이며 가능하면 도덕이나 윤리에 배치되지 않아야 한다.

미美의 어원은 감각과 지각을 의미하는 그리스어 aisthetikos이고 한자어에서는 '양羊이 크면大' 아름다운 것처럼 인간에게 좋은 것을 의미한다. 그런데 아름다운 것인 미beauty/美와 미에 대한 학문인 미학Aesthetics은 다르다. 미학은 자연현상, 예술작품, 문화 등에 담긴 아름다움에 관하여 그 미적 가치를 탐구하는 학문이다. 아울러 미학은 미적 진리의 체계와 그 미적 진리에 이르는 과정과 방법이다. 미와 미학을 연결하여 논의한 사람이 바움가르텐이다. 바움가르텐A.G. Baumgarten, 1714~1762은 『미학Aesthetica』1750에서 미의 핵심을 진선미眞善美 good, truth and beauty로 요약하고 미학의 학문적 체계를 수립했다. 또한, 바움가르텐은 미학을 감성적 인식의 학문으로 규정했다. 감성은 동양의 칠정인 희노애락애오욕^{喜怒哀樂愛惡慾}과 유사한 면이 있다. 그러므로 한자문화권 미학은 칠정^{七情}과 도학^{道學}을 기준으로 하는 경우가 많다.

바움가르텐의 미학 이론을 발전시킨 것은 칸트다. 칸트에 의하면 미^美가 상상과 오성의 조화와 질서에서 오는 자유유희^{自由遊戲}의 유한성이라면 숭고^{崇高}는 상상력과 이성의 결합이고 부조화와 무질서로부터 얻어지는 무한성이다. 그는 미의 본질을 첫째, 다른 무엇으로부터 간섭을 받지 않는 무관련성^{disinterestedness} 둘째, 지각이 보편적으로 작동하는 보편성^{university} 셋째, 공통감각^{common sense}에 근거한 필연성^{necessity} 넷째, 목적이 없는 무목적성의 목적^{purposiveness without purpose}으로 구분했다. 한편 실러^{F. Schiller, 1759~1805}는 자유의 최종 목표를 위해서 미학교육^{Aesthetics Education}이 필요하다고 주장했다. 아울러 감성을 공유하는 미적 공동체를 미적 국가^{Aesthetics State}로 명명했다. 실러는 미학으로 사회를 개혁하고 미학이 바탕이 되어 미적 국가를 건설할 수 있는 것으로 보았다.

미학과 유사한 예술철학^{藝術哲學, philosophy of art}은 미의 대상을 예술에 한정하는 철학적 예술론이다. 예술철학은 아름다움을 포함한 예술 전반을 다룬다. 그런데 예술철학은 인간이 어떤 목적을 위하여 창작한 예술과 논리적 체계의 학문인 철학의 합성어다. 동서양에서 모두 예술^{藝術}은 숙련된 기술^{skill, technique} 또는 기교^{craft}를 의미하는 것이었다. 그 기술과 기교가 미적인 것이 바로 예술이다. 따라서 예술철학은 인간이 창작한 예술의 미^美와 추^醜, 예술작품 창작과정, 수용자의 미적 감각, 미의 기준, 예술의 양식 등에 관한 철학적 학문으로 정의할 수 있다. 예술은 표현방법에 따라서 문학예술, 시각예술, 공연예술로 나뉘며 문학, 미술, 음악, 연극, 사진, 영화 등 수많은 장르와 양식이 있다. 따라서 예술철학은 다양하고 복잡한 예술에 대한 철학적 관점을 말하며 주로 예술의 본질과 현상을 탐구한다.

미학은 미추^{美醜}에 관한 보편적 개념이고, 예술철학은 미추를 예술에 한정한 철학적 개념이다. 따라서 예술철학은 미학 이외에도 윤리학, 사회학, 정신분석학, 심리학, 정치학 등 여러 영역을 철학적으로 다룬다. 한편 예술론藝術論은 예술에 대한 이론적 학문이고, 예술비평Art Criticism은 예술에 대한 분석과 평가이며, 예술철학은 예술의 본질과 현상에 관한 형이상학이다. 미학과 예술철학은 지역, 인종, 민족, 종교, 시대, 문화, 개인, 상황에 따라서 다른 의미로 쓰인다. 그것은 미가 주관적인 동시에 객관적이므로 다양한 개념이 가능하기 때문이다. 그러므로 미학은 상대적 개념이고, 예술철학 역시 상대적 개념이다. 한편 프랑스 비평가 텐H.A. Taine, 1828~1893은 가치론axiology의 관점에서 예술을 비평한 『예술철학La philosophie de l'art』1881을 출간했다. 텐의 예에서 보듯이 예술의 미는 가치價值이며 그 가치는 진선미眞善美, 효용效用, 윤리/도덕이 기준이 될 수 있다.

참고문헌 Immanuel Kant, *Critique of Judgement*, translated by James Creed Meredith, Oxford University Press, 1973.

참조 감동, 감성, 객관·객관성, 관념론, 교훈주의, 미/아름다움, 미학교육[실러], 미학국가[실러], 바움가르텐의 진선미, 본질, 비평/평론, 숭고, 숭고[칸트], 예술, 예술지상주의, 유미주의, 의경, 의상, 이성, 인식론, 주관·주관성, 철학, 판단력비판—미(美)란 무엇인가?, 학문, 형이상학

서정시

Lyric Poetry | 抒情诗

한국의 시인 신경림申庚林의 「가난한 사랑 노래」는 청순한 사랑을 표현한 명작이다. 이 시에는 다음과 같은 부분이 나온다. '가난하다고 해서 사랑을 모르겠는가 / 내 볼에 와 닿던 네 입술의 뜨거움 / 사랑한다고 사랑한다고 속삭이던 네 숨결 / 돌아서는 내 등 뒤에 터지던 네 울음.' 이 시의 화자는 '나'다. '나'가 '나'의 내면을 '나'의 목소리로 읊은 것이다. 그러므로 '가난하다고 해서 사랑을 모르겠는가'는 '(내가) 가난하다고 해서 사랑을 모르겠는가?'로 읽어야 한다. 이 시를 읽는 독자는 이별의 애절한 사연 때문에, 마음이 움직여서 시적 화자의 심정에 동화하게 된다. 그것은 독자의 정情을 끌어냈기 때문이다. 이처럼 서정시抒情詩는 마음의 정을 이끌어扌 공감하도록 하는 단형시의 일종이다. 서정시는 정을 기술한다는 의미에서 서정시敍情詩라는 어휘도 쓰인다. 따라서 서정시는 감정과 감성을 우선하는 시다.

시는 주관적 감정과 생각을 함축적으로 표현한 언어예술이다. 고대 동양에서는 뜻인 시詩와 음악인 가歌를 합하여 시가詩歌라고 했다. 고대 서양에서는 리라lyre 같은 악기를 연주하면서 부르는 노래 가사를 서정시lyric라고 했다. 따라서 서정시는 '이야기 시가 아니고non-narrative 연극의 극시도 아닌non-dramatic' 시를 의미한다. 이렇게 정의하는 근거는 사실을 이야기로 기록한 서사시the epic, 敍事詩, 무대에서 공연되는 형식의 극시the dramatic, 劇詩, 감정을 노래로 표현한 서정시the lyric, 抒情詩의 시 양식 삼분법이다. 시 양식 삼분법은 플라톤과 아리스토텔레스가 미메시스mimesis, 모방의 관점에서 예술을 설명하면서 '서정시는 모방이 아닌 주관적 감정을 표현한다'고 본 것에서 유래한다.[1] 서사시, 서정시, 극시의 삼분법은 헤겔과 루카치로 계승되었으며 루카치G. Lukács, 1885~1971는 고대 서정시가 근대의 자유시로 진화한 것으로 보았다.

서양의 서정시는 고대 그리스 사포Sappho, BCE 612~?로 거슬러 올라간다. 사포의 시는 대부분 감성적이고 낭만적인 연가戀歌, 축가祝歌, 송가頌歌, 만가輓歌였다. 이 시들은 대부분 음악성을 지닌 작품이다. 이런 서정시의 전통은 중세에 거리와 궁정에서 감미로운 노래를 부르던 음유시인troubadour, 吟遊詩人으로 전해졌다. 서양 의 서정시는 죽은 사람을 애도하는 이집트풍의 만가elegy, 장중하고 명상적인 그 리스풍의 오드Ode, 단테와 페트라르카로 대표되는 14행의 이탈리아풍의 소곡 소네트sonnet, 신이나 영웅을 찬양하는 히브리풍의 찬송psalm, 악기로 연주하는 실 내악이라는 의미의 소나타sonata, 감미로운 소야곡小夜曲인 세레나데serenade, 경쾌 한 발라드ballad로 발전했다. 서정시의 정점인 셰익스피어와 그 이후 바이런, 워 즈워스, 예이츠, 셸리, 괴테를 포함한 낭만주의 시인들은 아름답고, 감미로우며, 음악적인 서정시를 썼다.

동양의 서정시는 공자가 편찬한 『시경詩經』과 굴원屈原의 『초사楚辭』를 효시로 꼽는다. 일반적으로 서정적 한시는 마음을 표현하지만, 구체적으로 묘사하지 않는 특징이 있다. 이것이 경물景物로 감정을 표현하는 이경사정以景寫情이다. 당 唐의 근체시가 완성된 이후에도 한시는 서정 시가이거나 서정적 요소를 가지고 있었다. 그런데 동양에서 정情은 유가에서 희노애락애오욕喜怒哀樂愛惡欲, 불교에서 희노애구애증욕喜怒哀懼愛憎欲을 말한다. 따라서 서정시는 기쁨, 노함, 슬픔, 즐거 움, 사랑, 미움, 욕심, 두려움, 증오, 고뇌, 고통 등을 표현한 시가를 말한다. 중국 의 한시, 한국의 시조時調, 일본의 하이쿠haiku가 전통적인 서정 시가다. 서정 시가

---

1   Aristoteles, *Poetica*; Epic poetry and Tragedy, Comedy also and Dithyrambic : poetry, and the music of the flute and of the lyre in most of their forms, are all in their general conception modes of imitation. They differ, however, from one : another in three respects,—the medium, the objects, the manner or mode of imitation, being in each case distinct.

에서는 대상인 경물로 정을 그린다는 이경사정以景寫情, 이경온정以景蘊情, 이정재경以情載景, 촉경생정觸景生情을 통한 정경교융情景交融을 목표로 했다. 근대에 이르러 한시의 전통과 서양 자유시의 영향으로 근대적 서정시가 탄생하였다.

동서양 모두 서정시는 개인의 주관적 감정을 아름답고 감미롭게 표현한 일인칭시점first person viewpoint의 단형시다. 특히 서정시는 노래 가사 형식의 단형이기 때문에 감정을 절제하고 이야기를 함축한다. 그래서 서정시에는 은유나 직유와 같은 비유, 상징, 운율, 리듬, 이미지 등 시 양식의 특징이 잘 드러나는 것이다. 여러 특징 중에서 회화적 이미지와 음악적 요소가 서정시의 핵심이다. 특히 서정시에서 음악은 선율과melody 장단박자으로 사람의 감정을 끌어내는 요소다. 음악적이고 부드러운 서정시는 독자의 정을 끌어내고 감정 이입empathy, 感情移入하도록 한다. 이처럼 서정시는 첫째, 서양의 노래 가사에서 유래한 음악적 전통 둘째, 동양에서 뜻을 의미하는 시언지詩言志와 노래를 의미하는 가영언歌永言을 합하여 시가詩歌라고 한 음악적 전통을 가지고 있다.

참고문헌 Aristoteles, *Poetica*.

참조 감동, 감성, 감정·정서, 감정이입, 리듬·운율, 문학, 미메시스, 비유, 상상, 상징, 사무사, 서사시, 소설, 시, 시언지 시연정, 역설, 은유, 이미지·이미지즘, 장르, 정경교융, 표현, 한시/중국고전시

캐릭터 · 인물

Character · Persona | 角色 · 人物

'복녀는 원래 가난은 하나마 정직한 농가에서 규칙 있게 자라난 처녀였었다. 예전 선비의 엄한 규율은 농민으로 떨어지자부터 없어졌다. 하나, 그러나 어딘지는 모르지만 딴 농민보다는 좀 똑똑하고 엄한 가율이 그의 집에 그냥 남아 있었다.' 이것은 한국의 소설가 김동인金東仁의 「감자」에 나오는 주인공 복녀를 묘사한 부분이다. 「감자」의 복녀는 소설의 주인공이면서 개성을 가진 캐릭디이고 현실에 존재할 것 같은 허구적 인물이다. 이 작품의 이야기는 주인공 복녀를 중심으로 전개된다. 복녀는 중심인물이면서 주인공이다. 이 작품에서 보듯이 대부분 이야기에는 인물persona 또는 캐릭터character가 등장한다. 그런데 인격personality을 가진 인물persona과 그 인물의 성격인 캐릭터character는 다른 개념으로 보아야 한다. 캐릭터는 본성, 성격. 특질을 의미하는 그리스어 kharaktér와 라틴어 character에서 유래했다.

캐릭터Character, 性格는 주로 소설, 신화, 전설, 애니메이션, 드라마, 연극, 만화, 영화, 뮤지컬, 오페라 등 허구fiction에 등상하는 인물의 성격을 의미한다. 인상을 우선하는 캐릭터는 그 존재의 특징적인 면모를 이미지나 상징으로 보여준다. 하지만 인간만이 아니라 동물, 식물, 사물의 특징도 캐릭터라고 한다. 따라서 캐릭터는 어떤 존재의 특징과 성격을 강조하는 개념으로 볼 수 있다. 반면 인물persona은 사건과 배경의 중심에 있으면서 인간적 특성을 가진 인격적 존재이다. 일반적으로 인물은 행위자agent다. 행위자인 인물은 사건을 전개하는 주체이자 주제를 구현하는 존재이다. 한마디로 인물은 행동, 언어, 사상, 감정, 신념 등을 가진 허구적 인간이다. 또한, 인물은 실제 존재할 것 같은 인간을 모방하거나 재창조한 기상의 존재다. 간혹 인물은 캐릭터^{성격}와 동일시되기도 한다. 그것은 그 인물의 특징과 성격이 중요하기 때문이다.

원래 인물은 고대 그리스의 연극에서 유래했는데 배우가 쓴 가면이라는 뜻의 그리스어 극중 역할^{prósōpon}이 어원이다. 한편 아리스토텔레스는 에토스^{ethos}를 인물의 인격과 신뢰감이라고 하면서 인물을 정서적 특징인 파토스^{pathos}, 논리적 주장인 로고스^{logos}와 대비하여 설명했다. 어떤 사람을 의미하는 일반적 의미의 인물과 문학예술에서 말하는 인물은 다르다. 문학예술에서 인물은 이야기가 전개되는 과정에서 인물의 행위, 사고^{思考}, 어법, 감정 등으로 다양하게 드러난다. 그러므로 인물은 여러 각도에서 규정되어야 한다. 인물은 첫째, 현실의 관점에서 실제 인간을 모방하여 창조한 허구적 존재^{being}이고 둘째, 작가의 관점에서 플롯^{plot}을 통하여 창작의 의도를 실현하는 상징적 존재이며 셋째, 독자^{관객,} ^{청자}의 관점에서 간접적인 경험을 가능케 하는 대리의 존재이고, 넷째, 작품 속에서 살아 있는 독자적 존재이다.

인물은 첫째, 양상^{樣相}에 따라 역동적 인물^{dynamic}과 정태적 인물^{static}로 나누고 둘째, 역할^{役割}에 따라 주인공^{protagonist}, 부주인공, 반동인물^{antagonist}, 중심인물, 주요 인물^{main character}, 보조 인물^{minor character} 등으로 나누며 셋째, 성격^{性格}에 따라 전형적 인물과 개성적 인물로 나눈다. 전형적^{典型的} 인물은 어떤 계급, 계층, 신분, 집단을 대표하는 인물형이라는 점에서 유형적^{類型的} 인물과 유사하며 그 반대는 비전형적 인물로 개성적^{個性的} 인물과 유사하다. 넷째, 특징^{特徵}에 따라서 평면적^{平面的} 인물과 입체적^{立體的} 인물로 나눈다. 포스터^{E.M. Forster}는 이야기의 전개 과정에서 성격이 변하지 않아 명료하게 인지되는 평면적 인물^{flat character}과 이야기 전개 과정에서 성격이 변화하는 입체적 인물^{round character}을 대비했다. 그 외에도 계급, 신분, 지역, 시대, 기질, 사상, 직업, 심리 등으로 분류하는 수많은 인물형이 있다.

인물을 형상화characterization하는 방법은 직접제시방법과 간접제시방법이 있다. 첫째, 직접제시방법은 작가writer 또는 서술자narrator가 자기 목소리로 인물을 직접 설명하는 말하기telling 방법이다. 둘째, 간접제시방법은 작가writer 또는 서술자narrator가 인물의 행동, 언어, 감정, 심리를 간접적으로 묘사하는 보여주기showing 방법이다. 그런데 소설에서는 말하기와 보여주기가 확연하게 구분되지 않고 혼재되어 나타나는 경우가 많다. 인물 창조나 인물묘사는 산문문학만이 아니라 다른 영역에서도 대단히 중요하다. 역사적으로 볼 때 신화, 전설, 영웅소설에서는 고귀한 인물이 주로 등장한 것과 달리 근대소설에서는 개성이 강한 보통인물이 주로 등장한다. 한편 작품의 등장인물이 아닌 화자話者/서술자도 인물로 간주되는 경우가 있다. 결론적으로 인물은 이야기를 끌어가는 서사의 중심 개념이며 사건, 플롯, 배경과 아울러 이야기의 핵심요소이다.

참고문헌 Edward Morgan Forster, *Aspects of the Novel*(1927), San Diego, New York, London, 1957.

참조 감정·정서, 개성, 내러티브, 내포작가/내포저자, 디에게시스, 리얼리즘(예술), 모방론, 묘사, 믿을 수 있는 화자와 믿을 수 없는 화자, 보여주기와 말하기, 산문, 소설, 스토리·이야기, 텍스트, 프로타고니스트·안타고니스트, 플롯, 픽션·논픽션, 허구, 화자/서술자

문명

Civilization | 文明

어느 날 그들은 이상한 동물을 발견했다. 사실 그들은 존엄성을 가진 인간이었다. 그러나 서구의 식민 정복자들은 원숭이와 비슷한 그 인간의 목을 잘라 이 곳저곳에 걸어놓았다. 이들이 사람의 목을 전시한 것은 공포심을 심어주기 위해서가 아니고 서구인과 다른 '인간처럼 생긴 동물'을 구경하기 위해서였다. 이처럼 1642년 네덜란드의 타스만^{A.J. Tasman}에 의해서 발견된 호주의 태즈메이니아^{Tasmania} 원주민들은 무자비하게 학살당했지만, 그 학살은 기독교와 문명의 이름으로 용인되었다. 이처럼 근대의 서구인들은 아시아 아프리카 등의 비서구인들을 '인간처럼 생긴 동물' 또는 원시인이나 야만인으로 간주했다. 당시 이들은 문명화된 서구인들과 야만적인 '동물'들은 구별되어야 하고, '야만인들에게 문명의 빛을 비추고 계몽하여 인간을 만들어야 한다.'라고 믿었다. 이 잔인한 학살은 '문명이 무엇인가'라는 물음으로 환원한다.

문명^{civilization}은 라틴어의 시민^{civis}과 도시^{civitas}에서 유래했다. 따라서 '도시의 시민과 같이 된다'라는 것은, 교양과 지식이 있는 인간사회가 되는 것을 말한다. 이 어원이 의미하는 것과 같이 문명은 사회의 질서와 체계를 포함한다. 한편 한자어에서 문명이란 문^文과 명^明을 더한 것으로서, '글을 아는 사람들이 사는 밝은 사회'라는 개념을 가지고 있다. 그런데 이것은 중국에서 잉태된 중화중심주의적 개념으로써 중원을 문명의 중심으로 간주하고 그 이외의 지역을 오랑캐로 보는 중화사상^{中華思想}과 화이관^{華夷觀}의 소산이다. 역사적으로 보면 문명이라는 어휘는 19세기부터 주로 사용되기 시작했는데 근대 민족국가의 형성과 맥을 같이한다. 한편 사회학에서는 정신과 가치에 관련된 것을 문화라고 하고 물질과 기술에 관련된 것을 문명이라고 한다. 이와 달리 문화인류학에서는 문화 중에서 총체적이고 복합적인 역사 단위를 문명이라고 한다.

문명은 수백 년 또는 수천 년 정도의 장기지속의 시간 구조에서 생활과 문화의 동질성을 가진 집단이 축적한 가치 있는 것들의 총체다. 그런 점에서 문화인류학자 에드워드 타일러E. Tylor, 1832~1917는 문명과 문화는 같은 개념이라고 했다. 그러나 문명이 일정한 시간을 범주로 하는 반면 문화는 초시간적이라는 점에서 다르다. 한편 근대의 서구 계몽주의자들은 문명과 사회를 동일시했는데 그 근거는 문명이 아니거나 문명 이전을 자연상태 또는 무질서로 보기 때문이었다. 간단히 말해 문명이란, 인류가 특정한 시기에 형성한 물질적, 기술적, 구조적인 단위로써 자연상태를 벗어나서 제도를 갖춘 발전된 삶의 형식이다. 반면 문화는 인류가 축적한 긍정적인 제도의 일반적 개념이다. 문명의 반대는 야만이나 봉건이었다. 근대 초기에 문명과 야만을 나누는 이분법은 제국주의의 침략이론이 되었다.

아널드 토인비Arnold Joseph Toynbee, 1889~1975는 문명사관文明史觀의 관점에서 세계의 문화와 문명을 연구했다. 특히 토인비는 인간의 자유의지와 그 행위가 있었기 때문에 역사와 문명이 형성된다고 보았다. 아울러 그는 국가보다는 크고 세계보다는 작은 하나의 총체적이고 완결적인 문화의 단위를 문명으로 명명했다. 그는 방대한 12권의 저서 『역사의 연구A Study of History』에서 '문명은 순환하면서 발전한다'라는 것과 문명에도 생성소멸이 있다는 것을 설명한 다음 각 문명의 권역을 나누고 그 가치를 평가했다. 그가 분석한 26개의 문명은 지도자들의 창의성과 능력을 바탕으로 하여 발전했고 소수의 독재로 인해 몰락한다는 공통점이 있다. 역사와 문명이 반복되고 순환한다는 그의 사관을 순환사관循環史觀이라고 한다. 지구에는 여러 형태의 문명이 있는데 가령 기독교문명 또는 현대과학기술문명 등의 종교적, 기술적 의미에서의 문명도 존재한다.

메소포타미아와 이집트에서는 BCE 3500~BCE 3000년경, 인더스강 유역의 인도에시는 BCE 2500년경, 중국에서는 BCE 1500년경에 각각 문명이 형성되었고 아메리카에서는 멕시코와 페루에서 기원 전후에 문명이 탄생했다. 그 외에도 수많은 문명이 탄생했다. 비문명을 미개, 야만으로 보는 것이 일반적이지만 문명과 미개를 대립적인 개념으로 보지 않고 역사발전의 단계로 보는 시각도 있다. 하지만 역사발전과 인류발전의 개념에서 문명을 보는 것은 서구적 시각이라는 비판을 받는다. 서구인들이 식민지를 만들면서 '서구와 비서구非西歐를 구별하기 위하여 문명이나 문화와 같은 개념을 사용하기 시작했다'라는 것이다. 그러니까 문명이라는 개념은 현대의 관점에서 삶의 체계를 구분하고 규정하면서 생긴 귀납적 어휘다. 대체로 문명은 수백 년이나 수천 년 정도의 장기지속의 구조 속에서 존재하는 것이 보통이고 시간과 공간적 완결성을 지닌다.

참고문헌 Arnold J. Toynbee, *A Study of History*, Oxford University Press, 1934~1961.

참조 개념, 계몽주의/계몽의 시대, 공간, 메소포타미아문명, 문화, 문화순혈주의, 민족지, 시간, 신석기혁명·농경사회, 역사, 이성론/합리주의, 장기지속, 중화주의, 호모 사피엔스/현생인류, 화이관

저자의 죽음
Death of the Author | 作者之死

'나는 병든 인간이다……. 나는 사악한 인간이다. 나는 남이 좋아할 데라곤 통 없는 그런 인간이다. 내 생각에 나는 간이 안 좋은 것 같다. 하지만 나는 내 병에 대해 조금도 모를뿐더러 정확히 어디가 아픈지도 잘 모르겠다.'[1] 이렇게 시작하는 도스토옙스키F.M. Dostoevskii, 1821~1881의 「지하생활자의 수기Notes from Underground」1864는 시대와 사회를 날카롭게 묘파했다. 그리고 마지막에 '그의 수기는 계속되었다'라고 쓰면서 작가인 자신과 '그'는 다른 존재임을 밝혔다. 독자들은 이 작품을 읽으면서 작가 도스토옙스키가 표현하고자 한 의도를 찾는다. 이것은 저자/작가를 신의 경지에 놓고 절대화시키면서 작가의 의도에 따라서 읽거나 감상하는 독법이다. 이런 저자의 의도해석이라는 독법은 전통적인 감상과 향유의 방법이었다. 20세기에 들어서 이 관계를 해체하고자 하는 사람들이 생겼다.

특히 프랑스의 비평가 롤랑 바르트R. Barthes, 1915~1980가 말한 저자의 죽음the death of the author은 '저자의 의도와 상관없이 독자가 능동적으로 텍스트를 재구성해서 읽어야 한다'라는 주장이다. 여기서 말하는 텍스트는 작품구성의 원리와 구조라고 할 수 있는데 이것은 전통적인 작품과 다르다. 바르트에 의하면 텍스트는

---

1   Feodor Dostoevsky, *Notes from the Underground*, 1864; I am a sick man……. I am a spiteful man. I am an unattractive man. I believe my liver is diseased. However, I know nothing at all about my disease, and do not know for certain what ails me. I don't consult a doctor for it, and never have, though I have a respect for medicine and doctors. Besides, I am extremely superstitious, sufficiently so to respect medicine, anyway (I am well-educated enough not to be superstitious, but I am superstitious).

작가의 독창적인 것이 아니고 기존에 존재했던 것을 모방하고 변형하고 낯설게 한 것일 뿐이다. 그러므로 독자는 비판적 거리critical distance를 유지하면서 역동적이고 창의적으로 텍스트의 내적 구조를 이해해야 한다. 그 이유에 대해서 롤랑 바르트는 현대 문학에서 저자는 텍스트 바깥에 놓이거나 텍스트 '전후에 놓이면서a before and an after' 자식인 텍스트의 아버지와 같은 역할을 하기 때문이라고 설명한다. 특히 텍스트는 자본주의 때문에 의미가 왜곡되므로 부르주아 문화와 사회적 맥락을 제거하고 읽어야만 텍스트의 본질을 알 수 있다.

작가의 의도가 강하게 드러나면 독자는 작가의 의도해석에 몰두해야 하므로 독자의 창의성과 상상력이 제한된다. 그런데 바르트에 의하면, 작가는 무에서 유를 창조하는 창조자가 아니라 단지 편집자에 불과하므로 전통적인 의미에서 말하는 작가는 필요가 없다. 독자가 불필요한 존재인 작가의 권위에 눌려서 상상력을 발휘하지 못하면 작품의 다의성多義性이 훼손될 수 있다. 그러므로 '독자는 자기 마음에서 작가를 죽여야 하는 것'이다. 이렇게 되면 독자는 주체적이고 능동적으로 텍스트를 해석하면서 작품을 감상할 수 있다. 이것을 독자의 탄생이라고 한다. 이때의 독자는 주체적으로 텍스트에 새 생명을 불어넣는 창의적 존재다. 그런 점에서 바르트는, 텍스트는 저자의 의도에 따라서 읽는 '읽기 텍스트readerly text, 독자텍스트'가 아닌 독자가 능동적으로 읽는 '쓰기 텍스트writerly text, 작가텍스트'여야 한다고 말했다.

텍스트 해석은 독자마다 다를 수 있으므로 독자의 다양한 의미various meanings of various readers 해석이 가능하다. 이것을 의미의 복수성이라고 하는데 복수성은 텍스트에 내재한 구조와 기호를 해석하여 얻어지는 결과다. 그러므로 독자는 텍스트 내의 기호이자 수수께끼와 같은 구조를 해석하여 배열된 관계를 분해하고 정리하고 조합하여 자기 방식으로 읽고 자기 방식으로 감동해야 한다. 원래 텍스트는 열린 구조이기 때문에 전복적이거나 해체적으로 읽을 수 있고 독자가 창의적으로 의미를 부여할 수 있다. 이것을 바르트는 텍스트성textuality이라고 하여 작품성과 다른 개념으로 이해했다. 한편 야우스^{H.R. Jauss}를 중심으로 하는 수용미학^{Reception theory}에서는 독자가 기대하는 지평이 있다고 보고, 그 기대지평을 고려하는 예술창작 행위와 독자의 창의적 역할을 중요하게 여긴다.

창의적이고 능동적인 독서는 텍스트에 내재한 사회적 관계를 읽는 것이다. 그러므로 독자는 고정된 편견인 독사^{doxa}를 넘어서서 창의적이고 유연한 독서를 해야 한다. 이를 통하여 독자는 책 읽는 기쁨을 누리면서 텍스트에 몰입하게 되는데 그것이 독서의 주이상스^{jouissance}다. 그러니까 독자는 즐거운 독서의 카타르시스적 절정^{cathartic climax}에 이르렀을 때 자기를 잃어버린다. 이처럼 텍스트 속으로 완전히 몰입하여 자아를 잃어버리면 언어에 잠재한 의미를 넘어서는 진공의 상태에 도달한다. 이것을 바르트는 사회로부터 분리된 독자의 '중립^{neutral}'이라고 명명했는데 작가 또한 이런 중립적 글쓰기를 해야 한다고 주장했다. '예술가의 죽음과 수용자의 탄생'이라는 개념도 가능하다. 모든 예술작품은 수용자에 따라서 다른 텍스트가 될 수 있다. 그러니까 저자의 죽음은 저자의 의도를 수동적으로 해석하는 수용자가 아니라 텍스트를 능동적으로 해석하는 수용자를 위한 상징적 개념이다.

참고문헌 Roland Barthes, "The Death of the Author", *Image, Music, Text*, translated by Stephen Heath, Fontana Press, 1977, p.145; Roland Barthes, *The Pleasure of the Text*, translated by Richard Miller, New York : Hill and Wang, 1975.

참조 감동, 기대지평, 독사, 독자반응이론, 수용미학, 열린 텍스트, 예술, 예술가, 이상적 독자, 작가·독자, 주이상스, 카타르시스, 콘텍스트/맥락, 탈중심주의, 텍스트, 해체주의, 후기구조주의

한시/중국고전시

Classical Chinese Poetry | 旧体诗/汉诗

　'白日依山盡^{백일의산진} 해는 서산에 지고, / 黃河入海流^{황하입해류} 황하는 바다로 흐른다. / 欲窮千里目^{욕궁천리목} 천리 멀리 보고 싶어, / 更上一層樓^{갱상일층루} 다시 한 층 더 오른다.' 이 시는 성당盛唐 시대의 시인 왕지환王之渙의 오언절구「등관작루登鸛雀樓」다. 호방한 기상이 돋보이는「등관작루」는 우주 자연과 인간 존재를 통찰한 가작으로 꼽힌다. 특히「등관작루」는 기승전결起承轉結의 완결적 구조로 짜여 있는 오언절구의 전형이다. 이처럼 오절은 한시 중 가장 짧은 20자로 표현하는 것이므로 시인은 절제와 함축의 특징을 살려야 한다. 그러면서 구조와 형식이 완결적이어야 한다. 한편 이 시는 '평측평평측, 평평측측평, 측평평측측, 평측측평평'의 입운측기식入韻仄起式이다. 그리고 2구와 4구의 끝 자에 압운하여 무겁고 장중한 느낌을 주었다. 그러면서 1구와 2구, 그리고 3구와 4구가 서로 대칭되면서 조화하는 대우와 대구를 형성하고 있다.

　한시漢詩는 한漢, BCE 206~AD 220의 시라는 뜻도 있고 한자漢字로 창작된 시라는 뜻도 있다. 간단히 말하면 한시는 한漢 전후에 생겨났으며 중국, 한국, 일본, 베트남에서 한자漢字로 창작된 고전시가라고 할 수 있다. 한시가 완성된 당唐, 618~907의 근체시近體詩가 한시의 대표적 양식이다. 그러므로 성당시대를 기점으로 하여 그 이전을 고체시古體詩, 그 이후를 근체시/금체시今體詩라고 한다. 근체시에는 평측, 압운, 대우, 절주節奏, 기승전결을 포함한 여러 규칙이 있으며 주로 5글자의 4구인 오언절구, 5글자의 8구인 오언율시, 7글자의 4구인 칠언절구, 7글자의 8구인 칠언율시, 그리고 오언과 칠언을 12구 이상 길게 쓴 배율排律 등이 있다. 근체시의 규칙은 엄격하지만, 파격으로 변화를 주는 예도 있다. 반면 비교적 자유로운 오언고시, 칠언고시 등 고체시는 시상 전개가 쉽기 때문에 근체시가 완성된 이후에도 많이 창작되었다.

한시는 한자의 언어적 특징이 반영된 시지만 시서화악詩書畵樂이 함께 어울리는 문학작품이다. 한자는 한 글자가 하나의 의미와 발음을 가지는 고립어이며 4성의 높낮이가 있다. 이런 한자의 특징을 바탕으로 하는 한시에는 우주 자연과 조화하려는 천명사상天命思想과 문과 도가 일치해야 한다는 문이재도文以載道의 도학관道學觀이 담겨 있다. 그러므로 한시는 엄격한 절제와 반성하는 격조가 주류를 이룬다. 그러면서 깨끗한 풍격과 청신淸新한 정취와 정연한 율격律格을 추구한다. 이를 위하여 문인들이 한시를 쓸 때 뜻을 이미지image로 표현하는 의상意象과 뜻의 경지인 의경意境을 다듬는다. 한시의 특징을 잘 표현한 개념이 시언지詩言志 가영언歌永言 그리고 사무사思無邪다. 한시는 '개인의 주관적 생각을 함축적으로 표현한다'라는 점에서 시언지이고 그것을 '노래로 읊는다'라는 점에서 가영언이다. 그래서 한시를, 말의 뜻인 시詩와 노래의 가歌를 합하여 시가詩歌라고 한것이다.

시상 전개의 전형적인 방법은 기승전결起承轉結과 두함경미頭頷頸尾다. 기구는 시상詩想을 제시하고, 승구는 시상을 전개하며, 전구는 시상을 전환하고, 결구는 결론을 맺는다. 여운으로 마음의 울림을 남기는 것은 대체로 구의 끝 글자의 운미韻尾를 살리는 긱운脚韻 규칙에 따른다. 각운이란 106운으로 분류된 글자를 규칙적으로 배치하는 것이다. 오언은 2구와 4구에, 칠언은 2구, 4구, 6구, 8구에, 끝글자를 같은 운으로 써서 음악성과 여운을 남기는 방법이다. 이와 아울러 리듬인 절주節湊로 2글자씩 끊어 읽어서 운율미를 낸다. 그러면서도 경과 정을 교융하는 정경교융情景交融과 경과 정을 교직하는 선경후정이나 이경사정以景寫情을 추구한다. 대체로 시인들은 경물만으로 마음을 표현하는 실접實接과 자신의 감상을 표현하는 허접虛接을 적당하게 구사한다. 그 외에도 여러 가지의 복잡한 규칙 때문에 한시는 지배계급의 전유물이고 관념적 유희라는 비판을 받는다.

초기의 한시는 공자가 편찬한 『시경詩經』과 굴원이 쓴 『초사楚辭』에서 볼 수 있다. 그리고 한의 음악에 관한 관청인 악부樂府에서 수집한 민요民謠를 거쳐 당대唐代에 완성되었고 송원명청宋元明淸에도 흥기하였으나 과거제도가 폐지된 1910년 이후 쇠퇴하였다. 형식상, 「초초견우성」과 같은 민요民謠, 「적벽부」와 같은 부賦, 「귀거래사」와 같은 사辭, 「장한가」와 같은 가歌, 「비파행」과 같은 행行, 「원곡」과 같은 곡曲, 「주덕송」과 같은 송頌도 한시의 일종으로 분류한다. 따라서 한시는 기記, 서序, 전傳, 표表, 변辯, 비碑와 같은 산문과 비교되는 운문이다. 한시의 대표적인 작가는 굴원屈原, 도잠陶潛, 이백李白, 두보杜甫, 소식蘇軾 등이 있으며 근대의 마오쩌뚱毛澤东과 호치민Ho Chi Minh도 한시를 창작했다. 한시漢詩는 한자문화권의 용어이고 일반적으로는 중국고전시가中國古典詩歌로 불린다.

참고문헌 王力, 『汉语诗律学』, 上海教育出版社, 1979.

참조 구조주의, 기승전결, 리듬/운율, 문이재도, 사무사, 술이부작, 서사시, 서정시, 시, 시언지 시연정, 시중유화 화중유시, 운문, 의경, 의상, 정경교융, 중용지도, 한자문화권

개연성
Probability | 蓋然性/概率

한국의 소설 『무정無情』에는 이런 장면이 나온다. 여주인공 영채가 죽으려는 순간 뜻밖에 누가 구해 주었고, 재생의 길을 찾고자 일본으로 가는 기차에서 우연히 옛 애인 형식을 만났다. 두 번에 걸친 우연이다. 이에 대해서 김동인은 이광수李光洙가 이야기를 자연스럽게 전개하지 못하고 우연성을 남발했다고 비판했다. 김동인의 비판은 '이야기는 개연성이 있어야 한다'라는 뜻이다. '그렇게 될 이유가 없이 무엇이 일어난' 우연성contingency, 偶然性은 '반드시 그렇게 되어야 하는' 필연성necessity, 必然性의 상대관계다. 그런데 반드시 그렇게 되는 이야기는 작가와 독자의 상상력을 제한한다. 왜냐하면, '그렇게 될 수밖에 없고 다른 가능성이 없다면' 이야기는 이미 결정된 것이기 때문이다. 그래서 소설을 포함한 예술에서는 '어떻게 될 줄은 모르지만 비교적 그럴듯한' 개연성probability, 蓋然性을 중요하게 여긴다.

사전적인 의미에서 개연성은 '대체로 그러리라 생각되는 것이면서 어떤 일이 일어날 가능성possibility, 可能性이 실현된 것'이다. 가능성은 논리적으로는 최소한 하나의 일이 일어나는 것을 전제로 한다. 또한, 가능성은 절대로 그런 일이 일어나지 않는 불가능성impossibility, 不可能性과 모순 관계다. 그러므로 가능성^{x}은 불가능성^{0}과 필연성^{1}의 중간에 위치한다. 그러니까 가능성이 있으면서 '비교적 객관적이고 타당한 것'을 개연성이라고 한다. 원래 수학에서 말하는 개연성은 확률적 평균을 의미하는 수치적 비율이다. 가령 동전을 던져서 앞면이나 뒷면이 나올 확률은 1/2이고 주사위를 던져서 정해진 숫자가 나올 확률은 1/6이다.

이런 확률에선 예측할 수 없는 무작위성randomness, 無作爲性이 작동한다. 하지만 동전 던지기나 주사위 던지기의 횟수가 많아질수록 확률적 평균에 가까워진다.

확률적 평균이 곧 개연성이며 이 개연성에는 일정한 규칙성規則性이 있다. 확률의 규칙성을 의미하는 probability는 보증과 신뢰라는 뜻의 라틴어 probabilitas에서 기원했다. '보증하고 신뢰한다'라는 것은 객관성과 타당성을 가지고 있다는 뜻이다. 이런 어원을 가지고 있는 확률성probability을, 수학과 자연과학에서는 확률確率로 사용하고 문학예술에서는 개연성蓋然性으로 사용한다. 그런데 문학예술에서 말하는 개연성은 '그럴듯함plausibility'이면서 그 '권위를 증명testimony of authority'[1]해 주는 확률이다. 확률성確率性으로 거슬러 올라가는 용어 문제는 아리스토텔레스의 『시학』에서 유래했다. 아리스토텔레스는 『시학』에서 시인은 '일어날 수 있는 일, 즉 개연성과 필연성에 따라서 가능한 것을 이야기해야 한다'라고 주장했다. 이것은 시인 즉 예술가는 개연성, 필연성, 가능성, 실현성, 규칙성, 인과성을 가진 현실을 모방해야 한다는 뜻이다.

아리스토텔레스가 『시학』에서 개연성의 의미로 쓴 고대 그리스어는 eikos인데, eikos는 '입증되는, ~같은, 합리적인'이라는 뜻이다. 이것이 라틴어에서 probabilitas가 되었고, 영어에서 probability가 되었으며 한자어에서 개연성蓋然性이 되었다. 그러니까 아리스토텔레스는 개연성을 '현실에서 일어날 수밖에 없으며 일어날 가능성이 있는 것'으로 한정한 셈이다. 이것은 예술가는 주어진 상황에 따라서 '개연적이거나 필연적인' 것을 모방해야 한다는 뜻이다. 그 현실 모방의 이유는 개연적이거나 필연적이어야만 보편성universality을 가지기 때문이다. 이것이 아리스토텔레스가 말하는 극적 재현이다. 그러니까 개연성은 인물, 사건, 상황 안에 잠재된 가능성이 실현되어 개별성haecceity으로 드러나면서 보편성을 가지게 된다. 예술의 개연성은 수학의 수리적 개연성과 달리 판단의 개연

---

1   Douglas Lane Patey, *Probability and Literary Form*, Cambridge University Press, 2010, p.4.

성이므로 주관적인 요소가 있다.

문학예술에서 개연성은 '그럴듯함plausibility'이면서 실현될 가능성可能性을 의미하지만 '반드시 그렇게 되어야 하는' 필연성必然性과 '모든 것에 통하는 성질'인 보편성普遍性을 함의한다. 반면 개연성은 우연성偶然性과 불가능성不可能性을 배제한다. 그러므로 예술가는 창작할 때 주어진 상황과 조건에서 생성되는 개연성 안에서 상상하여 창작해야 한다. 개연성을 가진 예술작품은 일회적 사건을 다루는 역사보다 보편적이다. 왜냐하면, 예술작품은 많은 가능성을 다룰 수 있기 때문이다. 특히 소설과 같은 허구fiction는 상상하고, 모방한 결과가 '정말일 것 같고verisimilitude' '사실적realistic, likelihood이어서 현실에서 일어날 것 같은' 개연성을 중시한다. '정말일 것 같음verisimilitude은 개연성의 약한 형태[2]이다. 대체로 개연성은 이야기의 묘사와 이야기의 흐름인 플롯plot으로 구현되는 경우가 많다.

참고문헌 Douglas Lane Patey, *Probability and Literary Form*, Cambridge University Press, 2010, p.81.

참조 가능세계, 결정론, 내러티브, 리얼리즘/실재론〔철학〕, 리얼리즘〔예술〕, 모방론, 문학, 소설, 스토리·이야기, 신뢰성, 양상실재, 예술, 인과율·인과법칙, 필연·우연, 플롯, 픽션·논픽션

---

2   Ibid., p.81.

미학교육[실러]

Aesthetic Education | 審美教育

'예술교육이 곧 인간교육이다. 아름다움을 교육해야만 감성과 이성이 조화를 이룬 완전한 인간을 육성할 수 있다. 아름다움을 통하여 총체성을 회복할 수 있고 인간성 파멸을 치유할 수 있다.' 이렇게 주장한 사람은 소설가이자 극작가이고 철학자이기도 한 독일의 실러J.F. Schiller, 1759~1805다. 영혼의 자유유희를 추구한 그의 미학 이론은 미의 본질에 근거하고 있다. 실러는 미를 조화와 완성의 결과로 간주한다. 조화란 감성과 이성, 현실과 이상, 내용과 형식의 조화를 말하며 완성이란 총체성을 가진 자유로운 상태를 말한다. 실러가 추구한 미적 인간은 자유로우면서, 완전하고, 교양이 있으며, 총체성을 가진 존재다. 이런 사람들이 모이면 이상적인 미학국가美學國家/미적 상태美的狀態를 이룰 수 있다. 미학교육美學敎育은 사람들에게 미학을 교육함으로써 이상적인 국가를 설계할 수 있다는 실러의 미학 이론이다.

실러는 1789년의 프랑스대혁명에서 자유, 평등, 박애, 행복의 새로운 정신을 보았다. 동시에 광포한 야만성도 목도했다. 그리하여 실러는 프랑스대혁명의 정신을 실현하는 한편 야만성을 제어하는 방법으로 미학교육을 설계했다. 그가 말하는 미학교육은 사람들에게 예술과 미를 교육하여 완전한 인간인 전인全人을 만드는 길이다. 실러의 예술을 통한 전인교육은 1793년의 「칼리아스 서한」, 「아우구스텐부르거 서한Augustenburger Brife」에서 도덕적으로 타락한 사회를 구출하는 방법으로 제안된 바 있다. 실러는 이 서한을 바탕으로 『미학편지Aesthetic Letters』1794라는 27편의 서한을 작성했다. 서한의 내용은 미학교육으로 자유에 도달할 수 있고, 아름다움을 함양함으로써 고상한 인간성을 기를 수 있으며 총체성을 회복한 이상적 인간에 도달할 수 있다는 것이다. 그런데 그 아름다움의 예술은 아무 목적이 없이 순수해야 한다. 그래서 실러는 '아름다움 그 자체로 존재하라!'라고 선언한다.

아름다움을 위해서는 이성인 형식 충동form drive과 감성인 감각충동sense drive을 변증법적으로 통합한 유희충동이 발휘되어야 한다. 실러가 말하는 유희충동은 자유롭게 놀이하려는 강렬한 욕망으로 감각충동과 형식 충동이 통합된 미적 상태다. 또한, 실러에 의하면 감정과 본능에 따르는 것은 원시인이고, 감정과 본능을 무시하는 것은 야만인이다. 그런데 근대는 이성으로 설계되고 과학으로 관리되기 때문에 감성과 본능을 무시하게 된다. 또한, 개인은 분업으로 인하여 인간소외를 느끼는 한편 총체성을 상실했다. 실러가 말하는 총체성은 아폴론적 이성과 디오니소스적 감성이 하나가 되고, 완전한 자유를 누리면서 인간과 자연을 하나로 인식하는 단계를 말한다. 이 총체성을 회복하는 방법은 이성과 논리가 아니라 감성과 예술이다. 그래서 그는 『미학편지』 27번에서 다음과 같이 말한다. '아름다움 또는 미적인 영역에서, 사람들은 하나의 형식과 자유유희의 객체로만 보일 수 있다.'[1]

실러는 프랑스대혁명과 프러시아의 격동을 보고, 교양을 가진 자유시민의 이성적 판단이 중요하다고 확신했다. 그런데 도덕과 윤리의 문제는 도덕교육이 담낭하게 되었고, 진리는 철학이 담당하게 되었으므로 과거처럼 예술이 진선미를 관장할 필요가 없다. 오히려 예술은 미적 아름다움에 한정해야 한다. 이런 맥락에서 칸트의 미학을 인용한 실러는 '아무런 목적이 없는 아름다움 그 자체가 중요하다'라는 관점을 취했다. 그의 미학 이론은 인간을 예술로 개조하는

---

1   Friedrich von Schiller, *Letters Upon The Aesthetic Education of Man*, translated by Reginal Snell, New York : Mineola, 2004. Letter XXVII; In this realm of the beautiful or the aesthetic state, man ought to appear to man only as a form, and an object of free play.

것이 곧 사회 개혁이고 역사의 진보라는 주장에 이르러 미가 최종 입법자가 되는 미학국가 또는 미석 상태cathotic state로 발전한다. 이 미학국가에서는 미의 절대성으로 말미암아서 의식의 진공상태가 생긴다. 이때 가상Schein의 유희충동이 발현되고 인간의 자유가 실현되어 진정한 아름다움 그 자체를 누릴 수 있다. 이런 실러의 미학 이론은 예술을 위한 예술art for art's sake인 유미주의와 예술의 자율성인 예술지상주의의 토대가 되었다.

　루카치G. Lukács는 실러의 미학교육이 낭만적이고 관념적일 뿐 아니라 현실과 혁명을 회피한다고 비판한다. 이런 비판에도 불구하고 실러의 미학교육은 여러 면에서 중요하다. 그것은 인간의 고상한 본성이 미학으로 완성된다고 보기 때문이다. 실러는 고상한 인간이 되는 방법을 창조적 유희에서 찾으면서 '유희는 인간을 완전하게 만들고 이성과 감성을 동시에 발전시킨다'라고 단정했다. 실러에게 아름다움은 타락하고 퇴보한 인간성을 구제하고 진정한 자유를 가능케 하는 제2의 창조자다. 이런 이유 때문에 미학교육은 이상적 인간교육에서 중시되는 것이며 야만과 원시에서 벗어나는 희망의 길인 것이다. 인간은 아름다움을 통해서 행복해질 수 있고 보편적 진리에 도달할 수 있다. 이런 실러의 자유로운 인간상은 베토벤L. Beethoven에 의해서 교향곡 9번 〈환희의 송가Ode to joy〉로 표현된 바 있다.

참고문헌 Friedrich von Schiller, *Letters Upon The Aesthetic Education of Man*, translated by Reginal Snell, New York : Mineola, 2004.

참조 감성, 감정·정서, 관념론, 낭만적 숭고, 무목적의 목적, 미/아름다움, 미학·예술철학, 바움가르텐의 진선미, 숭고, 영혼, 예술, 예술지상주의, 유미주의, 유희충동, 의식, 이성, 판단력비판-미(美)란 무엇인가?, 프랑스대혁명, 해석학적 미학

감정이입
Empathy | 同理心

‘산에는 꽃 피네 / 꽃이 피네 / 갈 봄 여름 없이 / 꽃이 피네 // 산에 / 산에 / 피는 꽃은 / 저만치 혼자서 피어있네 // 산에서 우는 작은 새요 / 꽃이 좋아 / 산에서 / 사노라네 // 산에는 꽃 지네 / 꽃이 지네 / 갈 봄 여름 없이 / 꽃이 지네.’ P는 김소월金素月의 「산유화山有花」를 읽던 중, 마치 자기가 꽃을 좋아하는 새가 된 것 같은 느낌을 받았다. 그리고 단순하고 담백한 시어가 정연하게 배치된 리듬에 빠져드는 것 같았다. 마지막 연에 이르자, 이번에는 자기가 산이 되어 피고 지는 꽃을 안고 있는 것 같은 생각마저 들었다. 이처럼 시 속으로 들어가 있는 느낌이나 새나 산이 된 것 같은 이유는 감정이 시 속에 이입되었기 때문이다. 그리고 자기와 새, 산, 꽃을 동일시하기 때문이다. 이런 상황에서는 낭송의 주체인 자기와 낭송의 대상인 시가 구별되지 않는다. 이것이 ‘나와 작품이 하나가 되는’ 물아일체物我一體 또는 ‘내가 없는’ 무아지경無我之境과 유사한 감정이입이다.

감정이입感情移入은 주체가 객체인 대상에 옮겨가서 자기와 대상이 하나가 된 것 같은 느낌이거나 조화로운 상태가 된 것이다. 반대 역시 감정이입이다. 객체대상가 주체자기의 감정으로 옮겨오는 것 역시 감정이입이다. 이런 감정이입을 통하여 주체는 타자의 감정, 생각, 행위를 이해하고 동의하게 된다. 원래 감정이입은 독일어 ‘무엇을 느낀다einfühlung’는 단어에 의미를 부여한 심리학과 철학의 개념이었다. 하지만 이 말은 고대 그리스어 ‘느낌을 받는empatheia’에서 유래했기 때문에 공감empathy으로 쓰이게 된 것이다. 마음을 연구하던 심리학자들은 마음이 무엇으로부터 영향을 받아서 감정이 달라지는 것에 주목하여 감정이입이라는 개념을 만들었다. 처음에 로체H. Lotze가 1873년 인간의 감정이 자연에 투사되는 것을 감정이입이라고 명명한 이후 심리학자 립스Theodor Lipps, 1851~1914가 이 개념을 체계화했다.

립스는 감정이입을 '주체가 타자에게로 들어가서 느끼고 경험하는 것'으로 간주했다. 그런데 그 경험은 이미 자기 내부에 존재하는 자기의 경험을 재현한 것이다. 타자는 자기의 복사물이고, 그러므로 자기와 타자는 동일체가 될 수 있다. 가령 '산에서 우는 작은 새'는 자기 마음에 있는 새가 재현된 것이다. 립스는 인간의 마음을 미학에 적용한 "미학적 감정이입Aesthetische Einfühlung"1900에서 사람들은 감각적 지각을 한 다음 내면적 지각을 거쳐 감정이입이 일어난다고 보았다. 립스는 감정이입을 주체와 객체, 자기와 타자의 감정이 일치하는 것으로 간주했다. 반면 현상학자 후설E. Husserl은 자기와 타자의 감정적 일치가 아니라 주체인 자기와 객체인 대상은 분리되어 있다고 말한다. 여기서 감정이입은 자기 주체를 유지하면서 '같은 감정을 느낀다'라는 공감empathy, 共感의 의미가 선명해진다.

프로이트가 감정이입을 '정신분석가가 자기를 타자의 마음에 위치시켜서 이해하는' 정신분석 개념으로 쓴 이후 심리학과 신경과학에서 많이 쓰이게 되었다. 한편 철학자 셸러M. Scheler는 인간에게는 공감 능력이 있으므로 '타자와 함께하는 느낌'인 감정이입이 가능하다고 주장했다. 그러므로 공감은 타자에게 동화되거나 타자와 일치하지는 않으면서 같은 느낌인 것이다. 한편 미국의 심리학자 티치너E.B. Titchener는 감정이입을 영어로 번역할 때 '같은 감정을 가지는 동감sympathy'이나 동정compassion이 아닌 '무엇으로부터 받은 공감empathy을' 선택했다. 공감은 어떤 것의 영향을 받아서 생기는 감정적 공감emotional empathy, 타자의 관점을 이해하는 인지적 공감cognitive empathy, 신체가 영향을 받아서 반응하는 신체적 공감somatic empathy으로 나뉜다. 감정이입은 역사나 윤리를 포함한 여러 영역에서 중요하지만, 특히 문학예술에서 대단히 중요하다.

문학예술은 감정이입을 절대 필요조건으로 한다. 감정을 느끼지 못하거나 감정이입이 없으면 감동하지 못한다. 사람들은 소설을 읽고 주인공과 동일시하여 슬퍼하거나 분노하고, 아름다운 선율을 듣고 마음의 평안을 느끼며, 그림 속에 끌려 들어가 자기를 망각하는데 이것이 곧 감정이입이다. 그런 점에서 너무 깊이 작품 속에 몰입하지 않도록 하는 브레히트의 소외효과^{alienation effect}는 감정이입의 의미를 반증하는 개념이다. 그러나 감정적 표현만으로 감정이입이 되는 것이 아니므로, 감정이입을 위해서는 「산유화」에서 보듯이 '저만치 혼자서 피어 있는 꽃'이나 '산에서 우는 작은 새'와 같은 객관적 상관물이 필요하다. 독자는 '꽃' '새' '산'을 매개로 작품 속에 이입하여 감정을 느끼고 또 감동하는 것이다. 동양미학에서는, 대상인 물物과 주체인 자기가 합일하는 물아일체物我一體를 최고의 경지로 꼽는데, 이것이 바로 감정이입의 미적 의미와 미적 가치라고 할 수 있을 것이다.

참고문헌 Theodor Lipps, "Zur Einfühlung", *Psychologische Untersuchungen. Vol 2*, edited by Theodor Lipps, Leipzig : Wilhelm Engelmann, 1913.

참조 감동, 감성, 감정￿정서, 개념, 객관적 상관물, 경험론/경험주의, 문학, 물아일체, 미/아름다움, 미적 거리, 미학·예술철학, 서정시, 시, 예술, 정경교융, 타자, 표현

뉴크리티시즘/신비평
New Criticism | 新批評

'나 보기가 역겨워 / 가실 때에는 / 죽어도 아니 눈물 흘리오리다.' 이렇게 칠판에 쓴 문학교사 K는, 다음과 같이 설명했다. 이 시에는 두 인물이 등장한다. 떠나려고 하는 임과 시의 주인공인 화자다. 이 시의 화자는 사랑하는 임이 떠날 것을 염려하고 있다. 그럼에도 불구하고 시적 화자는 '눈물을 흘리지 않겠다'라고 선언한다. 비록 슬프기는 하여도 눈물을 흘리지 않겠다는 것은 '슬프지만, 슬프지 않다'와 같은 아이러니한 상황이다. 그리고 시의 화자는 임이 가시는 길에 꽃을 놓아드리겠다고 했는데, 이것은 '임은 가시면 안 된다'라는 의미를 역설적으로 표현한 것이다. 그리고 '아니 눈물'로 써서, 특이한 어법을 구사했다. 이 설명을 들은 학생 P는 '이 시를 쓴 김소월金素月이 표현한 의도가 중요하지 않으냐'고 질문했다. 그러자 문학교사 K는 시인의 의도보다 중요한 것은 작품 자체의 구조와 의미라고 강조했다.

텍스트로 작품의 의미와 가치를 설명하려는 문학비평의 방법 중 한 가지가 신비평이다. 새로운 비평이라는 것은 전통적인 비평 즉 구비평舊批評에 대한 상대적 개념이다. 신비평新批評 이론가들은 과거의 비평이 작가의 의도, 시대적 배경, 작품의 사상과 철학, 작품의 생산과정, 윤리와 도덕적 준거, 독자에 대한 영향 등을 지나치게 중요하게 여겼다고 비판한다. 아울러 구비평은 작품의 의미를 작품 바깥에서 찾는 것이므로 해석이 어렵다. 예술작품은 그런 외재적extrinsic 요소보다 작품의 내재적intrinsic 요소를 정밀하게 분석함으로써 가치와 의미가 밝혀질 수 있다. 이를 위하여 작품을 정밀하게 읽고close reading, 작품의 언어와 형식에 대하여 심층적으로 연구를 하며, 전체와 부분을 과학적이고 객관적으로 분석해야 한다. 그래야만 형식과 내용, 구조와 의미가 하나라는 것을 알 수 있고 개별 작품의 문학성을 밝힐 수 있다.

신비평은 1930년대 프랑스와 미국에서 시작하여 1970년대까지 풍미한 문학비평 방법으로 특히 작품 자체의 자율성을 존중하는 비평이론이다. 이 유파는 초기에 러시아 형식주의와 프라하 언어학파의 영향을 받아 시의 언어적 특징에 주목하면서 작품의 형식을 과학적으로 분석하고자 했다. 신비평은 미국 북부와 달랐던 미국 남부의 정취를 가진 밴더빌트대학Vanderbilt university에서 개화했다. 이 대학의 교수이자 신비평의 선구자인 랜섬J.C. Ransom이 1941년 책『The New Criticism』을 출간하면서 뉴크리티시즘이 공식적으로 쓰이게 되었다. 이와 함께 테이트A. Tate, 부룩스C. Brooks, 워렌R.P. Warren을 비롯한 남부지역의 비평가들이 활동했다. 그 외에 파운드E. Pound, 리차즈I.A. Richard의 이미지즘운동도 신비평의 중요한 갈래였다. 신비평가들은 예술보다 예술성artfulness이 중요하고, 문학작품보다 문학성literariness이 중요하며, 일상적 사실보다 문학적 사실literary facts이 중요하다고 단언했다.

신비평은 콜리지나 정전해석학으로 거슬러 올라가지만, 직접적으로는 엘리엇T. S. Eliot의 객관적 상관물에 자극을 받아서 시작되었다. 엘리엇은 독자는 객관화된 감정, 객관화된 내용, 객관화된 구조, 객관화된 사건을 통해서 이성적으로 작품을 이해하고 감동하기 위해서는 객관적 상관물이 필요하다고 주장했다. 한편 윔셋과 비어즐리는 '작가의 의도에 따르는 것은 오류'라는 의도적 오류intentional fallacy와 '독자에게 영향을 미치는 것에 따르는' 감정적 오류affective fallacy를 제기했다. 아울러 작품의 상징, 암시, 이미지, 어조tone, 시점, 역설, 아이러니, 애매성, 플롯과 모티브, 은유를 비롯한 비유, 운율과 리듬 등을 분석했다. 이처럼 신비평은 작품을 정확하게 이해하는 것이므로 작품의 구조와 형식을 과학적으로 분석한다. 이 과학적 분석은 시를 위주로 하지만 소설과 희곡 그리고 미술,

음악, 영화, 연극 등에도 영향을 미쳤다.

  신비평가들은 자가보다는 작품, 텍스트 외적인 것보다는 텍스트 자체, 내용보다는 형식, 주관적 감성보다는 객관적 이해, 효용성보다는 작품의 자율성 등에 초점을 맞추어 작품을 분석했다. 신비평의 방법론인 정밀한 독서close reading의 전통은 성경이나 고전 해석학에서도 활발하게 진행되었던 것이지만, 텍스트의 조직 체계organic system를 언어적 방법으로 분석한다는 점이 다르다. 특히 신비평가들은 예술작품의 자율성과 독자성을 통해서 예술성을 해명하고자 했다. 하지만 신비평은 공식적 유파라기보다 자연스럽게 형성된 비평의 방법으로 보아야 한다. 특히 전문학자의 강단비평에서 벗어난 새로운 방법을 제시했다는 점에서 의미가 있다. 신비평은 1970년대 페미니즘과 구조주의 비평이 대두하면서 주도적인 위치를 내주었으나 이들의 비평 방법은 21세기 문학연구와 문학비평에 지대한 영향을 주었다.

참고문헌 René Wellek and Austin Warren, *Theory of Literature*, New York : Harcourt, Brace, and Company, 1949.

참조 객관적 상관물, 구조주의, 기표·기의, 러시아 형식주의, 문학, 비유, 비평/평론, 상상, 상징, 시점, 애매성, 에이브럼즈의 삼각형이론, 역설, 은유, 의도적 오류, 이미지·이미지즘, 저자의 죽음, 주지주의, 텍스트, 플롯

감성
Sensibility | 感性

'AI-10192837465, 당신의 감성지수는 140으로 비교적 높은 편입니다. 하지만 감정 제어 능력이 약간 부족하니 그 점에 유의하여야 합니다. 그리고 2218년에 이런 감성으로는 살기가 쉽지 않아요. 당신은 인공인간이지만 자연 인간처럼 감성을 길러야 합니다.' 이것을 들은 인공지능^AI^은 (자연) 인간이 되고 싶었다. 하지만 컴퓨터 기계인 인공인간 AI가 풍부한 감성을 가진 인간이 된다는 것은 불가능한 일이다. 그리고 AI-10192837465의 이성과 지성은 인간보다 낮지만, 감성은 인간보다 못한 것이 분명했다. 감성을 계발하려면 먼저 감정을 계발해야 한다. 그런데 감정은 인간의 내외적 자극으로 인하여 마음이 움직이는 것이고 생래적 기능이므로 계발하기 쉽지 않다. 하지만 통계적 감성지수 측정이 가능하고 감성 계발도 가능하다. 여기서 말하는 감성^sensibility, 感性^은 대상을 받아들이는 감각적 인식능력이자 정서^情緖^의 상태다.

감성은 'A는 감수성이 높다, A는 민감한 성격이다'와 유사한 감수성^感受性^이다. 사전적인 의미에서 감성은 외부의 자극이나 변화를 느끼는 수동적인 인식 작용이다. 가령, 벚꽃이 흩날리는 것을 본 다음 아름답다고 느끼는 것이 감성이다. 벚꽃을 보는 감각 작용은 아름답다는 판단과 그래서 즐겁다는 감정을 동반한다. 흩날리는 벚꽃에서 보듯이 대체로 외부의 대상에 대한 반응은 직관적이고 순간적으로 감지된다. 이처럼 인간이 무엇을 인식하는 첫 번째 과정이 대상을 지각하는 감성이고 두 번째 과정이 지각된 것을 이해하고 종합하는 지성이다. 그런데 지각을 위해서는 감각이 선행되어야 한다. 가령, ①'벚꽃 비가 내리는 언덕'을 보아야만 그것이 무엇이라는 것을 알 수 있는 것이다. 이때 '보는 행위'는 감각 작용이고, '보는 행위'를 통하여 느끼는 것이 지각 작용이며, 그것이 아름답다고 판단하는 것은 판단 작용이다.

그런데 10년 전에 ② '벚꽃 비가 내리는 언덕'이라는 또 다른 감각이 있다고 하면 이 두 '벚꽃'은 각기 다른 시간과 공간에서 벌어진 다른 사건이다. 사건 ① 과 사건 ②는 하나의 표상으로 존재하는데 그 표상을 직관하는 능력은 감성이다. 이를 바탕으로 두 번째 과정이 진행된다. 두 번째 과정이란 대상을 이해하고 통일하는 지성의 작용을 말한다. 이런 과정을 통하여 각기 다른 시간과 공간에서 벌어진 사건이 의식 속에서 정리되는 것이다. 그러므로 감성이 없으면 지성도 없다. 그래서 지성은 'S라면'이라는 조건인 감성을 통하여 지성의 감각 통합이 시작되는 것이다. 이처럼 감성은 시간과 공간에 대한 일차적인 지각 작용이고 지성은 주어진 감각을 종합하고 통일하면서 지식을 정돈하는 사고 작용이다. 이 두 사건을 연결하는 것은 인간의 의식 안에서 벌어지는 이성의 통합 작용이다. 그리하여 10년 전의 벚꽃과 지금의 벚꽃이 시간과 공간에서 정돈된다.

인간의 인식은 대상을 받아들이는 능력인 감성, 각기 다른 표상을 통일하고 종합하는 지성, 원칙과 사실에 근거하여 생각하고 판단하는 능력인 이성reason, 理性을 통해서 작동한다. 이중 감성은 보고, 듣고, 감촉하고, 맛을 보고, 냄새를 맡는 등의 감각을 통해서 대상을 받아들이는 능력, 과정, 상태다. 그러니까 감성은 인간의 인식능력 중 시간과 공간을 동반하는 구체적인 인식의 출발점이다. 그래서 로크J. Locke는 『인간지성론』에서 인간의 지식은 감각을 토대로 한다는 경험론을 주장한 바 있다. 로크의 경험론은 감각을 이해하고 반성한 다음 지성이 지식을 형성하므로 지식은 생래적으로 주어지는 것이 아니라는 관점이다. 또 다른 경험주의자 흄D. Hume은 '이성은 감성열정/정념의 노예reason is, and ought only to be the slave of the passions'라고 선언하여 감성의 중요성을 강조했다. 그러니까 경험론에서 감성은 로크가 말한 경험의 영역이고 흄이 주장한 지식의 원천이다.

감성에 새로운 의미를 부여한 것은 칸트다. 칸트^{I. Kant}는 감성을 '대상을 받아들이는 인식능력'으로 규정하고, 감성이 인식 체계에서 표상된 후 지성에 의해서 이해된다고 보았다. 주어진 감성은 구체적인 시간과 공간으로 표시될 수 있다. 가령 감성과 감각은, 앞에서 본 것처럼, '10년 전'이라는 시간과 '언덕'이라는 공간이 '벚꽃'에 대한 감각을 구체화하는 것이다. 반면 이해의 인식능력인 지성과 생각하고 판단하는 이성은 시간과 공간을 넘어서는 인간의 인식능력이다. 이렇게 볼 때 경험론이나 이성론에서 감성은 인식의 토대인 것이다. 한편 감성은 사고 작용이기 때문에 측정할 수 있지만 애매하고 주관적이다. 그것은 감성이 내외의 자극과 감촉으로 생기는 감각^{sensation, 感覺}과 추론이나 판단 등 이성의 작용을 거치지 않고 대상을 직접 인식하는 직관^{intuition, 直觀}의 형태를 띠기 때문이다. 감성과 유사한 감정^{emotion, 感情}은 어떤 대상에 대한 느낌이므로 감성의 한 부분이다.

참고문헌 John Locke, *An Essay Concerning Humane Understanding*, 1st ed. 1 vols, London : Thomas Bassett, 1690 ; Immanuel Kant, *Critique of Pure Reason*, translated by and edited by Paul Guyer and Allan W. Wood, Cambridge University Press, 1997.

참조 감각, 감동, 경험론/경험주의, 순수이성, 에피스테메, 유식사상, 이데아, 이성, 이성론/합리주의, 이성은 감성의 노예, 인식론, 지각, 지성·오성, 직관

상상

Imagination | 想象

조각가 M은 망치 전시를 기획했다. M은 망치를 가지고 예술적인 표현을 하고자 많은 상상을 했다. 마음속에서 망치를 녹여보기도 했고, 망치로 피아노를 부수기도 했으며, 망치와 인간의 결투도 생각해 보았다. 여러 가지 생각을 한 다음에 망치를 액자에 넣어 '망치의 반역'이라는 제목의 작품을 구상했다. 얼마 후 M은 이 망치작품이 100만 달러에 팔릴 것으로 예상하고, 그 돈으로 작업실을 새롭게 꾸며야 하겠다고 작정했다. 그날 밤, M은 망치가 반역하여 자기를 죽이러 달려오는 환상에 빠져 두려움에 떨기도 했다. 그렇다면 조각가 M과 망치의 관계는 무엇일까? 반역하는 망치를 구상하는 것은 창의적 상상^{想像}이고, 엄청난 금액에 팔릴 것이라는 기대는 의미 없는 공상^{空想}이다. 반면 망치가 반역하여 자신을 죽이려고 한다는 것은 환상^{幻想} 또는 망상^{妄想}이다. 이처럼 상상은 시각장애인의 생각이나 '만약^{IF}'의 조건과 유사하다.

상상은 직접 자극이 없이 이미지, 개념, 사건, 시공간 등을 생각하는 인간의 근본 능력이자 고등 정신 능력이다. 상상의 능력인 상상력^{想像力}은 자유롭고 창의적인 생각의 능력이다. 상상은 마음에서 어떤 형상을 만드는 라틴어^{imāginātiō}에서 유래했는데 이때의 상상은 실현 가능성이 있는 심상^{心像}의 일종이다. 대체로 상상은 현실적 구체성이나 논리적 근거가 없어도 가능하다. 상상의 가장 큰 특징은 상상하는 사람이 자신의 상상이 실제가 아니라는 것을 알고 있다는 점이다. 가령, 망치의 반역은 상상이고 망치가 자기를 죽이려 한다는 생각은 망상이다. 이처럼 인간은 현실과 비현실을 구분하면서 무엇인가를 상상한다. 상상은 몇 가지로 나누어지는데 첫째, 예술작품 창작과 같은 창의적 상상 둘째, 경험을 바탕으로 무엇을 재생하는 재생적 상상 셋째, 토기土器를 빚을 때처럼 목적을 가정하는 목적적 상상 넷째, 인형을 인간으로 간주하는 것 같은 상징적 상상 다섯째, 백일몽과 같은 도피적 상상 등이 있다.

상상은 철학과 예술에서 특히 중요하다. 아리스토텔레스는 '눈과 마음으로 보는phantázō' 상상을 인간의 기본적 사유능력이자 창의성으로 간주하고, 진리를 추구하는 플라톤의 모방론과 다른 창의적 모방론을 제기한 바 있다. 이후 철학에서는 상상의 기원과 상상의 기능을 여러 각도에서 연구했는데, 대체로 경험을 바탕으로 하는 상상과 경험과 다른 선험적 상상으로 나뉜다. 상상의 근거는 감각과 감성이다. 오감과 같은 감각을 이해하는 능력인 지성에 매개하는 것이 바로 상상이다. 칸트는 감성, 상상, 지성, 이성에 대한 견해를 제기하면서 상상을 매우 중요한 사유의 근원적 능력으로 간주했다. 그는 상상을 '무엇을 형성하는einbildung' 구성능력이자 초월적 종합능력transcendental synthesis[1]으로 보았다. 한편 현상학자 후설은 상상 역시 다른 사고와 마찬가지로 '무엇object에 대한of, about' 의식 지향성으로 보았다.

심리학과 신경과학 등에서 상상은 정보처리 방식의 일종이다. 어떤 것을 상상한다는 것은, 신경세포의 신경전달물질이 작동한 결과다. 가령, 달에 간 토끼가 와인을 마시고 인간과 대화하는 장면을 상상한다고 할 때 달, 토끼, 인간, 와인, 대화 등의 서로 다른 장면을 동시에 표상하는 것이 상상의 능력이다. 토끼가 와인을 마시는 것은 실재할 수 없다. 하지만 인간은 그런 장면을 상상할 수 있다. 이처럼 층위도 다르고 시간이나 공간도 다른 이미지나 내용을 동시에 결합하는 것은 신경의 작용 때문이다. 특히 뇌의 신경이 전자신호를 보내서 서로

---

1   Immanuel Kant, *Critique of Pure Reason,* translated by and edited by Paul Guyer and Allan W. Wood, Cambridge University Press, 1997; Synthesis in general is, as we shall subsequently see, the mere effect of the imagination, of a blind though indispensible function of the soul, without which we would have no cognition at all, but of which we are seldom even conscious.

다른 것을 동시에 재현하는 것은, 콜리지^{T. Coleridge}가 말한 형성력^{esemplastic power} 또는 신경 잉상블^{neuronal ensemble}로 볼 수 있다. 상상할 때, 동시성^{simultaneity}이 가능한 것은 정신의 종합작용^{mental synthesis} 때문이다. 이 과정에서 감각과 지각, 이를 바탕으로 한 인지능력, 분석능력, 종합능력이 순간적으로 작용하여 연속적으로 상상하는 것이다.

상상은 현실이나 실재가 아닌 것을 마음속에서 구상構想하는 창의성^{creativity}의 근원이다. 상상력이 곧 창의성인 셈이다. 동화童話나 회화繪畵에서 보듯이 예술가들은 상상력을 발휘하여 실제와 같은 허구를 창조한다. 그런데 실현 가능성이 없는 상상은 공상, 환상, 망상이다. 상상과 유사한 믿음은 행위가 동반한다는 점에서 상상과 다르다. 가령 '호랑이가 쫓아온다'라는 상상은 상상으로 끝나지만, '호랑이가 쫓아온다'라는 믿음은 도망가는 행위로 이어진다. 한편 과학적 상상력과 같은 사고능력은 논리적 추론이지만 어떤 시간에서는 현실적이지 않은 망상에 불과하다. 가령, 과거에 인간이 하늘을 나는 것은 망상이나 상상이었지만 21세기에는 비행기로 실현되었다. 반면 상상과 유사한 사고 기능인 논리적 추론推論은 이성을 근거로 실제 가능성이 있는 것을 생각한다는 점에서 상상과 다르다.

참고문헌 John Veitch, *The Method, Meditations and Selections from the Principles of René Descartes*(7th ed.), Edinburgh : William Blackwood and Sons, 1880.

참조 감성, 감정·정서, 무의식, 상징, 순수이성, 예술, 의식, 이미지·이미지즘, 이성, 이성론/합리주의, 인식론, 정신, 지성·오성, 지향성〔현상학〕, 픽션·논픽션, 환상/환상성

비평/평론
Criticism | 批评

대체로 작가들은 다음과 같이 생각한다. '비평가들은 작가의 의도에 따라서 독자를 안내하는 안내자다.' 반면 비평가들은 다음과 같이 생각한다. '비평가는 작품의 내용과 구조를 분석하여 미적 가치를 찾아내는 전문가다.' 이처럼 작가와 비평가는 상반되는 견해를 가지고 있으므로 충돌하는 경우가 많다. 그렇다면 비평은 '작가의 의도를 해석하는 것인가?' 아니면 '미적 가치를 찾아내는 것인가?' 비평의 관점에서 보면 비평은 작품의 미적 가치와 의미를 밝히고, 오류를 수정하며, 감동의 근원을 찾는 것이다. 또한, 비평은 '무엇이 그 작품을 예술적으로 만들고 독자와 관객을 기쁘게 하는가'에 대한 답이다. 비평critic의 어원은 그리스어kritikós와 라틴어criticus의 '심판하거나 구별한다'다. 그런데 '심판하거나 구별한다'라는 의미의 비평에는 기준 즉, 이론이 있어야 한다. 그 기준은 대체로 과거의 작품들에서 얻어진 것들이다.

비평과 유사한 평론評論은 평가하고 논증한다는 의미에 가깝고 비평은 비교하고 평가한다는 의미에 가깝나. 비평批評은 작품을 분석, 해석, 비교, 평가를 거쳐서 의미를 추출하고 가치를 부여하는 일련의 과정이다. 따라서 어떤 것에 대한 비평도 가능하다. 가령, 정치 현상, 과학이론. 운동경기, 일상행동도 비평의 대상이다. 영역마다 비평의 방법이나 목적은 다르지만, 오류를 교정하고 더 나은 것을 지향한다는 점에서 공통점이 있다. 하지만 비평의 대상이 없다고 하더라도 비평할 수 있다. 왜냐하면, 비평의 원리나 비평의 이론을 비평하는 것 역시 비평이기 때문이다. 이것이 비평의 토대이자 기준인 비평이론Theory of Criticism

이다. 비평은 이론을 토대로 하는 것이고 이 이론에 근거하여 두 번째 영역인 실세비평Practical Criticism이 행해진다. 이론비평과 실제비평이 행해진 최초 사례는 아리스토텔레스의『시학詩學』과 공자가 편찬한『시경詩經』이다.

문학과 예술에서 비평은 대단히 중요하다. 그것은 작품의 가치와 의미를 이해, 분석, 해석, 비교, 평가, 논증하기 때문이다. 이런 비평작업을 통해서 작품, 작가, 사건, 사조 등을 해석할 수 있다. 그리고 비평을 통하여 문학작품의 문학성, 음악의 음악성, 회화의 회화성 등을 분석하고 평가할 수 있다. 비평의 일차 목표는 작품에 미적 가치를 부여하고, 더 좋은 작품이 되도록 도와주는 것이고, 비평의 최종 목표는 문학사나 예술사에 등재하는 것이다. 어떤 경우 비평이 작품의 결점fault을 찾고 그 잘못을 교정하려는 것으로 오인 되는 경우가 있는데, 사실 비평은 편견과 오류를 수정하고 진정한 가치를 밝히는 것이 주요한 기능이다. 비평가가 비평의 대상으로 삼은 작품은 가치가 있는 것을 위주로 한다. 따라서 비평가는 작품에 대한 일차적인 평가를 한 다음, 작품을 심층적으로 분석하고 더 낳은 작품이 되도록 도와주는·예술가의 동반자다.

문학예술비평에는 여러 양식이 있는데 ① 역사와 사회에 근거한 역사 사회적 비평 ② 작가의 창작 의도나 작가의 삶에 대한 전기적 비평 ③ 작품의 정신적인 측면을 분석하는 정신분석학적 비평 ④ 작품의 구조와 형식을 과학적으로 비평하는 형식구조주의적 비평 ⑤ 마르크스주의 역사발전 이론과 계급의식에 근거한 마르크스주의 비평 ⑥ 여성해방의 관점에 근거한 페미니즘비평 ⑦ 작품의 원형을 찾아 예술성을 해명하는 원형비평 ⑧ 공통의 신화를 집단무의식에 근거하여 해석하는 신화비평 ⑨ 포괄적인 인상을 비평하는 인상비평 ⑩ 독자의 작품에 대한 반응을 해석하는 독자반응비평 등이 있고 그 외에도 수많은 비평의 관점이 있다. 물론 이런 비평은 분명히 구분되지는 않으며 대체로 복합적인 경우가 많다. 그러나 모든 비평은 작품 자체에 관한 내적intrinsic 비평과 작품과 관계된 외적extrinsic 비평으로 나누어진다.

비평작업을 수행하는 비평가[critic] 역시 독자나 관객의 한 사람이다. 또한, 비평가는 대중적 취향을 가진 독자인 동시에, 전문적 지식과 이해의 능력이 있는 전문가다. 앞에서 본 것처럼 비평가는 해석하고 심판하는 사람이다. 또한, 비평가는 생산적인 토론의 장을 열어주는 매개자이고, 작품과 대화하는 방법을 알려주는 안내자이며, 작품의 미적 가치를 높여주는 조력자이다. 하지만 예술가는 비평가를 생산에 기생하거나 불필요한 존재로 비하하는 경우가 많다. 이런 점 때문에 비평가는 작품과 독자를 매개하는 매개자[mediator] 또는 중재자에 머물거나 무조건 작품을 칭찬하는 주례 비평가에 머물기도 한다. 하지만 비평가가 예술가의 의도 해석이나 작품분석 차원에 머문다면 비평가의 존재 이유가 없을 것이다. 문학에서 비평가는 시인, 소설가, 극작가, 수필가와 함께 중요한 예술가로 꼽힌다.

참고문헌 René Wellek and Austin Warren, *Theory of Literature*, New York : Harcourt, Brace, and Company, 1949.

참조 기대지평, 독자반응이론, 문학, 비교, 수용미학, 에이브럼즈의 삼각형이론, 역사, 예술, 예술가, 의도적 오류, 작가·독자, 저자의 죽음, 정신분석, 집단무의식, 해석학적 미학

장르

Genre | 艺术类型

'이 땅의 삼월 고두미 마을에 눈이 내린다. 오동나무 함에 들려 국경선을 넘어오던 한 줌의 유골 같은 푸스스한 눈발이 동력골을 넘어 이곳에 내려온다. 꽃뫼 마을 고령 신씨도 이제는 아니 오고 금초하던 사당지기 귀래리 나무꾼 고무신 자국 한 줄 눈발에 지워진다.' 한국의 시인 도종환都鍾煥의 「고두미 마을에서」의 앞부분이다. 고두미 마을은 단재 신채호申采浩의 고향인 충북 청주 귀래리다. 시적 화자는 이 마을에서 느낀 비장한 역사를 서정적으로 표현하고 있다. 그런데 이 작품을 읽을 때 행 구분을 하지 않고, 음보로 나뉘는 리듬에 따라 읽지 않으면 시인지 산문인지 알 수가 없다. 그렇다면 시와 산문을 나누는 기준은 무엇인가? 이 작품을 시라고 판정하는 기준은, 작품이 가진 형식, 내용, 다른 작품과의 유사성과 차별성, 의도와 목적, 수용자의 느낌에 근거한 장르다.

장르는 기원과 유래를 의미하는 고대 그리스어génos가 라틴어genus로 변화되었다가 프랑스에서 종류kind를 의미하는 장르genre로 바뀐 것이다. 장르는 유사한 내용과 형식을 가진 종류다. 특히 프랑스에서 종류와 유형을 의미하는 장르genre가 체계적으로 사용된 후 문학과 예술을 비롯한 여러 영역으로 퍼져나갔다. 장르는 생명력을 가진 유기체의 성격이 있어서 발생한 다음 다양하게 변이할 수 있고 성장과 소멸을 거친다. 또한, 장르가 함의하는 종류種類에서 보듯이 장르는 분류와 종합하는 집합集合과 같다. 따라서 장르는 발생, 형태, 분포, 특성, 내용에 근거하여 체계적으로 분류하고 종합하는 분류학taxonomy의 일종이다. 장르의 분류는 보편성, 타당성, 일관성, 상호배타성, 관련성, 유사성, 동일성, 연속성, 지속성 등의 원칙을 지켜야 한다. 특히 장르의 계통분류phylogenetic systematics에서는 유사성과 관련성을 기준으로 대상을 위계적이고 체계적으로 분류한다.

장르를 분류할 때는 범주category, 양식style, 형식form, format, 내용content, 유형type, 모양mode의 특징을 분류하고 종합한 다음 하위장르sub-genre로 재분류한다. 이때 미적 분류, 수사적 분류, 기능적 분류, 계통적 분류 등의 여러 장르 분류 규칙이 적용된다. 반면 시대적 분류, 공간적 분류, 소재적 분류는 장르가 아닌 일반적 분류다. 장르 분류의 시조인 고대 그리스의 플라톤은 모방의 관점에서 극적 대화dramatic dialogue, 순수 서사pure narrative, 서사epic로 구분하고 서정lyric은 제외했다. 하지만 그의 제자 아리스토텔레스는 비극, 희극, 서사, 패러디로 나눈 다음, 서정 양식에 의미를 부여하여 서사, 극, 서정의 삼분법의 토대를 놓았다. 서사, 극, 서정의 삼분법tripartite은 감성을 중요하게 여기던 낭만주의 시대에 완성되었다. 그것은 낭만주의가 인간의 개성과 자유를 중시하면서, 서정 양식을 극과 서사에 대비되는 것으로 간주했기 때문이다.

낭만주의 작가 슐레겔F. Schlegel은 주관적인 양식인 서정, 객관적인 양식인 서사, 주객관적 행위를 하는 극으로 삼분하면서 주관과 객관의 관계를 장르 분류에 적용했다. 이후 고전적 삼분법은 에밀 슈타이거E. Staiger를 비롯하여 많은 지지를 받는 분류법이 되었다. 하지만 허구fiction, 논픽션non-fiction, 서정lyric, 희곡drama으로 분류하는 체계도 많은 지지를 받는다. 한편 서사, 극, 서정, 교술敎訓의 사분법과 소설, 시, 희곡, 수필, 평론의 오분법을 택하는 예도 있다. 하위장르는 상위장르 안에서 다시 특징과 형태를 세분하여 분류한 것이다. 가령, 서사의 하위장르인 소설에는 대하소설, 장편소설, 중편소설, 단편소설, 엽편소설 등 길이에 따른 하위장르 분류가 있고 애정소설, 농촌소설, 정치소설, 노동소설, 전쟁소설, 역사소설, 추리소설 등 내용에 따른 하위장르 분류가 있으며 리얼리즘소설, 낭만주의소설, 표현주의소설 등 사조에 따른 분류가 있다.

생물분류나 학문분류와 달리 예술의 장르 분류는 과학적 엄격성이나 배타성이 적용되지 않는다. 장르의 기원도 그렇지만, 한 장르의 변이와 진화를 밝히는 것은 장르의 개방성과 혼종성 때문에 쉽지 않다. 그래서 문학예술의 장르는 존재하는 양식의 특징을 분류하여 장르체계를 설정하는 경우가 많다. 이것은 장르 분류의 기본원리가 있고 그 원리가 다양한 장르로 드러난다는 ① 연역적 장르 분류와 더불어서, 존재하는 여러 양식의 형태와 특징을 분류하여 유사한 양식을 묶어 장르로 설정하는 ② 귀납적 장르 분류가 병행된다는 의미다. 장르 분류의 원칙은 음악, 미술, 연극, 영화, 사진 등 모든 예술에 적용되고 언어학, 사회학, 범죄학, 생물학 등 많은 영역에도 적용된다. 한편 어떤 장르적 특성으로 분류되는 영화를 장르영화genre film라고 하듯이 그 장르의 특성을 가진 것을 장르예술이라고 한다.

참고문헌 Emil Staiger, *Basic Concepts of Poetics*, translated by Janette C. Hudson, Penn State University Press, 2008.

참조 개성, 귀납·연역·귀추, 낭만주의, 리얼리즘〔예술〕, 모방론, 문학, 비평/평론, 산문, 서사시, 서정시, 소설, 시, 시인추방론, 연극·드라마, 예술, 표현주의, 허구, 희곡

주제 · 제재 · 소재
Theme · Subject Matter · Matter | 主題 · 題材 · 素材

'마틸드Mathilde는 예쁘고 허영심이 강한 여성이다. 어느 날 남편과 함께 파티에 초대를 받았다. 그런데 화려한 파티에 어울리는 옷이 없는 것이 아닌가? 착한 남편은 아내를 기쁘게 해 주려고 저금한 400프랑을 내주었다. 그런데 이번에는 보석이 가지고 싶었다. 마틸드는 생각 끝에 친구에게 진주목걸이를 빌렸다. 그런데 파티가 끝났을 때 비싼 진주목걸이를 잃어버렸다는 사실을 알았다. 낙심한 마틸드와 남편은 그 후 극도로 빈곤하게 살면서 그 목걸이의 가격인 36,000프랑을 갚았다. 10년 후 어느 날 다시 만난 친구는 그 목걸이가 가짜였다는 놀라운 사실을 말해주었다.' 이깃은 프랑스의 소설가 모파상Guy de Maupassant, 1850~1893의 단편소설 「목걸이The Necklace」1894의 줄거리다. 이 소설은 인간의 허영심과 운명의 아이러니를 다루고 있다. 그렇다면 이 소설의 주제와 제제와 소재는 무엇일까?

주제theme, 主題는 그 작품이나 문장을 관류하는 핵심적 문제와 기본 사상이다. 아울러 주제는 중요한 동기motive, 주요 사상과 내용, 반복되는 개념, 담겨 있는 가치와 의미underlying message이며 대체로 시대와 장소를 초월하는 보편성을 가지고 있다. 주제는 고대 그리스어 '무엇을 놓는다théma'에서 유래했는데, '내용과 재료의 주제subject'이면서 내용의 핵심을 말한다. 하지만 주제는 강력한 이념理念을 의미하지는 않는다. 그래서 러시아 형식주의 이론가 토마셰프스키B. Tomashevsky는 주제란 작품에 통일성을 부여하고 모티브, 제제, 소재의 일관성을 갖게 하는 것으로 보았다. 작가에게 주제는 '무엇을 표현할 것인가'이고 독자/관객에게 주제는 '무엇이 핵심인가'이다. 「목걸이」의 주제는 인간의 허영심이고 보조주제는 운명의 아이러니다. 주제를 하나의 문장으로 표현한 것이 주제문이다. 「목걸이」의 주제문은 '인간의 허영심은 운명의 아이러니를 낳게 했다'라고 요약할 수 있다.

제재subject matter, 題材는 그 작품이나 문장을 위하여 직접 사용된 소재다. 작가는 주제를 구현하기 위하여 소재를 가공하거나 선택한다. 이처럼 제재는 목표한 주제主題를 효과적으로 구현하기 위해 선택한 자료다. 작가의 관점에서 제재는 '무엇을 가지고 표현했는가'에 해당한다. 독자/관객의 관점에서 역시 '무엇을 가지고 표현했는가'에 해당한다. 「목걸이」의 제재는 '친구에게서 빌린 목걸이'다. 그러므로 제재는 소재인 목걸이가 작가에 의해서 가공되고 선택되어 '친구에게 빌린 목걸이'라는 제재로 바뀐 것이다. 대체로 제재는 주제보다 더 다양하며 작가는 제재에 자기 의견과 목적을 담아서 주제를 실현한다. 그러므로 「목걸이」에는 '근면하고 성실한 남편', '파티에 참석한 부부', '부자로 잘사는 친구', '빚을 갚기 위한 노력', '운명적 아이러니' 등 다양한 제재가 있다. 한마디로 제재는 1차 자료인 소재를 목적에 맞게 가공한 2차 자료다.

소재素材는 그 작품이나 문장을 위하여 사용된 '있는 그대로'의 자연적 자료다. 앞서 본 것과 같이 가공되지 않은 1차 자료가 소재이며 가공된 2차 자료는 제재다. 작가의 관점에서 소재는 '글의 기본 자료는 무엇인가'에 해당한다. 독자/관객의 관점에서 역시 '글의 기본 자료는 무엇인가'에 해당한다. 「목걸이」의 소재는 '진주목걸이'다. 그런데 문학이나 글에서 소재는 주제를 구현하기 위한 자료를 말하는 것이고 음악과 회화에서 소재는 악기, 악보, 물감, 붓 등 표현의 자료를 포함한다. 이 표현의 방법을 매체媒體 또는 매재媒材라고 하여 소재와 구별하기도 한다. 소재는 의도가 개입하는 주제나 제재와 달리 일차적인 자연 재료일 수도 있고 의식이나 감정의 부분일 수도 있다. 그러니까 이 세상의 모든 것은 글/작품의 소재가 될 수 있다. 가령 「목걸이」에서 물감, 악보, 진주목걸이 등은 일차적인 자연재료의 소재이고 욕망, 열등감, 경쟁의식, 패배감, 부채, 늙음 등은 이차적인 의식적 소재이다.

　주제, 제재, 소재는 작가의 창작 의도에 의하여 미적 구조로 재구성된다. 그리고 일관된 이야기의 흐름에 의하여 정련된다. 그러므로 주제, 제재, 소재가 유기적으로 연결되지 않으면 단순한 자료나 생각에 머물 뿐이다. 따라서 주제는 소재를 선택하고, 제재로 가공하며, 모티브로 강화한 다음 최종 도달하는 목표다. 산문인 소설, 희곡, 오페라, 논설, 기행문 등은 플롯plot으로 주제를 강화하지만, 시가인 서정시, 서사시, 기도문 등은 플롯이 아닌 직관적 감성으로 주제를 실현한다. 주제, 제재, 소재와 유사한 개념이 모티브다. 동기動機라는 의미의 모티브motif, motive는 작품이나 글에서 무엇을 만드는 근원적인 힘이나 소재가 되는 물체 또는 형식을 말한다. 모티브는 주제를 구성하거나 텍스트를 짜는 원리가 되는 것으로 원자료raw data, 原資料나 기본이념 등을 의미하기도 한다. 모티브는 주제와 달리 반복적으로 재현되면서 주제를 완성해 나간다.

참고문헌 Boris Tomashevsky, "Thematics", *Russian Formalist Criticism : Four Essays*. comp., Lee T. Lemon and Marion J. Reis, Lincoln : University of Nebraska, 1965, pp.62~95.

참조 감성, 개념, 모티브 · 모티프, 문체, 문학, 산문, 서사시, 소설, 시, 연극 · 드라마, 예술, 의도적 오류, 장르, 텍스트, 플롯

감정·정서
Emotion | 情绪

'L은 3년 전을 회상하면서 눈물을 흘렸다. 갑자기 타계한 어머니의 시신을 화장하려던 순간이 떠오른 것이다. 그러자 L은 복받치는 슬픔에 눈이 붉어지더니, 이내 눈물이 흐르고, 어깨가 흔들렸다.' 이 문단에 등장하는 강렬했던 통곡의 눈물과 3년 후의 눈물은 의미나 강도가 다르다. '어머니의 죽음'이라는 하나의 사건이 시간과 공간에 따라서 다른 감정을 불러일으킨 것이다. 그렇다면 감정이 지속하는 시간은 얼마나 될까? L과 같이 어머니의 죽음에서 비롯된 슬픈 감정은 영원히 계속될 것이다. 하지만 그 강도와 차원은 다르다. 그것은 감정이 일어나는 원인과 과정이 다르기 때문이다. 일반적인 정의를 해 보면, 감정感情은 인간의 내적 외적 자극으로 인하여 마음이 움직이는 것이고, 감정과 유사한 정서情緒는 단기간에 걸쳐 강하게 계속되는 감정이며, 정취情趣는 약하게 오래 계속되는 고상한 감정이다.

감정의 어원은 라틴어 '움직인다êmoveô'의 과거분사인 ēmōtus다. 여기서 e는 '바깥'이고 mōtus는 '나온다'이므로 '안에서 바깥으로 나오는 것'을 의미한다. 그러므로 감정은 인간 내면이 드러나는 것이다. 그런데 마음이 움직이는 감정은 주관적이고, 감각기관이 감지하는 감각은 객관적이다. 어떤 것이 감지되면 신경계가 분석한 후 마음과 신체가 이에 반응하면서 바깥으로 분출한다. 따라서 감정은 보고, 듣고, 냄새 맡고, 만지고, 맛보는 등의 오감이 작동한 다음 중추신경계가 반응한 상태다. 이 과정을 자극을 통하여 무엇을 느끼는 생리적 각성physiological arousal이라고 하고 그것을 지각하는 것을 인지적 평가cognitive appraisal라고 한다. 이 과정에서 뇌는 대상을 직관적으로 평가하고 판단한다. 이처럼 감각과 지각이 중추신경을 통하여 뇌에 전달되면 의식작용이 수반되면서 마음이 움직여 감정이 일어나는 것이다.

감정과 유사한 개념이 여러 가지가 있다. 느낌feeling은 개인적이고 주관적인 감정이고, 기분mood, 氣分은 약하고 길게 지속되는 감정 상태이며, 동기motivation, 動機는 어떤 것의 직접적인 원인이고, 욕망drive, 慾望은 충동적 욕구이며, 정감affect, 情感은 감정, 느낌, 기분이 복합된 것이고, 감성sensibility, 感性은 대상을 받아들이는 능력과 기능이고, 감동impression, 感動은 깊은 인상을 받아서 가치를 느끼는 것이다. 불쾌하고 부정적인 감정과 유쾌하고 긍정적인 감정은 유인가valence에 의해서 분류할 수 있지만 강렬한 감정과 약한 감정은 각성arousal으로 분류할 수 있다. 이렇게 분류되는 감정은 무수히 많다. 가장 일반적인 감정은 사랑, 미움, 기쁨, 슬픔, 공포, 분노, 놀람, 역겨움, 만족, 당황, 불안, 짜증, 우울, 행복, 흥분 등 단순 감정과 여러 감정이 혼합된 복합 감정이 있다. 한자문화권에서는 인간의 감정을 희노애락애오욕喜怒哀樂愛惡慾의 칠정七情으로 나눈다.

감정은 이성과 대립적인 관계다. 일찍이 플라톤은 감정을 저급한 것으로 간주했으며 아리스토텔레스는 감정을 정념情念인 파토스pathos로 보았다. 스토아철학에서는 억제되어야 할 부정적인 것으로 분류했고, 칸트I. Kant는 이성으로 감정을 통제할 수 있다고 주장했다. 하지만 경험주의자 흄D. Hume은 '이성은 감정열정의 노예reason is, and ought only to be the slave of the passions'라고 선언했다. 흄이 말한 열정은 감정을 의미하는 것이다. 이런 흄의 견해는 경험론에 근거한 것이며 유물론의 입장과 유사하다. 현상학에서는 '무엇에 대한' 지향성의 관점에서 감정을 '무엇에 대한 감정'으로 본다. 한편 심리학자 분트가 감각sensation은 객관적인 것이고 느낌feeling은 주관적인 것이라고 규정했으며, 그 이후 심리학에서 감정에 관한 연구가 활발하게 진행되었다. 심리학의 관점에서 감정이 일어나는 것은 자극S과 반응R의 관계이지만 순서를 거꾸로 보는 관점도 있다.

심리학자 윌리엄 제임스^{W. James}는 「감정이란 무엇인가」¹⁸⁸⁴에서 '곰을 보고 놀라서 달아난다'가 아니라 '곰을 보고 달아났기 때문에 놀란다'라는 관점에서 인간 심리를 연구했다. '감정은 인간이 가진 보편적인 것인가? 아니면 개인의 특수한 것인가'는 논란이 있다. 다윈은 감정을 생래적인 것으로 보고, 자연선택을 거쳐서 끊임없이 진화했다고 주장했다. 감정을 인지하는 방법이나 표현하는 방법은 문화적인 차이가 있고 시간과 공간에 따라서 다르다. 과학적으로 볼 때 감정은 신체 내외의 자극에 신경계가 반응하고 뇌의 결정에 따라서 언어, 생리, 신체 등이 변하는 것이다. 감정은 생리학, 신경과학, 심리학, 의학, 철학, 사회학 등에서도 중요하지만 문학예술에서 특히 중요하다. 그것은 문학예술의 핵심적인 요소가 감정이기 때문이다. 감정을 측정하고 설계할 수 있다고 보는 과학기술에서는 기계인 인공지능^{AI}이 감정을 가진 인공지능으로 발전할 것으로 본다.

참고문헌 Theodor Lipps, "Zur Einfühlung", *Psychologische Untersuchungen*. Vol 2, edited by Theodor Lipps, Leipzig : Wilhelm Engelmann, 1913.

참조 감동, 감성, 감정이입, 공간, 문학, 물아일체, 미/아름다움, 미적 거리, 시간, 예술, 이성, 이성은 감성의 노예, 인공지능 AI, 자연선택, 정경교융, 주관·주관성, 진화론

픽션·논픽션

Fiction·Non-Fiction | 虛构·非虛构

'나는 어젯밤에 놀라운 광경을 목도했다. 새벽 2시경 한 줄기 빛이 비치더니, 하늘에서 접시 모양의 물체가 내려왔고, 이상하게 생긴 것들이 우리에게 다가 왔다. 그리고 순식간에 내 맞은편에 앉아 있던 P를 납치하여 접시 모양의 물체 로 데려간 다음 사라져 버렸다.' 회사원 Q가 쓴 이 글은 소설일까 소설이 아닐 까? '외계인이 우주선을 타고 지구에 와서 인간을 납치한 다음 사라졌다'라는 것은 사실이 아니다. 그렇다면 Q는 사실이 아닌 것을 거짓으로 쓴 것일까? 아 니다. Q는 자기가 보고 들은 그대로 쓴 것이다. 그러므로 이 글은 사실에 근거 한 실제 이야기 즉, 논픽션non-fiction으로 분류된다. 비록 술 취한 상태에서 본 환 영이지만 Q의 관점에서는 사실이고, 그 사실을 기록한 것이므로 논픽션이 되 는 것이다. 대체로 허구虛构는 사실이나 실제가 아닌 이야기고 픽션fiction은 허구 이면서 꾸며낸 이야기다.

허구인 픽션과 사실事實인 논픽션은 반대 개념이다. 원래 픽션은 '상상에 근 거한 허구'를 강조하기 위한 개념이다. 특히 소설, 드라마, 연극, 영화, 게임 등 을 '인간이 꾸며낸 이야기'라는 의미에서 픽션이라고 한다. 픽션이라는 개념이 새롭게 쓰여 정착된 이후, 20세기에 들어서 '꾸며낸 것이 아닌 사실'에 관한 글 이나 표현을 논픽션이라고 하게 되었다. 그래서 항상 픽션과 논픽션은 한 쌍으 로 취급되고 있다. 픽션은 라틴어 '만들다, 속이다fictio'에서 유래한 것으로 '인간 이 상상하여 꾸며낸 이야기'라는 뜻이다. 그런데 픽션은 이야기이기 때문에 주 로 소설을 의미하는 개념으로 쓰였었다. 부룩스와 워렌은 『픽션에 대한 이해

Understanding Fiction』에서 픽션은 삶에 대한 상상과 이미지라고 규정했다.[1] 그러니까 픽션은 현실을 바탕으로 상상하여 꾸며낸 이야기라는 점을 강조한 것이다.

픽션은 상상력이 만든 허구 즉, '무엇을 새롭게 만든 것'이므로 창의성creativity 이 발휘된 것이다. 상상은 실제가 아닌 무엇을 마음속에서 그려보는 것인데, 이 상상의 힘으로 가치 있는 것을 만드는 창의적 능력이 바로 상상력이다. 예술에 서는 이전의 것을 재생하는 재생적representational 상상이 아닌 창의적creative 상상이 중요하다. 따라서 픽션은 상상력과 창의성을 바탕으로 '그럴듯하게 꾸며서 믿 도록 만든make believe 결과 그럴듯한 개연성probability을 가지게 된 각종 표현'이다. 그 창의적 상상은 글, 말, 행위 등으로 표현되며, 특히 전설, 신화, 동화, 소설, 희 곡, 시 등 문자로 기록된 다음 이를 바탕으로 연극, 드라마, 영화, 오페라, 뮤지컬, 애니메이션, 게임, 무용 등 다양한 장르에 적용된다. 그런데 픽션은 꾸며낸 이 야기story를 하는 것이기 때문에 대체로 내러티브narrative의 형식을 취한다. 픽션과 논픽션은 산문으로 분류되며 시poetry, 드라마drama와 함께 네 가지 양식으로 나누 는 문학 장르 분류의 기준이 된다.

논픽션은 꾸며낸 이야기가 아닌 사실에 근거한 이야기다. 광의의 논픽션은 역사, 교과서, 설명서, 안내서, 법률 등 다양한 표현을 말하는 것이고, 협의의 논 픽션은 에세이, 르포, 여행기, 전기, 일기와 같이 인물, 사건, 내러티브, 플롯 등 사실적인 표현을 말하는 것이다. 그런데 논픽션은 성격에 따라서 약간은 주관 적 표현일 수도 있다. 원래 논픽션의 목적은 사실을 기록하고 실제를 재현하는 것이므로 묘사의 정확성, 객관성, 단순성, 직접성, 명료성 등이 중요하다. 논픽 션의 형태는 ① 뉴스와 같은 설명적 논픽션expository nonfiction, ② 법적 판결문이나 규정집과 같은 논증적 논픽션argumentative nonfiction, ③ 평론과 같은 묘사적 논픽션

---

1   Fiction, as we enter into it imaginatively, broadens our experience and increases our knowledge of the possibilities of the self. Fiction is a vital image of life in motion — it is an *imaginative enactment of life* — and, as such, it is an extension of our own lives; Cleanth Brooks and Robert Penn Warren, *Understanding Fiction*(third edition), New Jersey : Prentice-Hall, Inc., Englewood Cliffs, 1979, p.1.

descriptive nonfiction, ④ 자서전과 같은 서술적 논픽션narrative nonfiction으로 나뉜다. 이 중 서술적 논픽션은 문학적 논픽션literary nonfiction과 같은 개념인데 그 이유는 인물, 사건, 배경, 플롯, 문체 등이 픽션과 유사하기 때문이다.

20세기의 포스트모더니즘을 거치면서 픽션과 논픽션의 경계는 점차 사라지고 있다. 그것은 픽션이라고 하더라도 사실적 논픽션의 요소가 있기 때문이고, 논픽션 역시 픽션의 상상력이 가미되기 때문이다. 픽션과 논픽션이 결합한 형태를 팩션faction이라고 한다. 팩션은 사실과 실제를 바탕으로 하고 그 위에 상상력을 발휘하여 사실을 재창조하는 양식이다. 이렇게 함으로써 픽션의 목표인 즐거움과 창의적 표현 욕망을 달성하고, 논픽션의 목표인 사실적 정보전달이 결합하여 상승효과를 낼 수 있다. 한편 리얼리즘Realism은 사실과 실제를 모방한 것이지만 상상력에 의한 창조라는 점에서 픽션의 방법이고, 정확한 재현representation은 사실과 실제를 그대로 전달한다는 점에서 논픽션의 방법이다. 하지만 필자/창작자의 인식과 받아들이는 독자/관객의 인식에 따라서 픽션과 논픽션이 분류되는 것이 보통이다.

참고문헌 Cleanth Brooks and Robert Penn Warren, *Understanding Fiction*(third edition), New Jersey : Prentice-Hall, Inc., Englewood Cliffs, 1979, p.1.

참조 가능세계, 개연성, 결정론, 내러티브, 리얼리즘〔예술〕, 모방론, 묘사, 문체, 문학, 사실, 산문, 상상, 서사, 소설, 인과율·인과법칙, 장르, 전기·자서전, 필연·우연, 플롯, 허구

문체
Writing Style | 文体

'수십만 명의 사람들이 모여 살면서, 이 작은 땅을 불모지로 만들려고 갖은 애를 썼어도, 그 땅에 아무것도 자라지 못하도록 길을 포장하였고, 식물이 자란 흔적을 지우려고 했으며, 나무를 베어내고, 새들을 돌려보내고, 나프타와 석탄의 연기로 가득 차게 했어도, 여전히 봄은 이 마음에까지 왔다.'[1] 이것은 톨스토이의 소설 『부활』의 첫 문장이다. 대서사가 파노라마처럼 펼쳐질 것 같은 유장한 문체다. 이 문장에는 설명, 묘사, 서술 등 여러 가지 특징이 보인다. 하지만 핵심은 '이 마을에는 봄이 왔다'라는 것을 이야기하는 것이다. 나머지는 배경인 마을을 묘사하는 것이다. 그러니까 『부활』은 서사의 내러티브narrative 중 이야기 서술story telling에 해당한다. 한편 이 문장을 천천히 읽으면 서술자narrator가 어떤 이야기를 하는 것 같은 느낌을 받는다. 이 문장을 보고, '이것은 톨스토이 특유의 문체다'라고 말할 수 있는데 그것은 톨스토이만의 고유하고 개성적인 문체가 있다는 뜻이다.

문체writing style, 文體는 글의 개성과 특징이며, 말의 개성과 특징인 어투speaking style, 語套와 반대 개념이다. 원래 문체의 어원인 스틸러스stylus는 중세 라틴어 '뾰족하고 가는 물체'로 글 쓰는 도구를 의미한다. 글 쓰는 도구가 글의 개성으로 변화하여 '펜은 문체다'가 된 것은 '펜은 칼보다 강하다'와 같은 환유의 일종이다.

---

1   Though hundreds of thousands had done their very best to disfigure the small piece of land on which they were crowded together, by paving the ground with stones, scraping away every vestige of vegetation, cutting down the trees, turning away birds and beasts, and filling the air with the smoke of naphtha and coal, still spring was spring, even in the town; Leo Tolstoy, *Resurrection*.

일찍이 프랑스의 자연과학자 뷰퐁Comte de Buffon은 '문체는 곧 그 사람이다Le style est l'homme meme: the style is the man'Histoire Naturelle, 1769라고 선언했다. 원래 뷰퐁이 말한 것은 글을 정확하게 잘 써야 한다는 뜻이었다. 그런데 이 말은 낭만주의 사조와 만나서 낭만주의가 추구하는 개성과 자유의 의미로 재해석되어, '문체에는 글 쓴 사람의 개성과 특징이 드러난다'라는 적극적인 의미로 쓰이게 된 것이다. 이후, '문체에는 글을 쓴 사람의 사상, 감정, 정신, 의지 등이 글의 표현으로 드러난다.' 라는 뜻으로 확장되었다.

일반적으로 말할 때 문체는 첫째, 필자와 분리된 텍스트의 특질을 의미하는 것으로 쓰인다. 텍스트의 문체는 ① 소설, 수필, 평론, 일기와 같은 형식의 문체 ② 애도하거나 기뻐하는 등, 내용의 문체, ③ 시대의 어법과 사상이 반영된 시대의 문체, ④ 지역의 어법과 사상이 반영된 지역의 문체, ⑤ 한 언어가 가진 특징이 드러난 문체, ⑥ 종교와 사상이 드러난 문체 등으로 나눌 수 있다. 둘째, 필자의 개성과 특징이 드러나는 문체가 있다. '문체는 그 사람이다'에서 글을 쓴 사람의 개성과 특징이 문체로 드러난다면 그것은 필자와 관련된 문체 즉, 글을 쓴 사람의 개성과 특징이 문체로 드러난다는 의미다. 또 다른 중요한 문체 구분은 문어체와 구어체로 나누는 것이다. 원래 문체는 글의 문체writing style이므로 문어체에 한정하지만, 구어체로 된 글도 많기 때문에 문어체文語體와 구어체口語體로 나눌 수 있다.

산문의 문체는 목적과 기능에 따라서 다음 네 가지로 구분한다. 첫째, 뉴스, 안내서, 지도서, 교과서, 과학적인 글처럼 주로 객관적 사실을 설명하는 설명적 expository 문체 둘째, 일기, 참관기, 실험보고서, 소설의 묘사처럼 비교적 객관적으로 기술하고 묘사하는 묘사적descriptive 문체 셋째, 사설, 광고문, 리뷰, 평론, 추천서, 항의문처럼 자신의 주장을 다른 사람에게 설득하고 동의하도록 하는 설득적persuasive 문체 또는 논증적argumentative 문체 넷째, 소설, 전기, 우화처럼 화자가 독자에게 이야기하는 것 같은 내러티브narrative 문체 등이 있다. 산문과 달리 운문은 문체로 분류하기보다 운문체로 분류하고 운문의 특징으로 나누는 것이 보통이다. 수사학修辭學에서는 문체의 품격에 따라서 수준이 낮은 문체, 평범한 문체, 고상한 문체로 분류하며 정확하고 간결하며 조화로운 문체를 지향한다.

수사의 방법에 따라서 문체를 분류하는 경우가 많다. 문장이 간결하고 단순한 간결체簡潔體, 수식과 설명이 많으며 자세하게 표현하는 만연체蔓衍體, 부드럽고 우아하게 표현하는 우유체優柔體, 강하고 씩씩하여 힘이 느껴지는 강건체剛健體, 수식과 비유가 많고 아름답고 화려하게 느껴지는 화려체華麗體, 전달하고자 하는 내용만 객관적으로 표현하는 건조체乾燥體 등이 있다. 이와 같은 문체 분류는 보편적 범주를 의미할 뿐이다. 실제로 대다수 문장은 여러 가지 문체가 혼합되는 것이 보통이다. 한편 문체가 가진 무늬인 결을 문채figure, 文彩라고 한다. 일찍이 공자는 글은 형식과 내용이 잘 어울려서 아름다운 문채가 나는 문질빈빈文質彬彬을 좋은 문체로 간주했다. 이처럼 문체는 주로 글의 특징을 의미하는 것이지만 글 이외에도 적용되어 모양, 양상, 맵시 등을 의미하는 경우가 많다. 처음에 펜을 의미하던 문체가 글의 특징으로 확장되었다가 더 일반적인 의미인 스타일style로 쓰이는 것이다.

참고문헌 Georges-Louis Leclerc, *Histoire Naturelle*(1753), translated by J.S. Barr, London : H.D. Symonds, 1797.

참조 감정·정서, 개성, 내러티브, 묘사, 문학, 비유, 비평/평론, 산문, 서사시, 서술자, 소설, 수사, 시, 정신, 텍스트, 표현, 희곡

독자반응이론

Reader-Response Theory | 读者反应理论

국제학교 문학교사 L은 세르반테스Miguel de Cervantes의 「돈키호테Don Quixote」에 대하여 학생들이 보여준 각기 다른 반응을 보고 놀랐다. 돈키호테가 사랑하는 둘시네아Dulcinea 공주에게 편지를 전해주는 장면에 대한 해석은 몇 가지로 나뉘었다. 어떤 학생들은 순수하고 낭만적인 사랑으로 이해했고, 어떤 학생들은 자아도취에 빠진 망상으로 이해했으며, 어떤 학생들은 기사의 통과예식으로 이해했나. L은 학생들은 해석의 주체로서 각기 다른 독서의 방법이 있다는 것은 이미 잘 알고 있었다. 그래서 L은 다양한 해석은 모두 의미가 있다고 말한 다음 「돈키호테」를 읽는 전통적 방법에 대하여 설명을 덧붙였다. 그녀가 설명한 문학작품을 읽는 두 가지 방법은 첫째, 독자가 작가의 의도와 작품work, 作品의 의미를 찾아내는 독법과 둘째, 독자가 주관적이고 창의적으로 텍스트text, 本文를 읽는 독법이다.

이 중 두 번째 독법을 독자반응이론 또는 수용미학이라고 한다. 독자반응이론은 '독자의 작품에 대한 반응'에 조점을 맞춘 독서의 방법으로 1960~70년대 독일과 미국에서 시작된 비평이론이다. 독자반응이론은 신비평과 형식주의를 비롯한 전통적 해석이 작가의 창작 의도와 작품의 자율성을 지나치게 중시하는 경향이 있으며, 독자는 단지 수용자의 관점에서 작품을 수동적으로 해석한다는 비판에서 출발했다. 전통적 독법이란 작가가 창작한 작품이 완결적 정전canon이라는 전제하에, 작가의 의도와 작품의 의미를 수동적으로 해석하는 것을 이상적인 것으로 간주하는 독법이다. 그런데 독자반응비평과 수용미학의 이론가들은 작가보다 중요한 것은 독자이고, 작품보다 의미 있는 것은 텍스트라고 단언했다. 그리고 독자는 능동적이고 주체적으로 텍스트를 읽어서 작품의 의미를 재창조하는 독자반응이론과 수용미학을 제안했다.

롤랑 바르트^{R. Barthes}는 후기구조주의의 입장에서 '작가의 죽음과 독자의 탄생'을 선언했다. 바르트에 의하면 텍스트는 의미생성의 장소이고 텍스트를 완성하는 진정한 창조자는 (작품을 창의적이고 주체적으로 해석하는) 독자^{또는 관객, 청자}다. 야우스^{H. R. Jauß}와 이저^{W. Iser}가 제창한 수용미학에서는 작가가 상상력을 발휘하여 작품을 창작하는 것을 예술적^{artistic} 생산이라고 말하고, 독자가 능동적이고 적극적으로 작품을 읽고 그 의미를 완성해 나가는 것을 미적^{esthetic} 창조라고 한다. 이 관점에서 보면 독자의 독서 과정이 작품의 의미와 가치를 생산하는 원천이다. 이것을 종합해보면, 독서과정에서 일어나는 독자의 반응과 의미생성에 관한 이론이 독자반응이론이고, 그 이론을 비평과 독서에 적용한 것이 독자반응비평이며, 수용자의 미적 가치에 초점을 맞춘 학문을 수용미학이라고 한다.

독자반응이론은 체계적 해석을 가능케 하는 해석학, 텍스트 층위를 분석하는 현상학, 작품을 텍스트구조로 이해하는 구조주의와 후기구조주의의 영향을 받았다. 독자반응이론은 텍스트가 열려있으므로^{open text} 다양한 해석이 가능하고, 독자의 창의적이고 능동적인 의미부여가 가능하다. 아울러 창의적 독자는 작품의 틈을 메우고, 읽기의 기쁨^{jouissance}을 맛볼 수 있으며, 작가나 다른 텍스트와 소통할 수 있다. 아울러 독자가 자신의 반응을 점검하고 수정하면서 저자와 만날 때, 독자의 기대지평과 텍스트가 변증적인 상승작용을 한다. 이런 독서과정을 통해서 독자는 자신의 경험을 재해석하고 자신의 존재론적 의미를 재확인한다. 그러므로 텍스트는 개인마다 다를 수 있고, 경험과 상황에 따라서 달리 읽히며, 다시 읽으면 또 다른 의미를 찾아낼 수 있는 것이다. 그러므로 독자는 정밀한 독서^{close reading}와 저항적 읽기^{resistant reading}를 통하여 자기만의 의미를 발견할 수 있다.

스탠리 피시S. Fish는 텍스트는 그 텍스트를 읽는 공동체의 의미체계를 반영하고 있으므로 작가와 독자는 해석의 전략을 공유하고 있다는 이론을 제기했다. 피시에 의하면 독서행위 이전에 '이미 존재하는 해석공동체interpretive community의 집단의식이 있다'는 것이다. 한편 홀랜드N. Holland는 정신분석학과 심리학의 입장에서 독자의 동기motive와 심리를 중시하는 독자반응이론을 제기했다. 이런 여러 이론을 망라해 본다면 독자반응은 ① 개인적 반응 ② 경험을 공유하는 집단적 반응 ③ 보편적 반응 등이 있다. 그런데 독자반응이론은 '제멋대로, 아무렇게나' 해석한다는 비판을 받고 있으며 무정부적 주관주의Anarchic Subjectivism라는 비난도 받는다. 따라서 독자반응이론을 적용할 때 작가의 창작 의도, 작품의 의미, 시대와 상황, 일반적 가치를 고려할 필요가 있다. 독자반응이론은 문학만이 아니라 신학, 미술, 음악, 연극, 일반 독서 등에 두루 적용된다.

참고문헌 *Reader-response Criticism : From Formalism to Post-structuralism*, edited by Jane P. Tompkins, Johns Hopkins University Press, 1980.

참조 구조주의, 기대지평, 뉴크리티시즘/신비평, 미적 거리, 수용미학, 열린 텍스트, 이상적 독자, 작가·독자, 저자의 죽음, 존재론적 해석학, 텍스트, 해석학적 미학, 형식주의

이상적 독자

Ideal Reader | 理想读者

"'박제가 되어 버린 천재'를 아시오? 나는 유쾌하오. 이런 때 연애까지가 유쾌하오. / 육신이 흐느적흐느적하도록 피로했을 때만 정신이 은화처럼 맑소.' 이것은 이상의 「날개」 첫 부분이다. 대체 이상은 누구를 대상으로 이 난해한 작품을 썼을까? 『조광』에 발표된 1936년 작 「날개」의 독자는 식민지 조선의 문해력literacy이 있는 지식인이다. 지식인 독자라고 하더라도 「날개」의 내용과 형식 때문에 긴장은 했겠지만, 그 의미를 이해하기는 어려웠을 것이다. 「날개」의 특이한 표현과 의미체계를 정확하게 이해할 수 있는 독자는 작가 자신밖에 없다. 그렇다면 그는 가장 이상적인 독자인 자신을 대상으로 작품을 썼을까? 그것은 아니다. 작가 이상 역시 자기 작품을 잘 읽고 이해하는 독자를 상상하고 가정하면서 작품을 쓴 것은 분명하다. 작가가 생각하는 독자는 자기 작품을 잘 이해하고 작품에 의미를 부여하는 이상적 독자다.

일반적인 독자는 작가가 창작한 작품을 수동적으로 읽는 이상적 수신자ideal recipient[1]로 여겨진다. 이상적 수신자는 발신자sender인 작가가 발신하는 이야기를 수신하는 추상적 독자abstract reader이므로 실제 독자real reader, concrete reader는 아니다. 그런데 이상적 독자는 작가의 의도, 작품의 내용과 형식, 상황과 맥락 등을 잘 이해하면서 독자 자신도 정신적 쾌감과 가치를 느끼는 독자다. 반면 서사학에서는 이상적 수신자를 이상적 독자로 간주한다. 그러므로 이상적 독자의 '이

---

1   Wolf Schmid, "Review of B. A. Uspenskij, A Poetics of Composition", *Poetica* 4, 1971, pp.124~134.

상적'이란 '작가가 생각하는 이상적 독자'다. 작가가 이상적 수신자를 설정하는 이유는, 실제 독자가 작품을 이해하지 못할 수도 있지만 이상적 독자는 작가의 의도를 정확하게 이해하기 때문이다. 웨인 부스는 이런 독자를 가정된 독자postulated reader라고 했고,[2] 프린스G. Prince는 이상적 독자lecteur idéal라고 했다.[3]

이상적 독자는 작가의 동반자인 동시에 작가가 예상하는presumed 모델독자model reader다. 그런 점에서 크리스Gunther Kress는 이상적 독자를 '아무런 문제가 없고 자연스러운unproblematic and natural 독서를 하는 독자'라고[4] 말한다. 그렇다면 이상적 독자는 어디에 어떻게 존재하는가? 이상적 독자의 존재에 대해서는 ① 텍스트 안에 내포독자implied reader로 존재한다는 관점과 ② 작가의 마음에 존재한다는 관점으로 나눌 수 있다. 그러므로 '이상적 독자는 텍스트 안에 내포되어 있는가 아니면 작가의 마음에 존재하는가'에 따라서 다른 이상적 독자가 존재한다. 그러나 이 두 존재 모두 허구적fictive 존재이며 추상적 개념이라는 점은 같다. 한편 이저W. Iser와 채트먼S. Chatman을 비롯한 서사이론가들은 텍스트의 내포독자를 이상적 독자로 간주한다. 채트먼에 의하면 텍스트의 내포독자는 내포작가의 상대적인 개념이며 실제작가를 대리하는 텍스트 내의 허구적 존재다. 이 내포독자가 바로 작가의 무의식 속에서 자동적으로 설정된 이상적 독자이다.

작품을 텍스트로 보지 않거나, 텍스트로 보기는 하지만 텍스트 안에 내포독자가 존재하지 않는다고 본다면 이상적 독자는 작가의 마음에만 존재한다. 따라서 텍스트를 기준으로 본다면, 이상적 독자는 텍스트 안에 존재하는 이상적 내포독자와, 작가의 마음에 존재하는 이상적 독자가 있음을 알 수 있다. 한편 기능에 따라서 이상적 독자는 다음 두 가지로 나눌 수 있다. ③ 완벽한 이상적 독자는 작가의 의도, 어법, 표현, 사상, 감정, 문체, 배경 등을 완벽하게 이해하고

---

2   Wayne C. Booth, *The Rhetoric of Fiction*, Chicago : University of Chicago Press, 1961, p.137.

3   Gerald Prince, "The Narratee Revisited" *Style* 19, 1985, pp.299~303.

4   Gunther. R. Kress, *Linguistic Processes in Sociocultural Practice*, Deakin University, 1985, p.36.

작가의 창작 의도에 따라서 작품을 읽는 수동적 수신자submissive recipient 또는 순종적 독자compliant reader다. 반면 ④ 창의적 이상적 독자는 작품을 창의적으로 해석하고 작품의 틈gap을 메우면서 작품에 의미와 가치를 부여하는 능동적 독자다. 여기서 틈이란, 표현하고자 하는 의도와 표현된 결과의 차이를 말한다. 능동적 독자는 이 틈을 창의적으로 해석하여 작가가 완전하게 표현하지 못한 틈을 없애거나 좁힌다.

③ 완벽한 이상적 독자는 작가의 의도를 수용하는 수동적 수신자이고 ④ 창의적인 이상적 독자는 주체적으로 작품을 해석하는 능동적 독자이다. 이렇게 볼 때 이상적 독자의 존재 양상은 ① 텍스트 안에 내재하는 이상적 독자, ② 작가의 마음에 내재하는 이상적 독자 ③ 수동적이지만 완벽하게 작가의 의도를 수용하는 이상적 독자 ④ 주체적이면서 창의적이고 능동적으로 작품을 해석하는 이상적 독자 등으로 나눌 수 있다. 네 유형의 이상적 독자는 첫째, 텍스트 안에 내재하면서 작가의 의도를 완벽하게 이해하는 수동적 이상적 독자 둘째, 텍스트 안에 내재하면서 창의적으로 작품을 이해하는 능동적 이상적 독자 셋째, 작가의 마음에 존재하면서 작가의 의도를 완벽하게 이해하는 수동적 이상적 독자 넷째, 작가의 마음에 존재하면서 창의적으로 작품을 이해하는 능동적 이상적 독자 등이다. 이상적 독자는 이상적 청자ideal listener와 이상적 관객ideal viewer과 대등한 개념이다.

참고문헌 Gunther. R. Kress, *Linguistic Processes in Sociocultural Practice*, Deakin University, 1985.

참조 감동, 구조주의, 기대지평, 독자반응이론, 마음, 수용미학, 에이브럼즈의 삼각형이론, 열린 텍스트, 이상적 독자, 작가·독자, 저자의 죽음, 텍스트, 해석학적 미학, 형식주의

미메시스[아우어바흐]

Mimesis | 模倣

    호머의 「오디세이^{Odyssey}」 중 오디세이의 귀향은 극적으로 표현되어 있다. 트로이전쟁이 끝난 후, 이타카의 왕 오디세이는 20년에 걸친 유랑 끝에 가까스로 고향으로 돌아온다. 유모였던 에리우크레아에는 몰래 궁전에 들어온 '오디세이의 상처'를 보고 그가 오디세이인 것을 알고 놀랐다. 이 장면은 매우 사실적으로 묘사되어 있으며 이야기는 인과적으로 전개되고 있다. 한편 오디세이는 궁전에 머물면서 난장판을 만든 자들을 응징하고 새로운 출발을 한다. 이 장면에 대하여 아우어바흐^{E. Auerbach}는 전후의 인과관계가 분명하고 사실적으로 묘사되어 있어서 독자들이 충분히 동의하는 한편 재미를 느낄 수 있다고 분석했다. 그리고 이것이 바로 미메시스라고 했다. 아우어바흐가 말한 미메시스는 기계적 복사^{duplication}, 단순한 모방^{imitation}, 창조적 재현/표상^{representation}, 창의적 표현^{expression}, 사실적 반영^{reflection}, 그럴듯한 묘사^{description} 등 다양한 의미가 있는 리얼리즘 이론이다.

    독일에 실딘 유내인 아우어바흐는 1935년 나치의 탄압을 피해 터키의 이스탄불에 정착했다. 그는 참고문헌이 부족한 상황에서 리얼리즘의 발전과정을 분석한,『미메시스: 서구문학의 사실성 재현』¹⁹⁴⁶을 출판했다. 아우어바흐는 이 책에서 「오디세이」와 『성경』을 비교했는데, 「오디세이」는 일상 현실을 사실적으로 재현하는 한편, 개연성 있는 플롯과 사건묘사를 통하여 독자들에게 생생한 느낌을 준다고 분석했다. 그러니까 「오디세이」는 독자를 자연스럽게 이야기에 빠져들게 하는데, 그 이유는 이야기가 매우 사실적이기 때문이다. 반면 성경은 신학적이고 배타적일 뿐 아니라 '성경은 진리다', '그리스도를 믿어라', '하나님의 말씀에 따르라', '죽으면 하늘나라에 간다'와 같이 권위적으로 말한다. 성경의 독자는 목적론적이고 독선적이며 심지어 강압적tyrannical인 가르침에 따라서 믿음을 강요당할 뿐이다.

아우어바흐는 '이삭의 포박the binding of Isaac'을 예로 들어 성경이 권위적이라는 것을 설명한다. 아브라함은 신의 제단에 사랑하는 아들을 바치라는 명령을 듣고 모리아산Moriah에서 아들을 죽이는 예식을 거행하고 있었다. 아브라함이 칼을 들어 백 살에 얻은 이삭Isaac을 죽이려 할 때 하늘에서 목소리가 들려왔다. 여호와가 천사를 보내서 '그 아이에게 손을 대지 말라'「창세기」 22장 12절고 하여 이삭을 살렸고, 아브라함은 양을 죽여 속죄양으로 바쳤다. 기독교 성경의 창세기에 나오는 아브라함과 이삭의 이야기는 전율과 공포를 동반한 신에 대한 경외로 이어진다. 그런데 '이삭의 포박'은 전율과 경외는 주기는 하지만 왜 '이런 일이 벌어지는지, 어디에 하나님이 있는지'와 같은 설명은 하지 않는다. 현실과 상당히 떨어진 이야기인 것이다.

이처럼 성경이 불명확하고 개연성이 없는 이야기를 전개하는 것과 달리 호머Homer는 생생한 어조, 어법, 구조, 수사 등으로 이야기를 전개한다. 성경은 신에 대한 경배와 종교적 진리를 쓴 것이므로, 이야기 전후를 설명할 필요가 없어서 생략되어 있다. 그러므로 독자는 「오디세이」를 읽을 때와 달리 성경을 읽을 때 왜 이렇게 기술되었는지 해석을 해 보아야 한다. 아우어바흐에 의하면 호머의 글은 사실에 관한 미메시스이고 성경은 진실에 관한 미메시스이다. 호머와 성경으로 나눌 수 있는 사실 재현의 전통은, 고대 그리스와 중세 유럽을 거쳐 근대 계몽주의에 이르는 동안 자유로운 발전과 변화를 거듭했다. 이후 타키투스, 오거스틴, 단테, 보카치오, 몽테뉴, 셰익스피어, 세르반테스, 라신느, 볼테르, 발자크, 스탕달, 플로베르, 졸라, 프루스트, 버지니아 울프 역시 일상적 사실을 묘사하고 반영하면서 호머의 전통과 성경의 전통을 이어받았다. 이 두 가지의 미메시스적 전통이 근대 리얼리즘과 자연주의로 발전했다.

미메시스의 전통은 플라톤과 아리스토텔레스로 거슬러 올라간다. 플라톤에 의하면 본질이자 진실인 이데아idea의 세계를 직접 추구하는 철학자가 있고, 이데아의 본질을 재현하는 사람이 있으며, 이데아가 현현된 그림자를 묘사하는 예술가가 있다. 진실을 있는 그대로 보여주는showing 것은 미메시스mimesis이고, 그림자에 관하여 설명하는telling 것은 디에게시스diegesis이다. 그런데 예술가는 진리가 아닌 현상을 모방하는 저급한 미메시스를 (하기) 때문에 이데아의 세계에서 추방되어야 한다. 이런 플라톤의 미메시스론에 대하여 아우어바흐는 (플라톤과 달리) '아리스토텔레스는 미메시스로 현실을 재현하면서 진리를 추구하는 것으로 보았다'라고 말했다. 아우어바흐가 주목한 것은 사회적 관습을 극복하면서 다양한 방법으로 사실을 재현한 미메시스의 전통이다. 그에게 리얼리즘의 원형인 미메시스는 외면으로 드러난 사실과 내면의 본질을 말한다.

참고문헌 Erich Auerbach, *The Representation of Reality in Western Literature*, edited by Fiftieth Anniversary translated by Willard Trask, Princeton : Princeton University Press, 2003.

참조 감정·정서, 개연성, 디에게시스, 리얼리즘/실재론〔철학〕, 리얼리즘〔예술〕, 모방론, 묘사, 미메시스〔아리스토텔레스〕, 미메시스〔플라톤〕, 비극, 소크라테스의 문답법, 수사, 순수이성, 시인추방론, 이데아, 인과율·인과법칙, 재현, 카타르시스, 표현, 플롯

미학국가/미적 상태[실러]

Aesthetic State | 美学国家

실러는 장편소설 『군도The Robbers』에서 의적義賊을 통하여 사회개혁의 의지를 질풍노도와 같은 필치로 표현했다. 실러J.F. Schiller, 1759~1805는 보헤미아 숲에서 혁명을 꿈꾸는 형과 현실에 순응하는 동생을 대비시키면서 '인간의 본질이 무엇이어야 하는가'를 묻는다. 이 작품에서 실러는 순수하고 낭만적인 인간상을 꿈꾸었다. 실러가 제시한 새로운 인간상은 예술교육을 통하여 총체성을 회복한 전인全人이다. 전인이 되기 위해서는 도덕적 심성을 가지고 완전한 자유를 누리는 미적 상태가 가능해야 한다. 그래서 실러는 미美가 절대적 기준이 되는 미학국가Aesthetic State 또는 미적 상태aesthetic state를 상상했다. 실러가 상상한 미학국가는 이성과 감성이 조화된 미학교육을 통하여 도달한 도덕적이고 자유로운 이상사회다. 실러가 미학국가를 상상한 이유는 1789년 일어난 프랑스대혁명 때문이다.

실러는 '프랑스대혁명은 봉건사회가 근대사회로 이행하는 올바른 방향'으로 간주했지만, 인간의 야만적 본성이 그대로 드러났다고 결론지었다. 그는 인간성의 위기를 예술과 교육을 통해서 극복할 수 있다고 믿으면서, 사회개혁의 방법으로 미학교육을 꼽았다. 그것은 미학교육을 통해서 아폴론적인 이성과 디오니소스적 감성이 균형을 이룰 수 있다고 믿었기 때문이다. 실러에 의하면 미학은 예술이론일 뿐 아니라 사회개혁과 국가건설의 정치적 원리다. 이런 생각을 바탕으로 실러는 계몽주의와 칸트철학을 수용하는 동시에 비판하면서 이성과 감성, 정신과 육체, 마음과 감각의 균형을 추구했다. 아이러니한 것은 실러의 미학 이론이 예술을 위한 예술 즉, 순수예술의 토대가 되는 동시에 사회개혁과 국가건설의 진보적 열망을 담고 있다는 점이다. 이런 의도를 가지고 쓴 실러의 『미학편지Aesthetic Letters』1794는 완전한 자유와 고결한 도덕이 가능한 미학국가를 최종 목표로 삼고 있다.

감각을 공유하는 미적공동체인 미학국가美學國家는 감각과 이성이 조화된 총체성을 회복한 사람들이 사는 사회다. 그리고 미학국가는 미학교육을 통하여 품성을 도야해야만 도달할 수 있는 이상세계다. 따라서 미학국가는 현실의 정치체제가 아닌 미적인 상태美的狀態를 말한다. 그가 말하는 미적 상태는 자유롭고 도덕적이면서 아름다움을 즐기는 고상한 정신이다. 이를 위하여 실러는 인간의 본성을 감각충동, 도덕충동, 유희충동으로 나누고 도덕충동을 중요한 가치로 설정했다. 그가 말하는 도덕충동은 도덕이라는 형식form으로 드러나며, 진리와 정의를 추구하는 강렬한 욕망이다. 사람들이 감각충동을 제어하고 총체적인 인간성을 회복하려면 도덕교육이 필요하다. 그 도덕교육이 바로 미학교육이다. 그런데 칸트가 실천이성비판에서 도덕을 보편적이고 선험적인 것으로 보고 이성으로 고양될 수 있다고 본 것과 달리 실러는 이성만이 아니라 인간의 의지와 애호愛好로 고결한 도덕이 가능한 것으로 보았다.

실러에 의하면 인간의 진정한 자유는 미를 통해서만 성취One achieves freedom only through the path of beauty[1]가 가능하다. 아울러 미를 통해서만 도덕적 품성을 기를 수 있다. 그러므로 자유, 미아름다움, 도덕은 변증적이고 상호의존적이다. 그런 점에서 실러가 말하는 자유는 도덕을 동반한 미적 자유aesthetic freedom인 동시에 유희충동이 발현되는 원천이다. 여기서 놀이하는 인간이 대두하는데 실러는 가상schein, 허구으로 놀이와 유희충동을 설명한다. 그는 동물이나 신에게는 가상의 세계가 없으며 인간만이 가상을 창조하여 그 가상으로 놀이를 한다고 생각했다.

---

1   Friedrich von Schiller, Aesthetical and Philosophical Essays. Vol.2. edited by Nathan Haskell Dole, Boston, Mass : Francis A. Niccolls & Comp, 1902, p.7.

그래서 인간의 놀이는 단순한 놀이가 아니고 창의적이면서 도덕적인 놀이다. 그것은 아폴론적 이성과 디오니소스적 감성이 합일하는 놀이욕망 또는 유희충동이 만든 새로운 세계다. 실러에 의하면 인간은 가상의 놀이를 통하여 예술을 향유하면서 도덕적으로 행동해야만 총체적 전인이 될 수 있다.

실러의 미학국가美學國家 또는 미적 국가 또는 미학공동체美學共同體는 플라톤의 철학국가哲學國家로 거슬러 올라간다. 플라톤의 철학국가는 철학적으로 각성한 사람들이 조화롭게 공동체를 이룬 공화제국가다. 반면 실러의 미학국가는 형식적 도덕충동과 감성적 감각충동과 놀이하는 유희충동이 조화된 이상국가다. 세 충동이 균형과 조화를 이루면 진정한 미적 진리인 삶의 형식이 완성되고 완성된 전인이 탄생한다. 미학국가는 이런 존재들의 집합체이다. 하지만 이 가상의 미학국가는 현실에 있는 것이 아니라 인간의 마음에 있다. 여기서 인간을 미적으로 교육해야 한다는 미학교육으로 환원한다. 그러니까 실러의 미학은 순수한 미를 통해서 사회를 개혁할 수 있고, 목적 없는 예술을 통해서 도덕적 국가를 건설할 수 있다는 것이다. 이 지점에서 예술과 정치가 만나고 미학과 사회가 만난다.

참고문헌 Friedrich von Schiller, *Letters Upon The Aesthetic Education of Man*, translated by Reginal Snell, New York : Mineola, 2004.

참조 감성, 관념론, 교훈주의, 낭만적 숭고, 무목적의 목적, 미/아름다움, 미학·예술철학, 바움가르텐의 진선미, 실천이성, 예술지상주의, 유희충동, 이데아, 이성, 이성론/합리주의, 판단력비판—미(美)란 무엇인가?, 프랑스대혁명, 해석학적 미학

재현

Representation | 再現 · 表象

지금까지 〈최후의 만찬〉을 주제로 많은 화가가 작품을 남겼다. 그중에서 레오나드로 다빈치의 〈최후의 만찬〉[1497]은 여러 면에서 명작으로 꼽힌다. 그것은 예수의 신성성과 인간성을 균형 있게 담아내면서 마지막 만찬의 종교적 의미와 사실적 상황을 특별하게 그렸기 때문이다. 〈최후의 만찬〉은 '예수 그리스도가 십자가에서 죽기 전날, 열두 제자와 함께 만찬을 나누었다'라는 성경의 기록을 그림으로 재현한 것이다. 여기서 말하는 재현再現은 어떤 것을 그대로 보여주는 행위와 그 행위의 결과를 말한다. 사전적인 의미에서 재현은 '원래의 것을 모방하거나 다시 표현한다'라는 뜻이고 라틴어 재현은 '보여주다, 전시하다repraesentātiō'가 '다시 보여주다'로 확장된 것이다. 플라톤과 아리스토텔레스는 재현을 중요한 개념으로 설정했는데 그 이유는 '재현이 이데아[idea] 본질/진리를 다시 보여주는 미메시스[mimesis]'이기 때문이다.

재현은 다시 보여주는 것이면서 본질을 추구하는 것이다. 따라서 '모방[미메시스]하여 본질을 유사하게 재현한다'라고 할 때, 모방은 행위자의 행위를 강조하는 개념이고 재현은 본질을 강조하는 개념이다. 플라톤은 이데아의 세계를 직접 추구하는 철학자, 이데아의 세계를 간접 추구하는 목수, 이데아의 그림자를 묘사하는 예술가를 나누었다. 그리고 예술가는 본질인 이데아를 직접 추구하지 않고, 현실에 1차 모방된 것을 다시 모방하는 2차 모방자이거나 3차 모방자로 규정했다. 그러나 그의 제자 아리스토텔레스는 예술가의 예술적 모방도 본질을 추구할 수 있다고 하여 재현의 가치를 인정했다. 그러니까 플라톤은 미메시스를 기술적 재현으로 간주했으나 아리스토텔레스는 미메시스를 예술적 재현으로 간주했다는 점에서 차이가 있다. 예술에서 재현은 단순한 복제나 모방이 아니라 효용성과 가치가 있는 창의적 모방이다.

예술가들은 모방의 대상을 재창조하고 재생산하고자 노력한다. 그런데 예술가가 원래의 것을 다시 보여주더라도 그것은 단순한 복사나 복제가 아니다. 이 과정에서 예술가의 상상력이 발휘된다. 이 과정에서 예술가는 새롭게 보여주는 낯설게하기unfamilialization를 하는 것이고, 낯설게 보이기 때문에 사람들은 새로운 감동을 느낄 수 있다. 문예사조에서는 새롭게 재현하는 것을 리얼리즘Realism 또는 자연주의라고 한다. 리얼리즘의 라틴어 어원인 realis는 '물건, 실재'라는 뜻이고 비현실, 가상假象, 관념, 상상과 반대되는 말이다. 그러니까 리얼리즘은 사실, 실재, 실제, 현실을 정확하게 묘사하는 창작방법론이자 표현된 결과를 의미하는 것이면서 그 표현의 방식에 개연성蓋然性이 있다는 뜻이다. '그럴듯한' 개연성이란 사실/실재와 유사하면서 창의적으로 재현하는 것이다.

철학에서 재현은 본질과 실재를 추구하는 (철학적) 리얼리즘을 말한다. 철학에서 리얼리즘은 '현실/실제는 본질의 그림자'로 보는 전통적 형이상학에 근거하여, 현실/실제 너머의 본질을 실재라고 전제하고 실재를 추구하는 철학적 방법이다. 그런데 본질을 추구하려면 먼저 의식에 비친 형상을 넘어서야 한다. 의식 또는 마음에 재현된 것은 표상表象이다. 철학에서 표상은 '마음의 앞에 세워서vorstellung' 재현된 심상心想이다. 주체가 대상을 인식할 때 먼저 마음에 재현된 표상을 인식하고, 시간과 공간의 질서를 부여하며, 가치를 부여한다. 그런데 지각한 것만이 아니라, 상상한 것이나, 과거를 재생한 표상도 있다. 따라서 마음에 재현되는 표상과 현실에 재현되는 모방으로 나뉜다. 반면 소박실재론이나 유물론에서는 현실이 객관적으로 반영된 것을 표상이라고 한다. 한편 재현은 '원래의 것을 그대로 다시 보여주는 것이 아니고, 상상이나 상징으로 보여준다'라는 점에서 언어와 기호도 재현으로 볼 수 있다.

재현이 대상을 수동적으로 보여주는 것이라면 표현은 예술가/표현자가 능동적으로 대상을 보여주는 것이다. 하지만 재현 역시 단순한 복제가 아니라 의미 구성을 거친 표현이다. 표현express은 '바깥으로 표출한다'는 뜻과 더불어 '예술가/표현자가 자기 내면의 사상과 감정을 주관적으로 나타낸다'는 뜻이 담겨 있다. 표현 그 자체를 중시하는 문예사조를 표현주의Expressionism라고 한다. 한편 핀란드의 예술이론가 아리오 히른Yrio Hirn, 1870~1952은 기쁨을 고양하고 고통을 약화하는 '내면의 표출 충동이 곧 예술'이라고 보았다. 이처럼 재현은 모방, 복사, 복제, 묘사, 모사, 재생산, 재창조, 표상과 유사한 개념이면서 '다시 표현하는 것'을 말한다. 다시 표현하는 것을 넘어서 창의적으로 표현하는 것을 예술적 재현이라고 한다. 재현의 행위와 과정을 위주로 하는 예술이 재현예술representation art이다.

참고문헌 Yrio Hirn, *The Origins of Art : A Psychological and Social Inquiry*, New York : The Macmillan Co., 1900.

참조 감성, 감정·정서, 개연성, 기표·기의, 디에게시스, 리얼리즘〔예술〕, 리얼리즘/실재론〔철학〕, 모방론, 묘사, 미메시스〔아리스토텔레스〕, 미메시스〔아우어바흐〕, 미메시스〔플라톤〕, 상상, 시인추방론, 예술, 표현

해석공동체
Interpretive Community | 解釋群体

'지금은 남의 땅—빼앗긴 들에도 봄은 오는가? / 나는 온몸에 햇살을 받고 / 푸른 하늘 푸른 들이 맞붙은 곳으로 / 가르마 같은 논길을 따라 꿈속을 가듯 걸어만 간다.' 한국인이 이 시를 읽는다면, '빼앗긴 들'이 무엇을 의미하는지 금방 안다. 또 한국인들은 이 시의 비극적이면서 낭만적인 정서를 자연스럽게 느낀다. 하지만 일본인이 이 시를 읽는다면 '빼앗긴 들'을 단지 들판으로 읽을 것이다. 같은 시를 놓고서 왜 이런 현상이 벌어지는 것인가? 이에 대한 설명은 여러 가지가 있겠지만 스탠리 피시Stanley Fish의 해석공동체이론이 적절해 보인다. 그가 말한 해석공동체는 공동의 감성과 이해를 바탕으로 공동의 해석 전략을 가지고 텍스트를 해석하는 집단이다. 피시는『이 교실에 텍스트가 있는가?』에서 해석공동체를 공통의 가정assumption, 즉 전제 조건 속에서 동일한 방법으로 텍스트를 해석하는 독자 집단으로 규정했다.

피시의 의문은 '작품을 다르게 해석하는 이유는 무엇인가'에서 출발한다. 피시는 '개인의 개인적 요소 이외에 내면화된 문화가 해석에 영향을 미친다'라고 생각했다. 그리고 논문「베리오룸 해석Interpreting the Variorum」에서 수용미학과 독자반응비평을 발전시켜, 해석의 전략interpretation strategies 즉, 독서의 형식과 방법은 '텍스트 이전에 결정된다'라고 주장했다. 그것은 문화와 교육을 통하여 형성된 선험적a priori 공동체 의식이 텍스트 해석에 작용한다는 뜻이다. 그는 텍스트 층위를 주관, 객관, 세계로 나누고 주관과 객관보다 세계文學의 틀에서 텍스트를 해석해야 하며, 그 텍스트 해석의 전략이 들어맞을 때 정확한 해석이 가능하다고 본다. 또한, 그는 개인의 주관적 감성이 중요하기는 하지만, 그 주관적 감성은 사실 공동의 언어와 집단의 감성을 내면화된 것으로 보았다. 그러니까 해석공동체에 속한 '개인의 생각은 곧 그 공동체의 객관적 구조와 삶의 경험'이라는 것이다.

원래 해석공동체는 작가가 해석공동체를 가정하고 작품을 생산한다는 개념이다. 이것을 피시는 이렇게 설명한다. '해석공동체는 해석 전략을 공유하는 사람들로 구성되는데 그들은 텍스트를 읽기 위해서가 아니라 텍스트를 쓰면서 텍스트의 속성을 구성하고 의미를 부여하고자 한다.'[1] 바꿔 말하면, 해석 전략은 독서행위에 앞서 있으며 독서행위를 규정한다. 따라서 텍스트의 의미망web of meaning은 문화와 세계에 의해서 결정된다. 스탠리 피시가 말하는 독서행위 이전에 존재하는 공동체 의식이라는 것은 첫째, 창작과정에서 작동되는 공동체 의식이며 둘째, 집단이 공유한 사상과 감정의 공동체 의식이다. 그러므로 해석공동체는 일종의 집단의식이면서 무의식까지 지배하는 공동체 의식이다. 그 집단은 의식과 무의식을 공유하는 생존공동체다.

피시는 '텍스트의 의미는 텍스트 자체에 있는 것이 아니고, 텍스트를 해석하는 독자에게 있다'라고 본다. 왜냐하면, 독자의 텍스트 읽기는 의미 해독decode일 뿐 아니라 의미부여encode와 의미 구성construct이기 때문이다. 따라서 독자는 숙독close reading을 통하여 창의적 생산에 참여한다. 그런데 피시는 '독자의 능동적이고 창의적인 해석이 중요하다'라고 인정하면서도 한 걸음 더 나아가서 '독자의 죽음death of the reader이 필요하다'라고 주장한다. 피시에 의하면 작가와 마찬가지로 독자 역시 이미 정해진 환경과 상황에서 텍스트를 읽는다. 그러니까 해석공동체는 곧 운명공동체이며 작가, 독자, 텍스트, 사실, 경험, 환경, 역사 등과 연결

---

1   "interpretive communities are made up of those who share interpretive strategies not for reading (in the conventional sense) but for writing texts, for constituting their properties and assigning their intentions"; Stanley Fish, *Is there a text in this class?*, Harvard University Press, 1980, p.171.

된 인식의 틀과 해석의 전략을 공유한다. 피시는 이에 근거하여 작가나 독자 모두에게 해석을 공유하는 집단의식이 있다는 것을 발견하고 해석공동체 이론을 제기한 것이다.

피시에 의하면 작품의 의미는 텍스트, 작가, 독자가 아닌 공동의 경험과 문화적 맥락cultural context에 있다. 작품에 내재한 저자의 의도authorial intent 또한, 맥락에 따라서 해석되어야 한다. 이런 피시의 해석공동체 이론은 해석의 무정부주의 또는 무정부적 주관주의Anarchic Subjectivism라는 비판을 받는다. 이에 대하여 피시는 독서를 하면서 다른 사람들과 소통하기 때문에 해석의 무정부interpretative anarchy 상태가 생기지 않는다고 주장한다. 오히려 소통의 행위를 통하여 개인들은 자신이 어떤 해석공동체에 속하는지 알 수 있다. 여기서 해석은 존재의 문제로 비약한다. 피시의 해석공동체 이론은 독자반응비평에 지대한 영향을 미쳤으며 수용미학의 새 지평을 열었다. 해석공동체는 상상의 공동체imagined community, 집단기억, 독서공동체와 유사한 면이 있으며 결정론의 성격이 있다.

참고문헌 *Reader-response Criticism : From Formalism to Post-structuralism*, edited by Jane P. Tompkins, Johns Hopkins University Press, 1980.

참조 결정론, 기대지평, 독자반응이론, 상상의 공동체, 수용미학, 순수이성, 아 프리오리/선험·후험, 열린 텍스트, 의도적 오류, 이상적 독자, 이성론/합리주의, 에피스테메, 작가·독자, 저자의 죽음, 존재론적 해석학, 집단기억, 텍스트, 해석학적 미학

원형비평·신화비평
Archetypal Criticism | 原型批评

'호수 옆의 숲에는 황금색 나무 한 그루가 있었는데, 칼을 든 남자가 밤낮으로 그 나무를 지키고 있었다. 그는 사제이자 살인자였다. 그는 전임자를 살해하고 황금가지를 꺾은 후 사제가 되었다. 하지만 그 또한 언젠가는 다른 자의 손에 의해 살해당할 운명이었다. 이 사제는 왕으로 불리기도 했다.' 그 남자는 사람을 죽인 살인자이며 주술사였고, 그 지방의 왕이었다. 그가 살인 한 이유는 이선의 왕이 능력을 잃어버렸기 때문이다. 하지만 살인자 역시 살해당할 운명이다. 이것이 우주 자연의 순환법칙이다. 태어나고, 성장하고, 성취하고, 노쇠한 다음, 죽는다. 이것은 이탈리아 로마 남쪽에 있는 네미^{Nemi} 호수 옆에 있는 숲의 전설인데, 인류학자 프레이저^{J.G. Frazer, 1854~1941}는 『황금가지^{The Golden Bough}』를 이 이야기로 시작한다. 12권의 방대한 역작에서 프레이저는 인류의 신화에는 반복^{pattern}되는 원형이 있음을 밝혔다.

프레이저는 이 책에서 시대와 공간을 초월한 인류와 집단의 신화를 분석했다. 이 중 가장 기본저인 것은 틴생, 생장, 죽음, 재생이다. 무능력한 왕은 죽어야 하고, 죽은 왕은 다시 살아나서 다시 왕위를 차지한다. 죽어가는 왕은 희생양^{scape goat}이 되어야만 풍요와 안녕이 유지된다. 고대의 왕은 병자를 치료하고, 왕국의 질서를 유지했으며, 농경을 주관하는 주술사였다. 시간이 흘러 미신적 주술은 체계적인 종교로 대치되었다. 다시 시간이 흐르자 실험과 논증을 중심으로 하는 과학이 종교를 대신하게 되었다. 그러니까 주술, 종교, 과학의 기능은 같다. 하지만 죽음과 재생은 변하지 않는다. 이런 프레이저의 비교종교학과 문화인류학은 신화비평에 큰 영향을 미쳤다. 한편 칼 융은 인간의 집단무의식에 잠재하는 원형이 있다고 주장했다. 융은 스승이자 동료였던 프로이트의 개인 무의식과 성충동을 비판하고 인간의 집단무의식을 연구했다.

융C. Jung, 1875~1961에 의하면 의식 깊은 곳에는 민족과 같은 집단이나 인류 전체가 공유하는 집단무의식Collective Unconscious이 있다. 집단무의식은 집단이 공유하는 원형archetype, 原型과 공통의 심상image, 心象이다. 융이 말하는 원형은 '처음' 또는 '원래arche'라는 의미와 '유형type'이 결합한 명사이므로 '원래의 유형'이라는 뜻이다. 기본형이라는 의미의 또 다른 원형prototype과도 다른 융의 원형은 무의식에 잠재하는 구조라는 뜻에 가깝다. 예를 들면, 탄생과 죽음, 아니마와 아니무스, 천사와 악마 등은 인류 전체가 가진 집단무의식 원형이다. 그리하여 융은 원형인 그림자, 아니마, 아니무스와 같은 심상image과 상징symbol을 통해서 원형과 본능을 이해할 수 있다고 보았다. 인류학자 프레이저와 분석심리학자 융의 연구는 원형비평과 신화비평의 이론적 토대가 되었다.

신화비평과 원형비평을 같은 것으로 보는 견해도 있으나 이 두 비평은 약간 다르다. 첫째, 신화비평Mythological Criticism은 예술작품에 내재한 신화적 원형을 분석하거나 비평하는 것이고 둘째, 원형비평은 예술작품에 내재한 기본 원형을 분석하거나 비평하는 것이다. 그런데 신화비평의 준거인 신화는 어떤 존재 이유를 초자연적이고 신비하게 설명하는 허구적 이야기다. 대체로 신화는 천지창조, 천지개벽, 건국 등을 주요 내용으로 하는 각종 신비하고 성스러운 사건에 관한 이야기다. 신화적 원형에서 말하는 신화myth는 그리스어 '플롯을 갖춘 이야기'인 뮈토스mytos에서 유래했다. 그러므로 신화비평은 문학작품과 예술작품에 내재하는 신화의 원형을 분석하고 그 의미를 해석하는 비평의 한 방법이다. 반면 원형비평은 작품에 표현된 보편적 원형과 구조를 분석하고 그 의미를 해석하는 비평의 한 방법이다. 따라서 원형비평은 신화비평을 포함한다. 원형비평은 보드킨이 『시의 원형적 형태Archetypal Patterns in the Poetry』1934에서 처음 사용했다.

원형비평을 체계화한 캐나다의 노드롭 프라이[N. Frye]는 『비평의 해부[A Anatomy of Criticism]』[1957]에서 우주 자연의 근본 구조가 문학작품의 원형으로 구조화되어 있다고 주장했다. 예를 들어, 생명이 탄생하는 봄은 희극, 성장하고 완성되는 여름은 로망스, 시들어가는 가을은 비극, 죽음 속에서 탄생을 준비하는 겨울은 풍자와 반어이다. 계절에는 그 계절의 원형이 있다. 이 이론의 핵심은 '문학예술은 인간과 자연을 통일적으로 이해하도록 하는 원형 구조가 있다'라는 것이다. 시대와 공간을 넘어서 반복되는 원형은 작품의 구조, 서사, 상징, 이미지, 인물, 모티브, 주제, 색채, 배경, 플롯 등이다. 그러니까 원형에는 유사성, 보편성, 반복성, 연속성이 있으므로 불가사의한 것에 대한 설명이 가능하다. 하지만 원형비평/신화비평은 환원주의이며 자유의지를 부정하는 결정론이라는 문제가 있다. 또한, 시대적 상황과 맥락을 부정한다는 비판을 받는다.

참고문헌 James George Frazer, *The Golden Bough* Vol1; *The Magic Art and the Evolution of Kings*, London : Macmillan and co., 1911.

참조 결정론, 공간, 구조주의, 모티브, 무의식, 문학, 비극, 비평/평론, 상상, 상징, 소설, 시간, 신화·전설, 아니마 아니무스, 원형, 이미지, 자유의지, 집단무의식, 플롯

비유

Trope | 橋段 比喩

'내 마음에 쟁반같이 둥근 달이 떴다.' '내 마음은 얼음 수레바퀴다.' 이 두 문장은 달을 표현한 비유다. ① '쟁반같이 둥근 달'은 달의 모양을 직접 비유한 것이고(직유) ② '얼음 수레바퀴'는 내 마음을 얼음 수레바퀴에 간접 비유한 것(은유)이다. 그런데 ① '쟁반같이 둥근 달'은 사람들에게 별다른 느낌을 주지 못한다. 그것은 '달은 쟁반같이 둥글다' 정도의 평범한 묘사이기 때문이다. 반면 ② '얼음 수레바퀴'는 신선한 느낌을 주는데 그것은 마음을 청백색 얼음 수레에 비유한 것이 새롭기 때문이다. 사실 '얼음 수레바퀴'인 빙륜氷輪은 고대 한시에도 있는 비유이므로 새로운 표현은 아니다. 하지만, '쟁반같이 둥근 달'에 비하여 많은 사람에게 신선한 느낌을 준다. '쟁반같이 둥근 달'처럼 신선한 느낌을 주지 못하는 것을 사은유死隱喩라고 할 수 있다. 이런 사은유는 비유의 기능이 없어지고 일상어가 되어 정서를 환기하지 못한다.

비유는 수사법의 일종이며 문학과 예술에서 많이 사용된다. 기본적으로 비유는 두 가지 생각을 연결하는 것이다. 비유는 '생각 Ⓐ를—생각 Ⓑ'에 연결하여 '새로운 생각 Ⓒ'를 만들어 낸다. 여기서 생각이란 사물을 포함한 어떤 것이 마음에 떠오른 표상인 관념이다. 그래서 비유는 '관념 Ⓐ를—관념 Ⓑ'에 연결하여 '새로운 관념 Ⓒ'를 만들어 내는 것으로 정리할 수 있다. 비유할 때 '무엇을 표현하고자 하였는가'에 따라서 원래의 관념 즉 원관념이 결정된다. 앞의 예에서는 '달'을 '쟁반'이나 '수레'에 연결하였으므로 달이 원관념, 쟁반과 수레가 보조관념이다. 그러니까 비유는 주로 표현하고자 하는 대상을 말과 글, 이미지,

음音, 행위 등으로 바꾸어 표현하는 기법의 일종이다. 리처즈I.A. Richards는 비유를 '원래 의도한 표현인 원관념tenor, subject을 보조관념vehicle, modifier에 빗대어 표현하는 것'으로 보았다.

비유의 어원은 그리스어 '바꾼다, 돌린다trópos'라는 의미의 라틴어 tropus다. 그러니까 '바꾸어서 표현하는 것'이 비유다. 그래서 비유는 영어로 비유적 표현figurative expression이라는 의미의 문채trope, 文彩로 쓰는 것이고, 한자어에서 '비교하여 깨우치도록 한다'는 비유比喩로 쓴다. 『문심조룡』에서 비흥比興은 '사물에 덧붙여 감정을 일으킨다'이므로 비比는 '뜻을 무엇에 붙인다'는 것이다. 따라서 서구어나 한자어에서 모두 비유는 '바꾸어서 표현한다'는 의미다. 일상어를 넘어서는 비유를 하면, 독자/관객은 신선한 느낌을 받는 동시에 '이것은 무엇일까'와 같은 연상과 유추analogy를 하게 된다. 그리고 두 관념 사이에 공통점과 차이점을 통하여 새로운 인식을 하거나 미적 충격을 받는다. 그래서 비유는, 수사법에서는 다른 사람을 설득하는 기능을 하고, 문학예술에서는 미적 감동을 준다.

비유의 목적은 새로운 발견과 사유의 기쁨이다. 아울러 비유를 통해서 언어가 발달하고 인식의 지평이 넓어진다. 그래서 아리스토텔레스를 비롯한 많은 사람은 '새로운 비유의 발견'을 중요시한 것이다. 비유의 종류는 여러 가지다. 가장 널리 쓰이는 ① 은유metaphor는 서로 다른 두 개념을 창의적으로 연결한다는 뜻이다. 은유를 기호로 표기하면 A=B인데 실제로는 A→B이다. A가 질적 변화를 일으켜서 인래 관계가 없는 B를 의미하기 때문이다. '죽음의 장미'가 은유이다. ② 직유simile, 直喩는 유사한 의미의 개념을 연결하여 직접 비유하는 은유의 일종이다. '쟁반같이 둥근 달'처럼 간접적인 비유를 하는 것이다. ③ 환유metonymy는 '다른metá 이름ónoma으로 바꾼다change'는 뜻이다. 환유는 관련이 없는 개념을 연결하는 것이 아니라 인접한 개념을 연결하는 비유다. 환유의 예는 '펜은 칼보다 강하다'가 있다.

④ 제유synecdoche, 提喩는 부분으로 전체를 나타내거나 전체로 부분을 나타내

는 비유법이다. 라틴어 제유는 그리스어 '함께 한다sunekdokhē'에서 유래하여 지금까지 쓰이고 있다. '빵을 주지 않으려면 죽음을 달라'가 제유이다. ⑤ 알레고리allegory는 말하고자 하는 뜻을 전달하기 위해서 다른 상황이나 이야기에 빗대어 표현하는 것이다. 알레고리는 은유나 직유보다 더 큰 규모로 진행되며, 분명한 목적이 있는 비유다. ⑥ 아이러니irony, 反語는 표면의 A와 심층의 B가 일치하지 않는 것이다. 또한, 아이러니는 실제로는 이것을 의미하는데, 표현은 반대로 하면서 실제를 강조하는 의도적인 수사법이다. ⑦ 모순어법oxymoron 또는 역설paradox은 A와 B가 동시에 참이거나 동시에 거짓일 수 없는 것이다. 그 밖의 비유에는, 은유의 일종으로 보조관념만 제시하는 풍유諷諭, 생물이나 물체에 사람과 같은 기능을 부여하는 의인법擬人法, 그리고 의성법, 의태법, 과장법hyperbole 등 여러 가지가 있다.

참고문헌 劉勰, 『文心雕龍』.

참조 감동, 기만적 유비추론, 문학, 상상, 상징, 수사, 아이러니·반어, 알레고리, 역설, 은유, 제유, 표현, 환유

정신분석비평
Psychoanalytic Criticism | 精神分析批評

어둡고 음울한 어느 날 밤, 창문을 때리면서 그를 방문한 것은 한 마리 까마귀였다. '폭풍 속으로, 어둠의 저승세계로 돌아가라! / 네 영혼이 말한 거짓의 징표, 검은 깃털은 하나도 남기지 말아라! / 내 고독을 깨뜨리지 말라! 문 위의 반신상에서 사라져라! / 내 심장에 박힌 네 부리를, 내 방문에 앉은 네 모습을 거두어라!'[1] 이것은 애드거 앨런 포Edgar Allan Poe의 장시 「까마귀The Raven」의 한 부분이다. 시적 화자는 절규하듯이 까마귀를 쫓아내려고 한다. 하지만 의식 내면을 상징하는 까마귀는 '영원히 그런 일은 없으리라nevermore'는 말 한마디뿐이다. 이 작품에 대하여 평론가들은, 시적 화자의 무의식에 숨겨진 억압된 욕망이 까마귀라는 상징으로 표출되었다고 분석했다. 그리고 그것은 곧 시인 앨런 포 자신이 괴로워하는 억압과 공포라고 보았다. 그러니까 까마귀는 숨겨진 욕망, 본능, 꿈, 무의식을 상징한다.

이런 의식 내면에 주목하는 정신분석비평은 예술가, 작품, 수용자, 예술의 사회적 현상과 영향 등을 정신분석의 방법으로 해석하고 예술적 의미를 추출하는 비평이다. 정신분석비평은 프로이트S. Freud, 1856~1939의 이론을 바탕으로 한다. 심리학자 프로이트는 인간의 마음을 세 층위로 구분했다. 본능인 이드id, 本能는 쾌락을 추구하는 성적 에너지인 리비도libido인데 싫은 것과 좋은 것만 있으며,

---

1   "Get thee back into the tempest and the Night's Plutonian shore! / Leave no black plume as a token of that lie thy soul hath spoken! / Leave my loneliness unbroken!— quit the bust above my door! / Take thy beak from out my heart, and take thy form from off my door!"; Edgar Allan Poe, *The Raven*, 1845.

자아ego, 自我는 본능과 초자아 사이에서 두 영역을 조절하는 현실적 자기이고, 자아를 시배하는 초자아super ego, 超自我는 법과 윤리와 같이 사회적인 제도에 따르는 의식이다. 그리고 이 층위는 무의식, 전의식, 잠재의식, 의식의 여러 층위로 구성되어 인간의 마음을 형성한다. 이런 의식 내면의 층위들이 예술작품에 나타나기 때문에 비평가들은 그런 정신적 특징을 분석할 필요가 있다.

원래 정신분석은 인간 내면의 마음을 분석하고 해석하는 심리학과 의학에서 출발했다. 정신분석의 방법을 문학과 예술에 적용하고, 작가와 독자의 의식, 무의식, 욕망, 억압 등을 분석하는 것이 바로 정신분석비평이다. 그러므로 예술가, 작품 속의 인물, 사건, 구조, 현상 등도 정신분석의 대상이고 작품을 수용하는 수용자의 의식도 정신분석의 대상이다. 한마디로 정신분석비평은 정신분석과 같은 분석방법을 통하여 내면에 숨겨진 것을 찾아서 그 의미를 해명하는 비평이다. 그래서 정신분석비평가들은 어떤 사건이나 상징을 대하면, '이것은 무엇일까'라고 묻고 내면의 동기motive를 유추하고 분석한다. 의식에 '숨겨진 무엇'은 무의식, 꿈, 환상이기 때문에 내면의 정신을 분석해야 한다. 정신분석비평과 유사한 심리주의비평Psychological Criticism은 예술가와 예술작품을 심리학적으로 분석하고 해석하는 비평의 방법이다.

심리는 마음의 작용과 의식의 상태이므로, 심리주의비평은 주로 심리학을 기반으로 예술가, 예술작품, 수용자의 심리 현상을 해석하고 평가한다. 이와 달리 정신분석비평은 분석에 초점을 놓고, 육체/물질에 대립하는 마음/정신의 현상을 해석하며 정신적 기쁨과 억압의 요인을 읽어낸다. 따라서 정신분석비평은 예술가, 예술작품, 수용자의 마음과 정신을 분석하는 것을 통하여 의식의 본질을 규명하고 정신적 안정과 행복을 추구한다. 하지만 정신분석비평은 꿈을 해석하는 것과 같이 추상적이라는 비판을 받는다. 또한, 지나치게 개인적 욕망이나 트라우마trauma를 중시한다는 문제가 있고 사회와 역사의 맥락을 경시한다는 비판도 받는다. 하지만 정신분석비평과 심리주의비평은 의식과 작품의 표면이 아닌 내면을 분석한다는 점에서 상당한 의미가 있다. 또한, 정신분석비평을 통하여 예술치료의 효과를 얻을 수도 있다.

한편 프로이트의 동료이자 제자였던 칼 융^{C. Jung}은 개인의 정신을 분석하는 정신분석을 넘어서 집단의 정신을 분석하는 분석심리학을 창시했다. 융이 말한 집단무의식集團無意識은 의식되는 경우가 거의 없지만 정신을 지배할 뿐 아니라 집단으로 유전되므로 매우 강력하고 광범위하다. 그러므로 한 민족/종족/인종의 신화, 설화, 민담, 전설, 민요에는 집단무의식의 심상이 원형archetypes으로 남아 있다. 그의 원형이론은 정신분석비평만이 아니라 원형비평 또는 신화비평의 토대가 되었다. 한편 프로이트의 계승자로 알려진 라캉^{J. Lacan}은 인간의 의식을 상상계, 상징계, 실재계로 나누고 억압된 무의식을 소타자로 명명했다. 라캉을 계승한 지젝^{S. Žižek}은 거세당한 무력한 인간에 대한 상징적 거세를 제시했다. 한편 들뢰즈^{G. Deleuze}는 인간 내면의 정신분열증을 자본주의와 마르크스 개념으로 분석했다.

참고문헌 Edgar Allan Poe, *The Raven*, 1845.

참조 리비도, 마음, 무의식, 방어기제, 비평/평론, 예술치료, 원본능·자아·초자아, 원형비평·신화비평, 의식, 정신, 정신분석, 정신분열증, 정신증, 집단무의식, 쾌락원칙, 타자, 트라우마, 프로이트, 현실원칙

배경

Setting | 设定

'지금 내 주위는 마치 공동묘지 같습니다. 생활력을 잃은 백의^{白衣}의 백성과, 백주^{白晝}에 횡행하는 이매망량^{魑魅魍魎} 같은 존재가 뒤덮은 이 무덤 속에 들어앉은 나로서 어찌 '꽃의 서울'에 호흡^{呼吸}하고 춤추기를 바라겠습니까.' 이것은 한국의 소설가 염상섭 작 「만세전^{萬歲前}」¹⁹²²의 한 부분이다. 여기서 서술자는 '공동묘지의 무덤 속에 놓여 있는 것 같다'라고 토로한다. 그렇다면 공동묘지란 무엇을 의미하는 것일까? 그 답은 「만세전」이라는 제목에서 찾을 수 있다. 만세는 1919년 3·1만세 운동을 말한다. '만세운동의 전'이고 겨울에 일어난 일이므로 시간적 배경은 1919년 3월 직전의 겨울이다. 그런데 만세전의 시간적 배경이 곧 시대적 배경이다. 왜냐하면, 공동묘지와 같은 1918년과 1919년 사이의 겨울은 식민지 조선의 암울한 시대 상황을 의미하기 때문이다. 이처럼 배경은 소설에 사실성을 부여하고 각종 정보를 제공한다.

작품의 배경^{背景}은 사건이 벌어지고 이야기가 전개되는 시간적, 장소적, 시대적, 심리적 상황과 맥락^{context}을 말한다. 모든 이야기에는 배경이 있다. 소설, 드라마, 영화, 만화, 오페라, 연극의 산문은 물론이고 시와 수필에도 배경이 있다. 따라서 배경이 없는 이야기는 존재하지 않는다. 그런데 이야기가 선행하고 배경이 있는 것이 아니라, 배경이 선행하고 그 배경을 토대로 이야기가 전개되는 것이다. 따라서 배경은 이야기의 내용과 형식을 규정하고, 사건과 플롯에 영향을 미치며, 인물과 묘사를 제한한다. 배경을 위배하는 이야기와 인물이 있을 수는 있지만, 그것은 특별한 경우에만 가능하다. 소설의 3요소를 인물, 사건, 배경이라고 하지만 인물과 사건에 치중하고 배경의 중요성을 간과하는 경우가 많다. 그러나 배경은 공기나 물과 같이 절대적으로 중요한 필수적인 요소이므로 배경에는 배경만의 고유성identity이 있다.

작품의 배경은 네 가지로 나눌 수 있다. ①공간적 배경은 이야기가 전개되는 장소를 말한다. 작게는 인물에 한정된 좁은 공간으로부터 국가나 대륙에 이르는 넓은 공간까지 공간적 배경이 될 수 있다. 공간적 배경은 장소적 배경과 자연적 배경으로 나누기도 한다. ②시간적 배경은 이야기가 전개되는 시간을 말한다. 시간은 고정된 것이 아니므로 시간적 배경은 이야기가 시작하여 끝나는 시간까지가 시간적 배경이다. ③시대적 배경은 이야기가 전개되는 시대와 사회를 말한다. 시대는 시간과 다른 규모의 사회적 단위이며 역사적으로 동질적인 삶의 단위이다. 따라서 시대적 배경은 중세의 프랑스, 한국전쟁 시기와 같은 역사 사회적 배경을 말한다. 이것이 산문에서 주로 말하는 세 가지의 배경인데, 그 외에 주로 인물에 관한 심리적 배경이 있다. ④심리적 배경은 작가, 독자, 그리고 작중 인물이 가진 마음의 상황을 말한다.

배경은 이야기와 사건이 전개되도록 하고, 작품의 분위기와 주제를 결정하며, 정보를 제공한다. 그러니까 배경은 그 시간에 그 장소에서 그 인물이 그 사건을 겪는 이유와 원인을 알려주는 근거다. 나아가서 배경은 작품의 분위기mood와 어조tone를 결정한다. 그러므로 배경은 개연성probability과 사실성reality을 제공해 준다. 가령, 「만세전」에서 1919년 3·1만세 운동 직전이라는 시간적 배경, 일제의 식민지 조선이라는 시대적 배경, 일본에서 조선으로 돌아오는 공간적 배경은 주인공의 인물 성격을 규정하고 주인공이 사건을 대하는 태도를 결정한다. 소설 「만세전」이 어둡고 막막하면서 희망이 없는 묘지와 같은 분위기인 것이나, 주인공이 아내의 죽음이라는 사건을 대하는 음울한 태도는 배경이 결정한 것이다. 물론 반대로 생각할 수도 있다. 인물과 사건을 먼저 설정하고 그에 따라서 배경을 설정할 수도 있기는 하다.

작가는 배경을 통하여 창작 의도를 실현하고 독자는 배경을 통하여 정보를 얻고 감상에 도움을 받는다. 그러므로 작가는 배경을 자신의 상상으로 구성하고 설정하는데 그것을 세팅setting이라고 한다. 소설예술작품의 배경은 단순히 '뒤에 깔린' 백그라운드background나 주변 환경surrounding과 다르다. 즉 배경은 작가가 허구의 시공간을 상상하여 만들었다는 점에서 일종의 구성된 허구이다. 하지만 그 허구적 배경은 필연적으로 그렇게 될 수밖에 없는 조건과 상황이 있어야 한다. 그런 점에서 '전형적 상황과 전형적 인물'을 이야기한 엥겔스의 리얼리즘론 이야말로 배경의 의미를 잘 설명한 것으로 볼 수 있다. 소설과 희곡에서 배경은 이야기가 전개되는 공간적, 시간적, 시대적, 심리적 환경이지만, 연극, 오페라, 드라마에서 배경은 무대장치를 포함하며 영화, 만화, 애니메이션에서 배경은 캐릭터들이 존재하는 공간을 포함한다.

참고문헌 Marx and Engels, *Marx-Engels Correspondence*, "Engels to Margaret Harkness In London"(April, 1888), Moscow, 1953.

참조 개연성, 공간, 리얼리즘[예술], 사건[소설], 산문, 소설, 수필·에세이, 스토리·이야기, 예술, 전형적 인물과 전형적 상황, 주제·제재·소재, 캐릭터·인물, 텍스트, 플롯, 픽션·논픽션, 허구, 화자/서술자

스토리 · 이야기

Story | 敍事

  '옛날 옛적에, 그러니까 호랑이가 담배 먹던 시절에…….' 할머니는 무릎을 베고 귀를 쫑긋 세운 손자에게 옛날 이야기를 하고 있다. '거북이와 토끼가 경주를 했단다. 그런데 말이지 아, 거북이가 토끼를 이겼어…….' 이야기를 듣던 손자는 '에이, 할머니, 어떻게 거북이가 토끼를 이겨요?' 그러자 할머니는 '오냐 오냐, 내 그 이야기를 해주마'라고 한 다음 이야기를 이어간다. 달은 밝고 별도 총총한 한여름 밤은 깊다. 이렇게 하여 이야기는 이어지고, 또 기록되어 이야기책이 된다. 그렇다면 이야기란 무엇인가? 간단할 것 같은 이야기의 정의는 의외로 어렵고 복잡하다. 그것은 이야기의 형태나 종류가 아주 많아서 이야기의 공통분모를 추출한 다음 '이야기가 무엇인가'에 답하는 것이 어렵기 때문이다. 일반적으로 스토리/이야기는 사실이거나 허구로 창작된 말이나 글이며 시작과 끝이 있는 완결된 형태의 서사다.

  이야기의 어원은 한자어 '이야기 담談'이다. 『한서漢書』「예문지藝文志」에 나오는 '마을의 이야기街談巷語'에서 이야기의 원형을 찾을 수 있다. 한편 영어 스토리story는 건물의 층storey을 의미하는 것이므로, 몇 개의 사건이 층층이 쌓이고 엮인 줄거리를 가진 서사라는 뜻이었다. 그러니까 사건이 연결되면서 의미와 내용을 생성하는 것이 바로 이야기다. 스토리는 큰 규모의 대서사와 작은 규모의 이야기가 있어서, 큰 규모의 대서사 안에 작은 이야기들이 포함되어 있을 수 있다. 그런데 스토리는 규모나 길이의 여부를 떠나서 어떤 목표를 가지고 서술/기술되는 완결된 서사다. 스토리와 유사한 역사history는 고대 그리스어 '물어서 얻은 지식historia'이고 탐구, 연구, 묘사라는 뜻이다. 스토리와 히스토리 모두 '어떤 의미가 있는 사건의 흐름'이라는 공통점이 있다. 스토리와 유사한 테일tale도 이야기다. 옛날이야기라는 의미의 테일은 특정한 현상이나 사건에 대하여 재미있고 쉽게 말하는 것이다.

테일은 주로 동화fairy tale에서 쓰인다. 그런데 이야기, 담화, 스토리, 역사, 동화 등은 '서술한다'라는 의미의 내러티브의 성격이 있다. 유사한 것처럼 보이지만 내러티브narrative와 스토리story는 다르다. 스토리는 서사의 기초 자료이고 내러티브는 그 자료를 서술하거나 기술하는 방법에 가깝다. 사전적인 의미에서 내러티브는 사건, 인물, 배경을 플롯과 줄거리 등 서사구조로 표현하는 말과 글이다. 내러티브는 '다시 계산하다'라는 뜻의 라틴어 narrare에서 유래했다. 다시 계산한다는 것은 화자/서술자가 자기의 지식이나 인식을 보태서 '다시 계산하여 말한다'라는 뜻이다. 이렇게 볼 때 내러티브는 단순한 발화가 아니라 발화의 주체가 창의성을 가지고 자기만의 서술방식으로 무엇을 서술하는 의미의 인과적 사슬chain of meaning이다. 간단히 말해서 내러티브는 이야기가 전개되는 방법과 과정이다.

(이야기가 곧 내러티브이기는 하지만) 이야기가 줄거리와 내용을 강조한 것이라면 내러티브는 이야기의 방법을 강조하는 것이다. 따라서 내러티브는 자기만의 방법으로 스토리이야기를 서술/기술하는 방법과 과정을 말한다. 그런데 내러티브는 서술자의 시점과 거리 등 '어떤 층위에서 어떤 목소리로 서술하는가'에 따라서 달라진다. 내러티브와 유사한 담화談話 또는 담론discourse은 이야기의 방법을 강조한 개념이다. 한편 이야기의 사건적 특성을 강조한 개념은 서사다. 서사epic, 敍事는 '있는 사실을 기록한다'는 의미를 넘어서서 비교적 오랜 시간에 걸쳐 진행되는 사건과 상황을 고상하고 장중하게 기술하는 특징이 있다. 한편 인물, 사건, 배경이 이야기의 구성요소다. 어떤 상황에서 어떤 인물이 어떤 사건에 관계된 것이 바로 이야기다. 이야기는 플롯에 의해서 새로운 형식과 내용으로

변환된다.

이야기와 플롯에 대해서 포스터는 이렇게 말했다. '왕이 죽었다. 그리고 얼마 후에 왕비가 죽었다.' 이것은 두 가지 사건을 결합한 시간의 순차적 이야기story다. 반면, '왕이 죽었다. 그리고 그 슬픔 때문에 왕비가 죽었다'는 원인과 결과가 있는 플롯plot이다. 영국의 소설가 포스터E.M. Forster[1]는 플롯을 '이것 때문에, 그래서and then 또는 그러므로and so, 저것이 되었다'는 인과적 구조로 보았다. 이야기는 주로 소설, 희곡 그리고 드라마, 영화, 연극, 애니메이션, 만화, 오페라, 뮤지컬의 대본과 같은 산문의 줄거리를 이룬다. 그 줄거리를 이야기의 흐름story line이라고 한다. 하지만 서정시나 그림에도 이야기가 있을 수 있다. 이처럼 자연적 현상이나 인간의 삶은 이야기로 축적되고 역사로 기술된다. 이야기하는 행위인 스토리텔링story telling은 실제 이야기를 들려주는 현장성을 강조하는 개념이다.

참고문헌 Edward Morgan Forster, *Aspects of the Novel*(1927), San Diego, New York, London, 1957.

참조 개연성, 내러티브, 리얼리즘〔예술〕, 배경, 사건〔소설〕, 산문, 서사, 소설, 신화·전설, 전형적 인물과 전형적 상황, 주제·제재·소재, 캐릭터·인물, 텍스트, 플롯, 픽션·논픽션, 허구, 화자/서술자

---

1   Edward Morgan Forster, *Aspects of the Novel*(1927), San Diego, New York, London, 1957, p.86.

추상표현주의

Abstract Expressionism | 抽象表現主義

비스듬히 담배를 물고 화폭을 쳐다보던 그는 붓을 들어 흠뻑 물감을 찍었다. 그리고 격정적인 동작으로 화폭에 선을 그리기 시작했다. 때로는 사자와 같은 포효를, 때로는 냉정한 포수의 시선을, 커다란 화폭에 옮겼다. 그의 동작은 마치 운동선수가 운동장에서 운동하는 것 같았는데 그때 분출하는 격정 때문에 자신의 행위를 잃어버린 듯했다. 얼마 후, 큰 캔버스는 노랑, 빨강, 검정, 회색, 흰색 등 갖가지 색의 현란한 곡선이 춤추듯 진열되었다. 이것은 마치 온몸으로 연출하는 행위예술과 같았고, 그리는 것이 아니라 물감을 쏟고, 붓고, 뿌리고, 흘리고, 위에 덧칠하는 것 같았다. 그는 액션페인팅^{Action painting} 또는 추상표현주의의 대표자 잭슨 폴록^{J. Pollock, 1912~1956}이다. 융의 분석심리학에 큰 영향을 받은 폴록은 자신의 마음속 깊은 내면을 있는 그대로 화폭에 구현했다.

추상표현주의는 추상예술의 형식과 표현주의의 기법을 융합한 표현의 기법이다. 일반적으로 추상은 구체적 형상이 없으며 주로 점, 선, 면, 색의 조형으로 이루어진 것을 말한다. 라틴어에서 추상^{abstractio}은 그 자체로 직접 추론하는 것이 아니라 '무엇으로부터^{abs} 무엇을 끌어내는^{trahere} 간접 추론'을 말한다. 한편 표현주의는 대상의 본질을 특이한 색채로 그리는 인상주의 화풍을 인정하면서 내적 감정과 정신을 주관적이고 자유롭게 표현하는 것이다. 추상과 표현을 핵심으로 하는 추상표현주의는 1940~1950년대 미국에서 전개된 추상예술이자 표현주의의 문예사조다. 이전의 추상예술이 형상성을 가진 차가운 추상이라면 추상표현주의는 즉흥성의 뜨거운 추상이라고 할 수 있다. 문예사조의 관점에서 볼 때, 현대과학과 기술 문명이 가져온 비인간화를 다큐멘터리 형식으로 재현하는 사진과 달리 새로운 추상이 등장한 것이다.

추상표현주의라는 개념은 1929년 평론가 바^{Alfred Barr}가 칸딘스키의 작품을 분석하면서 처음 등장했다. 바는 칸딘스키의 작품을 '마음 그 자체를 표현한^{the manifestation of a mind that knew no other way to express itself}' 추상예술로 명명했다. 하지만 바가 말한 칸딘스키의 작품은 (단순한) 표현주의로 분류되는 것이 일반적이다. 추상표현주의는 제2차 대전 이후 독일 표현주의 작가들이 유럽을 떠나 미국에 정착하면서 시작되었다. 특히 잭슨 폴록, 쿠닝^{W. Kooning}, 로트코^{M. Rothko}, 뮤저^{J. Mueser}를 비롯한 많은 전위 예술가들이 뉴욕에 모였고, 이들은 기존의 방식과 다른 추상표현의 길을 개척했다. 이들은 화폭이 꽉 찬 아주 큰 그림을 그렸다. 또한, 추상표현주의 작가들은 인간의 무의식과 잠재의식, 전쟁으로 야기된 인간성 상실, 기계문명이 가져온 혼돈과 무질서, 정신적 고뇌, 내면의 고독을 담아냈는데 이것은 전후 세계의 시대정신이기도 하다.

추상표현주의를 거슬러 올라가면 영국의 낭만주의 시인 워즈워스^{W. Wordsworth}가 말한 '감정의 자발적인 유로^{spontaneous overflow of emotion}'에 닿는다. 낭만주의의 표현론적 예술관은 1900년대 초 표현주의表現主義로 계승된다. 이때 러시아 출신의 화가 칸딘스키가 인간의 주관적 감성은 정신의 분출이며, 그 내적 필연은 즉흥적으로 드러난다고 주장했다. 이런 표현주의 이론이 추상예술과 만나서 추상표현주의를 형성한 것이다. 아방가르드의 실험적 경향을 가졌던 추상표현주의 예술가들은 '진리, 미학, 순수가 무엇인가'를 물은 다음, 사실과 3차원을 2차원의 캔버스에 담아냈다. 이런 경향은 초현실주의^{Surrealism}와 큐비즘^{Qubism}의 영향을 받고 프로이트와 융의 심리학을 접목한 결과다. 이를 뒷받침한 것은 로젠버그^{R. Rauschenberg, 1925~2008}였는데, 그는 감정의 경험^{emotional experience}과 내면을 즉흥적으로 표현하는 것에 주목했다.

추상표현주의는 조형성과 형상성을 파괴하고, 원근법도 무시하며, 자동기술까지 부정하면서 무의식 내면을 표현한다. 회화의 경우 구성의 중심을 해체하고 균질적 공간을 파상적으로 연출하여 표현한다. 그런데 추상표현주의는 단지 예술적 표현의 방법을 강조한 표현주의와 다르게, 사회에 대한 반항, 달정치를 통한 비판, 허무주의, 무정부주의 등의 경향을 보였다. 그것은 추상에 내재한 혼돈과 불안을 의미하는 것으로 산업사회를 거치고 전쟁을 겪은 인간의 내면을 포착한 결과이다. 하지만 추상표현주의의 즉흥성은 기획된 즉흥성이라는 점에서 여전히 내적 논리를 가지고 있다. 20세기 중반을 풍미한 추상표현주의는 현대예술modern art의 정수이며 야수파, 표현주의, 다다이즘, 미래파, 초현실주의, 인상파, 입체파로부터 영향을 받았고 네오다다이즘, 팝아트, 미디어아트, 신표현주의, 포스트모더니즘에 큰 영향을 미쳤다.

참고문헌 Alfred H. Barr Jr., *Cubism and Abstract Art*, Cambridge : Belknap Press, 1986.

참조 개념, 개념예술, 낭만주의, 다다이즘, 무정부주의, 문예사조, 아방가르드, 인상주의 · 인상파, 재현, 초현실주의, 팝아트, 포스트모더니즘, 표현, 표현주의, 프로이트

사건[소설]
Event | 事件

다음 두 문장의 사건은 어떻게 다를까? '항저우杭州에서 살인 사건이 일어났다.' '사건의 지평을 지나자 모든 사건은 사라지고 블랙홀로 들어갔다.' 사전적인 의미에서 사건은 뜻밖에 일어난 사고事故나 특별한 것이면서 사회적 관심과 주목을 받는 일이다. 이 말을 줄이면 '어떤 특별한 일'이다. 그런 점에서 사건은 시간의 흐름과 공간의 정적을 깨는 상황의 변화다. 소설과 연극 등 서사장르의 거의 모든 사건은 원인－경과－결과 또는 시작－진행－종료의 순서가 있다. 소설과 서사장르의 사건은 주로 인물과 인물, 인물과 상황, 상황과 상황 사이에서 일어나는 특별한 일로 정의할 수 있다. 사실 서사장르의 모든 이야기는 사건이다. 따라서 서사는 사건으로 구성된 사건의 집합이라고 할 수 있다. 한편 사건의 주체는 주로 인간이지만, 동물이나 식물 심지어 무기물도 사건의 주체일 수 있다.

사건事件은 일회적인 특별한 일이다. 반면 역사歷史는 그 사건들을 연결한 기록이다. 역사는 실제로 있었던 사선 중에서 의미 있는 사실fact을 사관史觀에 따라 시간 순서대로 기록한 것이다. 의도가 있는 것은 사건이고 의도가 없는 것은 사실이다. 가령 '한 남성이 애인을 살해했다'는 사건이지만 '번개로 큰 나무가 쓰러졌다'는 사실이다. 한편 '호랑이가 담배를 피우면서 곰과 싸웠다'는 사건을 의인화하여 표현한 것이다. 사건과 유사한 서사epic. 敍事는 '있는 사실과 사건을 기록한다'라는 뜻이다. 하지만 허구를 체계적으로 기술한 것도 서사다. 서사는 목적은 없고 다만 체계적으로 기술할 뿐이다. 반면 소설이나 희곡과 같은 문학작품은 허구라도 개연성蓋然性이 있는 사건들의 인과관계가 서술된다. 소설의 사건에는 단일한 사건과 복수의 사건이 있다. 복수의 사건을 창작 의도에 따라 인과관계로 배열한 것이 이야기다.

이야기는 사건이 층층이 쌓이고 사슬처럼 엮여서 줄거리를 가지게 된 서사라는 뜻이다. 그런데 거의 모든 이야기는 시작과 끝이 있고, 완결된 의미구조로 구성되어 있다. 그 이야기의 핵심 내용이 바로 사건이다. '재미있는 이야기'에서 '재미있는' 것이 바로 사건의 조건이다. '재미있는' 사건의 주체가 인물이고, 사건의 인과적 연결이 플롯이며, 사건이 일어난 시간과 공간이 배경이다. 그러니까 이야기는 어떤 인물의 어떤 사건에 관한 인과적 서술이다. 그래서 서사이론가 채트먼S. Chatman은 이야기의 요소를 사건과 인물로 나누고 그중 사건의 핵심을 서사원리가 바뀌지 않는 한 생략되지 않는 줄기Kernels can not be deleted without destroying the narrative logic[1]로 보았다. 이처럼 서사시, 소설, 드라마, 영화, 만화, 오페라, 연극과 같은 서사장르에서 사건은 필수적이고 중심적인 요소이다. 반면 서정시, 수필, 평론은 사건을 위주로 서술하지 않는다.

문학에서 사건은 서사적 특성이 있는 이야기의 핵심요소라고 할 수 있다. 특히 사건은 인과관계에 따른 플롯plot을 구성하며 절정과 결말에 이르는 이야기story의 개연성probability을 결정한다. 그런데 이야기의 개연성을 결정하는 사건은 상대적인 개념이다. 가령 '한 남성이 분노하여 애인을 살해했다'도 사건이지만, '애인을 살해하기 위하여 칼을 샀다'도 사건이다. 그런 점에서 사건은 실제 행위와 정태적 상황으로 구성된다. 또한, 사건과 사건이 아닌 것현상 유지나 과정 역시 상대적인 개념이다. 즉, 마음속에서 분노의 감정이 끓어오르는 것은 사건이지만 이것은 마음의 상황이므로 사건으로 보이지 않는다. 하지만 사건이다. 이처럼 사건은 시각에 따라서 그 의미와 층위가 달라진다. 그러므로 사건을 보거나

---

1   Seymour Chatman, *Story and Discourse*, Ithaca and London : Cornell University Press, 1978, p.53.

기억하는 관찰자에 따라서 사건은 각기 다른 의미로 해석되는 것이다. 실제로 다른 사람에게는 하찮은 사건이라도 자기에게는 중요한 사건인 경우가 많다.

소설의 사건은 이야기 줄거리의 핵심인 중핵적[kernel] 사건, 중핵적 사건과 관련된 부차적[secondary] 사건, 줄거리를 보조하는 보조적[satellite] 사건으로 나눈다. 그 외에 이야기 줄거리와 거리가 있는 일회적 해프닝[happening]과 일화인 에피소드[episode]가 있다. 한편 철학과 물리학에서 사건은 어떤 시간과 어떤 공간에서 벌어진 일회적인 일이며, 사건 전후에는 상태가 변화한다. 한국계 미국인 철학자 김재권[Jaegwon KIM]은 사건을 '실체/대상^x, 속성^P, 시간이 동시성 속에서 일어난 일$^{x, P, t}$'로 정의했다. 또한, 그는 하나의 사건은 번개처럼[a flash of lightning] 일어나는 것이고 반복되지 않는 것으로 보았다. 그러니까 '한 사건은 고유한 존재론적 의미와 개별적 정체성을 가지고 있다'는 것이다. 한편 일반상대성이론에서 말하는 사건의 지평선[event horizon]은 ① 사건이 일어나는 공간과 ② 사건이 일어나지 않으며 다른 것의 영향을 받지 않는 공간[블랙홀] 사이의 경계를 말한다.

참고문헌 Jaegwon Kim, *Supervenience and Mind*, Cambridge University Press, 1993 ; Seymour Chatman, *Story and Discourse*, Ithaca and London : Cornell University Press, 1978.

참조 갈등, 개연성, 리얼리즘(예술), 배경, 서사, 소설, 스토리·이야기, 일반상대성이론, 정체성, 주제·제재·소재, 캐릭터·인물, 텍스트, 플롯, 픽션·논픽션

갈등

Conflict | 冲突

　사장의 딸과 그 회사 수위 아들이 사랑했다. 사장의 딸 L은 예쁘고 착했으며 수위의 아들 P는 씩씩하고 명석했다. 몰래 사랑을 하던 L과 P 사이에는 여러 가지 장애가 놓여 있었다. 불교도인 사장 집안은 부자였으며, 경상도가 고향이었고, 학력도 높았다. 반면 기독교도인 수위 집안은 가난했으며, 전라도가 고향이었고, 학력이 낮았다. 전혀 다른 두 집안의 내력 때문에 결혼이 어렵게 되자, L과 P는 도망쳤다. 그리고 얼마 후, 이유는 모르지만, L은 자살하고 P는 해외로 떠났다. 전형적이고 비극적인 사랑 이야기다. 이 이야기에서 가장 먼저 무엇을 분석해야 할까? 그것은 갈등葛藤이다. 갈등을 통해서 이야기의 배경을 이해할 수 있고, 갈등을 통해서 L과 P의 인물 성격을 알 수 있으며, 갈등의 증폭에 따라서 플롯이 달라진다는 것을 이해할 수 있다. 이처럼 갈등은 소설과 같은 서사장르의 필수적인 요소 중 하나다.

　문학에서 갈등은 이야기 전개 중, 인물이나 사건이 대립하고 충돌하는 양상을 말한다. 갈등이 없는 이야기, 관계, 사회, 시대, 지역은 없다. 갈등은 인간 내면, 인간과 신, 인간과 자연 사이에도 존재한다. 또한, 갈등은 민족이나 국가와 같은 집단 간에도 존재한다. 사회학에서 갈등은 개인과 개인, 개인과 집단, 민족과 민족, 국가와 국가 간의 대립과 투쟁鬪爭을 말한다. 심리학에서 갈등은 개인 내면의 갈등과 집단의 목표나 감정/정서가 충돌하는 현상이다. 그러니까 사회학에서는 갈등의 사회적 현상을 위주로 이해하는 반면 심리학에서는 갈등의 심리적 현상을 위주로 이해한다. 반면 철학에서는 갈등의 근본 원인과 의미를 중요하게 여긴다. 가령 가치관의 충돌, 계급 간의 이해 등에 초점을 맞춘다. 이처럼 갈등을 바라보는 시각 차이는 있지만, 갈등의 핵심은 서로 다른 기준, 생각, 정서가 대립하고 충돌하는 것이다.

갈등은 한 개인의 내적 갈등과 개인을 넘어서는 외적 사회적 갈등으로 나눌 수 있다. 내적 갈등은 주로 심리적, 정서적, 정신적 갈등이다. 가령 '이것인가 저것인가 그것이 문제다to be, or not to be, that is the question'라고 한 셰익스피어 작 〈햄릿Hamlet〉의 망설임hesitation이 내면의 심리적 갈등이다. 그래서 프로이트는 개인의 욕망과 현실원칙을 심리적 갈등으로 간주하고 갈등을 조절하는 방어기제를 창안했다. 그런 점에서 프로이트의 이드id, 本能, 자아ego, 自我, 초자아super ego, 超自我의 충돌양상을 심리적 갈등이론이라고 할 수 있다. 한편 사회심리학자 레빈Kurt Lewin, 1890~1947은 내면에서 충돌하는 갈등의 긍정과 부정을 구조적으로 제시했다. 그의 분류는 ① 긍정적 접근과 부정적 회피의 갈등(예: 결혼), ② 긍정적 접근과 긍정적 접근의 갈등(예: 복권 당첨), ③ 부정적 회피와 부정적 회피의 갈등(예: 딜레마)으로 나뉜다.

사회적 갈등은 서로 다른 기준과 원리로 인하여 이해가 달라져서 대립하고 충돌하는 전형적 구조다. 사회적 갈등은 개인과 개인, 개인과 집단, 가문과 가문, 마을과 마을, 지역과 지역, 민족과 민족, 국가와 국가, 대륙과 대륙을 비롯하여 세대와 세대, 계급과 계급, 종교와 종교, 남성과 여성, 부자와 빈자, 취향과 취향, 정서외 정시 등 수많은 갈등의 범주와 양상이 있다. 이런 사회적 갈등은 작은 것에서 시작하여 강화되거나 충돌하고 폭발하는 과정을 거치는 경우가 많다. 한편 프랑스대혁명처럼 구조적인 모순이 충돌하여 새로운 사회구조를 만드는 예도 있다. 이 과정에서 자기 정체성identity을 재인식하는 한편 집단극화group polarization 양상이 나타난다. 그러니까 갈등을 통하여 '나는 어떤 존재인가'를 확인하면서 그 존재의 집단소속감을 강화하고, 상대 집단과 다른 차별과 차이를 내면화하는 것이다.

갈등은 서사장르인 소설, 희곡, 드라마, 영화, 애니메이션 등에서 중요하다. 왜냐하면, 이야기기 전개되는 과정에서 갈등이 사건과 인물을 규정하기 때문이다. 그중에서도 특히 소설과 희곡에서 갈등은 매우 중요하다. 소설에서 갈등은 개인 내면의 갈등, 개인과 개인의 갈등, 개인과 집단의 갈등, 개인과 운명 또는 개인과 신의 갈등, 개인과 사회, 개인과 자연의 갈등, 개인이 속한 집단의 갈등 등이 다양하게 표현된다. 대체로 플롯은 발단發端 – 전개展開 – 갈등葛藤 – 절정絶頂 – 결말結末의 구조로 진행된다. 그러므로 갈등은 이야기 전개의 필수적 요소이고 갈등이 잘 구성되면 극적인 효과를 낸다. 갈등이 없는 것처럼 보이는 사소설私小說과 심리소설에도 내적 갈등이 있다. 왜냐하면, 표면적으로는 대립과 충돌이 없어 보일지라도 내면의 심리, 생각, 감정의 갈등 양상을 통하여 사건이 전개되기 때문이다. 갈등구조를 통하여 인물이 생동감을 얻으며 인물의 성격이 드러난다.

참고문헌 Kurt Lewin, *A Dynamic Theory of Personality*, New York : McGraw-Hill, 1935.

참조 감정, 개연성, 계급투쟁, 구조주의, 기승전결, 배경, 사건, 소설, 스토리·이야기, 전형적 인물과 전형적 상황, 정체성, 주제·제재·소재, 캐릭터·인물, 텍스트, 플롯, 픽션·논픽션, 허구

구체화[잉가르덴]

Concretization | 具体化

'내일 아침 올라가야겠어요' 점심상을 물러나 앉으면서 나는 마침내 입속에서 별러 오던 소리를 내뱉어 버렸다. 노인과 아내가 동시에 밥숟가락을 멈추며 나의 얼굴을 멀거니 건너다본다. "내일 아침 올라가다니. 이참에도 또 그렇게 쉽게?" 이것은 한국의 소설가 이청준의 「눈길」 첫 장면이다. 장면 묘사는 잘되어 있지만 독자가 해석을 보태야만 이 장면이 완성된다. 가령, 점심을 먹는 곳이 방인지 마루인지 유추를 해야 하고, '소리를 내뱉는' 어조가 어떠한지 상상을 해야 한다. '얼굴을 멀거니 건너다본다'는 얼굴 각도나 표정 역시 독자가 완성해야 하는 부분이고, '그렇게 쉽게?'라고 묻는 어머니의 마음을 읽어야 한다. 그렇게 해야 하는 이유는 작가가 모든 것을 묘사하는 것이 불가능하기 때문이다. 그러므로 독자의 능동적 해석과 창의적 상상이 필요하다. 이것이 독자가 주체적으로 작품을 완성하는 구체화具體化의 과정이다.

폴란드의 로만 잉가르덴Roman Ingarden, 1893~1970은 '문학작품은 독자의 창의적이고 능동적인 구체화를 통하여 완성된다'라고 주장했다. 잉가르덴이 말하는 구체화는 '독자가 텍스트에 의미와 가치를 부여하는 창의적 독서'를 말한다. 구체화를 개념화한 잉가르덴은 후설의 현상학을 문학작품 해석에 적용하여 현상학적 미학을 정초했다. 그의 스승 후설은 마음의식에 맺힌 '무엇대상'을 현상現象이라고 하고, 그 '현상의 본질을 직관해야 한다'라는 현상학을 창시했다. 후설의 관점에서, 생각은 '무엇에 대한about' 생각 즉, 의식의 지향이다. 잉가르덴은 후설의 의식의 지향성을 문학에 적용하여 수용자의 관점에서 대상인 작품을 해석해야 한다고 말했다. 그런데 어떤 대상은 의식이 의미를 부여해야만 존재할 수 있다. 그런데 의식이 대상에 의미를 부여할 때 선입견을 배제하는 한편 모든 판단을 중지해야 한다. 문학에서는 이 의식의 주체가 독자다.

잉가르덴에게 독자는 수동적 객체가 아니라 능동적 창조자다. 그것은 독자의 지향의식이 대상에 의미와 생명력을 부여하기 때문이다. 이것이 독자의 구체화를 통하여 타율적으로 존재하던 작품이 가치와 의미를 확보하는 과정이다. 그렇지만 잉가르덴에 의하면 '독자 역시 작품을 완벽하게 채울 수가 없다'. 왜냐하면, 아무리 상상을 해도 완전한 것은 아니기 때문이다. 이것이 잉가르덴이 말하는 무규정성indeterminacy, 無規定性 또는 불확정성이다. 규정되지 않은 것은 작품의 어떤 곳場所이다. 그러므로 독자는 ①작품의 빈 곳을 창의적이고 능동적으로 해석하여 의미를 부여하고 구체화한다. 하지만 ②완벽하게 구체화할 수가 없기 때문에 규정되지 않는 무규정성의 장소가 남는다. 잉가르덴의 구체화와 무규정성을 이해하기 위해서는 현상학적 미학의 층위를 알아야 한다. 잉가르덴은 예술작품을 다음 세 층위로 나눈다.

①물리적 대상physical object의 층위; 작품의 물리적 층위는 가치중립이다. 물리적인 그림, 소설, 조각 등에는 가치가 부여되지 않는다. 가령 「눈길」이나 베토벤의 교향곡 5번은 가치중립이며 실체가 있는 객관적 존재다. ②예술적 가치 artistic value의 층위; 작품의 예술적 가치 층위이다. 이 층위는 예술적으로 의미가 있어서 예술성으로 측정된다. 가령 명료한 표현, 균형 있는 구성, 기법, 자료, 플롯, 상징 등 예술적 장치가 예술적 가치 층위를 형성한다. ③미적 가치esthetic value의 층위; 작품의 미적 가치는 독자의 구체화를 통하여 얻어진다. 가령 구체화로 숭고, 장엄, 비장, 우아, 심원 등의 미적 가치를 얻을 수 있다. 잉가르덴이 작품을 세 층위로 나눈 것은 예술을 객관적 존재로 이해하는 한편 작품에 미적 가치를 부여하고자 했기 때문이다. 만약 독자의 주관성에 의하여 작품이 해석되거나 평가되면 작품의 존재 의미를 객관화할 수 없다. 존재 의미를 객관화할 수 없으

면 과학적인 체계화가 불가능하다.

잉가르덴은 『문학예술작품』에서 의식의 구조를 체계적이고 과학적으로 분석하여 예술작품을 해석하고자 했다. 그러니까 잉가르덴의 현상학現象學적 미학은 의식의 구조를 체계적이고 과학적으로 분석하여 작품의 본질을 밝히려는 연구방법이다. 그런데 현상학적 작품해석은 의식이 작품과 대화하면서 잠재적 가치를 발견하는 구체화 과정이 필요하다. 그가 말하는 구체화는 예술작품에 생명을 불어넣고 텍스트를 완성하는 창조적 작업이고 작품의 가치를 발견하는 적극적인 독서다. 이런 잉가르덴의 현상학적 미학은 1960년대를 풍미한 수용미학과 독자반응이론의 이론적 토대가 되었다. 수용미학은 어떤 대상을 보고, 느끼고, 이해하고, 분석하고, 해석하고, 평가하는 수용자의 관점에서 대상을 이해하려는 예술론이다. 이처럼 잉가르덴이 말한 구체화는 수용미학에서 수용자의 능동적 작품해석과 창의적 작품 완성으로 발전했다.

참고문헌 Roman Ingarden, *Das literarische Kunstwerk*, Halle : Max Niemeyer, 1931.

참조 관념론, 기대지평, 독자반응이론, 미적 거리, 미학·예술철학, 본질, 수용미학, 예술, 의식, 이상적 독자, 저자의 죽음, 존재론적 해석학, 지향성(현상학), 텍스트, 해석학적 미학, 형식주의, 화자/서술자

역사소설

Historical Novel | 历史小说

역사소설 『임꺽정』의 「화적편火賊篇」은 이렇게 시작한다. '이때 조선팔도에 도적이 없는 곳이 없으되, 그중에 황해도가 우심하였다. 황해도 일경은 변동 도적의 소굴이었다. 황해도 민심이 타도보다 사나우냐 하면 그런 것도 아니고, 황해도 양반이 타도보다 드세냐 하면 그런 것도 아니고, 또 황해도 관원의 탐학과 아전의 작폐가 타도보다 더 심하냐 하면 그런 것도 아니건만.' 이렇게 조선 중종中宗 시절의 임꺽정패 도적떼가 창궐하게 된 배경을 설명하고 있다. 서술자는 당시의 상황을 분석하고 평가하는 사관史官과 유사하다. 사관인 벽초 홍명희洪命憙는 실제 인물 임꺽정을 중심으로 당대 사회상을 총체적으로 묘사하고 있다. 홍명희의 『임꺽정』은 대표적인 역사소설이다. 역사소설은 역사를 배경으로 하거나, 역사를 소재나 제재로 삼아 과거의 인물과 사건을 현재의 시간에서 묘사하는 소설의 일종이다.

역사소설은 '역사+소설' 즉 단순히 역사와 소설을 합한 것이 아니다. 역사소설은 '① 역사history, 歷史 + ② 적cal, 的 + ③ 소설novel, 小說' 즉, 역사를 배경으로 하거나 '역사적'인 인물과 사건을 다룬 소설이다. 그러니까 역사소설은 소설이라는 집합 안에 ① 과거의 역사와 ② 그 역사의 요소가 유기적으로 결합한 ③ 소설의 양식이다. 역사소설에는 많은 인물이 등장하고 다양한 사건이 일어나며 오랜 시간이 서술되므로 장편소설인 경우가 많다. 하지만 단 하나의 사건과 인물을 다룬 단편 역사소설도 많이 있다. 역사소설의 조건인 역사는 과거의 사실을 문자로 기록한 것 또는 사람들이 사실이라고 인식한 것이다. 하지만 사실fact, 事實 그 자체는 역사history가 아니다. 역사는 사실에 대한 기록과 인식이다. 또한, 역사는 허구fiction, 虛構가 아닌, 사실에 대한 '사실적real' 기록이다.

소설은 새로운 이야기 즉, 꾸며낸 이야기라는 뜻이다. 사실이 아닌 허구이면서 꾸며낸 이야기를 픽션fiction이라고 한다. 그러므로 역사적 사실이 아무리 재미있다고 하더라도 그것은 역사소설이 될 수 없다. 역사소설은 소설이라는 절대조건이 우선하기 때문에 작가가 상상력을 통하여 허구로 창작해야 하며, 역사소설의 요건인 과거의 인물, 사건, 배경이 유기적으로 연결되어 있어야 한다. 그런 점에서 역사소설은 사실fact과 허구fiction가 결합한 팩션faction의 성격을 가진다. 역사소설은 과거를 배경으로 해야만 성립하며 역사적 소재, 제재, 주제 그리고 이야기가 전개되는 시대와 상황을 필요조건으로 한다. 따라서 실제 인물이나 실제 사건이 아니라도 과거를 배경으로 한다면 그 작품은 역사소설일 수 있다. 그런데 과거를 배경으로 했다고 하더라도 역사적 의미가 있지 않으면 역사소설이 아닐 수도 있다.

고대의 역사적 산문은 호머의 「일리아스」와 「오디세이」를 비롯하여 수많은 작품이 있다. 하지만 역사소설은 근대 이후, 대략 18세기에 새롭게 등장한 소설 양식으로 보는 것이 일반적이다. 서양에서 역사소설은 월터 스콧Walter Scott, 1771~1832이 역사소설에 관한 인식을 하고 「웨이버리Waverley」와 「아이반호Ivanhoe」를 쓴 것에서 시작되었다. 스콧은 중세 로망스가 아닌 근대소설을 바탕으로 새로운 역사소설을 완성했다. 이후 많은 역사소설이 창작되었는데, 스탕달의 「파르므의 수도원The Charterhouse of Parma」, 시엔키에비치의 「쿠오바디스Quo vadis, Domine」, 톨스토이의 「전쟁과 평화War and Peace」 등이 대표적인 작품이다. 한자문화권에서는 서양 역사소설과 다른 흐름이 존재했다. 가령, 정사 『삼국지』를 바탕으로 한 『삼국연의三國演義』는 삼국 시대를 새롭게 해석한 대표적인 역사소설이다. 역사소설은 역사극歷史劇이나 역사드라마의 대본이 되는 경우가 많다.

역사소설의 작가는 역사적 사실을 소설로 창작하면서 역사를 새롭게 해석하거나 비판하게 된다. 그런 점에서 역사소설 작가는 사관史官의 입장을 가질 수밖에 없다. 또한, 역사소설 작가는 역사에 관한 연구와 인식을 토대로 소설에 역사성historicity이나 역사주의Historicism의 관점을 가미한다. 이런 이유 때문에 상당수의 역사소설에는 민족주의적 열망이 담긴다. 이런 관점에서 역사소설을 연구한 것은 루카치다. 루카치G. Lukács는 『역사소설론』에서 '변증법적 역사발전을 총체성totality으로 담아내야 한다'라는 리얼리즘적 역사소설론을 주장했다. 그의 역사소설론은 '헤겔의 역사철학과 마르크스의 계급투쟁론을 역사적 전망으로 보여주어야 한다'라는 것이다. 대부분 역사소설은 과거를 재현하거나 과거의 인물, 사건, 배경을 이야기로 만드는 것을 넘어서서 현재를 해석하고 미래를 전망하려는 목적이 있다.

참고문헌 Georg Lukács, *Der Historische Roman*(1937), Berlin : Aufbau-Verlag, 1955.

참조 근대·근대성, 로망스, 리얼리즘[예술], 문체, 민족주의, 반영론, 배경, 사건[소설], 사실, 서사시, 소설, 소설[동양소설], 술이부작, 역사, 장르, 픽션·논픽션, 허구

전기·자서전

Biography · Autobiography | 传记 · 自传

'백이와 숙제는 고죽孤竹 국군의 두 아들이었다. 아버지는 숙제叔齊를 세우고 싶어 했다. 아버지가 죽자, 숙제는 백이에 양보했다. 백이는 '아버지의 명이다' 라고 말한 다음 달아나 버렸다. 숙제 역시 자리에 오르려 하지 않고 도망갔다.' 이후 백이와 숙제는 세상에서 도리가 사라진 것을 한탄하고 수양산首陽山에 숨어 고비를 먹으며 지내다가 굶어 죽었다. 이것은 사마천의 『사기史記』 「백이열전 伯夷列傳」에 기록된 내용이다. 여기서 유래한 양식인 전傳은 위인의 일생을 후대에 전하고자 하는 목적의 산문이다. 또한, 전은 역사적으로 기록할 가치가 있는 사람에 대한 기록이다. 전傳은 기記, 즉 '있는 그대로 적는다'와 합성되어 전기傳記가 되었다. 전기의 시원은 공자가 편찬한 『춘추좌씨전春秋左氏傳』이다. 이후 전기체 양식은 중국, 한국, 일본, 베트남 등 한자문화권에서 정형적인 기록문학으로 자리 잡았다. 전의 목적은 기록을 남겨서 후대의 교훈으로 삼고자 하는 것이다.

전과 기는 역사에서 출발했으나 시간이 가면서 독립적인 양식으로 발전했다. 그리고 다양한 전기체傳記체가 생겨났다. 명明의 서사증徐師曾이 지은 『문체명변文體明辯』1570에서는, 전을 역사 전기 형식의 정사인 사전史傳, 정사가 아닌 인물을 기록한 가전家傳, 다른 것에 의지하는 탁전托傳, 단지 전의 형식을 빌린 가전假傳으로 구분했다. 그 외에 별전別傳과 외전外傳 등이 있다. 전은 정사체의 체계적인 기록이고, 전기傳記는 정사에서 발전한 인물에 대한 사실 기록이며, 전기체는 전과 기를 바탕으로 한 포괄적인 전기 양식이다. 이런 전기체 양식은 사관이나 제삼자가 비교적 객관적으로 기술한 다음 이에 대한 논평이나 의론을 개진하는 것이 보통이다. 시간이 가면서 열전과 정사체가 아닌 다양한 전기체 양식이 나타났다. 한국의 역사서 『삼국사기』의 「온달전」, 허균의 「홍길동전」, 박지원의 「양반전」은 소설 양식의 전기체이며, 「국순전麴醇傳」은 의인화된 전기체 설화나.

서양에서 전기는 동양과 마찬가지로 역사와 관계된 양식이었다. 전기의 어원은 사람을bio+쓴다graphy 즉, '어떤 사람에 대하여 기록한다'는 의미였다. 전기傳記는 사실에 근거하여 출생, 교육, 성장, 업적, 기여, 사망 등 한 사람의 일생을 객관적인 시각에서 기술하는 것이다. 말하자면 한 사람의 초상화와 같은 인물의 일생이 곧 전기다. 그러므로 전기는 한 개인의 연보年譜와는 다르다. 연보는 일생의 중요한 사실을 기록한 것이고, 전기는 객관적이고 총체적인 시각에서 기술하고 논평하는 것이다. 따라서 전기는 시간의 흐름에 따라서 3인칭 관찰자 서술시점으로 개인의 일생을 객관적으로 기술하고 기록하는 양식으로 볼수 있다. 로마 시대의 전기작가 플루타크Plutarchos, 46?~120?가 쓴 『플루타크영웅전Bioi Paralleloi』은 알렉산더대왕, 시저, 키케로 등 역사적 위인들의 일생을 기록한 전기다.

자서전自敍傳은 자기 자신의 일생을 기록한 전기다. 주로 일인칭 서술시점에서 기술되므로 주관적일 수 있으며, 서술자와 주인공은 같은 인물이다. 전기와 같이 주로 시간의 흐름에 따른다. 하지만 자서전은 자기 이야기를 쓰는 것이므로 서술자는 표면화되지 않은 자기의 생각, 감정, 사상, 숨겨진 이야기 등도 기술한다. 대부분 자서전은 삶의 기록이라는 점에서 인생 후반기에 쓰는 것이 보통이다. 또한, 자서전은 주로 자신의 경험을 바탕으로 서술하면서 타인과의 관계와 시대 상황을 연계하여 서술한다. 자서전의 목적은 자신의 생애를 기록하는 것과 함께 훌륭한 업적과 공과를 후대에 남기려는 것이다. 하지만 아우구스투스/오거스틴Augustine이 쓴 자서전인 『고백록Confession』처럼 자신의 내면을 솔직하게 토로하고 내면을 성찰하는 예도 있다. 자서전은 근대 개인주의와 자유주의의 발달에 따라서 촉진되었다. 그 이유는 개인이 개성을 가지고 자유롭게 사유하고 살아온 것을 존중하는 시대정신 때문이다.

　자서전은 인간의 표현 욕망과 기록 욕망 때문에 탄생한 양식이다. 자서전작가의 관점에서 보면, 표현 욕망을 통하여 자기를 오래 남기는 것이다. 반면 자서전 독자는 자서전을 통하여 사실을 알거나 교훈을 얻을 수 있다. 자서전과 유사한 회고록Memoirs은 과거를 회상하면서 가치가 있는 사건을 중심으로 기록한 산문이다. 한편 일기diary는 자신의 기록이지만 하루하루의 일과를 기록한 산문이다. 소설처럼 쓴 자서전은 허구적 자서전fictional autobiography이다. 찰스 디킨스Charles Dickens의 「데이비드 코퍼필드David Copperfield」와 샐린저J.D. Salinger의 「호밀밭의 파수꾼The Catcher in the Rye」, 토마스 만의 「토니오 크뢰거Tonio Kröger」는 자서전 양식의 소설이다. 전, 전기, 자서전, 회고록 등 모두 개인의 일생에 대한 기록이면서 과거의 사실을 현재의 시점에서 서술하는 공통점이 있다.

참고문헌 St. Augustine, *The Confessions of St. Augustine*, translated by John K. Ryan, New York : Image Books, 1960.

참조 갈등, 개성, 교훈주의, 기억, 배경, 사건, 사실, 소설, 시점, 역사, 역사소설, 장르, 재현, 주제·제재·소재, 캐릭터·인물, 플롯, 표현, 픽션·논픽션, 허구, 화자/서술자

소설[동양소설]
Novel | 小说

'작은 낚싯대를 들고 도랑에 가서 도롱뇽이나 붕어를 잡으면서 큰 고기를 잡는다는 것은 어려운 일이다. 그처럼 쓸데없는 작은 이야기들을 꾸며내어 현령의 마음에 들고자 하는 자는 크게 되기는 어렵다夫揭竿累 趨灌瀆 守鯢鮒 其於得大魚難矣 飾小說以干縣令 其於大達亦遠矣.' 여기서 소설이라는 어휘가 처음 등장했다. 이 말은 『장자莊子』「외물」 26장에 나오는데 도가道家들은 이처럼 도를 논한 대설大說이 아닌 '소설小說은 도가 담기지 않은 작고 허황한 이야기'라는 뜻으로 썼다. 소설은 대설大說의 상대적인 개념이다. 고대 중국에서는 소설을 대설大說인 도道가 아닌 항간의 잡스러운 이야기로 간주했다. 한편 유가儒家의 『논어』에서는 소도小道인 소설을 경전經典이 아닌 실용적인 글로 이해하면서 도청도설道聽塗說과 유사하다고 보았다. 아울러 공자는 소설의 괴력난신怪力亂神을 배척함으로써 소설을 도가 아닌 잡설雜說로 보았다.

중국 동한東漢 시대의 반고班固, 32~92는 소설가小說家라는 어휘를 처음 썼다. 그는 소설가를 유가나 도가와 동등한 개념으로 설정하여 의미를 부여했다. 반고에 의하면 소설가는 패관稗官과 유사하고 소설은 거리와 마을 여기저기서 들은 이야기 즉, 가담항어도청도설街談巷語道聽塗說이라고 설명했다. 일반적으로 동양에서는 '소설을 환상적이고 기이한 것, 경전이나 역사에 못 미치는 가치 없는 이야기'로 비하했다. 그러니까 소설은 도리나 도덕과 같이 인간이 수신해야 할 큰 도大道가 아닌 소도小道 즉 가치 없는 가벼운 이야기였다. 이처럼 한자문화권에서는 소설을 도덕과 도리道理와는 다른 허구적 이야기로 보았기 때문에 소설은 전설, 설화, 민담 등과 유사한 것으로 이해되었다. 그 이후에 소설의 개념이 바뀌었으나 1990년 전후까지 문이재도文以載道 즉 '문은 도를 실어야 한다'라는 문학관의 지배를 받고 있었다.

소설을 어느 정도 인정한 당송唐宋 시대에는 환기이론幻奇理論이 지배적이었다. 환기이론은 '세상의 환상적이고 기이한 것도 기록할 가치가 있다'라는 것으로, 전기소설傳奇小說이나 영웅소설이 대표적이다. 때로는 과학적 탐구도 보여주는 환기 소설은 근대의 환상소설fantasy이나 낭만소설과 상통한다. 환기이론 이후에 실록이론實錄理論이 등장했는데, 실록이론은 '소설은 역사와 사실을 정확하게 기록해야 한다'라는 이론이다. 근거와 실제를 추구하는 실록이론은 근대의 리얼리즘과 상통한다. 이후 전도이론顚倒理論, 허실이론虛實理論, 사실이론事實理論으로 발전했으나 방법론에 한정할 뿐이었으며 도道를 기준으로 삼는 점은 변하지 않았다. 이러한 도학관은 '소설은 권선징악勸善懲惡의 도구가 되어야 한다'라는 효용론적 문학관을 벗어나지 못했다.

동양의 소설은 서구의 소설과 마찬가지로 서사敍事와 묘사描寫를 기반으로 한다. 한편 중동에서는 『아라비안나이트』와 같은 피카레스크 양식의 소설이 등장했으며 인도에서는 베다와 같은 대서사가 있었다. 그런데 동서양을 망라하고 신화로부터 현대소설에 이르기까지 서사라는 본질은 변함이 없다. 이것은 일종의 서사 양식의 보편적 과정인데 신화/전설-서사시-로맨스-소설로 이어지는 흐름은 세계적으로 유사하다. 또한, 동서양이 모두 효용론과 교훈론에서 시작하여 '소설에도 미적 가치가 있다'라는 것으로 발전했고, 사실事實 기술에서 상상력을 중심으로 하는 허구虛構로 이행했다. 이처럼 동서양 모두 '소설은 서사epic 또는 이야기story라는 특징과 상상을 통하여 꾸며낸 이야기'라는 공통점이 있다. 대다수의 동양 고전소설은 내면의 자의식自意識이 없고 개성個性이 없거나 부족한 것이 특징이며 작가가 곧 서술자라는 점에서 근대소설과 다르다.

조선시대의 이덕무李德懋, 1741~1793는 '소설은 사람의 마음을 파괴할 수 있으므로 공부하는 자제들이 보지 못하도록 해야 한다'라고 말했다. 그는 '소설은 나라를 망치고 도를 해친다然亡國以害道'라고 하면서 패관이나 야담보다도 떨어지는 것이라고 기술했다. 그는 소설이 허공귀몽虛空鬼夢 즉, 허황되고, 근거가 없으며, 괴기하고, 몽환적이라고 비판했다. 개화기의 이해조李海朝는 소설을 빙공착영憑空捉影으로 보았는데, '공허한 것에 의거하여 그림자를 잡는다'라는 뜻의 이 성어는 소설의 허구성을 의미하는 것이었다. 빙공착영은 중국의 허실이론虛實理論과 유사한 면이 있다. 하지만 빙공착영의 허실이론은 허구적인 것이야말로 진실하다는 이론으로 허구와 사실을 동시에 인정한 창작이론 중의 하나다. 수천 년의 역사를 가진 동양의 소설관은 19세기 말 서구소설의 이입으로 변모하여 새로운 근대소설이 등장하기 시작했다.

참고문헌『莊子』.

참조 갈등, 개성, 도, 로망스, 문이재도, 문체, 배경, 사건, 사실, 서사, 서사시, 소설, 스토리·이야기, 캐릭터·인물, 픽션·논픽션, 허구, 화자/서술자, 환상/환상성

초점화[서사]

Focalization | 集中焦点

'십자가, 빨강 십자가가 멀리 보였다. 몽롱하고 혼미한 정신이 오락가락했었지만, 그 십자가의 선명한 빨간빛은 잊을 수 없다. 주일학교에서 배운 찬송가가 귓전에 맴돌았다. 40년의 적지 않은 시간이 지났건만 그 선명한 십자가는 잊을 수 없다. 나는 그날 신열이 나서 엄마의 등에 업혀 병원에 가고 있던 여덟 살, 어린아이였다.' 이 서사에는 두 사람이 등장한다. '십자가를 보던 과거의 나'와 '십자가를 보던 나를 회상하는 현재의 나'라는 존재인데, 사실은 같은 인물이다. 첫 번째 나는 40년 전 거기에서 엄마의 등에 업혀 병원에 간 나이고 두 번째 나는 40년 후 그날을 회상하는 나다. 한 사람은 기억하고 있고, 다른 한 사람은 표현하고 있다. 이처럼 소설의 서사에서는 한 명의 인물이 두 명의 존재로 분리되는 경우가 많다. 두 존재가 위치하는 시간과 공간도 다르고 인물의 성격과 인식도 다르다. 이것을 어떻게 설명하면 좋을까?

40년 후에 여기 있는 내가 40년 전의 거기 있던 나를 회상하는 것을 서술 narration이라고 하고, 서술하는 존재를 화자/서술자narrator라고 한다. 그런데 앞에서 본 것과 같이 과거의 나와 현재의 나는 다르다. 빨강 십자가를 보는 것은 현재의 화자/서술자가 아니라 과거의 나다. 이 과거의 나를 초점화자焦點話者라고 한다. 초점화자가 40년 전의 내가 빨강 십자가를 보고 서술하고 묘사하는 것이다. 따라서 초점화는 화자/서술자가 초점을 고정하여 묘사하는 서술 기법이다. 이것은 내가 카메라의 렌즈가 되어 피사체들을 찍는 것과 같다. 이것을 제라르 주네트Gérard Genette, 1930~2018는 『서사담론Narrative Discourse』1972에서 초점화자라고 명명했다. 이 초점화자는 '현재의 나'가 렌즈의 조리개를 조절하여 정확하고 선명하게 '과거의 나'에 초점을 맞춘 것이다. 그래서 '과거의 나'가 십자가를 서술한다. 그런데 더 정확하게 말하면 회상하여 서술하는 것이다.

주네트는 사건을 말하는 서술과 사건을 보는 시점을 분리한다. '누가 말하는가'의 서술은 '누가 보는가'의 시점과 다르다는 것이다. 앞에서 본 것처럼 말하는 사람은 '현재의 나'이고 보는 사람은 40년 전 '과거의 나'다. 소설론에서는 일반적으로 시점을 서술과 일치하는 것으로 간주하는 것과 달리 주네트는 시점과 초점을 분리했다. 그러니까 보는 주체에서 시점을 제외하고 인물의 개념을 부여하면 초점화자focalizer가 된다. 가령 '빨강 십자가가 멀리 보였다'라는 문장은 화자가 초점을 맞춘 40년 전의 '과거의 나'가 말하는 것이므로 초점화자인 것이다. 이 초점화자는 현재의 화자가 보는 화자인데 이것을 주네트는 원래의 화자와 구분하여 초점화자라고 했다. 간단히 말해서 사건을 말하는 것을 서술이라고 하고 그 서술의 주체를 화자라고 하며, 화자가 본 초점화자가 사건을 보는 것이 시점이다.

화자나 초점화자는 자기 이야기를 하는 것이기 때문에 1인칭과 3인칭이 구분되지 않는다. 또한, 주네트의 초점화자는 말하는 것진술과 보는 것시점에 한정하기 때문에 화자narrator에 대해서만 분석할 뿐이고, 내포작가의 기능이나 의미에 대해서는 다루지 않는다. 이 주네트의 초점화이론은 웨인 부스의 서술자/화자 개념을 세분화한 것이다. 웨인 부스는 텍스트를 작가와 분리할 수 없다고 보고, 텍스트 안의 내포작가를 창안했다. 텍스트 안에만 존재하는 내포작가는 작가의 의도와 서사 전략을 수행하고자 서술자/화자를 설정하고, 이 서술자/화자가 시점을 통해서 서술한다고 보았다. 이것을 발전시킨 주네트는 서술자와 화자를 분리한 다음 초점화자의 역할을 강조하여 초점화이론을 완성했다. 그런데 초점화자가 내면을 서술하기도 한다. 주네트는 내면 서술을 내적 초점화라고 하는데 내적 초점화는 등장인물의 내면까지 세세하게 서술하는 주관적 서사 기법이다.

내적초점화자^{character bound focalizor}는 초점화된 인물이 말하는 주관적 서사 기법이다. 이와 달리 외적초점화^{external focalisation}는 카메라 렌즈처럼 등장인물의 외면만을 묘사하는 객관적 서사 기법이다. 외적초점화자는 관찰자의 시각에서 서술하는데 가령 '그날 K는 엄마의 등에 업혀서 병원으로 가고 있었고, 병원 뒤로 빨강 십자가가 밤하늘을 수놓았다'라고 한다면 K의 심리나 내면이 아닌 외면만을 서술하는 외적초점화다. 이와 달리 무초점화^{zero focalization}는 초점이 일정하지 않고 전지적으로 서술된다. 무초점화자는 등장인물보다 더 많은 것을 알고 있는데 가령 K가 간 병원을 '의사 W는 언제나 자상한 그러나 죽음을 대수롭지 않게 여기는 사람이고, 간호사 O는 히스테리가 심한 그러나 남자들을 잘 다루는 사람이며, 사무장 P는 의료행위는 종교적 주술과 같다고 믿는 사람이다'라고 서술하는 것이 무초점화의 예다.

참고문헌 Gérard Genette, *Narrative Discourse*, New York : Cornell University Press, 1980.

참조 구조주의, 기표·기의, 내러티브, 내포작가/내포저자, 러시아 형식주의, 미적 거리, 믿을 수 있는 화자와 믿을 수 없는 화자, 산문, 서사, 소설, 시점, 캐릭터·인물, 텍스트, 허구, 화자/서술자

비교문학
Comparative Literature | 比較文学

장엄하면서도 경쾌한 구노^{Gounod}의 오페라 〈파우스트^{Faust}〉 중 〈병사들의 합창〉은 이렇다. '용감한 병사들이여 / 조국을 지키러 나가자 / 승리는 우리의 것이다. / 내 조국 위해 내 조국 위해 / 어서 나가자 // 진군의 나팔소리 / 울려 퍼져라 / 손에 칼을 잡고 / 어서 나가자 /주검을 헤치면서 / 우리는 간다.'[1] 간명하면서도 인상 깊은 이 가사는 원문을 잘 반영했을까? 그렇지 않다. 전체적인 상황만 같을 뿐 상당히 다르게 번역되어 있다. 이럴 때 연구자는 프랑스어 원문과 한국어 가사를 대조하면서 그 차이를 규명하고, 어떻게 다른지를 비교할 수 있다. 그것이 비교문학이다. 그런데 위의 가사는 합창곡이다. 그러므로 문학작품이 음악에 어떤 영향을 미치는지 비교한다면 그것은 문학과 음악을 비교하는 것이다. 원래 작품은 괴테의 〈파우스트〉가 원작이므로 문학, 음악, 번역 등을 살펴보는 비교예술이 되는 것이다.

프랑스인 구노는 괴테의 영향을 받고, 〈파우스트〉를 선택하여 오페라를 작곡했다. 그러므로 괴테의 〈파우스트〉에 나오는 〈병사들의 합창〉, 구노의 오페라에 나오는 〈병사들의 합창〉, 한국어 번안 가사 〈병사들의 합창〉 등 세 작품을 비교하고 대조할 수 있다. 그리고 원작인 괴테의 시가 어떻게 오페라의 가사로 번역되었는지, 어떻게 프랑스어 오페라 가사가 한국어 번안 가사로 바뀌었는

---

1   Gloire immortelle / de nos aïeux, / sois—nous fidèle, / mourons comme eux! / et sous ton aile, / soldats vainqueurs, / dirige nos pas, enflamme nos cœurs! // Pour toi, mère patrie, / affrontant le sort, / tes fils, l'âme aguerrie, / ont bravé la mort! / ta voix sainte nous crie ：/ En avant, soldats! / Le fer à la main, courez aux combats !

지 알 수 있다. 이런 과정을 거쳐서 구노는 독일문학 중 괴테문학에 영향을 받았다는 것과 번역과 번안을 거치면서 상당히 다른 가사가 된 것임을 규명할 수 있다. 그렇다면 비교문학과 비교예술이란 무엇인가? 비교문학은 작품, 형식, 주제, 작가, 문학사 등을 비교하고 대조하여 두 영역의 기원, 영향 관계, 차이점, 공통점, 문학성, 고유성, 특질, 사조 등을 밝히는 문학연구의 방법이다. 비교문학은 프랑스에서 시작하여 세계로 퍼져나갔다.

19세기 초, 프랑스의 문학연구자들은 프랑스문학과 다른 나라 문학이 어떤 관계가 있는지 밝히고자 했다. 처음에는 프랑스 문학이 프랑스어권에 미친 영향에 초점을 맞추었다. 이때 프랑스 문학은 발신자이고 다른 문학은 프랑스문학의 영향을 받은 수신자라는 도식이 설정되었다. 그 중간에 매개자나 매개방법이 배치되었는데 그것은 번역이나 번안 또는 출판 등이다. 영향사적 비교문학을 정초한 방띠겜P. Van Tieghem, 1839~1914은 '비교문학의 목적은 여러 나라의 문학작품을 상호 연관 지어 연구하는 것'으로 정의했다. 또한, 방띠겜은 그리스문학과 라틴문학의 비교, 유럽 고대문학, 중세문학, 근대문학의 관계를 비교문학의 주요한 영역으로 설정했다. 이처럼 프랑스 문학연구자들이 영향 관계를 비교했던 것은 '프랑스문학사를 기술하려면 주변 국가의 문학, 고대와 중세문학으로부터 받은 영향관계 등을 알아야 한다'라고 믿었기 때문이다.

영향 관계를 기반으로 하는 비교문학은 객관적이고, 과학적이며, 실증적이다. 그래서 이들은 면밀하게 상호 영향 관계를 비교하였으며, 작품 이외에도 출판, 독자, 환경, 사회, 경제, 이념 등 문학을 둘러싼 여러 영역도 비교하였다. 당시 비교문학은 유사성과 차이점similarities and dissimilarities을 찾아내는 것이었다. 이런 프랑스 비교문학을 비판하면서 대조 관계에 초점을 맞춘 것은 1950년대 미국의 비교문학자들이다. 이들은 영향 관계를 중심으로 하는 비교문학연구가 지나치게 기계적이고, 실증적이며, 구조적, 외재적extrinsic이라고 비판하고, '그런 방법은 문학의 내재적intrinsic 가치와 문학성을 규명할 수 없다'라고 주장했다. 또한,

1950년대의 뉴크리티시즘New Criticism에 근거한 미국의 비교문학자들은 실증주의와 역사주의Historicism를 넘어서 '작품의 내재적 가치를 일반 문학연구와 같은 차원에서 연구해야 한다'라고 주장했다.

이후 비교문학은 두 경향이 융합하여 일반 문학연구와 비평의 방법을 위주로 하게 되었다. 그리하여 비교문학은 문학의 보편성과 특수성을 동시에 규명하는 방향으로 발전했으며, 국가와 국가, 민족과 민족의 문학을 비교하는 것을 넘어서 관계없는 것까지 비교하는 등 비교문학 연구 대상을 넓혔다. 그리고 보편문학과 세계문학의 틀을 제시했다. 원래 세계문학world literature, 世界文學은 괴테Johann Wolfgang von Goethe, 1749~1832가 국민문학/민족문학의 상대적인 개념이면서 문학의 범세계적 보편성을 지향하는 개념으로 설정한 것이다. 이렇게 하여 자국문학의 특질을 추출하고 민족문학의 특수성을 강화하는 비교문학에서 세계문학의 보편성이라는 지평이 열리게 되었고 횡적 단면과 종적 단면을 동시에 이해할 수 있게 되었다. 비교문학은 비교문화, 비교언어학, 비교예술, 비교해부학, 비교종교학 등과 계열적 관계를 형성한다.

참고문헌 Paul Van Tieghem, *La Litterature Com-paree*, Paris, 1951.

참조 개념, 구조주의, 근대·근대성, 논리실증주의, 뉴크리티시즘/신비평, 문학, 민족, 민족문화, 비평/평론, 소설, 시, 예술, 장르

표현

Expression | 表現

소설 「홍루몽紅樓夢」을 읽던 K는 자기도 모르게 눈물을 흘렸다. 비련의 주인공 임대옥林黛玉이 '꽃 장례 지내는 나를 어리석다 웃지만儂今葬花人笑癡, 다음 해 죽은 나를 누가 알리오?他年葬儂知是誰'라고 한탄하는 대목을 읽으면서 눈물을 흘리지 않을 수 없었다. 떨어진 꽃잎을 모아서 작은 무덤을 만들어주는 장면도 슬펐지만, 곧 죽을 운명인 자신의 신세를 노래한 이 대목은 참으로 애절한 느낌이 든다. 한동안 상념에 잠긴 K는 백지에 자기가 꽃 장례를 지내는 모습을 써 내려가기 시작했다. 이 두 가지 모두 감정 표현과 관계있다. 첫째, 소설을 읽고 눈물을 흘린 것은 감정의 자연스러운 표출表出이고 둘째, 꽃 장례 지내는 자신을 묘사한 것은 감정의 의도적인 표현表現이다. 그런데 표출에는 자기도 모르게 눈물을 흘리듯이 자연스러운 표출도 있고, 의지를 동반한 인위적인 표출도 있다.

표출과 표현 모두 영어로 expression이지만 표출은 release에 가깝고 표현은 expression에 가깝다. 표현表現은 라틴어 expressiō에서 유래했으며 내면의 감정을 '바깥ex으로 눌러서press 각인print시키는' 의식적 행위다. 그러니까 표출이 자연스러운 현상이라면 표현은 의식적이고 인위적인 행위라고 할 수 있다. 동물이나 무기물도 표출은 하지만 표현에는 한계가 있다. 그래서 의지를 가진 인간이 통일적으로 묘사한 것만을 표현이라고 한다. 따라서 표현은 인간이 내면의 사상과 감정을 능동적으로 나타내는 것에 한정하는 것이 보통이다. 표현은 인간의 능동적 행위이기 때문에 자기만 고유의 방법이 있다. 그 표현 중 창의적이고 개성이 있으며 미적으로 잘 표현된 것을 예술이라고 한다. 예술에는 첫째, 창의성과 상상력을 바탕으로 새롭게 표현한 창의예술創意藝術과 둘째, 자연과 사회를 모방하고 재현하는 모방예술模倣藝術이 있다.

표현의 원리는 어떤 대상을 능동적, 직관적, 객관적으로 재현再現하는 것이다. 사전적인 의미에서 재현은 '원래의 것을 모방하거나 다시 표현한다'라는 뜻이고 라틴어 재현은 '보여주다, 전시하다repraesentātiō'가 '다시 보여주다'로 확장된 것이다. 또한, 재현은 다시 보여주는 것이면서 본질을 추구하는 것이다. 따라서 '모방mimesis, 미메시스하여 본질을 유사하게 재현한다'라고 할 때, 모방imitation은 행위를 강조하는 개념이고 재현representation은 본질을 강조하는 개념이다. 그러므로 표현은 모방, 재현, 표출, 묘사 등의 방법을 이용하여 자신만의 방법과 내용을 능동적으로 나타내는 것이다. 표현은 일정한 방법과 형식이 있으므로 표현된 결과에도 일정한 틀이 있다. 그래서 묘사를 예술적 표현이라고 한다. 묘사描寫는 어떤 것을 언어, 회화, 선율, 신체로 나타내거나 다른 것을 이용하여 표현하는 것이다.

표현의 과정에서 자신의 의지가 작동되며 표현을 위한 노력이 수반된다. 표현의 목적은 소통하기 위해서다. 참을 수도 없고 숨길 수도 없는 강렬한 표현욕망은 예술가에 의하여 예술작품으로 탄생한다. 사실 모든 사람은 언제, 어디서나 자신을 표현한다. 이 인간의 표현본능을 예술에 적용한 이론이 표현론表現論이다. 표현론은 '예술가의 사상과 감정이 작품으로 표현된다'라고 보는 예술이론이다. 특히 낭만주의 이론가 에이브럼즈M.H. Abrams, 1912~2015는 예술가의 개성과 표현을 중시했다. 그에 의하면 예술가는 세상을 모방하여 자기 내면을 표현expression한다. 낭만주의 시인 워즈워스는 표현본능을 '감정의 자발적인 유로spontaneous overflow of emotion'로 명명한 바 있다. 그 표현 중에서 비교적 고상하고 또 유의미한 것이 예술적 표현artistic expression이다. 자기의 사상과 감정을 언어로 표현하는 문학, 선과 색채로 표현하는 미술, 선율과 장단으로 표현하는 음악, 무대에서 동작으로 표현하는 연극 등 예술적 표현의 방법은 다양하다.

에이브럼즈는 내면의 사상과 감정을 담아내는 예술적 표현론^{expressive theories}을 창안했다. 이와 달리 표현 그 자체를 예술창작의 원리로 삼는 표현주의 Expressionism는 1905년 전후 독일에서 시작하여 1940년까지 서구 유럽을 풍미한 문예사조다. 표현주의자들은 특이한 구도와 공간, 대담한 색채, 과장되고 왜곡된 형상, 원시적 이미지, 기괴한 강렬성 등을 다양하게 표현했다. 이들의 목적은 일반적 아름다움 이외에 특이한 미美나 추醜를 표현하여 감정적 충격을 주는 것이었다. 한편 표현주의는 개성을 중시한 낭만주의를 계승했으나, 인상주의의 반대 개념으로 사용되었다. 인상impression의 어원은 라틴어 impressio인데 '마음을 눌러서press 각인print 시킨다'라는 뜻이다. 따라서 인상주의가 인상을 받는 수용자의 시각이고 표현주의는 표현하는 주체생산자의 시각이다.

참고문헌 Yrio Hirn, *The Origins of Art : A Psychological and Social Inquiry*, New York : The Macmillan Co., 1900.

참조 감정·정서, 개성, 낭만주의, 리얼리즘(예술), 리얼리즘/실재론(철학), 모방론, 묘사, 미/아름다움, 미메시스(아우어바흐), 상상, 시인추방론, 예술, 인상주의·인상파, 재현, 추상표현주의, 표현주의, 허구

개성

Individuality | 个体

'2019년 현재 세계 인구는 몇 명일까?' 약 77억, 더 정확히 말하면 2019년 4월 18일 현재 7,697,961,319명이다. 그리고 세계 인구는 일 년에 약 8천만 명 정도 증가하고 있다. 그렇다면 이 중에 같은 사람이 있을까? 없다. 그것은 각 개인은 고유한 특성과 형태를 가지고 있기 때문이다. 각기 다른 개인의 특성을 개인성個人性이라고 한다. 인간만 특성이 있는 것은 아니다. 가령 셀 수도 없이 많은 이 세상의 나뭇잎은 모두 다르다. 심지어 모래도 모두 다르다. 이것을 개체라고 하며, 개체의 특성과 형태를 개체성個體性 또는 개별성個別性이라고 한다. 개체성과 개별성을 줄인 어휘인 개성個性은 주로 인간 개인의 특성을 의미하는 개인성과 인간 이외의 모든 유기체와 무기체의 특성을 의미하는 개체성을 합한 개념이다. 따라서 생래적이기도 하고 의식적이기도 한 개성은 독립성을 가진 개인과 개체의 고유한 특성으로 정의할 수 있다.

개성의 라틴어 어원은 '더 나누어지지 않는in + dividuus 것'이며 한자어 어원은 개체個體의 성격性格이다. 원래 개체는 사람이나 동물과 같은 유기체나 모래와 같은 무기체를 포함하여 개별적이면서 더 나누어지지 않는 독립적 단위이다. 그러니까 개체는 원자atom와 같은 단일 구조를 형성한다. 그 개체가 가진 특성과 형태가 바로 개성이다. 그런데 개성은 '저 사람은 개성이 강하다'에서 보듯이 개인의 특성과 형태를 의미하지만 '저 집은 개성이 있다'에서 보듯이 사물에도 쓸 수 있다. 따라서 개성은 첫째, 인간의 개성과 둘째, 인간 이외의 생물과 사물의 개성으로 나눌 수 있다. 그런데 개성은 내적 외적 특성이 표현되고, 그 표현의 고유성이 분명할 때 쓰는 것이 보통이다. 또한, 개성은 개체의 표현형질이 드러나고 객체의 상호작용으로 이루어지는 심리적 현상이다.

개성은 주로 사람의 예술적, 철학적, 사회적 표현에 사용한다. 가령, '저 사람은 독특한 개성을 가지고 있다. 그런 그의 성격 때문에 그의 작품이 매우 개성적으로 표현되었다'에서 보듯이 개성은 한 사람과 그 사람이 표현한 고유성, 특수성, 정체성, 차별성을 의미한다. 주체의 관점에서 보면, 개성은 그 사람의 고유한 내면이 주관적으로 표현된 것이다. 반면 객체의 관점에서 보면, 표현된 결과가 개성적이라는 뜻이다. 이 경우의 개성은 주관성이나 주체성이 개입하지 않는 가치중립의 객관적인 개념이다. 개성은 개인이 가진 품격인 인격personality, 人格이나 그 사람의 성정과 기질인 성격character, 性格으로 드러난다. 인격은 한 사람이 가진 정신적 육체적 품격이고 도덕적 행위의 주체이고 성격은 한 사람이 가진 특유의 감정, 의지, 행동이고 일반적 행위의 주체이다. 인격과 성격은 의식과 무의식을 거쳐서 개성으로 드러난다.

개성은 일반적 행위인 성격과 도덕적 행위인 인격을 포함한다. 그런데 성정과 기질을 의미하는 성격이 선천적인 동시에 후천적인 것에 반하여 개성은 그 사람의 내면이 드러나는 것이므로 주체성과 주관성의 바탕이 되는 동시에 정체성으로 연결된다. 하지만 개성의 범주는 단수이지만 범주 안에서는 복수일 수 있다. 가령, '이스라엘 사람들은 개성이 강하다'라고 할 때 '이스라엘 사람들'에는 집합 개념의 복수성과 단수성이 동시에 내재한다. 따라서 개성은 범주와 종류 안의 단수일 때는 개체의 고유한 특성이라고 할 수 있지만, 국민과 같은 복수일 때는 보편적인 특성일 수도 있다. 이렇게 볼 때 개성은 단일성unicity을 기본으로 하면서 개별성, 개체성, 개인성, 특수성, 고유성, 주체성, 주관성, 정체성을 구성하는 요소이다. 또한, 개성은 복수성plurality을 기본으로 하면서 전체성, 보편성, 일반성, 총체성과 연결되어 있다.

예술에서 개성은 특히 중요하다. 가령 '개성적 문체, 개성적 인물, 개성적 구성, 개성적 리듬, 개성적 연기'에서 보듯이 예술가와 예술성은 개성으로 드러난다. 모든 예술가는 고유한 상상력과 표현방법으로 예술적 표현을 한다. 그런 점에서 예술적 표현은 개성을 바탕으로 한 개성의 표현이다. 특히 어떤 인물 특유의 성격과 기질이 드러난 것을 개성적 인물이라고 한다. 문예사조에서 개성은 낭만주의, 표현주의, 인상주의에서 중요하다. 특히 18세기의 낭만주의는 개인의 개성과 자유를 중시했다. 중세 봉건시대에 억눌려 있던 개인이 자유를 얻고 자아가 각성하면서 감정의 자유로운 표출이 가능해졌고, 그것을 통하여 자연스러운 개성이 드러나게 된 것이다. 예술에서 개성은 미적 가치와 의미가 있는 표현을 말한다. 모든 예술작품은 개성의 발로이며 개성을 통하여 미적 가치를 획득한다.

참고문헌 Jorge J.E. Gracia, *Individuality : An Essay on the Foundations of Metaphysics*, State University of New York Press, 1988.

참조 계몽주의/계몽의 시대, 낭만주의, 문학, 범주, 예술, 예술가, 원자, 인상주의·인상파, 자본주의, 자유의지, 정체성, 주관·주관성, 주체·주체성, 캐릭터·인물, 표현의 자유, 표현주의

유머 · 해학

Humor | 幽默 · 諧謔

철학자 L이 명함을 주면서 이렇게 말했다. '언제든지 전화하세요.' 그러자 화가 K가 이렇게 말했다. '새벽 2시에 전화해도 괜찮겠지요?' 그러자 L이 당황했다. 곧 상황을 인식한 L이 웃으면서 '좋아요. 새벽 2시, 통화하지요'라고 응수했다. 물론 K는 새벽에 전화하지 않을 것이고 L도 그런 전화를 기다리지 않을 것이다. 이 두 사람은 유머로 소통을 하고 있다. 처음 K의 '새벽 2시의 전화'는 L의 기대를 벗어나 있다. 그 벗어난 기대를 인지한 L도 재미있게 응수했다. 이처럼 유머는 사람을 즐겁게 하고, 친밀하게 하며, 새로운 인식을 가능케 한다. 사전적인 의미에서 유머는 말, 행동, 상황을 통하여 의도적으로 재미있게 하거나 웃도록 하는 것이다. 유머는 의식 무의식적으로 다른 사람을 웃기려는 적극적인 언행이다. 따라서 우연히 웃음을 유발한 것은 유머가 아니다. 그렇다면 유머는 무엇이고 어떻게 하여 성립하는 것일까?

고대 그리스의 의사들은 '신체의 체액體液이 그 사람의 생각과 감정을 결정한다'라고 믿었다. 라틴어에서 역시 유머humor는 피blood, 담phlegm, 황담즙yellow bile, 흑담즙black bile 등 체액을 의미하는 것이었다. 의학 용어였던 유머는 18세기부터 '재미있는' '웃기는'으로 뜻이 바뀌었다. 유머의 또 다른 기원은 고대 그리스의 희극이다. 디오니소스 축제 때 공연된 고대 그리스의 희극喜劇은 웃음을 유발하지만 진지한 세태풍자와 비판을 위주로 한다. 그러니까 희극은 유머와 웃음을 유도하는 글과 장르였다. 또한, 유머는 재미있고 우스운 언행과 상황도 의미한다. 그런데 재미있는 것이라도 우연한 것은 유머가 아니고 '웃음을 유발하면서 재미있는 것'이 유머다. 그런 점에서 웃음은 유머의 결과로 볼 수 있다. 기쁨이나 쾌감도 유머의 결과다. 이런 결과 때문에 유머는 행복감을 느끼는 원천 중의 하나다.

그렇다면 유머의 원인은 무엇이고 그 양상은 어떨까? 유머의 원인과 양상에 대해서는 대략 네 가지의 이론이 있다. 첫째, 우월감 이론superiority은 '어리석거나 부족한 언행을 보고 우월감을 느끼면서 유머가 발휘된다'라는 이론이다. 둘째, 긴장 해소relief 이론은 '유머를 통한 웃음과 즐거움이 억눌린 감정과 긴장을 해소하는 카타르시스 효과가 있다'라는 이론이다. 셋째, 불일치incongruity 이론은 '상황과 실제가 어긋날 때 유머가 발생한다'라는 이론이다. 가령, 양복을 입고 나타날 것으로 기대되던 사람이 수영복을 입고 등장하면 기대가 전복되면서 웃음을 유발한다. 넷째, 놀이play 이론은 유희본능이 발휘된 유머는 일종의 놀이나 게임이라는 것이다. 다섯째, 억압표출이론은 프로이트S. Freud가 말한 것으로 '무의식에 억압되어 있던 욕망과 충동이 꿈이나 유희적 언어로 표출된다'라는 이론이다.

유머는 인간만이 가진 고도의 인지능력이며 일종의 놀이다. 유머가 유희이자 놀이인 이유는 유머 생산자와 유머 수용자의 상호성이 작동되는 자극과 반응stimuli-response의 관계이기 때문이다. 그러므로 상호 소통되지 않는 유머는 불완전한 유머다. 가령 유머의 생산자가 재미있는 말을 했는데 수용자가 이해하지 못하거나 유머를 받아들이지 않으면 유머가 성립하지 않는다. 그런 점에서 유머는, 사회학에서 말하는 것처럼, 인간의 소통과 이해의 방법의 하나다. 그런데 소통은 공감empathy, 共感을 전제로 한다. 언어적, 감정적, 사상적 공감이 없으면 유머는 성립하지 않는다. 일단 유머가 성립하면 웃음과 쾌감을 주고 공동체 의식이 발휘된다. 그리고 포용과 호혜적 관계가 성립한다. 그러므로 유머 감각sense of humor은 사회생활에서 매우 중요하다. 유머를 통하여 얻는 효과는 정서적 교감을 통한 유쾌한 감정이다. 유머는 고도의 인지능력이라는 점에서 창의성을 바탕으로 한다.

유머와 같은 한자어는 없다. 가장 유사한 개념이 해학諧謔이다. 해학은 남을 웃기려고 일부러 하는 말이나 몸짓인 익살이다. 해학과 익살의 특징은 단순한 웃음을 유발할 뿐 다른 목적은 없는 것이다. 그리고 다른 사람에게 해를 끼치지 않아야 한다. 반면 위트wit는 웃음을 유발하는 지적인 언어유희다. 특히 위트는 예리한 공격이나 비판을 동반하는 순간적 반응을 의미한다. 농담joke, 弄談은 주로 재미있는 말의 유희다. 코믹comic은 재미있는 언행이나 상황인데 모순, 실책, 우매함을 동반하는 유희다. 조소derisive smile, 嘲笑는 타인을 깔보거나 놀리는 웃음이다. 이런 개념들은 포함관계이거나 교집합을 이루며 계열 관계를 형성한다. 하지만 여러 개념은 '언행의 주체가 의지가 있다'라는 점과 인간 고유의 특징이라는 공통점이 있다. 종교, 철학, 윤리의 영역에서 유머는 진지하지 못한 언행으로 여겨진다.

참고문헌 Norman Holland, *Laughing : A Psychology of Humor*, Ithaca : Cornell UP, 1982.

참조 감각, 감정·정서, 무의식, 아이러니·반어, 유희충동, 인식론, 장르, 카타르시스, 풍자, 프로이트, 호모루덴스, 희극/코미디

선시

Chan Poetry | 禅诗

한국의 선승 성철性徹, 1912~1993은 이런 글을 남겼다. '산은 산이요 물은 물이다.' '산=산' '물=물'의 동일률이므로 새삼 표현하지 않아도 되는데 성철은 '산은 산'으로 의미를 부연했다. 원래 '산은 산이요 물은 물이다山是山 水是水'는 도가의 잠언이다. 이 도가의 화광동진和光同塵 잠언을 송宋 임제종臨濟宗의 청원유신靑原惟信이 '산은 산이요 물은 물이다. 산은 산이 아니요, 물은 물이 아니다. 산은 다만 산이고 물은 다만 물이다山是山 水是水 山不是山 水不是水 山只是山 水只是水'로 다시 정리했다. 긍정과 부정의 변증법을 거친 이 사유는 시처럼 보이는 선사禪師들의 화두였다. 그렇다면 이 문장은 시인가 시가 아닌가? '산은 산이요 물은 물이다'라는 시이기도 하고, 시가 아니기도 하다. 시라면 선시禪詩라고 할 수 있다. 선시는 선의 내용, 선의 형식, 선의 의미 등 불교의 선적인 것을 표현한 한시의 일종이다.

주로 중국, 한국, 일본에서 창작된 선시는 종교적인 의미에서 보면 불교시Buddhist poetry의 일종이고 장르적인 의미에서 보면 한시의 일종이다. 대체로 선시는 '모든 존재에는 불성이 있다'라는 것을 토대로 직관적 깨달음을 시로 표현한다. 그런데 불교의 교리에서 말하듯이 '모든 것은 나'인 범아일여梵我一如이고 인간 본성은 진여眞如이지만 그 본성을 깨우치려면 참선參禪이 필요하다. 참선의 언어적 표현이라고 할 수 있는 선시는 선禪과 시詩가 결합한 복합명사다. 운문인 시는 주관적 감성과 생각을 함축적으로 표현한다는 점에서 시언지詩言志다. 그러니까 시에 선적인 뜻이 내재하고 있는 시가 바로 선시다. 그렇다면 선은 무엇인가? 선禪은 정신적 명상을 통하여 궁극적 깨우침을 얻는 수양의 방법이다. 선의 기원은 천상천하유아독존天上天下唯我獨尊으로 상징되는 석가모니로 거슬러 올라간다.

마음으로 깨우치는 선은 언어의 길이 끊어진 곳에서 시작하는 정신의 높은 경지이다. 교외별전敎外別傳 불립문자不立文字는 직지인심直指人心 견성성불見性成佛과 함께 대승불교 선종의 4대 종지로 알려져 있다. 이런 불교 성어들은 28대 보리 달마에 의해서 중국에 전파되었음을 강조하여 만든 개념이다. 교외별전의 사상이 도가道家의 사상과 만나서 선이 태동한 다음 선의 의미가 시로 표현되어 선시가 되었다. 선시는 한자문화권에서 발달한 대승불교Mahāyāna Buddhism 선사들이 선에 관한 시를 쓰면서 시작되었고 이어서 문인들이 선시를 쓰면서 널리 퍼졌다. 선과 시는 절제, 상징, 비유, 직관, 이미지로 표현된다는 점에서 유사한 면이 있으며 논리를 넘어선다는 점에서도 공통점이 있다. 이런 특성 때문에 선은 간결하고 함축적인 한시와 함께 발전했다. 그리하여 시선일치詩禪一致 또는 시선교융詩禪交融이라는 개념이 생겼다.

선시는 대승불교의 산물로 중국 당대唐代에 완성되었다. 이백, 두보, 왕유 등이 시선일치를 보여주었으며 한국과 일본에서도 많은 선시가 창작되었다. 선시의 정수는 공空을 깨닫는 것이다. 세상은 무상하고 공이지만 현실 또한 의미 있다는 색즉시공공즉시색色卽是空空卽是色의 중관사상이 선시의 주요한 주제였다. 그런데 그런 깨달음은 일상 언어로 표현하기 어렵고 깨달음의 주체인 마음의 오묘한 이치도 일상 언어로 표현하기 어렵다. 가령 '달마가 동쪽으로 온 까닭은?'이라고 물었을 때 '뜰 앞의 잣나무'라고 한 것은 논리나 설명을 생략한 깨달음의 의경意境이다. 그런데 선은 깨달음과 깨달음을 통한 해탈과 적멸이 목표인 것과 달리, 시는 예술적 표현과 예술적 표현을 통한 감동이 목표다. 특히 선시는 깨우침을 선적 경지에서 간결하게 표현하는 것이 일반적이다. 깨우침을 표현한 불교 선사나 도교 도사들의 수많은 오도송悟道頌이 있다.

선시와 유사한 양식이 여러 가지가 있는데 그중 오도송은 불교적 진리인 도를 깨우치면서 쓴 선시의 일종이다. 게송偈頌은 불교의 교리, 부처나 스님의 가르침, 조사祖師의 언행을 찬미하는 시다. 시적시示寂詩는 적멸의 니르바나로 가기 시작하면서 남긴 시를 말한다. 그런데 선시와 유사한 오도송, 게송, 시적시는 수로 불교 선사들이 창작하지만, 선시는 승려만이 아니라 시인도 창작할 수 있다. 왜냐하면, 시인의 선시는 불교의 교리를 표현하는 것이 아니라 선적인 것을 시로 표현한 것이기 때문이다. 그래서 문인이 쓴 선시를 선적인 특징을 가졌다는 뜻에서 선취시禪趣詩라고 한다. 이와 달리 선의 이치를 담은 선리시禪理詩, 선에 관한 것을 담은 선사시禪事詩, 선적인 것이 있는 선기시禪機詩, 선의 의미를 담은 선의시禪意詩 등 다양한 선시의 종류가 있다. 근대에 이르러 선시는 자유시 형식으로 창작되고 있고 일본에서는 하이쿠Haiku로 발전하기도 했다.

참조 공/수냐타, 교외별전, 상징, 석가모니 고타마 싯다르타, 색즉시공, 서정시, 시, 시언지 시연정, 의경, 의상, 자유시, 적멸의 니르바나, 정신, 제행무상, 중관사상, 직관, 직지인심 견성성불, 표현, 한시/중국고전시

메타언어 · 대상언어

Metalanguage · Object Language | 元语言 · 对象语言

종이에 다음과 같은 문장이 있다. '아래 문장은 거짓이다.' 그 아래 문장은 이렇다. '위의 문장은 참이다.' '① 아래 문장은 거짓'이라고 했는데, 아래 문장에서는 '② 위의 문장은 참'이라고 했다. 따라서 ①의 관점에서 보면 ②는 거짓이다. ②가 거짓이므로 ①은 참이 아닌 것 즉, 거짓이다. 그런데 '아래 문장은 거짓이다'이므로 이 문장은 '아래 문장은 참이다'가 되어서 모순이다. 반대로 ②의 관점에서 보아도 마찬가지다. 그래서 ①과 ② 모두 '참이면 거짓이고 거짓이면 참'이 된다. 이것은 역설이다. 역설은 주장과 반대되는 결론이고 논리적으로 모순paradox을 일으키는 상황이나 수사의 일종이다. 이 거짓말쟁이의 역설은 크레타 사람 에피메니데스Epimenides, BCE. 6C가 '크레타 사람은 거짓말쟁이'라고 했다는 것에서 유래한다. 이것이 참이면 거짓이 되고 거짓이면 참이 되는 모순어법의 하나인 역설의 대표적인 예다.

이 문제를 해결한 것은 폴란드의 수학자 타르스키였다. 타르스키Alfred Tarski, 1901~1983는 사물이나 사건 등 대상에 대해서 말하는 것은 대상언어object language이고 그 대상언어에 대해서 말하는 것은 메타언어라고 말했다. 바르샤바대학의 조교수였던 타르스키는 1933년 「형식언어의 진리개념The concept of truth in formalized languages」이라는 제목의 논문을 발표하고 1935년 독일어로 다시 발표하여 큰 주목을 받았다. 이 논문이 언어학, 수학, 논리학, 분석철학, 기호학에 지대한 영향을 미친 타르스키의 진리의미론Semantic theory of truth이다. 그의 진리모식眞理模式, T-schema은 형식언어 문장의 층위를 나눈 다음 '하위의 대상언어는 상위의 메타언어에 포함되어 있다'라고 보는 것이다. 그의 이론은 '진리는 그것이 진리일 때 즉, 진리에 대응할 때만이 진리이다'라는 대응이론에 근거하고 있다. 가령 지금 눈이 오고 있을 때만이[iff] '지금 눈이 온다'가 참이 되는 것이다.

눈이 오고 있지 않은데, '지금 눈이 온다'라고 말했다면 이 발화는 거짓이다. 그러니까 언어의 필요충분조건[if and only if]이 충족될 때만이 진리이고 그렇지 않으면 거짓이거나 판정 불가가 되는 것이다. 당연한 것 같은 타르스키의 진리론은 언어 층위를 구분하는 한편 조건에 따라서 다른 가치를 가진다는 것을 입증했기 때문에 중요하다. 앞에서 본 '아래 문장은 거짓이다' 역시 층위를 나누고 필요충분조건을 점검하면 해결할 수 있다. 이 문장의 대상언어는 '아래 문장은 거짓이다'이고 메타언어는 "'아래 문장은 거짓이다'라고 종이에 적혀 있다"이다. 그러니까 종이에 '아래 문장은 거짓이다'라고 적혀 있을 때만이 오직 그때만이 [필요충분조건, iff] '아래 문장은 거짓이다'는 참이다. 한편 "'아래 문장은 거짓이다'라고 종이에 적혀 있다"에서 '종이에 적혀 있다'가 진리술어[truth predicate] 즉 진리를 가능케 하는 술어이다.

원리이자 상위인 메타언어는 대상언어보다 풍부하고 대상언어를 포함할 수 있어야 한다. 원래 메타언어[metalanguage]의 메타[meta]는 '~을 넘어서', '~에 대하여', '~의 상위의'라는 뜻이다. 그러니까 메타언어는 기억에 대한 기억처럼 '언어를 넘어선 언어 또는 언어에 대한 언어'다. 형이상학[Metaphysics]에서 유래한 메타언어는 '표면적인 언어를 넘어선 본질의 언어'이다. '넘어선 언어'라는 것은 '원래의 언어 또는 문장의 층위[level]를 넘어서다'라는 뜻이다. 따라서 메타언어는 그 대상언어와 층위가 다른 언어다. 가령 'L; 지금 눈이 온다'는 대상언어 즉, 어떤 대상에 대해서 묘사하거나 설명하는 문장이다. 반면 "L1; '지금 눈이 온다'라고 철수가 말했다"는 대상언어를 더 높은 차원에서 설명한 문장이다. 이 두 문장[L, L1]이 놓인 층위가 다르다. 층위관계[inter level relation]가 다르므로 발화의 주체도 다르다.

메타언어는 무한히 반복하여 확장될 수 있다. 최초 문장인 원자문장이 대상

언어라면 다음과 같은 층위관계가 성립한다. L; '지금 눈이 온다' L1; '지금 눈이 온다'고 말한다. L2; '지금 눈이 온다'고 말한다고 말한다. L3; '지금 눈이 온다고 말한다고 말한다고 말한다' 이 관계에서 L2는 L1의 메타언어이지만 L3의 대상언어가 되는 것이다. 메타언어는 첫째, '3'과 같은 정수에서 보듯이 언어에 그 의미가 포함된embedded 메타언어 둘째, "'지금 눈이 온다'고 철수가 말했다"와 '지금 눈이 온다'처럼 질서화된ordered 메타언어 셋째, '인간은 영장류의 인간과에 속하는 동물이다'에서 보듯이 계층화된hierarchical 메타언어 등으로 구분할 수 있다. 대상언어와 메타언어는 의미론, 통사론, 화용론pragmatics의 맥락에서 이해되어야 하는 상대적이고 상호적인 관계이다. 상위의 원리이자 이차적 분석과 해석인 철학과 비평 역시 메타언어이다.

참고문헌 Alfred Tarski, "The Concept of Truth in Formalized Languages"(1935), *Logic, Semantics, Metamathematics*, 2nd edition, edited by J. Corcoran, Indianapolis : Hackett, 1983.

참조 구조주의, 본질, 역설, 진리의미론(타르스키), 표현, 형이상학

미메시스[아리스토텔레스]

Mimesis | 模擬

대장장이의 망치 소리는 일정하다. 말의 발걸음trotting도 일정하다. 그뿐인가? 밀려가고 밀려오는 바다의 파도나 달이 기울고 차는 것도 규칙적이다. 꽃잎에는 정교한 대칭이 있고 나뭇잎에는 일정한 결이 있다. 그래서 오래전부터 사람들은 자연의 규칙을 모방했다. 이에 대하여 아리스토텔레스는 『시학』1448b에서 '동물과 달리 사람은 무엇을 모방하면 즐거움을 느낀다'라고 말했다. 아리스토텔레스에 의하면 모방하는 것도 즐겁지만 모방한 것을 보는 것도 즐거운데 그것은 색깔이나 기교 때문이다. 또한, 음악적인 것을 모방한 시를 읽는 것 역시 즐거운데 그것은 시의 리듬과 장단tune과 선율 때문이다. 아울러 아리스토텔레스는 모방의 기쁨과 함께 '인간은 타고난 모방본능이 있다'라고 말했다. 모방은 있는 그대로 대상을 옮기는 재현representation과 다르고 단순한 재현인 묘사depiction와도 다르다.

아리스토텔레스는 『시학』에서 모방의 기쁨과 모방본능을 특별히 강조했다. 그리고 '미술과 음악은 자연의 모방'이라고 하는 한편 시의 근원을 '박자가 담긴 리듬과 곡조의 장단'이라고 했다. 고대 그리스에서 시는 비극, 희극, 서사, 서정을 아우르는 개념이다. 당시의 시는 호머의 육각운hexameter 서사시인 「일리아스」와 「오디세이아」처럼 리듬과 운율을 가진 정형시였다. 그리고 시는 좋은 사람과 좋은 것을 주로 모방했다. 당시 시가 모방한 것은 자연, 영웅, 사건, 신들의 이야기다. 그런데 비극, 희극, 서사, 서정의 시들은 반원형극장amphitheater에서 공연되던 드라마dramatic 요소가 많았다. 드라마 요소란 무대의 연기와 대화를 말한다. 시의 드라마 요소가 시인의 감정이 직접 발화되는 미메시스다. 시와 달리 풍자satire는 열등한 사람과 우스꽝스러운 것을 모방했다.

아리스토텔레스는 '자연과 행위를 모방하면서 여러 형태의 시가 등장했고, 그런 시에는 시인이 현상을 모방하고 직접 이야기하는 드라마 요소가 있다'라고 분석했다. 그래서 자연과 행위를 모방하는 것을 미메시스mimesis라고 했는데, 그 미메시스에 드라마 요소가 있었다. 반면 그의 스승 플라톤은 시에 삽입된 드라마 요소 때문에 '시를 쓴 시인을 추방해야 한다'라고 말했다. 그리고 『국가』에서 플라톤은 '인간의 감정을 자극하여 윤리와 도덕을 훼손하고 이데아의 진리를 찾지 못하게 하는 미메시스는 위험하다'라고 했다. 아카데미아Academia에서 스승 플라톤에게 배운 아리스토텔레스는 플라톤이 서술의 방법을 디에게시스diegesis와 미메시스로 나누고, 정제된 서술인 디에게시스를 우위에 놓는 기본 입장에 따랐다. 하지만 아리스토텔레스는 이들과 약간 다른 견해를 가지고 있었다.

소크라테스와 플라톤에 의하면 현상은 본질/진리idea가 재현된 그림자일 뿐이다. 그러므로 이상국가에서는 본질/진리를 추구하는 철학자가 본질과 진리를 교육하고 추구해야 한다. 그런데 시인, 화가, 음악가, 조각가 등 예술가들은 현상을 모방하기 때문에 2차 모방일 뿐 아니라 감정을 유혹하기 때문에 올바른 표현의 방법이 아니다. 여기서 플라톤은 본질을 서술하는 것을 디에게시스, 현상을 모방하거나 재현하는 것을 미메시스로 보았다. 이 이론에서 미메시스는 디에게시스의 일종이면서 작중 인물의 김징, 목소리, 행위가 직접 관객/독자에게 전달되는 것이다. 그러니까 플라톤은 작가가 서술자를 겸하여 정제된 디에게시스적 서술을 해야 하는데, '관객/독자를 타락시킬 수 있는 미메시스적 서술을 하는 것은 위험하다'라고 염려한 것이다. 아리스토텔레스는 두 스승의 이런 태도에 따르면서도 미메시스에 상당한 가치와 의미를 부여했다.

아리스토텔레스는 미메시스인 연극을 보는 관객이 카타르시스catharsis를 느끼면서 마음을 정화purification할 수 있다고 주장했다. 이것은 훗날 '미메시스도 진리를 표현할 수 있다'라는 것으로 해석되었다. 그런데 '미메시스적^{mimetic} 표현은 수단^{means}, 대상^{object}, 방법^{mode, manner}으로 구성된다'^{1448a}. 이렇듯 아리스토텔레스는 『시학』에서 미메시스를 카타르시스와 함께 중요한 기능으로 간주했다. 고대 그리스에서 미메시스는 자연을 모방하는 것이며 주로 제의나 무용 등 행위에 한정되었다. 처음에 미메시스는 디오니소스 축제에서 공연되는 비극과 희극을 의미하는 것이었다. 시간이 흐르자 연극적 감정 표현의 미메시스가 음악, 조각, 시에 적용되기 시작했다. 그리고 중세와 근대를 거치면서 미메시스는 모방으로 해석되었고, 20세기 서사학^{narratology}에서 재현이나 묘사와 같은 보여주기^{showing}로 발전했다.

참고문헌 Aristoteles, *Poetica*.

참조 감정, 감동, 내러티브, 디에게시스, 리얼리즘/실재론〔철학〕, 리얼리즘〔예술〕, 모방론, 묘사, 미메시스〔플라톤〕, 보여주기와 말하기, 비극, 시인추방론, 이데아, 재현, 카타르시스, 표현, 플롯, 화자/서술자

수필·에세이

Essay | 随笔

  수필에 관한 정의는 다양하지만 대체로 일정한 형식이 없는 자유로운 글로 정의하는 것이 보통이다. 이것은 한자어 수필隨筆에 근거하고 있다. 한자어 수필은 '붓 가는 대로 쓴 글'이라는 뜻이다. '마음대로'라는 뜻의 한자어 수隨는 '(주관이나 주체가 없이) 상황에 따르는' 또는 '목적이나 의도가 없는 자유로운'이라는 의미도 포함한다. 이 '자유로운'의 수隨를 붓筆과 연결하여 수필을 '붓 가는 대로 따라가면서 쓴 자유로운 글'로 정의하게 된 것이다. 근대 이전의 한국, 중국, 일본에서는 부賦, 사辭, 기記, 문文, 론論, 변辯 등 수필에 해당하는 여러 가지 양식이 있었다. 근대에는 일기, 편지, 기행문, 답사기, 수상隨想, 단상, 비평, 보고서 등 다양한 수필의 형식이 등장했다. 수필은 소설, 희곡, 비평과 함께 산문의 하위양식으로 분류되고 있으며 여기에 운문인 시를 포함하여 5개의 중요한 문학 양식으로 인정받고 있다.

  수필에 해당하는 서구어는 에세이다. 에세이의 어원은 중세 프랑스어 essai 다. Essai는 '무엇을 시도하다try'와 '앞으로 가다'나. 그러니까 에세이는 '무엇을 시도하여 얻은 생각을 표현한 글'이라는 뜻이었다. 이것을 사상가 몽테뉴M. de Montaigne, 1533~1592가 차용하여 『에세이Essais』1580라는 책을 쓰면서 새로운 의미를 얻게 되었다. 몽테뉴의 『에세이』는 자기 생각을 쓴 철학적인 글이다. 한자문화권에서는 이 책을 『수상록隨想錄』으로 번역했는데 그 이유는 '생각을 따라가는 글'로 간주했기 때문이다. 이렇게 볼 때 당시의 에세이는 철학적이고 사상적인 글이라는 것을 알 수 있다. 이런 기조를 이어받은 베이컨Francis Bacon, 1561~1626

역시 『에세이*Essays*』를 제목으로 쓰면서 몽테뉴와 유사한 철학적인 책을 에세이로 명명했다. 존 로크*John Locke, 1632~1704* 또한 『인간지성론*An Essay Concerning Human Understanding*』을 쓰면서 에세이라고 명명했다.

이렇게 하여 에세이는 철학적인 사유, 인간 존재에 대한 이해, 생활의 지혜, 비평과 분석, 성찰과 사색, 소논문 등을 의미하게 되었다. 이런 이유 때문에 에세이는 감성적이고 서정적인 글이라기보다 철학적이고 이성적인 글로 간주된 것이다. 이 개념이 더 확장되어 에세이가 문학적이고 감성적인 글의 성격을 가지게 된 것은 찰스 램*Charles Lamb*을 비롯한 여러 수필가 때문이다. 찰스 램은 『엘리아수필집*Essays of Elia*』*1823~1833*을 출간하여 문학적 에세이의 이정표를 남겼다. 이후 에세이는 생각, 감정, 철학적 주제, 유머, 사회적 사건, 비평적 해석 등을 담는 글로 확장되었다. 그래서 헉슬리*A. Huxley, 1894~1963*는 '어떤 형식의 어떤 것도 모두 에세이가 될 수 있다'라고 하면서 개인의 생각과 감정을 쓴 에세이, 객관적 사실을 쓴 에세이, 추상적이고 보편적인 에세이로 구분했다.

수필의 어원과 역사로 볼 때, 붓 가는 대로 자유롭게 쓴 글이라는 뜻의 수필과 철학적이고 지성적인 글이라는 뜻의 에세이를 나눌 필요가 있다. 수필은 첫째, 산문의 일종으로 문학적인 글이며 둘째, 개인의 생각과 감정을 편안한 문체로 기술하는 것이 보통이고 셋째, 주제 제재 소재가 자유로워서 무형식의 형식이라는 평가가 있고 넷째, 글쓴이의 개성이 직접 드러나는 주관적인 고백체가 많다. 그다음 에세이는 첫째, 문학의 형식이기도 하면서 보고서나 논문 등 여러 형식의 글을 포함하는 개념이고 둘째, 개인의 생각과 감정을 드러낼 수도 있고 객관적으로 기술할 수도 있으며 셋째, 주제 제재 소재는 자유롭지만, 어느 정도의 목적과 형식을 갖추는 것이 보통이며 넷째, 글쓴이의 개성이 드러나기도 하지만 객관적 3인칭으로 기술되기도 한다. 수필과 에세이는 형식과 길이가 자유롭고 다양하다는 공통점이 있다.

수필 분류의 일종인 경수필은 신변잡기 또는 어려운 주제가 아닌 서정적인 글이며 중수필은 서양의 에세이나 미셀러니^{miscellany}에 해당하는 것으로 형식과 목적이 갖추어진 글이다. 한편 에세이는 형식에 따라서 형식적 에세이와 비형식적 에세이로 나눌 수 있다. 형식적 에세이는 입학이나 입사 때 쓰는 자기소개서, 학기 말 과제, 일기, 편지, 비평문, 감상문, 소논문, 기행문, 잡문雜文 등 형식에 따라서 쓰는 글이거나 서론 본론 결론 또는 기승전결과 같은 형식이 있는 글이고 비형식적 에세이는 형식이 자유로운 글이다. 내용에 따라서 수필/에세이는 비평, 일기, 편지, 감상, 기행, 분석, 평가, 고백 등 다양하게 나누어진다. 서술의 방법에 따라서 허구적 수필/에세이와 사실적 수필/에세이가 있고 서정적 에세이와 철학적 에세이가 있다. 수필/에세이는 문학만이 아니라 영화에세이나 포토에세이처럼 여러 가지 다른 양식도 있다.

참고문헌 Michel de Montaigne, *The Complete Essays*, translated by M.A. Screech. London : Penguin, 1987.

참조 감성, 기승전결, 묘사, 문학, 비평/평론, 산문, 서정시, 소설, 시, 운문, 장르, 주제·제재·소재, 지성·오성, 철학, 픽션·논픽션, 허구, 희곡

운문

Verse | 韻文

‘죽느냐 사느냐 그것이 문제로다To be, or not to be, that is the question.’ 셰익스피어의 〈햄릿〉에 나오는 이 문장은 산문일까 운문일까? 운문처럼 보이기도 하고 산문처럼 보이기도 한다. 그런데 문장 자체는 약강오음보의 운문이다. 하지만 〈햄릿〉은 운문이 아닌 산문이다. 장르 구분에서 희곡 〈햄릿〉이 산문의 일종으로 분류되기 때문이다. 〈햄릿〉에는 운문이 상당히 있지만, 전체적으로는 운문이 아닌 문장이 더 많기 때문에 산문이 되는 것이다. 운문은 원래 ‘운이 있는 한 행line의 문장’이라는 뜻이었다. 이것이 시간이 가면서 두운, 각운과 같은 운rhyme, 강약, 음수, 음보meter, 박자와 리듬rhythm 등을 가진 음악적 문장으로 바뀌었다. 이런 기본적인 운문의 개념에 더하여 중세 이후에 ‘운문은 문장만이 아니라 정형적인 연stanza이나 한 편의 시’라는 뜻이 첨가되었다. 그래서 ‘운문verse은 시poetry’ 또는 ‘운문은 시가詩歌’라는 등식이 생긴 것이다.

서구에서 운문verse은 원래 라틴어 ‘일정한 간격의 고랑versus’ 또는 ‘일정한 규칙이 반복되는vertō, turn around 것’을 의미했다. 그러니까 운문은 가지런한 고랑을 오가면서 밭을 가는 것 같은 규칙적 반복이라는 뜻이다. 문장에서 규칙은 일정한 길이, 반복되는 박자와 리듬, 음의 강약과 운에서 나오는 음악적 선율melody 등이다. 이런 의미가 수사학과 문학에 적용되면서 운문은 음악적 리듬rhythm, 각운이나 두운과 같은 운, 음보와 음수와 같은 율격, 상징과 함축, 길고 짧은 장단 등을 가진 문장이라는 뜻으로 변했다. 처음에는 한 고랑을 의미했던 운문이 여러 고랑의 연stanza이 되고, 문장이나 연이 결합한 한 편의 시poem나 시의 양식poetry

이 된 것이다. 그런데 시의 관점에서 운문은 아직 시가 되기 전의 문장 또는 시가 되지 못한 문장이라는 뜻이었다. 그렇다면 운rhyme의 유무와 운의 종류는 무엇이 있을까?

문학적 운문의 종류에는 운과 음보 등에 따라서 첫째, 운이 있는 압운시rhymed verse 또는 운과 음보를 가진 운문시rhyming and metering verse가 있다. 대체로 각운과 두운이 많으며 문장의 중간에 배치되는 요운腰韻도 있다. 운은 강약이나 음보와 결합하여 약강오음보iambic pentameter, 강약육음보dactylic hexameter 등의 음악적 음운을 형성한다. 둘째, 운이 없는 무운시blank verse가 있다. 무운시는 운은 없지만, 강약과 음보는 있다. 음의 강약은 약강약강약강강의 약강조iambus, 강약강약강약의 강약조trochee, 약약강약약강약약강의 약약강조anapaest, 강약약강약약강약약강약약의 강약약조dactyl 등이 있다. 예를 들면 약강오음보는 'da DUM da DUM da DUM da DUM da DUM'의 율격을 가지고 있다. 셋째, '운과 강약이나 음보가 없다'라는 뜻의 자유시free verse가 있다.

한자문화권에서 운문은 한시, 시조, 가사, 하이쿠俳句 등 운과 율律 즉 운율 규칙을 가진 시가를 말한다. 『시경詩經』에서 보듯이 고대에는 음수와 음보를 위주로 한 운문이었다. 두보가 완성한 근체시에 이르러 음수의 박자로 구성되는 음수율syllabic meter, 음수의 집합인 음보율foot meter 그리고 고저율, 장단율, 강약율 등 절주節奏의 규칙성이 있는 시가가 완성되었다. 한시의 운은 두운頭韻, alliteration, 요운腰韻, 압운押韻과 같이 음이 어백을 가진 외형률이다. 하지만 주로 구의 맨 뒤에 운자를 배치하여 음악적 조화의 여운을 남기는 것이 일반적이다. 한편 한시의 평측平仄은 강약과 고저를 동시에 구현하는 운율의 특징을 보인다. 가령 측측평평측측평仄仄平平仄仄平과 같이 강약과 고저를 표현한다. 이에는 평기식과 측기식 등이 있다. 시조, 가사, 하이쿠 등은 운보다는 음수와 음보를 통하여 음운의 특징을 유지한다. 가령 시조나 가사는 3434 또는 4444의 음수의 율격을 가지고 있다.

운문verse, 韻文은 첫째, 음악적 요소를 가진 행이나 구句 둘째, 그런 음악적 요소로 구성된 한 편의 시 셋째, 시의 양식적 특징이라는 세 가지 의미가 있다. 하지만 모든 문화권에서 운문의 규칙은 음의 강약, 음수, 음보, 운, 음성, 리듬, 장난, 선율 등을 바탕으로 한다. 음운 규칙은 반복에 의한 조화와 질서이면서 사람들의 마음을 즐겁게 한다. 달이 차고 기우는 것이나, 밀물과 썰물이 오고 가는 것은 자연의 규칙적 질서이며 꽃잎의 정형성은 미적 조화이다. 이처럼 자연과 인간의 리듬이 정형적 운문을 낳은 원리다. 대체로 고대에는 운문이 위주인 정형시였다. 그 이유는 구전口傳 가요의 특성과 함께 노래체가 가지는 효용성 때문이다. 근대 이후에는 사회가 복잡해지고 이에 따라 분석적 사고를 하면서 산문이 많이 생산되었다. 그래서 운문과 산문으로 나누는 것이 보통이다. 운문과 상대적인 산문prose, 散文은 '운문이 아닌 것'이다.

참조 기승전결, 리듬·운율, 비유, 사무사, 산문, 상징, 서사시, 서정시, 스토리·이야기, 시, 시언지 시연정, 은유, 이미지, 한시/중국고전시

지역문화

Regional Culture | 地域文化

한국 지역문화의 정의는 다음과 같다. '지역문화란「지방자치법」에 따른 지방자치단체 행정구역 또는 공통의 역사적·문화적 정체성을 이루고 있는 지역을 기반으로 하는 문화유산, 문화예술, 생활문화, 문화산업 및 이와 관련된 유형·무형의 문화적 활동을 말한다.'[1] 이 정의에 의하면 지역은 서울시, 부산시를 비롯한 광역시, 충청북도, 강원도를 비롯한 광역도, 세종시, 제주도와 같은 특별자치단체 그리고 그에 속한 시군 기초자치단체 등의 공간이다. 그러니까 지역문화는 각종 자치단체의 문화유산, 예술, 생활, 문화산업과 관련된 유무형의 문화적 활동이다. 그리고 중앙문화가 아닌 지역의 지역적 특질을 가진 고유한 문화가 바로 지역문화다. 지역문화의 공간 구분은 ① 행정적 구분과 ② 문화적 구분에 따른다. 예를 들면 ① 행정적 구분은 현재 충북지역의 문화를 충북문화라고 하고, ② 문화적 구분은 경기남동부, 강원남서부, 충북북부, 경북북서부의 문화를 중원문화라고 한다.

지역문화는 지역region, 地域과 문화culture, 文化의 합성명사다. 지역은 자연적 또는 사회적 문화적 특성에 따라 일정하게 나눈 지리적 공간이고 문화는 인류가 축적한 유무형의 물질과 정신의 총체이다. 따라서 지역문화는 구획을 나눈 공간의 물질과 정신의 총체다. 하지만 지역문화는 이 두 개념이 기계적으로 결합한 것이 아니다. 지역에는 그 지역의 역사와 특질이 내재하기 때문에 '지역문화는

---

1   한국「지역문화진흥법」2조 1항, [법률 제12354호, 2014.1.28 제정].

그 지역의 역사와 특질이 반영된 유형무형의 가치 있는 문화적 총체'라고 다시 정의할 수 있다. 이렇게 정의한 지역문화는 보통명사이므로 모든 국가와 모든 지역에서 통용될 수 있는 일반적 개념이다. 하지만 한국의 지역문화가 개념으로 완성되고 정책으로 반영된 것은 지역문화운동 때문임을 상기할 필요가 있다. 1980년부터 2000년 사이에 걸친 한국 반독재민주화운동의 지역적 실천운동이 곧 지역문화운동이었다.

한국의 지역문화운동은 문화민주주의와 문화평등주의의 이념을 실천하는 적극적인 사회변혁운동으로 출발했다. 당시 지역문화운동은 중앙인 경京과 지방인 향鄕의 구분을 넘어서서 지역 민중의 주체성을 특별히 강조했다. 그런 지역인들의 자각으로 인하여 지역문화가 다시 정립되었고 지역문화의 주체가 다시 확립되었다. 과거 중앙집권제도에서 경향을 구분하는 중심주의Centralism, 中心主義가 절대적이었는데, 이런 오랜 구습이 지역문화운동으로 해체되면서 지역은 독자적인 문화권역이 되었고 지역민들은 주체적인 지역문화의 주인이 되었다. 이처럼 지역문화운동은 중심주의를 해체하고 새로운 질서를 구축하려는 의지이자 사회변혁운동이다. 그런데 중심주의를 해체하고자 하는 탈중심주의는 지역의 평등을 목표로 한다. 그래서 지방地方이라고 하지 않고 지역地域이라고 한 것이고 지방문화라고 하지 않고 지역문화라고 한 것이다.

지역문화는 중앙과 지방을 나누지 않는 다원적 공간개념이다. 그러므로 서울문화나 뉴욕문화를 포함한 모든 문화는 지역문화이며, 모든 문화는 동등한 가치를 가지는 유기적 생명체다. 하지만 경향을 막론하고 지배계급의 문화와 특권적 문화는 지역문화가 아니다. 한편 지역문화는 첫째, 가치지향적 '지역문화地域文化'와 둘째, 가치중립적 '지역 문화地域 文化'로 나뉜다. 앞서 본 것처럼 지역의 주체와 지역의 특질을 강조하는 것은 가치지향적 지역문화다. 가치지향적 지역문화는 지역의 가치를 우선하며 문화민주주의 이념을 실천하는 적극적인 지역문화다. 이와 달리 가치중립적 '지역 문화'는 지역의 문화라는 일반적이고 소극적인 지역 문화다. 이것은 시대나 공간을 초월하여 모든 국가와 민족의 문화를 일컫는 보통명사로서의 '지역 문화'다. 가치중립적 '지역 문화地域文化'는 지역 주민들이 공유하는 생활양식 전체를 의미한다.

지역문화는 지역인들의 공동경험과 공동생존을 토대로 하는 지역의 고유한 문화이다. 그런데 지역은 고정되지 않는 상대적인 공간개념이다. 지역문화 역시 마찬가지다. 가령 세계에서 보면 아시아가 지역이고 아시아에서 보면 동아시아가 지역이다. 따라서 동아시아지역문화의 하위영역이 한국(지역)문화이고 한국문화의 하위영역이 충북(지역)문화이며 충북문화의 하위영역이 단양(지역)문화나 중원문화다. 그런데 한국문화는 곧 민족문화이기 때문에 민족문화의 하위개념도 지역문화다. 한편 지역의 문화적 특성은 전체의 부분이라는 의미인 로컬리티locality와 기하학적 지리 개념인 지역성regionality으로 나뉜다. 문화를 근거로 한 지역 의식을 지역주의Regionalism라고 한다. 그 밖에 21세기에 세계화/지구화와 더불어 지방화localization가 중요해졌고, 두 개념을 결합하여 세방화glocalization라는 개념이 쓰인다.

참고문헌 한국 「지역문화진흥법」 2조 1항, 〔법률 제12354호, 2014.1.28 제정〕.

참조 개념, 공간, 문화, 민족문화, 생활문화, 생활세계, 시대정신, 실제의 공동체, 역사, 예술, 탈중심주의, 현재·과거·미래, 한자문화권

동화·페어리 테일

Children's Story · Fairy Tale | 儿童文学 · 童话

'옛날 옛적에, 그러니까 호랑이가 담배 먹던 시절에, 토끼와 거북이가 살고 있었지. 어느 날 토끼가 거북이를 보고 느리다고 놀리자, 거북이는 토끼에게 달리기 경주를 제안했단다. 그래서 시합을 하게 되었지. 빨리 가던 토끼는 거북이가 저 멀리 뒤떨어진 것을 보고 잠시 낮잠을 잤는데, 그 사이, 부지런한 거북이는 토끼를 지나쳤지 뭐냐. 잠에서 깬 토끼가 뛰어갔지만 이미 늦었어, 거북이가 이겼단다.' 이 이야기는 동화일까, 민담일까, 전설일까? 「토끼와 거북이」는 동화이면서 민담이고 또 전설이다. 그냥 옛날이야기라고 부르기도 한다. 민담folktale, 民譚은 민간에 전승되는 이야기이고 전설legend, 傳說은 실제 인물, 사건, 장소, 동식물 등으로 구성된 기이한 이야기이며, 신화는 현실 초월적이거나 신성한 이야기다. 이것을 합하여 설화tale, 說話라고 한다. 이와 유사한 동화는 호기심이 많은 어린이를 위한, 어린이가 중심인 이야기다.

동화는 어린이들이 주로 읽는 이야기다. 어린이들은 순진하고 호기심이 많기 때문에 재미있고 이상한 이야기를 좋아한다. 그런 어린이 이야기 중 첫째, 전래동화傳來童話는 입으로 전해오다가 기록된 동화이고 둘째, 창작동화創作童話는 처음부터 글로 창작된 동화다. 「토끼와 거북이」 이야기에서 보듯이 전해오는 전설이나 민담을 어린이의 감성과 정서에 맞도록 각색한 이야기는 전래동화다. 이와 달리 처음부터 어린이의 감성과 정서에 맞추어 창작된 이야기는 창작동화다. 창작동화 역시 과거를 배경으로 할 수도 있으므로 전래동화와 창작동화는 시간 배경으로 구분하지 않고, '처음부터 동심童心에 맞추어 썼는가'에 따라서 구분되는 것이 보통이다. 물론 과거에도 동심을 목표로 창작된 이야기가 있다면 창작동화라고 할 수 있다. 하지만 대부분 창작동화는 근대 아동문학이 등장한 이후 창작되었다.

동화는 어린이를 대상으로 한 산문이면서 아동문학兒童文學의 한 양식이다. 아동문학은 주로 근대에 어린이를 대상으로 교육적 목적과 정서함양을 위하여 창작된 동요, 동시, 동화, 동극童劇 등을 말한다. 이 중 동요와 동시는 운문이고 동화와 동극은 산문이다. 동화는 산문이므로 이야기의 서사구조는 인물, 사건, 배경, 플롯으로 짜여 있다. 이야기라는 점에서 소설이나 희곡과 유사하다. 한편 동화 창작자는 주로 동심을 이해하는 어른인 것이 보통이다. 어른을 위한 동화도 있기는 하지만 그런 경우에는 '어른의 마음에도 어린이의 순진한 동심과 호기심이 있다'라고 전제하는 것이 보통이다. 이렇게 볼 때 동화의 특징은 쉽고 재미있는 이야기, 순진한 동심, 새로운 것에 대한 호기심, 간결한 플롯, 교훈적 내용, 서정성 등이다. 동화와 페어리 테일은 다르다. 페어리 테일은 동화적인 요소가 있는 산문의 일종이지만 어린이만을 독서대상으로 하지 않는다.

페어리 테일은 구비 전승되던 민담에서 기원한 특이한 이야기다. 거인, 용, 요정 등이 등장하는 이상한 이야기, 현실에서는 볼 수 없는 요술 이야기, 동물과 식물이 의인화된 이야기 등을 채집하여 각색한 것이 페어리 테일이다. 페어리 테일의 어원은 프랑스어 이상한 이야기conte de fées이다. 프랑스의 마담 도누아Madame d'Aulnoy는 민담을 채록하고 각색하여 요정 이야기라는 뜻의 『페어리 테일Les Contes des Fées』1697을 출간했다. 이로부터 신기하고 재미있는 이야기를 페어리 테일이라고 하게 되었다. 독일에도 이상한 이야기라는 뜻의 메르헨Märchen이 있다. 왕자, 공주, 숲, 동물 등이 등장하는 메르헨은 민담을 채집하고 각색한 것이다. 그런 점에서 메르헨은 서사적이고 산문적이다. 특히 그림 형제의 『그림동화Grimm's Fairy Tales』는 독일의 민담을 모은 다음 그중 잔인하거나 기괴한 것을 빼고 누구나 읽을 수 있는 메르헨으로 만든 이야기책이다.

톨킨John Ronald Reuel Tolkien은 페어리 테일을 신비한 모험, 이상한 장소, 왕자와 공주 등장, 난쟁이, 요정, 요술적 사건 등을 특징으로 꼽았다. 한편 민속학자 프롭Vladimir Propp, 1895~1970은 『민담의 형태학Morphology of the Folktale』에서 이야기의 모티브와 주제를 분류했다. 『신데렐라』에서 보듯이 유사한 이야기가 여러 지역에 분포하고 있으며 '이야기에는 패턴이 있다'는 것을 밝혀냈다. 이 민담이 근대에 들어 어린이를 대상으로 한 동화로 정착되었다. 이렇게 볼 때 요정 이야기, 이상한 이야기, 재미있는 이야기라는 뜻의 페어리 테일과 메르헨이 교훈적이고, 쉽고 재미있으면서 순진한 동심을 표현한 동화로 진화한 것이다. 하지만 21세기에도 여전히 현실을 초월한 페어리 테일이 창작되거나 읽히고 있다. 따라서 요정의 이야기인 페어리 테일과 어린이를 위한 이야기인 동화는 유사한 측면이 있다고 하더라도 다른 양식으로 보아야 한다.

참고문헌 Vladimir Propp, *Morphology of the Folktale*, University of Texas Press, 1968.

참조 모티브·모티프, 산문, 소설, 소설(동양소설), 스토리·이야기, 신화, 장르, 주제·제재·소재, 캐릭터·인물, 텍스트, 플롯, 픽션·논픽션, 환상/환상성

산문

Prose | 散文

'죽느냐 사느냐 그것이 문제로다^{To be, or not to be, that is the question}.' 셰익스피어의 〈햄릿〉에 나오는 이 문장은 산문^{散文}일까 운문^{韻文}일까? 이 부분은 연극 대본인 희곡이므로 산문으로 볼 수 있다. 하지만 음수와 음보를 가진 운문으로 볼 수도 있다. 영어 원문을 읽어보아도 산문인 것 같기도 하고 운문인 것 같기도 하다. 대체로 운문은 일정한 규칙이 반복되는^{turn around} 문장이고, 산문은 운문이 아니면서 사유로운 문장이다. 그런데 이 정의만 가지고서는 운문과 산문을 구별할 수 없다. 왜냐하면, '산문은 운문이 아닌 것'이기 때문에 운문이 무엇인지 알아야 하기 때문이다. 이처럼 산문은 운문^{verse}의 상대적인 개념이므로 운문에 대하여 먼저 살펴볼 필요가 있다. 운문은 라틴어 일정한 간격의 고랑^{versus}에서 유래한 한 문장이고 운문의 대표적 양식인 시는 고랑 같은 일정한 규칙을 가진 문학 양식이다.

원래 서구에서 운문은 함축적이면서 음악적으로 표현한 한 문장 또는 어절이었다. 일반적으로 운문은 음악적 리듬, 각운이나 두운과 같은 운, 음보와 음수와 같은 율격, 상징과 함축성으로 표현된다. 한편 동서양에서 모두, 운문의 상대적인 개념으로 쓰이기 시작한 산문^{散文}은 일정한 규칙이 없는 문장이다. 이를 토대로 하여 산문을 좀 더 구체적으로 정의하면 산문은 리듬, 운, 율격이 없고 함축적이지 않으며 규칙이 없어 변용이 자유로운 글이다. 서구어 산문^{prose}의 어원은 라틴어 직설적인 말^{prōsa ōrātiō}이다. 직설적이라는 의미는 일상어 그 자체의 말과 글을 뜻한다. 한편 문장 구조로 볼 때 산문은 주어, 서술어, 목적어 등을 갖춘 문장을 말한다. 운문이 한 문장을 의미했듯이 산문 역시 한 문장을 의미했다. 그런데 시간이 흐르면서 산문은 한 문장이라는 의미는 사라지고 운문이 아닌 자유로운 글이라는 의미로 바뀌었다.

운문이 시의 조건이고, 산문은 운문이 아닌 것이 조건이다. 그리고 한 문장의 운문이 여러 개 결합하면서 미적인 요소로 구성된 글이 시다. 그래서 운문과 시를 동일시하는 경우가 많다. 하지만 운문과 시는 다르다. 반면 산문은 운문이 아닌 자유로운 글이라는 일반적 의미이기 때문에 다양한 글이 산문으로 분류된다. 산문을 형식^{type}에 따라 나누면 묘사, 서사, 설명, 논증 그리고 거의 모든 일상적 문장을 의미한다. 산문을 양식^{genre}에 따라 나누면 소설, 수필, 희곡, 비평, 드라마 등을 의미한다. 대체로 운문에 비하면 산문은 길이가 길다. 그것은 운문이 은유, 상징, 비유와 같은 기법을 이용하여 함축적으로 표현되는 것과 달리 산문은 명료한 문법과 체계적 구조를 가졌으나 길이에 제한이 없기 때문이다. 산문은 운문과 시 이외의 거의 모든 글을 포함하는 것이 핵심이기 때문에 그 종류가 다양하다.

한자문화권에서 '문채가 빛을 발한다^{文采煥發}'는 의미의 산문은 육조^{六朝} 이래 정형시로 대표되는 운문의 상대적인 개념이었다. 고대에는 시^{詩}, 사^{辭}, 부^{賦}, 병문^{駢文} 등은 모두 운문이었으나 시간이 흐르면서 시와 사를 제외한 서^{序}, 부, 병문, 설^{說}, 잠^{箴}, 기^{記}, 잡문 등은 모두 산문으로 분류되었다. 장르개념에서 산문은 소설, 희곡, 비평, 수필을 포함한 대부분 문학적 문장이라는 뜻으로 쓰인다. 그 밖에도 산문은 잡문, 일기, 편지, 기행, 보고, 회상, 보고문, 전기^{傳記}, 사설 등 대다수 글을 지칭한다. 이렇게 볼 때 산문은 첫째, 문장의 형태를 의미하는 것과 둘째, 문학의 양식을 의미하는 것으로 나뉜다. 가령 '이 문장은 산문형식을 갖추었다'라든가 '이 문장은 산문체다'라고 할 때의 산문은 문장의 형태를 말하는 것이고, '이 작품은 산문이다'라든가 '이 문장은 산문이다'라고 할 때의 산문은 문학양식을 말하는 것이다.

산문이 중요해진 것은 자아의 각성 때문이다. 자기 주체를 확립한 근대인들은 개성과 감성을 적극적으로 표현하기 시작했다. 특히 인쇄술의 발달과 신문, 잡지, 저술 등이 활발해지면서 산문은 더욱 중요해졌다. 이와 아울러 18세기에 들어 서구의 신흥 부르주아들은 고전적 형식과 질서를 해체하고 분석적이고 비판적인 생각을 말과 글로 표현하기 시작했다. 이렇게 하여 형식과 질서를 반영한 운문보다 자유롭고 개성적인 산문이 주류를 이루게 되었다. 이런 과정에서 고대의 서사시epic가 근대의 소설novel로 진화하는 한편 새로운 산문 양식인 영화, 에세이, 만화, 뮤지컬이 생겨났다. 이것을 루카치는 부르주아가 주도하는 자본주의 사회의 특징으로 보았다. 그의 말처럼 근대 합리주의와 과학기술의 발전은 산문적 환경을 조성했고 자유주의와 낭만주의가 산문 창작에 기여했다. 그런 점에서 근대는 산문의 시대로 불리기도 한다.

참고문헌 Georg Lukács, *History and Class Consciousness : Studies in Marxist Dialectics*, translated by Rodney Livingstone, Cambridge and Massachusetts : The MIT Press, 1999.

참조 개성, 리듬/운율, 문학, 반영론, 비유, 비평, 서사시, 서정시, 소설, 수필·에세이, 시, 운문, 자본주의, 자아, 장르, 재현, 표현, 희곡

미디어아트

Media Art | 媒体艺术

미디어아트라는 개념이 성립할 수 있을까? 전통적 예술론에서 보면 미디어가 예술이 되는 것은 불가능하다. 왜냐하면, 매체는 예술의 자료와 방법일 뿐이고 매체와 예술은 층위도 다르기 때문이다. 그런데 미디어아트는 개념 성립 여부를 논하기 전에 예술의 장르로 자리 잡았다. 그것은 근대 산업사회 이후 비약적으로 발전한 매스미디어mass-media와 예술이 결합하면서 자연스럽게 미디어아트가 형성되었다는 사실을 말해준다. 미디어아트는 미디어인 기술technology과 창의적인 예술art이 만나서 만들어진 예술이다. 미디어는 라틴어 medius에서 유래했으며 중간에서 정보나 현상을 전달하는 기술적 방법이고 아트는 라틴어 ars/artis에서 유래했으며 무엇을 모방하거나, 바꾸거나, 만들거나, 행동하는 기술이다. 기술이라는 의미의 ars가 예술art로 변한 다음 매체라는 의미의 미디어와 결합하여 미디어아트라는 조어가 만들어졌다.

미디어아트는 처음에 '무엇을 전달하는 기술'이었는데 시간이 지나면서 '감정과 생각을 전달하고 표현하는 시각예술'이라는 의미로 쓰이게 되었다. 19세기 후반에 출현한 미디어아트는 20세기 후반에 시각예술만이 아니라 문학, 음악, 연극, 사진, 영화를 포함하는 일반적 장르개념으로 의미가 확장되었다. 아울러 미디어아트는 장르 간의 대화와 창의적인 창작방법을 촉진 시켰다. 한편 미디어는 과학기술이 발달하고 정보전달이 가속화되면서 사회적 의미를 획득했다. 이런 현상을 직시한 마셜 매클루언Marshall McLuhan은 '미디어는 메시지다The medium is the message'라는 유명한 말을 하여 정보전달 방법인 미디어에도 의미와 내용이 있음을 예견했다. 그런데 미디어아트는 기술이 예술화된 양식이면서 예술이 기술화된 양식이라는 점에서 양면성이 있다. 이 양면성 때문에 미디어아트는 미디어의 변화에 따라 끊임없이 변화할 것이다.

미디어아트는 추상표현주의와 팝아트를 이은 사조다. 미디어아트는 추상표현주의Abstract Expressionism가 비현실적 추상성에 함몰되면서 이를 비판하는 동시에 팝아트pop art의 대중주의를 부분적으로 계승하고 수용했다. 팝아트가 시각예술에 한정되는 것과 다르게 미디어아트는 시각예술, 공연예술, 문학예술을 비롯한 모든 영역에 걸쳐있다. 문예사조적으로 미디어아트는 실험적이고 전위적이라는 점에서 아방가르드 예술의 계보에 속한다. 20세기 후반 이후의 미디어아트는 대량정보전달 수단인 매스미디어 중에서도 전자공학과 통신기술에 의해서 등장한 뉴미디어new media를 의미하는 경우가 많다. 따라서 뉴미디어아트는 각종 음향기기, 티브이TV, 신문, 라디오는 물론이고 컴퓨터, 인터넷, 인공지능AI, 사이보그cyborg, 광학기술, 생명과학, 물리학, 우주과학 등의 첨단 과학기술을 기법과 내용에 접목한 예술로 다시 정의할 수 있다.

미디어아트의 특징을 몇 가지로 정리하면 첫째, 표현방식의 혁명적 변화를 일으켰다. 미디어아트는 전통적 회화나 조각처럼 물리적 표현이 아닌, 현실과 가상을 넘나드는 새로운 표현의 방식을 보여준다. 둘째, 예술의 존재 방식을 바꾸었다. 미디어아트는 거리, 상상, 가상 등에서 시공간을 초월하는 동시성simultaneity과 동일성identity을 가지고 존재한다. 그리고 예술가와 향유자가 상호소통interactive하면서 함께 작품을 완성한다. 셋째, 예술의 개념을 변화시켰다. 미디어아트는 전통적 아름다움이나 정전canon을 지향하지 않으며 미술관이나 박물관을 넘어서서 편재한다. 그리고 무대나 화폭이 아닌 일상과 가상을 무대로 하면서 공간적 다양성을 보여준다. 이런 특징을 가진 미디어아트의 종류에는 컴퓨터예술, 디지털예술, 비디오아트, 자동생성예술, 상호소통예술interactive art, 키네틱아트kinetic art, 빛예술light art, 전자예술electronic art 등 매체의 다양성만큼 다양한 미디어아트가 존재한다.

　미디어아트는 예술가의 존재론적 의미도 변화시켰다. 미디어아트는, 백남준 Nam June Paik에서 보듯이, 단독창작의 경우보다 기술자나 조력자들과 함께 공동창작을 하는 경우가 많다. 그래서 창작의 플랫폼platform이나 허브hub가 필요해졌다. 그리고 그 과정에서 향유자들이 능동적으로 참여하면서 끊임없이 작품에 영향을 미친다. 그런 점에서 미디어아트는 완성된 작품이라는 개념은 약화되고, 상황에 따라 변화하는 역동적 작품이라는 의미가 강화되었다. 또한, 미디어아트는 매체와 자료의 다양성과 아울러 초시간적이고 초공간적인 유연성을 가지게 되었다. 이런 현상은 인간의 감성이 과학기술에 따라 진화한 측면도 있고 미디어아트가 인간의 감성을 바꾼 측면도 있다. 한마디로 미디어아트는 예술의 창작과정, 장르개념, 생산과 소비의 방식, 예술가의 역할과 기능, 예술교육, 예술작품의 보관과 유지 등에 큰 변화를 일으켰다.

참고문헌 Marshall McLuhan, *Understanding Media : The Extensions of Man*(1964), McGraw Hill, NY : reissued by MIT Press, 1994.

참조 감성, 개성, 근대·근대성, 다양성, 문예사조, 비디오아트, 산업혁명, 시대정신, 아방가르드, 예술, 예술가, 인공지능 AI, 장르, 추상표현주의, 팝아트, 표현주의

팝아트

Pop Art | 波普艺术

1947년, 세계예술에 큰 영향을 미친 작은 작품 하나가 발표되었다. 당시 이 작품은 예술로 평가받지 못했는데 이유는 광고 전단을 오려서 만든 콜라주collage 소품이었기 때문이다. 이 작품에는 이런 제목이 붙어서 더욱더 흥미롭다. 〈나는 부자의 장난감이었다I was a Rich Man's Plaything〉의 요염한 자세를 하고 있는 이 여성의 머리를 겨눈 총구에서는 '팝pop'이라고 쓰인 말풍선이 터졌다. 그리고 하단에는 제2차 세계대전에 사용된 폭격기와 코카콜라 광고지를 붙였다. 파올로치E. Paolozzi의 콜라주는 팝아트의 출현을 알리는 신호였다. 얼마 지나지 않은 1949년, 영국의 비평가 알로웨이L. Alloway가 팝아트를 장르개념으로 처음 사용했다. 이렇게 하여 탄생한 팝아트는 (어휘 그대로) 인기가 있는 대중예술popular art, 더 정확하게 말하면 대중 지향의 예술운동이면서 주로 시각예술을 중심으로 한 문예사조다.

1950년대 영국과 미국에서 시작하여 세계로 퍼져나간 팝아트의 핵심어는 대중과 일상이고 기법은 위트wit, 키치kitsch, 패러니, 아이러니를 바탕으로 한 리얼리즘이다. 특히 팝아트는 순수예술과 엘리트주의를 거부하고 일상생활과 대중문화를 지향했다. 당시 전쟁에서 승리한 미국과 영국에서는 낙관적 전망이 사회를 지배하고 있었으며 대량생산과 대량소비가 더 급속하게 퍼졌다. 이때 일군의 예술가들이 대중의 감성과 자본주의적 현상을 예술적으로 표현하기 시작했다. 이런 상황에서 출현한 팝아트는 현실적이고 구체적이고 구상적이어서 대중들이 이해하기 쉬웠다. 그런 점에서 팝아트는 고급문화high culture를 배척하고 저급문화low culture를 표방한 예술적 실험이었다. 또한, 팝아트는 과학기술을 적극적으로 수용했고 매스미디어mass media를 적절하게 이용했으며 각종 다양한 소재를 사용했다.

팝아트는 추상표현주의의 추상성에 대한 비판적 인식의 결과라고 할 수 있다. 특히 팝아트는 1950년대의 대량생산과 대량소비의 생활양식을 반영한 사회적 현상이었다. 그러자 대중의 인기 연예인들이 작품에 등장했다. 가령 엘비스 프레슬리나 머릴린 먼로Marilyn Monroe를 소재로 한 작품이 대중들의 인기를 얻었다. 그리고 자본주의와 산업사회를 상징하는 상표가 예술가들의 흥미를 끌었다. 이때 등장한 예술가가 팝아트를 대표하는 앤디 워홀Andy Warhol, 1928~1987이다. 그는 대중들의 인기가 최고였던 엘비스 프레슬리를 패러디한 〈여덟 개의 엘비스Eight Elvises, 1963〉를 만들었다. 그리고 먼로의 얼굴을 원색으로 디자인을 한 다음 실크스크린으로 찍어냈다. 워홀은 전통적인 회화에서 벗어나서 작품을 만들거나, 복사하거나, 패러디했다. 이런 작업은 전통적 순수예술과 엘리트주의를 부정하는 것이었다.

전통적 미학에서 볼 때 팝아트는 광고나 일러스트레이션illustration 또는 장난기 섞인 실험일 뿐 예술이 아니다. 그러나 대중들은 자본주의의 상업성과 산업사회의 대량생산을 가치중립적으로 반영한 앤디 워홀과 같은 팝아티스트들의 작품을 좋아했다. 이즈음 앤디 워홀은 다음과 같은 유명한 말을 남겼다. '나는 기계를 추구한다.' 이 말은 '상업화된 대량생산 사회에서 인간은 기계처럼 생각하고, 행동하고, 말한다'라는 뜻이다. 해밀턴R. Hamilton, 뒤샹M. Duchamp, 리히텐슈타인R. Lichtenstein, 카스D. Kass, 라우젠버그R. Rauschenberg, 올덴버그C. T. Oldenburg, 호크니D. Hwakney 역시 실험적이고 전위적이고 대중적인 팝아트 작품을 많이 남겼다. 그런데 찰리 채플린C. Chaplin이 자본주의를 비판한 것과 달리 팝아티스트들은 자본주의에 대한 비판적인 태도를 보이지 않았고 이념에 경도되지도 않았다.

그런 점에서 팝아트는 다다이즘Dadaism을 계승했다고 할 수 있으며 아방가르

드의 실험성을 차용했다고 할 수 있다. 이처럼 팝아트는 기존 예술과 다른 창의
성을 발휘함으로써 포스트모더니즘을 촉진하는 한편 예술창작의 새로운 지평
을 열었다. 이들은 특히 대중들의 가벼운 생각을 쉽고도 재미있게 표현했다. 그
리고 생활 속의 예술을 표방했다. 그리하여 거리, 가정, 회사, 학교, 공원 등 어디
서나 보고 가까이 접할 수 있는 팝아트 작품이 곳곳에 등장했다. 이런 특징 때
문에 팝아트는 예술의 본질과 예술의 위상에 상당한 충격을 가했다. 따라서 '팝
아트는 시대와 사회를 반영하면서 자본주의와 산업사회의 본질을 적나라하게
보여주었다'라는 의미가 있다. 하지만 팝아트는, 시간이 흐르자 제도에 편입되
고 곧이어 미술의 주류가 되면서 초기의 실험성과 전위성을 상실했다. 그리고
지나친 패러디와 유사복제로 인하여 그 가치가 떨어졌다.

참고문헌 Marco Livingstone, *Pop Art : A Continuing History*, Thames & Hudson, 2000.

참조 개념, 개념예술, 근대·근대성, 다다이즘, 리얼리즘[예술], 비디오아트, 산업혁명, 시대정신, 아방가르드, 예술, 인공지능, 자본주의, 주제·제재·소재, 추상표현주의, 팝아트, 포스트모더니즘, 표현주의

수사

Rhetoric | 修辭

수사修辭는 말과 글로 다른 사람을 설득하거나 다른 사람에게 감동을 주기 위하여 표현하는 언어의 기법이다. 다른 사람을 설득하기 위해서는 진지하고 논리적인 태도를 바탕으로 비유나 상징과 같은 여러 기법을 가미하는 한편, 듣거나 읽기에도 좋게 표현해야 한다. 원래 수사는 자신의 주장을 말과 글로 표현하는 장식적 기술art, technique이었다. 내용보다도 형식이 중시된다는 점에서 의미가 없는 '공허한 수사법' 또는 '단지mere 레토릭 수사'라고 폄하되기도 한다. 하지만 수사는 미학적 기법, 간결하면서도 구체적인 묘사, 음악적 리듬 등으로 다양한 표현을 가능케 하는 언어의 예술이다. 그뿐 아니라 수사는 거의 모든 일상 언어와 일반적 표현에서도 구사되고 있다. 용어를 구분해보면, 수사는 설득을 위한 언어적 장식이고, 수사법은 수사의 방법을 범주로 나눈 것이며, 수사학은 수사에 대한 논리적이고 분석적인 학문이다.

수사의 어원은 그리스어 '대중 앞에서 말하는 것rhētorikē'에서 유래했다. 메소포타미아에서 처음 시작된 것으로 알려진 수사법은 민주주의를 고안한 그리스의 아테네에서 크게 발달했다. 고대 그리스에서는 '대중을 설득하는 기술'이 중요한 능력이자 덕목이었다. 당시 정치적으로 그리고 법적으로 자신의 주장을 설득하고 설명하기 위해서 여러 가지 효과적인 수사의 기술이 필요했다. 그리하여 많은 교육자가 수사법을 가르쳤는데, 시간이 가면서 프로타고라스Protagoras처럼 궤변으로 대중들을 현혹하는 소피스트들이 등장하게 되었다. 특히 플라톤이 보기에 수사법은 진리의 이데아idea를 추구하지 않고, 단지 감성에 호소하는 저급한 기술skill, art이었다. 스승 소크라테스와 제자 플라톤은 소피스트들을 비판하면서 진리와 본질을 추구했다. 플라톤의 이런 생각은 시인추방론으로 상징되는 예술에 대한 배척과 같은 맥락이다.

수사법을 체계적으로 정리한 것은 아리스토텔레스다. 그는 3권의 『수사법Rhetoric』을 썼는데, 그는 이 책에서 수사법은 다른 사람들을 설득하는 기술이면서 변증법dialectic에 대응하는anti-strophe 기법으로 보았다. 그가 말한 변증법은 무대의 합창단이 부르는 송가頌歌 스트로프strophe와 그에 대응하는 답송答頌 안티스트로프다. 그런데 아리스토텔레스는 이 송가의 변증법 안에 대중을 설득하는 수사법이 포함되는 것으로 간주했다. 그러니까 '진리를 논리적으로 표현하는 변증법과 실제적인 효과를 표현하는 수사법이 대응하는 형식으로 배치된다'라는 것이다. 아리스토텔레스는 기술적인 수사의 방법에는 ① 덕이 있는 진지한 태도의 에토스ethos, ② 감정적으로 호소하는 파토스pathos, ③ 논리적으로 설득하는 로고스logos가 있다고 정리했다. 또한, 기술적이 아닌 수사의 근거는 법, 계약, 증거, 선언, 묘사된 그림 등이다.

변증법과 수사법은 정치, 재판, 의식만이 아니라 아테네 시민 생활에서도 중요한 기술이었다. 하지만 그리스의 수사법은 민주주의가 후퇴하면서 약화되었고, 시와 연극과 같은 예술에서 표현의 방법으로 쓰이기 시작했다. 수사법은 공화정이 발달한 로마제국에서도 풍미했다. 표현의 유창함eloquence을 설파한 키케로Cicero를 비롯한 많은 사람이 수사법의 효용성을 강조한 바 있다. 그리하여 훌륭한 수사를 구사하는 웅변가orator들의 웅변oratory이나 주장으로 정치나 재판의 결과가 바뀌었다. 이후 중세 유럽에서 수사법은 문법, 논리학과 함께 삼대 필수 교양과목이었다. 또한, 시인이 구사하는 수사의 방법에 따라서 문체style가 달라지며, 작가의 글에 드러난 구조, 형식, 의미, 리듬, 구성에 따라서 문체figure, 文彩도 달라진다. 문학적 수사법rhetorical figure은 의미의 변화를 유도하는 비유, 상징, 리듬으로 더욱 풍부해졌다.

수사적 비유에는 은유, 직유, 환유, 제유, 반어, 풍유 등이 있으며 운율과 리듬의 변화, 상징과 기호의 사용, 역설 등 다양한 기법이 있다. 또한, 무엇을 모방하는 의태, 소리를 차용하는 의성, 사물에 사람의 인격을 부여하는 의인 등이 있고 배열에 따라서 도치, 반복, 병렬, 대조, 치환, 열거 등이 있다. 특히 리듬과 율격의 강약, 두운, 각운 등도 수사법의 문체에서 중요하다. 문체와 문단 단위의 수사에는 설명, 논증, 묘사, 서술이 있다. 이런 수사법은 문장과 발화에 아름다움과 내용의 깊이를 더해주고 예술적 미감을 높여준다. 문학적 수사법은 표현의 외재적extrinsic 형식이기 때문에 구조주의, 형식주의, 신비평에서 중요하게 여겨졌다. 이런 문학의 예술적 수사 외에도 변호사의 변론, 성직자의 설교, 정치가의 연설, 상담가의 설득에서도 수사가 많이 쓰인다.

참고문헌 Aristotle, *Retoric*.

참조 감동, 논증·추론, 뉴크리티시즘/신비평, 리듬/운율, 묘사, 문체, 미학·예술철학, 변증법, 비유, 상징, 시, 시인추방론, 아이러니·반어, 은유, 이데아, 재현, 제유, 직유, 표현, 환유

자유시

Free Verse | 自由诗

자유시는 시의 특성을 유지하기는 하지만 율격, 운, 행과 연, 고저장단 등 고정된 틀에서 벗어난 자유로운 형식의 시다. 이런 형식적 자유시는 고대, 중세, 근대 등 어느 시대에나 존재했으나 문학사적으로는 근대에 출현한 시의 형식으로 여겨진다. 자유시의 반대 개념인 정형시는 '자유롭지 않은 시'다. 그렇다면 '무엇으로부터 자유롭지 않다'라는 뜻일까? 정형시는 두운, 각운 등의 운, 행과 연, 음보와 음수 등을 통한 박자beat, 강약과 고저, 율격meter과 같은 운율metrical rhythm 등의 형식을 가진 시다. 정형시는 아주 엄격하게 형식을 지키는 정형시와 느슨하게 형식을 지키는 정형시로 나뉘며 언어에 따라서 정형의 형식이 다르게 나타난다. 이런 '정형시의 틀에서 벗어났다'라는 의미의 자유시 역시 시이기 때문에 적절한 시어, 은유와 직유 등의 비유, 역설, 아이러니, 풍자, 직관 등 시적 어법poetic diction이 구사되며 비유, 이미지, 모호성ambiguity, 상징 등 시의 특질을 가지고 있다.

시는 언어를 매체로 한 간결한 운문의 예술작품이다. 일반적으로 시의 특질을 가지고 있는 것을 시poetry라고 하고 개별 시 작품은 포엠poem이라고 한다. 그런데 자유시는 free poetry가 아니라 free verse로 표기한다. 그러니까 자유시는 곧 '자유로운 운문'이다. 운문이란 '운이 있는 한 행line의 문장'이라는 뜻이다. 그리고 운문은 두운, 각운과 같은 운rhyme, 고저와 강약, 음수와 음보meter, 박자와 리듬rhythm 등을 가진 음악적 문장을 말한다. 이렇게 볼 때 자유시는 형식적 특징을 모두 파괴한 시가 아니고 운, 음수와 음보, 박자, 행과 연stanza, strophe의 운문적 특징을 부분적으로 파괴한 시임을 알 수 있다. 근대 자유시는 첫째, 1900년을 전후하는 서구 시문학 운동의 산물을 다른 문화권이 수용한 것과 둘째, 각 문화권의 정형시가 내재적으로 발전하고 진화하여 자유시로 이행한 것으로 나뉜다.

서구의 근대 자유시는 정형시의 엄격한 규칙을 비판하고 해체하면서 등장했다. 특히 프랑스에서는 1880년대에 칸G. Kahn의 주도로 정형시인 고전시Vers classique를 해체한 '프랑스 자유시Vers libre'가 태동했다. 동시에 보들레르, 베를렌, 랭보, 말라르메 등은 낭만주의적 경향을 보였지만, 낭만주의를 넘어서는 작품을 창작했는데 이것이 프랑스 자유시의 탄생 배경이다. 프랑스 고전시는 율격과 운, 음수와 음보, 어절과 강약 고저 등을 지키는 정형시였다. 당시 칸을 비롯한 비평가와 시인들은 이런 정형성을 해체하고 리듬과 시적 언어 등 시의 최소 형식을 유지하는 자유시 운동을 전개했다. 프랑스 고전시의 정형성은 리듬, 박자, 행의 종결 등을 의미하는 카당스Cadence였으므로 리듬, 박자, 행 등 카당스를 파괴한 형식을 데카당스décadence로 명명했고 이후 데카당스는 퇴폐적이라는 의미로 쓰였다.

프랑스 자유시는 고전시가 자유시free verse로 진화하는 중요한 계기였다. 한편 프랑스 자유시 운동의 영향을 받은 '운이 없는 5음보시blank verse'를 거쳐서 1910년대에 영미 자유시 운동을 확산시킨 것은 흄T.E. Hume, 엘리엇T.S. Eliot, 휘트먼W. Whitman을 비롯한 모더니즘 시인들과 파운드E. Pound, 로웰Amy Lowell을 비롯한 이미지즘 시인들이었다. 그런데 근대 자유시는 단지 시형식의 자유를 의미하는 것을 넘어서서 산업화와 민주주의의 발전, 비판적인 산문정신의 대두, 자유시민의 등장, 일상생활을 개성적으로 표현하려는 시대적 흐름 등을 반영한 것이다. 그런 점에서 자유시는 고전시와 산문의 중간형식으로 보이지만 리듬, 상징, 은유, 휴지休止 등 시의 형식을 유지한다는 점에서 자유로운 시가 아니라는 평가를 받는다. 그래서 엘리엇은 '어떤 시도 자유롭지 않다No verse is free'라고 단언했다.

자유시도 기본적인 시의 형식을 유지하기 때문에 산문인 소설이나 희곡과는 다르다. 예를 들면 자유시에서 외재율은 사라졌지만, 내재율은 사라지지 않았고, 산문의 형식을 가미했으나 산문이 되지는 않았다. 이런 산문정신을 반영한 근대 자유시는 서정시나 단형시를 중심으로 근대시의 주류가 되었다. 이처럼 고전 정형시에서 근대 자유시로의 흐름은 모든 시의 보편적 진화발전이기도 하다. 가령, 한자문화권에서 당대唐代에 완성된 근체시는 엄격한 정형시였는데 1910년대에 근대정신을 반영한 자유시로 이행했다. 또한, 한국의 정형시인 시조와 가사는 반半정형시를 거쳐서 1920년대에 근대 자유시로 이행했다. 이런 과정과 현상은 세계 모든 문화권에서 공통적으로 발견된다. 따라서 자유시는 시대, 역사, 지역을 넘어서는 보편적 시의 양식이면서 주로 근대성을 반영한 자유시를 의미하는 시의 한 종류로 볼 수 있다.

참고문헌 Timothy Steele, "Tradition and Revolution : The Modern Movement and Free Verse", *Southwest Review* Vol.70, No.3 (SUMMER, 1985), pp.294~319.

참조 낭만주의, 리듬·운율, 모더니즘[예술], 문예사조, 문학, 비유, 산문, 스토리·이야기, 서사시, 서정시, 시, 운문, 은유, 이미지·이미지즘, 장르, 한시/중국고전시, 허구

감동

Emotional Affect | 感动

감동이란 무엇일까? 사람들은 감동에 대해서 잘 알고 있지만, 감동을 정의하거나 설명하기는 쉽지 않다. 일반적 의미에서 감동은 외부의 영향을 받아서 느끼는 긍정적이고 충격적인 감정의 고조 현상이다. 그런데 이 정의는 감동을 잘 설명했다고 단언하기 어렵다. 그 이유는 감동이 인지, 심리, 감성, 신경과학 등 여러 영역에 걸친 복합적 감정이기 때문이다. 그리고 감동은 직관적인 감정인 동시에 논리적 인식이다. 가령 '그 장면을 보고 큰 감동을 받았다'라고 할 때의 감정적 감동과 '그 연설을 듣고 큰 감동을 받았다'라는 논리적 감동의 층위가 다르다. 그뿐 아니라 '순교자의 진실한 믿음은 우리에게 큰 감동을 주었다'라고 할 때의 감동과 '아름다운 황혼은 감동 그 자체였다'라고 할 때의 감동은 원인이 다르다. 그러므로 감동을 정의하고자 할 때는 여러 각도에서 분석한 다음 종합적인 관점에서 개념을 정의해야 한다.

신경과학에서 보면 감동은 신경계의 정보처리 과정에서 느끼는 황홀한 자극이다. 인간의 신경계는 외부에서 입력된 자극^{S}에 반응^{R}하게 되어 있는데, 이 과정에서 신경세포가 격렬하게 반응하는 긍정적 흥분을 느낀다. 심리학에서 보면 감동은 마음의 (급격한 변화의) 긍정적 감정과 심리적 통일성이고 인지과학에서 보면 감동은 강렬한 느낌을 경험하는 인지/인식의 과정이다. 문학예술에서 감동은 미적인 자극으로 강렬한 공감과 동감同感을 느끼는 것이고, 사회학에서 감동은 긍정적이든 부정적이든 정서의 변화가 있는 정동情動이며, 생리학과 의학에서 감동은 신체가 받은 충격이다. 이처럼 감동의 개념이 다양한 것은 감동이 내포한 개념 때문이다. 언어적으로 감동感動은 '감격하여 마음이 움직인다'라는 뜻인데 이것은 서구어에서 '무엇으로부터 영향을 받는다'라는 의미의 affect에 해당한다.

Affect는 '무엇에 대한 행위, 영향'을 의미하는 라틴어 affectus가 어원이다. 아펙투스를 코나투스conatus와 대비하여 설명한 스피노자는 아펙투스를, 외부의 힘으로부터 받는 영향과 그에 대한 반응으로 규정했다. 그리고 욕망과 욕구, 쾌락, 고통, 슬픔의 감정으로 설명했다. 그러니까 아펙투스는 존재와 상태를 유지하려는 코나투스와 달리 존재에 영향을 미쳐서 변화시키는 외부의 힘이다. 이처럼 스피노자는 철학적 관점에서 감동의 수동성에 초점을 맞추었다. 실제로 감동은 외부의 대상O이 내부의 심정M에 영향을 미쳐서 일어난다. 그렇다면 감동을 어떻게 설명하면 좋을까? 감동이 수동적이라는 것은 '내 생각과 정서가 수동적으로 움직였다'라는 뜻이다. 하지만 감동은 객관적인 감정이 아니고 자신만의 주관적 감정이다. 그러니까 감동은 기대를 넘어서는 동시에 예측하지 못한 격정적 감격을 느끼는 주관적 감정이다.

감동을 몇 가지 차원에서 살펴보면 첫째, 감동의 준거는 도덕, 윤리, 믿음, 진선미와 같은 미학, 정서, 기분, 철학, 인생관 등 여러 가지가 있다. 감동은 이런 준거에 근거하면서 사람마다 다른 주관적 기준의 개연성probability과 필연성necessity을 충족시켜야 한다. 특히 외부 대상과 내부 감정이 일치해야 감동할 수 있다. 둘째, 감동의 양상은 적극적 동의, 긍정적 공감, 강렬한 쾌감, 격렬한 흥분, 격정적인 감격, 카타르시스, 행복한 황홀감ecstasy, 가슴 벅찬 감격, 도취의 무아지경, 매혹적인 매력, 감정의 격앙, 용약하는 환희, 깊은 깨우침, 비교할 수 없는 행복감, 애절한 연민, 마음의 여운餘韻 등 다양하다. 셋째, 감동의 층위는 강한 감동과 약한 감동으로 나뉘며 점층적 층위로 세분할 수 있다. 넷째, 감동의 시간은 짧은 시간의 감정적 충격과 긴 시간의 인지적 기억으로 나뉜다. 가치와 의미가 있는 짧은 시간의 감정적 충격은 장기기억으로 저장되어 있다가 반복적으로 감동을 재생한다.

　적극적 동의와 긍정적 공감/동감에 의하여 감동하면 자율신경계가 작동하여 제어할 수 없는 흥분과 자극이 생긴다. 이런 상태의 감동은 '심금心琴을 울린다'와 같은 의미다. 그런데 그 감동의 심금心琴은 한 번 울리는 감흥도 있으나 대부분 감동은 반복적으로 여러 번 울린다. 심금이 울리면 마음에 변화가 생기고 그에 따라 언행도 달라진다. 그런 점에서 감동의 단기적 충격과 재생으로 인생관이나 세계관이 바뀌기도 한다. 그런데 감동은 고상하고 고결한 것에만 느끼는 것이 아니라 사소한 것을 포함한 어떤 것에도 느낄 수 있는 감정이다. 감동과 유사한 개념인 파토스pathos는 윤리적 규범인 에토스ethos와 논리적 이성인 로고스logos와 대비되는 개념으로 격정적 충동, 열정적 정념情念을 말한다. 역시 감동과 유사한 인지적, 정서적, 신체적 공감empathy은 감정이입을 통하여 외부의 대상과 일치하는 감정이다.

참조 감성, 감정·정서, 감정이입, 개연성, 기대지평, 기억, 독자반응이론, 문학, 바움가르텐의 진선미, 비극, 아펙투스, 예술, 이성, 인식론, 카타르시스, 코나투스

유미주의

Aestheticism | 唯美主义

유미주의와 예술지상주의는 같은 것인가? 비슷하지만 같은 것은 아니다. 예술지상주의는 예술을 최상의 가치로 간주하고 예술 자체를 목적으로 하는 예술적 태도와 인식의 방법이다. 또한, 예술지상주의는 '예술의 가치는 예술에 내재한다'라고 주장하면서 도덕이나 윤리와는 거리를 두고자 하는 일종의 이념이다. 이와 달리 유미주의는 아름다움을 유일한 가치로 보는 예술적 태도와 인식의 방법이다. 따라서 예술을 최고의 가치로 보는 예술지상주의와 예술을 유일한 가치로 보는 유미주의는 부분적으로는 겹치지만, 전체적으로는 겹치지 않는다. 이 문제는 유미주의를 번역하는 과정에서 생긴 혼란이다. 한자문화권에서는 유미주의唯美主義를 예술지상주의와 유미주의의 두 가지로 번역했는데 예술지상주의는 '예술을 위한 예술art for art's sake'에 가깝고 유미주의는 '미를 위한 미aesthetic for aesthetic's sake'에 가깝다.

유미주의에는 두 가지 의미가 있다. 유미주의는 첫째, 아름다움을 유일한 가치로 보는 예술적 태도와 인식 둘째, 19세기 이후 유럽에서 시작하여 세계 여러 나라에 전파된 문예사조로 나뉜다. 이 두 가지가 상호작용하여 19세기 말에 유미주의가 완성되었으나 미를 유일한 가치로 보는 관점은 고대에도 존재했다. 쾌락주의자로 오인되고 있는 에피쿠로스Epicurus, BCE 341~BCE 270경는 기쁘고 행복하면서 고통과 슬픔이 없는 정신의 미적 쾌락을 제창했다. 이것을 카르페 디엠이라고 하는데 사실 그가 주장한 것은 윤리적 쾌락이라는 점에서 무조건적 쾌락과는 거리가 있다. 그 외에도 낭만적 유미주의의 성격이 있는 시인 이백李白을 비롯하여 수많은 동서고금의 예술가들이 유미주의의 성향을 가지고 있다. 특히 유미주의 이후 나타난 거의 모든 문예사조는 유미주의의 성격이 있다.

유미주의의 지향 목표는 미학주의美學主義이고 이론적 근거는 관념론이다. 관념론Idealism, 觀念論은 마음이 외부세계를 인식하는 최초 근원이자 최종 결과라는 관점이다. 그래서 칸트는 『판단력비판』에서 주관적 관념론에 근거하여 '아름다움은 바라보는 사람의 눈에 있다beauty is in the eye of the beholder'고 말했다. 또한, 실러는 '미를 통하여 유희충동이 발현되고 인간의 자유가 실현된다'라는 미학 이론을 제기했다. 칸트와 실러의 미학 이론은 유미주의와 예술지상주의의 토대가 되었다. 관념론적 미학 이론에서 보면 미는 자율적이어야 하는 동시에 주관적이면서 객관적인 이율배반의 특징이 있다. 관념론적 유미주의 미학을 예술론으로 발전시킨 것은 쿠쟁과 고티에다. 소르본대학 교수 쿠쟁V. Cousin은 『미에 대한 강의』1836를 통하여 유미주의 이론을 정초했고 고티에T. Gautier는 소설 「모팽양」1835 서문에서 도덕과 실용을 비판present age is immoral하고 미를 최고의 가치로 설정했다.[1]

독설가로 유명한 오스카 와일드O. Wild, 1854~1900는 「도리언 그레이의 초상The Picture of Dorian Gray」1891에서 미적 쾌락과 탐욕에 빠진 인물을 그렸고 「페이터의 산문」으로 유명한 페이터W. Pater, 1839~1894는 인생은 '미의 이상Ideal of Beauty을 추구해야 한다'라고 말했다. 보들레르C. Baudelaire와 같은 상징주의자들과 키츠, 셸리와 같은 낭만주의 시인들도 유미주의적 경향을 보였다. 예술작품 자체의 고유성에 주목한 페이터를 비롯한 심미주의자들의 미美는 도덕, 윤리, 실용성 등과 반대되는 감각, 직관, 상징 등 인간의 감성과 내면적 가치를 중시했다. 유미주의적 경향은 영국, 이탈리아, 프랑스 등 서구의 주류 문예사조가 되었고 19세기 말과 20세기 초에 걸쳐 큰 영향력을 행사했다. 특히 이때는 세기말世紀末의 분위기가

---

1   Théophile Gautier, *Mademoiselle de Maupin*, translated by I.G. Burham, GEORGE BARRIE & SONS, Philadelphia, 1897, PROJECT GUTENBERG EBOOK.

작용하여 퇴폐한 데카당스decadency의 기운이 일어나던 때였다.

유미주의가 심화된 탐미주의는 특이하고, 퇴폐적이고, 기괴한 미적 탐닉의 경향이 보인다. 유미주의자들 또한 개인적이고, 직관적이고, 상징적인 (신비하고도 특별한) 미가 있다고 가정하고 예술가들은 그런 미를 추구하고 탐닉해야 한다고 주장했다. 20세기에 들어 유미주의는 순수예술의 기반이 되어 역사, 사회, 현실, 이념과 거리를 두고 예술의 자율성 확립에 기여했다. 그것을 가장 잘 표현한 어휘가 명상하고 사색하는 관조적contemplative 미다. 그러니까 유미주의는 관조하는 자세로 세상과 사물을 받아들이는 미적 응시다. 그런데 인간의 이상적 미에 대한 갈망은 시대나 공간을 초월하는 것이므로 '모든 예술가는 어느 정도 유미주의와 탐미주의적 경향이 있다'라고 보아야 한다. 한편 예술에서 역사, 사회, 현실의 가치를 담고자 하는 리얼리즘 계보에서는 유미주의를 낭만과 환상이 지나친 미학이라고 비판한다.

참고문헌 Théophile Gautier, *Mademoiselle de Maupin*, translated by I.G. Burham, GEORGE BARRIE & SONS, Philadelphia, 1897.

참조 고전주의, 관념론, 낭만주의, 리얼리즘(예술), 문예사조, 미, 미학·예술철학, 미학 국가/미적 상태(실러), 바움가르텐의 진선미, 상징주의, 예술, 예술가, 예술지상주의, 카르페 디엠, 표현주의

허구

Fiction | 虛构作品

허구는 거짓일까? 아니다. 허구虛構는 거짓이 아니고 '사실事實이 아닌 것'이다. 그렇다면 사실은 무엇일까? 사실은 현실에서 있었던 사건이나 어떤 것의 실제 상태다. 그런데 사실이 아닌 것 중에는 거짓도 포함되기 때문에 허구를 거짓이라고 생각하는 것이다. 가령, 돈키호테라는 인물은 실재하지 않았으므로 소설의 돈키호테가 풍차에 돌진하는 장면은 사실이 아닌 거짓이다. 그러나 이 장면에 대한 거짓 판정을 유보하고 허구라고 하는 것은 허구 속에 예술적 진리가 들어있기 때문이다. 일반적인 의미에서 허구는 사실은 아니지만, 작가가 상상하여 사실처럼 꾸며낸 구조물이다. '사실처럼'은 사실의 가능성이 있는 것이고 그 사실 가능성은 개연성probability, 蓋然性이다. 이것을 문학예술에서는 간단히 줄여서 '그럴듯하게 꾸밈'이라고 한다. 그러니까 허구는 확률의 가능성이 있으므로 거짓이라고 단정하지 않는 것이다.

허구는 예술가가 상상을 통하여 창조한 '예술적 장치artificial devices'[1]다. 모든 예술가는 가능성possibility, 可能性을 먼저 생각한다. 그 가능성은 논리적으로는 최소한 하나의 일이 일어날 확률이다. 그러니까 허구는 사실 가능성이 커 보이는 이야기를 만드는 창작활동이다. 허구fiction는 라틴어의 '만들다, 모방하다, 조작하다, 형성하다'라는 fictio에서 유래했다. 하구는 사실이 아닌 것을 사실처럼 만드는 것이고 허구성fictionality은 허구의 성격과 본질을 말한다. 원래 허구는 주로 시, 소

---

1   Wayne C. Booth, *The Rhetoric of Fiction*, Chicago : University of Chicago Press, 1961, p.3.

설, 희곡, 드라마, 애니메이션, 만화 등 산문의 이야기를 지칭하는 문학적 개념이었다. 하지만 오페라, 뮤지컬, 회화, 연극, 풍물, 사진에도 이야기가 있으므로 모든 예술은 허구다. 가령 김소월의 「진달래꽃」에서 '나 보기가 역겨워 / 가실 때에는'도 사실이 아닌 허구이고 고흐의 〈까마귀 나는 밀밭〉도 사실이 아닌 허구다.

허구는 플롯, 묘사, 기술記述, 구성, 생각, 사상 등을 포함한다. 허구의 반대는 사실인데 서술자는 모든 사실을 정확하게 기술할 수는 없다. 가령, 역사도 서술자의 구성과 생각이 가미될 수밖에 없으므로 허구적 성격이 있는 것이다. 이처럼 허구는 인간의 생각과 상상을 통해서 만들어진다. 이렇게 볼 때 그럴듯한 상상인 허구와 그럴듯하지 않은 허구를 구별할 필요가 있다. 그럴듯하지 않은 허구 즉, 비사실적 허구는 허구가 아니라 공상과 망상이다. 쓸모없고 가치 없는 생각을 공상daydream, 空想이라고 하고, 이치에 맞지 않는 공허한 생각을 망상delusion, 妄想이라고 하는 것과 달리, 의미 있고 가치 있는 생각을 상상imagination, 想像이라고 한다. 상상이지만 현실과 배치될 때 비현실적이 되고 상상이면서 현실을 넘어설 때 초현실적이 된다. 공상에 비교하면 상상은 어느 정도의 근거를 가진 것이므로 상상은 예술에서 매우 중요하다.

허구의 반대는 역사가 아니라 허구가 아닌 것, 즉 사실과 실재다. '허구가 아닌 것'인 논픽션non-fiction은 구체적인 사실을 바탕으로 표현된 글인데 사실적이지만 사실 그 자체는 아니다. 논픽션에는 다큐멘터리, 보고문학, 일기, 기행문, 참관기, 자서전, 신문기사, 보고문 등이 있다. 논픽션은 사실을 바탕으로 하므로 이야기보다는 플롯이나 묘사와 같은 표현방법에 따라서 미적 가치가 판정된다. 픽션과 논픽션의 차이는 사실성reality인데 허구는 사실일 수 있는 이야기를 만든 것이고, 논픽션은 현실에서 있었던 사실을 다시 구성하고 기술한 것이다. 픽션과 논픽션 중간에 반픽션Semi-fiction이 있는데 반픽션은 사실에 바탕을 두고 작가가 창조적으로 가공한 이야기다. 픽션과 유사한 팩션faction은 사실에 근거하지만, 상상을 가미하여 꾸며낸 이야기라는 뜻이다. 팩션은 실實, 픽션은 허虛이다.

허구와 비허구보다 픽션과 논픽션으로 쓰는 경우가 많다. 그것은 앞에서 살펴본 것처럼, 허구에는 거짓이라는 의미가 들어있어서 픽션과 논픽션이 오해가 적기 때문이다. 사실 픽션과 논픽션은 큰 차이가 있는 것처럼 보이지만 약간의 차이가 있을 뿐이다. 픽션은 표면적으로는 허구이고 논픽션은 표면적으로는 사실이지만 이 두 양식 모두 심층적으로는 진실과 사실을 내포하고 있다. 특히 픽션이 아니면 미적 표현이나 재미를 가미하기 어렵다. 이야기를 픽션으로 만들 때, 가장 중요한 것은 이야기의 구성 즉 플롯plot이다. 작가는 주로 플롯을 통해서 허구를 기술한다. 이야기, 사건, 문체, 묘사 등에도 허구가 쓰지 않는 곳은 없다. 예술가들이 허구를 많이 쓰는 이유는 허구에는 재미와 진리가 있기 때문이다. 예술가들은 사실을 재현하는 것이 아니고 사실이 아닌 것으로 사실을 표현하는 허구의 창조자다.

참고문헌 Wayne C. Booth, *The Rhetoric of Fiction*, Chicago : University of Chicago Press, 1961.

참조 개연성, 리얼리즘〔예술〕, 문학, 미, 사실, 산문, 상상, 소설, 스토리·이야기, 시, 예술, 예술가, 재현, 표현, 플롯, 픽션·논픽션, 희곡

감각

Sense | 感覚

감각은 지각의 부분일까? 그렇다. 그런데 감각感覺은 사람을 포함한 생물이 감각기관을 통하여 느끼는 저차원의 객관적 기능이고, 지각知覺은 사람을 포함한 동물이 감각기관을 통하여 수용한 정보를 해석하고 의미를 부여하는 고차원의 주관적 기능이다. 감각과 지각 모두 신경계에서 일어나는 자극stimuli과 반응response의 과정을 거친다. 그런데 생물이 무엇을 느끼는 것은 무엇을 받아들이는 것이므로 수동적이다. 그리고 감각은 직관적이고 자동적이다. 사전적인 의미에서 인간의 감각은 신체 여러 기관을 통하여 마음 안과 밖의 자극에 신경세포가 흥분한 것이다. 사람을 포함한 생물은 항상 무엇을 느끼고 있다. 이 감각은 순응의 정도와 방법에 따라서 감각 예민도와 감각 판별성이 다르다. 감각과 연결된 지각은 동물이 감각기관을 통하여 느낀 것과 내면의 사유를 통해서 무엇을 아는 것이고 층위에 따라 정도가 다르다.

감각은, 시초이자 눈으로 보는 시각視覺, 귀로 듣는 청각聽覺, 코로 냄새 맡는 후각嗅覺, 혀로 맛보는 미각味覺, 피부로 감촉하는 촉각觸覺의 오감five senses을 기본으로 한다. 그 외에도 신체의 부위에 통증을 느끼는 통각sense of pain, 痛覺, 기온을 느끼는 온도감각溫度感覺, 귀의 안쪽에서 작동하여 신체의 균형을 유지해 주는 평형감각平衡感覺, 물속에서 압력을 느끼는 것 같은 압력감각壓力感覺, 흔들림을 느끼는 진동감각振動感覺, 눈을 감아도 신체 부위를 정확하게 인지하는 고유감각proprioception, 固有感覺, 속도에 대한 특별한 가속감각加速感覺, 허기나 갈증 같은 내장감각visceral sense, 內臟感覺, 시간과 공간을 감지하는 시공간 감각, 근육과 힘줄의 느낌인 심부감각 등 수많은 감각이 있다. 두 개 이상의 감각이 합쳐진 것을 공감각synesthesia, 共感覺이라고 한다. 감각이 마음을 움직이면 감동하고 감각이 종합적으로 작동하면 실감實感을 느낀다.

오감을 포함한 이들 감각은 자기와 세상이 만나는 첫 번째 과정이다. 신경세포로 구성된 신체의 전체구조 중 최초로 대상을 감지하는 것은 신경neuron이다. 신경은 수상돌기, 축삭, 시냅스, 신경 말단으로 구성되어 있으며 뇌와 척수의 중추신경, 그리고 감각과 운동 자극을 중추신경으로 연결하는 통로인 말초신경peripheral nerve, 末梢神經으로 나뉜다. 말초신경은 감각 수용체receptor인 신경세포의 돌기가 내외의 자극을 수용하는 기능을 담당한다. 그러니까 감각은 말초신경 세포가 무엇을 느끼면 전기가 일어나고 그 전기가 중추신경central nerve, 中樞神經에 전달되어 흥분하는 것이다. 한편 '차다'라는 느낌이 감각인 것과 달리 '찬 것은 어떤 성질이 있다' 또는 '찬 것은 시원하다'라고 분석하여 아는 것은 지각perception, 知覺이다. 간접적인 감각, 예를 들어 젓가락으로 콩을 집을 때 느끼는 것과 같은 감각의 대행자agency도 중요한 기능을 한다.

감각과 지각은 '무엇을 분별하고 판단하여 아는 것'인 인식에 속한다. 그런데 인식recognition, 認識과 인지cognition, 認知는 약간 다르다. 심리학에서 주로 말하는 인지는 '생각의 작용'을 강조한 개념이고 철학에서 주로 사용하는 인식은 '생각의 작용' 이외에 '다시 생각하고 반성하는 것'을 포함하는 개념이다. 따라서 '①자기와 세계가 처음 만나는 감각 ②감각을 바탕으로 무엇을 아는 지각 ③감각과 지각을 바탕으로 무엇을 알고 반성하는 인식/인지'는 서로 연결되어 있다. 반면 의식consciousness, 意識은 깨닫는 원리인 이성과 감성을 바탕으로, 깨우치는 방법인 인식이 작동하여 '지각하고 있는 상태'를 강조하는 개념이다. 인식, 인지, 의식은 감각과 지각을 거쳐서 형성되는 정신작용이다. 한편 수동적인 감각과 지각이 능동적으로 바뀌고 인식/인지를 거쳐서 의지will, 意志에 이르면 주체의 능동성이 발휘된다.

감각을 느끼지 못하는 것을 무감각apathesia, 無感覺이라고 하고, 감각에 이상이 있거나 감각이 저하된 것을 감각 이상paresthesia이라고 하며, 자극에 변화를 느끼는 감각의 성질을 감성이라고 한다. 외부 자극이 없는데도 느끼는 것과 같은 감각과 그 '감각을 바탕으로 무엇을 안다'라고 생각하는 것은 환각hallucination, 幻覺이다. 환각에는 환시, 환청, 환촉, 환미, 환후를 포함한 여러 가지가 있다. 환각과 달리 어떤 사물이나 사실을 실제와 다르게 느끼는 것은 착각illusion, 錯覺이다. 한편 인간의 '육감sixth sense'은 과학적으로 증명되지 않는 추측이다. 이런 여러 가지 감각은 자극S과 반응R의 대응 관계다. 감각과 지각은 정보처리 과정과 유사하다. 자료수집─자료인지─자료 분류 및 분석, 비교─결과도출─활용의 정보처리 과정에서 감각은 자료수집과 초기 자료인지에 해당한다. 한편 인공지능AI의 센서sensor는 감각 장치이며 인간의 신경세포와 같은 기능을 한다.

참조 감성, 감정·정서, 경험론/경험주의, 기억, 사실, 의식, 이성, 인공지능 AI, 인식론, 지각, 직관, 환상/환상성

콘텍스트/맥락

Context | 语境

애인과 말다툼하던 남성 P가 이렇게 말했다. '차라리 헤어지자!' 이 말의 진정한 의미는 무엇일까? '①우리는 헤어지는 것이 좋겠다. ②헤어지지 않는 방법을 찾아보자.' 이 두 가지 의미 모두 가능하다. 그러므로 앞뒤의 문맥과 상황을 알아야만 이 문장을 정확하게 해석할 수 있다. 상황은 이렇다. 늦은 나이에 외국으로 공부하러 가겠다는 P와 너무 늦었으니 이곳에서 열심히 살아보자는 A가 말다툼했다. 그런데 P는 유학을 가지 못하더라도 A와 헤어질 생각은 없다. 그러므로 텍스트text인 '차라리 헤어지자!'의 의미는 '헤어지자고 말하면서 내 의견에 동의하도록 간절하게 청하는 상황'인 콘텍스트context를 통해서 해석되어야 한다. 텍스트는 의미가 있는 어절이나 문장이고 콘텍스트는 텍스트를 둘러싼 상황과 맥락이다. 그런데 텍스트는 그 자체로 명료한 것도 있지만 상황과 맥락에 따라서 명료하지 않은 것도 있다.

텍스트의 의미와 콘텍스트의 맥락을 다루는 화용론pragmatics에서는 발화의 상황을 체계적으로 분석한다. 라틴어 '함께com'와 '짜다textere'가 합성된 콘텍스트는 원래 여러 가지가 복합되어 짜인 직물이라는 뜻이었다. 따라서 콘텍스트는 텍스트를 둘러싸고 있는 환경, 상황, 발생의 근거, 맥락, 텍스트의 대상, 역사와 사회적 배경, 정보환경이다. 협의의 콘텍스트는 텍스트 안에서 의미를 결정하는 단어와 문단이 복합적으로 직조된 구조물이고, 광의의 콘텍스트는 그 텍스트를 둘러싸고 있는 역사, 문화, 사회, 다른 텍스트, 작가와 독자 등이다. 콘텍스트를 맥락이라고 하는 이유는 언어의 맥락에 따라서 의미가 달라지기 때문이다. 그중 발화맥락verbal context은 텍스트 안에 내재한 담론, 암호, 형식을 고려하여 발화 의미를 해석하는 맥락이다. 발화맥락은 언어 내적 맥락과 언어 외적 맥락으로 나뉜다.

한편 사회맥락social context은 계급, 젠더, 성명, 인종, 종교, 문화 등 텍스트 바깥의 사회적 조건을 말한다. 사회맥락은 텍스트 바깥에서 객관적으로 영향을 미치는 것이 아니라 여러 텍스트의 상호관계 속에서 결정된다. 수리 논리학의 창시자인 프레게Gottlob Frege, 1848~1925는 한 단어의 의미는 그 자체로 독립적이 아닌 그 명제의 맥락에서 해석되어야 한다고 주장했다. 이것을 맥락주의Contextualism라고 하는데, 프레게는 첫째, 논리로부터 심리를 분리해야 하고 객관으로부터 주관을 분리해야 하며 둘째, 한 단어의 의미는 주어진 명제의 맥락에서 정확하게 해석되어야 하고 셋째, 개념과 대상 사이의 차이를 분명하게 구별해야 한다고 주장했다. 철학과 논리학에서 맥락주의는 언어의 구조와 관계를 의미하는 것이고, 문학예술에서 맥락주의는 텍스트 간의 상호관계를 의미하는 것이다.

문학에서는 텍스트를 작품으로 여기는데, 이런 경우 콘텍스트는 창작의 동기, 그 작품의 역사와 사회적 배경, 시대의 정신, 문학 환경 등을 말한다. 그리고 콘텍스트는 '사건, 진술, 아이디어를 형성하는 상황'이며 텍스트 안에 내재한다. 베어드Adrian Beard는 텍스트는 콘텍스트와 함께 있는 것이라고 말하면서 다음과 같이 분류했다. 그것은 첫째, 작가의 삶, 가치관, 성, 인종, 계층, 독자가 살았던 시대, 사회정치적 문제 등 독자의 전기적 사실과 관계된 작가 콘텍스트 둘째, 독자의 삶, 가치관, 성, 인종, 계층, 작가가 살았던 시대, 사회정치적 문제 등 작가의 전기적 사실과 관계된 독자 콘텍스트 셋째, 텍스트 출판의 역사, 번역, 텍스트의 자료, 다른 텍스트와의 관계, 텍스트에 대한 비평적 관점 등 텍스트 콘텍스트 넷째, 비평적 경향, 텍스트의 모호성, 텍스트에서 이야기되지 않은 것에 대한 의미 콘텍스트 다섯째, 텍스트의 스타일과 구성, 은어표현 등 텍스트의 양식과 언어적 특징에 관한 언어 콘텍스트 등이다.

콘텍스트는 텍스트 해석을 위한 방법이자 시각이다. 그런데 규칙적으로 결합한 기호구조인 텍스트만으로 텍스트를 해석하기 쉽지 않다. 왜냐하면, 텍스트는 은하나 바다와 같이 수많은 텍스트로 둘러싸여 있고, 그 텍스트들과 상호 소통하면서 존재하는 것이기 때문이다. 거의 모든 텍스트는 그 텍스트를 둘러싸고 있는 콘텍스트와 소통하면서 의미를 창출한다. 텍스트와 텍스트 간의 소통을 대화의 관계로 설명하는 바흐친M. Bakhtin이나 상호텍스트로 설명하는 크리스테바J. Kristeva의 관점에서 보면 텍스트는 독립적으로 생성되지도 않고 독자적으로 존재하지도 않는다. 텍스트는 언제나 텍스트를 둘러싸고 있는 다른 텍스트, 그리고 콘텍스트와 관계하고 소통하면서 텍스트성textuality을 형성한다. 문학 예술과 마찬가지로 논리학과 언어철학 역시 모든 텍스트는 콘텍스트와의 관계에 따라서 달라지는 상대성이 있다.

참고문헌 Adrian Beard, *Texts and Contexts*, New York : Routledge, 2001.

참조 논리·논리학, 맥락주의 컨텍스츄얼리즘, 명제, 문학, 비평/평론, 상호텍스트, 수용미학, 애매성, 열린 텍스트, 예술, 텍스트

서사

Narrative Contents | 敍事

'들려주소서, 무사 여신이여! 트로이아의 신성한 도시를 파괴한 뒤 / 많이도 떠돌아다녔던 임기응변에 능한 그 사람의 이야기를. / 그는 수많은 사람과 도시를 보았고 그들의 마음을 알았으며 / 바다에서는 자신의 목숨을 구하고 전우들을 귀향시키려다 / 마음속으로 숱한 고통을 당했습니다.' 이렇게 시작하는 대서사 1만 2,110행의 『오디세이아*Odysseia*』는 오디세이아의 노래라는 뜻으로 고대 그리스의 시인 호메로스가 남긴 작품이다. 24권으로 구성된 『오디세이아』는 『일리아스*Ilias*』 다음에 창작된 대서사시다. 기원전 13세기, 호메로스는 그리스 연합군이 트로이아를 함락한 이후 오디세우스가 10년간 여행하면서 귀국하는 과정과 모험을 40일로 압축하여 기록했다. 『일리아스』와 『오디세이아』의 내용이 사실인지 아닌지는 논란이 있으나 호메로스Homeros, BCE 800?~BCE 750가 사실을 바탕으로 기록한 것으로 알려져 있다.

『오디세이아』와 같은 장편 서사시epic poetry는 사실의 기록인 서사를 시 형태로 표현한 글이다. 일반적으로 서사narrative, 敍事는 어떤 사건이나 상황을 시간의 순서에 따라서 기록한 산문을 말한다. 한자문화권에서 서사는 어떤 사건이나 상황의 전후 사실을 기록한 글이다. 일반적으로 서사의 형식은 사건이나 생각을 차례대로 말하거나 적는 서술narration, 敍述과 서술을 포함한 이야기를 의미하는 서사narrative, 敍事의 두 가지가 있다. 내러티브narrative의 서사는 서술하는 방법에 가깝고 에픽epic의 서사는 서술하는 내용에 가깝다. 서사의 내용은 다음 두 가지로 나눌 수 있다. 첫째, 경험적經驗的 서사는 사실을 기록하는 것이며 역사, 전기, 실록 등에서 많이 쓰인다. 둘째, 허구적虛構的 서사는 상상을 통하여 꾸며낸 사건을 표현하는 것이며 소설, 드라마 등 문학에서 주로 쓰인다.

서사는 행동, 경험, 인물, 사건 등을 기술하는 것이기 때문에 시간과 공간이 중요하다. 특히 시간의 흐름이 중요한데, 경험적 서사empirical epic는 시간의 흐름에 따르는 산문이고, 허구적 서사fictional epic는 시간의 흐름에 따르지 않는 산문이다. 세상의 모든 인물, 사건, 경험, 생각이 서사가 되는 것은 아니다. 어떤 인물, 사건, 경험, 생각은 사실이든 허구이든 기록할 가치가 있거나 미적 감흥을 줄 수 있어야 서사가 될 수 있다. 그런데 서사할 때, 모든 것을 상세히 기록할 수 없으므로 핵심만을 기록하는 것이 보통이다. 서사의 기록 방법을 기술記述 또는 서술敍述이라고 하고, 기술하는 존재를 기술자記述者, narrator라고 하는데 소설에서는 일반적으로 서술자敍述者, narrator 또는 화자話者, narrator라고 한다. 소설과 이야기에서는 기술description의 내용과 방법을 합하여 서사敍事, narration라고 한다.

무엇을 기술할 때에는 어떤 관점에서 어떤 사건을 기술하는 것이 보통이다. 그것이 바로 시점이다. 아울러 서사에는 기술하는 사람의 사건을 보는 각도, 거리, 세계관 등이 개입한다. 전기傳記와 보고문/르뽀report와 같은 경험적 서사는 시간과 공간을 (가능하면) 있는 그대로 기술하지만, 소설이나 드라마와 같은 허구적 서사는 서술자의 문체, 시점, 의식 등에 의하여 기술한다. 한편 서사학Narratology에서 말하는 서사narrative 즉 내러티브는 텍스트에 내재한 규칙과 원리를 말한다. 서사가 허구에서처럼 예술적으로 기술된다면 그에 내재한 보편적 규칙이 있어야 한다. 그것이 바로 '이야기를 어떻게How 표현할 것인가'인 서술 방법이다. 가장 일반적인 서사의 구조는 발단−전개−갈등−절정−결말과 같은 순차적 흐름이다. 여기서 개연성과 인과관계因果關係라는 서사의 원리가 작동된다. 따라서 서사의 단락들은 하나의 흐름으로 이어져야 한다.

서사시와 서사는 다르다. 어떤 인물과 사건의 유의미한 기술인 서사narration는 기술description하는 방법을 이야기한 것이고 서사시epic는 고대와 중세에 시의 형태로 기술된 이야기 형태의 서사라는 뜻이다. 그러나 서사시의 상당 부분은 서사이다. 서사의 구성인 이야기story는 몇 개의 사건이 엮이면서 줄거리를 가진 서사라는 뜻이다. 이처럼 이야기는 허구와 사실을 포함하므로 서사는 허구적이거나 실제적인 사건이 인과적으로 연결되는 서술이라고 할 수 있다. 이야기 story는 줄거리를 중심으로 기술한 것이고 서사narration는 사건을 인과적으로 배열한 것이다. 서사 이론에 따라서 서사를 보는 관점이 다르다. 전통적 서사 이론에서 비평가와 독자는 작가의 의도를 충실하게 해석하는 것을 목표로 한다. 반면 구조주의 서사 이론에서는 작품과 텍스트를 분리하고 텍스트의 내적 구조를 중요하게 여긴다.

참고문헌 Gérard Genette, *Narrative Discourse : An Essay in Method*, translated by Jane Lewin, Ithaca : Cornell University Press, 1980.

참조 구조주의, 내러티브, 디에게시스, 로망스, 모방론, 미메시스[아리스토텔레스], 미메시스[플라톤], 사건[소설], 산문, 상상, 서사시, 소설, 스토리·이야기, 시공간, 시점, 운문, 인과율·인과법칙, 인물, 전기·자서전, 플롯, 표현, 픽션·논픽션, 허구, 화자/서술자

문예사조

Art Movement | 文艺思潮

이백은 호방하고 낭만적인 시를 많이 남겼다. 그 중에 이런 시가 있다. '동정 남호 가을 밤 물안개는 없는데南湖秋水夜無烟, 어떻게 물길 타고 하늘까지 오를까? 耐可乘流直上天 잠시 동정의 달빛을 빌려 놓았으니且就洞庭睒月色, 배를 타고 흰 구름 끝 으로 술을 사러 가리라將船賣酒白雲邊.' 동정호에 비친 달빛을 타고, 하늘 끝으로 술 을 사러 간다는 상상력은 독자를 신비한 세상으로 이끈다. 속세를 잊고 세파를 초월하려는 이백은 달과 구름을 의인화함으로써 초자연적인 세계를 표현했다. 그리고 시간과 공간을 무한히 확대하여 적선謫仙의 상상력을 낭만적으로 펼쳐 놓는다. 이런 시를 쓴 이백을 낭만주의자라고 할 수 있다. 그렇다면 이백이 살 던 시대에 낭만주의가 있었을까? 없었다. 낭만주의는 첫째, 인간의 기본 심성 인 낭만적인 기질과 태도 둘째, 유럽에서 시작된 낭만적 문예운동과 철학사상 등 두 가지 의미가 있다. 그러니까 이백의 시에는 낭만주의의 감성이 담겨 있기 는 하지만 문예사조의 낭만주의라고 할 수는 없다.

문예사조文藝思潮는 문학과 예술의 시대적 흐름이다. 그 흐름에는 유사성, 공통 성, 동질성, 차별성, 배타성이 있어야 한다. 또한, 문예사조는 작가와 작품의 경 향이 유사해야 하고 하나의 범주로 묶일 수 있어야 한다. 대체로 유사한 경향으 로 표현된 작품은 표현한 주체인 예술가의 사상과 감정에서 우러나온 것이다. 따라서 문예사조는 표현의 주체인 예술가의 가치관, 세계관, 사상, 철학의 동질 성을 의미한다. 예술가의 의식 내면은 예술작품에 담긴다. 가령 시의 낭만주의, 회화의 낭만주의, 음악의 낭만주의 등에 나타난 명칭에서도 이미 시대정신과 가치관이 담겨 있다. 이런 여러 장르를 통틀어 낭만주의 시대라고 명명하기도 한다. 이렇게 볼 때 문예사조는 일정한 시대의 정신을 바탕으로 예술가의 가치관과 세계관이 작품과 비평으로 표현된 공통적 경향이라고 할 수 있다. 문예사조는 사회를 반영한다는 점에서 사회사조社會思潮나 문화사조文化思潮와 유사한 개념이다.

그렇다면 예술가들은 문학예술의 경향을 인지하고 창작활동을 했을까? 그런 경우도 있고 그렇지 않은 경우도 있다. 가령, 다다이즘과 초현실주의 예술가들은 성명서를 발표하여 태도를 분명히 한 다음, 자신들의 예술적 경향을 인식하면서 예술활동을 했다. 이들에게 문예사조는 적극적인 문예운동이다. 반면 낭만주의나 사실주의 예술가들은 자연스럽게 전개되는 예술적 경향을 가지기는 했으나, 자신들의 예술적 경향을 인식하지 않고 예술 활동을 했다. 이들에게 문예사조는 자연스럽게 일치된 경향과 흐름이다. 대부분 문예사조는 인식하지 않은 채 전개되었다. 그런데 훗날 문학사 연구자나 미술사 연구자들이 특정한 시대의 유사한 경향을 묶어서 범주를 설정하고 그에 해당하는 사조의 명칭을 부여했다. 따라서 예술사의 시대구분이 바로 문예사조다. 문예사조는 당대의 경향과 아울러 후대의 평가가 결합된 개념이다.

문예사조는 서양에서 뚜렷하게 드러난다. 가령, 바로크-로코코-고전주의-계몽주의-낭만주의-자연주의-상징주의-사실주의-인상주의-다다이즘-초현실주의-표현주의-모더니즘-주지주의-이미지즘-포스트모더니즘으로 변한 것에서 보듯이 사회변화에 상응하는 인과적 필연성을 가지고 교체되거나 생겨났다. 여기서 인과적이라는 것은, 고전주의의 규범성을 부정하고 새로운 경향의 낭만주의가 대두했다가 다시 자연주의와 사실주의의 현실적 표현방법을 가지게 된 것과 같은 원인과 결과의 관계를 말한다. 그러니까 문예사조는 시대적 변화인 동시에 변증법적 발전의 과정이기도 하다. 따라서 낭만주의적 경향의 작품과 작가는 어느 시대나 있지만, 낭만주의 문예사조는 1780년 전후부터

1850년 전후까지 서구 유럽에만 존재했다. 그런 점에서 서구낭만주의는 일련의 문예운동으로 일정한 개념과 범주로 묶일 수 있는 예술의 흐름이다.

문예사조는 주로 중국, 한국, 일본 등 한자문화권에서 쓰는 개념이다. 서양에서는, 르네 웰렉의 예에서 보듯이, 예술운동art movement이나 문학운동literary movement이라고 한다. 한자문화권에서 쓰는 '사조'가 표현된 결과를 중시하는 것과 달리 서양에서 쓰는 '운동'은 표현의 주체와 과정을 중시한다. 그리고 사조思潮는 흐름이나 경향에 대한 의식적 태도다. 사조는 해수의 흐름인 조류潮流에 문학예술을 대하는 생각思를 결합하여 사조가 되었다는 점을 고려하면 동양의 문예사조는 문학과 예술에 나타난 사상적 조류로 정의할 수 있다. 따라서 문예사조는 서양의 문예운동文藝運動을 객관적으로 인식한 동양의 비평가들이 근대에 만든 용어이다. 과거 동양에는 '낭만'이라는 개념이 없었다. 동양에서는 근대 초기에 서양 문예사조를 받아들일 때, 낭만주의의 경향을 보인 예술가를 낭만주의적 예술가로 규정했다.

참고문헌 René Wellek and Austin Warren, *Theory of Literature*, New York : Harcourt, Brace, and Company, 1949.

참조 감성, 계몽주의/계몽의 시대, 고전주의, 낭만주의, 다다이즘, 로코코, 리얼리즘(예술), 모더니즘(예술), 문학, 바로크, 변증법, 상징주의, 예술, 예술가, 이미지·이미지즘, 인상주의·인상파, 자연주의(예술), 장르, 주지주의, 초현실주의, 추상표현주의, 팝아트, 포스트모더니즘, 표현주의

주지주의

Intellectualism | 主知主義

영국의 비평가 흄T.E. Hulme의 시 「가을Autumn」1908은 다음과 같다. '가을밤의 차가운 감촉 — 나는 밤을 거닐었다. / 얼굴이 빨간 농부처럼 / 붉은 달이 울타리 너머 굽어보고 있었다. / 나는 말없이 고개만 끄덕였다. / 도시 아이들같이 흰 얼굴로 / 별들은 생각에 잠겨 있었다.'[1] 이 시를 읽은 독자들은 차가운 감촉만큼 차가운 이미지를 떠올릴 것이다. 그것은 시적 화자가 감정을 절제하면서 감각적인 이미지를 지적으로 표현했기 때문이다. 그런 점에서 흄은 이미지즘과 모더니즘의 선구자로 불린다. 실제로 흄은 파운드E. Pound, 리처즈I.A. Richards, 엘리엇T.S. Eliot 등에 영향을 끼쳐 이미지즘과 모더니즘이 개화하도록 한 시인이자 비평가다. 특히 흄은 감성적이고 감정적인 낭만주의와 규범적이고 형식적인 고전주의를 부정하면서 새로운 방향을 설정했다. 그것이 문예사조에서 신고전주의로 불리는 주지주의다.

1908년을 전후하여 흄은 감각적 이미지와 지성적 표현으로 새로운 시운동을 시작했나. 베르그송과 칸트의 영향을 받은 흄의 주지주의는 주로 이성과 지성을 바탕으로 현대적인 감각을 표현했다. 특히 흄은 낭만주의 문예사조를 부정하고, 자유시로 상징되는 새로운 시운동을 통하여 이미지즘과 모더니즘을 실험했다. 그런 점에서 흄은 주지주의보다는 이미지즘의 원조로 간주된다. 그런

---

1   A touch of cold in the Autumn night— / I walked abroad, / And saw the ruddy moon lean over a hedge / Like a red-faced farmer. / I did not stop to speak, but nodded, / And round about were the wistful stars / With white faces like town children.

데 일본과 한국에서는 지성을 강조한 것에 초점을 맞추어 흄의 시론을 주지주의主知主義로 번역하고 그의 문학관을 시대와 단절되었다는 뜻에서 불연속[2]으로 규정했다. 불연속적 세계관이란 역사와 사회의 영향으로부터 독립되었다는 뜻이다. 하지만 흄의 주지주의는 과학, 문명, 도시, 근대, 서구적 특성이 있다. 이런 과정에서 정립된 주지주의는 (지성과 이성 등) 지적인 측면을 정서, 감정, 인상, 열정, 의지보다 중요한 것으로 보는 사상적 견해다.

　주지주의의 지知는 지의 원리인 지智가 아니고 이성적이고 지성적인 지知다. 이렇게 쓰게 된 이유는, 주지주의主知主義는 주정주의主情主義, Emotionalism와 주의주의主意主義, Voluntarism의 상대적인 개념이기 때문이다. 간단히 말하면 인간의 인식능력을 지정의知情意, intellect emotion volition로 삼분하고 그중에서 지를 강조한 것이 주지주의다. 주지주의는 정情과 의意를 무시하지는 않지만 주로 이성과 지성을 강조한다. 따라서 주지주의의 지는 이성, 오성, 지성, 논리를 중시하는 합리주의적 인식으로 볼 수 있다. 넓은 의미에서 주지주의는 추론능력인 이성과 이해능력인 지성을 포괄하는 개념이다. 그런데 주지주의는 인간의 기본적인 인식능력 중 이성과 지성을 강조하기 때문에 동서양을 막론하고 어느 지역에서나 존재했다. 한편 서양의 주지주의는 소크라테스와 플라톤으로 거슬러 올라간다. 이들은 이성에 따르는 지적인 태도를 덕德과 진眞과 선善의 정수로 보았다.

　플라톤, 아리스토텔레스, 스토아학파, 스콜라학파를 지나서 근대 합리주의에 이르기까지 서구 사상의 주류는 주지주의였다. 이런 주지주의의 역사는 토마스 아퀴나스를 거쳐 데카르트와 칸트I. Kant에 이르러 정점에 이르렀다. 그런 점

2　한국에서는 흄의 문학관을 불연속적 세계관으로 규정하고 있다. 흄의 이 개념은 베르그송의 불연속적 시간에 근거한다. 베르그송은 지속의 시간개념을 창안하고, 진화는 불연속적인 동시에 분화하는 것으로 보면서 창조적 진화를 주장했다. 열려 있는 창조적 진화를 통하여 운동하고 변화하면서 진화하는 것이 (베르그송의 진화론적) 불연속이다. 흄은 창조적인 진화는 불연속을 통하여 일어난다는 베르그송의 시간개념을 자신의 문학이론에 접목하여 주지주의와 이미지즘 시론을 정초한 것이다.

에서 주지주의는 이성 중심주의와 지성 중심주의가 결합한 것으로 볼 수 있으며 그중에서도 합리주의를 강조하는 정신활동이라고 할 수 있다. 주지주의의 첫 번째 토대인 이성reason, 理性은 논리와 사실에 근거하여 생각하고 인식하는 능력이자 추상적 개념을 구성하는 원리다. 주지주의의 두 번째 토대인 지성intellect, 知性은 대상을 구별하거나 유사한 점을 인식하는 이해의 능력이다. 이성과 지성에 대립되는 것은 감성, 경험, 인상 등이다. 그런 점에서 경험주의와 인상주의는 주지주의와 대립적인 사상이라고 할 수 있다. 반면, 주지주의는 경험주의와 감성주의의 대립적인 인식이라고 할 수 있다.

주지주의와 반대되는 주정주의emotionalism, 主情主義는 감정과 감성을 토대로 하는 정신활동이다. 주정주의를 대표하는 것은 낭만주의다. 낭만주의는 감성, 열정, 격정, 혼돈, 파괴, 동경, 주관, 순수, 자아, 신비 등의 미적 특징이 있으며 이성이나 지성과는 거리가 멀다. 그런데 문학예술에서, 주지주의가 모더니즘과 유사한 것으로 간주되는 이유는 근대가 이성과 지성을 근간으로 하기 때문이다. 예술에서 현대적 감각, 분석적인 태도, 도시적 분위기, 근대 문명적 특징, 명징한 논리 등은 주지주의의 경향이라고 할 수 있다. 하지만 주지주의는 예술의 주류가 아니다. 그 이유는 예술은 감성, 감정, 감각 등 주정적인 요소가 많기 때문이고, 이성, 지성, 논리 등 주지적인 요소가 상대적으로 적기 때문이다. 크게 보면 철학은 주지주의적이고 예술은 주정주의적主情主義的이다. 물론 문학예술을 포함한 인간의 정신활동은 주시수의, 주정주의, 주의주의voluntarism, 主意主義가 혼합되어 있다.

참고문헌 Thomas Ernest Hulme, *Notes on Language and Style*, edited by Herbert Read, Seattle : University of Washington book store, 1930.

참조 감각, 감성, 감정·정서, 객관적 상관물, 과학주의, 낭만주의, 모더니즘〔예술〕, 문예사조, 문학, 예술, 의식, 이미지·이미지즘, 이성, 이성론/합리주의, 지성·오성, 직관

열린 텍스트

Open Text | 开放文本

'나에게서 떠나라, 저주받은 것들아! 어서 악마와 그 사제가 너희들을 위해 준비한 영원한 불길 속으로 들어가거라. 너희가 번 것이니 너희가 누리거라. 나에게서 떠나 영원의 어둠으로, 꺼지지 않는 불길로 들어가거라.' 이 문장은 움베르토 에코의 『장미의 이름*Il nome della rosa*』에 나오는 윌리엄 수도사의 말이다. 에코는 이런 난해한 이야기를 쓰고 나서 '내 소설을 읽으려면 암호해독과 같은 미로를 거쳐야 한다'라고 말했다. 에코*Umberto Eco, 1932~2016*는, 제임스 조이스가 그랬던 것처럼, 자기 소설을 많은 사람이 해석할 것이라고 예언했다. 비평가이기도 했던 에코는 다양한 해석이 가능한 작품을 열린 작품*open work*으로 명명했다. 여기서 유래한 열린 텍스트는 ① 다원적 해석이 가능한 텍스트이면서 ② 독자가 텍스트 구성에 참여할 수 있는 텍스트다. 열린 텍스트는 닫힌 텍스트의 반대 개념이다.

소설가, 기호학자, 비평가, 교수 등 수많은 직함을 가지고 있는 움베르토 에코는 『열린 작품*Open Work*』1962에서 텍스트의 열림*openness*에 대하여 설명했다. 그는 음악가의 작곡이 지휘자마다 다르게 연주되는 것과 마찬가지로 문학, 회화, 조각 등의 작품 역시 사람마다 다르게 해석될 수 있는 것으로 보았다. 문학에서 열린 텍스트는 독자에게 열려있는 것이고, 독자의 독서는 암호로 표기된 기호를 해석하는 것이다. 그 해석이 다양할 수 있다는 것이 에코의 주장이다. 한편 텍스트이론에서는 독자가 작가의 의도를 수동적으로 해석하는 대신 독자도 능동적으로 텍스트 의미를 구성하는 것으로 간주한다. 이 텍스트 속에서 작가,

독자, 텍스트는 서로 소통한다. 이것이 '작가는 죽고 텍스트와 독자가 탄생하는 순간'이다. 그래서 작품에 새로운 의미를 부여하는 것을 작가의 죽음과 독자의 탄생이라고 한다. 그런 점에서 에코의 열린 텍스트는 수용미학 그리고 독자반응이론과 연결되어 있다.

작가가 죽고 독자가 태어나 텍스트를 중심으로 놓으면 독자가 텍스트를 해석하는 해석 과정에서 새로운 의미가 부여된다. 이것이 에코가 말하는 열린 텍스트 해석이다. 열린 텍스트는 '텍스트의 형식과 내용이 열려있다'라는 뜻이 아니고 '텍스트를 해석하는 방법이 열려있다'라는 뜻이다. 물론 텍스트가 열려있으므로 (다양한 해석이 가능하고) 작품의 비어 있는 곳을 독자가 채울 수 있다. 또한, 수용자인 독자가 창의성을 발휘하여 새롭게 해석하는 것이기 때문에 암호해독과 같은 독해과정에서 텍스트 열림openness이 실행된다. 그런데 독자는 자신의 지식과 경험, 그리고 자신의 사상과 감정을 토대로 텍스트를 이해하고 수용한다. 그러니까 작품은 이미 결정되어 있는 것으로 해석되지 않아야 하며, 결정되어 있지 않은 것으로 해석되어야 한다. 이처럼 텍스트는 확정될 수 없으므로 열린 텍스트는 양자역학의 불확정성의 원리와 상통한다.

열린 텍스트는 닫힌 텍스트closed text의 반대 개념이다. 에코는 오페라 아르페타Opera arpeta를 예로 들면서 닫힌 텍스트는 작가의 의도와 작품의 내용에 따라 읽는 텍스트라고 규정했다. 그런데 닫힌 텍스트라면 독자는 창의적이고 능동적으로 텍스트를 해석할 수 없디. 또한, 닫힌 텍스트는 일방적이고 수동적이어서 상호소통이 불가능하다. 특히 닫힌 텍스트는 작품의 구조와 내용을 고려하여 읽어야 한다. 바르트는 이런 닫힌 텍스트를 독자텍스트readerly text, 읽기 텍스트라고 했다. 독자텍스트란 이미 결정된 독서의 길을 따라 읽는다는 뜻이다. 그래서 바르트는 독자가 능동적으로 읽을 수 있는 작가텍스트writerly text, 쓰기 텍스트가 바람직하다고 보았다. 작가 텍스트가 바로 열린 텍스트다. 그러니까 독자가 기호의 바다와 같은 텍스트와 텍스트의 바다와 같은 작품에 의미를 부여하는 능동적 해석이 중요하다는 것이다.

예술작품의 열린 텍스트는 언어철학의 열린 텍스트 결open texture과 함께 이해되어야 한다. 1951년 와이즈만F. Waismann, 1896~1959은 열린 텍스트 결open texture을 창안하고 단어, 문장, 문단에는 구조화된 결이 있다고 설명했다. 그는 언어사용을 포함한 모든 다양한 텍스트의 결을 생각한 것이다. 와이즈만은 또한, 독자는 모든 가능성을 열어놓고 텍스트를 보아야 한다고 말했다. 와이즈만에 의하면 단어, 문장, 문단은 구조나 의미만으로 읽혀서는 안 되고 화용론적 맥락에 의해서 해석되어야 한다. 와이즈만의 이론은 맥락주의Contextualism로 발전했으며 에코와 바르트의 텍스트이론은 열린 텍스트로 발전했다. 이처럼 열린 텍스트 이론은 '문학작품과 예술작품 그리고 자연의 일상 언어는 맥락과 상황에 따라서 해석되어야 한다'라는 맥락주의와 '모든 텍스트는 상호 소통한다'라는 상호텍스트론의 지지를 받는다.

참고문헌 Umberto Eco, *The Open Work*(1962), translated by Anna Cancogni, Harvard University Press, 1989.

참조 가능세계, 구조주의, 기대지평, 독자반응이론, 맥락주의 컨텍스츄얼리즘, 문학, 불확정성의 원리, 산문, 상호텍스트, 소설, 수용미학, 스토리·이야기, 양자역학, 일반상대성이론, 작가·독자, 저자의 죽음, 콘텍스트/맥락, 텍스트, 해석공동체, 해석학적 미학

작가 · 독자

Writer · Reader | 作家 · 读者

작가^{writer}란 무엇이고, 독자^{reader}란 무엇인가? 이 물음은 '작가는 무엇을 쓰는 사람이고, 독자는 무엇을 읽는 사람인가'로 바꾸어서 물을 수 있다. 이에 대하여 『장미의 이름』을 쓴 움베르토 에코^{Umberto Eco}는 이렇게 말했다. '나는 자서전을 쓰지는 않는다. 하지만 나의 소설은 나의 자서전이다.'[1] '작가는 자서전을 쓰는 사람'이라는 것은 '작가는 자신의 경험을 작품에서 재현하는 존재'라는 뜻이다. 하지만 '작가＝자서전 쓰는 사람'으로 등식화할 수는 없다. 반면 독자는 광의의 의미에서 '모든 사람'이다. 하지만 언어, 취향, 상황, 목적 등에 따라서 협의의 독자가 정해진다. 이처럼 작가와 독자의 개념은 다양하지만 대체로 문학에서는 작품생산자를 작가라고 하고 작품수용자를 독자라고 한다. 작가는 작품을 쓸 때 '누가 이 작품의 주요 독자인가'를 묻고, 독자의 범위를 설정한 다음 그 범위 안에서 작품을 쓴다.

작가는 '쓰는 사람' 특히 문학작품을 생산하는 사람이다. 어휘로 보면 작가는 중세 영어의 쓰는 사람^{writer} 중 쓰는 행위와 과정을 강조하여 문학작품을 창작하는 예술가를 의미하는 개념으로 정착되었다. 한자문화권에서 작가作家는 『삼국지』에 처음 등장하며 당唐에서 쓰기 시작했다. 하지만 송의 유학자 정이程頤는 작문해도론作文害道論에서 마음대로 글을 쓰는 것을 비판했다. 그의 말은 작가는 무의미하다는 뜻이다. 자기 생각을 허접하게 쓰지 말고 이미 있는 것을 잘 읽어

---

1 I am not writing any sort of autobiography, but the novels are my autobiography; Umberto Eco, *The Art of Fiction No.197*, Interviewed by Lila Azam Zanganeh, *The Paris Review*.

야 한다는 것이다. 글을 쓰는 작가作家는 후대에 쓰이기 시작했다. 한편 작가인 '쓰는 사람'에는 새로운 것을 창작하는 사람이라는 뜻이 들어있다. 따라서 작가는 단지 경험과 사실을 기록하는 사람이 아니라 새로운 것을 창작하는 예술가인 것이다. 사전적인 의미에서 작가는 문학작품을 비롯하여 미술, 음악, 사진, 서예 등 예술작품을 창작하거나 예술에 종사하는 사람이다.

작가는 크게 보면 첫째, 예술가로서의 작가와 둘째, 무엇을 만드는 사람으로서의 작가로 나뉜다. 예술가 즉 ① 창조자로서의 작가Writer as a creator는 상상력을 발휘하여 새로운 것을 만드는 사람이고 ② 모방자로서의 작가writer as an imitator는 이미 존재하는 어떤 것을 모방하여 창작하는 사람이다. 또한, 무엇을 만드는 사람인 ③ 편집자로서의 작가writer as a editor는 어떤 목적과 기준을 가지고 있는 것을 모으는 사람이고 ④ 재현자로서의 작가writer as a reproducer는 이미 있는 것을 다시 만드는 사람이다. 과거에는 창조적 예술가인 작가를 신적 권위를 가진 존재로 간주하기도 했다. 이때 작가는 절대적 권위를 가진 능동적 존재이고 독자는 작가의 의도를 해석하는 수동적 존재이다. 한편 푸코M. Foucault가 「작가란 무엇인가?」에서 말한 것처럼 책을 출간한 작가를 저자author, 著者라고 한다.

독자는 '읽는 사람' 특히 문학작품을 읽는 사람을 일컫는다. 중세 영어의 읽는 사람reader인 독자는 문해력literacy 있는 사람을 주로 일컬었다. 전통적으로 독자는 생산자인 작가가 창작한 작품을 읽는 수용자recipient로 여겨졌다. 그런 이유 때문에 독자는 수동적으로 문학작품을 포함한 출판물을 읽고 이해하는 사람으로 정의되었다. 그렇다면 독자는 왜 작품/출판물을 읽는 것인가? 독자는 작품을 읽으면서 무엇을 느끼거나 얻는 주체이고, ① 독자는 작품을 읽고 지식과 교훈을 얻으며, ② 독자는 작품을 읽고 재미와 기쁨을 느낀다. 독자의 관점에서 이런 점을 강조한 이론을 효용론效用論이라고 한다. 효용론의 관점에서 보면, 독자의 독서는 여러 면에서 의미와 가치가 있다. 그런데 독자는 자신의 경험, 철학, 사상, 감정, 의지, 목표 등의 여러 가지 배경을 바탕으로 작품을 읽는다. 따라서 독서의 목적과 의미는 독자마다 다르다.

에이브럼즈M.H. Abrams, 1912~2015의 삼각형이론에 의하면 작가는 표현 욕망을 작품으로 표출하는 존재이고 독자는 작가가 표현한 작품을 유용하게 수용하는 존재이다. 그래서 전통적으로 작가는 창조적 예술가로 여겨졌고 독자는 수동적 수용자로 여겨졌다. 하지만 롤랑 바르트가 '작가의 죽음과 독자의 탄생'을 주장하고 1960년대에 수용미학과 독자반응이론이 널리 퍼진 이후 독자의 기능과 지위가 새롭게 정립되기 시작했다. 새로운 독자이론에서 (작가와 분리된 텍스트를 전제로 하여) 독자는 작품을 창의적으로 해석하고 의미와 가치를 부여하는 능동적 창조자로 간주된다. 독자는 자신의 사상, 감정, 문화 등을 주체적이고 능동적으로 발휘하여 텍스트를 창의적으로 해석하고 작품에 새로운 의미를 부여한다. 하지만 이런 창의적 독자는 지나치게 개인적으로 작품을 해석하거나, 상황과 시간에 따라서 달리 해석한다는 비판을 받는다.

참고문헌 Umberto Eco, *The Art of Fiction* No.197, Interviewed by Lila Azam Zanganeh, The Paris Review.

참조 감성, 감정·정서, 교훈주의, 기대지평, 독자반응이론, 모방론, 문학, 미메시스(아리스토텔레스), 산업혁명, 산책자 보들레르, 수용미학, 에이브럼즈의 삼각형이론, 예술, 예술가, 저자의 죽음, 전기·자서전, 표현, 한자문화권

희곡

Play · Drama · Script | 劇本

희곡은 무대의 공연을 위한 대본이다. 희곡戲曲은 주로 연극 대본을 말하며 시, 소설, 수필, 비평과 함께 문학의 한 장르이다. 한자문화권에서 희곡의 희戲는 '놀다'를 의미하는 희戱의 속자인데, 창을 들고 승리를 기원하는 축제의 모습을 회의會意 문자로 표현한 것이다. 따라서 희곡이 축제와 제의에서 기원했음을 알 수 있다. 고대 한자문화권에서 희곡은 노래와 무용이 가미된 공연예술을 의미했다. 이와 다른 의미에서 쓰인 희곡은 1200년대 송의 잡희雜戲와 악곡樂曲을 합성한 것이다. 이처럼 한자어 희곡戲曲은 '광대廣大의 놀이'이거나 놀이에 가무歌舞를 포함하는 것이었다. 그러니까 한자문화권의 희곡은 연극 그 자체를 말하는 것이므로 서양에서 말하는 연극 대본인 희곡과는 다르다. 하지만 근대에 들어 희곡은 연극 대본이나 극본劇本과 같은 의미로 쓰이고 있다. 한편 고대 그리스의 희곡은 극시dramatic verse, 劇詩가 근대에 희곡drama, play으로 변한 것이다.

서구에서도 연극은 제의祭儀에서 비롯되었고 연극의 극본인 희곡은 연극보다 늦게 생겨났다. 고대 그리스의 극시dramatic poetry가 근대의 희곡이 된 것처럼, 서정시는 시가 되었고 서사시는 소설이 되었다. 극시는 서정시lyric poetry, 서사시epic poetry와 함께 운문인 시로 분류되었으나 근대에서는 소설과 함께 산문으로 분류되고 있다. 그런데 희곡이 연극과 같은 것으로 간주되거나 연극에서 희곡이 분화되었기 때문에 드라마drama를 연극 대본인 희곡으로 쓰게 되었다. 그리스어 '행위, 놀이'를 의미하는 drâma에는 그 놀이의 구성composition 극본이라는 뜻이 들어있다. 드라마와 함께 희곡을 의미하는 play는 고대 인도유럽어에서 '움직이다blek'와 고대 그리스어 '솟아오르다blúó'에서 유래했다. 이런 어원에 제의가 결합하여 고대 그리스의 연극이 탄생했다.

니체는 『비극의 탄생The Birth of Tragedy』1872에서 비극은 제의祭儀에서 진화했다고 말하면서 그리스 비극의 기원을 탐구했다. 고대 그리스에서는 올림포스 신들을 위한 연극 경연대회가 있어서 많은 극작가가 활동했다. 그리하여 소포클레스 작 〈안티고네Antigone〉에서 보듯이 연극의 극본인 희곡이 문학작품으로 정착되었다. 이후 중세와 근대를 지나면서 라신, 셰익스피어 등 수많은 극작가의 희곡이 창작되었다. 이때의 희곡은 연극 대본이기 때문에 연극적 요소를 반영하고 있다. 하지만 소설과 달리 연극에서는 심리묘사나 설명을 할 수 없으며 주로 대사와 연기를 위주로 하기 때문에 극작가는 이런 점을 고려하여 희곡을 쓴다. 그래서 아리스토텔레스는 『시학』에서 플롯에 해당하는 뮈토스mytos를 매우 중시했다. 그러므로 극적dramatic이라는 말은 곧 플롯의 다양한 변화를 의미한다.

이야기의 인과관계이자 이야기를 이끌어 가는 플롯은 희곡과 소설에서 중요한 구성 원리가 되었다. 플롯은 대체로 발단發端 – 전개展開 – 갈등葛藤 – 절정絶頂 – 결말結末의 구조로 전개된다. 거의 모든 희곡은 배우를 말하는 인물, 연극의 흐름을 설명하는 해설, 독백과 방백을 포함한 대사臺詞, 내용을 말하는 주제, 대사를 뺀 나머지인 무대효과나 행동 지시와 같은 지문, 그리고 이것의 짜임인 플롯으로 구성되어 있다. 희곡은 공연의 각본이므로 연극성演劇性보다는 문학성文學性이 있는 문학작품이나. 그런데 〈안티고네〉를 쓴 소포클레스나 〈햄릿〉을 쓴 셰익스피어의 희곡은 연극성과 문학성을 갖춘 명작으로 꼽힌다. 괴테의 〈파우스트〉처럼 공연을 전제로 하지 않고 독서만을 위한 희곡을 레제드라마Lese-drama 라고 한다. 그래서 희곡은 완결된 문학작품이고 이와 다른 극본/대본은 희곡을 바탕으로 하여 공연 상황에 맞게 각색한 각본脚本으로 분류하기도 한다.

위에서 살펴본 것처럼 문학적인 희곡은 연극적 이야기인 극본劇本, 무대에서 공연되는 대본script, 臺本, 공연을 위한 각본脚本과 같은 의미이거나 약간 다른 의미로 쓰이고 있다. 간단히 말해서 연출가를 위한 연출본이 바로 대본 또는 각본이다. 연극의 희곡과 유사한 것이 영화의 시나리오scenario다. 영화의 시나리오 역시 희곡과 마찬가지로 문학적인 대본인데, 이 대본을 실제 각본screen play으로 각색하여 영상 묘사, 카메라 지시, 조명, 사운드 등을 내용에 담는다. 그 외에 오페라와 뮤지컬 대본인 리브레토libretto도 연극의 희곡 기능을 한다. 희곡, 시나리오, 리브레토는 모두 산문이지만 운문의 기능도 한다. 희곡은 내용에 따라서 비극, 희극, 희비극, 소극farce, 풍자극, 역사극, 가정극, 가면극, 마당극 등 수많은 하위 양식으로 나뉜다. 극작가가 쓴 희곡은 공연의 기본 텍스트이므로 연출가는 대본을 각색하거나 바꾸면서 실제 공연을 이끌어간다.

참고문헌 Aristoteles, *Poetica*.

참조 기승전결, 문학, 비극, 비극의 탄생, 산문, 서사시, 서정시, 스토리·이야기, 시, 안티고네[소포클레스], 연극·드라마, 운문, 은유, 이미지·이미지즘, 텍스트, 플롯, 희극/코미디

제유

Synecdoche | 提喻

'빵을 주지 않으면 죽음을 달라'라고 했을 때 빵은 두 가지 의미가 있다. ① 실제 먹는 빵과 ② 목숨과 생명을 유지하는 방법이다. 이처럼 먹는 빵을 목숨에 비유한 것을 제유라고 한다. 그리고 부분인 빵이 전체인 목숨을 대신하는 것도 제유다. 이처럼 제유는 어떤 것으로 전체를 나타내거나microcosm 전체로 어떤 부분을 나타내면서macrocosm 접속 관계로 표현한 비유의 방법이다. 제유는 문학과 수사학뿐만 아니라 정치와 사회에서도 자주 응용되는 비유다. 가령 '모스크바에서 들려온 소식'은 러시아에서 들려온 소식이라는 의미이고 '나는 키위kiwi다'는 '나는 뉴질랜드 사람이다'이며 '오늘 축구에서 한국이 일본에 패했다'는 한국의 축구팀이 일본팀에 패했다는 뜻이다. 이처럼 제유는 전체집합과 부분집합의 관계를 이용한 비유법이다. 라틴어 제유synecdoche는 그리스어 '함께 한다sunekdokhē'에서 유래하여 지금까지 쓰이고 있다.

한자어에서 제유는 '끌어온다'라는 의미의 제提와 '비유'인 유喻를 합성하여 만든 '끌어와서 비유한다'이다. 그리고 제유는 서구의 Synecdoche를 번역하면서 직유, 은유, 환유, 반어 등과 구별하기 위하여 쓴 어휘다. 제유는 환유에 가장 가깝다. 가령 빵을 목숨에 비유하는 것은 제유이면서 환유다. 그러므로 제유는 다른 비유와 함께 이해되어야 하는데 비유를 전체집합으로 보면 부분집합인 은유가 가장 큰 의미이고, 은유 안에 환유와 직유가 있으며, 환유 안에 제유가 들어있다. 이렇게 보면 제유가 가장 좁은 비유의 방법인 것처럼 보이고 또 실제로 그렇다. 한마디로 제유는 환유의 부분집합이면서 환유의 한 종류다. 가령 제유는 '다른 사람의 손을 빌렸다'에서 부분인 손은 실제로 그 사람의 힘 전체를 빌린 것을 비유한다. 이 문장에서 '손'은 '그 사람의 힘 전체'로 대치되었다는 점에서 기본적으로 환유에 속하는 것이다.

또 다른 제유의 예는 한국 정부를 '청와대', 미국 정부를 '백악관', 러시아 정부를 '크렘린', 영국 왕실을 '버킹엄궁'으로 표현하는 것이다. 제유와 다른 환유는 바꿀 수 있는 연관성과 인접성이 있어야 하는데, 이것을 층위가 같은 수평적 계열관계라고 한다. 예를 들면 '손을 빌렸다'와 '귀를 빌렸다'에서 손과 귀는 수평적 계열관계다. 계열관계에서는 연관성과 인접성이 있어야 개념을 대치할 수 있다. 대치가 가능하려면 기표記標, sinifiant만 변화하고 기의記意, signifie는 변하지 않아야 한다. 환유와 제유가 다른 점은 제유는 기표도 다르고 기의도 다르다는 것이다. 가령 '한국이 일본을 이겼다'에서 부분인 한국팀이 전체인 한국으로 표기되었으며 원래의 기의도 다르다. 그러나 이 문장에서 한국은 한국팀으로 바꿀 수 있다. 이처럼 제유에서 원래의 원관념은 다르지만, 비유된 개념인 보조관념은 같다.

비유는 '생각 Ⓐ를 – 생각 Ⓑ'에 연결하여 '새로운 생각 Ⓒ'을 만드는 수사법이다. 이 비유의 원리를 제유에 대입해 보면, 생각 Ⓐ인 '손'을 생각 Ⓑ인 '그 사람'에 연결하여 새로운 생각인 Ⓒ'그 사람의 힘'을 만든다. 기표의 표상이 기의와 연결되어 새로운 표현을 낳은 것이다. 이처럼 제유는 무엇을 무엇으로 대체하는 것이므로 대체어법metalepsis인 동시에 수사적인 언어표현이다. 이 표현의 효과가 크다는 것을 간파한 고대 그리스의 수사학자 이소크라테스Isocrates는 사람들이 쓰는 일상 언어로 표현하는 산문은 표현이 제한되는 것에 반하여 시와 희곡은 창의적일 뿐 아니라 다양한 표현이 가능하다고 보았다. 창의적인 비유란 직유, 은유, 환유, 알레고리, 아이러니, 역설 등 다양한 수사법을 말한다. 제유를 포함한 비유의 목적은 새로운 발견과 사유의 기쁨이다. 이 기쁨 때문에 비유를 통해서 언어가 발달하고 감성이 풍부해진다.

미국의 문학이론가 버크[K. Burke, 1897~1993]는 은유, 환유, 아이러니, 제유를 네 가지 중요한 수사라고 단언했다. 버크는 포함관계로 제유를 설명한다. 그는 Ⓐ가 Ⓑ에 포함되거나 Ⓑ가 Ⓐ에 포함되면 Ⓐ는 Ⓑ라고 보았다. 반면 환유는 관련은 있지만, 포함관계가 아닌 수사다. 예를 들어서 '미국이 투표했다'는 제유다. 미국은 미국인 모두이기 때문이다. 반면 '백악관이 말했다'는 환유다. 백악관은 대통령과 참모들인데 실제 백악관은 이들에 포함되지 않기 때문이다. 이소크라테스가 말한 것처럼 제유 역시 상상을 유도하면서 의미를 환기하여 새로운 느낌을 준다. 가령 '빵을 주지 않으면 죽음을 달라'에서 독자는 '빵이 무엇인가'를 묻고 '빵은 식량'이라고 유추하는 과정에서 창의적 상상을 한다. 한편 제유는 은유, 환유와 마찬가지로 문학과 수사학에서 주로 쓰이지만, 회화, 조각, 음악, 영화 등 다른 분야에서도 유용하게 쓰인다.

참고문헌 Kenneth Burke, *A Grammar of Motives*, New York : Prentice Hall Inc., 1945.

참조 감성, 그림이론/비트겐슈타인, 기표·기의/소쉬르, 문학, 비유, 상상, 상징, 수사, 아이러니·반어, 알레고리, 역설, 은유, 의경, 이미지·이미지즘, 차연, 표현, 환유

민족적 낭만주의

National Romanticism | 民族浪漫主義

'금빛 날개를 타고 날아가라, 내 상념이여 / 가라, 부드럽고 따뜻한 바람이 불고 / 향기에 찬 조국의 / 비탈과 언덕으로 날아가 쉬어라! / 요르단의 큰 강둑과 시온의 / 무너진 탑들에 참배하라. / 오, 사랑하는 빼앗긴 조국이여! / 오, 절망에 찬 소중한 추억이여! // 예언자의 금빛 하프여, / 그대는 왜 침묵을 지키고 있는가? / 우리 가슴속의 기억에 다시 불을 붙이고, / 지나간 시절을 이야기해 다오.' 이것은 베르디Giuseppe Verdi, 1813~1901의 오페라 〈나브코Nabucco〉1842 3막에 나오는 '히브리 노예들의 합창Chorus of the Hebrew Salves'이다. 이 노래의 배경은 히브리인들이 세 차례에 걸쳐 바빌로니아에 노예로 잡혀갔을 때다. 그리고 이 작품은 『구약』「시편」137편의 내용을 비애의 정조로 담아낸 합창곡이다. 이 작품이 초연된 당시 이탈리아는 합스부르크 왕가가 지배하고 있었다.

오스트리아의 지배를 받던 이탈리아인들은 베르디의 오페라를 통해서 자신들의 내면에 감추어진 비애, 울분, 고난, 희망, 역사 등을 표출했다. 그래서 이 노래는 이탈리아 해방운동과 이탈리아 통일운동 과정에서 애국가처럼 자주 불렸다. '오, 사랑하는 빼앗긴 조국이여!'를 노래하면서 식민 상태의 자기를 인식했으며 '오, 절망에 찬 소중한 추억이여!'를 노래하면서 민족해방과 민족통일을 꿈꾸었다. 고대 바빌로니아의 느브갓네살Nebuchadnezzar II, BCE 605~BCE 562, 나부코 왕 치하에서 노예 생활을 하던 유대인들의 디아스포라Diaspora가 이탈리아인들의 민족감정을 자극한 것이다. 이런 경향을 일반적으로 낭만적 민족주의 또는 민족적 낭만주의라고 한다. 민족적 낭만주의는 이론적으로는 철학적 낭만주의

사조로 드러나고, 현실적으로는 민족의 자기 결정권이나 자민족중심주의와 같은 민족감정으로 표출되는 문예사조다.

민족적 낭만주의를 분석하면 다음과 같다. ① 낭만주의는 낭만적 감성이 표현된 시대정신이고, ② 민족주의는 민족의 이익을 우선하는 이념이며, ③ 낭만적 민족주의는 민족의 미래를 낭만적으로 인식하는 민족주의 사상이고, ④ 민족적 낭만주의는 낭만적 감성으로 민족을 인식하는 낭만주의 정신이다. 낭만주의와 민족의식이 결합하고 낭만주의 감정과 민족주의 의식이 강렬하면 민족적 낭만주의가 된다. 민족적 낭만주의가 현실의 질서와 규범을 거부하고 비현실적이거나 신비한 경향을 띨 때, 혁명적 낭만주의革命的 浪漫主義로 발현된다. 그런 점에서 민족적 낭만주의National Romanticism는 저항과 혁명의 주체가 민족적인 동질성을 가지고 있는 낭만주의라고 할 수 있고, 낭만적 민족주의Romantic Nationalism는 낭민적 감성이 우선하는 민족주의라고 할 수 있다. 이런 낭만주의 흐름이 형성된 이유는 계몽주의와 합리주의로 얻은 자유와 평등의 사상이 개인의 개성과 민족의 민족성으로 발현되었기 때문이다.

민족적 낭만주의는 1830년대 독일에서 일어나 프랑스, 이탈리아, 영국, 미국 등 여러 나라로 전파되었다. 당시 독일은 소국가로 분리되어 합스부르크Habsburg 왕가가 통치하고 있었고 다른 나라에 비해서 사회발전이 늦었으며 산업혁명과 자본의 축적도 늦었다. 이때 그림 형제Brothers Grimm를 비롯한 예술가들이 민족정신을 고취하고 민족감정을 공유하려는 독일어 문화운동을 펼쳤다. 이런 시대적 격정을 반영하는 개념이 질풍노도疾風怒濤다. 바그너, 괴테, 실러, 하이네 등이 질풍노도의 시대정신을 반영하고 있다. 특히, 1848년 전후 혁명의 기운과 함께 민족적 낭만주의가 유럽에 퍼졌다. 곧이어 민족의식은 민족국가 건설의 낭만적 열망으로 승화되었다. 이런 광의의 민족적 낭만주의와 달리 지방vernacular의 감성과 특질을 담아낸 노르웨이, 스웨덴, 핀란드에서는 협의의 민족적 낭만주의가 융성했다.

서구 유럽에서 활발하게 전개된 민족적 낭만주의 운동은 국민국가/민족국가 형성의 토대가 되었다. 19세기의 서구 유럽에서는 언어, 역사, 문화를 바탕으로 민족혼民族魂을 공유하는 조국이라는 개념이 등장한다. 민족적 낭만주의는 자기 조국祖國이 자유로운 나라가 되고 국민이 자기 결정권을 가지는 민족국가Nation state를 지향한다. 이런 흐름을 바탕으로 「독일 국민에게 고함Reden an die Deutsche Nation」을 쓴 피히테Johann Gottlieb Fichte, 1762~1814, 민족적 자각을 강조한 헤르더Herder, 1744~1803, 시대정신Zeitgeist을 분석한 헤겔 등을 통하여 민족주의의 이념적 기반이 확립되었다. 이런 여러 흐름이 통합되어 정치에서는 민족주의로, 예술에서는 낭만주의로 드러나고 이것이 결합하여 민족적 낭만주의가 되었다. 하지만 민족적 낭만주의는 자민족 중심주의의 경향과 함께 배타주의 및 우월주의라는 비판을 받는다.

참고문헌 William Wordsworth, *Lyrical Ballads : With Pastoral and Other Poems*, London : Printed for T.N. Longmanand O. Rees, 1802.

참조 개성, 국민국가/민족국가, 낭만적 숭고, 낭만주의, 디아스포라, 문예사조, 문화, 민족, 민족주의, 숭고, 시대정신, 정신, 질풍노도, 혁명적 낭만주의

교훈주의

Didacticism | 教训主义

교훈주의는, 문학예술을 통하여 정치, 사회, 종교, 윤리, 도덕 등에 관하여 가르치고자 하는 철학적 태도다. 교훈주의적 예술작품은 무수히 많은데 다음 한시는 교훈주의의 대표작 중 하나다. '소년이로학난성少年易老學難成 소년은 늙기 쉽지만 학문을 이루기는 어려운 것, / 일촌광음불가경一寸光陰不可輕 빛처럼 빠른 한순간도 헛되이 보내지 않아야 한다. / 미각지당춘초몽未覺池塘春草夢 봄날 연못가 풀잎과 같은 청춘의 꿈이 깨기도 전에, / 계전오엽이추성階前梧葉已秋聲 섬돌 앞 오동 나뭇잎은 가을을 알린다.' 송의 주자 주희朱熹가 쓴 「우성偶成」은 한자문화권에서 널리 애송되는 교훈주의 한시다. 이 시는 무상한 인간 존재에 대한 성찰을 아름답게 표현했기 때문에 예술적으로도 높은 평가를 받는다. 아울러 부드럽고 서정적인 표현도 마음을 울린다. 이처럼 「우성」은 교훈주의의 효용성과 유미주의의 예술성이 균형을 이룬 명작이다.

교훈은 무엇을 가르치고 훈계하는 것이다. 각 문화권과 시대마다 교훈의 내용은 다르다. 교훈에는 도덕, 윤리, 철학, 사상, 지식 등 보편적인 내용도 있고 각 민족의 역사, 특별한 기술, 실용적 내용 등 특수한 것도 있다. 교훈주의의 어원은 '가르치는 기술'이라는 의미의 고대 그리스어 didaktikós이다. 그런데 교훈주의는 가르치는 주체인 나를 중심에 놓고 '내가 타인을 가르치는' 교육적 목적을 특별히 강조하는 개념이다. 이런 교육적 목적 때문에 교훈주의는 언제나 존재했으며 미래에도 존재할 것이다. 교훈주의 예술은 우연히 창작되지 않는다. 교훈주의적 예술관을 가진 작가는 처음부터 교훈을 목적으로 작품을 구상하고,

그 구상에 따라서 주제와 제재를 정한 다음 여러 가지 예술적 방법을 통하여 교훈의 내용을 표현한다. 가령 『시경詩經, Book of Odes』을 편찬한 공자孔子, BCE 551~BCE 479는 인간의 심성을 교화하려는 교육적 목적으로 시집을 엮으면서 교훈의 뜻이 담긴 사무사思無邪로 압축했다.

공자가 말한 사무사는 '시는 깨끗하고 진실해야 한다'라는 뜻이다. 교훈주의의 개념인 사무사는 편찬의 원칙이면서 예술창작의 원리다. 또 다른 교훈주의의 대표작인 이솝의 「개미와 베짱이」는 봄과 여름에 일하면서 겨울을 대비한 개미와 놀기만 하고 겨울을 대비하지 못한 베짱이의 이야기다. 이솝은 이 이야기를 통하여 근면하고 성실해야 한다는 교훈을 알려준다. 교훈주의는 그 반대인 유미주의와 대비될 수 있다. 예술성을 우선하는 유미주의는 '문학예술의 목적은 미적 쾌감을 주어야 한다'라는 예술을 위한 예술철학이다. 교훈주의가 교육적 목적을 달성하기 위하여 문학예술을 수단으로 간주하는 것과 달리 유미주의는 미학 자체를 지향하기 때문에 문학예술을 수단으로 간주하지 않는다. 교훈주의가 효용성을 우선한다고 해서 예술성을 무시하는 것은 아니다.

고대 그리스의 플라톤 역시 교훈주의 예술관을 가진 철학자였다. 플라톤은 이상국가에서 '철학자는 국가의 수호 병사와 농민들이 타락한 예술에 빠지지 않도록 시인을 추방하고, 이데아의 진리를 가르쳐야 한다'라고 주장했다. 플라톤이 교훈을 목적으로 시인추방론을 제기한 것에서 보듯이 교훈주의는 이성과 지성을 토대로 한다. 플라톤이 시인을 추방해야 한다고 했던 이유는 '시인예술가은 미적 쾌감으로 사람들을 타락시킨다'라고 믿었기 때문이다. 플라톤은 교훈의 효과를 낼 수 있는 기법인 '자기가 말하는telling' 수사법을 디에게시스diegesis라고 명명했다. 플라톤이 볼 때 미메시스mimesis는 '어떤 것을 재현하고 모방하여 보여주는showing 것'이므로 교훈의 효과를 낼 수 없다. 교훈주의는 단순한 모방이나 재현representation과는 다른 개념이다. 고대 로마의 호라티우스Quintus Horatius Flaccus, BCE 65~BCE 8는 『시학Ars Poetica』에서 '시인은 즐겁게 하는 능력과 유용하게 하는 능력을 갖추어야 한다'고 주장했다.

　동서양을 망라하고 교훈주의는 문학예술의 중요한 기능이고 가치였다. 교훈주의는 공리주의, 실용주의, 효용론, 목적지향성 등과 연결되어 있다. 근대 계몽주의와 사회주의도 교훈주의의 성격이 있다. 하지만 19세기 이후 교훈주의는 예술성이 부족하고 상상력을 차단하는 등의 문제가 있다는 비판을 받았고 그래서 예술가들로부터 배척당했다. 특히 낭만주의가 예술의 개성과 자유를 우선하면서 (낭만주의와 비교되는) 교훈주의는 구시대적 잔재로 여겨졌다. 아울러 근대 자유주의는 교훈에 얽매이는 것을 싫어하는 심성을 조장했다. 특히 예술가들이 교훈주의를 부정적으로 인식하게 된 이유는 근대예술이 자율성과 예술성을 강조하면서 무목적인 목적Purposiveness without Purpose을 중요하게 여기기 때문이다. 그러나 예술을 위한 예술만 존재할 수는 없으므로 현대에서도 여전히 효용론과 교훈주의는 중요한 창작 태도로 인정받고 있다.

참고문헌 Quintus Horatius Flaccus, *Ars Poetica*.

참조 개성, 계몽주의/계몽의 시대, 디에게시스, 모방론, 무목적의 목적, 문이재도, 미메시스(플라톤), 보여주기와 말하기, 사무사, 상상, 스토리·이야기, 시인추방론, 예술, 예술가, 예술지상주의, 유미주의, 허구, 화자/서술자

1　Quintus Horatius Flaccus, *Ars Poetica*. A poet's qualifications include common sense, knowledge of character, adherence to high ideals, combination of the dulce with the utile, intellectual superiority, appreciation of the noble history and lofty mission of poetry, and above all a willingness to listen to and profit by impartial criticism(ll. 295~476).

애매성

Ambiguity | 歧義

'철수와 영희는 결혼했다.' 이 말은 '철수와 영희가 결혼하여 한 가정을 이루었다'는 뜻도 있고 '철수도 결혼했고 영희도 결혼하여 두 가정을 이루었다'라는 뜻도 있다. 이런 경우에는 맥락과 상황에 따라서 의미가 결정된다. 따라서 이두 문장은 애매한 표현이다. 애매한 표현은 여러 가지 문제를 일으킨다. 가령 법조문이 애매하면 큰 다툼이 생기고 행정용어가 애매하면 실행하기 어렵다. 애매는 뜻이 명확하지 않고 희미하여 구별되지 않는 것이며, 애매성曖昧性은 어떤 것이 두 가지 이상의 의미가 있어서 명확하게 구별되지 않는 특성이다. 애매성은 복합성, 중의성, 모호성, 암시성, 다의성과 유사어고 다양성, 다원성, 다중성과 근접어다. 이중 애매는 여러 가지 의미가 섞여 있어서 구별이 어려운 모호 vagueness, 模糊와 가장 가깝다. 모호는 애매와 달리 경계가 불분명한 것인데 이 두 어휘를 합성하여 애매모호曖昧模糊라고 한다.

애매성은 양쪽을 의미하는 라틴어 ambo가 접두사 ambi로 변한 다음 '망설인다, 양쪽으로 가다'를 의미하는 ambiguus가 된 것이다. 그러니까 원래 애매성은 '두 가지 선택에서 어쩔 줄 모르고 망설인다'라는 뜻이었다. 이 망설임이라는 뜻이 차츰 두 가지 이상의 언어, 회화, 논리, 태도, 상황, 생각, 감정이 명확하지 않은 것으로 변했다. 언어 이외에도 자연현상과 과학기술에도 애매한 경우가 많다. 그래서 애매성을 인간에 의한 애매성과 인간과 관계없는 애매성으로 구분하기도 한다. 인간과 관계없는 애매성은 컴퓨터가 오류를 범하는 애매성과 같은 것이다. 특히 컴퓨터는 자연어처리NLP를 할 때나 어떤 대상을 분석할 때 애매하고 모호한 것을 인지하지 못한다. 또한, 자연현상도 애매한 경우가 많지만, 이것은 인식하는 주체인 인간의 관점에서 애매한 것이다. 따라서 애매성은 주로 인간의 관점을 의미한다.

애매성은 언어표현에서 복잡하게 드러난다. 애매성이 표현된 상태에 따라서 첫째, 드러나 있는 명확한patent 애매성과 둘째, 드러나 있지 않은 잠재적latent 애매성으로 나눌 수 있고 명확한 애매성은 다시 어휘적 애매성, 구문적 애매성, 화용적 애매성으로 나눌 수 있다. ① 어휘적lexical 애매성은 '사과가 좋다'처럼 먹는 사과와 미안함을 표시하는 사과의 두 가지 의미 때문에 생기는 애매성이고, ② 구문적syntactic 애매성은 '아내는 나보다 사과를 더 좋아한다'처럼 두 가지 구문 때문에 생기는 애매성이며, ③ 화용적pragmatic 애매성은 '사과 먹을까?'에 '싫어'라고 답했다면 사과가 싫은 것인지, 먹는 것이 싫은 것인지 알 수 없는 맥락 때문에 생기는 애매성이다. 그 밖에 의미적semantic 애매성은 의미가 혼동되는 애매성으로 위의 세 가지 양상과 겹친다. 이런 애매한 표현은 정확하게 표현해야 하는 분야에서는 피해야 하지만 정치, 문학, 예술에서는 반드시 그렇지는 않다.

문학의 애매성은 미적 긴장을 유도하는 한편 정서를 환기하기 때문에 중요하다. 특히 함축적으로 표현해야만 내용과 의미가 풍부해지는 언어적 애매성은 문학에서 필요한 표현이다. 그래서 리처즈I.A. Richards는 과학적 언어와는 다른 시적 언어poetic language의 중요성을 강조했다. 리처즈의 이론을 발전시킨 엠프슨William Empson, 1906~1984은 애매성을 다음 일곱 가지로 분류했다. ① 은유처럼 속성이 다른 두 가지 다른 의미의 애매성이다. 가령 「님의 침묵」의 '날카로운 첫 키스의 추억'에서 속성이 다른 키스와 추억이 두 가지 의미를 가지면서 애매한 표현이 되었다. ② 두 개 이상의 의미가 하나로 모아진 애매성이다. 가령 「외인촌」에서 '분수처럼 흩어지는 푸른 종소리'에서 시각적 이미지와 청각적 이미지가 하나의 종소리를 묘사하면서 애매하게 표현되었다. ③ 문맥에 따라서 다른 의미의 애매성이다. 가령 「산유화」의 '저만치 혼자서 피어있네'에서 '저만치'의 거리는 마음의 거리일 수도 있고 공간의 거리일 수도 있다. 문맥에 따라서 달라지는 애매한 표현이다.

그다음 ④두 개 이상의 의미가 조합되면서 작가의 미묘한 심정이 표현된 애매성이다. 가령 「유리창」의 '외로운 황홀한 심사이어니'에서 시인의 미묘한 심정이 애매하게 표현되었다. ⑤글 쓰는 과정에서 마음의 내면이 드러난 애매성이다. 가령 「깃발」의 '순정은 물결같이 바람에 나부끼고'에서 시적 화자의 순정이 애매하게 표현되었다. ⑥특별한 뜻이 없이 표현된 것을 독자가 애매하게 느끼는 것이다. 가령 「향수」에서 '얼룩백이 황소가 해설피 금빛 게으른 울음은 우는 곳'에서 '게으른 울음'은 독자에게 해석의 혼란을 일으킨다. ⑦작가의 분열된 마음이 문맥 안에서 반대로 표현된 애매성이다. 가령 「님의 침묵」의 '님은 갔지만 나는 님을 보내지 아니하였습니다'에서 시인의 분열적 의식이 잘 나타나 있다. 이처럼 애매성은 미적 긴장tension을 유발하고 독자의 능동적 해석을 유도하기 때문에, 문학과 예술에서 대단히 중요하다.

참고문헌 William Empson, *Seven Types of Ambiguity*(1947), second edition, reprint by New Directions, 1966.

참조 객관·객관성, 구조주의, 기표·기의, 뉴크리티시즘/신비평, 러시아 형식주의, 미적 거리, 서정시, 시, 은유, 이미지·이미지즘, 재현, 직유, 표현, 허구, 화자/서술자

민족문학

National Literature | 民族文学

민족문학民族文學과 국민문학은 같은 것인가?[1] 이 문제는 민족과 국민의 개념에 따라서 달라진다. 민족民族은 혈통, 언어, 역사, 문화를 바탕으로 형성된 집단이며 일정한 영토와 지역에서 생활을 영위하는 문화공동체다. 국민國民은 거주공간과 상관없이 국가의 법과 제도를 준수하는 국민의 정치경제공동체다. 국가의 국민은 국가의 이념과 제도를 우선하는 집단이다. 반면 민족은 문화적 동질성, 역사적 공동경험, 민족적 정체성을 공유하는 집단이다. 이를 근거로 민족문학을 정의해 보면 다음과 같다. 민족문학은 한 민족의 사상과 감정을 민족적형식으로 표현한 언어예술이다. 범주의 관점에서 보면 민족문학은 민족예술의 하위영역이고 민족예술은 민족문화의 하위영역이다. 따라서 민족문학은 민족예술인 동시에 민족문화다. 민족문학을 표현하는 민족적 형식은 여러 가지가있는데 그중에서 가장 중요한 것은 언어다.

언어는 ① 한 민족이 하나의 언어를 사용하는 (또는 사용했던) 경우, ② 한 민족이 복수의 언어를 사용하는 경우, ③ 복수의 민족이 하나의 언어를 사용하는 경우 등으로 나눌 수 있다. (한국과 같이) 한 민족이 하나의 언어를 사용하면 민족적 동질성이 크지만, (스위스와 같이) 한 민족이 복수의 언어를 사용하면 민족적동질성이 낮다. 왜냐하면, 민족어는 민족의식, 민족감정, 민족정신을 통합하고

---

1 민족문학과 국민문학은 영어표기(National Literature)는 같다. 이것은 민족과 국민의 영어표기(nation, people)가 같고 민족국가와 국민국가의 영어표기(Nation State)가 같기 때문이다. 그래서 민족문학은 국민문학, 국가문학, 국문학(國文學)과 같은 개념으로 쓰이기도 한다. 세계문학의 관점에서 민족문학의 영어표기는 Ethnic literature 즉, 인종과 혈통의 특질이 반영된 민족문학이다.

민족적 자각과 민족적 정체성을 강화하기 때문이다. 언어와 민족적 특질은 민족문학의 양상을 결정하는 중요한 요인이다. 민족적 특질은 그 민족의 역사, 경험, 사상, 감정, 열망, 의지, 개성, 의식 등의 민족적 내용과 그 민족이 형성한 장르, 양식, 문체, 독서, 교육 등의 민족적 형식을 말한다. 그런 점에서 민족문학은 민족적 내용을 민족적 형식으로 표현한 작품인 동시에 시대마다 다른 민족적 과제를 실천하는 예술운동이다.

민족문학의 민족적 특질은 상대적이다. 그 상대성이란 세계문학의 보편성과 지역문학의 특수성 중간에 놓인 민족문학의 특질을 말한다. 그런데 민족적 특질이 민족적 형식으로 표현되는 층위는 다르다. 그 층위에 따라서 광의의 민족문학과 협의의 민족문학으로 나눌 수 있다. 첫째, 광의의 민족문학은 한 민족이 생산하고 향유하는 문학 전체다. 또한, 광의의 민족문학은 민족의 사상, 감정, 역사, 현실이 담긴 모든 문학이다. 내용과 형식을 불문하고 민족이 생산하고 향유하는 문학인 광의의 민족문학은 가치 개념이 아닌 집합개념이다. 둘째, 협의의 민족문학은 한 민족의 민족적 특질이 두드러지게 표현된 문학이다. 또한, 협의의 민족문학은 민족이 형성된 근대 이후에 생산된 문학이며 민족의 사상, 감정, 역사, 현실이 이상적으로 표현된 문학이다. 따라서 협의의 민족문학은 지향성을 가진 가치 개념이다.

근대 민족국가 형성과 민족문학은 매우 밀접한 관계가 있다. 그림형제[Jakob Grimm, Wilhelm Grimm]의 동화에서 보듯이 문학은 민족형성과 근대 국민국가 수립에 큰 영향을 미쳤다. 민족문학을 공유하는 독서공동체가 곧 운명공동체인 민족이다. 이것을 베네딕트 앤더슨은 상상의 공동체[Imagined Community]로 명명했다. 민족어와 민족문학이 민족을 형성했고 그 민족이 국가와 국민을 형성했다. 그래서 서구에서는 민족이 국민이고 민족문학이 국민문학이다. 반면 식민지와 반식민지를 겪은 비서구 국가에서는 민족과 국민은 다르다. 가령, 1930년대 한국의 작가들은 일본제국의 신민[nation]이었으나 이것을 거부한 작가들은 민족어와 민족문학을 가진 한국 민족이었다. 식민지 시대의 작가들은 정치적 국민이 아닌 문화적 민족을 선택한 것이다. 그리고 작가들은 국가상실의 허무감을 민족적 알레고리로 표현했다.

한국의 경우 민족해방과 민족국가 건설의 열망이 민족문학에 드러나 있다. 한국 민족문학은 구한말의 애국계몽주의적 민족문학과 1920년대의 저항민족주의에서 출발했다.[2] 아울러 식민지 민중의 계급적 자각을 계기로 계급의식이 민족문학의 중심축을 이루었다. 이런 진보적 민족문학과 달리 복고적이거나 순수주의적인 민족문학도 한 축을 이루었다. 1945년 직후의 해방공간에는 계급주의적 민족문학과 순수주의적 민족문학이 병립하였고 1960년대는 시민문학론과 민중문학론이 민족문학의 토대가 되었다. 이후 백낙청, 신경림, 염무웅, 채광석, 임헌영, 최원식 등에 의하여 민족문학이 발전했고, 자유실천문인협회[1974]와 민족문학작가회의[1987]를 거쳐 한국작가회의[2007]로 맥을 이었다. 반면 해방공간에서 출발한 우파 민족문학은 김동리, 서정주, 조연현, 박목월, 황순원, 이문열 등에 의하여 한국문인협회로 맥을 이었다.

참고문헌 백낙청, 『민족문학과 세계문학』, 창작과비평사, 1978; Johann Gottfried, *Herder on Social & Political Culture (Cambridge Studies in the History and Theory of Politics)*, edited by F. M. Barnard, Cambridge University Press, 2010.

참조 계몽주의/계몽의 시대, 국민국가/민족국가, 문화, 문화순혈주의, 민족주의, 민족적 낭만주의, 미족문화, 상상의 공동체, 실제의 공동체, 일레고리, 예술, 지역문화, 초민족주의, 해석공동체

---

2   민족문학의 이념인 민족주의(Nationalism)는 자민족중심주의이므로 타민족을 배척할 뿐 아니라 파시즘(Fascism)의 경향이 있다. 하지만 식민지와 반식민지를 거쳤거나 강대국의 압제를 받는 약소민족의 저항적 민족주의는 긍정적인 면이 있는 것으로 평가받는다.

지역문학

Regional Literature | 地域文学

지역문학과 지방문학은 같은 것인가? 이 질문은 지역과 지방의 개념에 따라서 달라진다. 지역은 기하학적이고 민주적인 공간개념이며 일정한 장소를 의미한다. 지역에는 중심과 주변이 없다. 따라서 모든 공간이 평등하다. 반면 지방地方은 중앙에 속한 하위 단위의 기구와 조직을 말하는 위계적 공간개념이다. 지방에는 중심과 주변이 있다. 중심인 경京과 주변인 향鄕의 층위에서 경의 상대적 장소인 향이 지방이다. 요컨대 지방은 경향의식과 전근대적 계층의식에서 잉태된 향토鄕土다. 이를 근거로 지역문학을 정의해 보면 다음과 같다. 지역문학은 지역인의 사상과 감정을 지역적 형식으로 표현한 문학이다. 지역문학의 표현방법은 여러 가지가 있는데, 그중에서 가장 중요한 것은 지역적 내용과 지역적 형식이다. 지역문학의 토대는 공동체 의식을 가진 지역인地域人의 삶인 지역적 내용과 지역인의 정서다.

지역문학은 지역region, local, 地域과 문학literature, 文學의 합성명사다. 지역은 자연적, 사회적, 문화적 특성에 따라 일정하게 나눈 지리적 공간이고 문학은 언어로 표현된 예술이다. 지역문학에는 방언과 같은 지역어, 지역의 신화와 전설, 지역인의 감성, 지역적 정체성, 지역의 지리적 특징, 지역의 역사, 지역의 제반 환경 등이 담겨 있다. 따라서 지역문학에는 그 지역의 물질과 정신이 자연스럽게 반영된다. 하지만 지역문학은 지역과 문학을 기계적으로 결합한 것은 아니다. 지역과 문학이 유기적으로 결합되면서 통사적으로 연결되어 있어야 지역문학이다. 지역문학은 한 지역에서 생산되고 유통되면서 그 지역인이 향유하는 지역문학도 있고 한 지역에서 생산되지만 다른 지역인이 유통하고 향유하는 지역문학도 있다. 이렇게 정의한 지역문학은 보통명사[1]이므로 모든 국가와 모든 지역에서 통용될 수 있다.

지역문학의 지역적 형식은 그 지역 고유의 양식, 문체, 정조情調 등이다. 그런데 지역적 내용이 지역적 형식으로 표현되는 양상은 다르다. 지역문학의 지역적 특질 역시 지역문학의 범주와 층위에 따라서 다르다. 어떤 관점에서 보면 지역문학이지만 어떤 관점에서 보면 민족문학이 될 수도 있다. 예를 들면, 세계문학의 관점에서 보면 동아시아문학, 아프리카문학, 라틴아메리카문학, 동유럽문학은 모두 지역문학이다. 그뿐 아니라 영국문학, 알제리문학, 칠레문학, 한국문학 역시 지역문학이다. 그러므로 한국문학은 민족문학이자 세계문학인 동시에 지역문학이다. 지역문학의 공간 구분은 ① 정치경제적 구분과 ② 문화적 구분에 따른다. 한국을 예로 들면 ①정치경제적으로 볼 때 충북지역의 문학이 충북문학이고 ②문화적으로 볼 때 경기남동부, 강원남서부, 충북북부, 경북북서부의 문학이 중원문학이다.

지역문학의 층위는 보편문학의 성격인 있는 세계문학, 국가문학/민족문학, (민족문학의 부분인) 지역문학으로 나눌 수 있다. 이처럼 문학은 ①일반적 보편문학인 세계문학, ②민족적 특수문학인 민족문학, ③지역적 특수문학인 지역문학이 문학의 층위를 형성한다. 세계적인 범주에서의 지역문학은 세계문학과 민족문학의 부분집합이면서 독자적 공간개념을 가지는 문학이다. 지역문학은 개별적 특수문학인 동시에 보편적 일반문학이기도 하다. 그러므로 지역문학은 보편문학으로서의 가치와 의미를 지니면서 특수문학으로서의 내용과 형식을 지닌 것으로 볼 수 있다. 가치론의 관점에서 보면 첫째, 가치지향적 지역문학은 지역의 가치

---

1   보통명사 지역문학과 고유명사 지역문학은 다르다. 고유명사 지역문학은 (한국의 지역문학에서 보듯이) 국가, 민족, 장소, 시대, 상황에 따라서 각기 다른 지역문학의 개념이 가능하다. 따라서 고유명사 지역문학은 상대적인 개념이다. 반면 보통명사 지역문학은 일반적인 개념이다.

를 우선하면서 지역의 특질이 드러난 문학이고, 둘째, 가치중립적 '지역(의) 문학'은 그 지역의 문학 전체이면서 일반적이고 보편적인 지역문학이다.

고유명사인 한국의 지역문학은 1980년대 문화민주의와 반독재민주화를 실천하는 지역의 문학운동에서 출발했다. 1980년대 부산, 대구, 청주, 대전, 광주, 전주, 춘천, 제주를 포함한 여러 지역의 작가들은 중앙중심주의에 대한 대항담론을 수립하고 반외세 민주화를 작품으로 표현했다. 지역문학 담론에서 중앙과 중심은 매판과 독재의 공간이다. 작가들은 문학의 범주와 가치를 과거로 소급하여 지역문학을 새롭게 정립했다. 한국 지역문학은 경향京鄉을 구분하는 중심주의Centralism, 中心主義를 해체하면서 그 성격이 분명해 졌다. 그리고 지역은 공간의 민주화를 실천하면서 독자적인 문화권역이 되었고 지역인들은 지역문학의 주체가 되었다. 그리고 봉건잔재 해체, 정보화와 4차 산업혁명, 탈식민의식의 강화, 포스트모더니즘, 세방화Glocalization 등이 가미되면서 지역문학이 다양해졌다. 문학의 지역적 특성은 전체의 부분이라는 의미인 로컬리티locality와 지리적 개념인 지역성regionality으로 나뉜다.

참조 국민국가/민족국가, 문화, 민족주의, 민족적 낭만주의, 민족문학, 민족문화, 실제의 공동체, 알레고리, 예술, 자기 정체성, 지역문화, 해석공동체

문장

Sentence | 文章

문장은 어떤 것을 말과 글로 표현한 최소 단위다. 그런데 다음과 같이 쓰이기도 한다. '당대 최고의 문장가인 그는 위대하고 훌륭한 문장을 남겼다.' 여기서 말하는 문장은 글의 가치를 나타내는 수사학적 문장이다. 언어학적 문장의 정의는 '관련된 단어의 집합으로 구성된 문법 단위'이고 수사학적 문장의 정의는 '생각과 감정을 표현하는 최소 단위'다. 이 두 정의는 유사한 것처럼 보이지만 다르다. 이 정의를 합하여 다시 문장을 정의하면 다음과 같다. 문장은 단어를 이용하여 생각, 감정, 사건, 현상 등을 완결적으로 표현한 자립적 표현형식이다. 이 정의는 주어^S + 서술어^{V}로 구성된 문장의 최소 요건을 만족할 뿐 아니라 다른 여러 가지의 문장 개념도 만족한다. 여기서 말하는 자립적 표현형식과 최소 요건은 문장의 구성이다. 그렇다면 문장을 구성하는 최소 요건은 무엇인가?

문장에서 주어, 서술어, 목적어, 관형어 등 문법 요소는 생략될 수 있다. 하지만 문장은 내용과 형식의 최소 요건은 갖추어야 한다. 문장의 내용은 그 문장이 나타내는 의미다. 언어는 의사소통과 기록의 수단이므로 언어의 단위인 문상에는 내용이 있어야 한다. 내용이 없으면 그것은 문장이 아니고 단순한 발화다. 문장의 형식은 문장이 갖추어야 할 구성요소다. 문장은 다른 것에 의존하지 않는 자립성이 필요하다. 가령 '사과'라고 발화했더라도, 그 문장의 형식은 '철수는 사과를 먹는다'처럼 종결되어 있다. 종결의 형식에 따른 문장의 종류는 쉼표(,)로 끝나는 평서문, 의문부호(?)로 끝나는 의문문, 느낌표(!)와 그 외의 종결형식으로 표현되는 감탄문, 주로 느낌표와 쉼표로 끝나는 명령문, 쉼표와 의문부호로 끝나면서 무엇을 권하는 청유문이 있다. 문장에는 단문과 복문이 있다.

단문은 '철수는 사과를 먹는다'처럼 하나의 주어와 하나의 동사로 구성된 문장이다. 복문은 '철수는 사과를 먹고 영희는 음악을 듣는다'처럼 복수의 주어와 복수의 동사로 구성된 문장이다. 문장처럼 보이지만 문장이 아닌 것은 절이다. 가령 '철수가 사과를 먹어서 영희는 기쁘다'는 '철수가 사과를 먹어서'는 문장에 내포된 절이고 '영희는 기쁘다'는 문장이다. 이처럼 절clause, 節은 글의 의미를 서술하는 단락이고 구words, 句는 둘 이상의 단어가 모여 절과 문장을 구성하는 부분이다. 단어와 형태소가 결합하여 구가 되고, 구와 구가 결합하여 절이 되고, 절이 다른 형태와 결합하여 문장이 된다. 문장의 형태는 주어, 목적어, 보어, 서술어와 같은 일차기능형태와 관형어, 부사어, 독립어와 같은 이차기능형태가 있다. 이런 요소들은 격, 인칭, 태, 시제, 서법 등에 의해서 완전한 문장으로 표현된다.

언어적 문장과 수사학적 문장은 여러 면에서 다르다. 수사학적 문장은 언어적 문장에 각종 장식적 요소를 가미한 글이다. 수사학적 문장은 시, 소설, 수필, 희곡, 평론, 시辭, 부賦, 행行, 기記, 곡曲, 명銘과 같은 문학작품을 포함하여 설명문, 토론, 논증, 역사기록 등 다양한 양식의 글이다. 따라서 수사적 문장은 S=NP+VP와 같은 구성을 기준으로 하지 않는다. 언어적 문장과 달리 수사학적 문장은 의미, 형식 이외에 문체style, 문채figure, 文彩, 비유법, 음악성, 회화성, 논리, 철학, 사상 등 여러 가지 요소가 가미된다. 그러므로 문장은 절phrase, 긴 글의 부분을 구성하는 단락paragraph, 독립된 문학작품literary work, 완성된 한 편의 글writing 등 여러 가지 의미로 쓰일 수 있다. 문장이 확장된 문장가文章家는 글을 잘 쓰는 사람을 의미한다. 문인文人 역시 글을 쓰는 사람이다.

문장은 '문文'과 '장章'이 결합한 명사다. 글文의 단락인 장章은 음音과 십十이 결합한 회의會意 문자다. 이때 음은 '듣기에 즐거운' 락樂과 같다. 그러므로 문장은 편안하고 즐겁게 이해할 수 있는 한 어절이나 한 문장sentence을 말한다. 고대 한자어에서 문장을 이루는 십⁺은 (듣기에 좋으면서 이해할 수 있는) 열 개의 단락이 모인 것이라는 뜻이었다. 이것이 차츰 독립된 단위의 문장으로 쓰이기 시작했고 내용과 형식을 갖춘 예술적인 문학작품이라는 의미로 변했다. 한마디로 문장에는 '뜻이 충분히 표현되면서 언어의 아름다움이 있어야 한다.'[1] 그러므로 '위대한 문장', '지적인 문장', '훌륭한 문장'은 글의 내용과 형식이 통일된 문장을 말한다. 좋은 문장은 상호 조화, 비단 같은 문양紋樣, 결이 고운 문채文彩, 씩씩하고 굳센 기상, 청신한 기백, 주제와 내용의 선명함, 사상과 철학적 가치, 묘사의 형상성, 이치인 문리文理 등이 잘 갖추어진 글이다.

참고문헌 劉勰, 『文心雕龍』.

참조 감정·정서, 개성, 내러티브, 묘사, 문체, 문학, 비유, 비평/평론, 산문, 서사시, 서술자, 소설, 수사, 시, 정신, 텍스트, 표현, 희곡

---

1   劉勰, 『文心雕龍』, 「徵聖」.

욕망

Desire | 欲望

욕망과 욕구는 같은가 다른가? 사전적인 의미에서 욕망과 욕구는 무엇을 가지거나 무엇을 하고자 하는 열망이다. 그러므로 같은 개념처럼 보인다. 하지만 완전히 같은 것은 아니다. 자동차를 예로 들어보기로 하자. '벤츠, 당신의 품격을 높여주는 아름다운 차!'라는 광고는 좋은 차를 타고 싶은 욕망에 불을 지른다. 그리고 다음과 같이 결핍심리와 열등감을 자극한다. '당신은 벤츠를 탈 수 없는 사람이다!' 이처럼 자본주의 사회에서 광고는 욕망을 부추기도록 설계되어 있다. 여기에서 욕망과 욕구의 차이가 드러난다. 욕망은 결핍한 무엇에 대한 심리적 욕망이고, 욕구는 구체적인 무엇에 대한 현실적 욕구다. 이 차이는 심리적 욕망desire, 慾望과 현실적 욕구need, 慾求가 다르다는 것을 확인해준다. 욕구는 현실적인 것이므로 구체적인 요구demand, 要求를 산출한다. 그렇다면 욕망과 욕구는 왜 생기는 것일까?

이것은 욕망의 원인을 묻는 것인데, 가장 먼저 떠오르는 욕망의 원인은 본능적 욕구다. 본능적 욕구는 성욕, 식욕, 배설욕, 수면욕, 권력욕 등 신체의 기본적 본능만이 아니라 존중받고자 하는 욕구, 자기실현의 욕구까지 다양하다. 욕구를 본능에서 정신까지 5단계로 나눈 것은 매슬로우다. 매슬로우A.H. Maslow, 1908~1970는 인간의 욕구를 다음과 같이 단계별로 설명한다. 1단계는 기아나 갈증 등의 생리적 욕구, 2단계는 육체적 안전과 안정의 욕구, 3단계는 가까운 사랑과 소속의 욕구, 4단계는 자기존중과 사회적 인정을 원하는 존중의 욕구, 5단계는 무엇을 성취하고자 하는 자아실현 욕구다. 매슬로우의 욕구이론은 심리학과 사회학을 결합한 인간행동 분석으로 정평이 있다. 이 욕구들은 위계적이며 대체로 욕구가 달성되면 만족하는 특징을 보인다. 욕구는 제어하기는 어렵지만, 욕구가 채워지면 욕구는 사라진다.

욕구와 달리 욕망은 달성되더라도 또 다른 욕망을 생산하는 환유의 특징이 있다. 이런 욕망의 본질을 정신분석학으로 해석한 것은 라캉이다. 라캉J. Lacan에 의하면 욕망de désir은 '무엇에 대한 욕망'이다. 그런데 그 욕망은 (자기 자신의 욕망이 아니라 사실은) 타자의 욕망이다. 가령 '벤츠를 타고 싶다'는 욕망은 벤츠를 타는 친구의 욕망을 모방한 것이다. 라캉 정신분석학에서 결핍은 거울단계의 상상계에서 사회질서의 상징계로 가는 과정에서 욕망을 은폐했기 때문에 생긴다. 무엇이든지 상상하고 무엇이든지 원하는 어린 유아는 아버지의 이름이라는 사회의 질서를 받아들인다. 가령 자신은 '이철수'와 같은 상징기호를 얻고 사회질서에 편입되지만, 자기 안의 타자에 은폐한 욕망으로 인하여 잠재적 분열증에 놓인다. 욕망하는 것을 성취할 수 없기 때문이다. 이것이 욕망의 억제로 인하여 생기는 주체의 분열이다.

라캉의 욕망이론은 프로이트의 심리학에 근거하고 있다. 프로이트S. Freud 심리학에서 욕망은 주로 성적 욕망이다. 오이디푸스 콤플렉스로 대표되는 프로이트의 심리학은 욕망의 전단계인 본능적 욕구에서 시작한다. 프로이트는 소원wunsch 또는 욕구가 인간을 설명하는 열쇠라고 주장했다. 특히 프로이트는 성충동sexual drive을 심리의 기저로 보았다. 강력한 성충동인 원본능id은 사회적 자아self와 윤리적 초자아super ego에 의해서 억제된다. 억제된 원본능은 무의식에 잠재하는 한편 성격 형성에 영향을 미친다. 때때로 억제된 충동은 히스테리와 같은 신경증으로 분출한다. 무의식에 감추어진 성충동libido의 힘이 꿈이나 히스테리와 같이 간헐적이고 파편적으로 드러나는 것이다. 가령 '벤츠를 타고 싶으냐'는 질문을 받았을 때, 신경질적 과민반응을 보이는 것은 욕망이 좌절되었다는 표현이다.

라캉과 프로이트 이전에 욕망을 의식으로 해석한 것은 헤겔이다. 헤겔G.W.F. Hegel은 정신현상학에서 욕망/욕구를 의식의 변증법으로 설명한다. 헤겔에 의하면 인간은 진정한 자유와 신적인 정신을 목표한다. 의식을 가진 인간이 인정투쟁을 거쳐서 보편적 자유에 이르는 과정에서 욕망이 작동한다. 처음 자연상태의 욕망은 생명을 유지하려는 충동이다. 소박하게 자기를 의식하는 자연적 욕망은 타자로부터 인정받는 사회적인 자기의식으로 전환된다. 여기서 자기와 타자의 목숨 건 인정투쟁이 시작된다. 서로 인정하는 사회적 질서에 이른 것이 객관적 이성의 단계다. 이 과정이 자연적 (대상) 의식thesis—사회적 자기의식synthesis—객관적 이성synthesis, 그리고 신적 이성인 절대정신과 절대지로 향하는 변증법이다. 자연적 욕망의 주체는 타자와 공존하면서 '나'의 자기의식에 이르고 이어서 자유와 보편의 단계로 나간다.

참고문헌 Abraham Maslow, "A theory of human motivation", *Psychological Review 50*(1943)(4), pp.370~396.

참조 거울단계, 리비도, 무의식, 변증법, 상상계, 상징계, 시대정신, 신경증, 아버지의 이름, 안티 오이디푸스, 오이디푸스 콤플렉스, 욕망의 삼각형, 원본능·자아·초자아, 의식, 인정투쟁, 정신분석, 주체분열, 주체재분열

메타버스

Metaverse | 元界

메타버스의 시대가 오고 있다. 아니다. 이미 왔다. 메타버스는 컴퓨터 과학을 이용하여 가상공간에 만들어진 가상 세계다. 기존의 가상현실(VR)이나 증강현실^AR과 유사한 면이 있지만 몇 가지가 다르기 때문에 메타버스로 불리게 되었다. 메타버스는 개념이면서 어휘이므로 어원을 살펴볼 필요가 있다. 메타버스의 meta는 고대 그리스어 μετά^metá가 어원이다. 고대 인도유럽어에서 메타는 '~의 중간에', '~의 뒤에', '~를/을 넘어서서', '어떤 상태에 놓여 있는'이다. 이후 메타는 '현실을 넘어서는', '현실의 뒤에 있는'의 의미가 첨가되었다. 고대 그리스어에서 현실은 자연인 피직스^phusikós다. 여기에 '메타'가 결합하여 메타피직스 즉 '자연의 뒤에 있는 것', '자연을 넘어서는 세상'이란 의미로 쓰이게 되었다. 한편 '버스^verse'는 라틴어 '바뀌다', '변하다'를 의미하는 vertere가 어원이다. 여기에 하나^uni가 결합하여 '모두가 하나로 바뀌어 함께 하는 세계'인 유니버스^universe가 되었다.

메타버스에는 세 가지 의미가 있다. 첫째, 메타버스는 현실의 유니버스^universe를 넘어서는 또 다른 세계다. 그리고 메타버스는 현실과 초현실의 두 가지 세계 개념이 복합된 혼합현실이다. 메타버스는 독립적 공간이지만 현실세계의 주체가 없으면 성립하지 않는다. 둘째, 메타버스는 '메타+버스' 즉, 메타의 상태로 변화한 세계라는 의미다. 이것은 자연인 피직스^phusikós 상태가 초자연의 메타^metá로 변했다는 뜻이다. 이때 메타버스는 '메타의 버스' 즉, 현실이 다른 세계로 바뀐 가상현실이다. 그러므로 이 두 개념이 조합된 메타버스는 컴퓨터 환경이 만든 3차원^{3D}의 초현실 가상공간이다. 따라서 메타버스는 데카르트좌표^{x,y,z}가 성립하는 독립된 절대공간이다. 메타버스는 아직 시간을 결합한 4차원의 시공간^{spacetime, x,y,x,t}은 아니지만, 메타버스의 기술이 발달하면 시공간의 4차원 가상현실이 될 수도 있다. 여기서 세 번째 메타버스가 생겨난다. 셋째, 메타버스는 인간이 창조한 가상세계다.

종교와 철학에서도 가상세계나 초현실세계에 관한 논의를 해왔다. 특히 아리스토텔레스와 플라톤의 형이상학^{Metaphysics}은 '자연의 다음, 물리학을 넘어, 존재하는 원리와 본질'을 추구하는 철학이다. 이와 달리 메타버스는 플라톤 형이상학이나 데카르트의 몸과 마음의 이원론과 다른 물리적이고 과학적인 공간이다. 메타버스는 인간이 몰입하는 가상공간인 동시에 컴퓨터 환경^{Infra}인 물리공간이다. 그러므로 메타버스는 인간이 접근하기 어려운 원리와 본질이 아니라, 인간이 구성하고 인간이 주체가 되는 가상공간이다. 따라서 메타버스는 현실을 토대로 하지만 현실과 다르면서 현실과 상동적인 초현실세계다. 그렇다면 메타버스는 누가 왜 창안했을까? 메타버스는 과학소설가 닐 스티븐슨^{Neal Stephenson}의 소설 『스노우 크래쉬^{Snow Crash}』¹⁹⁹²에 나오는 개념이다. 메타버스의 공간은 이렇다.

그들은 빌딩들을 짓고, 공원을 만들고, 광고판들을 세웠다. 그뿐 아니라 현실 속에서는 불가능한 것들도 만들어 냈다. 가령 공중에 여기저기 흩어져 떠다니는 조명쇼, 삼차원 시공간 법칙들이 무시되는 특수 지역, 서로를 수색해서 쏘아죽이는 자유 전투 지구 등. 단 한 가지 다른 점이 있다면, 이것들은 물리적으로 지어진 것들이 아니라는 점이었다.[1]

'그들'은 아바타^{avatar}다. 현실의 인간은 가상의 메타버스로 들어갈 수 없다.

---

[1] Neal Stephenson, 김장환 역, 『스노우 크래쉬(Snow Crash)』, 새와 물고기, 1996, 50쪽.

인간이 자기를 대리하는 아바타化身를 설정하면, 그 아바타들이 독립적 삶을 산다. 메타버스는 스티븐슨이 처음 사용했지만, 이와 유사한 가상공간은 〈매트릭스Matrix〉, 〈인셉션Inception〉을 비롯한 영화에서 구현되었으며 보드리야르J. Baudrillard, 1929~2007의 시뮬라시옹에서 그 개념을 찾아볼 수 있다. 시뮬라시옹의 세계는 독립적인 하이퍼리얼hyperreal의 세계다.

메타버스는 가상공간이지만 현실과 공존하기도 하고 현실을 대치하기도 하는 역동적 공간이다. 메타버스를 설명하는데 유용한 영화 〈매트릭스〉는 인공지능AI에 지배당하는 인간이 원래 현실로 귀향하려는 몸부림을 다룬 작품이다. 영화의 공간과 달리 메타버스의 공간은 수동적 공간이 아니라 인간이 메타버스의 주인공으로 사는 능동적 공간이다. 메타버스는 '실재보다 더 실재 같은' 세상이다. 그러므로 메타버스에서는 현실보다 더 극적인 일들이 가능하다. 이 점 때문에 메타버스로 인하여 인류의 새로운 길이 열릴 것으로 기대되고 있다. 그래픽 기술, 오감을 그대로 느끼는 감각센서를 포함한 기술 장치가 개발되면 무궁하고 무한한 가상공간이 펼쳐질 것이다. 많은 과학자들이 가상화폐나 컴퓨터게임을 개발하고 있고 가상공간에서 벌어지는 사건, 경제활동, 범죄, 갈등, 인간 존재, 윤리, 소유권 등에 대한 연구를 진행하고 있다.

참고문헌 Neal Stephenson, 김장환 역, 『스노우 크래쉬(Snow Crash)』, 새와물고기, 1996

참조 가능세계, 공간, 기호 가치, 동굴의 비유, 리얼리즘/실재론〔철학〕, 사실, 시뮬라시옹 시뮬라크르, 시간, 시공간, 심신이원론, 양상실재, 인공지능 AI, 재현, 증강현실, 현실

인문학 개념어 사전 총목록